혼돈 속의 질서 : 아우구스티누스의 재발견

혼돈 속의 질서 : 아우구스티누스의 재발견

2025년 6월 18일 교회 인가
2025년 8월 12일 초판 1쇄

지은이	변종찬
펴낸이	박현동
펴낸곳	성 베네딕도회 왜관수도원 ⓒ 분도출판사
디자인	아이디퍼런스
찍은곳	분도인쇄소

등록   1962년 5월 7일 라15호
주소   04606 서울 중구 장충단로 188 분도빌딩(분도출판사 편집부)
        39889 경북 칠곡군 왜관읍 관문로 61(분도인쇄소)
전화   02-2266-3605(분도출판사)·054-970-2400(분도인쇄소)
팩스   02-2271-3605(분도출판사)·054-971-0179(분도인쇄소)
홈페이지 www.bundobook.co.kr

ISBN   978-89-419-2509-5 93230

이 책의 저작권은 분도출판사에 있습니다.
저작권법에 의해 한국 내에서 보호를 받는 저작물이므로 무단 전재와 무단 복제를 금합니다.

이 책의 본문 종이는 FSC® 인증을 받은 친환경 용지를 사용했습니다.

S. AUGUSTINUS | GREGORIUS | CYPRIANUS | BONIFACIUS | CHRYSOSTOMUS

혼돈 속의 질서

아우구스티누스의 재발견

변종찬 지음

분도출판사

책머리에

"나의 간절한 기대와 희망은
그리스도의 영광을
드러내는 것입니다."
(필립 1, 20)

유가족을 대표하여 작은형 **변우찬** 신부

한강 작가는 한 소설에서 '작가의 말'을 쓰겠느냐는 편집자의 물음에 "나는 그러지 않겠다고 대답했다"라고 고백하고 있다. 그러면서 첫 출간 후 "이 년이 지나 개정판을 준비하면서, 비로소 어떤 말을 조용히 덧붙여 쓰고 싶다는 -쓸 수 있겠다는- 생각이 든다"라고 말한다. 노벨문학상을 받은 작가가 '어떤 말을 조용히 덧붙여 쓰고 싶다는' 혹은 '쓸 수 있겠다는' 생각을 할 때까지 짧지 않은 시일이 소요된 것이다. 그런데 지금, 이 글을 쓰고 있는 필자 역시 '쓰고 싶다는' 생각은커녕 '쓸 수 있겠다'는 자신감조차도 없다. 필요한 글이기 때문이라는 핑계의 결실, 의무감의 발로로 이 글을 적고 있다.

제목의 성경 구절은 이 책의 저자인 고(故) 변종찬 마태오 신부님이 1993년 7월 16일 사제 서품을 기념하며 만든 상본(像本)에 적혀 있다. 4세기에 활동했던 수사학자이자 철학자인 마리우스 빅토리누스(Marius Victorinus)는 이 구절의 뜻을 "어떤 경우가 되든 나는 복음을 전하는 일에 끝까지 힘쓸 것입니다."로 해석하였다. 신부님에게 '그리스도의 영광을 드러내는 것'과 '복음을 전하는 일'은 가톨릭 성직자로서의 본분을 겸손되이 수행하는 동시에 학문에 대한 열정을 간절하게 키워가는 것이었다. 사제 서품과 함께 가톨릭대학교에서 「칼체돈 공의회 신앙 정식(Definitio Fidei)에 관한 연구」라는 주제로 석사학위를 받은 지 2년 만에 이탈리아 로마로 유학을 가신 신부님은 고민에 고민을 거듭하다가 교부학을 자신의 연구 분야로 결정하였다. "초세기부터 기원후 7세기까지 가톨릭교회의 주요 신학적 가르침을 정립"한 중추적 역할의 담당자였던 교부들이 행했던 "그리스도에 대한 증언은 오늘날까지도 생생하게 살아 있어야만 한다는 생각"에서였다. 또한 "사변적인 신학에만 머무르는 것이 아니라 신자들의 삶에 깊은 울림을 줄 수 있는 영성적 가르침까지 망라하는" 교부들에 대한 연구가 한국 가톨릭교회를 위해 필요하다는 판단이었다. 특히 "하느님과 교회에 대한 깊은 사랑을 품고 있던 교부를 어떻게 신자들에게 알려 줄 수 있을까?"라는 질문에 대한 응답이었다. 신부님이 죽음에 이를 때까지 쉬지 않고 던졌던 질문이었다. 신자들이 교부의 가르침을 알아야만 가톨릭 신앙의 정수를 제대로 이해할 수 있게 된다는 신부님의 완고한 고집이었다.

교부학을 선택한 일이 신부님에게 험난한 길을 예정하고 있다는 사실을 사전에 인지하고 있었는지는 확실하지 않다. 그런데 교부학의 불모지라 해도 결코 틀린 말이 아닌 한국의 상황에서 신학 교육을 받았기 때문에 어느 정도는 예상하였을 것이다. 교부학을 정통으로 공부하기 위해 신부님은 두 가지의 정공법을 선택하였다. 하나는 자신이 이미 취득한 석사학위를 내세우지 않고 로마 교부학 대학 아우구스티니아눔 학부 과정부터 다시 시작하는 것이었다. 자신의 학문적 발전을 사상누각으로 만들지 않겠다는 무모할 정도로 단호한 결심이었다. 다른 하나는 교부학 연구에 절대적으로 필요한 외국어, 즉 이탈리아어와 라틴어, 프랑스어와 독일어를 학습하는 일이었다. 방학을 이용하여 해당 국가에서 어학연수를 하면서 자료 조사를 위한 도서관 순례를 주저하지 않았다. 그 과정에서 자신의 선택에 대한 후회, 개인적 능력에 대한 좌절과 절망을 경험했을지도 모르겠다. 하지만 힘들고 고통스러운 모습이 아닌 진지하고 환하게 웃는 모습만 기억난다. 웃는 얼굴에 감추어진 이면의 모습은 막연히 상상할 뿐이다. 그렇게 시작한 공부는 초기 이탈리아어 연수 기간을 제외하고 9년 6개월 만에 「성 아우구스티누스에게 있어서 인간의 신화(神化)」(La Deificatio Hominis In Sant'Agostino)라는 박사 학위 논문으로 매듭지어졌다.

2006년 3월 귀국한 신부님은 9개월의 신내동 성당 부주임을 거쳐 가톨릭대학교 성신교정 교부학 교수로 부임하였다. 이때부터 신부님은 교부학을 연구 분야로 선택했던 때의 여러 다짐을 본격적으로 실천에 옮기기 시작하였다. 먼저 아우구스티누스는 물론 다른 교부들에 대한 체계적인 연구를 토대로 많은 논문을 집필하였다. 그 논문의 대부분이 이 책에 수록되어 있다. 여러 교부를 소개하는 내용을 담은 번역서의 출간 역시 게을리하지 않았다. 교육은 또 다른 차원의 절실한 일이었다. 성신교정에서의 교부학 수업을 통해 "교부들이 가톨릭 교회에 남긴 유산이 얼마나 큰지 그리고 얼마나 중요한 인물인지"를 신학생들에게 설명하는 일은 기본이었다. 가톨릭 평화방송(CPBC)에서 일반 신자들을 대상으로 교부학을 강의한 『신앙의 재발견』과 『가톨릭 신앙의 보물들』은 교부의 가르침에 대한 무지에서 비롯되는 "부끄러운 마음과 송구한 마음"을 일부분 희석하고 있다. 교부들에 대한 신부님의 열정적 사랑을 공유하여 그분들에 대한 신자들의 관심과 애정으로 흘러가기를 바랐기 때문이다.

그러한 바람의 발목을 잡은 것은 신부님에게 찾아온 병마였다. 투병 중에도 교부학 전공자의 역할을 소홀히 한 적은 없다. 오히려 자신에게 남은 시간이 많지 않다는 생각에 환자가 조심해야 할 최대의 적인 과로를 당연한 것으로 간주하였다. 주변 사람들의 만류는 그 고집을 꺾기에 역부족이었다. 병마가 전해주는 견디기 어려운 고통으로 인해 정상적인 생활이 어려운 와중에도 아우구스티누스를 이해하기 위한 주요 문헌 가운데 하나인 비르질리오 파치오니(Virgilio Pacioni)의 『히포의 아우구스티누스–철학의 역사적 조망과 현대적 의의』(가제) 번역을 놓지 않았다. 안타까운 축하 속에서 57번째 생일을 보낸 다음 날인 2024년 8월 12일 신부님은 하느님의 선물이었던 이승의 삶을 마치고 하늘나라를 향한 길을 떠났다. 당연히 하느님과의, 또한 아우구스티누스 성인과의 만남을 간절하게 기도하면서.

사제로서의 그리고 학자로서의 삶의 흔적을 정리하는 것은 온전히 살아남은 사람들의 몫이 되었다. 어찌할 바를 몰라 허둥지둥하는 좌충우돌의 과정을 거쳐 우선 이 책을 준비하였다. 여기에는 신부님이 여러 학술지에 발표한 논문 17편과 논문 작성을 위해 준비한 초고로 여겨지는 글 1편을 담았다. 교부학과 관련된 글이지만 수필 형식의 글과 서평은 제외하고 순전히 논문만을 수록하였다. 각각의 논문 말미에 붙어있던 방대한 참고 문헌은 중복되는 부분을 삭제하고 하나로 정리하였다. 근 30년 연구로 축적된 참고 문헌은 향후 아우구스티누스는 물론 교부학을 공부하려는 연구자에게 소중한 보물 창고로 활용될 수 있을 것이라 기대해 본다. 그러다 보니 엄청나게 늘어난 책의 부피는 "그리스도의 영광을 드러내"고 "복음을 전하는 일"에 매진하였던 신부님의 각고면려(刻苦勉勵)한 삶을 여실히 드러내고 있는 듯하다.

이 책이 나오기까지 수고해 주신 분들이 있다. 먼저 하느님께 감사드린다. 신부님에 대한 많은 분의 기억을 하느님께서 의로움으로 인정해 주신 덕분에 이 책의 탄생이 가능하였다. 베네딕도회 왜관 수도원의 이성근 사바 신부님은 여기저기 흩어져 있는 논문을 모으는 데 도움을 주셨다. 최홍규 님은 이 책에 실린 모든 논문을 꼼꼼히 교정해 주시며 좀 더 편히 읽을 수 있도록 정리해 주셨고, 권숙정 님은 책을 아름답게 편집해 주셨다. 아울러 기도와 격려로 응원해 주신 많은 분께도 고개 숙여 감사를 드린다.

전문 학자들의 연구는 물론 일반 신자들의 신앙생활에도 이 책이 도움이 될 수 있기를 기도한다. 아울러 하늘나라에 계신 신부님을 다시 한번 환하게 웃게 만들 수 있는 기쁨과 만족의 선물이 되기를 겸허하게 바라고 있다. 신부님이 이 책을 들고 하느님 앞에서 아우구스티누스와 토론을 벌이는 모습을 머리와 마음으로 그리며 간절한 마음으로 기도를 올린다.

차례

004 책머리에

제1부_아우구스티누스의 신학

014 1. 아우구스티누스의 우정 개념
042 2. 『강론』 84-86의 부자청년 이야기(마태 19, 16-26) 주석에 나타난 아우구스티누스의 부(富)와 가난에 대한 이해
076 3. 아우구스티누스의 부정신학
112 4. 죽음의 공포에 대한 아우구스티누스의 이해
152 5. "나는 있는 나다"(Ego sum qui sum, 탈출 3, 14)에 대한 아우구스티누스의 형이상학적 이해
184 6. 아우구스티누스의 compelle intrare
     – 도나투스파와의 관계를 중심으로
220 7. 아우구스티누스의 창조 사상
260 8. 아우구스티누스의 '의로운 전쟁' 이론

제2부_아우구스티누스와 사제직·수도직

- 296 9. 아우구스티누스 규칙서에 나타난 복음적 권고
- 330 10. 아우구스티누스 규칙서에 나타난 기도
- 360 11. 아우구스티누스의 『그리스도교 교양』 4권에 나타난 그리스도교 설교학
- 390 12. 아우구스티누스에게 있어 사제서품의 의미
- 424 13. 아우구스티누스 안에 나타난 주교법정
- 464 14. 아우구스티누스 사제직의 근본정신
     : "Ubi humilitas, ibi caritas"

제3부_다른 교부들

- 504 15. 그레고리우스 대교황의 『사목규범서』에 나타난 설교가의 모습
- 532 16. 치프리아누스의 sacerdos 개념에 대한 이해
- 564 17. 교황관tiara을 통해 본 교황 보니파키우스 8세의 자의식
- 602 18. 요한 크리소스토무스의 자유의지에 대한 이해

- 616 참고문헌

S. Augustinus

I

아우구스티누스의 신학

1. 아우구스티누스의 우정 개념
2. 『강론』 84-86의 부자청년 이야기(마태 19, 16-26) 주석에 나타난 아우구스티누스의 부(富)와 가난에 대한 이해
3. 아우구스티누스의 부정신학
4. 죽음의 공포에 대한 아우구스티누스의 이해
5. "나는 있는 나다"(Ego sum qui sum, 탈출 3, 14)에 대한 아우구스티누스의 형이상학적 이해
6. 아우구스티누스의 compelle intrare
   – 도나투스파와의 관계를 중심으로
7. 아우구스티누스의 창조 사상
8. 아우구스티누스의 '의로운 전쟁' 이론

1장

아우구스티누스의 우정 개념

서론

1. 『고백록』에 표현된 아우구스티누스의 우정에 대한 첫 이해
   inimica amicitia
   공통 관심이나 기호에 기초한 우정
   영혼의 반쪽이요 두 육신 안에 있는 한 영혼으로서의 벗
   하나를 이루는 우정
2. 벗에게 좋은 것을 원하는 것으로서의 우정
3. 호의와 사랑이 동반된 신적인 일과 인간적인 일에 대한 동감으로서의 우정
   인간적인 일과 신적인 일에 대한 동감
   우정의 세 요소인 호의와 사랑과 동의
4. 사랑의 질서(ordo amoris) 안에서의 우정
   frui-uti
   하느님 사랑과 이웃 사랑을 통해 형성되는 참된 우정
5. 우정을 통한 일치
6. 하느님을 향한 한 영혼과 한 마음으로 표현되는 그리스도인의 우정

결론

「아우구스티누스의 우정 개념」은 2007학년도 가톨릭대학교 '성신교정 교비연구비' 지원을 받아 이루어진 논문으로 2007년 4월 11일 가톨릭대학교 사목연구소 월례 학술 세미나에서 발표된 내용을 수정, 보완한 것이다. 이 논문은 『가톨릭 신학과 사상』 60호, 신학과 사상학회, 2007에 수록되었다.

서론

　우정은, 아우구스티누스의 표현을 따른다면, 인간 본성의 고유한 선(善)이다.[1] 이는 곧, 인간은 결코 홀로 있는 존재가 아님을 드러내는 것이다. 우정을 통하여 사람들은 서로 교차하는 지평을 만들고 자신들이 사랑받는 존재임을 확인하는 공간을 나타낸다. 그런데 오늘날 많은 이들이 타인과의 관계에서 어려움이나 장애를 느낀다고 절규한다. 때문에 어떤 의미로 본다면, 그 어느 때보다 사람들은 우정을 갈구하고 있다고 말할 수 있다. 이러한 면에서 본고는 우정에 대한 아우구스티누스의 사상을 통해 참된 우정의 가치를 살펴보고자 한다.

　히포의 주교였던 아우구스티누스는 '우정'(amicitia)에 관한 책을 저술하지는 않았다. 하지만 '우정을 사랑하는 사람'으로서 아우구스티누스 성인은 결정적인 순간에서도 "결코 혼자가 아니었다. 우정은 그에게 마치 공기와도 같았다."[2]고 말할 수 있을 정도로 많은 사람들과 우정을 맺고 살았다. 그렇기에 마리 아퀴나스 맥나라(Marie Aquinas McNara)는 다음과 같이 말한다. "그의 성소는 결코 고독한 이의 것이 아니었다. 그의 생애 어느 순간에도 그는 그와 함께 있는 것이 큰 기쁨이었던 친구들 그룹에 의해 둘러싸여 있었던 것이다."[3] 밀라노에서 친구들과 함께 지냈던 시간에 대해서 "친구들 없이 나는 행복할 수가 없었습니다."라고 아우구스티누스는 회상한다.[4] 이는 "인간끼리의 우정도 여러 영혼이 하나로 만드는 사랑스러운 매듭 때문에 달콤한 것"이기 때문이다.[5] 또한 아우구스티누스의 긴 삶 동안 우정은 그의 사상에서도 중요한 부분을 차지하였다.[6] 이러한 의미에서 볼 때, 아

아우구스티누스에게 있어 우정은 그의 삶과 영성의 주요 구성 요소로 자리하였다고 평가할 수 있다.7

본 논문은 아우구스티누스의 여러 작품 속에 나타나고 있는 우정에 관한 가르침을 분석하면서 고전 철학,8 특별히 치체로(Marcus Tullius Cicero)가 미친 영향과 성인이 생각하는 우정 개념을 고찰하고자 한다. 그럼으로써 히포의 주교가 단순히 그리스 철학의 가르침을 재구성한 것이 아니라 그리스도인의 우정이 무엇인지 설명한 교부임을 밝히고자 한다.

1. 『고백록』에 표현된 아우구스티누스의 우정에 대한 첫 이해

inimica amicitia

아우구스티누스는 16살 때의 일을 회상하면서 당시의 우정을 다음과 같이 묘사한다. "허나 도대체 그 스스로 즐긴다 함이 무엇이더이까? 사랑을 주고받는 것이 아니더이까? 그렇다고 마음에서 마음에로의 한도가 —우정에 있어 경계가 분명하듯— 그렇게 지켜지지는 아니했습니다. 오히려 진흙 같은 육욕과 사춘기의 용솟음에서 안개가 자욱이 일어나 내 마음을 흐리우고, 어둡게 해주는 바람에 사랑의 맑음을 흐리터분한 정욕에서 분가하지 못하게 되었습니다."9

아우구스티누스는 이러한 우정 관계에서 자신이 친구들과 함께 배를 훔친 사건을 이렇게 설명한다.10 "스스러이 되새겨지는 일들에서 가엾던 내가 거둔 열매가 무엇이었습니까. 특히 도둑질 – 딴 목적이 없이 오직 그 자체를 위하여 저질렀던 그 도둑질! ⋯ 그러나 그것도 나 혼자였으면 –그 때의 내 마음을 짚어보면– 아니했을 것입니다. 혼자로선 절대로 그런 짓을 안했을 것입니다. 벗과 사귀기를 좋아한 까닭에 그들과 함께 한 노릇이었습니다."11

아우구스티누스는 이렇게 죄로 이끈 우정을 지나친 우정(inimica amicitia)이요, 알아 못 들을 마음의 꾀임(seductio mentis investigabilis)이고, 까불고 장난침에서 해칠 생심(ex ludo et ioco nocendi aviditas)이며, 자신에게 잇속 없고 남에게 복수할 마음이 없지만 남 잘못됨을 보고 싶어 하는 마음(alieni damni appetitus nulla lucri mei, nulla ulciscendi libidine)으로 정의하고 있다.12

공통 관심이나 기호에 기초한 우정

『고백록』 4권은 아우구스티누스의 사랑스런 친구의 죽음에 대해 전하고 있다.13 동년배였던 그 친구와 맺은 우정에 대해 히포의 주교는 다음과 같이 묘사한다. "그 무렵 나는 내가 태어난 읍내에서 글을 가르치기 시작했는데, 그와 동시에 동창생 중에 가장 친하고, 내 나이 또래요, 한창 피어나는 젊은 벗 하나를 사귀었습니다. ⋯ 우리의 우정은 똑같은 공부에 열을 같이 띠우며 아기자기하기 이를 데 없었습니다."14

여기서 우리는 흥미로운 표현들을 발견한다. 그들의 우정은 "societas studiorum"에 기초하고 있다는 것이다. 또한 이 우정이 "parilia studia"에 대한 열정으로 얼마나 성숙하고 달콤하였는지 말하고 있다. 이 표현들을 어떻게 이해할 수 있는가? 여기서 문제의 축은 "studium"이라는 단어의 해석에 있다. 최민순 신부는 첫 표현을 "동창생"으로, 두 번째 표현은 "똑같은 공부"로 번역하고 있다. 하지만 여기서 우리는 아우구스티누스 자신이 타가스테(Tagaste)에서 가르치기 시작하였을 때 사귀었던 벗이라고 말하고 있는 것에 초점을 두어야 한다. 이것은 "studium"이라는 단어가 이 문맥에서 '공부'가 아닌 '관심'이나 '기호'(嗜好)의 뜻으로 사용되었다는 것을 보여준다. 그렇기에 아우구스티누스와 이름을 알지 못하는 벗과의 우정은 '공통 관심사' 혹은 '공통 기호'에 의해 이루어진 것이라고 보아야 한다.

아우구스티누스의 이러한 우정 개념 속에서 우리는 두 고전 철학자의 흔적을 찾을 수 있다. 먼저, 젊은이들 사이의 우정은 쾌락 즉 즐거움에 기초한다고 보고 있는 아리스토텔레스를 꼽을 수 있다. 그에 따르면, 젊은이들은 열정에 따라 살고 무엇보다 자신들이 개인적으로 좋아하는 것과 그 순간 마음에 드는 것을 추구하기에 금방 친구가 되기도 하지만 빨리 우정이 사라진다는 것이다. 때문에 지속적인 참된 우정은 될 수 없다고 그는 지적한다.[15] 두 번째 철학자는 치체로이다. 그 역시 우정을 의지, 기호, 의견의 완전한 동의로 보고 있다.[16] 또한 성격의 차이가 기호의 차이를 가져오고, 이 차이점이 우정을 맺지 못하게 한다고 보고 있다.[17]

영혼의 반쪽이요 두 육신 안에 있는 한 영혼으로서의 벗

계속해서 『고백록』 4권은 아우구스티누스가 죽은 친구에 대해 갖고 있는 감정을 전해주고 있다. "다른 그였던 내가, 그이는 죽어도 살아 있다는 것이 더욱 이상하였습니다. 누군지 제 벗을 들어 제 영혼의 반쪽이라 한 말은 옳사옵니다. 나도 내 영혼, 그의 영혼을 두 몸 안에 있는 하나로 여겼습니다."18 여기서 우리는 세 가지 흥미로운 표현을 발견하게 된다. 우선 우정을 통해 타인이 또 다른 나 자신이 된다는 것이다. 아우구스티누스는 이를 "다른 그였던 나"(ille alter eram)로 표현한다. 다른 곳에서도 유사한 표현이 발견된다. "너는 나에게 또 다른 나이다."(Mihi es alter ego)19 "또 다른 나의 영혼"(altera anima mea)20 두 번째 흥미로운 표현은 벗을 가리켜 "자신 영혼의 반쪽"(dimidium animae suae)이라고 하는 것이다. 마지막으로 아우구스티누스는 벗과의 우정 관계를 "두 몸 안에 있는 한 영혼"(Una anima in duobus corporibus)으로 간주하고 있다.

이 세 가지 표현들은 아우구스티누스가 고전 철학, 특별히 치체로의 우정 개념에 영향을 받았음을 보여준다. "또 다른 나"로서 벗을 정의하는 것은 이미 아리스토텔레스에게 발견된다.21 치체로 역시 "tamquam alter idem"22라는 표현을 사용하고 있다. "자신 영혼의 반쪽"이라는 표현은 호라씨우스(Horatius)의 『카르미나』(Carmina) 1, 3, 8의 인용이다. 그리고 "두 몸 안에 있는 한 영혼"이라는 표현 역시 "타인의 영혼이 자신의 영혼과 그토록 혼합되어 두 몸으로 이루어진 한 영혼을 형성한다."라는 치체로의 글과 연결시킬 수 있다.23

하나를 이루는 우정

친한 벗의 죽음에 대한 슬픔은 아우구스티누스로 하여금 타가스테를 떠나 카르타고에 정착하게 하였다. 이 곳에서 그는 또 다른 벗들의 위로에 이전처럼 생기를 갖게 되었다. 그들과의 우정에 대해 히포의 주교는 이렇게 묘사한다. "그들과 어울려 내가 좋아하던 것은 당신 대신에 엄청난 사설이요, 장황한 거짓말로써 귀를 간질이며 쑥스러이 긁어서 우리 정신을 부패시키는 것이었습니다. … 이 밖에도 저들에겐 마음을 사로잡는 것이 또 있었습니다. 즉 오가는 말 같이 웃기, 사이좋게 도와주기, 여럿이 함께 재미난 책 읽기, 서로 놀되 서로 존경하며, 가다가 어긋남이 있어도 내 스스로에게처럼 미움이 없기, 그리고 어쩌다 있는 이 엇갈림에 뜻들을 고루어 다져 놓기, 무엇을 서로 배우기와 서로 깨우쳐주기, 없으면 못 견디게 보고 싶고, 만나면 얼싸안고 반가워하기 – 이런 저런 표정이 사랑을 주고받는 이들의 마음에서 입을 거쳐, 혀를 거쳐, 눈이며 백천 가지 좋기만 한 종작으로 나타나 불씨와도 같이 마음들을 녹여, 여럿을 하나로 만들어놓았나이다."[24]

여기서도 아우구스티누스가 생각하는 우정은 같은 취미 혹은 같은 기호를 갖고 있는 이들의 관계로 묘사되고 있다. 또한 우정의 열매가 여럿을 하나로 만들어놓는 것(ex pluribus unum facere)이라 제시된다. 이 표현은 우리로 하여금 다시 한번 치체로의 영향을 생각하게 해준다. 그는 우정을 통하여 하나가 된다는 것이 피타고라스의 사상이라고 전해주면서,[25] 자신의 『우정론』에서 그의 정의를 사용하여 다음과 같이 표현한다. "우정의 힘은 여러 영혼들이 한 영혼을 이룬다는 것에 있다."26

2. 벗에게 좋은 것을 원하는 것으로서의 우정

아우구스티누스는 『여든세 가지 다양한 질문』(*De diversis quaestionibus 83*)에서 우정에 관한 치체로의 정의를27 주석 없이 글자 그대로 다음과 같이 전해주고 있다.28

"우정은 우리와 동일한 원의를 갖고 있으며 우리가 사랑하는 이에게 좋은 것을 원하는 것이다. 여기서 우리는 사회생활에 대해 말하는 것이므로, 우정에 그 열매를 덧붙이는 것이다. 이는 이 열매 때문이라도 우정을 희망하도록 하기 위해서이며, 우리가 우정에 관해 일반적으로 말하고 있다고 생각하는 이들이 우리를 비판하지 않도록 하기 위해서이다. 어떤 이들은 유용성 때문에만 우정을 추구해야 한다고 믿고 있지만, 또 어떤 이들은 우정 자체로 추구해야 한다고 주장하기도 한다. 또 어떤 이들은 그 자체로 그리고 유용성 때문에 추구해야 한다고 주장하기도 한다."29

이 정의에 따르면, 우정은 무엇보다 벗에게 좋은 것을 원하는 것이다. 또한 그 사람 자체가 대상이 되는 것이지 결코 그가 갖고 있는 물질적인 것이나 환경이 아니다. 때문에 우정은 무엇보다 선한 사람 사이에서만 가능한 것이다.30 이 생각은 이미 아리스토텔레스에게서 발견된다. 그에 따르면, 친구는 자신의 벗에게 좋은 것을 원하고 그것을 행하는 사람이다.31 아우구스티누스 역시 치체로의 사상을 따라, 우정이 벗에게 좋은 것을 원하는 것이라는 점을 다음과 같이 부정적 방법으로 묘사한다. "친구에게 해가 되는 것을 미워할 때 그리고 그 경우에만 너는 진정으로 그를 사랑하는 것이다."32 또한 사람 자체가 대상이 되는 것이지 결코 그가 갖고 있는 물질적인 것이나 환경이 아니라는 점에 대해서는 다음과 같이 말한다. "만약 나의 친구가 부자이기 때문에 나에게 친구가 된 것이라면, 그리고 그가 가난하게 됨으로써 더 이상 친구가 되지 않는다고 하는 것은, 내 친구가 그가 아니라 그가 소유하고 있는 금이었다는 것이다. 만약 사람이 내 친구였다고 한다면, 금이 있든 없든 간에 그는 항상 나의 친구인 것이다."33 만약 우정이 사람 자체가 아니라, 그가 지닌 물질적 소유물 때문이라면 우리는 "친구를 사랑하는 것이 아니라 그 친구가 가지고 있는 다른 것을 사랑하는 것이다."34

3. 호의와 사랑이 동반된 신적인 일과 인간적인 일에 대한 동감으로서의 우정

아우구스티누스는 치체로의 또 다른 우정에 관한 정의를 수용하면서 자신의 생각을 보다 명확하게 설명한다. 치체로에 따르면, "우정은 호의와 사랑이 동반된 신적인 일과 인간적인 일에 대한 동의 이외에 다른 것이 아니다."35 아우구스티누스는 이 정의를 무엇보다 카치시아쿰(Cassiciacum)에서 저술한 작품들에서 인용하면서 약간의 변화를 주고 있다. 그에 따르면, 우정은 "호의와 사랑이 동반된 인간적인 일과 신적인 일에 대한 동의"이다.36

인간적인 일과 신적인 일에 대한 동감

위에서 언급한 정의에서 치체로는 "divinarum humanarumque rerum cum benevolentia et caritate consensio"라고 표현하는 반면, 아우구스티누스는 "rerum humanarum et divinarum cum benevolentia et caritate consensio"라고 제시한다. 여기서 우리는 미묘한 차이를 발견한다. divinarum과 humanarum 두 형용사가 도치되어 있는 것이다. 이것이 우연적인 일인지 아니면 이면에 아우구스티누스의 의도가 들어가 있는지 질문하게 된다. 이에 대한 대답은 우정과 지혜가 서로 연결되어 있다는 것에서 찾아볼 수 있다. 아우구스티누스는 치체로와 마찬가지로 지혜(sapientia)를 rerum humanarum divinarumque scientia로 정의한다.37 물론 여기에서도 치체로의 정의는 divinarum이 humnarum 앞에 위치하고 있다는 것이 차이점이다. 두 곳에서 이렇게 도치를 하고 있다고 있다는 것은 우연으로 보기에는 어렵다. 오히려 아우구스티누스가 생각하고 있는 바를 표현하기 위한 것이라고 보아야 한다.

그렇다면 그는 무엇을 염두에 두고 있는 것인가? 아우구스티누스에 따르면, "지혜 이외는 다른 아무것도 사랑치 않는다고, 난 벌써 똑똑히 말했던 것입니다. 난, 오로지 지혜만을, 지혜 그것 때문에 사랑하고, 그밖에 다른 것들은 생명이건, 휴식이건, 친구들이건 다 지혜 때문에 내게 있기를 원하고 없어질까 두려워한다고 했습니다. 따라서 나는 그렇게 아름다운 지혜를 사랑하는 다른 사람들을 샘하지 않을뿐더러 나와 함께 그리워하고, 나와 함께 알아내고, 나와 함께 차지하고, 나와 함께 누리면서, 우리가 사랑하고 있는 지혜가 우리들 사이에 공유되어 갈수록 더욱 친해질 수 있는 그러한 여러 사람들을 나 역시 찾고 있는 판인데, 그러한 아름다운 지혜에 대한 사랑에 어떠한 한도가 있을 수 있겠습니까?"[38] 여기서 아우구스티누스는 우정과 같은 인간적인 일이 의미 있는 것은 지혜라는 신적인 것과의 관련하에서라는 점을 분명히 하고 있다. 때문에 함께 지혜를 그리워하고, 알아내고, 소유하고, 누리고, 사랑할 수 있는 이와의 우정을 생각하고 있는 것이고, 지혜를 함께 공유하면 할수록 더욱 우정이 깊어지는 것이다. 이는 반대로 말한다면, 만약 벗이 지혜를 추구하는 데 있어 장애물로 등장한다면, 그로부터 멀어지는 것이 더 낫다는 것이다.[39] 여기서 치체로와의 결정적 차이가 드러난다. 그에 따르면, "우정은 그 자체로 그리고 그것 때문에 희망하는 것이다."[40] 지혜(sapientia)를 제외하고 불멸하는 신이 인간에게 준 것 중 우정이 가장 좋은 것이기 때문이다.[41] 하지만 아우구스티누스에 따르면, 우정은 그 자체로 최고 가치가 아니라 궁극적 실재를 향해 나아가는 데 있어 도구인 것이다. 이러한 의미에서 볼 때, divinarum과 humanarum의 도치를 통하여 아우구스티누스는 신적 실재로 올라가기 위해 인간적인 것으로 시작한다는 자신의 철학과 신학의 상승 모델(ascension-model)을 제시하고 있는 것이라고 말할 수 있다.[42]

우정의 세 요소인 호의와 사랑과 동의

위에서 제시한 우정에 대한 정의에서 divinarum과 humanarum의 도치 외에 다른 것은 동일하기에, 아우구스티누스의 우정 개념에서도 호의와 사랑 그리고 동의라는 세 요소가 중요한 것임을 알 수 있다.

호의(benevolentia)를 갖는다는 것은 사랑하는 벗에게 좋은 것을 원하는 것이다. 다른 말로 한다면, 우정 안에 호의가 있다고 하는 것은 자신에게 좋은 것만을 바라는 이기적인 모습으로 타인을 대하는 것이 아니라는 것이다. 그렇기에 아우구스티누스는 우정은 결국 호의의 문제라고 다음과 같이 말한다. "호의의 우정이 존재하는데, 이 호의로 인해 때때로 우리는 우리가 사랑하는 이에게 선물을 준다. … 사랑하는 이에게는 호의만으로 충분하다."[43]

사랑이라는 요소는 무엇보다 '우정'이라는 라틴어 단어인 amicitia가 사랑을 뜻하는 amor에서 파생한 것이라는 점으로도 설명된다.[44] 여기에서 아우구스티누스는 친구를 자기 자신처럼 사랑해야 한다는 우정의 법칙을 제시한다.[45] 또한 우정은 서로 주고받는 사랑으로 이루어지는 것이기에, 상호 간의 사랑이 우정의 정수라고 그는 주장한다.[46]

동의(consensio)는 친구 간에 의기투합하는 것을 의미한다. 물론 항상 같은 의견을 갖는 것을 요구하는 것은 아니지만, 적어도 같은 방향으로 가는 것을 말하는 것이다. 그렇기에 아우구스티누스는 "영혼들과 다른 영혼들 사이의 우정은 비슷한 습관에서 나오는 것이다."라고 말한다.[47] 또한 "(영혼은) 다른 영혼을 우정으로 받아들이면서 자신과 비슷한 존재가 되게 한다."고 주장한다.[48]

4. 사랑의 질서(ordo amoris) 안에서의 우정

frui – uti

치체로에 따르면, 우정은 덕(virtus)이다. 즉 덕은 우정을 낳고 보존하며 덕이 없는 우정이란 존재할 수 없다는 것이다.[49] 물론 이 사상은 이미 플라톤과 아리스토텔레스에게서도 나타난다.[50] 아우구스티누스 역시 이 개념을 이어받았지만 다른 방향에서 전개해 나간다.[51] 그에 따르면, "덕에 관한 정확하고 간결한 정의가 있다면 그것은 사랑의 질서다."[52] 다른 말로 한다면, "덕은 향유할 것은 향유하고 사용할 것은 사용하는 완전한 질서인 것이다."[53] 이 정의에서 우리는 아우구스티누스의 사상에서 매우 중요한 "향유"(享有, frui)와 "사용"(使用, uti)의 구분이라는 개념을 발견한다.[54] 모든 사물을 향유하기 위한 것과 사용하기 위한 것 그리고 향유하고 사용하기 위한 것으로 구분하는 히포의 주교에 따르면, 향유하기 위한 것은 우리를 행복하게 만드는 것이다. 그리고 사용하기 위한 것은 행복을 추구하게 우리를 돕고, 어떤 의미에서는, 우리를 행복하게 만드는 사물에 도달하고 매달리게 붙들어 주는 것이다.[55] 다른 말로 한다면, 우리는 필요성에 의해 사용하는 것이고, 행복 때문에 향유하는 것이다.[56]

그렇다면 우리는 무엇을 향유해야 하며, 무엇을 사용해야 하는가? 이 질문에 아우구스티누스는 명백하게 대답한다. "현세적 사물들을 사용해야 하며, 영원한 것을 향유해야 한다."[57] 오직 하느님만이 영원하기에 향유의 대상이 될 수 있으며,[58] 다른 것들은 최고선에 도달하기 위한 사용의 가치를 가지고 있는 것이다. 이는 하느님 스스로가 현세적 사물들을 사용하는 도구로 주셨고 그분 자신을 향유해야 할 선으로 주셨기 때문이다.59 따라서 인간의 온전한 이성은 하느님을 알기 위하여 자기 자신을 사용하면서 자신의 온 삶을 하느님을 향유하는 데 이끌어야 한다. 오직 이렇게 함으로써 그는 행복할 수 있기 때문이다. 그렇기에 아우구스티누스는 이 인간의 온전한 이성을 덕(virtus)이라고 부른다.60

하느님 사랑과 이웃 사랑을 통해 형성되는 참된 우정

향유와 사용을 설명하면서 아우구스티누스는 이 두 개념을 사랑과 연결시킨다. 히포의 주교에 따르면, 사랑은 어떤 것을 향한 영혼의 움직임이다.61 그렇기에 향유한다는 것은 어떤 사물 그 자체 때문에 사랑으로 그것에 달라붙는 것이다. 하지만 사용한다는 것은 우리가 사랑해야만 하는 것을 얻기 위해 사물들을 이용하는 것이다.62 이러한 의미에서 아우구스티누스는 "하느님에 대한 지고한 사랑"이라는 새로운 덕의 개념을 제시한다.63 여기서 우리는 사추덕(四樞德) 중의 하나인 정의의 고전적 정의, 즉 "각자에게 그 자신의 것을 주어야 한다."(suum cuique tribuere)는 것을 떠올리게 된다. 물론 이 개념은 사회적, 정치적 덕목의 차원에서 나온 것이다. 하지만 아우구스티누스는 389년경 저술한 『가톨릭교회의 관습과 마니교도의 관습』에서 사추덕을 하느님의 사랑에로 이끄는 것으로 정의하면서,64 정의의 고

전적 정의를 그리스도교적 의미로 제시한다. 이 맥락에서 정의는 사랑으로 정의되고 있다. 즉 정의는 오직 하느님만을 섬기며, 이것 때문에 인간에게 종속된 모든 다른 것을 명령하는 사랑인 것이다.[65] 이러한 의미에서 정의의 질서는 사랑의 질서가 된다고 말할 수 있다. "완전한 정의는 다음과 같은 것이니, 더한 것은 더 사랑하고 덜한 것은 덜 사랑하는 것이다."[66]

『가톨릭교회의 관습과 마니교도의 관습』에서 정의가 하느님의 사랑과 동일시되었다면,『여든세 가지 다양한 질문』[61]은 하느님 사랑과 이웃 사랑으로 정의를 표현한다.[67] 아우구스티누스에 따르면, 하느님 사랑과 이웃 사랑은 caritas의 두 발(pedes)이요 두 날개(ala)이다.[68] 결국 사랑의 질서 안에서 우정은 하느님 사랑과 이웃 사랑에 대한 동의라고 말할 수 있다. 이 개념은 395년 이후에 작성된 것으로 보이는 『서한』 258에서 잘 나타난다.

옛 친구인 마르씨아누스(Martianus)에게 보낸 『서한』 258에서 아우구스티누스는 우정에 대한 치체로의 정의에 "지극히 참된 우리의 평화이신 우리 주 예수 그리스도 안에서"라는 표현을 삽입하면서 참된 우정의 기초가 무엇인지 밝히고 있다.[69] 이는 곧 인간적인 일과 신적인 일이 무엇인지에 대한 설명을 제공하는 것이다. 히포의 주교에 따르면, 마르씨아누스와의 우정이 인간적인 일에 있어서는 완벽한 동의를 하였지만, 신적인 일에 있어서는 그러지 못하였다고 적고 있다.[70] 아우구스티누스는 가장 큰 계명에 대한 예수의 말씀을[71] 인용하면서, 첫 번째 계명 안에 신적인 일에 대한 완전한 동의가 있고, 두 번째 계명에는 사랑에 가득 찬 호의가 동반하고 있는 인간적인 일에 대

한 완전한 동의가 있다고 전해준다.72

그러므로 아우구스티누스에 따르면, 우정은 자신의 마음과 목숨과 정신을 다해 하느님을 사랑하고 이웃을 자기 자신처럼 사랑하는 사람들 사이의 것이다. 다른 말로 한다면, 참된 우정은 그 자체로(propter seipsum) 하느님을 사랑하고, 하느님께 대한 사랑 때문에(propter Deum) 이웃을 자신같이 사랑하는 그리스도인 사이에서 이루어진다는 것이다.73 그렇기에 아우구스티누스는 『고백록』에서 다음과 같이 말한다. "진정한 우정이란 우리에게 베풀어주신 성령으로 말미암아 우리 마음에 부어진 사랑으로 당신이 서로를 매어주시지 않고는 아니 있기 때문입니다."74 우정은 성령의 은총을 통해 주어진 선물인 것이다.75 하느님께서 우정을 선사해 주시기 때문에, 아우구스티누스의 우정 개념은 자연적인 차원에서 초자연적인 차원으로 넘어간다. 이는 참된 우정을 맺는 그리스도인의 모습이 세례성사로 말미암아 새로운 인간으로 태어난 그리스도인, 신화(神化)한 그리스도인이기 때문이다.76 그렇기에 이웃을 자신같이 사랑하라는 계명에서 그리스도인은 이웃의 범주를 단순히 부모, 형제, 자매, 친구 등만으로 국한하지 않는다. 아우구스티누스에 따르면, 이웃은 모든 사람을 다 포함하는 것이기에 원수도 이웃의 범주에 들어가는 것이다.77 때문에 아우구스티누스에 따르면, 그리스도인은 원수들을 사랑하면서 "사랑의 완성"(perfectio dilectionis)을 이루는 것이다.78 이러한 의미에서 그리스도인의 우정은, 고전 철학자들이 주장하듯, 어느 특정인들과의 관계가 아닌 모든 사람들에게 연장된 관계라고 말할 수 있다.

5. 우정을 통한 일치

우리 마음에 부어진 성령으로 말미암아 맺어진 그리스도인의 우정은 서로 간에 일치를 이루는 것만으로 끝나는 것이 아니라, 그리스도인과 그리스도의 일치로도 나타난다.[79] 이는 사랑이 사랑하는 존재와 사랑받는 대상을 일치시키는 힘을 가지고 있음을 의미하며,[80] 그렇기에 "하느님을 사랑하면 하느님이 되지만, 땅을 사랑하면 땅이 된다."고 아우구스티누스는 말하는 것이다.[81] 더욱이 사랑을 통해 하느님께서 우리 안에 머무신다.[82] 때문에 참된 우정을 맺는 그리스도인은 이웃 안에 살아계시는 성령을 영적인 눈으로 보면서 이웃을 사랑하고, 이웃 안에 살아계시는 하느님을 사랑하게 된다.[83]

이러한 일치를 이루는 힘을 가진 우정에서 우리는 다음의 특성을 보게 된다.

첫째, 우정은 영원하다.[84] 하느님만을 향유하도록 되어있는 영혼의 불사불멸성을 토대로 하고 있는 우정의 영원성은 성령으로 말미암아 우리 마음에 부어진 사랑으로 사람들의 일치가 이루어지는 것에서 나온다. 다시 말하면, 우정의 영원성은 하느님께서 우리 인간을 매어주시기 때문에 이루어지는 것이며, caritas는 우정의 불멸성과 지속성을 보증해주고 있는 것이다. 그렇기에 오직 그리스도 안에서만 우정은 충실하고, 영원하고 행복할 수 있다고 히포의 주교는 확언한다.[85]

둘째, 우정은 성실하다. 이 성실성으로 인해 우리는 모든 생각을 털어놓을 수 있는 사람을 우정이라는 이름으로 받아들이는 것이다.[86] 이는 이웃 안에 살아계시는 하느님을 사랑하는 것에서 나오는 것이다.

셋째, 우정은 솔직함을 지닌다. 이는 아첨에 대한 단죄를 의미하는 것이다.[87] 또한 친구가 잘못한 경우에는 그 실수에 대해 솔직하게 말할 수 있어야 한다는 것으로,[88] "우정이 아니면 그 어느 누구도 알지 못하기 때문이다."[89] 때문에 아우구스티누스는 책망하기를 두려워하는 친구보다 비난하는 원수가 더 유익하다고 말한다.[90] 우정의 솔직함을 통해 우리는 온갖 오류와 슬픔에서 위로를 받게 된다.[91] 여기서 기도의 필요성이 등장한다. 우리의 마음과 친구의 마음이 하느님의 사랑으로 가득 차도록 끊임없이 기도해야 하는 것이다.[92]

6. 하느님을 향한 한 영혼과 한 마음으로 표현되는 그리스도인의 우정

그리스도인의 우정은 하느님을 향해 나아가는 여정 속에서 이루어지는 것이다. 때문에 우리 마음에 부어진 성령으로 말미암아 맺어진 그리스도인의 우정은 "하느님을 향한 한 영혼과 한 마음"(Anima una et cor unum in Deum)[93]을 형성한다고 볼 수 있다. 그리스도인의 우정은 하늘나라를 향한 여정 안에서 이루어지기에, 우리가 이 세상에 있는 동안에는 완전하게 이루어질 수 없다는 것이 분명해진다.[94] 다시 말하면, 하느님을 향해 함께 나아간다는 것은 단순히 이 세상에서만의 움직임이 아닌 천상본향에서도 이루어지는 하느님을 향한 움직임인 것이다.

　우리가 이 세상에서 한 마음 한 뜻을 이루는 것은 믿음, 희망, 사랑이라는 향주 삼덕의 친교 위에 세워지는 것이라고 성인은 다음과 같이 말한다. "유일한 믿음, 유일한 희망 그리고 유일한 사랑이 양자로 불렸고 그리스도의 유산에로 불린 많은 성인들이 하느님을 향하면서 한 마음과 한 뜻을 갖게끔 하였다."[95] 이 지상 삶이 끝나고 우리가 천상 고향에 돌아갈 때 그리스도인의 우정은 완성될 것이다. "우리는 우리가 서로 사랑하고 있다고 상호 간에 믿고 있기 때문에 이 지상에서 어느 정도 평화를 누립니다. 그러나 우리가 서로의 마음을 알 수 없기 때문에 이와 같은 평화에도 만족하지 못합니다. … 만약 우리가 누리는 이 평화를 세상 안에서 유지해 나간다면 모든 모순들은 사라지게 되고, 우리 마음 안에 있는 모든 것들이 드러나게 되어 하느님의 영원한 평화를 누리게 될 것입니다."[96]

결론

　지금까지 고찰을 통하여 볼 때 아우구스티누스의 우정 개념에 가장 큰 영향을 미친 이가 치체로라는 점에 대해서는 의심할 여지가 없다. 하지만 우정에 대한 아우구스티누스의 개념은 분명 그리스 철학과 그리스도교와의 결정적 차이를 보여주고 있다. 이 성찰을 통해, 아우구스티누스는 인간 삶의 역동적인 내적 모습을 잘 보여주고 있다. 즉 치체로나 아리스토텔레스처럼 우정을 단순히 덕으로만 다루는 것이 아니라, 인간 사이의 관계뿐 아니라 인간과 하느님과의 관계까지도 포함하기 때문이다.

또한 히포의 주교는 우정 자체가 목적이 아니라, 하느님께 나아가는 데 있어 사용되는 도구임을 강조하였다. 그럼으로써 지상의 실재를 통해 천상의 실재에로 올라가는 상승 구조 안에서 우정을 이해하였다. 다른 말로 한다면, 그리스도인의 참된 우정은 우리 마음 안에 부어진 성령을 통해 이루어진다고 명백하게 정의함으로써 아우구스티누스는 우정의 자리에 하느님을 찾고 발견하는 역동성을 강조하였던 것이다.

이러한 과정에서 아우구스티누스는 하느님 사랑과 이웃 사랑이라는 caritas의 범주 속에서 우정을 설명함으로써 세례성사를 통해 새 인간으로 재창조된 그리스도인의 모습 안에서 초자연적 성격을 지닌 우정을 강조할 수 있었다. 우정을 통해 그리스도인들은 서로 일치하게 되고 더 나아가 그리스도와도 일치하게 된다. 이 일치는 무엇보다 종말론적 성격을 지닌 "하느님을 향하는 한 영혼과 한 마음"이라는 표현을 통해 잘 드러난다. 이 여정에서 우리는 세상의 모든 이들을 만날 수 없지만, 적어도 우리가 만나는 이들을 벗으로 만들어 하느님을 향해 함께 나아가도록 노력해야 한다.[97] 이토록 아우구스티누스는 그리스도인으로 탄생하는 순간부터 하늘나라에서 영원한 안식을 누리는 그 순간까지 그리스도인의 전 삶을 아우르는 개념으로서 우정을 제시하고 있다. 이 면에서 우리는 히포의 주교가 새로운 그리스도인 우정 개념을 제시하기 위해 큰 노력을 기울인 교부라고 자신 있게 말할 수 있다.

| 주 |

1 아우구스티누스, 『강론』 299/D, 1, 1. "Necessaria sunt in hoc mundo duo ista, salus et amicus … Salus et amicus, naturalia bona sunt. Fecit Deus hominem, ut … ne solus esset, amicitia quaesita est."
2 A. Pincherle, *Vita di sant'Agostino*, Bari, 1988, p. 12.
3 M.A. McNamara, *Friendship in saint Augustine*, Fribourg, 1958, p. 4.
4 아우구스티누스, 『고백록』 6, 16, 26. " … nec esse sine amicis poteram beatus."
5 아우구스티누스, 『고백록』 2, 5, 10. "Amicitia quoque hominum caro nodo dulcis est propter unitatem de multis animis."
6 C. White, *Christian friendship in the fourth century*, Cambridge, 1992, p. 185. 아우구스티누스의 사상과 생애에서 우정이 그토록 주요한 위치를 갖게 된 요인으로 아프리카인으로서의 특성과 부모로부터 받은 영향 등을 꼽을 수 있다. 참조: R. Piccolomini, *Sant'Agostino. L'amicizia*, Roma, 19962, pp. 22-27; M.A. McNamara, *Friendship in saint Augustine*, pp. 1-4.
7 Cf. L.F. Pizzolato, *L'idea di amicizia nel mondo classico e cristiano*, Torino, 1993, p. 296.
8 "우정"이라는 주제는 이미 그리스 철학에서 많이 다루어진 것이다. 참조: E. Centineo, "Amicizia", in *Enciclopedia filosofica* I, Venezia, Roma, 1957, pp. 168-169; J.T. Lienhard, "Friendship in Paulus of Nola and Augustine" in AA.VV., *Collectanea augustiniana. Mélanges T.J. van Bavel*, Leuven, 1990, pp. 280-282; I. Hadot, "Amicitia", in *Augustinus Lexikon*, 1, Basel, pp. 287-291; R. Piccolomini, *Sant'Agostino. L'amicizia*, pp. 16-21.
9 아우구스티누스, 『고백록』 2, 2, 2. "Et quid erat, quod me delectabat, nisi amare et amari? Sed non tenebatur modus ab animo usque ad animum, quatenus est luminosus limes amicitiae, sed exhalabantur nebulae de limosa concupiscentia carnis et scatebra pubertatis et obnubilabant atque obfuscabant cor meum, ut non discerneretur serenitas dilectionis a caligine libidinis." 계속해서 『고백록』의 우리말 번역은 최민순 신부의 것을 따른다: 성아우스띤, 『고백록』, 최민순 옮김, 서울: 성바오로출판사, 1965.
10 우리는 '사건'과 그에 대한 '평가'를 구분해야 한다. 즉 서술하고 있는 아우구스티누스(Agostino narrante)와 서술된 아우구스티누스(Agostino narrato)의 구분인 것이다. 분명 사건에 대한 평가는 『고백록』을 저술할 시기의 아우구스티누스의 감정이요, 사건은 과거에 속한 것이다. 하지만 서술하고 있는 아우구스티누스와 서술된 아우구스티누스는 동일 인물이라는 것 그리고 서술하고 있는 아우구스티누스가 서술된 아우구스티누스를 변형시키고 있지 않다는 점을 잊어서는 안 된다. 참조: A. Trapè, *Introduzione alle Confessioni, in Nuova Biblioteca Agostiniana* 1, Roma, 1965, pp. XXIX-XXX.
11 아우구스티누스, 『고백록』 2, 8, 16. "Quem fructum habui miser aliquando in his, quae nunc recolens erubesco, maxime in illo furto, in quo ipsum furtum amavi, nihil aliud…..Et tamen solus id non fecissem – sic recordor

animum tunc meum – solus omnino id non fecissem. Ergo amavi ibi etiam consortium eorum, cum quibus id feci."

12 아우구스티누스, 『고백록』 2, 9, 17.

13 아우구스티누스, 『고백록』 4, 4, 7-8.

14 아우구스티누스, 『고백록』 4, 4, 7. "In illis annis, quo primum tempore in municipio, quo natus sum, docere coeperam, conparaveram amicum societate studiorum nimis carum, coaevum mihi et conflorentem flore adulescentiae.....Sed tamen dulcis erat nimis, cocta fervore parilium studiorum."

15 Aristoteles, *Ethica Nicomachea* VIII, 3.

16 Cicero, *Laelius de amicitia* IV, 15. "Omnis vis amicitiae, voluntatum, studiorum, sententiarum summa consensio." 치체로의 우정 개념에 대해서는 참조: R. Sansen, *Doctrine de l'amitié chez Ciceron. Exposé-Source-Critique-Influence*, Lille, 1975; H. Pétré, *Caritas. Étude sur le vocabulaire latin de la charité chrétienne*, Louvain, 1948, pp. 38-40; 박상배, 「키케로의 우정론 소고」, 『신학전망』 48(1980/봄), 79-89쪽.

17 Cicero, *Laelius de amicitia* XX, 74. "Dispares enim mores disparia studia sequuntur."

18 아우구스티누스, 『고백록』 4, 6, 11. "Ille alter eram, vivere illo mortuo mirabar. Bene quidam dixit de amico suo: dimidium animae suae. Nam ego sensi animam meam et animam illius unam fuisse animam in duobus corporibus."

19 아우구스티누스, 『서한』 38, 1.

20 아우구스티누스, 『서한』 110, 4.

21 Aristoteles, *Ethica Nicomachea* IX, 4. "o`fi,loj a;lloj auvto,j."

22 Cicero, *Laelius de amicitia* XXI, 80.

23 Cicero, *Laelius de amicitia* XXI, 81. "Cuius animum ita cum suo misceat, ut efficiat paene unum ex duobus."

24 아우구스티누스, 『고백록』 4, 8, 13. "Cum quibus amabam quod pro te amabam, et hoc erat ingens fabula et longum mendacium, cuius adulterina confricatione corrumpebatur mens nostra pruriens in auribus … Alia erant, quae in eis amplius capiebant animum, conloqui et conridere et vicissim benivole obsequi, simul legere libros dulciloquos, simul nugari et simul honestari, dissentire interdum sine odio tamquam ipse homo secum atque ipsa rarissima dissensione condire consensiones plurimas, docere aliquid invicem aut discere ab invicem, desiderare absentes cum molestia, suscipere venientes cum laetitia: his atque huius modi signis a corde amantium et redamantium procedentibus per os, per linguam, per oculos et mille motus gratissimos quasi fomitibus conflare animos et ex pluribus unum facere."

25 Cicero, *De officiis* 1, 17." … efficiturque id, quod Pythagoras vult in amicitia, ut unus fiat ex pluribus."

26 Cicero, *Laelius de amicitia* XXV, 91. "Cum amicitiae vis sit in eo, ut unus quasi animus fiat ex pluribus."
27 Cicero, *De inventione* 2, 53, 159-167.
28 아우구스티누스는 『재론고』 1, 26, 2에서 다음과 같이 말한다. "31번째 질문은 나의 것이 아니라, 치체로의 것이다. 이 질문은 나를 통해 형제들이 알게 되었고, 그들이 이 모음집에 삽입한 것이다. 이는 치체로가 어떻게 영혼의 덕을 나누고 정의하는지 이해하고 싶은 열망에서 그러한 것이다."
29 아우구스티누스, 『여든세 가지 다양한 질문』 31, 3. "Amicitia voluntas erga aliquem rerum bonarum, illius ipsius causa quem diligit cum eius pari voluntate. Hic quia de civilibus causis loquimur, fructus ad amicitiam adiungimus, ut eorum quoque causa petenda videatur, ne forte qui nos de omni amicitia dicere existimant reprehendant. Quamquam sunt qui propter utilitatem modo petendam putant amicitiam, sunt qui propter se solum, sunt qui et propter se et propter utilitatem."
30 Cicero, *Laelius de amicitia* V, 18. "Nisi in bonis amicitiam esse non posse."
31 Aristoteles, *Ethica Nicomachea* IX, 4.
32 아우구스티누스, 『강론』 49, 5. "Tunc amas amicum, si oderis quod nocet amico."
33 아우구스티누스, 『강론』 41, 1. "Amicus enim meus, si cum dives esset amicus fuit, cum pauper est amicus non est, non ipse mihi amicus, sed aurum eius fuit. Si autem amicus meus ipse homo fuit, et manente auro et recedente auro, ipse est qui fuit."
34 아우구스티누스, 『강론』 41, 3. "Adhuc non amicum, sed aliud aliquid amas in amico."
35 Cicero, *Laelius de amicitia* VI, 20. "Est enim amicitia nihil aliud nisi omnium divinarum humanarumque rerum cum benevolentia et caritate consensio."
36 아우구스티누스, 『아카데미아 학파 반박』 3, 6, 13. "Rerum humanarum et divinarum cum benevolentia et caritate consensio."
37 Cicero, *Tusculanae disputationes* 4, 26, 57. " … sapientiam esse rerum divinarum et humanarum scientiam"; 아우구스티누스, 『아카데미아 학파 반박』 1, 6, 16. "Sapientiam esse rerum humanarum divinarumque scientiam."
38 아우구스티누스, 『독백』 1, 13, 22. "Ego autem solam propter se amo sapientiam, caetera vero vel adesse mihi volo vel deesse timeo propter ipsam: vitam, quietem, amicos. Quem modum autem potest habere illius pulchritudinis amor, in qua non solum non invideo caeteris, sed etiam plurimos quaero qui mecum appetant, mecum inhient, mecum teneant, mecumque perfruantur; tanto mihi amiciores futuri, quanto erit nobis amata communior."
39 루이지 피졸라토는 우정의 문제가 지혜와 연결되어 숙고되는 것을 우정의 수덕-지혜적(ascetico-sapienziale) 특성으로 본다: L.F. Pizzolato, *L'idea di amicizia*

nel mondo classico e cristiano, p. 300.
40 Cicero, Laelius de amicitia XXI, 80. "amicitia per se et propter se expetita."
41 Cicero, Laelius de amicitia VI, 20. " ··· qua quidem haud scio an, excepta sapientia, nihil melius homini sit a dis immortalibus datum."
42 T.J. van Bavel, The influence of Cicero's ideal of friendship on Augustine, in AA.VV., Augustiniana traiectina, Paris, 1987, p. 60.
43 아우구스티누스, 「요한 서간 강해」 8, 5. "Amicitia quaedam benevolentiae est, ut aliquando praestemus eis quos amamus...Sola benevolentia sufficit amanti."
44 Cicero, Laelius de amicitia 8, 26. "Amor enim, ex quo amicitia nominata est"; 아우구스티누스, 「펠라기우스파 두 서간 반박」 1, 1, 1. "Amicitia, quae non aliunde quam ex amore nomen accepit."
45 아우구스티누스, 「독백」 1, 3, 8. "Illam enim legem amicitiae iustissimam esse arbitror, qua praescribitur, ut sicut non minus ita nec plus quisque amicum quam seipsum diligat."
46 아우구스티누스, 「보이지 않는 것에 대한 믿음」 2, 4. "Amicitia, quia nonnisi mutuo amore constat"; 「고백록」 2, 2, 2. "Et quid erat, quod me delectabat, nisi amare et amari?"
47 아우구스티누스, 「미완성 창세기 문자적 해설」 16, 59. " ··· animarum...aliarum cum aliis amicitia similibus moribus confit."
48 아우구스티누스, 「여든세 가지 다양한 질문」 39. " ··· aliam animam, quam recipiendo in amicitiam sui similem facit."
49 Cicero, Laelius de amicitia VI, 20. "haec ipsa virtus amicitiam et gignit et continet nec sine virtute amicitia esse ullo pacto potest."
50 참조: 박은미, 「아우구스티노의 우정론 이해: 고전 철학자들의 우정론 이해」, 「신학전망」 140(2003/봄), 89-95쪽.
51 아우구스티누스의 덕의 개념에 대해서는 참조: G.J. Lavere, "Virtue", in Augustine through the Ages. An Encyclopedia, Michigan, 1999, pp. 871-874.
52 아우구스티누스, 「신국론」 15, 22. "Definitio brevis et vera virtutis ordo est amoris."
53 아우구스티누스, 「여든세 가지 다양한 질문」 30. "Omnis ordinatio, quae virtus etiam nominatur, fruendis frui et utendis uti."
54 "frui-uti" 개념은 스토아철학에서 구분하는 "honestum-utile" 개념을 반향하고 있는 것이다. 이에 대해서는 참조: A. Di Giovanni, La dialettica dell'amore, Roma, 1965; R. Canning, Uti/frui, in Augustine through the Ages. An Encyclopedia, Michigan, 1999, pp. 859-861.
55 아우구스티누스, 「그리스도교 교양」 1, 3, 3. "Res ergo aliae sunt, quibus fruendum est, aliae quibus utendum, aliae quae fruuntur et utuntur. Illae quibus fruendum est, nos beatos faciunt. istis quibus utendum est, tendentes ad beatitudinem adiuvamur et quasi adminiculamur, ut ad illas, quae nos beatos faciunt, pervenire atque his inhaerere possimus." Cf. 「신국론」 11, 25. "Quod ea re frui dicimur, quae nos non ad aliud referenda

per se ipsa delectat; uti vero ea re, quam propter aliud quaerimus"; 「여든세 가지 다양한 질문」 30. "Frui ergo dicimur ea re de qua capimus voluptatem; utimur ea quam referimus ad id unde capienda voluptas est."

56 아우구스티누스, 「강론」 177, 8. "Utimur enim pro necessitate, fruimur pro iucunditate."
57 아우구스티누스, 「강론」 36, 6. "Temporalia ad utendum, aeterna ad fruendum." Cf. 「신국론」 11, 25. "Unde temporalibus magis utendum est, quam fruendum, ut frui mereamur aeternis"; 「강론」 61, 10, 11. "Magis ad fruendum, aeterna; ad utendum temporalia."
58 아우구스티누스, 「그리스도교 교양」 1, 3, 3. "Res igitur, quibus fruendum est, Pater et Filius et Spiritus Sanctus eademque Trinitas."
59 아우구스티누스, 「강론」 177, 8. "Ergo ista temporalia dedit ad utendum, se ad fruendum."
60 아우구스티누스, 「여든세 가지 다양한 질문」 30. "Perfecta igitur hominis ratio, quae virtus vocatur, utitur primo se ipsa ad intellegendum Deum, ut eo fruatur a quo etiam facta est … Vitam etiam suam ad id refert, ut fruatur Deo; ita enim beata est."
61 아우구스티누스, 「여든세 가지 다양한 질문」 35, 1. "Deinde cum amor motus quidam sit, neque ullus sit motus nisi ad aliquid, cum quaerimus quid amandum sit, quid sit illud ad quod moueri oportet quaerimus."
62 아우구스티누스, 「그리스도교 교양」 1, 4, 4. "Frui est enim amore inhaerere, alicui rei propter se ipsam. Uti autem, quod in usum venerit, ad id, quod amas obtinendum referre, si tamen amandum est."
63 아우구스티누스, 「가톨릭교회의 관습과 마니교도의 관습」 1, 15, 25. "Nihil omnino esse virtutem affirmaverim nisi summum amorem Dei."
64 여기서 우리는 드와뇽이 주장하는 것처럼 아우구스티누스의 독창성을 볼 수 있다: J. Doignon, "La première exégèse augustinienne de Rm 8,28 et l'unité formulée 《more tulliano》 des quatre vertus dans l'amour", in *Cristianesimo nella storia* 4(1983), p. 288.
65 아우구스티누스, 「가톨릭교회의 관습과 마니교도의 관습」 1, 15, 25. "Itaque illas quatuor virtutes, quarum utinam ita in mentibus vis ut nomina in ore sunt omnium, sic etiam definire non dubitem, ut temperantia sit amor integrum se praebens ei quod amatur, fortitudo amor facile tolerans omnia propter quod amatur, iustitia amor soli amato serviens et propterea recte dominans, prudentia amor ea quibus adiuvatur ab eis quibus impeditur sagaciter seligens. Sed hunc amorem non cuiuslibet sed dei esse diximus, id est summi boni, summae sapientiae summaeque concordiae. quare definire etiam sic licet, ut temperantiam dicamus esse amorem deo sese integrum incorruptumque servantem, fortitudinem amorem omnia propter Deum facile perferentem, iustitiam amorem Deo tantum servientem et ob hoc bene imperantem ceteris quae homini subiecta sunt, prudentiam amorem bene discernentem ea quibus adiuvetur in Deum ab his quibus impediri potest."

66 아우구스티누스, 『참된 종교』 48, 93. "Haec est perfecta iustitia, qua potius potiora et minus minora diligimus"
67 아우구스티누스, 『여든세 가지 다양한 질문』 61, 4. " … quarta quae per ceteras omnes diffunditur, dilectio Dei et proximi."
68 아우구스티누스, 『시편 상해』 33, s. 2, 10. "Pedes tui, caritas tua est. Duos pedes habeto, noli esse claudus. Qui sunt duo pedes? Duo praecepta dilectionis, Dei et proximi"; 149, 5. "Qui ergo in hac vita gemunt, et desiderant illam patriam, currant dilectione, non pedibus corporis: non quaerant naves, sed pennas; duas alas caritatis adprehendant. Quae sunt duae alae caritatis? dilectio Dei, et proximi"; 『강론』 68, 13. "una ala est, diliges Dominum Deum tuum ex toto corde tuo, et ex tota anima tua, et ex tota mente tua. Sed noli ad unam alam remanere; nam si unam habere te putas, nec ipsam habes. Diliges proximum tuum tanquam te." 아우구스티누스의 강론 안에서 사용된 날개의 모습에 대해서는 참조: S. Poque, *Le langage symbolique dans la prédication d'Augustin d'Hippone*, I, Paris, 1984, pp. 331-341.
69 아우구스티누스, 『서한』 258, 4. "Nunc enim nobis est rerum humanarum et divinarum cum benevolentia et caritate consensio in Christo Iesu Domino nostro, verissima pace nostra."
70 아우구스티누스, 『서한』 258, 1. "Tu autem, mi carissime, aliquando mihi consentiebas in rebus humanis…Porro in rebus divinis, quarum mihi illo tempore nulla eluxerat veritas, utique in maiore illius definitionis parte nostra amicitia claudicabat; erat enim rerum tantum modo humanarum non etiam divinarum quamvis cum benevolentia et caritate consensio."
71 마태오 22, 37-39. "네 마음을 다하고 네 목숨을 다하고 네 정신을 다하여 주 너의 하느님을 사랑해야 한다. 이것이 가장 크고 첫째가는 계명이다. 둘째도 이와 같다. 네 이웃을 너 자신처럼 사랑해야 한다는 것이다."
72 아우구스티누스, 『서한』 258, 4. "In illo primo rerum divinarum, in hoc secundo rerum humanarum est cum benevolentia et caritate consensio."
73 Cf. L. Alici, *L'altro nell'io in dialogo con Agostino*, Roma, 1999, pp. 124-125. "하느님과 이웃 사랑이라는 복음의 두 계명은 이 점에서 우정에 관한 마지막 진리가 된다. … 이렇게 아우구스티누스는 새로운 고전 문화 변용에 따라 우정에 관한 고전적 정의에 하나의 본질적 변형을 각인하고 있다."
74 아우구스티누스, 『고백록』 4, 4, 7. " … est vera amicitia, quia non est vera, nisi cum eam tu agglutinas inter haerentes tibi caritate diffusa in cordibus nostris per Spiritum Sanctum, qui datus est nobis."
75 Cf. J.T. Lienhard, "Friendship, Friends", in *Augustine through the Ages. An Encyclopedia*, Michigan, 1999, p. 372.
76 아우구스티누스의 신화(deificatio) 개념에 대해서 참조: J.A.A.A. Stoop, *Die Deificatio hominis in die Sermones en Epistolae van Augustinus*, Leiden, 1952; V. Capánaga, "La deificación en la soteriologia agustiniana", in AA.VV., *Augustinus Magister*, II, Paris, 1954, pp. 745-754; G. Bonner, "Augustine's conception of deification", in *The journal of theological studies* 37(1986), pp. 369-386; G. Bonner, "Deificare", in *Augustinus*

Lexikon, 2, Basel, pp. 265-267; G. Bonner, "Deification, divinization", in Augustine through the Ages. An Encyclopedia, Michigan, 1999, pp. 265-266.

77 아우구스티누스, 「서한」 155, 4, 14. "Proximum ⋯ non sanguinis propinquitate, sed rationis societate pensandus est, in qua socii sunt omnes homines"; 「시편 상해」 11, 3. "Proximum omnem hominem oportet intellegi"; 118, s. 8, 2. "Omnis quippe homo est omni homini proximus, nec ulla cogitando est longinquitas generis, ubi est natura communis"; 「강론」 386, 1. "Intendite, fratres mei, ad caritatem⋯Cum nos moneat Deus, ut nos invicem diligamus, numquid hoc tantum monet, ut diligas diligentem te? Haec est mutua dilectio, hoc non sufficit Deo: pervenire enim voluit usque ad inimicos diligendos."

78 아우구스티누스, 「요한 서간 강해」 1, 9. "Perfectos in dilectione vocat. Quae est perfectio dilectionis? Et inimicos diligere, et ad hoc diligere, ut sint fratres. Non enim dilectio nostra carnalis esse debet"; 8, 10. "Quapropter perfecta dilectio, est inimici dilectio: quae perfecta dilectio est in dilectione fraterna"; 「시편 상해」 93, 28. "Neque enim est perfecta dilectio christiani, nisi cum implet quod Christus praecepit: Diligite inimicos vestros, benefacite his qui vos oderunt, et orate pro eis qui vos persequuntur."

79 아우구스티누스, 「서한」 258, 4. "Haec duo si mecum firmissime teneas, amicitia nostra vera ac sempiterna erit et non solum invicem nos sed etiam ipsi Domino sociabit."

80 아우구스티누스, 「질서론」 2, 18, 46. "Nonne unum vult fieri cum eo, quod amat et, si ei contingat, unum cum eo fit."

81 아우구스티누스, 「요한 서간 강해」 2, 14. "Terram diligis? Terra eris. Deum diligis? quid dicam? deus eris."

82 아우구스티누스, 「요한 서간 강해」 8, 12. "Coepit in te Deus habitare; ama eum qui in te coepit habitare, ut perfectius inhabitando faciat te perfectum."

83 아우구스티누스, 「요한 서간 강해」 5, 7. "Si enim fratrem quem vides dilexeris, simul videbis et Deum; quia videbis ipsam caritatem, et intus inhabitat Deus."

84 Cf. J.-N. Grou, Morale tirée des Confessions de saint Augustin, Paris, Bruxelles, 1863, p. 189.

85 아우구스티누스, 「펠라기우스파 두 서간 반박」 1, 1, 1. "Nusquam nisi in Christo fidelis est, in quo solo esse etiam sempiterna ac felix potest?"

86 아우구스티누스, 「여든세 가지 다양한 질문」 71, 6. "Illum enim receptum in amicitiam possumus dicere, cui omnia nostra consilia refundere audeamus."

87 아우구스티누스, 「서한」 110, 2. "adulatio inimica amicitiae."

88 형제적 교정에 대해서 참조: A. Clerici, La correzione fraterna in S. Agostino, Palermo, 1989.

89 아우구스티누스, 「여든세 가지 다양한 질문」 71, 5. "Nemo nisi per amicitiam

cognoscitur."
90 아우구스티누스, 「서한」 73, 2, 4. "Hoc est enim, quod acute vidit, qui dixit utiliores esse plerumque inimicos iurgantes quam amicos obiurgare metuentes; illi enim dum rixantur, dicunt aliquando vera, quae corrigamus, isti autem minorem, quam oportet, exhibent iustitiae libertatem, dum amicitiae timent exasperare dulcedinem."
91 참조: 아우구스티누스, 「서한」 130, 2, 4.
92 아우구스티누스, 「서한」 145, 7. " … orando petere, quaerere, pulsare debemus, ut ille, apud quem est fons vitae, det nobis inebriari ab ubertate domus suae et voluptatis suae potare torrentem."
93 Cf. R. Piccolomini, *Sant'Agostino. L'amicizia*, pp. 51-53. 이 표현은 사도행전 4, 32의 말씀에 아우구스티누스가 'in Deum'을 첨가한 것으로, 그의 고유한 것이요 개인적인 것으로 다른 선임교부들에게서는 발견되지 않는 표현이다. 결국 이 표현은 아우구스티누스에게만 친숙한 사상을 드러내는 것이라고 할 수 있다. 이에 대해 참조: T.J. van Bavel, "《Ante omnia》 et 《in Deum》 dans la 《 Regula Sancti Augustini》", in *Vigiliae christianae* 12(1958), pp. 162-165.
94 아우구스티누스, 「서한」 130, 7, 14. "Deum igitur diligimus per se ipsum et nos ac proximos propter ipsum. Nec cum ita vivimus, iam nos in ipsa beata vita constitutos existimemus, quasi nihil sit amplius, quod oremus." Cf. L.F. Pizzolato, "Interazione e compenetrazione di amicizia e carità in sant'Agostino", in AA.VV., *Forma futuri. Studi in onore del cardinale Michele Pellegrino*, Torino, 1975, p. 860.
95 아우구스티누스, 「서한」 238, 2, 13. "Quod enim fecit in multis sanctis in adoptionem filiorum vocatis coheredibus Christi una fdes et una spes et una caritas ut esset eis anima una et cor unum in Deum."
96 아우구스티누스, 「요한복음 강해」 77, 4. "Est nobis pax, quia invicem nobis credimus quod invicem diligamus; sed nec ipsa plena est, quia cogitationes cordis nostri invicem non videmus. Si tenuerimus usque in finem qualem accepimus, qualem habet habebimus, ubi nihil nobis repugnet ex nobis, et nihil nos invicem lateat in cordibus nostris."
97 Cf. D.X. Burt, *Friendship & society. An introduction to Augustine's practical philosophy*, Michigan, 1999, p. 67.

2장

『강론』 84-86의 부자청년 이야기(마태 19, 16-26) 주석에 나타난 아우구스티누스의 **부**富와 **가난**에 대한 **이해**

서론

1. "네가 생명에 들어가려면"
삶에 대한 자의적 움직임
삶의 무상함
행복을 원하는 인간

2. "계명들을 지켜라"
계명의 단계성
부와 가난의 척도인 하느님 소유
자선의 의무

결론

「『강론』 84-86의 부자청년 이야기(마태 19,16-26) 주석에 나타난 아우구스티누스의 부(富)와 가난에 대한 이해」는 2009학년도 가톨릭대학교 성신교정 교비연구비(2차) 지원을 받아 연구 작성된 논문으로, 「사목연구」 24호, 가톨릭대학교 사목연구소, 2009에 수록되었다.

서론

　자본주의 체제가 발달하면서 나타나는 부익부 빈익빈(富益富 貧益貧)이라는 현상 앞에, 가난과 정의를 부르짖는 목소리는 더욱 더 높아져 간다. "하느님께서는 땅과 그 안에 있는 모든 것을 모든 사람과 모든 민족이 사용하도록 창조하셨다. 따라서 창조된 재화는 사랑을 동반하는 정의에 따라 공정하게 모든 사람에게 풍부히 돌아가야 한다."고 제2차 바티칸 공의회『현대 세계의 교회에 관한 사목 헌장』69항은 말한다. 하지만 하느님의 의지와는 달리, 가난한 이와 부유한 이의 갈등 구조는 인류 역사에 깊이 뿌리박혀 있는 것이 사실이다. 날이 갈수록 첨예해지는 양극화 현상(polarization)에 직면해 있는 현 사회에서 그리스도인들은 과연 어떠한 해결책을 제시할 수 있는가?

　이 질문을 던지면서 필자는 교부들[1] 중 화려하게 장식된 히포 교회의 수장이었음에도 불구하고, 그곳의 가난한 이들보다 더 가난하게 살았던, 그러나 마음만은 믿음과 희망 그리고 사랑으로 부유했던 아우구스티누스[2]에게 시선을 고정하고자 한다. 당시 아프리카에는 부유한 이들이 드물었다. 그러나 이 소수의 부유한 이들이 엄청난 재화를 소유하고 있던 반면, 가난한 이들의 숫자는 실로 헤아릴 수 없이 많았다.[3] 이러한 사회-경제적 상황에서 교회는 유증(遺贈)과 기부 등을 통해 재정을 확보하여, 가난한 이를 위해 채무금 등을 대신 납부하기도 하였다.[4] 또한 가난한 신자들이 교회에 도움을 호소할 때마다 공동체는 소유하고 있던 토지 사용료와 신자들의 헌금으로 그들을 보살피기도 하였다. 더욱이 히포 교회는 일종의 의복 창고를 만들어 헐벗은 사람들에게 옷을 나누어주기도 하였다.5 다시 말해 영혼의 목자로서 아우구스티누스는 주교좌성당에 앉아 있는 대중이 누구인지 알고 있었다. 그들은 매우 한정된 숫자의 부자와 셀 수 없을 정도로 많은 가난한 이들이었다.6 이러한 현실에서 아우구스티누스가 부와 가난의 문제를 자신의 강론 주제로 삼았다는 것은 결코 놀랄 일이 아니다.7 특기할 것은 성인이 다른 교부들과 마찬가지로 개인의 소유권 자체를 거부하지 않았다는 점이다.8 오히려 성인은 부자와 가난한 이의 의미를 통찰하면서, 재물의 유무(有無) 자체보다 부자와 가난한 이의 마음의 움직임에 초점을 맞추고 있다.

이러한 맥락에서 아우구스티누스는 부(富)에 대한 예수의 태도를 잘 보여주는 '부자청년 이야기'9에 대해 『강론』 84-86에서 주석하고 있다.10 『강론』 84는 411년 카르타고에서, 『강론』 85는 426년에서 430년 사이에, 『강론』 86은 정확한 연도는 알 수 없지만 아마도 사목 생활의 끝에 행해진 듯하다.11 즉, 아우구스티누스의 성숙된 사상이 세 강론 안에 충분히 스며들어 있는 것이다. 그렇기에 필자는, 부와 가난을 물질주의적 의미로만 해석하는 시대적 환경에서 살아가는 현대의 그리스도인들에게, '부자청년 이야기'에 대한 주석이 하느님 중심으로 부와 가난을 바라보게 하는 전망을 제시할 것이라 생각한다. 이에 필자는 "네가 생명에 들어가려면, 계명들을 지켜라"(마태 19, 17)는 구절을, 의지에 관한 부분과 계명에 관한 두 부분으로 나누어 고찰하고자 한다.

1. "네가 생명에 들어가려면"

삶에 대한 자의적 움직임

아우구스티누스는 "네가 생명에 들어가려면 계명들을 지켜라."(Si vis venire ad vitam, serva mandata)라는 마태 19, 17의 말씀을 주석하고 있는 『강론』 84를 통해 '현세적 삶'(vita terrena)과 '영원한 삶'(vita aeterna)의 대립 관계를 묘사하고 있다. 이 구도는 두 측면에서 고찰할 수 있다.

첫 번째 측면으로는 "생명"(vita)이라는 단어의 해석을 통해 고찰이 가능하다. 성인에 따르면, 예수는 부자청년에게 "네가 영원한 생명에 들어가길 원하거든"이라고 하지 않고 "네가 생명에 들어가길 원하거든"이라고 말하였지만, 사실 이것은 이미 영원한 생명을 염두에 둔 것이다.[12] 그리고 두 번째 측면은 "네가 원하거든"(vis) 이라는 표현에 대한 이해를 통해서 고찰할 수 있다. 사실 '원하다.'(volle)는 '마음에 드는 어떠한 대상에로 향하는 것 또는 마음에 들지 않는 어떠한 대상에서 벗어나는 것'을 의미한다.[13] 곧, 의지(voluntas)는 어떠한 한 방향으로 움직이는 '영혼의 능력'(potentia animi)인 것이다.[14] 그렇기에 아우구스티누스는 다음과 같이 의지를 정의한다. "의지는, 그 누구에 의해 강요받지 않으면서, 어떤 것을 잃어버리지 않으려는 혹은 획득하려는 영혼의 움직임(animi motus)이다."[15] 여기서 우리는 의지가 경향성(inclinatio)을 갖고 있다는 사실에 주목한다. 이는 의지가 중간선(bonum medium)이기에 공통되고 불변하는 선에 결속할 수도 있고, 자신의 고유한 선이나 외적인 선 혹은 열등한 선에로 전향할 수도 있다는 것이다.16 그런데 이 움직임은 자연적(motus naturalis)이며 필연적인(necessarius) 것인가? 만약 그러하다면, 영혼의 움직임은 땅으로 기울어 아래쪽을 향해 떨어지는 돌의 운동과 같다고 볼 수 있다. 하지만 돌은 아래로 떨어지는 움직임을 멈출 통제력을 스스로 갖고 있지 못하다. 다시 말하면, 돌의 고유한 운동에는 원의가 개입된 것이 아니라는 것이다. 그에 반해, 영혼은 본인의 의지에 따라 상위의 사물을 택하거나 하위의 사물을 선택하여 움직이게 되기에, 의지는 욕구(appetitus)뿐 아니라 선택하는 능력으로도 정의할 수 있다.17 이 선택은 동의(consentire)와 반의(dissentire)라는 구도 안에서도 이루어진다.18 또한 이 선택은 사랑(amor)으로도 표현된다.19 아우구스티누스는 『고백록』에서 "나의 무게는 나의 사랑(pondus meum amor meus), 어디로 이끌던지 그리고 내가 갑니다."라고 적고 있다.20 이 고백은, 사랑한다는 것(amare)이 어떠한 대상을 그 자체로 욕구한다는 것(appetere)임을 분명하게 드러낸다. 곧 사랑은 어떠한 대상을 향한 움직임(motus ad aliquid) 혹은 욕구(appetitus)라는 것이다.21

따라서 영혼의 움직임은 자의적(voluntarius)인 것이다.22 이러한 자의적 운동에 대해 아우구스티누스는 412년에 저술한 『영과 문자』(De spiritu et littera)에서 다음과 같이 설명한다. "'원하다.'(volle)와 '할 수 있다.'(posse)라는 것은 별개의 것입니다. 원하는 이가 항상 즉각적으로 할 수 있는 것도 아니고, 할 수 있는 이가 항상 즉각적으로 원하는 것도 아니기 때문입니다. 때때로 우리는 원하면서도 할 수 없고, 할 수 있으면서도 원하지 않기도 합니다. … 원하는 이가 의지를 갖고 있듯, 할 수 있는 이는 능력(potestas)을 가지고 있습니다. 하지만 능력으로 무엇인가 이루어지기 위해서는 의지가 요구됩니다. 사실 누군가 자신의 의지를 거슬러 행한 것을 자신의 능력으로써 했다고 일반적으로 말할 수 없습니다."23 결국 인간의 의지는 온갖 강제(coactio)나 필연성(necessitas)을 배제하며 자신 안에 자유를 지니고 있는 것이 분명하다. 곧 의지의 움직임은 인간의 능력 안에(in potestate) 놓여 있는 것이다. 그렇기에 의지는 모든 인간 행위의 작용인(causa efficiens)이라 할 수 있다.24 이런 의미에서 우리는 에티엔느 질송(Étienne Gilson)과 함께 의지에 대해 다음과 같이 말할 수 있다. "그토록 중요한 결정을 하는 원동력은 다른 것이 아니라 의지이다. 이 능력이 수행하는 역할은 결정적이다. 왜냐하면 우리가 실천적 영역에서 갖는 온갖 결정과 결의가 그것으로부터 이루어질 뿐 아니라, 이론적 영역에서의 우리의 인식 능력의 모든 작용역시 그것의 직접적 통제력 아래에 있기 때문이다."25

삶의 무상함

'생명'과 '네가 원하거든'이라는 두 측면에 대한 분석은 부자청년에게 한 예수의 권고에 대해 다음의 것을 깨닫게 해준다. 곧 부자청년은 무엇보다 자신의 의지로 현세적 삶보다는 영원한 삶을 원하고 선택해야 한다는 것이다. 그렇다면 왜 그는 영원한 삶을 추구해야 하는가? 우리는 이 세상에서의 삶이 어떠하든 간에 그것을 사랑하고 있음을 부정할 수 없다. 하지만 이 사랑의 이면에는 현세적 삶이 끝나는 것에 대한 두려움이 자리하고 있다.[26] 여기서 '지나감'이라는 지상적 실재의 특징이 나온다.[27] 인간 삶의 무상함에 대해 이사 40, 6-7은 이렇게 고백한다. "모든 인간은 풀이요 그 영화는 들의 꽃과 같다. 주님의 입김이 그 위로 불어오면 풀은 마르고 꽃은 시든다. 진정 이 백성은 풀에 지나지 않는다." 아우구스티누스도 이사야의 입장을 따르면서 인간적 실재를 쉬지 않고 흘러가는 강에 비유한다.[28] 또한 변화(mutatio)를 겪어야만 하는 존재로서 시간의 흐름과 함께 사라져가는 인간의 영화(榮華)를 고백한다.[29] 또한 아우구스티누스는, 파울라 비스마라 키아파(Paola Vismara Chiappa)의 지적처럼, 인생의 덧없음(transience)과 죽음이라는 구도를 묘사하는 많은 용어들을 사용하여, 인간의 삶이 얼마나 극적인지(dramatic) 묘사한다.[30]

인간은 자신이 인식하든 하지 않든 간에 매일 죽음을 향해 나아간다. 다른 말로 한다면, 인간은 이 세상에 태어나는 순간부터 '시간의 소용돌이'(volubilitas temporis)에 휘말리게 되고, 이 시간의 회오리는 인간을 잡아당기고 한순간도 내버려 두지 않으면서 죽음에로 몰아간다는 것이다.[31] 유아기부터 노년에 이르기까지 얼마 안 되는, 지극히 짧은 시간 동안을 살아가는 인간의 삶에 대해[32] 시편 39(38), 6은 다음과 같이 외친다. "보소서, 당신께서는 제가 살 날들을 몇 뼘 길이로 정하시었습니다." 아우구스티누스의 작품 안에서 이 구절은 "보소서, 당신께서는 나의 날들을 노쇠하게 하셨습니다."(Ecce veteres posuisti dies meos)로 나타난다.[33] 히포의 주교는 이 시편을 통해 인간의 삶이 하루하루 노쇠하여 결국은 사라지는 것임을 강조한다.[34] 또한 시편 저자는 "내게 당신의 귀를 기울이셨으니 내 한평생 그분을 부르리라."라고 외친다.35 아우구스티누스에 따르면, '내 한평생'(in diebus meis)은 "나의 불행과 나의 사멸성의 날들이요, 아담에 따라 노동과 땀으로 가득 찬 날들이며, 부패의 노쇠함에 따른 날들"이다. 곧 땅에 엎드려 진흙 속에 깊이 빠져든 인간의 날들인 것이다.36 우리가 살아가는 이러한 날들에 대해 사도 바오로는 에페 5, 16에서 다음과 같이 말한다. "시간을 잘 쓰십시오. 지금은 악한 때입니다." 아우구스티누스는 이 구절에서 "악한 때"(dies mali)라는 표현에 주목한다. 성인에 따르면, 아담이 죄를 범해 낙원에서 추방되면서 시작된 악한 날은37 많은 위험한 유혹과 어려움 그리고 무엇보다 사멸할 육신이라는 육중한 무게 아래서 살아가는 날들이다. 또한 허황된 만족을 찾기에 어떠한 기쁨도 확실하지 않아 괴로움으로 점철된 두려움을 지니며 만족할 줄 모르는 욕망과 황폐한 슬픔으로 이루어진 날이 바로 악한 날이다.38 결국 히포의 주교에 따르면, 악의(malitia)와 불행(miseria)이 현재의 나날을 악한 날로 만드는 것이다. 이 두 가지 중 불행은 모든 인간에게 공통된 것이다. 이는 막 태어난 아이가 웃지 않고 우는 것에서 볼 수 있다고 아우구스티누스는 본다. 아직 말은 못하지만 눈물을 통해 자신의 불행함을 이미 예언하고 증명한다는 것이다.39

행복을 원하는 인간

이토록 인간은 위에서 인용한 시편이 "몇 뼘 길이"라고 표현할 정도로 짧은 삶을 이 세상에서 보낸다. 더욱이 그 삶은 사도 바오로가 "악한 때"라고 표현할 정도로 고통으로 가득 차 있는 불행한 삶이다. 그런데 인간이 그럼에도 불구하고 현세적 삶을 사랑한다는 것에 더 큰 문제가 있다.[40] 다른 말로 한다면, 인간은 자신을 짓누르는 온갖 고통가운데 행복한 날들을 찾으며 결코 끝을 모르는 장수(長壽)를 바라는 것이다.[41] 사실 행복에 대한 원의는 인간의 본성 안에 새겨져 있다고 말할 수 있을 만큼 인간의 '자연적 욕구'(appetitus naturalis)이다. 아우구스티누스의 작품 안에서 "인간 의지의 목표는 행복한 삶 외에 다른 것이 아니다."(voluntas hominis, cuius finis non est nisi beatitudo)[42] "우리는 행복하길 원한다."(beatos esse nos volumus),[43] "우리 모두는 전적으로 행복하길 원한다."(beati prorsus omnes esse volumus)[44] 또는 "모든 사람들은 행복하길 원한다."(beati esse omnes homines volunt)[45] 등으로 표현되는 행복한 삶에 대한 보편적 의지는, 이미 플라톤과 아리스토텔레스에게서 나타나며, 또한 치체로(Cicero)의 『호르텐시우스』(Hortensius)의 핵심적 명제이기도 하다.[46] 아우구스티누스의 초기 작품 중의 하나로 386년 말/387년 초에 저술된 『행복한 삶』[47]에 따르면, 자신이 원하는 것을 소유하는 이가 행복한 사람이다.(beatus est qui quod vult habet)[48] 물론 여기에는, 치체로가 『호르텐시우스』에서 이미 천명하듯, '선'(bonum)을 원하고 소유해야 한다는 전제가 삽입된다.[49] 그렇기에 『삼위일체론』에서 아우구스티누스는 이렇게 선포한다. "원하는 것을 소유하고 있는 모든 이는, 물론 원하는 모든 것을 소유한 이가 필연적으로 행복한 것은 아님에도 불구하고, 행복하다. 하지만 원하는 것을 소유하지 못한 이나 옳은 방식으로 원하지 않는 것을 소유하는 이는 필연적으로 불행하다. 따라서 원하는 모든 것을 소유하며 동시에 어떠한 악도 원하지 않는 이가 아니라면 행복한 것이 아니다."50

여기서 '무엇을 원하고 소유해야 하는가?'라는 새로운 질문이 발생한다. 이 문제는 '행복의 필요조건이 무엇인가?'라는 질문에 상응하는 것이다. 이에 참된 행복이 되기 위한 '매개'(médiation)51에서 악은 분명 제외된다. 이는 치체로의 『호르텐시우스』의 입장에서 보아도 마찬가지이다.52 따라서 행복의 첫 번째 필요조건은 선(bonum)에 대한 지향이다.53 하지만 이 선은 행운(fortuna)에 의존하지 않고 다양한 변화에 종속되지 않은 영속적인 선이어야 한다. 곧 시간의 흐름 안에서 사라져 가는 것이 아니어야 한다.54 아우구스티누스는 "최고선(summum bonum)을 향유하는 사람은 정말 행복하다!"고 규정하면서,55 이 최고선은 다름 아닌 모든 선들 중의 선(Bonum omnis boni)인 하느님임을 강조한다.56 따라서 하느님을 소유하고(habere Deum), 그와 함께 있으며(esse cum Deo), 그를 향유하는(fruens Deo) 사람만이 행복하다고 할 수 있다.57 이러한 의미에서 하느님을 찾는 것은 행복을 찾는 것이라 할 수 있다. 더욱이 하느님을 찾는 것은, 영혼이 그분으로 말미암아 살 수 있도록 하기 위함이다.58 하지만 여기서 또 하나의 문제가 발생한다. 우리는 부활 이후에야 하느님을 온전히 소유하면서59 끝없는 행복(beatitudo perpetua)60을 누릴 수 있기에, 이 세상에서 누리는 행복은 하느님께 참여(participatio)함으로써 선취(先取)된 것이지 완성된 것이 아니라는 점이다.61 이러한 측면에서 본다면, 우리가 원하는 것을 온전히 소유할 수 없고, 따라서 행복할 수 없다는 결론이 나온다. 원하는 모든 것이 실현될 수 있어야만 인간은 행복할 수 있기 때문이다. 하지만 아우구스티누스는, 이러한 조건이 죽을 운명에 있는 현세 생활에는 적합하지 않으며 불사불멸성(immortalitas)이라는 특징을 드러내는 삶에 도달해야만 실현될 수 있다고 본다.[62] 바로 여기에 행복의 두 번째 필요조건이 있다. 즉 인간이 참으로 행복하길 원한다면, 불사불멸하기를 원해야 한다. 곧 인간이 행복하게 살기 위해서는 자신의 생명을 보존해야 한다는 것이다. 인간이 생명을 잃는 것은 자신의 원의를 거슬러 발생하는 것이고, 이는 행복한 삶과 결코 양립할 수 없는 것이다. 따라서 아우구스티누스는 다음과 같이 말한다. "살아있는 존재가 아니라면 행복할 수 없다. 곧 사멸하는 것을 원치 않는다. 따라서 행복하거나 참으로 행복하길 원하는 모든 이들은 불사불멸을 원한다. 원하는 것을 소유하지 못한 이는 행복하게 사는 것이 아니다. 어떠한 양식으로든 영원한 것이 아니라면 참으로 행복한 삶이라고 할 수 없을 것이다."[63]

그렇다면 인간은 이 영원한 행복을 누릴 능력을 가지고 있는가? 그리고 만약 그러하다면, 이것이 어떻게 가능한 것인가? 아우구스티누스는 이 질문에 대한 답으로 신앙을 제시한다. 곧 인간은 신앙을 통해 하느님의 선물로 주어지는 불사불멸성을 받을 수 있는 능력을 지니고 있다는 것이다. 더욱이 이 불사불멸성은 인간의 영혼만이 누리는 것이 아니라, 영혼과 육신으로 구성된 인간 전체가 누리게 될 것이다. 요한 1, 12-13은 이렇게 말한다. "그분께서는 당신을 받아들이는 이들, 당신의 이름을 믿는 모든 이에게 하느님의 자녀가 되는 권한을 주셨다. 이들은 혈통이나 육욕이나 남자의 욕망에서 난 것이 아니라 하느님에게서 난 사람들이다." 아우구스티누스에 따르면, 인간적 연약함으로 인해 인간이 그토록 고양된 상태에 도달하지 못할 것이라고 절망하지 않도록 하기 위해, 그리고 불가능하다고 보이는 것을 우리에게 설득하기 위해 요한 복음사가는 계속해서 1, 14에서 "말씀이 사람이 되시어 우리 가운데 사셨다."라고 이야기한다. 곧 본성상 하느님의 아들이신 분이 인간의 자녀들에 대한 연민으로 사람의 아들이 되었기에, 본성상 인간의 자녀들이 은총을 통해 하느님의 자녀가 되고 하느님 안에 거주하게 되었고, 더욱이 하느님 안에서 그리고 그분을 통하여 그분의 불사불멸성에 참여하면서 행복할 수 있게 되었다는 것이다.64 간단히 말한다면, 하느님이 인간 본성을 취하시어 인간의 사멸성에 참여함으로써, 인간은 하느님의 불사불멸성에 참여할 수 있게 되었다는 것이다.65 이토록 인간을 그리스도께 온전히 결속시키는 신앙은,66 인간이 지금 이 세상에서는 온전히 수용할 능력이 없는 것을 담아낼 수 있는 능력을 가질 때까지, 내적 인간(homo interior)을 쇄신하면서 보다 나은 삶을 향해 매일 진보케 한다.67

이제 예수께서 부자청년에게 한 권고인 "네가 생명에 들어가려면"이란 표현의 의미가 분명해진다. 곧 무엇보다 부자청년은 '영원한 생명'을 원하고 있기에, 그것을 소유해야만 행복하다고 할 수 있다. 아우구스티누스는 이 원의를 "바르고 정직하게 살고 최고의 지혜에 도달하기 희구하는 의지"(voluntas, qua appetimus recte honesteque vivere et ad summam sapientiam pervenire)인 '선한 의지'(bona voluntas)로 표현한다.68 선한 의지로 원할 때만 인간은 행복에 도달할 수 있는 것이다.69 이에 참되고 영원한 삶은 다른 것이 아니라 부활 이후에 그리스도와 함께 하는 삶이다. 따라서 선행의 상급으로 주어지는 이 영원한 삶에는 오직 행복한 나날만 존재하며, 내일도 없고 어제도 존재하지 않을 것이다.70 곧 이 삶은 더 이상 시간이 존재하지 않을 것이기에, 과거와 미래로 점철된 '날들'로 부르기보다 오직 현재뿐인 '하루'(unus dies)라고 부를 수 있는 것이다.71

2. "계명들을 지켜라"

계명의 단계성

"네가 생명에 들어가려면 계명들을 지켜라."고 예수께서는 부자 청년에게 이야기한다.(마태 19, 17) 영원한 생명에 들어가기 위해 그리고 행복한 삶을 누리기 위한 조건으로 계명 준수를 요구하는 것이다. 이는 '선행과 상급'이라는 구도 안에서 고찰된다. 그렇기에 아우구스티누스는 『강론』 85에서 다음과 같이 묻는다. "생명을 원하지 않는 이가 있겠습니까? 그렇다면 계명을 지키기를 원하는 이는 누구입니까? 만약 당신이 계명을 지킬 의지가 없다면, 왜 생명을 찾습니까? 만약 당신이 선을 행하는데 게으르다면, 왜 상급을 받는 데에는 그토록 서두릅니까?"72

마태 19, 18-19는 계속해서 생명에 들어가기 위한 계명이 무엇인지 설명한다. "'살인해서는 안 된다. 간음해서는 안 된다. 도둑질해서는 안 된다. 거짓 증언을 해서는 안 된다. 아버지와 어머니를 공경하여야 한다.' 그리고 '네 이웃을 너 자신처럼 사랑해야 한다.'는 것이다." 부자 청년은 자신이 이러한 계명을 지켰다고 확언하면서 보다 높은 계명을 듣길 원하기에 "그런 것들은 제가 다 지켜 왔습니다. 아직도 무엇이 부족합니까?"라고 예수께 되묻는다.(마태 19, 20) 이에 예수께서는 다음과 같이 대답하신다. "네가 완전한 사람이 되려거든, 가서 너의 재산을 팔아 가난한 이들에게 주어라. 그러면 네가 하늘에서 보물을 차지하게 될 것이다. 그리고 와서 나를 따라라."(마태 19, 21) 하지만 부자 청년은 많은 재물을 가지고 있었기 때문에 슬퍼하면서 떠나갔다고 복음은 전한다.(마태 19, 22) 아우구스티누스에 따르면, 부자 청년은 자신이 듣고자 한 것을 듣지 못하고, 해야 하는 것을 들었기에 슬퍼하면서 떠나간 것이다. 분명 부자 청년이 원했던 영원한 생명은 가치 있는 것이지만, 그는 무가치한 재물에 대한 집착 때문에 본인이 '스승'이라고 부른 이의 말을 사악한 마음으로 듣게 되어 결국 사랑을 소유하지 못하게 된 것이다.[73] 달리 말하면, 부자 청년은 참된 재물에 대해 이해하지 못하고, 하느님은 맘몬(mammona)이라고 부르지만 세상과 불의는 재물(divitiae)이라고 부르는 거짓 재물, 즉 이 세상에서만 존재하는 것에 매여 있었기에 예수의 말씀을 받아들이지 못한 것이다.[74]

그렇기에 아우구스티누스는 부자 청년 이야기에 나오는 계명을 두 부류로 구분한다. 곧 보다 어려운 계명과 덜 어려운 계명이다. 전자는 마태 19, 21에 나타나는 것이며, 후자는 마태 19, 18-19에서 말하는 십계명이다.[75] 마리아 그라찌아 마라(Maria Grazia Mara)에 따르면, 두 부류의 계명은 그리스도교 삶이 요구하는 것들의 단계성(gradualità)을 드러내는 것이다. 첫 단계는 십계명이요, 다음 단계는 보다 높은 혹은 보다 큰 계명인 것이다. 첫 단계에서 다음 단계에로 넘어가는 이 점진성은 "모든 것을 행하고 나를 따르지 않는 것이 너에게 무슨 도움이 되는가?"라는 아우구스티누스의 『강론』 85의 질문에서 드러나듯 선택사항이 아니라 완덕에 도달하기 위한 필요조건으로 보인다.[76]

모든 그리스도인이 완덕에 도달해야 한다는 필요성에서 아우구스티누스는 먼저 부자들에게 위에서 언급한 첫 단계의 계명부터 지킬 것을 다음과 같이 요구한다. "보다 어려운 계명들이 너에게 무거운 짐이라면, 적어도 보다 쉬운 계명들을 택하라 … 만약 네가 타인의 재산을 도둑질하는 것을 내가 막지 못한다면, 어떻게 너의 재산을 팔도록 너에게 권고할 수 있겠는가? 너는 '도둑질해서는 안 된다.'는 계명을 들었지만 도둑질을 한다. 그토록 위대한 재판관의 면전에서 나는 너를 더 이상 도둑(fur)이 아닌 강탈자(raptor)로 간주할 것이다." 이 요구는 다른 것이 아니라, 부자들 스스로 모순에 빠져있다는 것이다. 그들 역시 좋은 것을 소유하길 원하면서도 자신들은 선한 이가 되길 원치 않기 때문이다. 곧 그들의 삶과 원의가 서로 반대에 놓여 있는 것이다. 따라서 아우구스티누스는 이들에게 "네 자신을 아껴라, 네 자신을 불쌍히 여겨라. 현재의 삶은 아직 너에게 가능성을 제공하니, 교정을 거부하지 말라."라고 강하게 권고한다. 훌륭한 집을 갖는 것이 그토록 좋은 것이라면, 악한 영혼을 갖는 것이 얼마나 나쁜 것인지 깨달으라는 것이다.[77] 이러한 의미에서 "부자는 하늘나라에 들어가기가 어려울 것이다. 내가 다시 너희에게 말한다. 부자가 하느님 나라에 들어가는 것보다 낙타가 바늘구멍으로 빠져나가는 것이 더 쉽다."는 마태 19, 23-24의 말씀을 이해할 수 있다.

부와 가난의 척도인 하느님 소유

부자뿐 아니라 가난한 이도 하늘나라에 들어가는 것이 어려울 수 있다. 이를 아우구스티누스는 청중들 중 대다수를 차지하는 가난한 이들에게 다음의 말로 지적한다. "여러분들 중에 가난에 대해 자랑하는 이는 부유하면서도 겸손한 이에 의해 압도당하지 않도록 교만을 경계하길 바랍니다. 부유하면서 신앙 깊은 이에 의해 압도당하지 않도록 신앙의 부족함을 경계하길 바랍니다. 부유하면서도 술을 절제하는 이에 의해 압도당하지 않도록 만취하는 것을 경계하길 바랍니다. 부유한 이들이 재산을 자랑해서 안 된다면, 여러분들도 가난함을 자랑해서는 안 됩니다."[78] 결국 가난한 이들이 하늘나라에 들어가는 데 있어 어려움은 교만에서 기인한 것이다.

그런데 교만은 부유한 이들이 하늘나라에 들어가는 것을 막는 장애물로도 등장한다. 그들에게 있어 교만은 자신들의 재물에서 기인한 것이기에, 아우구스티누스는 재물의 첫 벌레는 교만(primus vermis divitiarum superbia)이라고 정의한다. 다시 말하면, 부유한 이들의 교만은, 사도 바오로가 "안전하지 못한 재물에 희망을 두지 말라"(1티모 6, 17)라고 권고하듯, 자신들의 재물에 희망을 두는 것에서 나온 것이다.[79] 곧 그들의 교만은 이 세상을 마지막 장소인 것처럼 간주하면서 현세의 재물에서 쾌락을 느끼고 그것을 사랑하는 것에서 나온 것이다.80 또한 현세의 재화가 얼마나 덧없는 것임을, 그리고 자신들이 천상 고향을 향해 나아가는 순례자임을 인식하지 못하는 것에서 그들의 교만의 뿌리가 있는 것이다. 그렇기에 교만은 지나가는 것들에 매여 있게 하면서, 인간으로 하여금 소유자가 아닌 노예가 되게끔 한다.81 곧, 하느님께서 창조하신 사물을 사랑하면서 창조주 대신에 그 피조물 안에서 자신들의 행복을 찾는 것과 같다.82 물론 이 세상의 사물들을 사랑하는 것이 금지된 것은 아니지만, 그것들보다 하느님을 선호하면서 질서(ordo) 안에서만 사랑해야 한다. 롱데(Rondet)가 지적하듯, "마음을 드높이"(Sursum corda)라는 전례적 외침이 모든 참된 그리스도인의 질서를 가리키는 말이 되어야 한다.83

이러한 맥락에서 아우구스티누스는 "현세에서 부자로 사는 이들"이라는 사도 바오로의 표현(1티모 6, 17)을 따라 부유한 이들이 이 세상에서만 그러하지 다른 세상에서는 가난한 이들이라고 선언한다. 여기서 위에서 언급한 '현세적 삶'과 '영원한 삶'의 대립 관계를 볼 수 있다. 사도 바오로는 2코린 6, 10에서 "아무것도 가지지 않은 자같이 보이지만 실은 모든 것을 소유하고 있습니다."라고 말한다. 아우구스티누스는 바오로가 말하는 이들이 바로 사도들이라고 본다. 그들이야말로 "우리에게 모든 것을 풍성히 주시어 그것을 누리게 해 주시는 하느님께 희망을 두라고 지시하십시오."(1티모 6,17)라는 사도 바오로의 권고처럼 살아계신 하느님께 자신의 희망을 둔 이들이기 때문이다. 그리고 바로 여기서 오직 하느님만이 그 누구도, 심지어 도둑마저도 빼앗을 수 없는 안전한 분임이 드러난다. 그렇기에 이 세상에서 가장 부유한 이라도 하느님을 소유하고 있지 않다면 아무것도 갖고 있지 않은 것이다. 또한 현 세상에서 가장 가난한 이라고 하더라도 하느님을 소유하고 있다면, 모든 것을 다 갖고 있는 것이다.[84] 바로 여기에 마음의 가난이 있다. "우리는 하늘의 시민입니다."라는 사도 바오로의 고백(필립 3,20)처럼, 마음의 가난은 현 세상의 재화와 추이(推移)에 매이지 않은 자유롭고 평온한 이에게서, 그리고 그리스도의 가르침에 따라 현재에서 벗어나 영원에 참으로 애착할 수 있는 능력을 지니고 있는 이에게서 발견된다.[85] 결국 마음의 가난은 겸손함으로 표현되는 것이며,[86] 이러한 의미에서 하느님을 소유하는 것(habere Deum)이 부와 가난의 척도라고 할 수 있다.

자선의 의무

그렇다면 부자들이 재물이 아닌 살아계신 하느님께 희망을 둔다면, 그들은 소유한 재물을 갖고 무엇을 해야 하는가? 이 질문은 부유한 이들이 교만에 빠지지 않도록 하기 위해 무엇을 해야 하는지와 상통한다. 히포의 주교는 다시 한 번 바오로에게 의지하여 다음과 같은 답을 제시한다. "선행으로 부유해지십시오."(1티모 6, 18) 성인에 따르면, 바오로는 같은 구절에서 이 문장의 의미를 다음과 같이 제시한다. 곧 "아낌없이 베풀고 기꺼이 나누어 주는 사람이 되라고 하십시오." 이다. 사도 바오로의 이 문장을 통해 아우구스티누스는 부자들을 자선에로 초대하면서, 순수 지상적 차원에서 행해지는 것이 천상에서 현실화되는 자선의 이중적 실재를 다음과 같이 제시한다. "당신은 다른 이가 갖고 있지 못한 것을 소유하고 있습니다. 그것을 나누어 주십시오. 그러면 당신도 나누어 받게 될 것입니다. 여기서 나누어 주십시오. 그러면 저기에서 나누어 받게 될 것입니다. 여기서 당신의 빵을 나누어 주십시오. 그러면 저 위에서 다른 빵을 받게 될 것입니다. 여기서는 어떠한 빵입니까? 첫 인간의 저주로 말미암아 땀과 노력으로 거둔 빵입니다. 저기서는 어떠한 빵입니까? '나는 하늘에서 내려온 살아 있는 빵이다.'라고 말씀하신 분 자신입니다."[87] 곧 부자들에게 있어 자선의 목적은 현재 자신이 소유하고 있지 않은 것, 곧 그리스도를 받아들이기 위한 것이라 할 수 있다. 따라서 자선은 순간적 감정의 결과가 아닌 애덕(caritas)의 정신으로 이루어져야 한다. 왜냐하면 진정한 자선은 손으로만 도움을 주는 것이 아니라 온갖 허세에서 자유로운 영혼 그리고 가난한 이 안에서 그리스도를 보는 영혼으로 도움을 주어야 하기 때문이다.[88] 이러한 의미에서 아우구스티누스는 "가난한 이가 무언가를 필요로 할 때, 그것은 곧 그리스도가 그것을 필요로 하는 것이다."라고 강조한다.[89] 곧 자선은 하느님 사랑과 이웃 사랑과 밀접히 연결되기에 "신앙의 표징"[90]이요 "그리스도께 대한 신앙의 성사"[91]이다. 바로 여기에 가난한 이들 안에 계신 그리스도와의 만남이라는 자선의 신학적 동기가 있다.

따라서 "가서 너의 재산을 팔아 가난한 이들에게 주어라. 그러면 네가 하늘에서 보물을 차지하게 될 것이다."라는 부자청년에게 한 예수의 권고는, 자신의 재물을 어디에 저장해 두어야 하는지 분명히 알려주는 것이다. 부유한 이들이 지상에서 가난한 이들에게 베푼 것은 천상에 보관해 두는 것과 같다. 다시 말하면, 가난한 이들에게 자선한 것은 그것을 행하라고 명하신 분에게 전달된다는 것이다.[92] 이는 그리스도가 우리에게 하신 권고일 뿐 아니라 동시에 우리에게 주신 보증이기도 하다. 우리는 다음의 성경 구절에서 이를 확인할 수 있다. "너희가 내 형제들인 이 가장 작은이들 가운데 한 사람에게 해 준 것이 바로 나에게 해 준 것이다."(마태 25, 40) 이 구절에 아우구스티누스는 마치 그리스도가 계속해서 말을 하듯 다음의 설명을 붙인다. "직접적으로 내가 아니라 나의 사람들을 통해 그것을 받았습니다. 그들에게 준 것이 나에게 도달한 것입니다. 안심하십시오, 여러분은 그것을 잃어버린 것이 아닙니다. 땅에는 갚을 능력이 없는 이들이 얼마나 많은지 보십시오. 여러분은 하늘에 그것을 할 능력을 가진 이를 소유하고 있습니다. 나는 받았고 … 여러분에게 갚을 것입니다. … 나는 땅을 받았고 하늘을 줄 것입니다. 나는 현세의 재화를 받았으며, 영원한 재화로 되돌려 줄 것입니다. 나는 빵을 받았고, 생명을 줄 것입니다."[93] 이러한 의미에서 아우구스티누스는 다음과 같이 확언한다. "가난한 이가 자선을 청하지만 그것을 받는 이는 부유한 이입니다. 당신은 그것을 소비하는 이에게 주지만, 그것을 갚을 이가 사실 받는 것입니다. 그는 단순히 받은 것만 갚지 않을 것입니다. 사실 그는 이자를 붙여 돌려주길 원하였고, 당신이 그에게 준 것보다 더 많은 것을 당신에게 약속합니다."[94]

그렇다면 자선에는 한도가 있는가? 무엇보다 아우구스티누스는 아낌없이 베풀고 기꺼이 나누어 주는 것이 모든 것을 잃어버리는 것이 아님을 강조한다. 또한 부자들에게 자신에게 필요한 만큼 또는 필요한 것보다 좀 더 남겨둘 것을 요구한다. 성인에 따르면, 자신의 소유물 중 한 부분만을 나누어 주는 것이다.95 부자들에게 있어 이 부분은 자신들에게 필요한 것을 제외한 나머지 부분으로 잉여부분이라 할 수 있다. 잉여부분을 가난한 이에게 주는 것은 아우구스티누스에게 있어 정의의 의무에 해당하는 것이다. 곧 자선은 공평화(peréquation)의 양식이요 반환(restitution)의 형태이지,96 증여(largitio)의 형식은 아니다.97 이를 아우구스티누스는 다음과 같이 강조한다. "당신에게 여분으로 남아 있는 나머지 것들은 다른 이들에게 필요한 것입니다. 부자들의 여분(superflua)은 가난한 이들에게 필요한 것입니다. 잉여를 소유하고 있다면 다른 사람의 것을 가지고 있는 것입니다."98 또한 "빈곤한 이들에게 자신의 여분을 주지 않는 것은 도둑질과 유사한 것입니다."99 '여분'의 개념을 보완하기 위해 히포의 주교는 십일조를 바치는 바리사이들과 율법학자들의 모습을(루카 18, 12) 제시한다. 그에 따르면, 그들이 십일조를 바치는 것은 부자가 자신의 소유물중 천분의 일(millesima)에 해당되는 빵을 가난한 이와 나누면서도 위대한 일을 하고 있다고 생각하지 않기 위함이다. 그렇기에 성인은 "너희의 의로움이 율법 학자들과 바리사이들의 의로움을 능가하지 않으면, 결코 하늘나라에 들어가지 못할 것이다."라는 마태 5, 20을 인용하면서 십일조가 너무나 적은 것임을 강조한다. 하지만 아우구스티누스는 본인 스스로 자선의 척도를 지정하고자 원치 않는다. 오히려 각자가 자신의 내면으로 돌아가 성찰하도록 다음과 같이 권고한다. "여러분 자신에게 질문해 보십시오. 다음의 것들을 보십시오. 여러분이 무엇을 하고 있는지, 여러분의 소유물에서 얼마나 나누어주고 있는지, 무엇을 주는지, 여러분을 위해 무엇을 남겨두었는지,

자선을 위해 무엇을 쓰고 있는지, 사치를 위해 무엇을 따로 남겨 두었는지."¹⁰⁰

　자신에게로 돌아가 내면을 성찰하는 것은 비단 부자들만의 몫은 아니다. 아우구스티누스는 가난한 이들에게도 이를 요구한다. 부자들이 자신의 재물을 나누고 베푸는 반면, 가난한 이들은 부유한 이가 되고자 하는 욕망(cupiditas)을 버려야 한다. 히포의 주교에 따르면, 이는 사도 바오로의 "자족할 줄 알면 신심은 큰 이득입니다."라는 말씀(1티모 6, 6)을 받아들이는 것이다. 곧 가난한 이들은 자족함을 추구해야 한다는 것이다. 이는 자신에게 충분한 만큼만 원하는 것이지, 그 이상의 것을 얻으려고 애써서는 안 된다는 뜻이다. 왜냐하면 모든 여유분은 무겁기만 하고, 짐이 될 뿐 영예로운 것이 아니기 때문이다. 그렇기에 자족함은 필요불가결한 것으로, 하느님께 대한 예배(cultus Dei)인 신심(pietas)과 연결되는 것이다. 또한 자족함의 이유는 다음의 두 성경 구절에서도 나타난다. "알몸으로 어머니 배에서 나온 이 몸 알몸으로 그리 돌아가리라."(욥 1, 21)¹⁰¹ "우리는 이 세상에 아무것도 가지고 오지 않았으며 이 세상에서 아무것도 가지고 갈 수 없습니다."(1티모 6, 7) 부유한 이조차 이 세상에 태어날 때 가지고 온 것은 아무것도 없다. 오히려 이 세상에서 발견할 것이며, 그들 역시 가난한 이들과 마찬가지로 맨몸으로 태어났을 뿐이다. 그들 역시 가난한 이들과 마찬가지로 육신의 연약함을 지니고 있으며, 울음을 터뜨린 불행의 증인인 것이다.¹⁰²

　따라서 가난한 이들은 "부자가 되기를 바라는 자들은 사람들을 파멸과 멸망에 빠뜨리는 유혹과 올가미와 어리석고 해로운 갖가지 욕망에 떨어집니다. 사실 돈을 사랑하는 것(avaritia)이 모든 악의 뿌리입니다. 돈을 따라다니다가 믿음에서 멀어져 방황하고 많은 아픔을 겪은 사람들이 있습니다."라는 사도 바오로의 권고(1티모 6, 9-10)에 귀를 기울이면서 두려움을 가져야 한다. 아우구스티누스는 돈을 사랑하는 것(avaritia)이 부자가 되길 원하는 것이지, 이미 그렇게 되었다는 것이 아님을 기억해야 한다고 강조한다. 또한 그는 이러한 탐욕이 하느님으로 하여금 마음 안에 머물지 못하도록 하기에, 이를 두려워해야 한다고 경고한다.[103] 다시 말하면, 이러한 탐욕(avaritia)은 모든 수단을 동원하여 인간으로 하여금 선을 행하지 못하도록 막고 불길한 말로 유혹하기에, 선하신 주님을 알아보지 못하게 하면서 악한 주인의 종이 되도록 한다.[104] 그렇기에 부정한 여인으로 표현되는 탐욕은 결코 만족을 모르므로, 탐욕적인 인간(avarus)은 마음 안에 부종(浮腫)을 갖고 있어 소유하면 할수록 더욱 더 빈곤해지는 자로 묘사된다.[105] 아우구스티누스는 마태오 복음의 '부자 청년'이 슬퍼하며 돌아간 것도 바로 이 탐욕 때문임을 강조한다. 또한 "그렇다면 누가 구원받을 수 있는가?"라는 제자들의 반응(마태 19, 25)도 재물보다 탐욕(cupiditas)에 대한 숙고에서 나온 것임을 상기시킨다. 이는, 가난한 이가 비록 돈을 소유하고 있지 않더라도 돈을 사랑하는 것(avaritia)으로 마음이 가득 차 있기도 하기 때문이다.[106]

그러므로 부자와 가난한 이는 "서로 마주치는 부자와 가난한 이 이들을 모두 지으신 분은 주님이시다."라는 잠언 22, 2의 말씀에 기초하여 서로 조화를 이루며 살아가야 한다. 이 세상이라는 공통된 길을 통해 하느님께로 나아가는 여정에서 부자는 가난한 이를 억압해서는 안 되며, 가난한 이는 부자를 속여서도 안 된다. 부자는 소유하고 있지만 가난한 이는 곤궁하기에, 하느님은 소유한 이를 통해 궁핍한 이를 도와주시며 아무것도 소유하지 못한 이를 통해 가진 이를 시험하신다는 사실을 기억해야 한다.107 부자와 가난한 이는 서로를 위해 존재하고, 둘 다 각자의 역할을 갖고 있다. 이에 바오로는 다음과 같이 말한다. "누구나 저마다 자기 짐을 져야 할 것입니다."(갈라 6, 5) 아우구스티누스는 가난한 이의 짐(onus)이 가난이고, 부자의 짐은 재물이라고 말하면서, 서로 각자의 짐을 지고 가는 데 도움을 주어야 한다고 강조한다. 곧 가난이란 짐은 '소유하고 있지 않음'이요, 부유란 짐은 '더 많이 갖고 있음'이기에, 서로가 도움을 주면서 양 쪽의 짐이 가벼워져 결국은 각자의 짐이 같은 무게가 되리라는 것이다.108 그리고 이 과정에서 가난한 이의 역할이 더 큰 것임을 알 수 있다. 왜냐하면 부자가 물질적인 재화를 제공하는 반면, 가난한 이는 부자에게 영적 호의, 곧 부자의 선행을 하느님의 창고로 배달하는 운반인(laturarius)이 되기 때문이다.109 그렇기에 아우구스티누스는 다음과 같이 우리에게 권고한다. "너의 재물을 아끼지 마라, 할 수 있는 만큼 나누어 주어라 … 오늘 밤 너에게서 영혼이 떠나가지 않도록 선을 행하여라."110

결론

지금까지 우리는 "네가 생명에 들어가려면 계명들을 지켜라"라는 마태 19, 17을 중심으로 『강론』 84-86의 '부자청년 이야기'(마태 19,

16-26) 주석을 살펴보았다. 히포 교회의 목자로서 아우구스티누스는 부와 가난이라는 사회-경제적 주제에 대해 이론가로서 다루지 않았다. 오히려 그는 개인의 구원에 관심을 갖고 있는 영혼의 목자로서 접근하여 부자와 가난한 자 각각에 맞는 것을 설교하면서도 그의 가르침은 듣는 사람들에 따라 바뀌지 않았음을 보게 된다.[111]

이러한 그의 방법론은 무엇보다 왜 인간이 자신의 의지로 현세적 삶보다 영원한 삶을 원하고 선택해야 하는지에 대한 분석을 통해 잘 드러났다. '지나감' 혹은 '무상함'으로 표현되는 인간의 삶 그리고 '시간의 소용돌이'라는 표현처럼 빨리 흘러가는 인간의 삶이 얼마나 불행한지 아우구스티누스는 지적한다. 이는 분명 행복한 삶에 대한 인간의 보편적 의지와는 반대되는 것이다. 곧 이 의지는 이미 여러 철학자들이 제시하였듯 인간의 본성 안에 새겨져 있는 자연적 욕구이다. 히포의 주교에 의하면, 자신이 원하는 모든 것을 소유한 동시에 어떠한 악도 원하지 않는 이가 행복한 사람이다. 이 명제를 전제로 성인은 행복의 필요조건을 두 가지로 제시한다. 곧, 첫째는 시간의 흐름 안에서 사라져 가는 것이 아닌 영속적인 선(bonum)에 대한 지향이다. 곧 최고선인 하느님을 추구하는 것이다. 하느님을 소유하고, 그분과 함께 있으며, 그분을 향유하는 사람만이 행복한 것이다. 하지만 부활 이후에야 인간은 온전히 하느님을 소유할 수 있다는 사실에서 아우구스티누스는 두 번째 행복의 필요조건을 강조한다. 바로 불사불멸성(immortalitas)이다. 다시 말해 살아있는 존재만이 행복할 수 있다는 것이다. 하지만 우리 인간은 이 지상에 머무는 동안 오직 신앙을 통해 하느님의 불사불멸성에 어느 정도 참여할 수 있을 뿐이다. 그러나 이것도 먼저 하느님이 우리의 본성을 취하심으로써 가능하게 된 것이다. 따라서 아우구스티누스는, 인간이 불사불멸성을 온전히 수용할 능력을 가질 때까지 매일 자기 자신을 쇄신하며 살아가야 한다고 강조한다. 그리고 이 두 가지 행복의 필요조건을 통해 히포의 주교는 "네가 생명에 들어가려면"이란 표현의 의미를 분명히 제시한다. 곧 그리스도와 함께 하는 영원한 삶을 바라면서 현세의 삶에 대한 애착에서 벗어나고자 하는 선한 의지를 가져야 행복하다는 것이다.

영원한 삶이 선행의 상급으로 주어진다는 측면에서 아우구스티누스는 "계명들을 지켜라"라는 표현을 해석한다. 그러면서 그는 무엇보다 부자청년 이야기에 나오는 계명들을 두 부류로 구분하면서 단계성을 제시한다. 곧 모든 이들이 완덕에 도달해야 한다는 의미에서 부자청년이 지켜왔다고 하는 계명(마태 19, 18-19)부터 우리는 시작해야 한다고 그는 강조한다. 그리고 "네가 완전한 사람이 되려거든, 가서 너의 재산을 팔아 가난한 이들에게 주어라. 그러면 네가 하늘에서 보물을 차지하게 될 것이다. 그리고 와서 나를 따라라."(마태 19, 21)라는 보다 높은 계명을 통해 아우구스티누스는 부자와 가난한 이 모두에게 하느님 외에 다른 것에 희망을 두는 교만에 대해 경고한다. 또한 하느님을 소유하는 것이 부와 가난의 기준임을 제시한다. 그리고 마지막으로 자선의 의무에 대해 말하면서, 부자와 가난한 이 모두 자신의 내면으로 돌아가 성찰할 것을 요구한다. 그리하여 부자들은 자신의 재물을 어느 정도 희사하고 있는지 그리고 가난한 이는 돈을 사랑하는 마음(avaritia)에 빠져 있는 것은 아닌지 살필 것을 요구한다.

이 모든 것은 우리로 하여금, 아우구스티누스가 부와 가난이라는 사회-경제적 주제를 해결하는 데 있어 사회학적 방안을 제시하기보다, 신학적 해결점을 제시하기 위해 노력하였다고 결론짓게 한다.[112] 즉, 영혼의 목자인 아우구스티누스는 재물 자체를 단죄하기보다 오히려 이에 대한 사용을 강조하고, 지나가는 것보다는 영원한 하느님에게로 시선을 고정시킬 것을 촉구하였다. 그는 우리에게 또다시 말한다. "우리가 나그네에서 고향이 아니고는 행복하게 살 수 없다면, 또 나그네살이 때문에 가련한 신세요 그 비참을 끝마치고 고향으로 돌아가기를 절원한다면, … 이 사멸할 인생에서 주님에게서 멀리 떨어져 있는 우리가 행복한 고향으로 돌아가기 원한다면, 이 세상을 사용해야지 향유하면 안 된다. 그리하여 하느님의 보이지 않는 특성들이 그가 만드신 만물을 통하여 분명히 알려지며 육체적이고 현세적인 사물로부터 영원하고 영적인 것을 깨우칠 수 있다."[113]

| 주 |

1 교부들에게도 가난과 부의 문제가 교회에 닥쳐온 가장 중요한 사회 문제였다. 이에 대해 참조: Boniface Ramsey, 「초대 교부들의 세계」, 이후정·홍삼열 옮김, 대한기독교서회, 1999, 249-268쪽.
2 F. Van der Meer, *Saint Augustin Pasteur d'âmes*, I, trad. par E. Viale, M. Jourjon, F. Darcy, M. Blondet, Colmar-Paris: Éditions Alsatia, 1955, p. 230; H. Rondet, "Richesse et pauvreté dans la prédication de saint Augustin", in H. Rondet, Ch. Morel, M. Jourjon, J. Lebreton, *Saint Augustin parmi nous*, Le Puy, Paris: Éditions Xavier Mappus, 1954, p. 134.
3 아우구스티누스 당시 아프리카의 사회-경제적 상황에 대해 참조: A.-G. Hamman, *La vie quotidienne en Afrique du Nord au temps de saint Augustin*, Paris: Hachette, 1985(Nouvelle édition), pp. 117-143.
4 아우구스티누스, 「서한」 185, 35.
5 같은 책. 122, 2.
6 아우구스티누스, 「시편 상해」 51, 14.
7 아우구스티누스가 자신의 강론 중에 부와 가난에 대해 언급한 본문의 목록은 다음의 책에서 볼 수 있다. M.M. Getty, *The life of the North Africans as revealed in the sermons of Saint Augustine*, Washington D.C.: The Catholic University of America, 1931, pp. 85-97.
8 참조: J. Gaudemet, *L'Église dans l'Empire Romain (IVe-Ve siècles)*, Paris: Sirey, 1958, pp. 570-573. 롤랑-고슬랭은, 소유권에 대한 아우구스티누스의 사상은 유대-그리스도교 사상에 대한 신플라톤주의와 스토아주의의 적합이라는 윤리 원칙에 깊이 연결되어 있다고 주장한다: B. Roland-Gosselin, *La morale de saint Augustin*, Paris: Éditeur Marcel Rivière, 1925, pp. 178-179. 소유권 문제에 있어 지(Giet)는 아우구스티누스 안에서 '점유'(appropriation) 개념이 어떠한 하느님의 계명에 기초한 것은 아니지만 단순히 인간적 현상만으로는 볼 수 없다고 본다. 오히려 '점유'는 주관적으로는 하느님으로부터 자신의 가치를 취한 것이고, 객관적으로는 신적 의지와 인간적 연약함 사이의 중재로서 하느님의 완벽한 의지에의 근접(approximation)과 같은 방식을 확립하는 인간의 법률에 의해 행해지기 때문이다: S. Giet, "La doctrine de l'appropriation des biens chez quelques-uns des Pères", *Recherches de science religieuse* 35(1948), pp. 78-79.
9 스칼리오니는 마태오 복음의 '부자청년 이야기'가 아우구스티누스의 회심 때부터 시작하여 그의 전 생애에 영향을 미친 것으로 본다: C. Scaglioni, "Verso la beatitudine: l'esegesi di Agostino", in AA.VV., *Per foramen acus. Il cristianesimo antico di fronte alla pericope evangelica del 'giovane ricco'*, Milano: Vita e Pensiero, 1986, pp. 399-528.
10 참조: B. Ramsey, "Wealth", *Augustine through the ages. An Encyclopedia*, Gran Rapids, Cambridge: B. Eerdmans Publishing Company, 1999, pp. 878-880.
11 세 강론의 연도는 '라틴어-이탈리아어' 대역으로 된 아우구스티누스 작품 전집인

Nuova Biblioteca Agostiniana(Roma: Città Nuova Editrice)의 29권 113-137쪽에 있는 'Tavola cronologica'에서 취한 것이다. 이 외에 다음을 참조: É. Rebillard, "Sermones", *Augustine through the ages. An Encyclopedia*, Gran Rapids, Cambridge: B. Eerdmans Publishing Company, 1999, p. 777.

12 아우구스티누스, 「강론」 84, 1.
13 Flottes, *Études sur saint Augustin. Son génie, son âme, sa philosophie*, Montpellier, Paris: Libraire F. Seguin, Libraire Durand, 1861, p. 304.
14 아우구스티누스, 「자유의지론」 2, 19, 50.
15 아우구스티누스, 「두 영혼」 10, 14.
16 참조: 아우구스티누스, 「자유의지론」 2, 19, 50-20, 54.
17 치체로(Cicero)에 따르면, "그것이 계속해서 그리고 현명하게 발생할 때, 스토아학파 사람들은 이러한 방식의 욕구(appetitus)를 βούλησις라고 부르는 반면, 우리는 그것을 의지(voluntas)라고 부른다. 그들은 오직 현인만이 의지를 소유하고 있다고 생각하면서 다음과 같은 정의를 내린다. 곧 의지는 이성에 따라 무언가를 바라고 희구하는 것이다.": 「투스쿨라나 담론」 4, 6, 13. 사실 βούλησις는 아리스토텔레스의 개념으로, 그는 이 단어를 통해 단순한 자발성(spontaneitas)과는 완전히 구별되는 '숙고된 의지'라는 뜻을 제시한다. 또한 그는 προαίρεσις라는 단어에 '의지적 선택'이라는 뜻을 부여한다. βούλησις는 목적에 도달하기 위해 실현해야 할 온갖 종류의 것들, 곧 가장 멀리 있는 것에서부터 가장 가까운 곳에 있는 모든 행위와 수단을 결정하는 반면, προαίρεσις는 가장 근접한 것들에 대해 작용하여 그것이 실현가능하지 않은 것이면 버리고, 가능한 것이라면 행위로 옮기는 역할을 한다. 이에 대해 참조: G. Reale, *Storia della filosofia antica*, II, Milano: Vita e Pensiero, 1996, pp. 518-519; A. Guzzo - V. Mathieu, "Libertà", in *Enciclopedia Filosofica*, III, Venezia-Roma: Istituto per la collaborazione culturale, 1957, p. 20.
18 아우구스티누스, 「영과 문자」 34, 60.
19 '자유 운동', '동의' 그리고 '사랑'으로 의지를 정의하는 것에 대해 참조: M. Djuth, "Will", *Augustine through the ages. An Encyclopedia*, Gran Rapids, Cambridge: B. Eerdmans Publishing Company, 1999, pp. 883-884.
20 아우구스티누스, 「고백록」 13, 9, 10.
21 아우구스티누스, 「83가지 다양한 질문」 35, 1-2. 홀테(R. Holte)는, 아우구스티누스에게 'appetitus'와 'motus'는 온갖 종류의 심리적 행위를 가리키는 일반적인 용어라고 설명한다: *Béatitude et sagesse. Saint Augustin et le problème de la fin de l'homme dans la philosophie ancienne*, Paris: Études augustiniennes, 1962, p. 222. 오데일리(O'Daly)는 appetitus라는 용어가 치체로를 통해 전달된 스토아학파의 영향이라고 본다: Gerard J.P. O'Daly, "appetitus", *Augustinus Lexikon*, 1, Basel: Schwabe & Co. AG, 1986-1994, pp. 420-422. 보쉐(Bochet)에 의하면, 아우구스티누스의 용어 사용에서 appetitus라는 단어는 원래 치체로가 「최고 선악론」 (*De finibus bonorum et malorum*) 5, 6, 17에서 적용한 기술적 의미를 상실하여, 보다 일반적인 의미에서 '경향', '욕구' 등을 뜻한다: I. Bochet, *Saint Augustin et le désir de Dieu*, Paris: Études augustiniennes, 1982, p. 105, n.7.
22 참조: 아우구스티누스, 「자유의지론」 3, 1-3.

23 아우구스티누스, 「영과 문자」 31, 53.
24 아우구스티누스, 「신국론」 5, 9, 4. 이에 대해 참조: G. Mancini, *La psicologia di S. Agostino e i suoi elementi neoplatonici*, Napoli: Casa Editrice Rondinella Alfredo, 1938, pp. 189-190.
25 Étienne Gilson, 「아우구스티누스 사상의 이해」, 김태규 역, 성균관대학교 출판부, 2010, 260쪽. 계속해서 질송은 의지의 지배적 역할이 아우구스티누스 심리학 전체의 고유한 특성으로 나타난다는 것을 강조한다.
26 아우구스티누스, 「강론」 84, 1.
27 P. V. Chiappa, *Il tema della povertà nella predicazione di sant'Agostino*, Milano: Dott. A. Giuffrè Editore, 1975, p. 19.
28 아우구스티누스, 「강론」 25, 6.
29 같은 책. 113/B, 2.
30 P. V. Chiappa, *Il tema della povertà nella predicazione di sant'Agostino*, p. 20. 저자는 다음의 용어에 주목한다. "fluere, mutari, transire, uolare, curere, deficere, ueterascere, laborare anhelitu senectutis, fugere, recedere, praeterire, praecipitari, transcurrere, transuolare, decedere, perire, praeterlabi, euolare, uanescere, euolui, migrare." 또한 비스마라 키아파는 아우구스티누스가 지상적 실재에 다음의 정의를 적용하고 있음을 제시한다. "incertus, mortalis, transitorius, temporalis, uaporeus, fluxus, caducus, perendinus, uolaticus, fragilis, breuis, carnalis, infirmus, moriturus, uanissimus, fluens, transiens, ueterascens, fugitiuus, euanescens, non consistens."
31 아우구스티누스에 따르면, '시간의 소용돌이'에는 '… 일 것이다.'(erit)와 '… 였다.'(fuit)만 존재한다: 「시편 상해」 9, 11.
32 아우구스티누스, 「강론」 345, 2. 여기서 성인은 아담 역시 오늘 죽었다 하더라도 그의 날은 짧은 날이라고 설명한다.
33 공동번역성서는 "아옵니다. 나의 세월을 한 뼘 길이로 만드셨고"라고 해석하며, 최민순 신부는 불가타(Vulgata)의 "ecce mensurabiles posuisti dies meos"를 따라 "내 세월을 한 뼘으로 줄이셨으니"라고 번역한다.
34 아우구스티누스, 「시편 상해」 38, 9.
35 시편 116, 2. 불가타에서는 시편 114, 2로 표기되어 있다.
36 아우구스티누스, 「시편 상해」 114, 3.
37 아우구스티누스, 「강론」 167, 1, 1.
38 같은 책. 84, 2.
39 같은 책. 167, 1, 1.
40 같은 책. 84, 2.
41 같은 책. 108, 3. 참조: A. Becker, *De l'instinct du bonheur à l'extase de la béatitude. Théologie et pédagogie du bonheur dans la prédication de saint Augustin*, Paris: Éditeur P. Lethielleux, pp. 83-110.
42 아우구스티누스, 「삼위일체론」 11, 6, 10.
43 아우구스티누스, 「행복한 삶」 2, 10.

44 아우구스티누스, 『고백록』 10, 21, 31.
45 아우구스티누스, 『삼위일체론』 13, 8, 11.
46 참조: A. Solignac, "La volonté universelle de vie heureuse", in *Bibliothèque Augustinienne* 14, Notes complémentaires n. 15, pp. 567-569. 여기서 솔리냑(Solignac)은, 아우구스티누스가 19세의 나이에 『호르텐시우스』를 읽으면서 치체로 논의의 기초인 "우리 모두는 행복하길 원한다."(beati omnes esse volumus)라는 명제에 특별히 강한 인상을 받은 것으로 본다.
47 참조: J. McWilliam, "Beata Vita, De", *Augustine through the ages. An Encyclopedia*, Gran Rapids, Cambridge: B. Eerdmans Publishing Company, 1999, pp. 94-95.
48 아우구스티누스, 『행복한 삶』 2, 7-16.
49 같은 책, 2, 10.
50 아우구스티누스, 『삼위일체론』 13, 5, 8.
51 '매개'라는 표현은 이사벨 보쉐가 사용한 것이다: I. Bochet, *Saint Augustin et le désir de Dieu*, p. 109.
52 아우구스티누스, 『행복한 삶』 2, 11; 『삼위일체론』 13, 5, 8. "자신이 원하든 대로 사는 사람은 모두 행복하다고 확언하는 이들이 있는데, 이는 철학자들의 말이 아니고 논쟁을 즐기는 이들의 말이다. 이 의견은 분명 틀린 것이다. 사실 적합하지 않은 것을 원한다는 것 자체가 가장 큰 불행인 것이다. 원하는 것을 갖지 못하는 것은 적합하지 않은 것을 원하는 불행에 비할 바 아니다. 왜냐하면 악의가 끼치는 악의 결과는 행운이 끼치는 선의 결과보다도 더 크기 때문이다."
53 아우구스티누스, 『삼위일체론』 13, 6, 9.
54 아우구스티누스, 『행복한 삶』 2, 11.
55 아우구스티누스, 『자유의지론』 2, 13, 36. 버사닉(Bussanich)에 따르면, 아우구스티누스의 사상에서 최고선 개념은 이성, 지혜 그리고 진리에 대한 그의 관점과 영원한 존재에 대한 플라톤의 개념에 대한 그의 헌신과 연결된다: J. Bussanich, "Happiness, Eudaimonism", *Augustine through the ages. An Encyclopedia*, Gran Rapids, Cambridge: B. Eerdmans Publishing Company, 1999, p. 414.
56 아우구스티누스, 『삼위일체론』 8, 3, 4.
57 아우구스티누스, 『행복한 삶』 2, 11; 『질서론』 2, 1, 3; 『신국론』 8. 8; 『고백록』 10, 23, 33.
58 아우구스티누스, 『고백록』 10, 20, 29.
59 아우구스티누스, 『신국론』 10, 15. 이에 대해 참조: J. Martin, *Saint Augustin*, Paris: Éditeur Félix Alcan, 1907, p. 237; P. Pauliat, "Joie et bonheur du chrétien d'après saint Augustin", *Didaskalia* 5(1975), p. 103.
60 아우구스티누스, 『참된 종교』 26, 49.
61 아우구스티누스, 『신국론』 8, 1; 9, 15, 2; 9, 23, 3. 이에 대해 참조: V.J. Bourke, *Augustine's view of reality*, Villanova: Villanova University Press, 1964, p. 118.
62 아우구스티누스, 『삼위일체론』 13, 7, 10. 아우구스티누스가 바라보는 불사불멸성에 대해 참조: J.A. Mourant, *Augustine on immortality*, Villanova: Villanova

University Press, 1969.
63 같은 책. 13, 8, 11.
64 같은 책. 13, 9, 12.
65 아우구스티누스, 「시편 상해」 52, 6; 66, 9; 138, 2; 146, 11; 「강론」 166, 4; 「서한」 140, 4, 10; 「신국론」 9, 15, 2; 「삼위일체론」 4, 2, 4.
66 아우구스티누스, 「강론」 130, 4. 이에 대해 참조: A. Pollastri, "La fede negli scritti di S. Agostino", in AA.VV., *La fede nei Padri della Chiesa*, Dizionario di spiritualità biblico-patristica, Vol. 22, Roma: Edizioni Borla, 1999, p. 282.
67 아우구스티누스, 「시편 상해」 134, 18; 「요한복음 강해」 53, 7.
68 아우구스티누스, 「자유의지론」 1, 12, 25.
69 아우구스티누스, 「삼위일체론」 13, 6, 9.
70 아우구스티누스, 「강론」 84, 2.
71 같은 책. 86, 9, 10. 참조: 「시편 상해」 2, 6.
72 같은 책. 85, 1, 1.
73 같은 책. 86, 2, 2.
74 참조: 같은 책. 113, 5, 5.
75 같은 책. 85, 1, 1.
76 M.G. Mara, *Ricchezza e povertà nel cristianesimo primitivo*, Roma: Città Nuova Editrice, 1998³, p. 80. 아우구스티누스의 질문은 「강론」 85, 1, 1에서 나타난다.
77 아우구스티누스, 「강론」 85, 1, 1.
78 같은 책. 85, 2, 2.
79 같은 책. 85, 2, 3.
80 참조: 같은 책. 14, 5.
81 아우구스티누스, 「시편 상해」 48, s.1, 2.
82 아우구스티누스, 「요한서한 강해」 2, 11.
83 H. Rondet, "Richesse et pauvreté dans la prédication de saint Augustin", p. 114. 아우구스티누스의 작품 안에서 사용된 "마음을 드높이"라는 표현에 대해 참조: M. Pellegrino, "《Sursum cor》 nelle opere di sant'Agostino", *Recherches augustiniennes* 3(1965), pp. 179-206.
84 아우구스티누스, 「강론」 85, 2, 3.
85 참조: P. V. Chiappa, *Il tema della povertà nella predicazione di sant'Agostino*, p. 141.
86 참조: P. Adnès, "L'humilité vertu spécifiquement chrétienne d'après saint Augustin", *Revue d'ascétique et mystique* 28(1952), pp. 208-223.
87 아우구스티누스, 「강론」 85, 4.
88 A. Brucculeri, *Il pensiero sociale di S. Agostino*, Roma: Edizioni La Civiltà Cattolica, 1945, pp. 78-79.

89 아우구스티누스, 「강론」 38, 8.
90 A. Fitzgerald, "Mercy, Works of Mercy", *Augustine through the ages. An Encyclopedia*, Gran Rapids, Cambridge: B. Eerdmans Publishing Company, 1999, p. 558. 저자는, 자선과 선행이 성서적 계명(마태 5,7; 루카 11,41)의 성취라는 측면 외에도 4세기에 부와 가난에 대한 관심이 높아지면서 새로운 차원을 갖게 된 주제인 하느님 사랑과 이웃 사랑과 밀접히 연결되어 있기에 교부들 사상의 핵심 요소 중 하나라고 본다. 4-5세기 라틴 교회 안에서의 자선에 대해 참조: B. Ramsey, "Almsgiving in the Latin Church: The late fourth and early fifth centuries", *Theological studies* 43(1982), pp. 226-259.
91 A. Fitzgerald, "Almsgiving in the works of Saint Augustine", in AA.VV., *Signum pietatis. Festgabe für Cornelius Petrus Mayer OSA zum 60. Geburtstag*, Würzburg: Augustinus Verlag, 1989, p. 445.
92 아우구스티누스, 「강론」 86, 3, 3.
93 같은 책. 86, 5, 5.
94 같은 책. 86, 3, 3. 참조: 「강론」 38, 8; 350/B, 1; 390, 2. 여기서 흥미로운 것은 아우구스티누스가 고리대금업자(fenerator)의 표상을 사용하고 있다는 것이다. 성인에 따르면(「강론」 239, 4, 5), '고리대금하다.'(fenerare)는 것은 '조금 주고 많이 받는 것'(minus dare, et plus accipere)이다. 이 때문에 고리대금업은 교회로부터 단죄되었고, 특별히 아우구스티누스는 그리스도인들이 고리대금업을 하는 것에 대해 매우 엄격한 자세를 취하였다. 이 문제에 대해 참조: A. Di Berardino, "La défense du pauvre: saint Augustin et l'usure", in AA.VV., *Augustinus Afer. Saint Augustin: africanité et universalité. Actes du colloque international Alger-Annaba, 1-7 avril 2001*, 1, Fribourg: Éditions Universitaires Fribourg Suisse, 2003, pp. 257-262.
95 같은 책. 85, 4, 5.
96 A.-G. Hamman, *La vie quotidienne en Afrique du Nord au temps de saint Augustin*, p. 145.
97 아우구스티누스, 「시편 상해」 95, 15. 페트레는, '증여'(largitio)라는 단어가 종종 경멸적인 뉘앙스에 물들어 있으며, '자선'(beneficentia)의 모습을 지칭할 수도 있지만, 그 자체로 윤리적 선이나 의무를 표현하는 것이 아니라고 본다: H. Pétré, *Caritas. Étude sur le vocabulaire latin de la charité chrétienne*, Louvain: 《Spicilegium Sacrum Lovaniense》 Administration, 1948, p. 224.
98 같은 책. 147, 12. 마르탱은 "잉여를 소유하고 있다면 다른 사람의 것을 가지고 있는 것입니다."(Res alienae possidentur, cum superflua possidentur)라는 문장이 아우구스티누스의 가르침 전체의 요약이라 본다: J. Martin, *La doctrine sociale de saint Augustin*, Paris: Éditeur A. Tralin, 1912, p. 147.
99 아우구스티누스, 「강론」 206, 2.
100 같은 책. 85, 4, 5.
101 같은 책. 14, 6.
102 같은 책. 61, 8, 9; 85, 5, 6.
103 같은 책. 85, 6; 261, 5.
104 같은 책. 86, 5, 5.

105 같은 책. 177, 6; 261, 5.
106 아우구스티누스, 「시편 상해」 51, 14.
107 아우구스티누스, 「강론」 85, 6, 7. 참조: 「강론」 61, 11, 12.
108 같은 책. 164, 7, 9.
109 같은 책. 18, 4; 38, 9.
110 같은 책. 86, 14, 17.
111 참조: P. Christophe, *Les devoirs moraux des riches. L'usage du droit de propriété dans l'Écriture et la tradition patristique*, Paris: Éditeur P. Lethielleux, 1964, p. 191.
112 이러한 의미에서 파울라 비스마라 키아파는 아우구스티누스의 윤리학이 고전 철학에서 일부 요소를 취하면서도, 모든 윤리적 사고의 핵심인 하느님께의 근본적 정향을 잊지 않기에 본질적으로 신학적 윤리학이라고 본다. P. V. Chiappa, *Il tema della povertà nella predicazione di sant'Agostino*, p. 135.
113 아우구스티누스, 「그리스도교 교양」 1, 4, 4.

3장

아우구스티누스의 부정신학

서론

1. 형언할 수 없는 하느님(Deus ineffabilis)
   표현된 활자와 음절에 담긴 의미
   인간 언어의 한계
2. 이해할 수 없는 하느님(Deus incomprehensibilis)
3. 이해의 길

결론

「아우구스티누스의 부정신학」은 2010학년도 가톨릭대학교 성신교정 교비연구비(2차) 지원을 받아 연구 작성된 논문으로, 「가톨릭 신학과 사상」 66호, 신학과 사상학회, 2010에 수록되었다.

서론

아우구스티누스는 자신의 영혼과의 대화형식으로 구성된 『독백』에서 "나는 하느님과 영혼에 대해 알길 원한다."라고 고백한다.[1] 하느님을 인식하고자 하는 노력은 아우구스티누스 이전에도 이미 많은 철학자들과 신학자들 안에서도 발견된다. 이들의 노고를 통해 우리는 하느님에 대해 말할 수 있게 되었다. 이 과정에서 하느님의 본질은 두 가지 방식으로 서술되는데 하나는 긍정신학(theologia positiva)이요, 다른 하나는 부정신학(theologia negativa)이다. 전자는 '하느님은 사랑이시다.'(Deus caritas est)와 같이 하느님을 무엇이라고 규정함으로써, 피조물의 관점에서 하느님을 규정하고 제한한다. 하지만 후자는 '하느님은 변하지 않으신다.'(Deus incommutabilis est)와 같이 하느님이 무엇이 아니라고 규정함으로써 하느님의 무한성을 제시하고자 한다.[2] 이 두 방법 중에 본고는 부정신학에 관심을 갖는다.

부정신학은 디오니시우스(Dionysius Areopagita)에 의해 정립되었다고 할 수 있지만, 이미 그 이전부터 그리스도교 안에 자리하고 있었음을 부정할 수 없다. 특히 플라톤 사상의 영향이 깊이 내린 동방교회의 전통 안에서 부정신학의 흐름은 주목할 만하다. 하지만 서방교회의 전통 안에서도 우리는 부정신학의 경향을 찾을 수 있다. 폴 앙리(Paul Henry)가 지적하듯 플로티누스에게 그토록 친숙한 부정신학이 마리우스 빅토리누스(Marius Victorinus, 280/285-386?) 안에서 매우 찬란하게 나타나기 때문이다.[3] 그렇다면 마리우스 빅토리누스의 영향을 받은 아우구스티누스에게도 부정신학의 경향이 자리한다고 볼 수 있다. 물론 블라디므르 로스키(Vladimir Lossky)는, 아우구스티누스의 종교적 사고 안에 드러난 부정의 방법은 단지 '부정신학의 요소'라고 부를 수 있을 정도로 빈약하다고 지적한다.[4] 이 주장은 어떤 의미로 보면 타당하다고 할 수 있다. 이는, 아우구스티누스의 부정신학에 대한 학자들의 연구물이 극히 적다는 것에서도 드러난다. 그럼에도 불구하고 히포의 주교가 서방 그리스도교 사상사에서 두 인물, 곧 마리우스 빅토리누스와 위-디오니시우스 사이에 거론된다는 존 하이저(John H. Heiser)의 지적은 서구 부정신학의 전통 안에서 아우구스티누스의 위치를 가늠케 한다.[5]

이러한 의미에서 본고는 아우구스티누스의 사상에 나타난 '형언할 수 없는 하느님'과 '이해할 수 없는 하느님'이라는 두 가지 차원에서 부정신학을 고찰하고자 한다. 그리하여 로스키의 주장처럼 단순히 부정신학적 요소만 나타나는지 아니면 서구 부정신학에서 중요한 위치를 갖는다고 할 수 있는지 살펴보고자 한다.

1. 형언할 수 없는 하느님(Deus ineffabilis)

표현된 활자와 음절에 담긴 의미

아우구스티누스는 『고백록』을 시작하면서 "내 하느님, 그럼 당신은 뉘시옵니까?"라고 질문을 던진다. 그리고 이에 대해 중세기를 거치면서 더욱 더 발전된 양식인 '우월의 방법'(via eminentiae)을 통해 다음과 같이 대답한다. "지극히 높으시고 지극히 좋으시고, 지극히 능하시고 지극히 전능하시고, 지극히 자비로우시고도 지극히 의로우시고, 지극히 그윽하시며, 또 지극히 현재하시고, 지극히 아름다우시고도 지극히 강하신 분이여, 늘 계시되 헤아릴 길 없으시고, 온갖 것을 바꾸시되 바뀌지 않으시며, 새로움도 묵음도 없으신 채 모든 것을 새롭게 하시나이다."6 하지만 히포의 주교는 "우리는 하느님께 합당한 것을 말하거나 표현하였을까?"라고 또 다른 문제를 제기한다.7 이에 대한 아우구스티누스의 답변은 명확하다. 우리는 하느님에 대해 모든 것을 말할 수 있지만, 그 어떤 것도 하느님에 대해 합당하게 말하는 것이 아니다.8 달리 말하면, 하느님에 대해 말할 수 있지만 그 무엇도 그분에 대해 매우 합당하고 충분하게 표현하는 것이 아니다.9 여기서 두 가지 사실이 분명히 드러난다. 하나는 하느님이 형언할 수 없는 분(ineffabilis)이라는 것이요, 다른 하나는 신적 존재에 대해 표현하는 인간의 언어에 한계가 있다는 것이다.

무엇보다 하느님에 대해 우리가 갖고 있는 내적 감각과 모든 인간의 표현사이의 근원적인 부적합성에 대해 아우구스티누스는 다음과 같이 말한다. "우리가 과연 하느님께 맞갖은 것을 말하거나 발설하였을까? 오히려 무엇인가 말해 보고자 했을 따름이라고 느낀다. 내가 만일 무슨 말을 했다면 그것은 내가 말하고 싶은 것이 아니었다."10 이러한 근원적 부적합성은 무엇보다 '형언할 수 없음'(ineffabilitas)이라는 하느님의 속성에서 기인한다. 달리 말하면, '형언할 수 없음'이라는 존재론적 개념이 하느님을 알고 싶어 하는 자의 마음 상태를 결정짓고 있는 것이다. 이러한 의미에서 아우구스티누스는, 플로티누스가 일자(一者)의 '형언할 수 없음'을 강조하는 것과 같은 양상으로,[11] 형언할 수 없는 하느님의 속성을 강조한다.[12] 이 문제에 있어 히포의 주교에 대한 플로티누스의 영향력을[13] 우리는 다음의 본문에서 확인할 수 있다. "하느님이 형언할 수 없는 분이 아니시라면 내가 이것을 어찌 알겠는가? 형언할 수 없는 것이라면 내가 말한 것도 말 안 한 것과 마찬가지이다. 그렇다면, 하느님은 형언할 수 없는 분이라는 말도 하지 말아야 한다. 이런 말을 하는 것도 (그분에 관해서) 무언가 말을 하는 것이다. 따라서 말의 모순이 되는 까닭이다. 말할 수 없는 것이어서 형언할 수 없다고 한다면, 형언할 수 없다고 말하는 것만으로도 이미 형언할 수 없는 것이 아니기 때문이다."[14] 형언할 수 없는 하느님에 대해 적당한 표현 양식이 없다는 점에서 히포의 주교는 플로티누스와 마찬가지로[15] 다음과 같이 '침묵'을 강조한다. "이러한 말의 모순은 침묵을 통해 삼가야지 말로 해결할 것이 아니다."[16] 사실 침묵은 플로티누스의 입장에서 보면 일자(一者)에 대해 어떠한 말을 할 수 없다는 불가능성의 직접적 결과로, 살바토레 릴라(Salvatore Lilla)가 지적하듯 인간의 지성이 일자에 대한 정의를 내리고자 하는 노력 자체를 포기한다는 명백한 표지이기도 하다.[17]

그럼에도 불구하고 아우구스티누스는 인간 본성이 형언할 수 없는 존재에 대해 어떠한 말을 해야 한다는 것을 다음과 같이 지적한다. "하느님에 관해서 우리가 온당하게 할 수 있는 말이 아무것도 없기는 하지만, 하느님이 인간 언어가 당신에 관해 호의적 표시를 하도록 허용하셨고 우리가 우리 언어로 당신을 찬미하며 기뻐하기를 바라셨다." 데이드르 카라빈(Deirdre Carabine)에 따르면, 이 측면은 부정적 방법(apophasis)의 모든 스승들에게 발견되는 것, 곧 모든 부정신학의 정수에서 발견되는 것이다.[18] 이러한 의미에서 볼 때, 프로클루스(Proclus)의 주장과 비교하면서 아우구스티누스가 권고하는 침묵이 문제를 간과하고자 하는 결정과 유사한 것이라고 해석한 라울 모틀리(Raoul Mortley)의 입장은 수용될 수 없다.[19] 오히려 카라빈이 계속해서 주장하듯, 아우구스티누스가 '형언할 수 없는'(ineffabilis)이라는 단어를 계속해서 사용한 것은, 신적 본성에 대해 맞갖게 말할 수 없음에도 불구하고 인간의 언어가 그것을 올바른 방향에로 이끄는 역할을 하는 데 필요하다는 것을 계속해서 상기시키고자 한 것이라 할 수 있다.[20]

그러므로 아우구스티누스는 다음과 같이 말한다. "그래서 하느님이라는 말을 하게 된다. 이 두 음절의 발음에서 하느님이 인식되기 때문이 아니고, 라틴어를 함께 쓰는 모든 사람들이 이 소리가 귀에 들릴 때에 지극히 높으시고 불사불멸하는 어떤 본성을 생각하게 되기 때문이다."[21] 그리고 "내가 하느님이라고 말할 때, 나는 한 단어를 발음한 것이다. 네 개의 활자와 두 음절로 이루어져 있는 매우 짧은 단어이다. 하지만 하느님께서 이것, 곧 네 개의 활자와 두 음절이 다인가? 그 단어가 이토록 평범하지만, 그것이 표현하는 의미는 얼마나 위대한지! 당신이 하느님이라는 단어를 들었을 때, 당신 마음속에 무슨 일이 일어났는가? 내가 하느님이라고 불렀을 때, 내 마음속에 무슨 일이 발생했는가? 우리는 물질적 그리고 영적인 모든 가변적 피조물을 초월하는 최상의 실재를 생각하였다. … 그러므로 당신이 살아있고, 영원하며, 전능하고, 무한하고, 편재하며, 어디에서든 모든 것이며,

어떠한 형태로든 한정되지 않는 실재를 생각할 때, 당신의 마음속에 무엇이 있는가? 이러한 것들을 생각할 때, 당신의 마음속에 하느님의 말씀이 있는 것이다. 이 말씀이 단순히 네 개의 활자와 두 음절로 구성된 소리일 뿐인가? 말하는 모든 것은 지나가는 것이고, 소리와 활자 그리고 음절의 구성체이다. 소리로 나오는 말은 지나가는 것이다. 하지만 그 소리가 의미하는 것은 그것을 말한 사람이나 들은 사람의 지성에 깃들어 있고, 소리가 멈춘 후에도 계속 남아 있다."[22] 결국 우리가 하느님이라고 발음할 때, 그 단어 안에 하느님의 모든 것이 담겨 있다고 할 수 없음이 확실하다. 달리 말하면, 하느님이라는 단어를 발음할 때, 그 소리는 하느님이라는 실재 자체를 드러내는 것이 아니라 그 실재 밑에 있는 것을 나타낸다고 할 수 있다.[23]

인간 언어의 한계

말은 인간이 마음에서 일어나는 바를 표명하고자 할 때, 그것이 무엇이든 제일 먼저 표시되는 수단이다. 즉, 인간이 자기 생각을 표출하는 표지들 중 대부분이 말이다.[24] 인간은 그 용도가 전적으로 표시하는 데에 있는 표지인 언어를 통해,[25] 특별히 '하느님'이라는 단어를 통해 만유를 초월하며 불변하는 지혜를 표현하는 것이다. 그렇기에 '형언할 수 없는' 하느님을 표현하는 데 있어 발생하는 인간 언어의 근원적 한계성은 언어 자체에서도 찾아볼 수 있다.

모든 피조물의 이행적 특성(移行的 特性)을 고백하는 부분에서 히포의 주교는 다음과 같이 천명한다. "보십시오. 우리의 말도 그와 같이 소리를 내는 표지를 통해 완성됩니다. 만약 한 단어가 자신의 부분을 소리 낸 후에 다른 단어와 이어지면서 사라지지 않는다면, 온전한 말이 되지 않을 것입니다."26 여기서 인간의 언어 역시 가변적이고 시간의 흐름 안에 있음이 드러난다. 아우구스티누스는 이러한 가변성과 시간성을 태어나 성장하고 사라지는 직선적인 세 단계로 이렇게 묘사한다.27 "나고 죽고 하는 그 아름다움은 나면서 있어지고, 제 한도까지 자라다가 도가 차면 늙고 죽삽나니, 죽기는 다 하여도 늙기는 저마다 하는 것이 아니옵니다. 이러므로 나면서 있어진 것이 있고자 자라기를 빨리 할수록 결국 그것은 없어지고자 더욱 바삐 서두른 셈이 되는 것이니, 이것이 바로 그것들의 됨됨이옵나이다."28 따라서 시간은 창조된 사물들의 특징인 것이다.29 달리 말하면, 시간은 하느님의 피조물이기에, 그것의 본질은 변화하는 것이요 과거에서 현재로 넘어가는 것이지 하느님처럼 영속적인 것이 아니다.30 그렇기에 히포의 주교는 다음과 같이 언명한다. "제 아무리 장구한 시간이기로 당신이 짓고 마련하셨거늘 당신께서 아니 만드신 영겁이 어찌 흐를 수 있으오리까? 당신이 마련치 아니하신 시간이 있기라도 하단 말이니이까? 본디 없었던 것이 흘러갈 수 있다는 말이오니까? … 시간조차 당신이 하신 일이 아니오니까? 당신께서 시간을 내셨느니만큼 영겁마저 당신이 내시기 이전에 흐를 수 없던 것입니다. … 님의 세월은 가지도 오지도 않건마는 우리네 것은 오기 위해 가고, 또 흘러가나이다. 님의 세월은 항상되기에 다 함께 있어 흐르지 않는 까닭에, 가는 것에 오는 것에 밀려남이 없건마는 우리네 세월은 다 가고 없은 다음에야 다 있기 마련입니다. … 님의 날은 나날이 아닌 다만 오늘! 그 오늘은 내일로 옮지도 아니하고, 어제 뒤에 이어지지도 않는 날이니이다. 님의 오늘은 곧 영원! … 어느 시간도 당신과 같이 영원할 수 없는 것이, 님은 항상 계시기 때문이니 시간이 만일 항상되다면 이미 시간이 아닐 것입니다."[31] 또한 "사실 하느님의 날과 하느님 자신과의 구별이 없습니다. 하느님의 날은 하느님의 영원성이고, 이 영원성은 하느님의 실체로 어떠한 변화도 알지 못합니다. 거기에 어떤 것도 더 이상 존재하지 않는 것처럼 과거도 없습니다. 또한 그 어떤 것도 아직 존재하지 않은 것처럼 미래도 없습니다. 거기에는 '있다.'라는 현재형만이 존재할 뿐입니다."[32] 더욱이 인간의 언어와 시간의 상관성은 과거의 현재인 기억, 현재의 현재인 목격함 그리고 미래의 현재인 기다림에 상응한다.[33] 아우구스티누스에 따르면, "내가 알고 있는 시를 읊조린다 치자. 내가 시작하기 전에 나의 기다림은 시 전편에 뻗친다. 그러나 막상 시작하자, 벌써 그 몇 구절을 과거로 따돌리려고 할수록 그것은 내 기억 안으로 들게 되고, 이리하여 내 행동의 존재는 두 군데에 걸치게 된다. 그 하나는 이미 읊조린 것을 기억함이고, 또 하나는 읊조릴 것을 기다림이다. 이때 지켜봄은 현재인 것으로, 미래이던 것이 과거가 되려 이를 거쳐 가는 것이다. 이렇게 연거푸 진행이 되어 갈수록 기다림이 짧아지는 반면 기억이 길어지고, 드디어는 기다림이 아주 없어지고 나면 전 행동이 끝나 기억으로 옮겨지고 마는 것이다. 시 전편에 있어 이같이 되는 일은 그 각 부분, 심지어는 그 각 음절에 있어서도 마찬가지이다."[34] 결국 피조물과 하느님 사이에 존재하는 '시간-영원성'의 구도에서 '변화-불변'이라는 인간의 말과 하느님의 말씀의 근원적 차이가 등장한다. 이를 아우구스티누스는 이렇게 표현한다. "천주이신 당신 곁에 계시는 천주님, 그 말씀을 알아들으라 당신께서 우리를 부르시오니 이 말씀이야말로 영원히 말하여지고, 또한 이 말씀으로 말미암아 모든 것이 항상 말하여지나이다. 모든 것이 말하여진다하여 말하여지던 것이 끊어졌다가 다른 말이 이어지는 그런 것이 아니오라, 모든 것이 동시에 영원하다는 것이오니 그렇지 않다면 시간과 변화가 있게 되는지라, 참다운 영원성도 참다운 불멸성도 아닐 것입니다."[35]

따라서 불변적 하느님을 가변적인 인간 언어로 묘사한다는 것은, 곧 영원한 존재를 시간에 종속된 것이 파악하여 말한다는 것은 실로 모순이라고 할 수 있다. 이러한 구조적 이율배반 때문에 인간이 하느님에 대해 무엇인가를 말하는 것은 하느님에 대해 정확하게 말하는 것이 아니다. 물론 아우구스티누스는 하느님께 적용하는 속성들 중에서 그분의 실체(substantia)에 해당되는 것은 절대적인 의미를 갖는다는 점을 인정한다. 하지만 위치, 모습, 장소, 시간은 하느님에 대해 본래의 의미가 아닌 전의적(轉意的)이고 직유적(直喩的)으로 말하는 것임을 성인은 강조한다.[36] 달리 말하면, 하느님께 순종적인 피조물을 통해 성부와 성자와 성령은 유형한 형상이나 직유(similitudo)를 통해 인간의 감각에 자신을 알릴 수 있다는 것이다.[37] 예를 들면, "주 너의 하느님인 나는 질투하는 하느님이다."(탈출 20, 5)라는 말씀을 주석하면서 히포의 주교는 다음과 같이 강조한다. "사실 성령은 최고의 신적 진리들이 형언할 수 없기에, 그것을 지성적 인간에게 알려주기 위해 일반적으로 사람들 사이에서 어떠한 결점을 가리키기 위해 사용되는 단어들을 사용하길 원하였다. 이는 사람들이 하느님에 대해 합당하게 말할 수 있는 것이라고 생각하는 표현들조차 그분의 위엄에 합당하지 않음을 알려, 그분께 어떠한 인간적 말보다 침묵에 보다 큰 영예를 드리기 위해서이다."[38] 성인에 의하면, 성경에서 하느님께 적용되는 '빛', '샘', '물' 등과 같은 표상들도 자구적 의미에서 하느님을 드러내는 '자연적 표지'(signum naturalis)가 아니다.[39] 물론 '하느님이 모든 것이다.'(Deus totum est)라는 의미에서 볼 때, 그러한 표상들이 하느님에 대해 말할 수 있다. 곧 "하느님은 너에게 모든 것이다. 네가 배고프다면, 그분은 너의 빵이다. 네가 목마르다면, 그분은 너의 물이다. 네가 어둠 속에 있다면, 그분은 너의 빛이다. 불변하게 남아 있기 때문이다."[40] 또한 아우구스티누스는 1사무 15, 11의 "나는 사울을 임금으로 삼은 것을 후회한다."라는 구절을 주석하면서 다음과 같이 말한다. "참으로 나는, 하느님에 대해 말할 때 합당한 다른 표현을 찾을 수 있기 때문에, 그분에 대해 이런 식으로 말하는 것이 적합하지 않다고 생각한다. 그분의 영원한 권능과 신성이 인간의 말을 구성하는 모든 단어들을 놀랍게도 그리고 지체하지 않으면서 초월하고 있기 때문에, 사람들의 눈에도 경멸적인 것으로 보이는 인간적 방식으로 그분에 대해 어떤 것이든 말하는 것은 우리 자신의 연약함에 대한 권고인 것이다. 성경에서 하느님께 적합하게 적용되고 있다고 우리가 생각하는 것들도 신적 초월보다 인간의 능력에 더 적합한 것이다. 결과적으로 그런 것들도 보다 고요한 지성으로 극복되어야만 한다."[41] 이토록 하느님에 대해 모든 것을 말할 수 있지만, 가시적인 그 어떤 것도 하느님에 대해 합당하게 말할 수 없다.[42]

2. 이해할 수 없는 하느님(Deus incomprehensibilis)

하느님에 대해 언급할 때 나타나는 인간 언어의 한계성에서 또 다른 문제가 발생한다. "표현하는 것은 생각하는 것과 동일하지 않고, 생각은 실재와 같지 않다."는 것이다.[43] 이는 우리가 하느님에 대해 생각하는 것이 그분에 대해 말하는 것보다 더 분명한 것이지만, 하느님의 존재 자체가 우리가 그분에 대해 생각하는 것보다 더 올바른 것임을 드러내는 것이다. 이러한 의미에서 하느님의 실재 혹은 존재는 그분에 대해 생각하고 표현하는 사람과 하느님 사이의 근원적 간격에 대한 끊임없는 선포라고 할 수 있다.[44] 즉 우리가 하느님을 있는 그대로 이해할 수 없다는 것이다. 이에 대해 아우구스티누스는 다음과 같이 말한다. "사실 네가 이해한다면, 하느님이 아니다."[45] 또한 "따라서 형제들이여, 하느님에 대해 우리가 무엇을 말할 수 있을까요? 만약 당신이 말하고자 하는 것을 이해하였다면, 하느님이 아닙니다. 만약 당신이 그것을 이해할 능력을 갖고 있었다면, 당신은 하느님의 실재와는 다른 것을 이해한 것입니다. 만약 당신이 그것을 이해할 능력이 있었다고 여긴다면, 당신의 생각으로 인해 속은 것입니다. 따라서 만약 당신이 이해하였다면, 하느님은 그렇지 않은 분입니다. 하지만, 하느님이 그렇다면, 당신은 그것을 이해하지 못한 것입니다."[46] 그렇기에 히포의 주교는 이렇게 권고한다. "만약 여러분이 하느님이 누구이신지 이해할 수 없다면, 적어도 그분이 무엇이 아닌지 이해하십시오!"[47] 또한 "하느님은 형언할 수 없는 분입니다. 그분이 어떠한 분인가 하는 것보다 그분이 아닌 것에 대해 보다 쉽게 말하게 되니다."⁴⁸ 여기서 히포의 주교는 인간의 언어에 대해 체계적으로 부정하는 도구인 '부정의 방법'(via negativa) 혹은 '배제의 방법'(via remotionis)을 사용하게 된다.

이러한 아우구스티누스의 지향은 그의 초기 작품들 중의 하나로 세례받기 전인 386년에 저술된 『질서론』에서 잘 나타난다. "무지함을 통해 지극히 높으신 하느님을 보다 잘 알게 된다."⁴⁹ 분명 이 문장은 지극히 플로티누스적이고 매우 분명한 부정 신학적 내용을 담고 있음을 부정할 수 없다.⁵⁰ 그렇기에, 안드레아 마리오 모스케티(Andrea Mario Moschetti)가 강조하듯, 아우구스티누스와 플로티누스 사이에 어떠한 상이점이 없는 것처럼 보인다.⁵¹ 이에 반해 비르질리오 파치오니(Virgilio Pacioni)는 아우구스티누스와 플로티누스 사이의 차별성이 분명히 드러난다고 주장한다. 왜냐하면 아우구스티누스는, 하느님이 인간 지성과 다른 모든 피조물의 능력을 초월하여 있기에 하느님에 대한 인간의 인식이 불완전할 수밖에 없다는 의미에서 하느님의 '형언할 수 없음'을 주장한 반면, 플로티누스는 하느님이 모든 유한한 지성뿐 아니라 신적 지성보다도 우위에 있다는 의미에서 하느님이 형언할 수 없는 존재라고 주장하기 때문이다.⁵² 이러한 의미에서 볼 때, 신플라톤주의의 영향이 가장 강력했던 초기 시기에도 아우구스티누스가 철학적 목적 보다는 종교적 목적으로 플라톤주의자들을 사용하였다고 보는 하이저의 의견이 타당하다고 할 수 있다.⁵³ 그렇기에 "무지함을 통해 지극히 높으신 하느님을 보다 잘 알게 된다."라는 무지의 지(無知의 知, docta ignorantia)에 대한 아우구스티누스의 주장은 우리가 무지함을 고백하면 할수록 그만큼 하느님에 대해 합당한 인식을 할 수 있음을 잘 보여준다.54 계속해서 『질서론』은 우주의 창조주에 대해 이렇게 고백한다. "그에 대해 영혼 안에는 어떠한 방법으로도 그를 모른다는 것을 아는 것이 아니라면, 어떠한 앎도 없다."55 그렇기에 로스키(Lossky)가 지적하듯, 하느님에 대한 무지는 피조물이 하는 인식의 부정적 이면으로 하느님과 그분이 아닌 것을 구분하도록 해준다고 할 수 있다.56

무지에 대한 아우구스티누스의 칭송은 그의 여러 작품에서도 나타난다. 419년 말 혹은 420년 초에 살로나의 헤시키우스(Hesychius Salonitanus) 주교에게 보낸 서한은 "저는 거짓 앎을 언명하기보다 신중한 무지를 고백하는 것이 더 낫습니다."라는 말로 끝맺는다.57 또한 강론에서 성인은 경건한 무지가 오만에 찬 앎보다, 곧 경솔한 앎에 대한 공언보다 경건한 무지를 고백하는 것이 더 낫다고 말한다.58 417년경 8월 1일에 행한 강론에서도 "무지에 대한 고백이 앎의 단계입니다."라고 선언하며,59 『고백록』에서는 무지를 "경탄의 어미"라고 칭한다.60 411년경에 작성된 『서한』 130에서는 "그러므로 우리 안에는 말하자면, 무지(無知)의 지(知)가 있습니다. 하지만 그 앎은 우리의 연약함을 도와주시는 하느님의 영으로부터 조명을 받은 것입니다."라고 말함으로써 무지함을 통해 하느님을 보다 더 잘 알게 되는 것의 종교적 의미를 드러낸다.61

사실 아우구스티누스가 하느님에 대한 인식 문제에서 그토록 찬사를 보내는 무지는 인간 지성의 한계성을 드러내는 것이다. 곧 하느님은 인간의 지성적 능력을 초월하여 계신 분이라는 것이다. 더욱이 인간 지성은 자기 자신도 알지 못한다.62 그렇기에 유한하고 변화하는 인간 지성은 하느님의 영원성과 불변성을 알 수 없는 것이다. 이점은 탈출 3, 14의 "나는 있는 나다."(Ego sum qui sum)라는 하느님 이름에 대한 아우구스티누스의 주석을 통해 잘 나타난다. 로스키가 지적하듯 이 하느님의 이름은 "생각의 부정적 상승의 한계를 드러내는 이름"으로[63] 불변성의 이름인 존재 자체를 가리키는 것이기에, 인간은 자신의 지성으로 이에 도달하거나 참여할 수 없는 것이다.[64]

3. 이해의 길

아우구스티누스가 무지에 대해 그토록 강조하지만, 하느님 문제에 있어 모든 지성적 앎을 배제하는 것은 아니다. 즉 하느님은 이해할 수 없는 분이지만, 그분을 항상 찾아야 한다는 것이다.[65] 이는 "아버지께서 세상에서 뽑으시어 저에게 주신 이 사람들에게 저는 아버지의 이름을 드러냈습니다."라는 구절(요한 17, 6)에 대한 주석에서 분명히 드러난다. "그들이 유다인임에도 불구하고 하느님의 이름을 몰랐다는 것을 의미하는 것입니까? 그리고 '하느님께서 유다에 널리 알려지셨네. 이스라엘에 그 이름 위대하시네'라는 구절이 어디에 있습니까? 결국 '나는 당신이 세상에서 뽑으시어 나에게 주신' 이들에게 그리고 내가 이것을 말하는 동안 경청하는 이들에게 당신의 이름을 드러냈습니다. 하지만 나는 하느님으로 불러지는 당신의 이름이 아니라 '나의 아버지'라고 불리는 이름을 드러냈습니다. 그리고 이 이름은 아들이 그것을 드러내지 않았더라면 사람들에게 드러나지 않았을 것입니다. 사실 모든 피조물의 하느님으로 불리는 한, 이 이름은 무엇보다 사람들에게 -그들이 그리스도를 믿기 전에도- 알려지지 않은 채로 있을 수 없었을 것입니다. 사실 그것은 참된 신성의 증거로 이제 이성을 사용할 능력을 갖고 있는 이성적 피조물에게 결코 감춰질 수 없는 것입니다."[66] 달리 말하면, 어디에는 공개되어 있고, 어디에는 드러나지 않는 분이신 하느님을 아는 것이 그 누구에게도 허락되지 않았으며, 동시에 그분에 대해 알지 못하는 것을 그 누구에게도 허용하지 않으셨다는 것이다.[67]

이러한 측면에서 보았을 때, 아우구스티누스는 초월적인 하느님께 도달하는 유일한 수단으로 '부정의 방법'만을 고집하지 않음이 분명하다. 여기서 우리는 히포의 주교와 다른 부정신학자들과의 결정적 차이를 볼 수 있다. 카라빈은, "커룹 위에 올라가셨다."라는 시편 17, 11에 대한 아우구스티누스의 주석에 기초하여, 아우구스티누스가 제시한 또 다른 방법을 "사랑의 길"(via amoris)이라 칭한다.[68] 성인에 의하면, "그분은 그 누구도 사랑을 통하지 않고서는 자신에게 도달할 수 없도록, 앎의 충만함 위로 올라가셨습니다. 사실 율법의 충만함은 사랑입니다. 그리고 곧 그분은 자신을 사랑하는 이들에게 이해할 수 없는 존재로 드러내셨습니다. 이는, 그분이 육신의 형상으로 이해될 수 있다고 그들이 믿지 않도록 하기 위한 것이었습니다."[69]

그렇다면 사랑으로 하느님께 도달한다는 것은 무슨 의미인가? 방금 인용한 아우구스티누스의 주석을 통해 볼 때, 사랑으로 하느님께 도달한다는 것이 가변적이고 가시적인 차원에 하느님을 가둬두는 것이 아님을 분명히 알 수 있다. 곧 하느님은 육신이 아니요, 땅과 하늘,

달, 별, 태양, 천사가 아니다. 그분은 이러한 육신적 실재 중 그 어느 것도 아니다. 그렇기에 그분에게서 모든 육신적 형상을 제거하면서, 복음에서 확언하듯(요한 4, 24) 하느님이 영(spiritus)이심을 인정해야 한다.[70] 하느님은 사도 바오로가 말하듯(1코린 2, 9), 어떠한 눈도 본 적이 없고 어떠한 귀도 들은 적이 없으며 사람의 마음에도 떠오른 적이 없는 존재이다.[71] 『고백록』 역시 다음과 같이 말한다. "내가 당신을 사랑한다 일렀으니 대체 무엇을 사랑한다는 것입니까? 그것은 몸의 고움이 아닙니다. 때의 아름다움이 아닙니다. 이 눈에 즐거운 빛살의 흼이 아니요, 온갖 노래의 달콤한 가락도 아니요, 꽃과 향유와 향료의 꽃다운 내음도 아닙니다. 만나와 꿀도 아닙니다. 안아서 흐뭇한 몸뚱이도 아닙니다. 내가 하느님을 사랑한다 할 제, 이런 따위를 사랑하는 것이 아니오이다. 하오나 그 어느 빛, 그 어느 소리, 그 어느 음식과 포옹을 내가 사랑하고 있사오니 이는 곧 내가 하느님을 사랑할 때입니다. 나의 속에 있는 인간의 빛과 소리와 향내와 음식과 그리고 포옹, 내 영혼에 공간이 담지 못하는 것이 비치고, 시간이 앗아갈 수 없는 것이 소리하고, 불어도 흩어지지 않는 것이 향내 뿜고, 먹어도 줄지 않는 것이 만나고, 흐뭇해도 풀려나지 않는 것이 부둥키는 – 이것이 바로 하느님을 사랑할 때 내가 사랑하는 것입니다."[72] 여기서, 파울 반 게스트(Paul Van Geest)가 올바로 지적하듯, 하느님의 존재가 철학적 추상작용이 아닌 감각적 인지를 통해 상기되고 있음을 볼 수 있다.[73] 하느님에 대한 인식 문제에서 감각적인 것 혹은 육신적인 것에서 출발하여 비육신적인 것에 이르는 '인과율'(causalitas)이 적용되고 있는 것이다.[74] 사실 우리가 어디로 향하든 간에 하느님의 지혜는 당신 작품 속에 새겨 넣은 발자취를 통해서 우리에게 말을 건넨다.[75] 곧 "예언자들의 음성을 **빼놓고도** 세계 자체가 소리 높이 외치고 있다. 세계는 자기가 창조되었음을 말없이 선포하고 있다. 그 질서정연한 변화와 운동을 통해, 그리고 온갖 가시적 사물들로 이루어진 더없이 아름다운 형상을 통해, 말로 형언할 수 없고 눈으로 볼 수도 없이 위대한 하느님, 또한 말로 형언할 수 없고 눈으로 볼 수도 없이 아름다운 하느님에 의해서가 아니면 어느 누구에 의해서도 창조될 수 없었음을 선포하고 있다."[76] 더욱이 하늘과 땅과 그 안에 있는 모든 것은 우리에게 하느님을 사랑하라고 소리치고 있다.[77] 그렇기에 인간의 지성은 먼저 육신의 감각으로 피조물을 인지하고 인간적 연약함에 따라 개념을 형성하고 난 후에 그 원인들을 찾게 된다. 하지만 이것은 하느님의 말씀 안에 원래 그리고 불변의 상태로 있는 원인들에 도달하고, 그리고 그렇게 하느님에 의해 완성된 작품 안에서 그분의 비가시적 완전함을 지성으로 보는 데 도달하는 한 가능한 것이다.[78]

물론 절대적으로 불변한 하느님은 당신의 실체 안에서 가시적이고 감각적인 것들에게 모습을 드러내지는 않는다.[79] 그럼에도 불구하고 하느님의 작품 안에서 그분을 발견하고 사랑하도록 해주는, 곧 "하위의 것에서 상위의 것으로"(ab inferioribus ad superiora)[80]라는 구도에서 아우구스티누스는 다음과 같은 바오로의 고백에 의존한다. "하느님의 보이지 않는 본성 곧 그분의 영원한 힘과 신성을 조물을 통하여 알아보고 깨달을 수 있게 되었습니다."(로마 1, 20)[81] 『참된 종교』는 이 구절을 인용하면서 다음과 같이 말한다. "이것이 잠시적인 사물들로부터 영원한 사물에 대한 소급(遡及)이며 묵은 인간으로부터 새 인간으로의 혁신(革新)이다."⁸² 여기서 중요한 사실이 등장한다. 아우구스티누스가 제시한 '사랑의 길'은 부정신학과 절대로 동일시할 수 없는 신앙의 길이라는 측면이다. 세례성사를 통해 새 인간으로 탄생한 사람만이 피조물 안에서 하느님의 비가시적 본성을 발견할 수 있다. 그렇기에 아우구스티누스는 다음과 같이 정화(purificatio)를 강조한다. "그러므로 불변하게 살아있는 진리, 그 안에서 우주의 조물주요 창조자이신 삼위일체 하느님이 당신이 지으신 사물들을 두고 의논하시는 진리를 향유키 위해서는 정신이 정화되어야 한다. 그래야만 그 빛을 똑바로 바라보고 (자기가) 직시한 바에 애착할 수가 있다."⁸³ 또한 "만약 눈이 깨끗하다면, 그것은 하느님께 도달하기 위해 충분한 것입니다."⁸⁴

그렇다면 히포의 주교가 강조한 정화는 어떠한 의미인가? 정화는 새 인간의 특징으로 세례성사를 통해 이루어지는 것이다.⁸⁵ 아우구스티누스는 정화의 의미를 보다 잘 드러내고자 요한 9, 1-12의 태어나면서부터 눈먼 사람의 치유 이야기를 제시한다. 그가 실로암 못에서 씻고 앞을 보게 된 것처럼, 묵은인간도 세례성사를 통해 빛의 조명을 받은 새 인간으로 탄생한다.⁸⁶ 더욱이 재생의 세례성사와 그리스도에 대한 믿음은 일치된 것이기에, 인간은 그리스도를 믿음으로써 그분으로부터 빛의 조명을 받고 죽음에서 생명에로 넘어가게 된다.⁸⁷ 이러한 넘어감(transitus)에 그리스도인 삶의 새로움이 있으며, 은총 안에서 살아가는 그리스도인 삶의 새로움과 특징은 믿음, 희망, 사랑이라는 향주삼덕으로 표현된다.⁸⁸

하느님과의 관계에서나 하느님께 돌아가는 데 있어 향주삼덕이 필요불가결한 것임은 이미 카씨치아쿰(Cassiciacum)에서 저술된 작품에서 등장한다.[89] 『질서론』은 믿음과 희망과 사랑에 기초하여 하느님을 공경하고 생각하고 찾기를 바란다고 적고 있다.[90] 『독백』은 다음과 같이 말한다. "영혼이 필요로 하는 것이 세 가지가 있는데, 즉 잘 쓸 수 있는 눈을 가지는 것, 또 하나 그러한 눈으로 바라보는 것, 그리고 보는 것이다. 영혼의 눈은 온갖 육신의 더러움에서 깨끗한, 곧 죽어버릴 모든 것들에 대한 욕망이 제거되고 정화된 정신이다. 이를 위해 그 어느 것도 믿음보다 우선하지 않는다. … 믿음에 희망이 덧붙여져야만 한다. … 세 번째로는 사랑이 필요한가? 그 어떤 것도 사랑만큼 필요로 하는 것은 없다. 그러니 결국 이 세 가지가 없다면 어떠한 영혼도 자신의 하느님을 볼 수 있을 만큼, 곧 그분을 이해할 수 있을 만큼 건강해질 수 없다."[91] 또한 "그러므로 영혼에게는 건강해질 것, 바라보는 것, 보는 것 등 세 가지가 속해 있다. 다른 것은 믿음과 희망과 사랑으로 방금 언급한 세 가지 것들 중에서 첫 번째와 두 번째에 필요하다. 하지만 이 세상에 사는 동안에는 세 번째의 것은 물론 세 가지 모두가 필요하지만, 이 세상 삶이 끝난 후에는 사랑만이 요구된다."[92] 아우구스티누스의 후기 작품에서도 향주삼덕에 관한 이러한 생각은 계속해서 나타난다. 무엇보다 『참된 종교』에서 성인은, 그리스도인이 향주삼덕을 통해 영원한 사물을 관조하기에 적합한 지성의 명민함(acies mentis)을 갖게 되어, 하느님을 모든 감각적이고 가시적인 사물들을 지으신 분으로 찬양하고, 그런 분이라고 신앙으로 굳게 믿고, 희망으로 그분을 기다리고, 사랑으로 그분을 찾게 된다고 제시한다.[93] 이는, 묵은인간에서 새 인간으로의 혁신을 통해 그리고 그리스도인이 성령을 통해, 곧 신화(神化)한 눈으로 모든 사물을 보게 되었다는 것을 의미한다. 『고백록』에 따르면, "사람이 무엇을 좋다고 보고 있을 때, 하느님이 그이 안에서 그 좋은 것을 보시는 것입니다. 즉 하느님이 그 만드신 것 안에서 사랑을 받으시는 셈이온데, 사실 하느님은 당신이 주신 성령으로만 사랑을 받으시는 것입니다. '우리에게 주어진 성령으로 말미암아 하느님의 사랑이 우리들 마음 안에 부어졌다.' 하신 만큼 그 성령으로 우리는 어느 지음새로 존재하는 모든 것의 그 좋은 까닭을 보게 되는 것입니다. 어느 지음새 없이 오직 절대적으로 계시는 그분으로부터 모든 것은 존재하기 때문입니다."[94] 이러한 변화는 결코 추상적인 것이 아니라, 신화한 그리스도인의 체험이요 삶이다. 성령으로부터 받은 믿음이 정화(淨化) 활동과 조명(illuminatio) 활동을 통해 그리스도인을 새로운 삶으로 이끈 것이기 때문이다.[95]

그러므로 우리는 다음과 같이 말할 수 있다. 믿음으로 고양되고 믿음을 통하여 정화된 우리는 영적으로 곧 신앙의 눈으로 이미 가시적 사물들을 통해 알고 있는 비가시적 존재를 보고자 하는 원의를 느끼게 되기에,[96] 우리는 믿음 안에서 하느님을 보고 알게 된다.[97] 더 나아가 믿음은 우리로 하여금 하느님을 사랑하고 찬미하게 한다.[98] 왜냐하면 그리스도를 믿는다는 것은, 그에게 희망을 두고 그를 사랑하면서 그의 친구가 되는 것이요, 그와 친밀한 관계에로 들어간다는 것이기 때문이다.[99]

결론

지금까지의 고찰을 통하여 볼 때 아우구스티누스에게 부정신학은 결코 생소한 것이 아니었다고 단언할 수 있다. 왜냐하면 인간 언어의 한계를 분명하게 드러내는 '형언할 수 없음'과 인간 지성이 하느님을 그 자체로 이해할 수 없다는 '이해할 수 없음'은 히포의 주교가 갖고 있던 부정신학적 경향을 충분히 드러내는 것이기 때문이다. 여기서 마루(Marrou)가 지적하듯, 그가 고대의 인물이요, 플라톤 전통으로 양육된 사색가이기에 그의 철학을 존재의 철학, 보다 낫게 표현하면 본질의 철학이라고 말할 수 있는 것이다.100

하지만 아우구스티누스의 사상은 그가 단순히 신플라톤주의자에 머물지 않았다는 것을 제시한다. 그는 카라빈의 표현대로 '사랑의 길'을 제시함으로써 초월적인 하느님께 도달하는 유일한 길로 '부정의 방법'을 제시한 부정신학자들과는 다른 길을 걷게 된다. 감각적인 것 혹은 육신적인 것에서 출발하여 비물질적인 존재에 도달할 수 있다는 아우구스티누스의 사상은 다른 부정신학자들과 비교할 때 실로 획기적인 것이라 할 수 있다. 하느님의 작품을 통해 그분을 이해할 수 있고 사랑할 수 있다는 그의 주장은 긍정신학자로서의 면모를 드러낸 것이라 할 수 있다. 특히 히포의 주교는 '사랑의 길'을 세례성사를 통해 새로이 창조된 새 인간의 특징으로 제시함으로써, 이 방법이 신앙의 길임을 확고하게 드러내었다. 그리스도인의 삶의 특징이요 요약이라고 할 수 있는 믿음과 희망과 사랑이라는 향주삼덕을 통해 가시적 사물 안에서 그것을 지으신 창조주 하느님을 보고 찬미하고 사랑하기 때문이다.

그러므로 우리는 다음과 같이 말할 수 있다. 무엇보다 우리는, 아우구스티누스가 플로티누스의 부정적 언급의 진가를 온전히 인정하지 못했다고 유감을 표한 암스트롱(Armstrong)의 주장에[101] 반대한다. 오히려 그의 작품 안에 풍요롭게 나타나는 부정신학적 경향은 그가 서구 부정신학의 선구자중 한명이라고 확언할 수 있는 근거를 제시한다. 이러한 의미에서 아우구스티누스 안에서 단순히 부정신학의 요소만을 본다는 로스키의 지적은 과장된 것이라 할 수 있다. 또한 그의 부정신학은 키아파(Chiappa)가 평가하듯, 철학적 특별히 플라톤적 사고와 그리스도교 신학의 완벽한 조화를 제시한다.[102] 마지막으로 아우구스티누스의 부정신학은 죽음에서 생명에로 넘어간 그리스도인의 새로운 실재를 제시함으로써 단순한 사변적 신학방법론이 아닌 신화한 그리스도인의 구체적인 체험과 삶을 표현하는 중요한 도구로 작용한다.

| 주 |

1 아우구스티누스, 「독백」 1, 2, 7. "Deum et animam scire cupio."
2 신창석, "부정신학", 「한국가톨릭대사전」 제6권, 한국교회사연구소, 2004, 3632쪽.
3 Paul Henry, *Plotin et l'Occident*, Louvain: Spicilegium Sacrum Lovaniense, 1934, pp. 60-61.
4 Vladimir Lossky, "Les éléments de 《Théologie négative》 dans la pensée de saint Augustin", in *Augustinus Magister*, 1, Paris: Études Augustiniennes, 1954, p. 576.
5 John H. Heiser, "Saint Augustine and Negative Theology", *The New Scholasticism* 63(1989), p. 66.
6 아우구스티누스, 「고백록」 1, 4, 4. "Summe, optime, potentissime, omnipotentissime, misericordissime et iustissime, secretissime et praesentissime, pulcherrime et fortissime, stabilis et incomprehensibilis, immutabilis, mutans omnia, numquam novus, numquam vetus, innovans omnia." 「고백록」의 한국어 번역은 최민순 신부의 것을 따른다: 아우구스티누스, 「고백록」, 최민순 옮김, 서울: 성바오로출판사, 1965.
7 아우구스티누스, 「그리스도교 교양」 1, 5, 6. "Diximusne aliquid et sonuimus aliquid dignum Deo?" 한국어 번역은 성염의 것을 따른다: 아우구스티누스, 「그리스도교 교양」, 성염 역주, 왜관: 분도출판사, 1989.
8 아우구스티누스, 「요한복음 강해」 13, 5. "Omnia possunt dici de Deo, et nihil digne dicitur de Deo."
9 아우구스티누스, 「율법과 예언자 반대자 반박」 1, 20, 41. "Haec enim de illo dicuntur, de quo nihil ab homine vel homini dici satis digne et satis competenter potest."
10 아우구스티누스, 「그리스도교 교양」 1, 5, 6. "Diximusne aliquid et sonuimus aliquid dignum Deo? Immo vero nihil me aliud quam dicere voluisse sentio; si autem dixi, non hoc est quod dicere volui." 「그리스도교 교양」의 한국어 번역은 성염의 것을 따른다: 아우구스띠누스, 「그리스도교 교양」, 성염 역주, 왜관: 분도출판사, 1989.
11 플로티누스의 「엔네아데스」(*Enneades*) V, 3, 13; V, 3, 14; V, 4, 1; V, 5, 6; VI, 9, 4; VI, 9, 5; VI, 9, 10; VI, 9, 11 등에 나타난다. 이에 대해 참조: Salvatore Lilla, "La teologia negativa dal pensiero greco classico a quello patristico e bizantino", *Helikon* 28(1988), pp. 231-232. 플로티누스의 일자(一者) 개념에 대해 참조: Émile Bréhier, *La philosophie de Plotin*, Paris: Librairie philosophique J. Vrin, 1961(nouvelle édition), pp. 135-169; John M. Rist, *Plotinus. The road to reality*, Cambridge: Cambridge University Press, 1977(paperback edition), pp. 21-37.
12 Cf. Deirdre Carabine, *The Unknown God. Negative theology in the Platonic tradition: Plato to Eriugena*, Louvain: Peeters Press, 1995, p. 262.

13 아우구스티누스에 대한 플로티누스의 영향은 『고백록』 7, 9, 13에 나오는 '플라톤 서적'(libri platonicorum)이라는 표현을 통해서 알 수 있다. 어떤 플라톤학파를 다루고 있는가? 또한 어떤 책을 읽었는가? 학자들에 따르면, 신플라톤주의자이다. 하지만 학자들의 의견은 네 가지로 나뉜다. 1) 플로티누스, 2) 포르피리우스, 3) 플로티누스와 포르피리우스, 4) 처음에는 플로티누스 그 후에 포르피리우스 등이다. 폴 앙리(Paul Henry)는 첫째 가설을, 빌리 타일러(Willy Theiler)는 둘째 가설을, 레지 졸리베(Régis Jolivet), 피에르 쿠르셀(Pierre Courcelle), 죤 오메아라(John J. O'Meara)는 셋째 가설을, 올리비에 뒤 루와(Olivier Du Roy)는 넷째 가설을 주장한다: Paul Henry, *Plotin et l'Occident*, p. 20; Willy Theiler, *Porfirios und Augustin*, Halle: Max Niemeyer Verlag, 1933, pp. 1–74; Régis Jolivet, *Saint Augustin et le Néo-Platonisme Chrétien*, Les Éditions Denoël et Steele, 1932, p. 105; Pierre Courcelle, *Recherches sur les Confessions*, Paris: Éditions E. De Boccard, 1968(Nouvelle édition augmentée et illustrée), pp. 133–138; John J. O'Meara, *The Young Augustine. The growth of St. Augustine's mind up to his conversion*, New York: Alba House, 2001(Second Revised Edtion), pp. 131–138; Olivier Du Roy, *L'intelligence de la foi en la Trinité selon saint Augustin*, Paris: Études Augustiniennes, 1966, pp. 69–71. 그렇다면 실제로 어떤 책을 읽었는가? 『대화편』, 『고백록』, 『신국론』 등이 언급하고 있는 것들에 대한 면밀한 연구는 확실하게 혹은 어느 정도 플로티누스 중에서 다음의 것을 읽었을 것이라 규정한다. 『엔네아데스』(*Enneades*) 1, 2(덕행들); 1, 6(아름다움); 1, 7(첫 번째 선과 다른 선들); 1, 8(악들의 기원); 3, 2-3(섭리); 4, 7(영혼의 불멸성); 5, 1(중요 세 위격); 5, 2(세상 창조와 사물들의 질서); 5, 3(인식하는 위격들); 5, 5(지성적인 존재들은 지성 밖에 그리고 선 위에 있지 않다); 6, 4-5(존재는 내적으로 하나이며 동일함에도 불구하고 한편으로는 도처에 있다); 6, 6(숫자); 6, 9(선 혹은 일자) 등이다. 포르피리우스에서는 『영혼의 귀환』(*De regressu animae*)과 『명제집』일 것이다. 이에 대해 참조: Agostino Trapé, "Introduzione alle Confessioni", in *Nuova Biblioteca Agostiniana*, I, Roma: Città Nuova, 1965, p. LXVI; Olivier Du Roy, *L'intelligence de la foi en la Trinité selon saint Augustin*, pp. 70–71.

14 아우구스티누스, 『그리스도교 교양』 1, 5, 6. "Hoc unde scio, nisi quia Deus ineffabilis est? Quod autem a me dictum est, si ineffabile esset, dictum non esset. ac per hoc ne ineffabilis quidem dicendus est Deus, quia et hoc cum dicitur, aliquid dicitur et fit nescio qua pugna verborum, quoniam si illud est ineffabile, quod dici non potest, non est ineffabile, quod vel ineffabile dici potest."

15 플로티누스의 『엔네아데스』(*Enneades*) VI, 8, 11에 나타난다. 이에 대해 참조: Salvatore Lilla, "La teologia negativa dal pensiero greco classico a quello patristico e bizantino", p. 232.

16 아우구스티누스, 『그리스도교 교양』 1, 5, 6. "Quae pugna verborum silentio cavenda potius quam voce pacanda est."

17 Salvatore Lilla, "La teologia negativa dal pensiero greco classico a quello patristico e bizantino", p. 232.

18 Deirdre Carabine, "Negative theology in the thought of Saint Augustine", *Recherches de théologie ancienne et médiévale* 59(1992), p. 9.

19 Cf. Raoul Mortley, *From Word to Silence*, II, Bonn: Peter Hanstein Verlag,

1986, pp. 219-220. 여기서 저자는, 아우구스티누스의 수사학적 영혼이 그리스 형이상학자들의 침묵에로 크게 도약할만한 능력이 없기에, 문제를 숨기는 단순한 권고로서 침묵의 필요성을 제시하는 방법을 선택했다고 주장한다.

20 Deirdre Carabine, "Negative theology in the thought of Saint Augustine", 10.

21 아우구스티누스, 『그리스도교 교양』 1, 5, 6. "Nam inde est et quod dicitur Deus. Non enim revera in strepitu istarum duarum syllabarum ipse cognoscitur, sed tamen omnes Latinae linguae socios, cum aures eorum sonus iste tetigerit, movuet ad cogitandam excellentissimam quandam immortalemque naturam."

22 아우구스티누스, 『요한복음 강해』 1, 8. "Ecce verbum dico, cum dico: Deus. Quam breve est quod dixi, quatuor litteras, et duas syllabas. Numquidnam hoc totum est Deus, quatuor litterae, et duae syllabae? An quantum hoc vile est, tantum carum est quod in eis intellegitur? Quid factum est in corde tuo, cum audisses: Deus? Quid factum est in corde meo, cum dicerem: Deus? Magna et summa quaedam substantia cogitata est, quae transcendat omnem mutabilem creaturam, carnalem et animalem ··· Quid est ergo illud in corde tuo, quando cogitas quamdam substantiam vivam, perpetuam, omnipotentem, infinitam, ubique praesentem, ubique totam, nusquam inclusam? Quando ista cogitas,hoc est verbum de Deo in corde tuo. Numquid autem hoc est sonus ille, qui quatuor litteris constat, et duabus syllabis? Ergo quaecumque dicuntur et transeunt, soni sunt, litterae sunt, syllabae sunt. Hoc verbum transit, quod sonat: quod autem significavit sonus, et in cogitante est qui dixit, et in intellegente est qui audiuit, manet hoc transeuntibus sonis."

23 참조: 아우구스티누스, 『요한서한 강해』 4, 6. "Quidquid dicimus quod dici non potest, quidquid volumus dicere, Deus vocatur, et quod dicimus Deus, quid diximus? Duae istae syllabae sunt totum quod exspectamus? Quidquid ergo dicere valuimus, infra est."

24 아우구스티누스, 『그리스도교 교양』 2, 3, 4. "Verba enim prorsus inter homines obtinuerunt principatum significandi quaecumque animo concipiuntur, si ea quisque prodere velit."

25 같은 책, 1, 2, 2. "Sunt autem alia signa, quorum omnis usus in significando est, sicuti sunt verba." 여기서 아우구스티누스는 사물과 표지를 구분한다. 곧 다른 것을 의미하는 데 사용되지 않는 것이 사물이요, 다른 것을 뜻하기 위해 사용되는 사물이 표지이다. 그렇기에 모든 표지는 어떤 사물이 되지만, 모든 사물이 다 표지는 아니다. 또한 『그리스도교 교양』 2, 1, 1은 "표지는 감관으로 포착되는 형상외의 사물로서, 자기로부터 다른 무엇이 (우리) 사유 속에 출현케 하는 것이다."라는 표지에 대한 인식론적 정의를 내리고 있다. 이에 대해 참조: 박준양, 「아우구스티누스의 『그리스도교 교양』(De Doctrina Christiana) 제1-3권에 나타난 해석학적 원리들」, 『사목연구』 21(2008/겨울), 가톨릭대학교 사목연구소, 152-154쪽.

26 아우구스티누스, 『고백록』 4, 10, 15. "Ecce sic peragitur et sermo noster per signa sonantia. Non enim erit totus sermo, si unum verbum non decedat, cum sonuerit partes suas, ut succedat aliud."

27 인간의 언어역시 이 세 단계의 과정을 겪는다는 측면에서 모틀리는 인간 언어의 직선적 모습을 지적한다: Raoul Mortley, *From Word to Silence*, II, p. 199.

28 아우구스티누스, 『고백록』 4, 10, 15. "Quae oriuntur et occidunt et oriendo quasi esse incipiunt et crescunt, ut perficiantur, et perfecta senescunt et intereunt: et non omnia senescunt et omnia intereunt. Ergo cum oriuntur et tendunt esse, quo magis celeriter crescunt, ut sint, eo magis festinant, ut non sint. sic est modus eorum." Cf. John M. Quinn, *A companion to the Confessions of St. Augustine*, New York: Peter Lang, 2002, p. 217.

29 김태규, 「아우구스티누스의 시간 이론 – 『고백록』 XI권을 중심으로」, 『신학전망』 74(1986/가을), 광주가톨릭대학교 전망편집부, 92쪽.

30 James Mcevoy, "St. Augustine's account of time and Wittgenstein's criticisms", *Review of metaphysics* 37(1984), p. 555.

31 아우구스티누스, 『고백록』 11, 13, 15–14, 17. "Nam unde poterant innumerabilia saecula praeterire, quae ipse non feceras, cum sis omnium saeculorum auctor et conditor? Aut quae tempora fuissent, quae abs te condita non essent? Aut quomodo praeterirent, si numquam fuissent? … Id ipsum enim tempus tu feceras, nec praeterire potuerunt tempora, antequam faceres tempora … Anni tui nec eunt nec veniunt: isti enim nostri eunt et veniunt, ut omnes veniant. anni tui omnes simul stant, quoniam stant, nec euntes a venientibus excluduntur, quia non transeunt: isti autem nostri omnes erunt, cum omnes non erunt … et dies tuus non cotidie, sed hodie, quia hodiernus tuus non cedit crastino; neque enim succedit hesterno. hodiernus tuus aeternitas … Nulla tempora tibi coaeterna sunt, quia tu permanes; at illa si permanerent, non essent tempora." 에우제니오 코르시니는 'innumerabilia saecula'라는 표현이 영원성과 세상의 비영원성 문제를 다루고 있는 치체로의 『신의 본질에 관하여』(*De natura deorum*) 1, 9, 21에서 유래한 것으로 본다: Eugenio Corsini, "Lettura del libro XI delle ⟪Confessioni⟫", in Aimé Solignac et al., ⟪*Le Confessioni*⟫ *di Agostino d'Ippona*, Libri X–XIII, Palermo: Edizioni Augustinus, 1987, p. 48, n.54.

32 아우구스티누스, 『시편 상해』 101, s. 2, 10. "Anni Dei, aeternitas Dei est; aeternitas, ipsa Dei substantia est; quae nihil habet mutabile; ibi nihil est praeteritum, quasi iam non sit; nihil est futurum, quasi nondum sit. Non est ibi nisi: Est." Cf. Werner Beierwaltes, *Agostino e il neoplatonismo cristiano*, Milano: Vita e Pensiero, 1995, pp. 112–116.

33 아우구스티누스, 『고백록』 11, 20, 26. "Praesens de praeteritis memoria, praesens de praesentibus contuitus, praesens de futuris expectatio." 소리를 내는 표지를 통해 완성되는 인간의 말은 계속해서 다른 단어로 이어지는, 곧 한 단어의 나타남과 사라짐이라는 과정을 반복한다. 달리 말하면, 감관을 통해 들어온 것들이 헤아릴 수 없을 영상을 간직하는 보고인 기억이라는 널찍한 궁전 대평원으로 인간의 말도 들어간다는 것이다.(같은 책. 10, 8, 12–8, 15) 이러한 의미에서 아우구스티누스는 영혼 안에서 시간을 재는 것이라 본다. 곧 지나가는 사물들이 영혼 안에 이뤄놓은 인상을 현재하는 것처럼 재는 것이 시간이며(같은 책. 11, 27, 36), 영혼은 기다리고, 지켜보고, 기억함으로써 기다리는 것이 지켜보는 것을 거쳐 기억한 것에로 옮겨지게 한다.(같은 책. 11, 28, 37) 이러한 의미에서 시

간은 '영혼의 연장'(distensio animi)이다.(같은 책, 11, 26, 33) 이에 대해 참조: Jean Guitton, *Le temps et l'éternité chez Plotin et saint Augustin*, Paris: Librairie Philosophique J. Vrin, 1959(troisième édition remaniée), pp. 223-270.

34 같은 책, 11, 28, 38. "Dicturus sum canticum, quod novi: antequam incipiam, in totum expectatio mea tenditur, cum autem coepero, quantum ex illa in praeteritum decerpsero, tenditur et memoria mea, atque distenditur vita huius actionis meae in memoriam propter quod dixi et in expectationem propter quod dicturus sum: praesens tamen adest attentio mea, per quam traicitur quod erat futurum, ut fiat praeteritum. Quod quanto magis agitur et agitur, tanto breviata expectatione prolongatur memoria, donec tota expectatio consumatur, cum tota illa actio finita transierit in memoriam. Et quod in toto cantico, hoc in singulis particulis eius fit atque in singulis syllabis eius."

35 같은 책, 11, 7, 9. "Vocas itaque nos ad intellegendum Verbum, Deum apud te Deum, quod sempiterne dicitur et eo sempiterne dicuntur omnia. Neque enim finitur, quod dicebatur, et dicitur aliud, ut possint dici omnia, sed simul ac sempiterne omnia: alioquin iam tempus et mutatio et non vera aeternitas nec vera immortalitas."

36 아우구스티누스, 「삼위일체론」 5, 8, 9. "Quapropter illud praecipue teneamus, quidquid ad se dicitur praestantissima illa et divina sublimitas substantialiter dici … Situs vero et habitus et loca et tempora non proprie sed translate ac per similitudines dicuntur in Deo." 전의적 표지에 대해 참조: 아우구스티누스, 「그리스도교 교양」 2, 16, 23.

37 같은 책, 2, 18, 35. "Per subiectam vero creaturam non solum Filium vel Spiritum Sanctum sed etiam Patrem corporali specie sive similitudine mortalibus sensibus significationem sui dare potuisse credendum est."

38 아우구스티누스, 「마니의 제자 아디만투스 반박」 11. "Sanctus enim Spiritus hoc ipsum hominibus intellegentibus insinuans, quam sint ineffabilia summa divina, his etiam verbis uti voluit, quae apud homines in vitio poni solent, ut inde admonerentur etiam illa, quae cum aliqua dignitate Dei se putant homines dicere, indigna esse illius maiestate, cui honorificum potius silentium quam ulla vox humana conpeteret."

39 아우구스티누스의 「그리스도교 교양」 2, 1, 2에 의하면, 자연적 표지는 그 자체 외에 무엇을 의미하려는 의도나 원의가 없이도 그 자체로부터 다른 것이 인식되게 만드는 것이다.

40 아우구스티누스, 「요한복음 강해」 13, 5. "Deus tibi totum est: si esuris, panis tibi est; si sitis, aqua tibi est; si in tenebris es, lumen tibi est, quia incorruptibilis manet."

41 아우구스티누스, 「다양한 질문에 대해 심플리치아누스에게」 2, 1. "Ego vero, cum hoc de Deo dicitur, indignum aliquid dici arbitrarer, si aliquid dignum inveniretur quod de illo diceretur. Cum vero verba omnia, quibus humana colloquia conseruntur, illius sempiterna virtus et divinitas mirabiliter atque incunctanter excedat, quidquid de illo humaniter dicitur

quod etiam hominibus aspernabile videatur, ipsa humana ammonetur infirmitas etiam illa quae congruenter in Scripturis sanctis de Deo dicta existimat humanae capacitati aptiora esse quam divinae sublimitati, ac per hoc etiam ipsa esse transcendenda sereniore intellectu."

42) 아우구스티누스, 『요한복음 강해』 13, 5. "Qudo sunt ista, non hoc est Deus; visibilia enim sunt ⋯ Omnia possunt dici de Deo, et nihil digne dicitur de Deo."

43 아우구스티누스, 『삼위일체론』 5, 3, 4. "Nec dicuntur ut cogitantur nec cogitantur ut sunt." 참조: 아우구스티누스, 『신국론』 10, 13. "음성이라는 것이 오성의 침묵 속에서 형성되는 생각을 들려주지만, 생각 그 자체는 아니다." 한국어 번역은 성염의 것을 따른다: 아우구스티누스, 『신국론』, 성염 역주, 왜관: 분도출판사, 2004.

44 참조: 같은 책. 5, 1, 1.

45 아우구스티누스, 『강론』 117, 3, 5. "Si enim comprehendis, non est Deus."

46 같은 책. 52, 6, 16. "Quid ergo dicamus, fratres, de Deo? Si enim quod vis dicere, si cepisti, non est Deus. Si comprehendere potuisti, aliud pro Deo comprehendisti. Si quasi comprehendere potuisti, cogitatione tua te decepisti. Hoc ergo non est, si comprehendisti; si autem hoc est, non comprehendisti."

47 아우구스티누스, 『요한복음 강해』 23, 9. "Nunc si non potestis comprehendere quid sit Deus, vel hoc comprehendite quid non sit Deus."

48 같은 책. 85, 12. "Deus ineffabilis est; facilius dicimus quid non sit, quam quid sit."

49 아우구스티누스, 『질서론』 2, 16, 44. "de summo illo Deo, qui scitur melius nesciendo."

50 Cf. Vladimir Lossky, "Les éléments de 《Théologie négative》 dans la pensée de saint Augustin", 576; John H. Heiser, "Saint Augustine and Negative Theology", pp. 74–75. 모틀리는 "무지함을 통해 지극히 높으신 하느님을 보다 잘 알게 된다."는 『질서론』 2, 16, 44의 명제가 수사학적 표현일 뿐 부정신학에 집중된 것이 아니라고 주장한다: Raoul Mortley, *From Word to Silence*, II, p. 210.

51 Andrea Mario Moschetti, (a cura di) *S. Agostino, Dell'ordine, Introduzione, traduzione e note*, Firenze: Libreria editrice Fiorentina, 1941, pp. 76–77.

52 Virgilio Pacioni, *L'unità teoretica del De ordine di S. Agostino*, Roma: Millennium Romae, 1996, p. 306, n.6.

53 John H. Heiser, "Saint Augustine and Negative Theology", p. 75.

54 Anthony Dupont, *La philosophie de saint Augustin*, Louvain: Librairie-Éditeur Charles Peeters, 1881, p. 69.

55 아우구스티누스, 『질서론』 2, 18, 47. "cuius nulla scientia est in anima nisi scire, quomodo eum nesciat."

56 Vladimir Lossky, "Les éléments de 《Théologie négative》 dans la pensée de saint Augustin", p. 577.

57 아우구스티누스, 「서한」 197, 5. "Magis eligo cautam ignorantiam confiteri quam falsam scientiam profiteri."
58 아우구스티누스, 「강론」 117, 3, 5. "Magis pia est talis ignorantia, quam praesumpta scientia … Sit pia confessio ignorantiae magis, quam temeraria professio scientiae."
59 같은 책. 301, 4, 3. "Confessio ignorantiae, gradus est scientiae."
60 아우구스티누스, 「고백록」 13, 21, 30. "ignorantia mater admirationis."
61 아우구스티누스, 「서한」 130, 15, 28. "Est ergo in nobis quaedam, ut ita dicam docta ignorantia, sed docta spiritu Dei, qui adiuvat infirmitatem nostram." Cf. Vladimir Lossky, "Les éléments de《Théologie négative》 dans la pensée de saint Augustin", p. 579.
62 아우구스티누스, 「삼위일체론」 5, 1, 2. "Nam quo intellectu homo Deum capit qui ipsum intellectum suum quo eum vult capere nondum capit?" 카라빈은 이 점이 아우구스티누스와 닛사의 그레고리우스와의 공통점이라고 지적한다: Deirdre Carabine, The Unknown God. Negative theology in the Platonic tradition: Plato to Eriugena, p. 262, n.25.
63 Vladimir Lossky, "Les éléments de 《Théologie négative》 dans la pensée de saint Augustin", p. 579.
64 아우구스티누스, 「강론」 7, 7. "Esse, nomen est incommutabilitatis"; 「시편 상해」 101, s.2, 10. "Esset tibi nomen ipsum esse … Magnum ecce Est, magnum Est! Ad hoc homo quid est? ad illud tam magnum Est, homo quid est, quidquid est? Quis apprehendat illud esse? quis eius particeps fiat? quis anhelet? quis adspiret? quis ibi se esse posse praesumat?" Cf. Werner Beierwaltes, Agostino e il neoplatonismo cristiano, pp. 106-107. 파치오니에 의하면, 아우구스티누스가 하느님을 일자(一者)로서 그리고 존재 자체로서 인식하는 것은 포르피리우스의 영향이라고 보면서도, 존재 자체로서의 하느님에 대한 개념은 이미 탈출 3, 14를 통해 알고 있었다고 주장한다: Virgilio Pacioni, Agostino d'Ippona. Prospettiva storica e attualità di una filosofia, Milano: Ugo Mursia Editore, 2004, p. 133.
65 아우구스티누스, 「삼위일체론」 15, 2, 2. "Si ergo quaesitus inuvriri potest, cur dictum est: Quaerite faciem eius semper? An et inventus forte quaerendus est? Sic enim sunt incomprehensibilia requirenda ne se existimet nihil invenisse qui quam sit incomprehensibile quod quaerebat potuerit invenire." Cf. Nello Cipriani, "Dio nel pensiero di S. Agostino", in Dio nei Padri della Chiesa, Salvatore A. Panimolle et al., Roma: Borla, 1996, pp. 261-262.
66 아우구스티누스, 「요한복음 강해」 106, 4. "Non ergo noverant Dei nomen, cum essent Iudaei? Et ubi est quod legitur: Notus in Iudaea deus; in Israel magnum nomen eius? Ergo manifestavi nomen tuum hominibus istis, quos dedisti mihi de mundo, qui me audiunt haec dicentem; non illud nomen tuum quo vocaris Deus, sed illud quo vocaris Pater meus; quod nomen manifestari sine ipsius Filii manifestatione non posset. Nam quod Deus dicitur universae creaturae, etiam omnibus gentibus antequam in Christum crederent, non omni modo esse potuit hoc nomen

ignotum. Haec est enim vis verae divinitatis, ut creaturae rationali iam ratione utenti, non omnino ac penitus possit abscondi."

67 아우구스티누스, 「시편 상해」 74, 9. "Qui ubique secretus est, ubique publicus, quem nulli licet ut est cognoscere, et quem nemo permittitur ignorare."

68 Deirdre Carabine, The Unknown God. Negative theology in the Platonic tradition: Plato to Eriugena, p. 272. 사실 아우구스티누스의 본문에서는 'amor'라는 단어 대신에 'caritas'라는 단어가 사용되고 있다. 'amor'는, 로버트 오텐이 주장하듯, 플라톤주의의 에로스(eros)를 가리키기에 초기 그리스도교 저술가들에 의해 만장일치로 거부된 단어이지만 암브로시우스에 의해 종교 용어로 정착된 것이다. 또한, 페트레가 지적하듯, 아우구스티누스 안에서 'amor', 'caritas', 'dilectio'는 의미상 구분하기가 어려울 정도이다. 이러한 면에서 볼 때, 'via amoris'라고 표현한 것이 틀린 것은 아니지만, 아우구스티누스의 본문에 기초하여 용어를 제시한다면 via caritatis'라고 해야 옳다고 본다. Robert T. Otten, "Amor, caritas and dilectio: Some observations on the vocabulary of love in the exegetical works of St. Ambrose", in Mélanges offerts à Mademoiselle Christine Mohrmann, Utrecht/Anvers: Spectrum Editeurs, 1963, pp. 73-83; Hélène Pétré, Caritas. Études sur le vocabulaire latin de la charité chrétienne, Louvain: Spicilegium Sacrum Lovaniense, 1948, pp. 90-96. 아우구스티누스의 'amor', 'caritas', 'dilectio'에 대해 참조: Dany Dideberg, "amor", in Augustinus Lexikon, 1, Basel: Schwabe & Co.AG, pp. 294-300; Dany Dideberg, "caritas", in Augustinus Lexikon, 1, Basel: Schwabe & Co.AG, pp. 730-743.

69 아우구스티누스, 「시편 상해」 17, 11. "Et exaltatus est super plenitudinem scientiae, ut nemo ad eum perveniret, nisi per caritatem. Plenitudo enim legis caritas. Et cito se incomprehensibilem esse demonstravit dilectoribus suis, ne illum corporeis imaginationibus comprehendi arbitrarentur."

70 아우구스티누스, 「요한복음 강해」 23, 9. "Non est Deus corpus, non terra, non caelum, non luna, non sol, non stellae, non corporalia ista. Si enim non caelestia, quanto minus terrena? Tolle omne corpus ⋯ Nam fateor, et fatendum est, quia Euangelium loquitur: Deus spiritus est?"

71 같은 책. 85, 12. "Terram cogitas: non est hoc Deus; mare cogitas: non est hoc Deus; omnia quae sunt in terra, homines et animalia: non est hoc Deus; omnia quae sunt in mari, quae volant per aerem: non est hoc Deus; quidquid lucet in caelo, stellae, sol et luna: non est hoc Deus; ipsum caelum: non est hoc Deus; Angelos cogita, Virtutes, Potestates, Archangelos, Thronos, Sedes, Dominationes: non est hoc Deus. Et quid est? Hoc solum potui dicere, quid non sit. Quaeris quid sit? Quod oculus non vidit, nec auris audiuit, nec in cor hominis adscendit."

72 아우구스티누스, 「고백록」 10, 6, 8. "Quid autem amo, cum te amo? Non speciem corporis nec decus temporis, non candorem lucis ecce istis amicum oculis, non dulces melodias cantilenarum omnimodarum, non florum et unguentum et aromatum suauiolentiam, non manna et mella, non membra acceptabilia carnis amplexibus: non haec amo, cum

amo Deum meum, et tamen amo quandam lucem et quandam vocem et quendam odorem et quendam cibum et quendam amplexum, cum amo Deum meum, lucem, vocem, odorem, cibum, amplexum interioris hominis mei, ubi fulget animae meae, quod non capit locus, et ubi sonat, quod non rapit tempus, et ubi olet, quod non spargit flatus, et ubi sapit, quod non minuit edacitas, et ubi haeret, quod non divellit satietas. hoc est quod amo, cum Deum meum amo."

73 Paul Van Geest, "Sensory perceptions as a mandatory requirement for the via negativa towards God. The skillful paradox of Augustine as mystagogue", in Studia Patristica, 49, M. Baun/A. Cameron/M. Edwards/M. Vinzent(eds.), Leuven: Peeters, 2010, p. 54.

74 Cf. Charles Boyer, L'idée de vérité dans la philosophie de saint Augustin, Paris: Beauchesne et ses fils, ²1941, pp. 226-229; Primo Montanari, Saggio di filosofia agostiniana. I massimi problemi, Torino: Società editrice internazionale, 1931, pp. 199-205.

75 아우구스티누스, 「자유의지론」 2, 16, 41. "Quoquo enim te verteris, vestigiis quibusdam quae operibus suis inpressit loquitur tibi."

76 아우구스티누스, 「신국론」 11, 4, 2. "Exceptis enim propheticis vocibus mundus ipse ordinatissima sua mutabilitate et mobilitate et visibilium omnium pulcherrima specie quodam modo tacitus et factum se esse et non nisi a Deo ineffabiliter atque invisibiliter magno et ineffabiliter atque invisibiliter pulchro fieri se potuisse proclamat." 참조: 아우구스티누스, 「시편 상해」 134, 3. "이러한 하느님의 모든 피조물들이 좋은 것들이라면, 창조주께서는 얼마나 더 그렇지 않겠는가?"; 145, 12. "만약 당신이 세상에 경탄한다면, 왜 세상의 창조주에 대해서 경탄하지 않는가?"

77 아우구스티누스, 「고백록」 10, 6, 8. "Sed et caelum et terra et omnia, quae in eis sunt, ecce undique mihi dicunt, ut te amem, nec cessant dicere omnibus, ut sint inexcusabiles."

78 아우구스티누스, 「창세기 문자적 해설」 4, 32, 49. "Mens itaque humana prius haec, quae facta sunt, per sensus corporis experitur eorumque notitiam pro infirmitatis humanae modulo capit et deinde quaerit eorum causas, si quo modo possit ad eas pervenire, principaliter atque incommutabiliter manentes in Verbo Dei, ac sic invisibilia eius per ea, quae facta sunt, intellecta conspicere."

79 아우구스티누스, 「삼위일체론」 3, 4, 10. "Deus quae vult sensibilia atque visibilia ad se ipsum in eis sicut oportere ipse novit significandum et demonstrandum, non ipsa sua qua est apparente substantia quae omnino incommutabilis est omnibusque spiritibus quos creavit interius secretiusque sublimior?"

80 이 표현은 카라빈의 것이다: Deirdre Carabine, The Unknown God. Negative theology in the Platonic tradition: Plato to Eriugena, p. 271.

81 참조: 아우구스티누스, 「삼위일체론」 6, 10, 12; 15, 2, 3. 「신국론」 8, 6에서 아우구스티누스는 플라톤학파에 대해 서술하면서 로마 1, 20을 인용하고 있고, 「삼위일체론」 15, 2, 3에서는 로마 1, 20을 지혜 13, 1-5와 연결시킨다.

82 아우구스티누스, 「참된 종교」 52, 101. "Haec est a temporalibus ad aeterna regressio et ex vita veteris hominis in novum hominem reformatio." 번역은 성염의 것을 인용한 것이다: 아우구스띠누스, 「참된 종교」, 성염 역주, 왜관: 분도출판사, 1989.

83 아우구스티누스, 「그리스도교 교양」 1, 10, 10. "Quapropter cum illa veritate perfruendum sit, quae incommutabiliter vivit, et in ea Trinitas Deus, auctor et conditor universitatis, rebus, quas condidit, consulat, purgandus est animus, ut et perspicere illam lucem valeat, et inhaerere perspectae."

84 아우구스티누스, 「강론」 117, 3, 5. "Sufficit ut attingat, si purus est oculus."

85 아우구스티누스, 「가톨릭교회의 관습과 마니교도의 관습」 1, 35, 80. "Et illo sacrosancto lavacro inchoatur innovatio novi hominis."

86 아우구스티누스, 「요한복음 강해」 44, 2. "Lavit ergo oculos in ea piscina quae interpretatur missus, baptizatus est in Christo. Si ergo quando eum in seipso quodammodo baptizavit, tunc illuminavit."

87 같은 책. 22, 6. "Iam cum te credentem illuminaverit Christus, transitum facis a morte ad vitam."

88 아우구스티누스, 「서한」 55, 2, 3. "Satis indicat quid velit intellegi, quia nunc transitus noster de morte ad vitam, qui fit per fidem, spe peragitur futurae in fine resurrectionis et gloriae"; 3, 5. "Haec igitur innovatio vitae nostrae est quidam transitus de morte ad vitam, qui fit primo per fidem, ut in spe gaudeamus et in tribulatione patientes simus". 빅토르 삭서는 그리스도인 삶의 본질이 주님의 부활을 매년 경축하는 것에 있는 것이 아니라, 끊임없이 죽음에서 생명에로 넘어가는 것에 있음을 강조한다: Victor Saxer, *Les rites de l'initiation chrétienne du IIe au VIe siècle. Esquisse historique et signification d'après leurs principaux témoins*, Spoleto: Centro italiano di studi sull'alto medioevo, 1992(ristampa), p. 398. 향주삼덕과 그리스도의 새로운 삶, 곧 신화(神化)와의 관계에 대해 참조: Byeon, Jong-Chan, *La deificatio hominis in sant'Agostino*, S.T.D. dissertatio, Istituto Patristico Augustinianum, 2008, pp. 246-290.

89 Magnus Löhrer, *Der Glaubensbegriff des hl. Augustinus in seinen ersten Schriften bis zu den Confessiones*, Einsiedeln/ Zürich/ Köln: Benziger, 1955, p. 208.

90 아우구스티누스, 「질서론」 2, 8, 25. "Deum colant, cogitent, quaerant, fide, spe, caritate subnixi." 베르헤이언은 이 표현을 피타고라스에게서 영감 받은 것으로 본다. 하지만 드와뇽은, 베르헤이언의 해석이 어느 정도 인위적이라 지적하면서, 치체로, 포르피리우스, 세네카와 같은 이들에게서 받은 영감으로 주장한다: Luc Verheijen, *Nouvelle approche de la règle de saint Augustin*, I, Bégrolles en Mauges: Abbaye de Bellefontaine, 1980, pp. 201-242; Jean Doignon, "Le De ordine, son déroulement, ses thèmes", in *L'opera letteraria di Agostino tra Cassiciacum e Milano*, Giovanni Reale et al., Palermo: Edizioni Augustinian, 1987, pp. 130-131.

91 아우구스티누스, 「독백」 1, 6, 12-13. "Ergo animae tribus quibusdam rebus opus est: ut oculos habeat, quibus iam bene uti possit, ut aspiciat, ut videat. Oculus animae mens est ab omni labe corporis pura, id est a

cupiditatibus rerum mortalium iam remota atque purgata, quod ei nihil aliud praestat quam fides primo ⋯ ergo fidei spes adicienda est ⋯ Ergo tertia caritas necessaria est. Nihil omnino tam necessarium. Sine tribus istis igitur anima nulla sanatur, ut possit Deum suum videre, id est intellegere." Cf. Willemien Otten, "In the shadow of the divine: negative theology and negative anthropology in Augustine, Pseudo-Dionysius and Eriugena", *Heythrop Journal* 40(1999), pp. 445-446.

92 같은 책. 1, 7, 14. "Tria igitur ad animam pertinent, ut sana sit, ut aspiciat, ut videat. Alia vero tria, fides, spes, caritas, primo illorum trium et secundo semper sunt necessaria, tertio vero in hac vita omnia, post hanc vitam sola caritas." 일부 학자들은 여기서 철학적 영향을 본다. 1) 플로티누스의 영향: Olivier Du Roy, *L'intelligence de la foi en la Trinité selon saint Augustin*, pp. 144-147; Ragnar Holte, *Béatitude et sagesse. Saint Augustin et le problème de la fin de l'homme dans la philosophie ancienne*, Paris: Études Augustiniennes, 1962, p. 316. 2) 포르피리우스의 영향: Domenico Gentili, "Introduzione ai Soliloquia", in *Nuova Biblioteca Agostiniana*, III/1, Roma: Città Nuova, 1970, p. 364; Willy Theiler, *Die Vorbereitung des Neuplatonismus*, Berlin: Weidmannsche Buchhandlung, 1930, pp. 147-152. 이러한 철학적 영향에 대해 넬로 치프리아니는 반대한다. 그에 따르면, 카씨치아쿰에서 저술된 대화편의 내용이, 성서-교부 문헌 특별히 바오로, 암브로시우스, 빅토리누스 그리고 아마도 테르툴리아누스에서 탄생한 것기에, 일반적으로 생각하는 것보다 더 그리스도교적이라는 것이다: Nello Cipriani, "Le fonti cristiane della dottrina trinitaria nei primi dialoghi di S. Agostino", *Augustinianum* 34(1994), pp. 253-312.

93 아우구스티누스, 「참된 종교」 54, 106. "Nondum enim habet ad aeterna contemplanda idoneam mentis aciem, qui visibilibus tantum, id est temporalibus credit, sed habere potest, qui horum omnium sensibilium Deum artificem laudat et eum persuadet fide et exspectat spe et quaerit caritate." '지성의 명민함'(acies mentis)라는 표현에 대해 참조: Frederick Van Fleteren, "Acies mentis", in *Augustine through the Ages. An Encyclopedia*, Michigan: William B. Eerdmans Publishing Company, 1999, pp. 5-6.

94 아우구스티누스, 「고백록」 13, 31, 46. "Cum aliquid videt homo quia bonum est, deus in illo videt, quia bonum est, ut scilicet ille ametur in eo, quod fecit, qui non amaretur nisi per spiritum, quem dedit, quoniam caritas dei diffusa est in cordibus nostris per Spiritum Sanctum, qui datus est nobis, per quem videmus, quia bonum est, quidquid aliquo modo est: ab illo enim est, qui non aliquo modo est, sed est est."

95 Étienne Gilson, *Introduction à l'étude de saint Augustin*, Paris: Librairie philosophique J. Vrin, ³1949, p. 37; Egidio Masutti, *Il problema del corpo in S. Agostino*, Roma: Borla, 1989, p. 32.

96 아우구스티누스, 「요한복음 강해」 24,1. "Erecti ad fidem et purgati per fidem, etiam ipsum invisibiliter videre cuperemus, quem de rebus visibilibus invisibilem nosceremus."

97 아우구스티누스, 「요한서한 강해」 4, 8. "Fide et vidimus et cognovimus"; 「독

백』 1, 7, 14. "Deum videre, hoc est Deum intellegere."
98 아우구스티누스, 『시편 상해』 149, 4. "Si credimus, videmus; si amamus, videmus. Quid videmus? Deum"; 『요한서한 강해』 8, 1. "Non autem laudarentur nisi amarentur, non amarentur nisi viderentur."
99 아우구스티누스, 『요한복음 강해』 29, 6. "Quid est ergo credere in eum? Credendo amare, credendo diligere, credendo in eum ire, et eius membris incorporari. Ipsa est ergo fides quam de nobis exigit Deus; et non invenit quod exigat, nisi donaverit quod inveniat"; 『강론』 144, 2, 2. "Ille enim credit in Christum, qui et sperat in Christum et diligit Christum ⋯ Quod fieri non potest, nisi etspes accedat et caritas"
100 Henri-Irénée Marrou, *L'ambivalence du temps de l'histoire chez saint Augustin*, Montréal: Institut d'Études Médiévales/ Paris: Librairie J. Vrin, 1950, p. 42.
101 Arthur Hilary Armstrong, "The escape of the One. An investigation of some possibilities of apophatic theology imperfectly realised in the West", in *Studia patristica*, 13, F.L. Cross (ed.), Berlin: Akademie-Verlag, 1975, pp. 77-89.
102 Paola Vismara Chiappa, *Il tema della povertà nella predicazione di sant'Agostino*, Milano: Dott. A. Giuffrè Editore, 1975, p. 46.

4장

죽음의 공포에 대한 아우구스티누스의 이해

서론

1. 인간이 죽을 수밖에 없는 이유와 죽음을 두려워하는 이유
2. 죽음에 대한 공포: 인류 보편적 현상
3. 죽음에 대한 공포의 극복

결론

「죽음의 공포에 대한 아우구스티누스의 이해」는 2011학년도 가톨릭대학교 성신교정 교비연구비(1차) 지원을 받아 연구 작성된 논문으로, 「가톨릭 신학과 사상」 68호, 신학과 사상학회, 2011에 수록되었다.

서론

제2차 바티칸 공의회 『사목헌장』 18항은 죽음의 신비에 대해 다음과 같이 고백한다. "죽음 앞에서 인간 운명의 수수께끼는 절정에 이른다. 인간은 꺼져 가는 육체의 쇠약과 고통에 괴로워할 뿐 아니라 영원한 소멸의 공포에 더더욱 괴로워한다. … 인간은 자기 자신의 완전한 몰락과 결정적인 파멸을 배척하고 거부하기 때문이다." 인간이 온갖 기술을 동원하여 생물학적 생명의 연장을 시도하는 것도 죽음 앞에 서 있는 인간의 불안을 표현하는 것이다. 사실 인생의 시간이라는 것은 죽음을 향한 경주 외에 다른 것이 아니며, 인간이 육체 속에 존재하기 시작했다는 사실로 인해 인간은 이미 죽음 속에 있는 것이다.[1]

죽음에 대한 두려움에서 그리스도인도 예외는 아니다. "믿는 이들에게는 죽음이 죽음이 아니요 새로운 삶으로 옮아감이오니 세상에서 깃들이던 이 집이 허물어지면 하늘에 영원한 거처가 마련되나이다."라고 위령감사송을 통해 고백하지만 그리고 죽음을 통하여 예수께 돌아가고 영원한 생명에로 들어가는 것이라 믿지만 그리스도인은 여전히 죽음의 공포에서 완전히 자유롭지 못한 것이다. 그리스도인 역시 단순한 의견이나 생각이 아닌 본성으로써 죽음을 두려워하고 있는 것이다.[2] 이러한 그리스도인의 모순적 모습에 대해 아우구스티누스는 다음과 같이 말한다. "우리가 그리스도와 일치하는 것을 갈구하고 있음에도 불구하고, 무엇보다 우리는 죽음으로부터 피하고자 합니다. … 만약 우리가 다른 방식으로 그리스도께, 즉 영원한 생명에 도달할 수 있다면, 누가 죽기를 원하겠습니까?"[3]

여기서 우리는 다음의 질문을 던지게 된다. 왜 인간은 죽을 수밖에 없을까? 그리스도인은 죽음의 공포에서 벗어날 수 있을까? 만약 가능하면, 무엇을 통해 그것이 이루어질 수 있는 것인가? 이러한 실존적인 질문 앞에서 본고는 죽음의 문제를 자신의 많은 작품 안에서 다루고 있는 아우구스티누스를 통해 그 답을 찾고자 한다.[4]

1. 인간이 죽을 수밖에 없는 이유와
   죽음을 두려워하는 이유

아우구스티누스의 인간학은 무엇보다 영혼과 육신이라는 인간의 두 구성요소를 지적하는 것으로 시작한다.[5] 이는 다음의 고백에서 잘 드러난다. "나는 내 자신을 향하여 '너는 무엇이냐?'고 스스로 물었을 때 '사람'이라는 대답이었습니다. 그렇습니다. 영혼과 육체가 분명 내게 있는 것입니다. 하나는 안에, 또 하나는 밖에."[6] 또한 "사람은 육체만도 아니고 영혼만도 아니며 영혼과 육체로 구성된 존재이다. 영혼이 인간 전체는 아니며 단지 인간의 더 나은 부분이고, 또 육체가 인간 전체는 아니며 단지 인간의 더 낮은 부분이라는 이 말은 진실이다. 그러므로 양자가 동시에 결합되었을 때 인간의 이름을 갖게 된다."[7]

"영혼과 육신으로 구성된 이성적 실체인 인간"[8]에 대한 아우구스티누스의 직관적 묘사에서 우리는 무엇보다 두 개의 상이한 요소인 영혼과 육신의 구분성을 발견한다.[9] 곧 인간은 자신의 본성에 육체와 영혼이라는 두 가지 요소를 갖고 있다는 것이다.[10] 인간 생명의 원리인 영혼은 육신 전체뿐 아니라 각각의 부분에도 현존하면서[11] 육신의 모든 지체에 생명을 주는 역할을 수행한다.[12] 곧 영혼은 육체에 동물적 생명(vita sensitiva)과 식물적 생명(vita vegetativa)만이 아니라 형상(forma)을 부여함으로써 유형한 존재가 되도록 한다.[13] "영혼이 육신 안에서 무엇을 하는지 보십시오. 영혼은 모든 지체들에게 생기를 불어넣습니다. (영혼은) 눈을 통해 보고, 귀를 통해 들으며, 코를 통해 향기를 맡고, 혀를 통해 말하고, 손을 통해 행동하며, 발을 통해 걷습니다. 또한 동시에 모든 지체들에게 생기를 넣어주기 위해 그것들 안에 현존하여 있습니다. 모든 지체들에게 생명을 주고, 각각의 지체에게 역할을 나누어줍니다."[14] 영혼이 자신의 육신에 생명을 주어 살게 하고 각 지체들에게 역할을 분배한다는 것은, 영혼이 육신에 명령하고 이를 지배하며 육신은 영혼에게 봉사한다는 것을 의미한다. 바로 이 때문에 영혼이 육신보다 상위의 것이라고 할 수 있다.[15] 하지만 육체에 대한 영혼의 우월성이 육체의 선성(善性)을 거부하는 것은 아니다.[16] 존재하는 것은 아무리 미소하더라도 선한 것이니, 이는 최고유(最高有, summe esse)이며 최고선(最高善, summum bonum)인 하느님께로부터 온 것이기 때문이다.[17] 달리 말하면, "어떠한 양식으로든 존재하는 모든 것은 선한데, 이는 어떠한 양식으로 존재하는 것에서가 아니라 존재 자체이신 분에게서 온 것이기 때문이다."[18]

따라서 영혼과 육신 모두의 창조주는 동일한 분이다. 또한 그분이 인간을 창조하실 때 영혼과 육체라는 두 요소를 만드시고 일치시키면서 육신은 영혼에게, 그리고 영혼은 당신에게 복종하도록 하신 것이다.[19] 영혼은 본성적으로 육체를 지배하려는 욕구(appetitus)를 지닌다는 아우구스티누스의 설명에서[20] 우리는 "영혼은 이성을 갖고 있으며 육신을 지배하는데 적합한 어떤 존재"[21]라는 정의를 이해할 수 있다. 아리스토텔레스와 플로티누스 사이에서 신중하게 선택한 입장을 드러내는 이 정의는[22] 아우구스티누스가 소개하는 인간에 대한 또 다른 정의와 연결된다. "인간은 … 사멸하는 지상적 육신을 사용하는 이성적 영혼이다."[23] 더욱이 아우구스티누스는 인간의 단일성을 다음과 같이 주장한다. "육신을 가지고 있는 영혼은 두 인간(persona)이 아닌 유일한 인간을 형성한다."[24] 히포의 주교는 이러한 영혼과 육체의 단일성이 "신비로운 일치"를 이루고 있음을 강조한다.[25] 사실 어떤 물체가 다른 물체에 결합하는 것보다 비물체적인 것이 물체적인 것에 결합하는 일이 훨씬 놀라운 일이다.[26] 달리 말하면 영혼이 육체에 접하여 생명체가 되는 방식은 인간이 파악할 수 없는 것이다.[27] 이는 "인간은 사멸하는 이성적 동물"[28]이라는 정의에서도 나타나듯 '불변성-가변성'이라는 구도에서 잘 드러난다. 영혼과 동일시되거나 영혼 안에 있는 것으로 파악되는 이성(ratio)은 불변하는 반면, 인간 육체는 가변적이다. 그렇기에 영혼은 육체의 조화(harmonia)와 같은 조건이 될 수 없으며, 죽음을 맛볼 수 없는 존재인 것이다.[29]

따라서 본성상 서로 다른 내적인간인 영혼과 외적인간인 육체가 자연적 관계로 연결되어 한 인간을 형성한다는 것에서[30] 우리는 다음과 같이 말할 수 있다. 살아있다는 것은 "영혼이 있는 존재"(quod animatum)라는 것이요, 죽었다는 것은 "영혼이 없는 것"(inanime)이다. 아우구스티누스는 이러한 논거를 387년에 저술한 『영혼불멸론』에서 두 가지 죽음, 곧 존재의 결핍과 생명의 결핍을 구분하면서 다음과 같이 제시한다. "어떠한 존재도 자기 자신의 결핍을 겪지 않음을 숙고하길 바랍니다. 영혼은 일종의 생명입니다. 사실 영혼이 있는 것을 살아있는 존재로 그리고 … 영혼이 없는 것을 죽은 존재, 곧 생명이 결핍된 이로 생각합니다. 따라서 영혼은 죽을 수 없습니다. 만약 생명의 결핍을 겪을 수 있다면, 그것은 영혼이 아니라 영혼이 있는 존재입니다. … 결정적으로 영혼은 그로부터 생명이 분리되는 어떤 것이 아니라, 자기 자신으로부터 분리되는 생명입니다. 사실 생명으로부터 분리되었기에 죽은 이라고 부르는 모든 존재는 영혼으로부터 분리된 것으로 이해됩니다. 따라서 죽음을 맞는 존재들로부터 분리되는 생명은 영혼 자체이며 그것(영혼)과 결코 분리될 수 없습니다. 따라서 영혼은 죽지 않습니다."[31] 여기서 아우구스티누스는 중요한 사실을 지적한다. 무엇보다 영혼과 생명은 결코 분리할 수 없다. 이러한 "영혼과 생명 사이의 대등함"은[32] 영혼이 죽을 수 없는 존재임을 드러내며 동시에 생명으로부터 떠난 것만이 죽는다는 것을 분명하게 제시한다.[33]

 여기에서 본성상 불멸의 존재인 영혼이 왜 죽음에 대한 두려움을 갖는가? 라는 문제가 제기된다. 아우구스티누스는 『독백』에서 다음과 같이 말한다. "다음과 같은 세 가지에 내 마음이 흔들릴 수 있다고 여깁니다. 사랑하는 이들을 잃을까하는 두려움과 고통에 대한 두려움, 죽음에 대한 두려움입니다."[34] 이러한 성인의 고백은 죽음에 대한 두려움이 인간 마음의 심연에 새겨져 있는 것임을 드러낸다. 더욱이 히포의 주교는 인간의 죽음이 비록 영혼을 파괴하지 않지만 사물들과 진리 자체에 대한 완전한 망각을 초래하기 때문에 매우 두려운 것임을 고백한다.35 그렇기에 인간은 살기를 원하고 죽음을 피하고자 하는 자연적 욕구를 갖고 있는 것이다.

2. 죽음에 대한 공포: 인류 보편적 현상

그렇다면 이러한 인간의 근본적인 원의는 어떻게 해결될 수 있는가? 우리는 '지혜'(sapientia)라는 단어를 통해 이 문제에 답할 수 있다고 생각한다. 무엇보다 아우구스티누스는 자신이 사랑하는 사람들과 함께 살아가기를 바라는 것은 함께 영혼과 하느님에 대해 탐구하기를 바라기 때문이라고 고백한다. 곧 그들의 생명과 현존을 바라는 것이 지혜에 도달하기 위함이라는 점이다.36 더욱이 히포의 주교는 지혜를 생명의 참된 길이라 명명한다.37 결국 지혜를 소유한 이는 생명을 소유한 사람이기에, 현인은 용맹한 사람으로서 육체의 죽음이나 고통을 두려워하지 않는다는 입장이 나오게 된다.38 더욱이 지혜로운 이가 관심을 갖는 삶은 이 세상 삶이 아니라 행복한 삶이다. 참된 인간은 사는 것 혹은 생존하는 것에 만족하지 않고 행복하게 사는 것을 희망하기 때문이다.39 그렇기에 아우구스티누스는 "그 누구도 행복하지 않으면 지혜로운 이가 아니다."라고 확언하면서, "무엇인가 부족한 사람이 다 불행하다는 것을 의심할 사람은 아무도 없다. 또한 현자들의 육체도 필요한 것들이 있다는 것이 우리를 놀라게 하지 않는다. 사실 현자들의 영혼은 부족함을 모르며, 행복한 삶이 그 영혼 안에 있다. 따라서 그들은 완전하며, 완전한 사람은 어떤 것도 필요로 하지 않는다. 육신에 필요하다고 보이는 것이 때마침 있는 경우라면 취하겠지만, 설사 없다고 해도 그러한 것이 없다고 약해지지 않는다."라고 덧붙인다.[40] 여기서 아우구스티누스는 지혜, 행복, 용맹에의 도달을 자기 지배라는 측면에서 바라보는 그리스 철학자들의 입장을 반복하는 것으로 보인다.[41] 하지만 히포의 주교는 철학적 차원에만 머물지 않고, 더 나아가 지혜를 하느님의 지혜와 연결 짓는다. 또한 "그리스도는 하느님의 지혜이십니다."라는 1코린 1, 24와 "나는 진리이다."라는 요한 14, 6에 기초하여 현인을 지혜로운 이로 만드는 지혜가 하느님의 지혜인 성자 안에 참여하는 것이요, 이로써 행복한 자가 된다는 것을 강조한다. "이제 하느님의 지혜 이외에 무엇을 지혜라고 지칭해야 하는가? 우리는 하느님의 아드님이 하느님의 지혜라는 것을 신적 권위로써 알고 있다. 그리고 하느님의 아드님은 참으로 하느님이시다. … 따라서 하느님을 소유한 이는 누구나 행복한 자이다. … 또한 '나는 진리이다.'라고 말한다. 그런데 진리가 있다는 것은 최고의 척도가 있다는 것으로, 진리는 여기에서 출발하여 완성됨으로써 돌아간다. … 진리가 척도로 말미암아 생기듯이, 척도는 진리로 말미암아 인식된다. … 하느님의 아드님은 누구인가? '진리'라고 말한다. … 따라서 진리를 통해 최고의 척도에 도달하는 이는 누구나 행복하다. 이것은 영으로 하느님을 소유하는 것, 곧 하느님을 향유하는 것이다."[42]

따라서 인간이 죽음에 대한 공포에서 벗어나기 위해서는 하느님의 지혜를 소유하여 참된 현인이 되어 행복해지는 것이 필요하다. 달리 말하면, 비록 인간 안에 정신과 이성보다 상위의 존재가 없지만 행복하게 살기 위해서는 이성과 정신에 따라 살아서는 안 된다. 이 두 가지에 따라 사는 것은 인간에 따라 사는 것이기 때문이다. 오직 하느님에 따라 사는 것이 요구된다. 또한 이러한 목적에 도달하기 위해서 정신은 자기 자신에 만족해서는 안 되며, 하느님께 복종해야만 한다.43 곧 정신이 지혜를 발견하고, 지혜를 묵상하며, 지혜를 견지하여 하느님으로부터 멀어지고 우상의 기만에 떨어지지 않는다면, 정신은 어떠한 불행이나 결핍을 두려워하지 않을 것이다.44

"아무도 자기 몸을 미워하지 않습니다."라는 에페 5, 29의 말씀처럼 인간은 그 누구도 죽는 것을 바라지 않는다. 자신의 생명을 보존하고 싶은 바람은 자연의 질서이며 본능적인 것이다. 이러한 의미에서 아우구스티누스는 "만일 그대가 행복하다면 그대는 응당 존재하지 않는 것보다는 존재하기를 더 원할 것이다. 그런데 지금 그대가 불행하면서도 전혀 존재 않느니보다는 (불행하게 존재하기를 싫어하면서도) 비록 불행하게나마 존재하기를 더 원하고 있다. 그렇다면 그대의 힘이 미치는 데까지 진지하게 성찰해 보라! 존재한다는 그 자체가 얼마나 위대한 선인가를! 행복한 사람들이나 불행한 사람들이나 원하는 그 존재가! … 그러므로 그대가 불행을 피하기를 원하거든 그대 안에서 그대가 존재하기를 원한다는 그 사실을 사랑하도록 하라! 만약 그대가 더욱더 존재하기를 원하면 원할수록 최고로 존재하는 분에게 가까이 가게 되리라"고 말한다.45

모든 인간이 갖고 있는 생명에 대한 사랑은 최고로 존재하는 하느님에 의해서 인간이 존재한다는 것을 드러내는 표지이다. 사실 인간은 자신의 창조주를 진정한 주인으로 섬기고, 경건한 순종으로 하느님의 계명을 준수하며, 천사들과 공동운명으로 옮겨가서 중간의 죽음을 거치지 않고 한없이 행복한 불사불멸을 획득하게 창조되었다. 하지만 만약 인간이 자유의지를 불손하게 사용하여 하느님께 불순종한다면, 죽음이라는 벌을 받게 되어 있었다.[46] 인간은 하느님께 참으로 완전하게 창조 받았고 행복한 삶에 놓여 있었는데, 자기의 의지로 스스로 타락하여 사멸하는 인생에로 추락한 것이다.[47] 아우구스티누스는 이러한 인간의 상황을 펠라지우스주의에 대한 논박에서 강조한다. 펠라지우스주의자들은, 아담이 죄를 짓지 않았더라도 육신의 죽음을 맞이하였을 것이기에 그의 죽음은 벌의 결과가 아니라 본성상 조건에 의한 자연스러운 것이라고 주장한다.[48] 이에 대해 히포의 주교는, "몸은 죄 때문에 죽은 것이 됩니다."라는 사도 바오로의 가르침 (로마 8, 10)에 기초하여 육체의 죽음이 죄에서 기인한 것임을 지적하면서 아담이 죄를 짓지 않았더라면 육체의 죽음에 종속되지 않았을 것이며 불멸의 육체를 가졌을 것이라 반박한다. 아담의 육체는, 죄를 짓기 이전에는 물질적 몸(corpus animalis)이었고 의로운 삶을 지낸 후에는 하느님이 원하실 때 영적인 몸(corpus spiritale)이 될 수 있었기 때문이다.[49] 인간의 육체는 원죄 이후로 쇠약하고 연약해졌으며, 죽을 운명에 처해졌으며, 아울러 인간은 하느님의 모상으로 창조된 완전함을 상실하게 되었다. 이제 사멸성(mortalitas)이 지상생활을 하는 인간의 조건이 된 것이다.[50] 반역의 죄로 말미암아 불멸의 존재에서 사멸하는 존재가 된 것이다.[51] "저 한 사람이 우리 모두였을 때 우리 모두가 저 한 사람 안에 있었다."라고 아우구스티누스가 고백하듯,[52] 인류가 죄 때문에 모두 죽은 것이다.[53] 더욱이 아우구스티누스는 이토록 인간을 묶은 사슬이 악마의 수인(囚人)이 된 것이라고 다음과 같이 강조한다. "인간이 이 세상의 임자의 손에 붙여졌다는 사실, 다시 말해서 사물들의 한 부분, 곧 이처럼 사멸하고 허약한 부분인 육체가 사멸하기까지 모든 죄악의 임자요 죽음의 주관자에게 붙여졌다는 사실이 곧 (인간의 구원을 회복하는 기회가 되었다는 것이다.)"[54]

따라서 인간은 첫 인간의 타락으로 인해 죽음의 사슬에 얽매이게 되었고, 자신의 지체와 부패한 본성에 육의 도전과 압도를 안은 채 육과 영의 갈등 속에서 태어난다. 곧 첫 인간의 죄로 인해 모든 인간은 뿌리에서부터 부패되어 죽음과 단죄의 벌에 매인 채 태어나는 것이다.[55] 여기서 '단죄된 집단'(massa damnata)[56]으로 표현되는 인간의 사멸성은 하느님의 자비를 통해서만 구원될 수 있는, 아담과의 연계성에서 죄를 범하는 모든 인간의 상황이 표현된다.[57] 이러한 사멸성에서 생겨난 지상적인 것들에 대한 필요성이 영혼을 자극하면서 나쁜 원의를 갖게 하는데, 인간이 여기에 순응하면서 죄를 범한다.[58] 곧 첫 인간의 죄에 대한 두 형벌인 '무지'(ignorantia)와 '연약함'(infirmitas)이[59], 인간의 의지가 선한 행위를 하거나 악한 행동을 하지 않도록 결정하는 것을 방해하고 있는 것이다.[60] 무지로 인해 우리는 무엇을 해야만 하는지 보지 못하며, 연약함은 우리가 이미 보고 있는 것을 행하지 못하도록 저지하고 있다.[61] 다른 말로 한다면, 무지는 우리로 하여금 참된 하느님에 대한 인식을 하지 못하도록 하고, 연약함은 참된 하느님과 참된 신적 예배를 결정할 수 있는 것을 막고 있다.[62] 왜냐하면 연약함은 병(languor)이요 탐욕(concupiscientia)이기 때문이다.[63]

이러한 의미에서 볼 때, 죽음에 대한 공포는 인간 영혼이 하느님이 아닌 육체에 대한 과도한 집착에서 나오는 것이다. 여기서 아우구스티누스는 이러한 죽음에 대한 공포가 악마와 관련되어 있음을 지적한다. 죽음에 대한 힘을 갖고 있으며 '종살이의 영'(spiritus servitutis)으로 표현되는 악마가 죄인들을 계속 자신의 힘에 종속시키기 위해 죽음에 대한 공포로 억누르고 있다. 달리 말하면, 죽음에 대한 공포는 율법의 지배를 받으며 살아가면서 육적 욕망의 종살이를 하고 있는 사람들, 즉 아직 하느님 자녀의 위치로 고양되어 은총 아래 살아가지 못하는 이들의 것이다.[64] 왜냐하면 모든 죄인들은 악마에게 자신의 영혼을 팔면서 그에 대한 보상으로 현세적 쾌락의 달콤함을 받은 이들이기 때문이다.[65] 그렇기에 죽음에 대한 공포는 옛 죄에 대한 하느님의 지극히 정의로우신 법에 따라 인간이 갖고 있는 가장 무거운 사슬인 육체에 대한 집착이기에, 인간이 하느님께 온전히 돌아설 때만 극복할 수 있다.[66] 그리스도의 자발적 죽음이 인간으로 하여금 현세적 재화를 더 이상 탐욕스럽게 바라지 않고 또한 현세적 악에 더 이상 놀라지 않도록 함으로써 죽음에 대한 공포를 배제하였기 때문에, 인간은 성령을 통해서만 죽음에 대한 공포에서 벗어날 수 있다.[67] 바로 여기에서 재생(regeneratio)의 필요성이 등장한다. 곧 "태어난 모든 이는 단죄된 이요, 만약 새로 태어나지 않으면 아무도 해방되지 못한다."[68]

따라서 그리스도인은 죽음에 대한 공포를 가질 수 없는 존재이다. 그리스도가 이미 자신의 십자가상 죽음으로 이 점을 분명하게 제시하였기에, 선하고 올바르게 사는 이는 어떠한 종류의 죽음에 대해서도 두려워할 이유가 없는 것이다.[69] 하지만 분명 이것이 이상적인 것임을 아우구스티누스는 알고 있었다. 이 인식은 특별히 펠라지우스와의 논쟁에서 잘 나타난다. 펠라지우스는, 모든 그리스도인이 세례를 통해 의롭게 되었기에 모든 죄를 피할 수 있다는 '무죄성'(impeccantia)을 내세운다.[70] 이에 반해, 아우구스티누스는 다음과 같이 확언한다. "사실 세례 때에, 죄들에 대한 총체적이요 온전한 사함이 이루어지는 것 외에, 영원한 새로움에로 인간의 총체적이요 온전한 변화가 즉각적으로 이루어지지 않는다. 나는 이 점을, 여전히 옛 부패와 죽음에로 계속해서 분명하게 향하고 온전한 새로움이 참으로 있을 때인 마지막에서야 쇄신되어야할 육체뿐 아니라, 내적 인간인 영혼에 대해서도 말하는 것이다."[71]

이러한 아우구스티누스 주장의 기저에는, 의로움에 근접했을 뿐 아직 완전하게 의롭게 되지 않은 그리스도인의 모습이 나타난다.[72] 히포의 주교에 따르면, 죄 없이 존재하는 것(esse sine peccato)과 비난의 여지없이 존재하는 것(esse sine querella)은 분명 구분된다. 전자는 오직 예수 그리스도의 지상 삶에 대해서만 언급될 수 있고, 후자는 이 세상에서 선한 삶을 살아가는 많은 의인들에 대해 말할 수 있기 때문이다.[73] 이 측면은 그리스도만이 유일한 의인인데 반해, 그리스도인은 여전히 죄에서 완전히 자유롭지 못하며 동시에 아직 완전한 의인이 아님을 드러낸다. 달리 말하면 오직 그리스도만이 의인이요 의롭게 하시는 분인데 반해,[74] 그리스도인은 의화(iustificatio)를 통해 무지(ignorantia)와 연약함(infirmitas)으로부터 치유되지만 더 이상 죄를 지을 수 없는 상황에 아직 도달하지 못한 상황에 있는 것이다.[75] 이러한 의미에서 볼 때, 오직 그리스도만이 죽음을 두려워하지 않는다고 말할 수 있다. 아우구스티누스는, 예수께서 "죄의 육과 비슷한 모습으로"(in similitudinem carnis peccati) 이 세상에 오셨다는 로마 8, 3을 인용하면서 다음과 같이 지적한다. "불순명의 빚에 죽음이 육 안에 지불된 것인데 반해, 죄의 육과 비슷한 육 안에는 죽음이 순명의 의지를 통해 받아들여진 것이다."[76]

이에 반해 그리스도인은 완전한 의인이 아니기에 여전히 연약함의 표현인 죽음에 대한 공포를 가지고 있다. 사실 이러한 연약함에서 그 누구도 제외되지 않는다. 무엇보다 아우구스티누스는 베드로와 바오로를 통해 보편적인 죽음에 대한 공포를 더 체계적으로 제시한다.[77] 410 혹은 411년 베드로와 바오로 축일에 카르타고에서 행한 한 강론에서 히포의 주교는 "네가 늙으면 다른 이들이 너에게 허리띠를 매어 주고서, 네가 원하지 않는 곳으로 데려갈 것이다."라는 요한 21, 18을 다음과 같이 해석한다. "그분은 베드로에게서 죽음의 공포에 직면한 인간의 의지를 드러내십니다."[78] 자신의 의지와 상관없이 죽음에 직면해 있는 인간이 갖는 두려움의 최고의 예로서 베드로를 제시하는 성인의 주석은 "정녕 저희는 당신의 진노로 스러져 가고 당신의 분노로 소스라칩니다."라는 시편 89, 7 해석에서도 잘 나타난다. "우리는 연약함 때문에 스러져가며, 죽음에 대한 두려움에서 소스라칩니다. 우리는 연약한 자가 되었고 우리의 연약함이 끝날 순간을 두려워합니다. 주님께서는 다음과 같이 말씀하십니다. '다른 이들이 너에게 허리띠를 매어 주고서, 네가 원하지 않는 곳으로 데려갈 것이다.' 비록 그가 순교로써 벌 받는 것이 아니라 화관을 받았음에도 불구하고 말입니다."[79] 또 다른 시편 주석에서는 이렇게 말한다. "만약 베드로 사도가 위대한 완덕에서 원하지 않는 곳에 원해서 갔다면 … 의인들과 성인들도 수난을 받을 때 두려움이 가졌다고 해서 놀랄 것이 무엇입니까?"80 아울러 성인은 한 강론에서 죽음에 대한 공포를 가진 인간적 연약함을 베드로를 통해 다음과 같이 제시한다. "사실 누가 죽기를 원하겠습니까? 의심의 여지없이 아무도 없습니다. 그리고 아무도 복된 베드로에게 '다른 이들이 너에게 허리띠를 매어 주고서, 네가 원하지 않는 곳으로 데려갈 것이다.'라고 말할 수 있는 이도 없습니다."81

바오로의 경우에도 아우구스티누스는 2코린 5, 4 해석을 통해 베드로와 동일한 두려움을 갖고 있었음을 제시한다. 무엇보다 히포의 주교는 베드로와 바오로 모두가 죽음을 사랑한 것이 아니라 참아 견디어 낸 것이라 강조한다.82 그리고 시편 68에 관한 한 주석에서 2코린 5, 4를 인용하며 다음과 같이 말한다. "가능하다면 … 우리는 즉각 불멸성을 받아 그래서 현재 우리의 상태를 변화하여 불멸의 존재가 되기를 원합니다. 다른 말로 한다면, 육체를 마지막 때에 다시 갖기 위하여 죽음을 통해 육신을 버리는 것 없이 이러한 우리의 사멸하는 상황이 생명에로 흡수되기를 바랍니다. 따라서 열악한 상황에서 더 나은 조건으로 우리는 분명 건너갑니다. 이러한 넘어감은 무척 힘든 것이며, 수난 중에 계신 주님께 유다인들이 드린 답즙을 담고 있고, 우리가 견디어내야만 하는 어떤 신맛을 갖고 있습니다."83 고통스러운 죽음을 통해 불멸의 삶으로 넘어가는 것을 주저하는 바오로의 마음이 2코린 5, 4의 '벗어 버리다.'(spoliari)와 '덧입다.'(supervestiri)라는 두 동사의 대구(對句)로써 표현되는 것을84 우리는 시편 30에 관한 한 강론에서도 볼 수 있다. "죽는 것은 필요합니다. 하지만 누구도 그것을 원치 않습니다. 아무도 필요한 그것을 원하지 않습니다. 그 누구도 멀어질 일을 원치 않습니다. … 사실 만일 가능하다면, 우리는 확실히 죽는 것을 원하지 않을 것입니다. 그리고 우리는 천사들처럼 되기를 원합니다. 하지만 사도가 말하는 것처럼 죽음이 아닌 어떠한 변화를 통해 그러한 것을 원합니다. '우리는 하느님께서 마련하신 건물 곧 사람 손으로 짓지 않은 영원한 집을 하늘에서 얻습니다. 여기서 우리는 탄식하며, 우리의 하늘 거처를 옷처럼 덧입기를 갈망합니다. 사실 우리가 천막을 벗더라도 알몸이 되지는 않을 것입니다. 우리는 이 천막 속에 살면서 무겁게 짓눌려 탄식하고 있습니다. 이 천막을 벗어 버리기를 바라는 것이 아니라 그 위에 덧입기를 바라기 때문입니다. 죽을 것을 생명이 삼키도록 말입니다.' 우리는 하느님의 나라에 도달하기를 원하지만, 죽음을 통해 그곳에 가는 것을 바라지 않습니다. 무엇보다 필요성이 당신에게 말합니다. '이것을 통해 너는 가리라'고."[85]

더욱이 아우구스티누스는 하느님께 대한 신앙을 죽음으로 표현한 순교자들도 죽음에 대한 공포를 갖고 있었다고 지적한다. 무엇보다 히포의 주교는 순교자들에 대해 언급할 때 "그들은 순교자들이지만, 인간이었습니다."라는 생각을 염두에 두고 있다.[86] 이는 순교자들도 현세의 삶을 사랑하는 사람(amator praesentis vitae)임을 드러내는 것이다.[87] 하지만 아우구스티누스는 지상 삶에 대한 사랑과 영원한 삶은 상호 간에 배타적인 것이 아니라, 오히려 전자가 후자에 대한 초대의 성격을 지닌다고 이렇게 강조한다. "순교자들의 승리는 어디에서 오는가? 그들은 육의 의지보다 영의 의지를 우선시하였다. 그들은 지상의 삶을 사랑하였지만 그것을 하위의 것으로 평가하였던 것이다. 사라지는 이 삶이 그토록 사랑스러운 것이라면, 멸망하지 않을 저 삶은 얼마나 더 사랑스러운지 생각한 것이다."[88] 또한 "순교자들은 생명을 사랑하였고, 살려는 원의를 가지고 있었다. 죽음 없는 삶을 원했던 그들은 삶을 위해 죽기를 선호하였던 것이다. 또한 그들은 영원히 지속되는 것에 도달하기 위해 오래 존속하지 않는 것을 경시한 것이다."[89]

바로 여기에 로마 제국의 영웅들과 순교자들의 결정적 차이가 있다. 잔혹한 죽음 앞에서 용맹스러움을 보여주었다는 점에서 전자와 후자가 공통점을 지니지만, 전자는 '인간 칭송에 대한 사랑'(amor humanae laudis) 때문에 그리고 후자는 '진리에 대한 사랑'(amor veritatis) 때문에 죽음을 맞이한 것이다. 아우구스티누스에 따르면, '인간 칭송에 대한 사랑'은 하나의 악덕(vitium)으로 '명예에 대한 사랑'(amor laudis), '영광에 대한 탐욕'(cupiditas gloriae), '인간적 명예와 영광에 대한 탐욕'(cupiditas humanae laudis et gloriae) 그리고 '추악한 욕정'(libidines turpiores) 등으로 표현되며 경건한 신앙의 적(inimicus piae fidei)이다. 하지만 '진리에 대한 사랑'은 '정의에 대한 사랑'이요 '가지적 아름다움에 대한 사랑'(amor intellegibilis pulchritudinis)이며 '하느님에 대한 두려움이나 사랑'(Dei timor vel amor)으로 성령이 부어준 경건한 신앙(fides pietatis)이다. 이러한 사랑에서 순교자들은 마태 10, 33의 말씀을 간직하고 있었기에 저주와 욕설 앞에서도, 가혹한 박해와 잔학한 형벌 앞에서도, 인간적 혐오의 아우성 속에서도 두려움 때문에 인류 구원을 전하는 설교를 중단하지 않았다. 또한 그들은 성스러운 행동을 하고 성스러운 것을 말하고 성스럽게 살아감으로써 완고한 마음들을 꺾어놓았고 정의의 평화를 도입하여 그리스도의 교회 안에 위대한 영광을 달성한 것이다. 하지만 그들은 이 영광을, 개인의 영광을 사랑한 로마인들과 달리, 자신들의 덕성의 목표처럼 여기거나 거기에 안주하지 않으면서 그 영광을 하느님께 돌렸다. 즉 순교자들은 인간적 영광을 바라고 선한 사람이 된 것이 아니다. 그들은, 좋은 행실을 사람들에게 보임으로써, 사람들이 자신들이 아닌 하느님께로 돌아서게 하려는 의도를 갖고 있던 것이 아니었다.[90]

이러한 의미에서 볼 때, 순교자들은 결코 이 세상 삶을 멸시한 이들이 아니다. 오히려 그들은 생명에 대한 사랑으로 생명에 대한 사랑을 극복한 이들이요, 생명에 대한 사랑 때문에 죽음을 원했던 이들이다.[91] 순교자들이 생명과 상극인 죽음을 통해 생명에로 건너간 것은, 그들이 생명을 사랑하는 이들이었기에 죽음을 인내하는 이들이 되었음을 보여주는 것이다.[92]

3. 죽음에 대한 공포의 극복

인간의 보편적 현상인 죽음에 대한 공포는 우리에게 '어떻게 죽음에 대한 공포를 극복할 수 있는가?'라는 새로운 문제를 제기한다. 무엇보다 아우구스티누스는 재생의 성사에 바로 뒤이어 불사불멸이 따른다면 신앙이 나약해질 것이라 지적한다.[93] 물론 세례성사가 신앙인들에게 육신의 죽음을 겪지 않는 은총을 선사할 수도 있을 것이다. 하지만, 만약 이런 일이 일어난다면 육체의 행복은 커지겠지만 신앙의 용기는 감소된다는 것이다. 여기서 히포의 주교는 사도 바오로의 히브 11, 1에 나타난 신앙의 정의를 염두에 두고 있다. 신앙은 우리가 바라는 것들의 보증이며 보이지 않는 실체들의 확증이다.[94]

신앙은 아직 실제로 보이지 않는 바를 희망 안에서 기대하는 것이라면, 죽음의 공포는 이 세상을 살아가는 그리스도인들의 눈에 보이지 않는 상급을 희망하며 받는 시험이라 할 수 있다. 왜냐하면 신앙의 위력과 전투(robor et certamen fidei)에 힘입어서 극복될 수 있기 때문이다.[95] 달리 말하면, 세례를 통해 즉각적으로 불사불멸성이 주어지지 않았기에, 죽음의 공포에 대한 승리가 신앙의 전투(agon)의 한 부분이 된 것이다.[96] 히포의 주교는 하느님께서 신앙의 투쟁에 우리를 놓으신 것은 이를 통해 정의의 전투에서 진보하는 이들을 가르치고 단련시키기 위한 것이라 강조한다. 즉 세례를 받은 후에도 겪어야 하는 죽음은 의로운 이들로 하여금 투쟁과 훈련을 통해 진일보하여 죽음에 대한 큰 공포를 극복할 수 있도록 하신 하느님의 의도인 것이다.[97] 이 점은 진리 때문에 죽음을 당하였고 죽으면서 생명을 발견한 순교자들에게서 탁월하게 나타났으며, 이로 인해 그들은 큰 영광과 합당한 상급을 받게 된 것이다.[98]

이러한 의미에서 아우구스티누스는 다음과 같이 확언한다. "하기야 최초의 인간으로부터 길이길이 내려오는 후손이라는 점에서 죽음은 태어나는 자의 형벌임에는 의심의 여지가 없지만 만일 경건심(pietas)과 의로움(iustitia)으로 감내한다면 죽음은 또한 재생하는 자의 영광이 된다."[99] 여기서 아우구스티누스는 경건심과 의로움을 신앙의 투쟁의 또 다른 표현으로 제시한다. 바로 여기에서 우리는 '이미'

와 '아직 아니'라는 구조에서 살아가는 그리스도인의 모습을 발견한다. "시작은 신앙으로 하지만, 완성은 보는 것으로 이루어집니다."[100] 세례성사를 통해 이미 의롭게 되었지만, 눈에 보이지 않는 것을 희망하면서, 의로움의 완성을 향해 나아가는 그리스도인은 이 세상에서 참된 지혜인 경건심을 가져야만 한다. 경건심은 믿음과 희망 그리고 사랑을 통해 실현되는 하느님께 대한 참다운 예배이며,[101] 경건심의 내적 힘은 계명의 목적, 즉 사도 바오로가 1티모 1, 5에서 말하듯 깨끗한 마음과 바른 양심과 진실한 믿음에서 나오는 사랑(caritas)이다.[102]

이러한 의미에서 신앙의 전투를 통한 죽음의 공포에 대한 극복은 의화(iustificatio)의 점진성(漸進性)에 놓여있는 그리스도인이 믿음과 희망과 사랑이라는 향주삼덕의 삶을 살아가면서 치유로 표현되는 참된 자유[103]에로 나아가는 과정이라고 할 수 있다. 사실 그리스도인은 믿음과 희망 그리고 사랑으로 이미 은총 안에 살기 시작한 이들이다.[104] 왜냐하면 향주삼덕이 죽음에서 생명에로의 건너감을 표현하고 인간이 그리스도의 파스카에 참여하는 양식을 제시하기 때문이다.[105] 하느님의 선물인 향주삼덕은[106] 아직 보이지 않는 것을 믿으며 그리고 믿는 것을 희망하고 사랑하는 이들의 영혼 안에 구축된다. 신앙은 하느님을 보는 것을 향한 길이요, 하느님과의 친교를 사랑하기 위한 준비인 희망의 토대가 된다. 희망은 신앙이 약속한 것을 기다리는 것이며, 사랑 없이 존재하지 못한다. 그리고 사랑은 인간 활동의 정점으로 나타난다.[107] 그렇기에 그리스도인은 믿음과 희망 그리고 사랑 안에 항구하게 머물면서 하느님을 섬겨야 한다는 과제를 가지고 있다.108 이러한 모습의 훌륭한 예를 우리는 순교자들에게서 발견한다. 그들은 참된 신앙을 갖고 있었기에, 거짓된 신앙과 헛된 환상 그리고 헛된 희망과 불확실한 것 때문이 아니라 진리에 대한 약속 때문에 현세의 모든 것들을 멸시하고 미래의 선익으로 불타올라 죽음을 맞이하였고 고통을 받은 것이다.109 그들은 그리스도를 얻기 위해 자신들의 죽음을 주저하지 않았기에, 죄에 대한 벌로 설정되었던 죽음을 의로움의 열매를 풍성하게 소출하는 사례로 바꾼 것이다.110

향주삼덕의 삶을 통한 죽음의 공포에 대한 승리를 위해 그리스도는 말씀과 모범으로 순교자들의 힘이 되었다.111 무엇보다 히포의 주교는 욥의 모습을 통해 그리스도가 극심한 수난 중에 인내의 모범이 되었고, 그리스도가 죽기까지 순종함으로써 성부의 뜻을 행하여 정의와 순명 때문에 죽음을 겪었다는 것을 사람들이 알게 되어 이 세상에서 벗어날 수 있도록 그들에게 죽음의 공포를 극복할 수 있는 용기의 모범이 되었다고 지적한다.112 또한 아우구스티누스는 그리스도가 부활의 모범이 되어 그리스도인들로 하여금 신앙 안에서 그리고 가시적으로 될 상급을 인내로이 기다리면서 살아가도록 하였다고 강조한다.113

인간적 의지를 하느님의 원의에 복종하라는 그리스도의 초대는 올리브 동산에서의 예수의 고백, 곧 "아버지, 하실 수만 있으시면 이 잔이 저를 비켜 가게 해 주십시오. 그러나 제가 원하는 대로 하지 마시고 아버지께서 원하시는 대로 하십시오"(마태 26, 39)에 대한 주석에서 잘 드러난다. 아우구스티누스는 이 구절과 시편 32,11의 '올바른 마음'(rectum cor)114이라는 표현을 연결하여 다음과 같이 말한다. "'아버지, 하실 수만 있으시면 이 잔이 저를 비켜 가게 해 주십시오.' 이것이 개인적인 것과 같이 자신의 것을 원하는 인간의 의지입니다. 하지만 그분은 마음 바른 이를 원하셨기에, 그래서 그분 안에 약간의 굴곡이 항상 올바른 분에게로 향하도록, '그러나 제가 원하는 대로 하지 마시고 아버지께서 원하시는 대로 하십시오.'라는 말을 덧붙인 것입니다."115 또한 '올바른 마음'은 죽음에 직면한 인간이 갖는 슬픔에서 벗어나 하느님의 뜻을 수용하도록 해준다. 아우구스티누스는 이 측면을 2티모 4, 6-8, 마태 26, 39 그리고 마태 26, 38의 연결을 통해 다음과 같이 설명한다. "수난에 임박한 용약하고 있는 바오로에 주목하십시오. 그는 이렇게 말합니다. '나는 이미 제물이 되어 있고 내 죽음의 시간이 다가옵니다. 나는 훌륭한 싸움을 했으며, 달릴 길을 다 달렸고 믿음을 간직했습니다. 이제 의로우신 재판관이신 주님께서 그날 나에게 주실 정의의 월계관이 나를 위해 준비되어 있습니다. 내게뿐 아니라 그분의 나타나심을 사랑하는 모든 이에게도 주실 것입니다.' 그가 수난에 임박해서 얼마나 용약하고 있는지 보십시오. 화관을 받아야 할 그가 기뻐합니다. 그리고 화관을 씌어주실 그분은 슬퍼합니다. 그렇다면 그분은 무엇을 지니고 있던 것입니까? 그분은 환난과 죽음에 임박하여 슬퍼하는 이들의 연약함을 지니고 있던 것입니다. 하지만 그분이 그들을 어떻게 바른 마음에로 이끄시는지 보십시오. 자, 당신은 살기를 원했지, 당신에게 어떤 것이 일어나기를 원치 않았습니다. 하지만 하느님은 다른 것을 원하셨습니다. 두 개의 원의가 있습니다. 하지만 당신의 뜻이 하느님의 뜻에 의해 교정되기를 그리고 당신의 뜻에 의해 하느님의 뜻이 뒤틀리지 않기를 바랍니다. … 이 모든 것을 주 예수 그리스도께서 어떻게 가르치시는지 관찰해보십시오. '내 영혼은 죽음에 이르기까지 슬프다.' 또한 '아버지, 하실 수만 있으시면 이 잔이 저를 비켜 가게 해 주십시오.' 여기서 그분은 인간의 뜻을 드러내십니다. 하지만 올바른 마음은 다음을 봅니다. '그러나 제가 원하는 대로 하지 마시고 아버지께서 원하시는 대로 하십시오.' 따라서 당신에게 일어나는 모든 것에 기뻐하며 이것을 행하십시오."116

그리스도 자신이 인간적 두려움과 죽음의 공포에 직면하면서 인간적 바람을 하느님의 뜻에 복종해야 한다고 모범을 보인 것은, 그리스도인들이 하느님의 자비를 의심하면서 절망에 떨어지지 않도록 하기 위한 것이다. 이 점을 아우구스티누스는 "이제 제 마음이 산란합니다."는 요한 12, 27의 주석을 통해 다음과 같이 설명한다. "그분은 우리를 자신 안에로 변용시키셨습니다. 그분은 우리를 보셨고, 우리를 관찰하셨으며, 피로해하는 우리를 받아주시어 회복시켜주셨습니다. 이는, 일부 지체들이 이 세상 삶의 끝을 알리는 마지막 날이 왔을 때, 아직 죽음에 대해 준비가 되지 않았기 때문에 연약함으로 인해 마음이 산란해지고 구원에 대해 절망하고, 그리스도께 자신들이 속해 있지 않다고 말하지 않도록 하기 위함입니다. … 그분은, 일부 지체가 불행한 삶을 끝내기를 원치 않고, 끝이 없는 삶을 시작하는데 태만하여 죽음에 임박해 있음에 마음이 산란해 있을 때, 자신의 지체들이 절망 때문에 위험에 놓여 있을 수 있기 때문에, 그들이 절망으로 인해 꺾이지 않도록 하기 위해 그분은 자신의 연약한 이들에게 향하시어, 아직 강하지 않은 자신의 지체들 중 제일 처진 이들을 모두 자신의 품안에 받아들이셨습니다."117 또한 다른 곳에서는 이렇게 말한다.

"따라서, 그분이 자신의 연약함의 자발적 참여로써 자신의 몸인 교회에서 가장 연약한 지체들을 위로하시기 위함이 아니라면, 어떠한 이유로 그분이 마음이 산란해지셨겠습니까? 그럼으로써 그분의 지체들 중 많은 이들이 죽음에 직면하여 마음으로 혼란스러울 때, 그분을 바라보고, 이것 때문에 불경한 이들로 간주되지 않도록 하기 위해 그리고 죽음보다 더 나쁜 절망에 빠지지 않도록 하기 위함이 아닙니까?"[118]

결론

지금까지의 고찰은 인간에게 있어 사멸성이 분명 피할 수 없는 슬픈 상황임을 제시한다. 이러한 조건에서 삶에 대한 애착으로 표현되는 죽음의 공포 역시 타고난 것은 아니지만 분명 자연적인 것이다. 하지만 아우구스티누스는 이러한 공포의 부정적 성격을 변화시키고 있는 것을 확인할 수 있다. 성인은 더 깊은 차원에서 이 문제에 접근하여 인간 본성에 대해 보다 연민어린 이해를 보이고 있기 때문이다.[119]

무엇보다 히포의 주교는 사멸성이란 조건이 인간으로 하여금 자신에 대해 알 수 있게끔 하기에 교육적 효과가 있음을 드러낸다. 사멸성을 하느님과 인간의 관계하에서 조망하고 있는 것이다. 영혼과 육신으로 구성된 인간에 대한 고찰을 통해, 성인은 본성상 불멸의 존재인 영혼이 죽음을 두려워한다고 지적한다. 죽음에 대한 두려움이 인간 마음의 심연에 새겨져 있다는 것이다. 아우구스티누스는 이러한 죽음의 공포가 지닌 보편성에 대해 설명하면서, 인간이 이 공포에서 벗어나기 위해 하느님의 지혜를 소유하여 참된 현인이 되어야 한다고, 즉 하느님의 뜻에 따라 살고 하느님께 복종해야 한다고 주장한다.

이러한 그리스도인의 삶은 세례성사로 시작하여 의로움의 완성에로 향하는 여정이라 할 수 있다. 이는, 그리스도인이 세례성사를 통해 은총 안에 살기 시작했지만 아직 완전한 의인이 아님을, 곧 여전히 죄의 지배하에 있음을 드러내는 것이다. 그렇기에 그리스도인도 예외 없이 연약함의 표현인 죽음의 공포를 가지고 있는 것이다. 베드로와 바오로 그리고 순교자들도 죽음에 대한 공포를 가지고 있었다. 하지만 이들이 죽음의 공포를 극복할 수 있었던 것은 신앙의 전투를 통해서이다. 이러한 신앙의 투쟁은 하느님이 그리스도인을 단련시키고 가르치기 위한 것으로, 경건심으로 표현된다. 따라서 그들은 믿음과 희망 그리고 사랑이라는 향주삼덕을 통해 실현되는 하느님께 대한 참다운 예배인 경건심을 통해 죽음의 공포를 극복한 것이다. 또한 그리스도의 말과 행동이 순교자들에게 죽음을 두려워하지 않도록 하는 권고와 위로가 되었다. 하느님의 모습(forma Dei)을 지니셨지만 종의 모습(forma servi)을 취하신 그리스도의 모범을 본받는다는 것 자체가, 인간은 죽음에 대한 공포를 스스로 극복할 수 없음을 인정하는 것이다.

이러한 의미에서 죽음에 대한 공포는 그리스도인으로 하여금 그리스도에게 도움을 청하도록 하면서 겸손을 가르치는 수업과도 같다고 할 수 있다. 죽음은 사랑의 대상일 수 없고 견뎌 내어야 할 대상이기 때문이다.[120] 그렇기에 그리스도인은 죽음의 공포를 지닐 때 그리스도께 자신들의 시선을 고정시키면서 고통스러운 절망의 늪에 빠지지 않도록 해야 한다.[121] 그리스도의 위로가 순교자들의 고통을 영원한 삶에 대한 달콤한 희망으로 바꾸었듯이,[122] 하느님은 죽음의 공포에 직면한 그리스도인을 위로하실 것이기 때문이다.

| 주 |

1   아우구스티누스, 『신국론』 13, 10. "Omnino nihil sit aliud tempus vitae huius, quam cursus ad mortem … profecto, ex quo esse incipit in hoc corpore, in morte est." 한국어 번역은 성염의 것을 따른다: 아우구스티누스, 『신국론』, 성염 역주, 왜관: 분도출판사, 2004.

2   아우구스티누스, 『강론』 172, 1. "Mortem quippe horret, non opinio, sed natura."

3   아우구스티누스, 『시편 상해』 68, s.1, 3. "Quamquam enim Christo inhaerere cupiamus, mori tamen nolumus … Nam si possemus aliter pervenire ad Christum, id est ad vitam aeternam, quis vellet mori?"

4   아우구스티누스가 죽음의 문제에 대해 다룬 작품들에 대한 개략적 소개에 대해 다음을 참조하라. G. Arnaud D'Agnel, *La mort et les morts d'après saint Augustin*, Paris: Librairie-Éditeur P. Lethielleux, 1916[2], pp. 5–19.

5   아우구스티누스, 『서한』 3, 4. "Unde constamus? Ex animo et corpore"; 『독백』 1, 12, 21. "Nam quoniam duabus, inquit, partibus compositi sumus, ex animo scilicet et corpore"; 『시편 상해』 145, 5. "Nihil invenimus amplius in homine, quam carnem et animam: totus homo hoc est, spiritus et caro."

6   아우구스티누스, 『고백록』 10, 6, 9. "Direxi me ad me et dixi mihi: Tu quis es? Et respondi: Homo. Et ecce corpus et anima in me mihi praesto sunt, unum exterius et alterum interius." 『고백록』의 한국어 번역은 최민순 신부의 것을 따른다: 성 아구스띤, 『고백록』, 최민순 옮김, 바오로딸, 2006.(2판 22쇄)

7   아우구스티누스, 『신국론』 13, 24, 2. "Homo non est corpus solum vel anima sola, sed qui et anima constat et corpore. Hoc quidem verum est, quod non totus homo, sed pars melior hominis anima est; nec totus homo corpus, sed inferior hominis pars est; sed cum est utrumque coniunctum simul, habet hominis nomen."

8   아우구스티누스, 『삼위일체론』 15, 7, 11. "Homo est substantia rationalis constans ex anima et corpore."

9   아우구스티누스, 『고백록』 6, 3, 4. "Sicut anima et corpus non sunt utique unum (quid enim tam diversum?)"

10 아우구스티누스, 『신국론』 19, 3, 1. "Sentit quippe in eius natura duo esse quaedam, corpus et animam."

11 아우구스티누스, 『영혼불멸론』 16, 25. "Anima vero non modo universae moli corporis sui, sed etiam unicuique particulae illius tota simul adest."

12 아우구스티누스, 『여든세 가지 다양한 질문』 54. "Corpus autem ab anima vivificari"; 『자유의지론』 2, 16, 41. "Tota vita corporis anima est"; 『고백록』 19, 3, 1. "anima … quae vita est corporum."

13 아우구스티누스, 『영혼불멸론』 15, 24. "Per animam ergo corpus subsistit et eo ipso est, quo animatur … tradit speciem anima corpori, ut sit corpus, in quantum est."

14 아우구스티누스, 『강론』 267, 4. "Videtis quid faciat anima in corpore. Omnia membra vegetat; per oculos videt, per aures audit, per nares olfacit, per linguam loquitur, per manus operatur, per pedes ambulat: omnibus simul adest membris, ut vivant; vitam dat omnibus, officia singulis."

15 아우구스티누스, 『고백록』 10, 6, 10. "Iam tu melior es, tibi dico, anima, quoniam tu vegetas molem corporis tui praebens ei vitam"; 『시편상해』 41,7. "Invenio me habere corpus et animam; unum quod regam, aliud quo regar; corpus servire, animam imperare. Discerno animam melius esse aliquid quam corpus."

16 Cf. Jean-Félix Nourrisson, La philosophie de saint Augustin, I, Paris: Librairie-Éditeur Didier et Cie, 1865, p. 185.

17 아우구스티누스, 『참된 종교』 18, 35. "Ipsum enim quantumcumque esse bonum est, quia summum bonum est summe esse … Ita etsi minimum bonum tamen bonum erit et ex Deo erit."

18 아우구스티누스, 『고백록』 13, 31, 46. "Bonum est, quidquid aliquo modo est: ab illo enim est, qui non aliquo modo est, sed est est."

19 아우구스티누스, 『강론』 30, 4. "Mentis et carnis unus est artifex. ipse quando hominem creavit, utrumque fecit, utrumque coniunxit. Carnem animae subdidit, animam sibi."

20 아우구스티누스는 육체를 통치하는 영혼의 고유한 본성인 '욕구'(appetitus)를 설명하기 위해 『질서론』 2, 6, 18, 『가톨릭교회의 관습과 마니교도의 관습』 1,4,6 그리고 『신국론』 19,3 등에서 기수와 말의 표상을 사용하고 있다. 'appetitus'에 대해 참조: Gerald J.P. O'Daly, "Appetitus", in Augustinus Lexikon, 1, Basel: Schwabe & Co,AG, pp. 420-423; Virgilio Pacioni, Agostino d'Ippona. Prosepttiva storica e attualità di una filosofia, Milano: Editore Ugo Mursia, 2004, pp. 80-84.

21 아우구스티누스, 『영혼의 위대함』 13, 22. "…substantia quaedam rationis particeps, regendo corpori accomodata." 비르질리오 파치오니는, 넬로 치프리아니의 노선을 따라, 이 정의가 신플라톤주의 인간학보다 바로(Varro)에게서 영감을 받은 것이라 주장한다: Nello Cipriani, "L'influsso di Varrone sul pensiero antropologico e morale nei primi scritti di S. Agostino", in AA.VV., L'etica cristiana nei secoli III e IV. Eredità e confronti, Roma, 1996, pp. 383-388; Virgilio Pacioni, Agostino d'Ippona. Prosepttiva storica e attualità di una filosofia, p. 66.

22 Sant'Agosino, Dialoghi, II, Domenico Gentili, a cura di, Roma: Città Nuova Editrice, 1976, p. 47, n,29. 여기에서 도메니코 젠틸리는 아리스토텔레스의 『영혼론』 412a 10-27과 플로티누스의 『엔네아데스』 4, 7, 8⁵,40-50을 제시한다.

23 아우구스티누스, 『가톨릭교회의 관습과 마니교도의 관습』 1, 27, 52. "Homo … anima rationalis est mortali atque terreno utens corpore." 외젠 포르탈리에는 이 정식이 플라톤의 영향력을 보여주는 것이라 본다: Eugène Portalié, "AUGUSTIN (SAINT)", Dictionnaire de Théologie Catholique, I, p. 2358. 에티엔느 질송은, 이 정의가 플로티누스가 플라톤에게서 빌려왔다고 말하는 '우월한 인간'의 정의라고 지적하면서 아우구스티누스가 플라톤적인 인간의 정의를 물

려받고 있지만 아우구스티누스의 그리스도교가 그로 하여금 영혼과 육체로 만들어진 인간의 단일성을 주장하도록 하였다고 주장한다. 이렇게 아우구스티누스가 처음에는 플라톤적 이원론을 따르지만 후에 인간에 대한 보다 일치적이며 성서적인 관점을 갖게 되었다는 발전 혹은 전환이라는 질송의 입장을 피에로 안토니오 페리시(Pietro Antonio Ferrisi) 역시 따르고 있다. 반면, 에지디오 마수티는 아우구스티누스가 플라톤적 이원론을 극복하지 못하였다고 주장한다. 아울러 이 정의가 신플라톤주의의 영향이라고 생각하는 일세트라우트 아도의 주장에 대해 비르질리오 파치오니는 아리스토텔레스의 『영혼론』의 영향이라고 보면서 유사한 정의가 『니코마코스 윤리학』에서도 발견된다고 강조한다. : 에티엔느 질송, 『아우구스티누스 사상의 이해』, 김태규 역, 성균관대학교 출판부, 2010, 97쪽, 각주 150; Pietro Antonio Ferrisi, "La svolta antropologica di Agostino d'Ippona: L'anno 400", *Augustinianum* 34(1994), pp. 377-394; Egidio Masutti, *Il problema del corpo in S. Agostino*, Roma: Edizioni Borla, 1989, p. 97; Ilsetraut Hadot, *Arts liberaux et philosophie dans la pensée antique*, Paris: Études augustiniennes, 1984, p. 189; Virgilio Pacioni, *Agostino d'Ippona. Proseptiva storica e attualità di una filosofia*, p. 68.

24 아우구스티누스, 『요한복음 강해』 19, 15. "Anima habens corpus, non facit duas personas, sed unum hominum." 제랄드 오데일리는 'persona'라는 단어가 영혼과 육신의 결합체의 일치성을 강조하기 위해 사용되고 있음에 주목한다: Gerald J.P. O'Daly, "Anima, animus", in *Augustinus Lexikon*, 1, Basel: Schwabe & Co.AG, p. 332.

25 아우구스티누스, 『삼위일체론』 11, 3. "… cui anima suo quodam miro modo contemperatur."

26 아우구스티누스, 『신국론』 13, 18. "… multo mirabilius incorporea corporeis quam quaecumque corpora quibuscumque corporibus copulentur."

27 같은 책, 21, 10, 1. "Quia et iste alius modus, quo corporibus adhaerent spiritus et animalia fiunt, omnino mirus est nec conprehendi ab homine potest, et hoc ipse homo est."

28 아우구스티누스, 『질서론』 2, 11, 31. "Homo est animal rationale mortale." 제라드 오데일리는 이 정의를 유(類, genus)와 차이(differentia)로 체계화하면서, 이것이 플라톤학파의 구분 체계 곧 중기 플라톤주의자인 알비누스(Albinus)가 『디다스칼리코스』(*Didaskalikos*)에서 제시하는 체계를 따르고 있다고 주장한다. 이에 반해 넬로 치프리아니는, 동물에 대해 인간의 이성을 강조하는 것이 바로 (Varro)의 영향력이라고 강조한다: Gerard O'Daly, *La filosofia della mente in Agostino*, trad. italiana, a cura di Maria Grazia Mara, Palermo: Edizioni Augustinus, 1988, p. 78; Nello Cipriani, "L'influsso di Varrone sul pensiero antropologico e morale nei primi scritti di S. Agostino", p. 380.

29 아우구스티누스, 『영혼불멸론』 2, 2. "Ratio profecto aut animus est aut in animo … Mutabile est autem corpus humanum, et immutabilis ratio … Non est igitur harmonia corporis animus, nec mors potest accidere inmutabilibus rebus. Semper ergo humanus animus vivit, sive ipse ratio sit sive in eo ratio inseparabiliter."

30 아우구스티누스, 『서한』 238, 2, 12. "Item cum homo interior et homo exterior non sint unum, neque enim eiusdem naturae est exterior cuius interior, quia exterior cum nuncupato corpore dicitur homo, interior autem in sola

rationali anima intellegitur, utrumque tamen simul non homines duo sed unus dicitur … unus homo interior et unus homo exterior et non sunt unum; et tamen eius connexione vinculi naturalis simul utrumque non duo sed unus homo."

31 아우구스티누스, 『영혼불멸론』 9, 16. "Attendat, quod nulla res seipsa caret. Est autem animus vita quaedam, unde omne, quod animatum est, vivere, omne autem inanime, …, mortuum, id est vita privatum intellegitur. Non ergo potest animus mori. Nam si carere poterit vita, non animus, sed animatum aliquid est … iam non sit animus, quidquid a vita deseritur, sed ea ipsa vita, quae deserit. Quidquid enim a vita desertum mortuum dicitur, id ab anima desertum intellegitur; haec autem vita, quae deserit ea, quae moriuntur, quia ipsa est animus et seipsam non deserit, non moritur animus."

32 Jean-Michel Girard, La mort chez saint Augustin. Grandes lignes de l'évolution de sa pensée, telle qu'elle apparaît dans ses traités, Fribourg: Éditions Universitaires Fribourg, 1992, p. 17. 영혼과 생명의 동일성에 대한 사상은 이미 플라톤의 『파이돈』 105 c-e 에 나타나며, 플로티누스와 포르피리우스에서 다시 발견된다. 쟌 페팽은 아우구스티누스가 플로티누스보다 포르피리우스의 영향을 받은 것이라 주장한다: Jean Pépin, "Une nouvelle source de saint Augustin: Le ζήτημα de Porphyre sur l'union de l'âme et du corps", in Jean Pépin, "Ex platonicorum persona." Études sur les lectures philosophiques de saint Augustin, Amsterdam: Editeur Adolf M. Hakkert, 1977, pp. 236-240.

33 아우구스티누스, 『영혼불멸론』 10, 17. "Vita est animus; et se nulla res deserit; et id moritur, quod vita deserit: non igitur animus mori potest."

34 아우구스티누스, 『독백』 1, 9, 16. "Modo videor mihi tribus tantum rebus posse commoueri: metu amissionis eorum hominum quos diligo, metu doloris, metu mortis."

35 같은 책, 2, 20, 36. "Non enim credo te parum formidare, ne mors humana, etiamsi non interficiat animam, rerum tamen omnium et ipsius, si qua comperta fuerit, veritatis oblivionem inferat."

36 같은 책, 1, 12, 20. "Sed quaero abs te, cur eos homines, quos diligis, vel vivere vel tecum vivere cupias? A. – Ut animas nostras et Deum simul concorditer inquiramus … R. – Non igitur eorum vel vitam vel praesentiam propter seipsam, sed propter inveniendam sapientiam cupis? A. – Prorsus adsentior … R. – Non igitur et vitam istam propter seipsam, sed propter sapientiam vis manere. A. – Sic est."

37 아우구스티누스, 『아카데미아 학파 논박』 1, 5, 13. "Recta via vitae sapientia nominatur."

38 아우구스티누스, 『행복한 삶』 4, 25. "Non igitur metuit sapiens aut mortem corporis aut dolores."

39 아우구스티누스, 『질서론』 1, 8, 24. "Non vivere sed beate vivere satis est." 비르질리오 파치오니에 의하면, 이러한 원의는, 인간이 사라지지 않는 진리에 대한 열망과 연결되는 고유한 본성의 가장 깊은 단계를 인정할 줄 아는 조건에서만 가능

하다. 아우구스티누스는 『고백록』에서 이러한 인간 존재의 형이상학적 차원을 'cor' 라는 단어로 표현한다: Virgilio Pacioni, *L'unità teoretica del De ordine di S. Agostino*, Roma: Millennium Romae, 1996, p. 140.

40　아우구스티누스, 『행복한 삶』 2, 14. "Nemo sapiens, nisi beatus"; 4, 25. "Eergo, inquam, miserum esse omnem qui egeat, dubitat nemo nec nos terrent quaedam sapientium corpori necessaria. Non enim eis eget ipse animus, in quo posita est beata vita. Ipse enim perfectus est; nullus autem perfectus aliquo eget et, quod videtur corpori necessarium, sumet, si adfuerit; si non adfuerit, non eum istarum rerum franget inopia."

41　Cf. Sant'Agositno, *Dialoghi*, I, Domenico Gentili, a cura di, Roma: Città Nuova Editrice, 1970, p. 211, n.23. '행복한 삶'의 문제는 바로(Varro)의 『철학론』(*De philosophia*), 치체로(Cicero)의 『최고선악론』(*De finibus bonorum et malorum*)과 『투스쿨라나룸 담론』(*Tusculanae disputationes*), 세네카의 『대화편』(*Dialogi*) 7권의 '행복한 삶'(De beata vita), 플로티누스의 『엔네아데스』 1, 4-5와 같이 주요 작품에서 다루고 있다: Jean Doignon, "Beata uita (De –)", in *Augustinus Lexikon*, 1, Basel: Schwabe & Co.AG, p. 621.

42　아우구스티누스, 『행복한 삶』 4, 34. "Quae est autem dicenda sapientia nisi quae Dei Sapientia est? Accepimus autem etiam auctoritate divina Dei Filium nihil esse aliud quam Dei Sapientiam, et est Dei Filius profecto Deus. Deum habet igitur quisquis beatus est ⋯ Etiam hoc enim dictum est: *Ego sum Veritas*. Veritas autem ut sit, fit per aliquem summum modum, a quo procedit et in quem se perfecta convertit ⋯ Ut igitur veritas modo gignitur, ita modus veritate cognoscitur ⋯ Quis est Dei Filius? Dictum est: *Veritas* ⋯ Quisquis igitur ad summum modum per veritatem venerit, beatus est. Hoc est animis Deum habere, id est Deo perfrui."

43　아우구스티누스, 『재론고』 1, 1, 2. "Nam quantum attinet ad hominis naturam, nihil est in eo melius quam mens et ratio. Sed non secundum ipsam debet vivere, qui beate vult vivere, alioquin secundum hominem vivit, cum secundum Dum vivendum sit, ut possit ad beatitudinem pervenire; propter quam consequendam non se ipsa debet esse contenta, sed Deo mens nostra subdenda est."

44　아우구스티누스, 『행복한 삶』 4, 33. "Cum vero sapientiam contemplatur inventam cumque, ⋯ ad ipsam se tenet nec se ad simulacrorum fallaciam, quorum pondus amplexus a Deo suo cadere atque demergi solet, ulla commotus inanitate convertit, nihil inmoderationis et ideo nihil egestatis, nihil igitur miseriae pertimescit."

45　아우구스티누스, 『자유의지론』 3, 7, 20-21. "Nam si beatus esses, utique esse quam non esse malles; et nunc miser cum sis, mauis tamen esse vel miser quam omnino non esse, cum esse nolis miser. Considera igitur, quantum potes, quam magnum bonum sit ipsum esse, quod et beati et miseri volunt ⋯ Si vis itaque miseriam fugere, ama in te hoc ipsum quia esse vis. Si enim magis magisque esse volueris, ei quod summe est propinquabis." 한국어 번역은 성염의 것을 따른다: 아우구스티누스, 『자유의지론』, 성염 역주, 왜관: 분도출판사, 2005.(재쇄)

46 아우구스티누스, 『신국론』 12, 22. "Hominem vero, cuius naturam quodam modo mediam inter angelos bestiasque condebat, ut, si creatori suo tamquam vero domino subditus praeceptum eius pia oboedientia custodiret, in consortium transiret angelicum, sine morte media beatam inmortalitatem absque ullo termino consecutus; Si autem Dominum Deum suum libera voluntate superbe atque inoboedienter usus offenderet, morti addictus bestialiter viveret, libidinis servus aeternoque post mortem supplicio destinatus"; 13, 1. "Sed ita ut perfunctos oboedientiae munere sine interventu mortis angelica inmortalitas et beata aeternitas sequeretur; inoboedientes autem mors plecteret damnatione iustissima."

47 아우구스티누스, 『자유의지론』 1, 11, 23. "Credamus hominem tam perfecte conditum a deo et in beata vita constitutum, ut ad aerumnas mortalis vitae ipse inde propria voluntate delapsus sit."

48 아우구스티누스, 『이단론』 88, 7. "Ipsum quoque Adam dicunt, etiamsi non peccasset, fuisse corpore moriturum, neque ita mortuum merito culpae, sed conditione naturae."

49 아우구스티누스, 『창세기 문자적 해설』 6, 22, 33-23, 34. "Ac per hoc mors etiam corporis de peccato est. Si ergo non peccasset Adam, nec corpore moreretur ideoque inmortale haberet et corpus ⋯ Verum est quidem, quod non moreretur etiam corpore, nisi peccasset; aperte quippe dicit Apostolus: *Corpus mortuum est propter peccatum*; animale tamen posset esse ante peccatum et post vitam iustitiae, cum Deus vellet, fieri spiritale."

50 아우구스티누스, 『마니교 반박 창세기 해설』 1, 18, 29. "⋯ post peccatum ⋯ hominem, cum in huius vitae mortalitatem damnatus est, et amisit perfectionem illam qua factus est ad imaginem Dei"; 2,7,8. "Dicimus enim tabidum et fragile et morti destinatum corpus humanum post peccatum esse coepisse." 『마니교 반박 창세기 해설』 2, 21, 32에서 아우구스티누스는 창세 3, 21의 '가죽 옷'을 첫 인간으로부터 시작하여 인간 본성에 내재한 사멸성의 표지로 해석하고 있다. 직접적이든 혹은 간접적이든 오리게네스의 영향력을 보이는 이 주석에 대해 다음을 참조하라. Jean Pépin, "Saint Augustin et le symbolisme néoplatonicienne de la vêture", in AA.VV., *Augustinus Magister*, I, Paris: Études Augustiniennes, 1954, pp. 301-305; Pier Franco Beatrice, "Le tuniche di pelle. Antiche letture di Gen. 3, 21", Ugo Bianchi, ed. by, *La tradizione dell'Enkrateia. Motivazioni ontologiche e protologiche*, Roma: Edizioni dell'Ateno, pp. 461-462; Martine Dulaey, "Les tuniques de peau", in *Bibliothèque augustinienne*, 50, Paris: Institut d'Études Augustiniennes, 2004, pp. 551-553.

51 아우구스티누스, 『두 영혼』 13, 19. "Sumus peccato transgressionis mortales ex immortalibus facti."

52 아우구스티누스, 『신국론』 13, 14. "Omnes enim fuimus in illo uno, quando omnes fuimus ille unus."

53 아우구스티누스, 『마니교 파우스투스 반박』 12, 35. "⋯ in peccatis mortuo generi humano."

54 아우구스티누스, 「자유의지론」 3, 10, 29. "Homo … principi huius mundi, partis rerum scilicet huius mortalis atque infimae, hoc est principi omnium peccatorum et praeposito mortis, usque ad mortalitatem carnis addictus est."
55 아우구스티누스, 「신국론」 13, 13. "Cum qua controuersia nati sumus, trahentes originem mortis et in membris nostris vitiataque natura contentionem eius siue victoriam de prima praevaricatione gestantes"; 「라우렌티우스에게 보낸 믿음, 희망, 사랑의 길잡이」 8,26. "Hinc post peccatum exul effectus stirpem quoque suam, quam peccando in se tanquam in radice vitiauerat, poena mortis et damnationis obstrinxit."
56 'massa damnata'외에도 우리는 아우구스티누스의 작품 안에서 다음의 표현들을 발견한다: massa luti, massa peccati, massa peccatorum, massa damnationis, massa damnabilis, massa perditionis, massa perdita, massa vitiata, massa corrupta, massa collapsa, massa maledicta, massa mortis, massa mortalitatis, massa mortalium, massa ruinae, massa offensionis, massa originalis iniquitatis, massa captivitatis, massa irae. Cf. Gregor Wurst, "Massa, massa damnata", in *Augustinus Lexikon*, 3, Basel: Schwabe & Co,AG, pp. 1196-1199.
57 아우구스티누스, 「강론」 176, 2. "Nullus hominum in ista quae ex Adam defluit massa mortalium, nullus omnino hominum non aegrotus, nullus sine gratia Christi sanatus"; 「라우렌티우스에게 보낸 믿음, 희망, 사랑의 길잡이」 25, 99. "Videt enim, si capit, universum genus humanum tam iusto iudicio divino in apostatica radice damnatum ut etiam si nullus inde liberaretur nemo recte posset Dei vituperare iustitiam." Cf. Paula Fredriksen, "Massa", in *Augustine through the Ages. An Encyclopedia*, Michigan: William B. Eerdmans Publishing Company, 1999, pp. 545-547; Donato Ogliari, *Gratia et certamen. The relationship between Grace and free will in the discussion of Augustine with the so-called Semipelagians*, Leuven: Leuven University Press, 2003, pp. 340-348. 인간의 비참한 상황에 대해 참조: Aimé Solignac, "La condition de l'homme pécheur d'après saint Augustin", *Nouvelle Revue Théologique* 78(1956), pp. 359-387.
58 아우구스티누스, 「여든세 가지 다양한 질문」 66, 6. "Mortuum corpus dicit, quamdiu tale est, ut indigentia rerum corporalium molestet animam, et quibusdam motibus ex ipsa indigentia venientibus ad appetenda terrena sollicitet"; 「로마서 명제 해설」 12[13-18]. "Hinc enim ostendit esse desideria, quibus non oboediendo peccatum in nobis regnare non sinimus. Sed quoniam ista desideria de carnis mortalitate nascuntur, quae trahimus ex primo peccato primi hominis, unde carnaliter nascimur."
59 아우구스티누스, 「자유의지론」 3, 20, 55. "Ut autem de illo primo coniugio et cum ignorantia et cum difficultate et cum mortalitate nascamur."
60 아우구스티누스, 「죄벌과 용서 그리고 유아세례」 2, 17, 26. "Ignorantia igitur et infirmitas vitia sunt, quae inpediunt voluntatem, ne moveatur ad faciendum opus bonum vel ab opere malo abstinendum."
61 아우구스티누스, 「라우렌티우스에게 보낸 믿음, 희망, 사랑의 길잡이」 22, 81.

"Duabus ex causis peccamus, aut nondum videndo quod facere debeamus, aut non faciendo quod debere fieri iam videmus; quorum duorum illud ignorantiae malum est, hoc infirmitatis."

62 아우구스티누스, 『신국론』 4, 25; 11, 2.
63 아우구스티누스, 『시편 상해』 102, 6. "Quis enim non aegrotat in hac vita? Quis non languorem longum trahit? Nasci hic in corpore mortali, incipere aegrotare est."
64 아우구스티누스, 『로마서 명제 해설』 44[52]. "Spiritus ergo servitutis in timore ille est, qui potestatem habet mortis, quia ipso timore per totam vitam rei erant servitutis, qui sub lege agebant, non sub gratia … restat, ut spiritum servitutis illum intelligamus, cui serviunt peccatores, … sic spiritus servitutis, qui potestatem habet mortis, eiusdem mortis terrore reos teneat."
65 같은 책, 35[42]. "Quod unusquisque peccando animam suam diabolo vendit accepta tamquam pretio dulcedine temporalis voluptatis."
66 아우구스티누스, 『가톨릭교회의 관습과 마니교도의 관습』 1, 22, 40. "Sed inter omnia quae in hac vita possidentur, corpus homini gravissimum est vinculum iustissimis Dei legibus propter antiquum peccatum … Hoc ergo vinculum ne concutiatur atque vexetur, laboris et doloris, ne auferatur autem atque perimatur, mortis terrore animam quatit … Sed cum hoc amore totum in Deum converterit, his cognitis mortem non modo contemnet, verum etiam desiderabit."
67 아우구스티누스, 『로마서 명제 해설』 40[48]. "Id enim egit mors Domini, ne mors timeretur et ex eo iam non appeterentur temporalia bona nec metuerentur temporalia mala"; 44[52]. "Spiritus Sanctus a timore mortis vindicat."
68 아우구스티누스, 『강론』 294, 16. "Omnis generatus, damnatus; nemo liberatus, nisi regeneratus."
69 아우구스티누스, 『여든세 가지 다양한 질문』 25. "Mors autem metuenda non est. Oportuit ergo id ipsum illius hominis, quem Dei sapientia suscepit, morte monstrari … ita nullum genus mortis bene et recte viventi homini metuendum est." Cf. Gustave Bardy,"La crainte de la mort", in *Bibliothèque augustinienne*, 10, Paris: Desclée de Brouwer et Cié, 1952, p. 712.
70 Cf. Robert Dodaro, "〈Christus Iustus〉 and fear of death in Augustine's dispute with Pelagius", Adolar Zumkeller, ed. by, *Signum Pietatis. Festgabe für Cornelius Petrus Mayer OSA zum 60. Geburtstag*, Würzburg: Augustinus Verlag, 1989, p. 342.
71 아우구스티누스, 『죄벌과 용서 그리고 유아세례』 2, 7, 9. "Nam in baptismo quamvis tota et plena fiat remissio peccatorum, tamen, si continuo tota et plena etiam hominis in aeternam novitatem mutatio fieret – non dico et in corpore, quod certe manifestum est adhuc in veterem corruptionem atque in mortem tendere in fine postea renovandum, quando vere tota novitas erit, sed excepto corpore si in ipso animo, qui est homo interior."

72 아우구스티누스, 「인간 의로움의 완성」 11, 23. "Posse dici hominem iustum, qui perfectioni iustitiae plurimum accessit, ita ut ei proximus fieret." 세례 받은 인간의 상황에 대해 참조: Basil Studer, "Le Christ, notre justice, selon saint Augustin", *Recherches Augustiniennes* 15(1980), pp. 113-115.
73 같은 책, 11, 24. "Sed aliud est esse sine peccato, quod de solo in hac vita Unigenito dictum est, aliud esse sine querella, quod de multis iustis etiam in hac vita dici potuit, quoniam est quidam modus bonae nitae, de quo etiam in ista humana conversatione iusta querella esse non possit."
74 아우구스티누스, 「죄벌과 용서 그리고 유아세례」 1, 14. "Iustus autem et iustificans nemo nisi Christus"; 「신국론」 17, 4, 3. "Tamquam sanctus et sanctificans, iustus et iustificans [⋯[Deus, qui solus est iustus atque iustificans"; 「서한」 185, 9, 37. "Iustus enim et iustificans non est nisi Deus"; 185, 9, 40. "Dominus itaque Christus et iustus est et iustificans."
75 아우구스티누스, 「신국론」 10, 24. "Quod utique carnales, infirmi, peccatis obnoxii et ignorantiae tenebris obvoluti nequaquam percipere possemus, nisi ab eo mundaremur atque sanaremur per hoc quod eramus et non eramus"; 「펠라지우스파 두 서한 반박」 3, 3, 5. "Salus vero eius tanta post erit, ut peccare omnino non possit." 이러한 의미에서 정의(iustitia)는, 「인간 의로움의 완성」 3, 8에서 정의하듯, 영혼의 치유 혹은 건강이라 할 수 있다. 이에 대해 참조: François-Joseph Thonnard, "Justice de Dieu et justice humaine selon saint Augustin", *Augustinus* 12(1967), p. 392.
76 아우구스티누스, 「죄벌과 용서 그리고 유아세례」 2, 29, 48. "Qui venit in similitudine carnis peccati ⋯ Quae tamen mors in carne peccati inoboedientiae debita redditur, in similitudine autem carnis peccati oboedientiae voluntate suscepta est."
77 Cf. Éric Rebillard, *In hora mortis. Évolution de la pastorale chrétienne de la mort aux IV*[e] *et V*[e] *siècles dans l'Occident latin*, Roma: École Fraçaise de Rome, 1994, pp. 55-63; Robert Dodaro, "⟨Christus Iustus⟩ and fear of death in Augustine's dispute with Pelagius", pp. 355-359.
78 아우구스티누스, 「강론」 296, 8. "Ostendit et in illo humanam voluntatem circa trepidationem mortis."
79 아우구스티누스, 「시편 상해」 89, 7. "Deficimus in infirmitate; conturbati sumus, mortis timore. Infirmi enim facti sumus, et infirmitatem finire trepidamus. Alter te, inquit, cinget, et feret quo tu non vis; quamvis martyrio non puniendum, sed coronandum." 에릭 레비아르는 암브로시우스가 요한 21,18에서 'non vis'에 주목하였다는 것을 지적하면서, 아우구스티누스가 이 문제에 있어 암브로시우스로부터 받은 영향과 차이점을 제시하면서 다음과 같이 말한다. "아우구스티누스가 암브로시우스에게서 일련의 주제들과 본문을 분명 발견하였고, 그것들을 개인적 차원의 사목적 맥락에서 사용했다는 것에 주목하는 것은 흥미로운 일이다. 암브로시우스는 베드로를 변호하고 있는데 반해, 아우구스티누스는 죽음에 직면한 모든 인간의 두려움을 설명하기 위해 사도의 공포에서 시작한다.": Éric Rebillard, *In hora mortis. Évolution de la pastorale chrétienne de la mort aux IV*[e] *et V*[e] *siècles dans l'Occident latin*, pp. 57-58.
80 같은 책, 30, II, s.1, 3. "Ergo si Petrus apostolus tanta perfectione quo nollet

iit volens ⋯ quid mirum si est aliquis pavor in passione etiam iustorum, etiam sanctorum?"
81 아우구스티누스, 『강론』 173, 2. "Quis enim vult mori? Prorsus nemo: et ita nemo, ut beato Petro diceretur: Alter te cinget, et feret quo tu non vis."
82 같은 책, 299, 8. "Amari mors non potest, tolerari potest."
83 아우구스티누스, 『시편 상해』 68, s.1, 3. "Si fieri posset, sic vellemus ⋯ fieri immortales, ut iam veniret ipsa immortalitas, et modo sicut sumus mutaret nos, ut mortale hoc nostrum a vita absorberetur, non per mortem corpus poneretur, ut in fine iterum reciperetur. Quamvis ergo a malis ad bona transeamus; tamen ipse transitus aliquantum amarus est, et habet fel, quod dederunt Domino in passione Iudaei, habet acre quiddam tolerandum."
84 Éric Rebillard, *In hora mortis. Évolution de la pastorale chrétienne de la mort aux IVe et Ve siècles dans l'Occident latin*, pp. 59-60.
85 아우구스티누스, 『시편 상해』 30, II, s.2, 13. "Mori necesse est, et nemo vult. Nemo vult quod necesse est. Nemo vult, quod erit ⋯ Nam si fieri posset, nollemus utique mori; et effici quod angeli vellemus, sed commutatione quadam, non morte, sicut dicit Apostolus: Aedificationem habemus ex Deo, domum non manufactam, aeternam in caelis. Etenim in hoc ingemiscimus, habitaculum nostrum quod de caelo est, superindui cupientes; si tamen induti, et non nudi inveniamur. Etenim qui sumus in hac habitatione, ingemiscimus gravati, in quo nolumus exspoliari, sed supervestiri, ut absorbeatur mortale a vita? Volumus pervenire ad regnum Dei, sed per mortem nolumus; et tamen dicit tibi necessitas: hac venies." 참조: 아우구스티누스, 『서한』 140, 6, 16. "Si fieri possit, non vult exspoliari sed supervestiri, ut absorbeatur mortale a vita, id est ut ab infirmitate ad immortalitatem etiam ipsum corpus sine morte media transferatur."
86 아우구스티누스, 『강론』 335/H, 2. "Martyres sunt, sed homines fuerunt."
87 같은 책, 302, 4.
88 같은 책, 344, 3. "Unde ergo et martyres vicerunt? Quia voluntati carnis voluntatem spiritus praeposuerunt. Amabant hanc vitam, et deponderabant. Inde considerabant quantum amanda esset aeterna, si sic amatur ista peritura."
89 같은 책, 335/B, 2. "Vitam amaverunt, vitam desideraverunt: vivere sine morte voluerunt, qui mori pro vita elegerunt; contemserunt quod non est diu, ut pervenirent ad diu."
90 아우구스티누스, 『신국론』 5, 13-14. Cf. Robert Dodaro, "Il timor mortis e la questione degli exempla virtutum: Agostino, De civitate Dei I-X", in *Il mistero del male e la libertà possibile (III): Lettura del De civitate Dei di Agostino. Atti del VII seminario del Centro Studi Agostiniani di Perugia*, a cura di Luigi Alici, Remo Piccolomini, Antonio Pieretti, Roma: Institutum Patristicum Augustinianum, 1996, pp. 13-14.
91 아우구스티누스, 『강론』 335/A, 2. "In sanctis martyribus amor vitae amore

victus est vitae; amando vitam contempserunt vitam"; 335/B, 2. "Hoc praemium sancti martyres amaverunt, et amando vitam mori voluerunt."

92 아우구스티누스, 『신국론』 13, 4. "Sed tantam Deus fidei praestitit gratiam, ut mors, quam vitae constat esse contrariam, instrumentum fieret, per quod transiretur ad vitam"; 『강론』 335/B, 4. "Amatores vitae fuerunt martyres, ideo fuerunt mortis toleratores."

93 아우구스티누스, 『신국론』 13, 4. "Si regenerationis sacramentum continuo sequeretur immortalitas corporis, ipsa fides enervaretur."

94 아우구스티누스, 『죄벌과 용서 그리고 유아세례』 2, 31, 50. "Poterat autem etiam hoc donare credentibus, ut nec istius experirentur corporis mortem. sed si hoc fecisset, carni quaedam felicitas adderetur, minueretur autem fidei fortitudo … Fides est sperantium substantia, convictio rerum quae non videntur."

95 아우구스티누스, 『신국론』 13, 4. "Fidei autem robore atque certamine … etiam mortis fuerat superandus timor."

96 아우구스티누스, 『죄벌과 용서 그리고 유아세례』 2, 31, 51. "Quod timorem mortis fideles vincunt, ad agonem ipsius fidei pertinere, qui profecto defuisset, si mox esset credentes immortalitas consecuta."

97 같은 책, 2, 33, 53. "Tamen eas ad certamen fidei sinit manere, ut per illas erudiantur et exerceantur proficientes in agone iustitiae"; 2,34,54. "Post remissionem autem certamina exercitationesque iustorum … et post peccatorum remissionem, ut magnus timor eius a proficientibus superetur, ad certamen nobis relictam esse non dedignemur."

98 아우구스티누스, 『강론』 335/B, 1. "Pro veritate mortem subierunt, et moriendo vitam invenerunt"; 『신국론』 13, 4. "quod in sanctis martyribus maxime eminuit"; 『죄벌과 용서 그리고 유아세례』 2, 34, 54. "Si enim parva virtus esset fidei, quae per dilectionem operatur, mortis metum vincere, non esset tanta martyrum gloria … Nequaquam igitur in morte pro iustitia subeunda vel contemnenda laudaretur praecipua patientia, si mortis non esset magna multumque dura molestia. Cuius timorem qui vincit ex fide, magnum ipsius fidei conparat gloriam iustamque mercedem."

99 아우구스티누스, 『신국론』 13, 6. "Ita cum ex hominis primi perpetuata propagine procul dubio sit mors poena nascentis, tamen si pro pietate iustitiaque pendatur, fit gloria renascentis."

100 아우구스티누스, 『라우렌티우스에게 보낸 믿음, 희망, 사랑의 길잡이』 1, 5. "Inchoari fide, perfici specie."

101 아우구스티누스, 『신국론』 4, 23, 2. "Pietas est enim verax veri Dei cultus"; 『삼위일체론』 12, 14, 22. "Et quis cultus eius, nisi amor eius, quo nunc desideramus eum videre, credimusque et speramus non esse visuros."

102 아우구스티누스, 『마니교도 파우스투스 반박』 19, 12. "Virtus autem pietatis est finis praecepti, id est caritas de corde puro et conscientia bona et fide non ficta"; 『서한』 167, 3, 11. "Quid autem est pietas nisi Dei cultus? et unde ille colitur nisi caritate? Caritas igitur de corde puro et conscientia bona et fide non ficta, magna et vera virtus est, quia ipsa est et finis

praecepti." Cf. Cornelius Mayer, "'Pietas' und 'vera pietas quae caritas est'. Zwei Kernfragen der Auseinadersetzung Augustins mit der heidnischen Antike", in *Augustiniana Traiectina. Communications présentées au Colloque International d'Utrecht 13-14 novembre* 1986, éditées par J. den Boeft et J. van Oort, Paris: Études Augustiniennes, 1987, p. 131. 엘렌 페트레는 그리스도교 용어에서 pietas가 하느님과의 관계 안에서 우리가 행하는 덕행(virtus)의 이름으로 있음을 지적한다: Hélène Pétré, *Caritas. Étude sur le vocabulaire latin de la charité chrétienne*, Louvain: Spicilegium Sacrum Lovaniense, 1948, p. 253.

103 아우구스티누스, 「인간 의로움의 완성」 4,9. "Ipsa sanitas est vera libertas."

104 아우구스티누스, 「서한」 55, 2, 3. "··· hanc fidem, et spem, et dilectionem, qua coepimus esse sub gratia."

105 같은 책, 55, 3, 5. "Haec igitur innovatio vitae nostrae est quidam transitus de morte ad vitam, qui fit primo per fidem, ut in spe gaudeamus et in tribulatione patientes simus ··· Propter ipsum initium novae vitae, propter novum hominem, quem iubemur induere et exuere veterem; expurgantes vetus fermentum, ut simus nova consparsio, quoniam Pascha nostrum immolatus est Christus."

106 아우구스티누스, 「시편 상해」 55, 19. "Ipse dedit fidem, spem et caritatem"; 91, 1. "Nam nullum aliud canticum nos docet Deus, nisi fidei, spei, et caritatis"; 「훈계와 은총」 8, 18. "Quod filiis suis quibusdam Deus quos regeneravit in Christo, quibus fidem, spem, dilectionem dedit"; 「강론」 105, 4, 5. "Haec ipsa tria sunt, fides, spes, caritas. Et haec ipsa dona Dei sunt. Nam fidem ab ipso accepimus ··· Sed haec itidem tria aliquantulum sunt diversa; sed omnia Dei dona."

107 아우구스티누스, 「라우렌티우스에게 보낸 믿음, 희망, 사랑의 길잡이」 2, 8. "In Epistula quippe *ad Hebraeos* ··· fides esse dicta est *Convictio rerum quae non videntur* ··· De spe quoque ait Apostolus: *Spes quae videtur non est spes: quod enim videt quis, quid sperat? si autem quod non videmus speramus, per patientiam expectamus*. Cum ergo bona nobis futura esse creduntur, nihil aliud quam sperantur ··· Spes vero sine amore esse non potest ··· Et apostolus Paulus fidem quae perdilectionem operatur approbat atque commendat, quae utique sine spe non potest esse. Proinde nec amor sine spe est nec sine amore spes, nec utrumque sine fide." Cf. George J. Lavere, "Virtue", in *Augustine through the Ages. An Encyclopedia*, Michigan: William B. Eerdmans Publishing Company, 1999, pp. 872-873; Michael G.St.A. Jackson, "Faith, hope, charity, prayer in St. Augustine", in *Studia patristica* 22(1989), pp. 265-270.

108 아우구스티누스, 「시편 상해」 134, 2. "Qui in fide non ficta, et spe firma, et caritate sincera serviunt Deo"; 「강론」 158, 6. "Maneant ergo haec, fides, spes, caritas."

109 아우구스티누스, 「강론」 4, 2. "Omnes martyres, tenentes rectam fidem, non morientes nec patientes pro falsa fide, pro vano phantasmate, pro spe inani, pro re incerta, sed pro veritatis pollicitatione, certum habentes eum qui promisit potentem esse qui exhibeat, omnia praesentia

contempserunt, in futura exarserunt, quae cum fuerint illis praesentia non erunt praeterita." Cf. Michelle Pellegrino, "Cristo e il martire nel pensiero di sant'Agostino", *Rivista di storia e letteratura religiosa* 2(1966), pp. 427-460.

110 아우구스티누스, 『신국론』 13, 7. "Ad eum adquirendum suam non cunctarentur inpendere, in eos usus redactum esse monstravit, quod ad poenam peccati antea fuerat constitutum, ut inde iustitiae fructus uberior nasceretur."

111 아우구스티누스, 『강론』 335/B, 2. "Suscepit ergo Dominus Christus, non solum verbo, sed etiam exemplo suo, martyres exhortandos, ne timerent mortem."

112 아우구스티누스, 『죄벌과 용서 그리고 유아세례』 2, 11, 16. "Quo autem pertinet, nisi ut intellegat Iob, etiam hoc ei divinitus credimus inspiratum, ut praesciret Christum ad passionem esse venturum, intellegat ergo, quam debeat aequo animo tolerare quae pertulit, si Christus, in quo peccatum, cum propter nos homo factus esset, omnino nullum fuit et in quo Deo tanta potentia est, nequaquam tamen passionis oboedientiam recusauit?"; 2, 31, 51. "Et quasi diceretur ei: 《Quare ergo moreris?》. Sed ut sciant omnes, inquit, quia voluntatem Patris mei facio, surgite, eamus hinc; id est, ut moriar non habens mortis causam de peccato sub auctore peccati, sed de oboedientiae iustitia factus oboediens usque ad mortem. Et hoc ergo illo testimonio demonstratum est et, quod timorem mortis fideles vincunt, ad agonem ipsius fidei pertinere."

113 같은 책, 2, 32, 52. "Nec ipse qui die tertio resurrexit inter homines esse voluerit, sed eis demonstrato in sua carne resurrectionis exemplo, quos huius rei testes habere dignatus est, in caelum ascenderit illorum quoque se oculis auferens nihilque tale cuiusquam eorum carni iam tribuens, quale in carne propria demonstrauerat, ut et ipsi ex fide viverent eiusque iustitiae, in qua ex fide vivitur, praemium quod post erit visibile, nunc interim per patientiam invisibiliter expectarent."

114 Cf. Suzanne Poque, *Le language symbolique dans la prédication d'Augustin d'Hippone*, I, Paris: Études Augustiniennes, 1984, pp. 234-237.

115 아우구스티누스, 『시편 상해』 32, II, s.1, 2. "*Pater, inquit, si fieri potest, transeat a me calix iste*. Haec humana voluntas erat, proprium aliquid et tamquam privatum volens. Sed quia rectum corde uoluit esse hominem, ut quidquid in illo aliquantum curvum esset, ad illum dirigeret qui semper est rectus: *Verum non quod ego volo, ait, sed quod tu, Pater.*"

116 같은 책, 31, II, 26. "Adtende Paulum exsultantem, propinquantem passioni: *Ego autem iam, inquit, immolor, et tempus resolutionis meae instat. Bonum certamen certaui, cursum consummavi, fidem servavi; de cetero superest mihi corona iustitiae, quam mihi Dominus reddet in illa die iustus iudex. Non solum autem mihi, sed et omnibus qui diligunt adventum eius.* Videte quemadmodum exsultat, venturus ad passionem. ergo gaudet coronandus, contristatur coronaturus. Quid igitur portabat? Infirmitatem

quorumdam, qui veniente tribulatione vel morte contristantur. Sed vide quomodo eos ducit in directionem cordis. Ecce tu volebas vivere, non volebas tibi aliquid accidere; sed Deus aliud voluit; duae voluntates sunt; sed voluntas tua corrigatur ad voluntatem Dei, non voluntas Dei detorqueatur ad tuam ⋯ Videte quomodo hoc docet Dominus Iesus Christus: *Tristis est anima mea usque ad mortem; et: Pater, si fieri potest, transeat a me calix iste.* Ecce ostendit humanam vluntatem. Sed vide rectum cor: Verum non quod ego volo, sed quod tu vis, Pater. Hoc ergo fac, gaudens in his quae tibi accidunt."

117 아우구스티누스, 「강론」 305, 4. "Nos in se transfiguravit; nos vidit, nos inspexit, nos fatigatos suscepit et fovit; ne forte quando veniret alicui membro eius ultimus dies, quo ista esset vita finienda, turbaretur per infirmitatem, et desperaret salutem, et diceret se ad Christum non pertinere, quoniam non sic praeparatus esset ad mortem ⋯ Quoniam ergo periclitarentur membra eius desperatione, quando propinquante morte aliquis turbaretur, nolens finire miseram vitam, piger inchoare nunquam finiendam: ne ergo desperatione frangerentur, ipsos infirmos suos intendit, ipsa membra sua ultima non valde fortia collegit in sinum suum."

118 아우구스티누스, 「요한복음 강해」 60, 5. "Quid est ergo quod ille turbatus est, quia infirmos in suo corpore, hoc est in sua Ecclesia, suae infirmitatis voluntaria similitudine consolatus est, ut si qui suorum adhuc morte imminente turbantur in spiritu, ipsum intueantur, ne hoc ipso se putantes reprobos, peiores desperationis morte sorbeantur?"

119 Carole Straw, "Timor mortis", in *Augustine through the Ages. An Encyclopedia*, Michigan: William B. Eerdmans Publishing Company, 1999, p. 841.

120 아우구스티누스, 「강론」 299, 8. "Amari mors non potest, tolerari potest."

121 아우구스티누스, 「요한복음 강해」 60, 2. "Nos ipsos in illius perturbatione videamus, ut quando turbamur, non desperatione pereamus."

122 아우구스티누스, 「시편 상해」 59, 13. "Quomodo Deus operabatur intus? quomodo intus consolabatur? quomodo eis dulcem faciebat spem vitae aeternae?" Cf. Mary Melchior Beyenka, *Consolation in Saint Augustine*, Washington, D.C.: The Catholic University of America Press, 1950, p. 49.

5장

"나는 있는 나다"(Ego sum qui sum, 탈출 3, 14)에 대한 아우구스티누스의 **형이상학적 이해**

서론

1. 영원성과 불변성으로서의 존재
2. 존재와 비존재
3. 존재 자체로의 회귀

결론

「"나는 있는 나다."(Ego sum qui sum, 탈출 3, 14)에 대한 아우구스티누스의 형이 상학적 이해」는 2012학년도 가톨릭대학교 성신교정 교비연구비(1차) 지원을 받아 연구 작성된 논문이다. 「중세철학」 18호, 한국중세철학회, 2012에 수록되었다.

서론

프랑스의 신비가요 캉브레(Cambrai)의 주교였던 프랑수아 드 살리냑 드 라 모트 페늘롱(François de Salignac de la Mothe Fénelon)은 오를레앙의 공작에게 보낸 편지에서 다음과 같은 말을 하였다. "만약 성 아우구스티누스의 작품 속에 흩어져 있는 모든 부분들을 모은다면, 이 두 명의 철학자들(플라톤과 데카르트)에서보다 더 많은 형이상학을 발견하게 될 것입니다."[1] 형이상학이라는 단어를 '존재로서의 존재에 관한 학문', 곧 이성의 조명하에서 존재의 본질을 결정하려는 탐구라고 정의할 수 있다면, 아우구스티누스의 형이상학 역시 자연적 이성으로 존재에 대해 접근하는 사유라고 할 수 있다. 이러한 아우구스티누스의 형이상학이 형성되는데 있어 '플라톤학파의 책들'이 큰 기여를 했다는 것에는 의심의 여지가 없다. 또한 우리는, 루돌프 오이켄(Rudolf Eucken)과 같이,[2] 아우구스티누스를 철학자로 칭송하는 이들을 쉽게 만나게 된다. 하지만 우리는 신학자로서의 아우구스티누스의 모습에 대해 간과할 수 없음도 분명하다. 여기서 우리는 질문을 던지게 된다. '과연 아우구스티누스가 순수 자연적 이성으로만 존재에 대해 접근했을까? 아우구스티누스는 플라톤 학파의 연장선에서 존재 자체를 이해했을까? 그렇다면 그에게 있어 철학과 신학의 관계는 어떠한 것일까?'

이러한 질문과 함께 본고는 에티엔느 질송이 '탈출기의 형이상학'을 발견할 수 있다고 주장한,[3] 탈출 3, 14의 "나는 있는 나다"(Ego sum qui sum)에로 눈을 돌린다. 왜냐하면 이 구절에 대한 아우구스티누스의 주석이 존재 자체를 탐구하는 존재론적 측면을 드러내기 때문이다. 아우구스티누스의 작품 전반에 걸쳐 나타나는 탈출 3, 14에 대한 주석을 따라가면서 본고는 아우구스티누스가 어떠한 방식으로 존재 자체를 이해했는지 살펴보고자 한다.

1. 영원성과 불변성으로서의 존재

아우구스티누스는 하느님에게 나아가는 영혼의 여정을 제시하는 과정에서 이중적 신 존재 증명을 시도한다. 하나는 『자유의지론』 제2권에서 진행되는 '영원한 진리로부터의'(ex veritatibus aeternis) 논증이요,[4] 다른 하나는 『고백록』에 잘 나타나는 '세계의 우연성으로부터의'(a contingentia mundi) 논증이다.[5] 에티엔느 질송(Étienne Gilson)은 이러한 아우구스티누스의 이중적 태도가 추상적인 변증법을 따르지 않고 단지 자기 정신 자체의 운동이라는 변증법에 따라 진행하기 때문이라고 전제하면서 그의 신 존재 증명이 하나의 긴 묵상이라고 주장한다.[6] 더욱이 질송은 아우구스티누스의 신 존재 증명이 실존(existence)의 체계 위에서보다 본질(essence)의 차원에서 전개된다는 것을 지적하면서, 무엇보다 히포의 주교가 최고의 참 존재(Vere Esse), 곧 존재라는 칭호를 완벽하게 가질 만한 존재에 의해 우리에게 경험 안에서 제공되는 사생(私生)의 존재를 정신이 설명해야 할 필요성을 강조하길 원했다고 본다.[7] 이러한 '참 존재'와 '사생의 존재'라는 구도는 'Est'와 'fuit et erit'이라는 구도를 통해 다음의 구문에서 잘 표현된다. "오 참으로 존재하는 진리여! 우리의 모든 행위와 모든 움직임 안에서 그리고 피조물들의 온갖 변화 안에서 과거와 미래라는 두 시간이 구분됩니다. ⋯ 온갖 사물의 움직임에서 나는 과거와 미래를 발견합니다. 영속하는 진리 안에서 나는 과거도 미래도 아닌 오직 현재만을, 어떠한 피조물 안에도 없는 불멸의 현재만을 발견합니다. 사물들의 변화들을 분석해 보십시오. '존재하였다'와 '존재할 것이다'를 발견할 것입니다. 하느님에 대해 생각해 보십시오. 그러면 당신은 그분은 '존재한다'를 그리고 그분 안에 '존재하였다'와 '존재할 것이다'가 있을 수 없음을 발견할 것입니다."[8]

여기서 우리는 피조물과 하느님 사이의 근원적 구분을 드러내는 '영원-시간'이라는 존재 양식을 보게 된다.[9] 무엇보다 영원은 일체의 변화를 거부하는 것이기에 그 안에서 시간의 간격은 성립되지 않는다. 시간의 간격이 사물들의 지나간 운동과 닥쳐올 운동에 의해 성립되기에 변화의 장소이기 때문이다. 시간이 비존재(non esse)로 흘러가는 것으로만 존재하는 반면, 오직 영원만이 '있으며', 이미 존재하지 않는 것처럼 '있었던' 것도 아니고, 아직 존재하지 않는 것처럼 '있을' 것도 아니다.[10] '있었다'는 인간적 피조물에게 해당되는 것이고, '있다'는 신적 본성을 언급하는 것이다.[11] 곧 하느님의 본성에는 과거와 미래가 존재하지 않으며 오직 현재만 있고, 바로 이것이 영원성이다.[12] 이러한 불멸의 현재만을 가지고 있는 영원성을 아우구스티누스는 "당신의 햇수는 대대로 이어집니다."라는 시편 102(101), 25의 주석을 통해 잘 드러낸다. 그에 의하면, 하느님의 '햇수'(anni)는 오고 지나가는 해가 아닌 영원한 해이며, 변화하지 않는 햇수이고, 대대로 이어지는 햇수이다. 또한 하느님의 햇수와 하느님 자신 사이에 구분이 없다. 하느님의 햇수는 하느님의 영원성이요, 이 영원성은 하느님 자신의 본성으로 어떠한 종류의 변화도 모르는 것이다. 여기에는 과거도 미래도 없고 오직 'est'만 있을 뿐 'fuit'과 'erit'은 없다.13 하느님은 '존재'(esse)만을 알고 있기에 그분의 날은 '어제'와 '내일'을 모르는 오직 하루이며 영원한 날이다.14 히포의 주교에 의하면, "님의 세월은 가지도 오지도 않건마는 우리네 것은 오기 위해 가고, 또 흘러가 버리나이다. 님의 세월은 항상되기에 다 함께 있어 흐르지 않는 까닭에, 가는 것에 오는 것에 밀려남이 없건마는 우리네 세월은 다 가고 없은 다음에야 다 있게 되기 마련입니다. '당신의 세월은 단 하루.' 님의 날은 나날이 아닌 다만 오늘. 그 오늘은 내일로 옮지도 아니하고, 어제 뒤에 이어지지도 않는 날이니이다. 님의 오늘은 곧 영원."15

바로 이 영원성이 인간 정신에 "나는 있는 나다"라고 말하시는 분이다.16 여기서 우리는 하느님의 이름을 알고 싶어 하는 모세에게 그분 스스로 자신을 정의하고 있는 내용을 발견한다. "하느님께서 모세에게 '나는 있는 나다' 하고 대답하시고, 이어서 말씀하셨다. '너는 이스라엘 자손들에게 있는 나께서 나를 너희에게 보내셨다' 하여라."(탈출 3, 14) 하느님의 고유한 이름이, 곧 하느님 실체의 이름(nomen substantiae suae)이 'Est'라는 것을 알려주는 이 구절은17 탈출 3, 14에 대한 아우구스티누스의 주석이 '존재'에 관한 플라톤 학파의 주장과의 연관하에서 이루어지고 있음을 제시한다.18

이러한 측면은 '변화-불변'이라는 구도를 통해 더욱 잘 드러난다.19 아우구스티누스에 의하면, "하느님에게 '존재하다'(esse)는 '자립하다'(subsistere)는 것과 같은 것이다."²⁰ 하느님은 무엇보다 실체(substantia)이거나 보다 적합한 용어로 말하면 그리스인들이 '우시아'(οὐσία)라고 부르는 본질(essentia)이다.²¹ 아우구스티누스는 esse가 essere에서 파생된 것처럼 substantia가 subsistere에서 나온 것임을 전제로 하면서,²² substantia를 "존재하는 어떤 것"(aliquid esse)으로 정의한다. 사실 모든 사물은 존재한다는 면에서 실체(substantia)이며, 그렇기에 하느님도 어떤 실체(quaedam substantia)이다.²³ 그런데 우리가 이해하는 모든 다른 본질이나 실체는 우유성(偶有性, accidentia)을 지니고 있어, 여기에서 크거나 작은 변화가 나온다. 하지만 하느님에게는 그 어떠한 우유성도 존재하지 않기에, 그분만이 불변의 실체 혹은 본질인 존재자체(ipsum esse)이며 여기에서 그분의 본질이 명명되는 것이다. 결국 변화하는 것은 존재자체를 소유하지 못하며, 변하지 않을 뿐 아니라 절대적으로 변할 수 없는 것만이 참된 의미에서 esse라는 이름을 받을 자격이 있다.²⁴ 곧 존재하다(esse)는 항상 동일한 양식으로 있는 것이기에, 참으로 존재한다는 것(vere esse)은 불변하게(incommutabiliter) 있다는 것이요 최고로(summe) 있다는 것이다.²⁵ 또한 불변하다는 것은 단순하다는 것이다. 왜냐하면 단순성은 모든 변화를 배제하기 때문이다.²⁶

따라서 하느님이 유일하게 단순한 선이요 유일하게 불변하는 선인 반면, 이 선에 의해 모든 선한 것들이 창조되었지만 그들은 단순한 존재가 아니며 그 때문에 가변적이다. 하느님의 본성이 단순하다는 것은 상실할 수도 있는 무언가를 갖고 있지 않기 때문이며, 속성의 소유 주체와 소유 대상이 다른 무언가를 갖고 있지 않다는 것이다. 이것은 그릇이 용액을, 물체가 색채를, 공기가 빛이나 열을 갖고 있거나, 영혼이 지혜를 갖거나 하는 그런 경우가 아니라는 것이다. 이 가운데 어느 것도 속성이 곧 존재는 아니기에, 자신이 가진 속성을 상실하는 일이 가능하고, 또 그 속성이 다른 상태나 성질로 전환하거나 변할 수 있다. 하지만 하느님의 실체와 하느님의 속성은 항상 동일하기에 단순하다고 할 수 있다.27 하느님 안에 다양한 속성들이 있지만, 이것들은 그분의 존재와 구분된 것이 아니라 오히려 그분의 존재와 동일한 것이다.28 "많은 [속성들]을 갖고 있기에 다수이다. 하지만 그분은 자신이 갖고 있는 것과 다르지 않기에 단순하다."29 곧 영원하며, 불변한 하느님이 자신 존재의 원인을 '자기 자신 안에'(in semetipso) 갖고 있는 것이다.30

그러므로 존재한다는 것은 불변성의 이름이며, 변화하지 않는 분만이 참된 존재(verum esse), 순수한 존재(sincerum esse), 진정한 존재(germanum esse)를 소유한다.31 자신의 본질 안에 불변이신 하느님이 "나는 있는 나다"라고 스스로의 이름을 제시하며,32 우리는 그분에게 "당신은 사물들을 변화시키고, 사물들은 변화합니다. 하지만 당신은 항상 동일한 분입니다."(시편 102[101], 27-28)라고 고백한다. 이러한 면에서 볼 때 "나는 있는 나다" 혹은 "내 이름은 존재한다는 것이다"라고 말하는 것은 "내가 영원하다"라는 것과 "내가 변화할 수 없다"라는 것을 의미한다.33 달리 말하면 하느님의 이름은 영원으로부터 갖고 있는 그분 고유한 것으로, 하느님이 참으로 존재한다는 것을, 즉 스스로 시작도 없고 끝도 없는 존재를 갖고 있는 불사의 존재임을 드러낸다.34 더욱이 아우구스티누스는 하느님과 존재자체를 동일화하면서 'Idipsum'이라는 단어를 사용한다.35 하느님의 '자기 정체성'(self-identity)을 표현하는36 이 단어를 통해 하느님이 항상 동일하게 있으며 영원히 존재하는 분임을 그리고 존재 자체(ipsum esse)임을 제시하고자 한 것이다.37

2. 존재와 비존재

참으로 있는 것은 불변하여 있는 것이라는 점 혹은 하느님은 최고로 그리고 최상으로 존재하시는 분이기에 절대로 불변하시는 분이라는 사실은38 가변적인 피조물과의 본질적 차별성을 드러낸다. 하느님은 참으로, 그리고 최상으로(primitus) 존재하기 때문에 항상 같은 양식으로 존재하면서 단순히 변화하지 않을 뿐 아니라 변화할 수 없는 반면, 하느님이 창조하신 것들은 그분처럼 참으로 그리고 최상으로 존재하지 않기 때문에 그분과 같은 양식으로 존재하는 것이 아니다.39 달리 말하면, 완전하며, 부족함이 없고, 불변의 존재이기에 자신의 이름을 존재자체라고 알려주는 하느님은 피조물이 존재하지 않는 방식으로 존재를 소유하고 계신다. 피조물도 존재를 갖고 있지만, 창조주와 비교할 때 오직 그분만이 존재한다. 물론 피조물이 존재한다는 것은 확실하다. 왜냐하면 그분으로부터 존재를 받았기 때문이다. 하지만 하느님과 비교할 때 피조물은 존재하지 않는다고 할 수 있다. 왜냐하면 참된 존재는 불변의 방식으로 있으며, 그러한 실존은 오직 하느님의 것이기 때문이다.40 아우구스티누스는 "불변하므로 참으로 존재하는 분에 비하여 가변적이요, 창조 받은 것은 존재하지 않는 것과 마찬가지다."라고 확언한다.[41] 이러한 의미에서 볼 때 최고로 존재하는 자연본성에게서 창조된 그 어떤 존재도 그와 상치될 수 없다. 최고로 존재하는 분에게 상반되는 것은 오직 비존재뿐이다.[42]

여기서 '불변-변화'의 구도가 '존재-비존재'의 구도로 정의되고 있음을 확인할 수 있다. 이에 대해 『고백록』은 다음과 같이 말한다. "그대 아래 있는 모든 것을 내 보아하니 아주 있는 것도 아니요, 또 아주 없는 것도 아니더라. 그대로부터 있으니 있는 것이요, 그대가 아닌 것들이니 없는 것이 아닌가?"[43] 가변성은 피조물의 존재론적 한계를 드러내는 것이다. 달리 말하면, 가변성은 불완전함의 가장 확실하고도 명백한 표지이다.[44] 이러한 피조물의 가변성은 시간에 종속되어 있음을 드러낸다. 시간은 창조된 사물들의 특징이기 때문이다.[45] 시간은 하느님의 피조물이기에 자기 스스로 존재할 수 없으며, 그것의 본질은 변화하는 것이요, 과거에서 현재로 넘어가는 것이지 하느님처럼 영속적이지 않다.[46]

이러한 시간의 흐름 속에 놓여 있는 피조물이 지닌 가변성의 기저에는 두 가지 측면이 있다. 하나는 불변하신 하느님에 의한 '무로부터의 창조'(creatio ex nihilo)이며, 다른 하나는 삼위일체 하느님이 피조물에게 당신이 존재하듯 최고 존재를 부여한 것이 아니라는 점이다.[47] 아우구스티누스에 의하면 '무로부터의 창조'는 로마 4, 17, 2마카 7, 28, 시편 148, 5, 로마 11, 36 등에서 증언되는 것으로,[48] '신-세상'(dieu-monde)으로 표현할 수 있는 플라톤의 '형성설'과 플로티누스의 '유출설'과 상반되는 것이다.[49] 이 점을 아우구스티누스는 '그분에게서'(Ex ipso)와 '그분의'(De ipso)라는 구도를 통해 제시한다. 곧 그분의 것이라 할 수 있는 것은 그분에게서 나온 것이라 할 수 있다. 하지만 그분에게서 나온 모든 것이 분명하게 그분의 것이라고 말할 수 없다. 예를 들면, 하늘과 땅은 하느님이 창조하셨기 때문에 그분에게서 나온 것이지만, 하느님 실체의 한 부분이 아니기 때문에 그분의 것이라 말할 수 없는 것이다.50 같은 논리가 인간 영혼에게도 적용된다. 영혼 역시 하느님에게서 나온 것이지, 곧 하느님에 의해 창조된 것이지 하느님의 부분(pars Dei)은 아니다.51 따라서 불변한 하느님이 존재 자체인 반면, 그분의 작품인 다른 모든 것들은 각기 고유한 양식에 따라 존재를 부여받은 것이다. 하느님은 어떤 사물에게는 더 큰 존재를 부여하고, 어떤 사물들에게는 더 작은 존재를 부여함으로써 존재들의 본성을 계층으로 질서지어 놓았다.52 그렇기에 하느님과 피조물은, 다음과 같은 『고백록』의 표현처럼, 존재를 분여하는 자와 그 존재에 참여하는 자의 관계로 나타난다. "하늘과 땅이 존재하는 것을 보면 그것들은 우리는 창조되었노라고 외치고 있습니다. 변하고 무상한 까닭입니다. … 천지는 제 스스로 생겨나지 않았음을 이렇게 외칩니다. '우리가 있는 것은 만들어졌기 때문, 그러기에 우리가 있기 이전에 있지 못하였으니 우리 스스로가 우리를 만들어낼 수 없던 것이다.' 그들의 말소리는 자명한 것입니다."53

더욱이 '존재자체-분여된 존재'(ipsum esse-esse participatum)라는 관계는54 '최고선-분여된 선'이라는 구도로 제시된다. 하느님은 자존하시는 최고본질(最高本質, summa essentia)이므로 누구의 선(善)을 필요로 하지 않는 선들 중의 선(bonorum bonum)인 최고선(最高善, summum bonum)인 반면, 피조물은 이러한 최고선을 갖고 있지 않다.55 하지만 일체의 선은 하느님 자신이거나 하느님에게서 온다. 그렇기에 존재하는 모든 것은 아무리 미소하더라도 존재자체인 하느님에게서 온 것이기에 선한 것이다. 곧 선한 모든 것이 하느님에게서 온 것처럼 본성(natura)에 따라 존재하는 모든 것은 그분에게서 온 것이다. 왜냐하면 본성에 따라 존재하는 모든 것은 선하기 때문이다.56 따라서 아우구스티누스는 다음과 같이 말한다. "그분이 선하셔서 우리가 존재하고, 우리는 존재하는 그만큼 선하다. … 그리고 우리가 악한 그만큼 우리는 덜 존재한다."57 이러한 피조물의 존재와 선성은 하느님이 각 피조물 안에 질서를 두셨음을 의미한다. 아우구스티누스는 피조물에서 발견되는 존재론적 선성 또는 존재자의 형이상학적 원리를 '척도(modus)-형상(species)-질서(ordo)'58, '척도(modus)-형상(species)-평화(pax)'59 그리고 '척도(modus)-수(numerus)-질서(ordo)'60와 같은 삼중구조로 표현한다. 지혜 11, 21에 나타나는61 '척도(mensura)-수(numerus)-무게(pondus)'에 상응하는 이 구조는62 개별 존재자들뿐 아니라 이들의 연합체라고 할 수 있는 세상의 피조물성을 드러낸다. 창조주 하느님만이 최고의 척도(summa mensura)요, 최고의 수(summus numerus)이며, 최고의 질서(summus ordo)이기 때문이다.63

3. 존재 자체로의 회귀

피조물의 존재론적 질서, 지성론적 질서 그리고 윤리적 질서를 제시하는 존재론적 삼중 구조는[64] 존재자체로의 회귀(回歸, conversio)라는 새로운 관계를 제시한다. 이 점은 "당신 이름을 아는 이들이 당신을 신뢰하니"라는 시편 9, 11의 주석을 통해 제시된다. 무엇보다 아우구스티누스는 하느님의 이름을 아는 이들이 그분을 신뢰하는 이유에 대해 "부유함과 이 세상이 주는 매력에 희망을 두는 것을 그만두기 때문이다."라고 지적한다. 곧 하느님의 이름에 대한 인식은 이 세상에서 벗어나 자신의 희망을 어디에 두어야 하는지 찾고 있는 영혼을 해방시킨다. 그렇다면 하느님의 이름은 무엇인가? 무엇보다 예레 33, 2는 "그분의 이름은 주님이시다."라고 말한다. 이 '주님'이라는 이름에서 하느님을 섬기는데 기꺼이 자신을 투신하는 이가 하느님의 이름을 알고 있다는 것이 분명해진다. 또한 주님은 모세에게 '나는 있는 나다'라고 자신의 또 다른 이름을 알려줌으로써 하느님의 이름을 알고 그분을 섬기는 이들이 시간의 변화 속에서 흘러가는 것들에 더 이상 희망을 두지 말라고 알려 준다. '있을 것이다'와 '있었다'는 시간의 형태로 존재하는 것들에게 지상적 실재들을 희망하고 그것들을 사랑하기를 멈추라고 요구하고 있는 것이다.[65] 이는, 시편 144(143), 4에 대한 주석에 의하면, 계속해서 흘러 지나가고 사라지는 시간의 허무(vanitas)에, 곧 공기 속의 연기처럼 시간 안에서 사라지는 지나가는 모든 것들에 빠지지 말라는 것이다. 오히려 오직 '있다'만 존재하는 하느님께 자신의 희망을 두어야 한다. 영원한 희망에 자신을 내어 놓으라는 것이다. '나는 있는 나다'라고 말하는 진리와 비교할 때 모든 지상적 존재들은 숨결이며 빨리 지나가기에, 하느님을 추구하는 이들이 더 이상 지나가고 하루살이적인 것들을 찾지 말기를 요구하

는 것이다. 마태 6, 24가 말하듯, 아무도 두 주인을 섬길 수 없기 때문이다.66

부유함과 이 세상이 주는 매력에 희망을 두지 않는 오직 존재 자체이신 하느님에게로의 회귀는 우리에게 몇 가지 측면을 제시한다. 무엇보다 이 회귀를 '존재-비존재'의 구도 안에서 이해할 수 있다. '존재'는 하느님을 아는 것에 속하는 것이요, '비존재'는 그분에 대한 무지에 속하기 때문이다.67 따라서 하느님을 알수록 인간은 존재하는 것이고, 그분에게서 벗어날수록 비존재를 향해 나아가는 것이다. 여기서 우리는 두 번째 측면을 발견한다. 존재와 비존재를 향해 나아갈 수 있는 인간의 모습이 다름 아닌 의지(voluntas)의 차원이라는 것이다.68 '원하다'(volle)는 마음에 드는 어떠한 대상에로 향하는 것 또는 마음에 들지 않는 어떠한 대상에서 벗어나는 것을 의미하기에,69 의지는 어떠한 방향으로 움직이는 영혼의 능력(potentia animi)이요,70 그 누구에 의해 강요받지 않으면서 어떤 것을 잃어버리지 않으려거나 획득하려는 영혼의 움직임(animi motus)이다.71 무엇보다 인간 정신은 자기 위에 있는 불변의 진리와 자기 밑에 있는 가변적 사물들 중간에 자리 잡고 있다.72 따라서 동의(consentire)와 반의(dissentire)라는 구도 안에서73 또는 사랑(amor)에 의해74 영혼은 상위의 사물인 공통되고 불변하는 선을 택하여 거기에 결속할 수도 있고, 자신보다 열등한 선을 택하여 거기에로 전향할 수도 있는 것이다. 그렇기에 중간선(bonum medium)인 의지는 욕구(appetitus)이며 동시에 선택하는 능력이라 할 수 있다.75

여기서 무엇을 선택해야 하는가? 라는 문제가 등장한다. 이는 각자에게 자기 몫을 부여한다는 정의(iustitia)의 개념에 입각하여, 인간 안에 자연본성의 정의로운 질서가 이루어져야 한다는 것을 드러낸다. 곧 영혼은 하느님께 복속하고, 육신은 영혼에 복속하며, 그래서 영혼과 육신은 하느님께 복속해야 한다는 것이다. 달리 말하면 하느님을 섬김으로써 정신은 육체에 올바로 명령하고, 정신에서도 이성이 주 하느님께 종속됨으로써 정욕이나 그 밖의 다른 악덕들에 올바로 명령하는 것이다.[76] 이러한 자연본성의 정의로운 질서를 보존하고자 하는 것은 바르고 정직하게 살며 최고의 지혜에 도달하고자 바라는 선한 의지(bona voluntas)를 갖는 것이다.[77] 선한 의지가 불변하고 영원한 선을 희망하고 그것을 선택하는 것이기 때문이다. 영혼이 불변적이고 영원한 선을 택한다는 것은 자신의 의지와 상관없이 잃어버릴 수 없는 것을 선택한다는 의미이다.[78] 반면 가변적인 선을 택하는 것은 시간의 흐름 속에서 언제든지 상실할 수 있다는 것을 전제로 한다. 그렇기에 아우구스티누스는 선한 의지에 반대되는 것이 "자신이 원하지 않음에도 불구하고 잃어버릴 수 있는 것들에 대한 사랑"인 악한 의지를 '욕망'(libido) 또는 '탓할만한 욕망'(culpabilis cupiditas)이라 부른다.[79] 아우구스티누스는 이러한 그릇된 욕망에 매여 있는 것을 의지의 쇠사슬에 묶여 있는 것이고, 이 사슬이 모진 종살이(dura servitus)를 형성한다고 지적한다. '악한 의지'(perversa voluntas)에서 '욕망'(libido)이 나오고, 이를 따르면서 '습관'(consuetudo)이 생기고, 이에 저항하지 못할 때 '필연'(necessitas)이 나오기 때문이다.[80]

이러한 의미에서 아우구스티누스는 하느님이 아닌 모든 것을 포기하며 마음을 드높이면서, 곧 하느님께 모든 희망을 두면서 살아가라고 요구한다. 바로 이것이 참된 그리스도인들의 삶이기 때문이다.[81] 이 권고에서 인간에게 있어 참된 행복이 무엇인지 발견하게 된다. 사실 행복에 대한 원의는 인간의 본성 안에 새겨져 있다고 말할 수 있을 만큼 인간의 '자연적 욕구'이다.[82] 아우구스티누스에 의하면, 자신이 원하는 것을 소유하는 이가 행복한 사람이다.[83] 여기에 행운(fortuna)에 의존하지 않고 다양한 변화에 종속되지 않은 영속적인 선, 곧 시간의 흐름 안에서 사라지지 않는 선(bonum)에 대한 지향이 요구된다.[84] 아우구스티누스는 "최고선(summum bonum)을 향유하는 사람은 정말 행복하다!"고 규정하면서,[85] 이 최고선이 다름 아닌 모든 선들 중의 선(bonum omnis boni)이며 선 자체(ipsum bonum)인 하느님임을 강조한다.[86] 따라서 하느님을 소유하고(habere Deum), 그와 함께 있으며(esse cum Deo), 그를 향유하는(fruens Deo) 사람만이 행복하다고 할 수 있다.[87] 이러한 의미에서 아우구스티누스는 다음과 같이 고백한다. "산다는 것, 행복하게 산다는 것은 오로지 당신의 은총에 달렸을 뿐 즉 좋게도 나쁘게도 더 변할 수 없으신 그분께로 돌이켜 좋아짐인 것이니 그분이 오직 당신 한 분, 홀로 순일하시기에 산다는 것, 복되게 산다는 것이 따로이 없으시어 바로 행복 자체이시니이다."[88]

이러한 존재자체로의 회귀는 우리에게 또 다른 질문을 제시한다. '하느님을 소유하고, 그분과 함께 있으며, 그분을 향유하는 것에 어떻게 나아갈 수 있는가?' 이 질문은 '가변적 인간이 불변하고 영원한 하느님을 이해할 수 있을까?'라는 문제와 연결된다. 하느님을 이해할 때만 인간은 하느님 외에 다른 것을 선택하지 않고 오직 그분께만 자신의 모든 희망을 두고 살아갈 수 있기 때문이다. 사실 아우구스티누스에 의하면, 우리는 하느님을 있는 그대로 이해할 수 없다.[89] "사실 네가 이해한다면, 하느님이 아니다."[90] 또한 "따라서 형제들이여, 하느님에 대해 우리가 무엇을 말할 수 있을까요? 만약 당신이 말하고자 하는 것을 이해하였다면, 하느님이 아닙니다. 만약 당신이 그것을 이해할 능력을 갖고 있었다면, 당신은 하느님의 실재와는 다른 것을 이해한 것입니다. 만약 당신이 그것을 이해할 능력이 있었다고 여긴다면, 당신의 생각으로 인해 속은 것입니다. 따라서 만약 당신이 이해하였다면, 하느님은 그렇지 않은 분입니다. 하지만, 하느님이 그렇다면, 당신은 그것을 이해하지 못한 것입니다."[91] 이러한 '이해할 수 없는 하느님'이라는 측면은 "무지함을 통해 지극히 높으신 하느님을 보다 잘 알게 된다."는[92] 무지의 지(無知의 知, docta ignorantia)에 대한 아우구스티누스의 이해를 드러내는 것이다.[93] 여기에서 우리는 유한하고 가변적인 인간 지성이 영원하고 불변한 하느님을 인식할 수 없다는 한계성을 발견한다. 곧 하느님이 인간의 지성적 능력을 초월하여 계신 분이기에 "나는 있는 나다"라는 하느님 이름에 인간은 자신의 지성으로 이에 도달하거나 참여할 수 없다는 것이다.[94] 이에 대해 아우구스티누스는 다음과 같이 말한다. "Est가 얼마나 위대한지 보십시오! 위대한 Est를. 이 앞에서 인간이 무엇입니까? … 누가 이 존재를 이해할 수 있습니까? 누가 이에 참여할 수 있습니까? 누가 이를 열망할 수 있습니까? 누가 이에 접근할 수 있습니까?"[95]

이러한 인간의 지성적 한계 때문에 하느님은 "아브라함의 하느님, 이사악의 하느님, 야곱의 하느님"이라는 자신의 또 다른 이름을 제시한다.(탈출 3, 15) 이는 연약한 인간이 절망에 빠지지 않도록 주어진 것이다. 곧 "나는 있는 나다"라는 것은 하느님 자신을 위한 것으로 영원성의 이름이지만, 또 "아브라함의 하느님, 이사악의 하느님, 야곱의 하느님"은 우리 인간을 위한 것으로 자비로움의 이름인 것이다.[96] 아우구스티누스에 의하면, 모세 역시 첫 번째 이름의 의미를 이해하기 어려웠을 것이다. 또한 이해하였다 하더라도 그의 선포를 듣는 이들은 그 의미를 파악할 수 없었을 것이다. 그렇기에 하느님은 인간이 인지할 수 없는 것에 대한 이해를 미루고 모든 이들이 이해할 수 있는 또 다른 이름을 제시한 것이다.[97] 더욱이 "아브라함의 하느님, 이사악의 하느님, 야곱의 하느님"이라는 이름은 '우리와 함께 계시는 하느님'을 드러내는 것이라고 아우구스티누스는 강조한다. 하느님의 말씀이 가변적 육신을 취하시면서 그러나 자신의 것을 그대로 유지하면서 세상에 오시어 인간을 돕고자 하셨다는 것이다. 달리 말하면, '존재하는 분'이 "나는 아브라함의 하느님, 이사악의 하느님, 야곱의 하느님이다."라고 말하기 위해 사멸할 육신을 취하셨다는 것이다.[98] '존재하는 분'에게로 우리를 인도할 수 있는 유일한 분인 '우리와 함께 계시는 하느님'이 바로 '아브라함의 하느님, 이사악의 하느님, 야곱의 하느님'인 것이다. 사멸하는 조건에 놓인 인간이 존재자체를 파악할 수 없기 때문에, 곧 존재자체에 도달할 단계에 있지 않기 때문에 '존재하는 분'이 내려오신 것이다. 하느님이 인간 본성을 취하시어 인간의 사멸성에 참여함으로써, 인간은 하느님의 불사불멸성에 참여할 수 있게 된 것이다.[99] 이러한 면에서 볼 때 그리스도는 우리가 존재자체에 도달할 수 있는 유일한 길이라 할 수 있으며,[100] 그렇기에 신앙이 요구되는 것이다. 인간을 그리스도께 온전히 결속시키는 것이 신

앙이기 때문이다.101

결론

지금까지 우리는 "나는 있는 나다"에 대한 아우구스티누스의 형이상학적 해석을 살펴보았다. 영원하고 불변하는 존재 자체에 대한 아우구스티누스의 이해에서 우리는 플라톤주의와의 유사함을 발견한다. 아우구스티누스 스스로 『신국론』에서 다음과 같이 고백한다. "가서 히브리 백성을 이집트에서 해방하라는 명을 받고 당신 이름이 무엇이냐고 묻는 모세에게 다음과 같이 대답하라는 명이 있었다. '나는 존재하는 자이다. 이스라엘 백성에게 일러라. 존재하시는 분이 나를 너희에게 보내셨다.' 불변하므로 참으로 존재하는 분에 비하면 가변적이요 창조받은 것은 존재하지 않는 것과 마찬가지다. 플라톤은 바로 이 사상을 열렬히 견지했고 또 열심히 가르쳤다. '나는 존재하는 자이다. 그들에게 일러라. 존재하시는 분이 나를 너희에게 보내셨다.'는 구절만 말하자면, 플라톤보다 먼저 살았던 사람들의 저서에 과연 이런 구절이 발견되는지 나는 알지 못한다."102 더욱이 아우구스티누스는 플라톤 학파가 유일한 하느님, 우주의 조성자에 관해 그리스도교의 가르침과 같은 견해를 갖고 있다는 점에서 그리고 그분이 모든 물체들 위에 존재하는 비물체적인 분이요, 모든 영혼들 위에 존재하는 부패하지 않는 분이요, 우리 원리이고 우리 빛이고 우리 선이라고 본다는 점에서 플라톤 학파를 다른 이들보다 낫다고 여긴다. 다른 철학자들과 달리 일단 하느님을 인식하고 나자 우주가 존재하는 원인이 무엇이고 진리를 인식하는 빛이 무엇이며 행복을 향유하는 원천이 무엇인가를 찾아냈던 것이다.[103]

플라톤과 플라톤 학파에 대한 이러한 칭송만을 염두에 둔다면, 에밀 브레이에(Émile Bréhier)가 주장하는 것처럼, 아우구스티누스가 우주에 대한 새로운 개념을 개진하지 않았기에 참된 그리스도교 철학을 창조하지 않았으며 그의 철학은 플라톤과 플로티누스에게 온전히 채용한 것이라고 볼 수도 있다.[104] 혹은 그랑조지(Grandgeorge)가 주장하는 것처럼, 플라톤과 아우구스티누스 사이의 내적 유사함에 근거해 우리가 상상하는 것과는 달리 플라톤이 아우구스티누스에게 주목할 만한 영향력을 행사하지 않았고, 오히려 플로티누스가 그러하였다고 제시할 수도 있다.[105] 물론 아우구스티누스의 사상 형성에서 플라톤과 플라톤 학파가 미친 영향력을 무시할 수 없으며, 많은 학자들이 아우구스티누스와 플라톤 및 플라톤 학파 사이의 사상적 연관성 및 유사함을 가르친 것도 사실이다. 하지만 아우구스티누스가 플라톤주의자 혹은 신플라톤주의자로만 머물렀다고 말할 수 없다. 아우구스티누스가 '동화-부동화'의 원칙에서 그리스도교 진리와 반대되는 플라톤학파의 학설들은 열정적으로 거부하였기 때문이다.[106]

이러한 의미에서 볼 때 "나는 있는 나다"에 대한 아우구스티누스의 해석이 플라톤 학파의 주장과의 연관성에서 이루어지고 있는 것은 사실이지만, 그렇다고 해서 플라톤 학파가 내세우는 주장의 반복이라고 말할 수 없다. 아우구스티누스는 플라톤 학파의 책들을 읽기 전에 성경과 교회의 권위를 인정하였다는 것을 염두에 둘 때, 우리는 이

점을 아우구스티누스가 바라보는 철학과 신학의 관계에서 이해해야 한다고 본다. 사실 신학과 철학 사이의 구분은 아우구스티누스적이라고 할 수 없다. 아우구스티누스는 진리에 대한 이성적 추구만으로 철학을 이해하지 않는다. 바로 여기에 아우구스티누스의 철학과 이교도들의 철학 사이에 존재하는 심연, 곧 단순히 내용과 문제에 대한 답변뿐 아니라 기초라는 측면에서 존재하는 큰 차이가 있다. 그의 노력은 인도를 필요로 하는 지성과 자신을 드러내는 신적 계시와의 만남이 어떻게 이루어지는지를 제시하는 것으로 이루어진다.107 달리 말하면, 아우구스티누스에게 있어 출발점은 그리스도에 대한 신앙이다.108 "나는 어떠한 점에서도 그리스도의 권위로부터 멀어지는 것을 원하지 않는다. 왜냐하면 보다 유효한 어떠한 권위도 발견하지 못하기 때문이다. … 나는 단순히 하느님을 믿는 것만 원하는 것이 아니라, 그분을 열렬하게 지성으로 인식하기를 바란다."109

결국 철학은 그리스도교 신앙의 내용을 이성으로 이해하는 것을 의미한다. 곧 참된 철학은 신앙에서 시작한다. 왜냐하면 하느님은 빛이며 신앙의 은총을 선사하면서 그리스도인의 영혼 안에 항상 진리를 이해하고 보다 훌륭하게 음미하고자 하는 열렬한 원의를 밝히기 때문이다.110 이는 철학과 철학자에 대한 아우구스티누스의 정의에서 분명히 드러난다. 에클라눔의 율리아누스에게 아우구스티누스는 유일한 참된 철학인 우리의 그리스도교 철학보다 이방인들의 철학이 더 영예롭지 않기를 바란다고 하면서 이 참된 철학이 "지혜에 대한 사랑 또는 탐구"라고 정의한다.111 더욱이 지혜가 하느님이라면, 곧 만물을 창조한 하느님이라면, 진정한 철학자는 하느님을 사랑하는 사람이라고 제시한다.112 여기서 아우구스티누스에게 있어 철학 혹은 참된 철학이 하느님과의 사랑에 찬 일치 여정임이 분명해진다. 이러한 맥락에서 아마토 마스노보(Amato Masnovo)는 "그의 철학하기는 … 성경이나 가톨릭 교의의 가르침들을 가장 가능한 범위 안에서 이성적이요, 지성적으로 만드는 것을 추구하는 신앙이다."라고 확언한다.113 아우구스티누스의 철학이 신앙의 내용에 대한 이성적 설명 외에 다른 것이 아니라는 것, 곧 그의 철학은 '가신성의 이유'(motifs de crédibilité)에 대한 이성적 기초를 제시하는 특별한 성격을 가진 철학이라는 것이다.114

따라서 참된 종교는 참된 철학과 하나이고 참된 철학은 참된 종교와 하나가 된다. 그렇기에 '나는 있는 나다'에 대한 아우구스티누스의 형이상학적 이해는 '하느님을 향해 나아가는 존재론'이라 할 수 있다. 에티엔느 질송은 한 분이신 하느님이 계시고, 이 하느님이 존재라는 것이 모든 그리스도교 철학의 모퉁이 돌이라는 점을 제시한 이가 플라톤도 아니요 아리스토텔레스도 아닌 모세 자신임을 강조한다.115 물론 존재(esse)에 대한 아우구스티누스의 존재론적 설명이 신플라톤주의적 색채를 갖고 있는 것은 사실이다. 하지만 하느님 본성의 이름이 계시에 의해 주어진 것임을 전제로 한다면, 이에 대한 탐구는 신앙이 요구될 수밖에 없는 것이다. 결국 탈출 3, 14 주석을 통해 제시되는 '탈출기의 형이상학'은 순수 자연적 사유로 이루어진 것이 아니라, 근본적인 성경의 사상에 철학적 표현을 제공하고자 하는 아우구스티누스의 시도라 할 수 있다.116

| 주 |

1 재인용: Ch. Boyer, *Essais sur la doctrine de saint Augustin*, Paris: Gabriel Beauchesne et ses Fils, 1932, p. 41.

2 R. Eucken, *Die Lebensanschauungen der grossen Denker: Eine Entwicklungsgeschichte des Lebensproblems der Menschheit von Platon bis zur Gegenwart*, Berlin: Walter de Gruyter, 1950, p. 205.

3 Ét. Gilson, *L'esprit de la philosophie médiévale*, Paris: Librairie philosophique J. Vrin, 1944², p. 50, n.1.

4 하느님을 향하는 인간 정신의 상승으로 나타나는 이 과정은 상호 간에 긴밀하게 연결되어 있는 세 단계로 설정되어 있다. 첫 번째는 '우리가 존재하고 살아 있고 인식한다는 것이 확실하다.'는 명제로 존재에서 생명으로 그리고 생명에서 인식으로 발전시켜 나가는 현상학적 고찰이다.(2, 3, 7) 두 번째는 외부감관으로부터 내부감관으로 그리고 내부감관에서 이성으로 발전하는 인식론적 관계이다.(2, 3, 8-6, 13) 세 번째는 형이상학의 입장에서 이성을 초극하고 나아간다.(2, 6, 14-15, 39) 세 번째 단계는 세 순서로 이루어져 있다. 먼저 수학적 진리의 존재와 성격이고(2, 8, 20-24), 두 번째는 도덕적 진리의 존재와 성격이며(2, 9, 24-10, 29), 세 번째는 이러한 진리들이 참 진리와 갖는 연관성이다.(2, 11, 30-12, 34) 이것을 통해 하느님의 존재는 그가 가지고 있는 참 진리로 인해 인간에게 참다운 자유와 행복의 원천이라는 결론을 유추해낸다.(2, 13, 35-15, 39)

5 이 논증은 『고백록』 10, 6, 8과 11, 4, 6에 잘 나타난다. 여기서, 파울 반 게스트(Paul van Geest)가 지적하듯, 하느님의 존재가 철학적 추상작용이 아닌 감각적 인지를 통해 상기되고 있음을 볼 수 있다. 브와이에(Boyer)와 몬타나리(Montanari)가 설명하듯, 하느님에 대한 인식문제에서 감각적인 것 혹은 육신적인 것에서 출발하여 비육신적인 것에 이르는 '인과율'이 적용되고 있는 것이다. 하느님의 작품 안에서 그분을 발견하고 사랑하도록 해주는, 곧 카라빈(Carabine)이 제시하는 "하위의 것에서 상위의 것으로"(ab inferioribus ad superiora)라는 구도에서 아우구스티누스는 로마 1, 20에 의존한다: P. van Geest, "Sensory perceptions as a mandatory requirement for the via negativa towards God. The skillful paradox of Augustine as mystagogue", M. Baun/ A. Cameron/ M. Edwards/ M. Vinzent(eds.), Studia Patristica, 49, Leuven: Peeters Press, 2010, p. 54; Ch. Boyer, *L'idée de vérité dans la philosophie de saint Augustin*, Paris: Beauchesne et ses Fils, 1941², pp. 226-229; P. Montanari, *Saggio di filosofia agostiniana. I massimi problemi*, Torino: Società editrice internazionale, 1931, pp. 199-205; D. Carabine, *The Unknown God. Negative theology in the Platonic tradition: Plato to Eriugena*, Louvain: Peeters Press, 1995, p. 271.

6 에티엔느 질송, 「아우구스티누스 사상의 이해」, 김태규 역, 서울: 성균관대학교출판부, 2010, 47쪽.

7 같은 책, 50-51쪽. 이러한 면에서 볼 때 아우구스티누스는 실재에 대한 실존주의적 접근이 부족하다고 할 수 있다. 이에 대해 참조: V.J. Bourke, *Augustine's View of Reality*, Villanova: Villanova University Press, 1964, p. 7.

8 *In Iohannis Evangelium Tractatus* 38, 10. "O veritas quae vere es. Nam

in omnibus actionibus et motibus nostris, et in omni prorsus agitatione creaturae duo tempora invenio, praeteritum et futurum ⋯ Praeteritum et futurum invenio in omni motu rerum; in veritate quae manet, praeteritum et futurum non invenio, sed solum praesens, et hoc incorruptibiliter, quod in creatura non est. Discute rerum mutationes, invenies fuit et erit; cogita Deum, invenies est, ubi fuit et erit esse non possit." 참조: 김태규, 「고대철학의 시간이론」, 서울: 도서출판 한글, 2002, 172-173쪽.

9 참조: 선한용, 「시간과 영원 -성어거스틴에 있어서-」, 서울: 대한기독교서회, 2007(초판 5쇄), 64-72쪽.

10 *De vera religione* 49,97. " ⋯ in ipsa aeternitate nulla spatia temporis cerno, quia spatia temporis praeteritis et futuris rerum motibus constant. Nihil autem praeterit in aeterno et nihil futurum est, quia et quod praeterit esse desinit et quod futurum est nondum esse coepit. Aeternitas autem tantummodo est, nec fuit, quasi iam non sit, nec erit, quasi adhuc non sit sit"; *Confessiones* 11, 14, 17. "ut scilicet non vere dicamus tempus esse, nisi quia tendit non esse?"

11 In *Iohannis Evangelium Tractatus* 43, 17. "*fieret* ad humanam facturam, sum vero ad divinam pertinere substantiam."

12 *Enarrationes in Psalmos* 9, 11. "In Dei autem natura non erit aliquid, quasi nondum sit; aut fuit, quasi iam non sit; sed est tantum id quod est, et ipsa est aeternitas." 참조: *Confessiones* 11, 14, 17. "Praesens autem si semper esset praesens nec in praeteritum transiret, non iam esset tempus, sed aeternitas."

13 *Enarrationes in Psalmos* 101, s.2, 10. "Illi ergo anni tui aeterni, anni tui qui non mutantur, in generatione generationum erunt ⋯ Non enim aliud anni Dei, et aliud ipse; sed anni Dei, aeternitas Dei est; aeternitas, ipsa Dei substantia est; quae nihil habet mutabile; ibi nihil est praeteritum, quasi iam non sit; nihil est futurum, quasi nondum sit, non est ibi nisi: est; non est ibi: fuit et erit, quia et quod fuit, iam non est; et quod erit, nondum est; sed quidquid ibi est, nonnisi est."

14 In *Iohannis Epistolam ad Parthos Tractatus* 2, 5. "Quod enim dicitur quia fuit, non est; et quod dicitur quia erit, nondum est: ille non novit nisi esse. Secundum quod Deus est, esse novit; fuisse et futurum esse non novit. Dies est ibi unus, sed sempiternus. Non ponunt illum diem in medio hesternus et crastinus."

15 *Confessiones* 11, 13, 16. "Anni tui nec eunt nec veniunt: isti enim nostri eunt et veniunt, ut omnes veniant. Anni tui omnes simul stant, quoniam stant, nec euntes a venientibus excluduntur, quia non transeunt; isti autem nostri omnes erunt, cum omnes non erunt.Anni tui dies unus, et dies tuus non quotidie, sed hodie, quia hodiernus tuus non cedit crastino; neque enim succedit hesterno. Hodiernus tuus aeternitas." 「고백록」의 한국어 번역은 최민순 신부의 것을 따른다: 성아구스띤, 「고백록」, 최민순 옮김, 바오로딸출판사, 2006.(2판 22쇄)

16 *De vera religione* 49, 97. "Quare sola ipsa verissime dicere potuit humanae menti: Ego sum qui sum?"

17 *Confessiones* 13, 31, 46. "Per quem videmus, quia bonum est, quidquid aliquo modo est: ab illo enim est, qui non aliquo modo est, sed est, est"; *Enarrationes in Psalmos* 134, 4. "Est enim est, sicut bonorum bonum, bonum est." Cf. Ét. Gilson, "Note sur l'être et le temps chez saint Augustin", *Recherches Augustiniennes* II(1962), pp. 205-206; D. Dubarle, "Essai sur l'ontologie théologale de saint Augustin", *Recherches Augustiniennes* XVI(1981), pp. 229-232; J.F. Anderson, *St. Augustine and Being. A Metaphysical Essay*, The Hague: Martinus Nijhoff, 1965, p. 21.

18 베르너 바이어발테스(Werner Beierwaltes)는, 아우구스티누스가 탈출 3, 14를 인용하거나 주석하는 거의 모든 구문들이 신플라톤주의적 개념의 지평 안에서 배치되고 있음을 지적한다. 비르질리오 파치오니(Virgilio Pacioni)는, 아우구스티누스가 하느님을 일자(一者)로서 그리고 존재 자체로서 인식하는 것이 포르피리우스의 영향이라고 본다. 또한 플라톤 이전에 탈출 3, 14를 통해 아우구스티누스가 최고 존재(Summum Esse)로서의 하느님에 대한 개념을 갖게 되었다고 주장한다: W. Beierwaltes, *Agostino e il neoplatonismo cristiano*, Milano: Vita e Pensiero, 1995, p. 107; V. Pacioni, *Agostino d'Ippona. Prospettiva storica e attualità di una filosofia*, Milano: Ugo Mursia Editore, 2004, p. 133.

19 아우구스티누스의 '변화-불변' 개념에 대해 참조: A. Trapè, *La nozione del mutabile e dell'immutabile secondo Sant'Agostino*, Tolentino: Edizioni Agostiniane, 1959.

20 *De trinitate* 7, 5, 10. "Hoc est Deo esse quod subsistere." 제임스 앤더슨(James F. Anderson)은 하느님 안에서 esse와 subsistere의 동일화는 급진적 실존주의적인 것으로 아우구스티누스와 플라톤주의의 존재론 사이에 거대한 형이상학적 골이 있음을 드러낸다고 본다: J.F. Anderson, *St. Augustine and Being. A Metaphysical Essay*, pp. 20-21.

21 *De trinitate* 5, 2, 3. "Est tamen sine dubitatione substantia vel si melius hoc appellatur essentia, quam Graeci ousian vocant."

22 *De trinitate* 7, 4, 9. "Sicut enim ab eo quod est esse appellatur essentia, ita ab eo quod est subsistere substantiam dicimus."

23 *Enarrationes in Psalmos* 68, s.1, 5.

24 *De trinitate* 5, 2, 3. "Sed aliae quae dicuntur essentiae sive substantiae capiunt accidentias quibus in eis fiat vel magna vel quantacumque mutatio; Deo autem aliquid eiusmodi accidere non potest. Et ideo sola est incommutabilis substantia vel essentia quae Deus est, cui profecto ipsum esse unde essentia nominata est maxime ac verissime competit. Quod enim mutatur non servat ipsum esse, et quod mutari potest etiamsi non mutetur potest quod fuerat non esse, ac per hoc illud solum quod non tantum non mutatur verum etiam mutari omnino non potest sine scrupulo occurrit quod verissime dicatur esse." 아우구스티누스가 하느님에 대해 언급할 때 substantia보다 essentia를 선호하는 것은, substantia가 존재하기 위해 어떠한 것들을 필요로 하는 주체를 가리킬 때도 사용되기 때문이다. 그의 입장에서 하느님이 substantia라고 불리는 것은 자립적 존재라는 의미에서 가능한 것이다. 이에 대해 참조: *De trinitate* 7, 5, 10.

25 *In Iohannis Evangelium Tractatus* 38, 10. "Est enim semper eodem modo esse"; *De civitate Dei* 8, 6. "Vere est, quia incommutabiliter est";

De libero arbitrio 2, 15, 39. "Est enim Deus et vere summeque est."
26 *De trinitate* 6, 6, 8. "Nihil enim simplex mutabile est."
27 *De civitate Dei* 11, 10. "Est itaque bonum solum simplex et ob hoc solum incommutabile, quod est Deus. Ab hoc bono creata sunt omnia bona, sed non simplicia et ob hoc mutabilia ⋯ Propter hoc itaque natura dicitur simplex, cui non sit aliquid habere, quod vel possit amittere; vel aliud sit habens, aliud quod habet; sicut vas aliquem liquorem aut corpus colorem aut aer lucem sive fervorem aut anima sapientiam. Nihil enim horum est id quod habet ⋯ Hinc est quod etiam privari possunt rebus, quas habent, et in alios habitus vel qualitates verti atque mutari ⋯ Secundum hoc ergo dicuntur illa simplicia, quae principaliter vereque divina sunt, quod non aliud est in eis qualitas, aliud substantia."
28 Cf. É. Zum Brunn, "L'exégèse augustinienne de 'Ego sum qui sum' et la 'métaphysique de l'Exode'", P. Vignaux (ed.), *DIEU ET L'ÊTRE. Exégèses d'Exode 3, 14 et de Coran 20, 11-34*, Paris: Études Augustinienns, 1978, pp. 151-152.
29 *Epistola* 169, 2, 7. "Multiplex enim, quoniam multa sunt, quae habet, simplex autem, quia non aliud, quam quod habet, est." Cf. *De Genesi ad litteram* 5, 16, 34. "Illa aeterna incommutabilisque natura, quod Deus est, habens in se, ut sit."
30 *In Iohannis Evangelium Tractatus* 19,11-13.
31 *Sermo* 7, 7. "Esse, nomen est incommutabilitatis ⋯ Verum esse, sincerum esse, germanum esse non habet nisi qui non mutatur."
32 *In Iohannis Evangelium Tractatus* 39, 8. "Deus autem hoc est quod est; ideo proprium nomen sibi tenuit: *Ego sum qui sum.*"
33 *Sermo* 7, 7. "Ille habet esse verum cui dicitur: Mutabis ea et mutabuntur, tu autem idem ipse es. Quid est, *Ego sum qui sum*, nisi, aeternus sum? Quid est, *Ego sum qui sum*, nisi, qui mutari non possum?"; 6,4. "Quid est *Est vocar*? Quia maneo in aeternum, quia mutari non possum ⋯ Ergo incommutabilitas Dei isto vocabulo se dignata est intimare: *Ego sum qui sum.*"
34 *Enarrationes in Psalmos* 134, 6. "Ego sum qui sum; et, Qui est, misit me ad vos, dicere quod hoc ei nomen sit in aeternum ⋯ Est enim, et vere est, et eo ipso quod vere est, sine initio et sine termino est"; *Contra Maximinum Arrianum* 2, 12, 2. "Immortalitatem autem Deus habere dicitur solus, quia est immutabilis solus."
35 *De moribus Ecclesiae Catholicae et de moribus Manichaeorum* 1, 14, 24. "Nihil aliud dicam esse nisi idipsum esse."
36 Cf. J.F. Anderson, *St. Augustine and Being. A Metaphysical Essay*, pp. 26-33.
37 *Enarrationes in Psalmos* 121, 5. "Quid est *idipsum*? Quod semper eodem modo est; quod non modo aliud, et modo aliud est. Quid est ergo *idipsum*? Nisi, quod est? Quid est quod est? Quod aeternum est"; 121, 6. "Qui vere est idipsum, cui dictum est: *Mutabis ea, et mutabuntur;*

tu autem idem ipse es." Cf. J. Swetnam, "A note on in idipsum in St. Augustine", *The Modern Schoolman* 30(1953). pp. 329-330; V.J. Bourke, *Augustine's View of Reality*, pp. 145-147.

38 *Confessiones* 7, 11, 17. "Id enim vere est, quod incommutabiliter manet"; *De doctrina christiana* 1, 32, 35. "Ille enim summe ac primitus est, qui omnino incommutabilis est et qui plenissime dicere potuit: *Ego sum qui sum; et: Dices eis: qui est, misit me ad vos.*"

39 *De Genesi ad litteram* 5, 16, 34. "Quoniam illud vere ac primitus est, quod eodem modo semper est nec solum non commutatur, sed commutari omnino non potest, nihil horum, quae fecit, existens et omnia primitus habens, sicut ipse est."

40 *Enarrationes in Psalmos* 134, 4. "Illum autem sine istis perfectum, non indignum, incommutabilem ⋯ ipsum esse se vocari respondit ⋯ Ita enim ille est, ut in eius comparatione ea quae facta sunt, non sint. Illo non comparato, sunt; quoniam ab illo sunt; illi autem comparata, non sunt, quia verum esse incommutabile esse est, quod ille solus est." Cf. É. Zum Brunn, *St. Augustine. Being and Nothingness*, New York: Paragon House Publishers, 1988, p. 2 [tit. org. *Le dilemme de l'être et du néant chez saint Augustin*, Paris : Etudes augustiniennes, 1969].

41 *De civitate Dei* 8, 11. "Tamquam in eius comparatione, qui vere est quia incommutabilis est, ea quae mutabilia facta sunt non sint."

42 *De natura boni* 19. "Ei ergo qui summe est, non potest esse contrarium nisi quod non est"; *De civitate Dei* 12, 2. "Ac per hoc ei naturae, quae summe est, qua faciente sunt quaecumque sunt, contraria natura non est, nisi quae non est. Ei quippe, quod est, non esse contrarium est. Et propterea Deo, id est summae essentiae et auctori omnium qualiumcumque essentiarum, essentia nulla contraria est."

43 *Confessiones* 7, 11, 17. "Et inspexi cetera infra te et vidi nec omnino esse nec omnino non esse: esse quidem, quoniam abs te sunt, non esse autem, quoniam id quod es non sunt."

44 Ch. Boyer, Sant'Agostino, Milano: Fratelli Bocca Editori, 1946, p. 63.

45 김태규, 「아우구스티누스의 시간 이론 – 「고백록」 XI권을 중심으로」, 「신학전망」 74(1986/가을), 광주가톨릭대학교 전망편집부, 92쪽.

46 *Confessiones* 11, 14, 17. "Nullo ergo tempore non feceras aliquid, quia ipsum tempus tu feceras. Et nulla tempora tibi coaeterna sunt, quia tu permanes; at illa si permanerent, non essent tempora." Cf. J. McEvoy, "St. Augustine's account of time and Wittgenstein's criticisms", *Review of metaphysics* 37(1984), p. 555; E. TeSelle, *Augustine*, Nashville: Abingdon Press, 2006, p. 28.

47 *De natura boni* 1. "Si solus ipse incommutabilis, omnia quae fecit, quia ex nihilo fecit, mutabilia sunt"; *De civitate Dei* 12, 2. "Cum enim Deus summa essentia sit, hoc est summe sit, et ideo immutabilis sit: rebus, quas ex nihilo creavit, esse dedit, sed non summe esse, sicut est ipse"; *De vera religione* 18, 35. "Sed dicis mihi: Quare deficiunt? Quia mutabilia sunt. Quare mutabilia sunt? Quia non summe sunt. Quare non summe

sunt? Quia inferiora sunt eo, a quo facta sunt. Quis ea fecit? Qui summe est. Quis hic est? Deus incommutabilis trinitas, quoniam et per summam sapientiam ea fecit et summa benignitate conseruat. Cur ea fecit? Ut essent … Unde fecit? Ex nihilo." 바니에는 아우구스티누스가 대부분의 작품 안에서 'creatio ex nihilo'보다 'creatio de nihilo'를 선호하고 있음을 지적한다: M.-A. Vannier, "Saint Augustin et la création", B.Bruning, M. Lamberights, J. Van Houtem (ed.), *Collectanea Augustiniana. Mélanges T.J. van Bavel*, I, Leuven: Leuven University Press, 1990, p. 361, n.51. 아우구스티누스의 창조 사상에 대해 참조: C.J. O'Toole, *The Philosophy of Creation in the writings of St. Augustine*, Washington; The Catholic University of America Press, 1944; M.-A. Vannier, 《Creatio》,《Conversio》,《Formatio》 *chez saint Augustin*, Fribourg: Éditions Universitaires Fribourg, 19972; W.A. Christian, "The creation of the world", R.W. Battenhouse (ed.), *A Companion to the Study of St. Augustine*, New York: Oxford University Press, 1955, pp. 315-342; 변종찬, 「아우구스티누스의 창조 사상」, 고계영 바오로 엮음, 『창조물의 신비: 프란치스칸 생태 영성의 방향 모색』, 서울: 프란치스코출판사, 2012, 74-107쪽.

48 *De natura boni* 26.

49 J. Pépin, *Théologie cosmique et théologie chrétienne (Ambroise, Exam. I, 1, 1-4)*, Paris: Presses Universitaires de France, 1964, p. 1. '무로부터의 창조'에 대한 논거를 제시한 첫 그리스도교 저술가는 다음과 같은 주장을 펼친 안티오키아의 테오필루스이다. 첫째, 하느님만이 아니라, 플라톤주의자들이 주장하는 것처럼, 질료도 창조되지 않은 것이라면, 하느님은 더 이상 모든 것의 창조주요 유일하신 주님이 될 수 없다. 둘째, 만약 질료가 창조되지 않은 것이고 변화하지 않는 것이라면, 불변하신 하느님과 동일한 것이어야만 한다. 셋째, 만약 하느님이 선재하는 질료에서 세상을 창조하신 것이라면, 그것은 특별한 것이 되지 않을 것이다. 왜냐하면 인간도 기존의 물질에서 어떤 새로운 것을 제조할 수 있기 때문이다. 이에 대해 참조: T.J. van Bavel, "The Creator and the integrity of creation in the Fathers of the Church especially in Saint Augustine", *Augustinian Studies* 21(1990), pp. 4-5.

50 *De natura boni* 27. "*Ex ipso* autem non hoc significat quod De ipso. Quod enim de ipso est, potest dici ex ipso; non autem omne, quod ex ipso est, recte dicitur de ipso; ex ipso enim caelum et terra, quia ipse fecit ea, non autem de ipso, quia non de substantia sua."

51 *Contra Felicem Manichaeum* 2, 18. "Augustinus dixit: non dixi; sed dixi, quia ex Deo est, tamquam a Deo facta, non tamquam de Deo nata … Augustinus dixit: a Deo est, sed facta a Deo … Augustinus dixit: quia ego dico animam non naturam Dei, sed factam a Deo … Augustinus dixit: iam tibi dictum est, non est pars Dei."

52 *De natura boni* 19. "Vere ergo ille est, qui incommutabilis est; cetera, quae ab illo facta sunt, ab illo pro modo suo esse acceperunt."

53 *Confessiones* 11, 4, 6. "Ecce sunt caelum et terra, clamant, quod facta sint; mutantur enim atque variantur … Clamant etiam, quod se ipsa non fecerint: ideo sumus, quia facta sumus; non ergo eramus, antequam essemus, ut fieri possemus a nobis. Et vox dicentium est ipsa evidentia."

54 S.J. Grabowski, *The All-Present God. A study in St. Augustine*, St. Louis

and London: B. Herder Book, 1954, p. 173.

55 De vera religione 14, 28. "Deus enim bono alterius non indiget, quoniam a se ipso est … Illa vero quae facta sunt eius bono indigent, summo scilicet bono, id est summa essentia"; *Enarrationes in Psalmos* 134,4. "Est enim est, sicut bonorum bonum, bonum est."

56 De vera religione 18, 35. "Omne autem bonum aut Deus aut ex Deo, ergo ex Deo est etiam minima species"; *Confessiones* 13,31,46. "Per quem videmus, quia bonum est, quidquid aliquo modo est: ab illo enim est, qui non aliquo modo est, sed est, est"; Contra Secundinum Manichaeum 10,1. "Quidquid autem aliquo modo est, ab illo qui summe est habere ut quoquo modo sit, atque in suo genere bonum esse"; De natura boni 19. "Ac per hoc sicut ab illo est omne, quod bonum est, sic ab illo est omne, quod naturale est, quoniam omne, quod naturaliter est, bonum est. Omnis itaque natura bona est et omne bonum a Deo est; omnis ergo natura a Deo est."

57 *De doctrina christiana* 1, 32, 35. "In quantum sumus, boni sumus … et in quantum mali sumus, in tantum etiam minus sumus."

58 *De natura boni* 3.

59 *De civitate Dei* 12, 5.

60 *De Genesi contra Manichaeos* 1, 16, 26.

61 "당신께서는 모든 것을 재고 헤아리고 달아서 처리하셨습니다." 지혜 11, 21은 불가타(Vulgata)를 따른 것이다. 한국어 및 기타 현대어 번역 성경에서는 지혜 11, 20이다.

62 아우구스티누스의 작품 안에서 다양한 형태로 나타나는 '척도-수-무게' 정식에 대해 참조: W.J. Roche, "Measure, number and weight in Saint Augustine", *The New Scholasticism* 15(1941), pp. 350-376.

63 *De Genesi contra Manichaeos* 1, 16, 26.

64 '척도'는 존재 양식이기에 mensura와 modus는 존재론적 질서를 가리킨다. '형상과 아름다움'으로 번역할 수 있는 '수'는 개별 존재자의 내적 조화의 법을 의미하기에 numerus와 species는 지성론적 질서를 드러낸다. 그리고 '무게'는 존재자로 하여금 자신의 목적에로 향하게끔 하는 경향적 운동이다. 따라서 pondus와 ordo는 개별존재자와 세상과의 그리고 더 나아가서는 하느님과의 역동적 관계를 정의하며, 가치론적 의미를 지니고 윤리적 질서를 가리킨다. Cf. A. Solignac, "Mesure, nombre et poids", *Bibliothèque Augustinienne* 48, Notes complémentaires n. 18, pp. 635-636.

65 *Enarrationes in Psalmos* 9, 11. "*Et sperent in te qui cognoscunt nomen tuum*, cum destiterint sperare in divitiis et in aliis huius saeculi blandimentis. Quaerentem quippe animam ubi figat spem, cum ab hoc mundo avellitur, opportune excipit cognitio nominis Dei … Dictum est autem: Dominus nomen est illi. Quapropter qui se libenter Deo famulum subdit, cognovit hoc nomen … Item Dominus dicit ad Moysen: *Ego sum qui sum; et dices filiis Israel: misit me qui est. Sperent ergo in te qui cognoscunt nomen tuum*, ne sperent in his rebus quae temporis volubilitate praeterfluunt, nihil habentes nisi: erit et fuit."

66 *Enarrationes in Psalmos* 143, 11. "Cui vanitati? Temporibus praeterlabentibus et praeterfluentibus. Vanitas enim ista dicitur in comparatione semper manentis et numquam deficientis veritatis … Sed haec omnia terrena, volatica, transitoria, si comparentur illi veritati, ubi dictum est: Ego sum qui sum; totum hoc quod transit, vanitas dicitur. Evanescit enim per tempus, tamquam in auras fumus"; 9,11. "In Dei autem natura non erit aliquid, quasi nondum sit; aut fuit, quasi iam non sit; sed est tantum id quod est, et ipsa est aeternitas. Desinant igitur sperare et diligere temporalia, et se ad aeternam spem conferant, qui cognoscunt nomen eius qui dixit: Ego sum qui sum, et de quo dictum est: Misit me qui est … Qui eum quaerunt, iam transeuntia et moritura non quaerunt. Nemo enim potest duobus dominis servire."

67 *Enarrationes in Psalmos* 1, 6. "ad scientiam Dei esse pertineat, ad ignorantiam vero non esse."

68 참조: 변종찬, 「『강론』 84-86의 부자청년 이야기(마태 19, 16-26) 주석에 나타난 아우구스티누스의 부(富)와 가난에 대한 이해」, 「사목연구」 24(2009/겨울), 가톨릭대학교 사목연구소, 103-106쪽.

69 Flottes, *Études sur saint Augustin. Son génie, son âme, sa philosophie*, Montpellier, Paris: Libraire F. Seguin, Libraire Durand, 1861, p. 304.

70 *De libero arbitrio* 2, 19, 50.

71 *De duabus animabus* 10, 14.

72 *De doctrina christiana* 2, 38, 57. "… constituta tamen inter incommutabilem supra se veritatem et mutabilia infra se cetera." 여기서 아우구스티누스가 생각하는 존재의 삼중적 위계를 볼 수 있다. rationes aeternae, rationes hominum, rationes seminales로 표현되는 이 구조에 대해 참조: R.M. Bushman, "St. Augustine's Metaphysics and Stoic Doctrine", The New Scholasticism 3(1952), pp. 283-304; V.J. Bourke, *Augustine's View of Reality*, pp. 3-24.

73 *De spiritu et littera* 34, 60.

74 *Confessiones* 13, 9, 10. "pondus meum amor meus; eo feror, quocumque feror."

75 Cf. *De libero arbitrio* 2, 19, 50-20, 54. '자유 운동', '동의' 그리고 '사랑'으로 의지를 정의하는 것에 대해 참조: M. Djuth, "Will", *Augustine through the ages. An Encyclopedia*, Gran Rapids, Cambridge: B. Eerdmans Publishing Company, 1999, pp. 883-884.

76 *De civitate Dei* 19, 4, 4. "Quid iustitia, cuius munus est sua cuique tribuere (unde fit in ipso homine quidam iustus ordo naturae, ut anima subdatur deo et animae caro, ac per hoc Deo et anima et caro)"; 19, 21, 2. "Serviens autem Deo animus recte imperat corpori, inque ipso animo ratio Deo domino subdita recte imperat libidini uitiisque ceteris."

77 *De libero arbitrio* 1, 12, 25. "E. Quid est bona voluntas? A. Voluntas, qua adpetimus recte honesteque vivere et ad summam sapientiam pervenire."

78 *De moribus Ecclesiae Catholicae et de moribus Manichaeorum* 1, 3, 5.

"Tale esse debet quod non amittat invitus."

79 *De libero arbitrio* 1, 4, 10. "Illa culpabilis cupiditas, quae libido nominatur. Quam esse iam apparet earum rerum amorem, quas potest quisque inuitus amittere." Cf. F. De Capitani, *Il ⟨⟨De Libero Arbitrio⟩⟩ di S. Agostino. Studio introduttivo, testo, traduzione e commento*, Milano: Vita e Pensiero, 1994, p. 97, n.273.

80 *Confessiones* 8, 5, 10. "Cui rei ego suspirabam ligatus non ferro alieno, sed mea ferrea voluntate ⋯ Quippe ex voluntate perversa facta est libido, et dum servitur libidini, facta est consuetudo, et dum consuetudini non resistitur, facta est necessitas. Quibus quasi ansulis sibimet innexis – unde catenam appellavi – tenebat me obstrictum dura servitus."

81 *Sermo* 229, 3. "Tota vita Christianorum cerorum: *Sursum cor*; non Christianorum nomine solo, sed Christianorum re ipsa et veritate, tota vita *sursum cor*. Quid est: *Sursum cor*? Spes in Deo, non in te: tu enim deorsum es, Deus sursum est. Si spem habes in te, cor deorsum est, non est sursum."

82 *De trinitate* 11, 6, 10. "Voluntas hominis, cuius finis non est nisi beatitudo"; 13, 8, 11. "Beati esse omnes homines volunt"; De beata vita 2, 10. "Beatos esse nos volumus"; *Confessiones* 10, 21, 31. "Beati prorsus omnes esse volumus." Cf. A. Solignac, "La volonté universelle de vie heureuse", *Bibliothèque Augustinienne* 14, Notes complémentaires n.15, pp. 567–569.

83 *De beata vita* 2, 7–16.

84 *De beata vita* 2, 11. "Id ergo, inquam, semper manens nec ex fortuna pendulum nec ullis subiectum casibus esse debet."

85 *De libero arbitrio* 2, 13, 36. "Beatus est quippe qui fruitur summo bono." Cf. *De libero arbitrio* 2, 15, 39. "summum bonum et beatificum esse."

86 *De trinitate* 8, 3, 4.

87 *De beata vita* 2, 11; *De ordine* 2, 1, 3; *De civitate Dei* 8,8; *Confessiones* 10, 23, 33. 여기서, *Sermo* 150, 7, 8–8, 9에서 제시되듯, 육신의 쾌락(voluptas corporis)이 인간을 행복하게 해준다는 에피쿠로스학파의 주장과 영혼의 덕행(virtus animi)이 인간을 행복하게 한다는 스토아학파의 사상이 배격되고 있다. Cf. A.C. Pegis, "The Mind of St. Augustine", *Mediaeval Studies* VI(1944), pp. 8–12.

88 *Confessiones* 13, 3, 4. "ut et quod utcumque vivit et quod beate vivit, non deberet nisi gratiae tuae, conversa per commutationem meliorem ad id, quod neque in melius neque in deterius mutari potest; quod tu solus es, quia solus simpliciter es, cui non est aliud vivere, aliud beate vivere, quia tua beatitudo es."

89 참조: 변종찬, 「아우구스티누스의 부정신학」, 『가톨릭신학과사상』 66(2010/겨울), 57–61쪽.

90 *Sermo* 117, 3, 5. "Si enim comprehendis, non est Deus."

91 *Sermo* 52, 6, 16. "Quid ergo dicamus, fratres, de Deo? Si enim quod vis dicere, si cepisti, non est Deus. Si comprehendere potuisti, aliud pro

Deo comprehendisti. Si quasi comprehendere potuisti, cogitatione tua te decepisti. Hoc ergo non est, si comprehendisti; si autem hoc est, non comprehendisti."

92 *De ordine* 2, 16, 44. "De summo illo Deo, qui scitur melius nesciendo."
93 A. Dupont, *La philosophie de saint Augustin*, Louvain: Librairie-Éditeur Charles Peeters, 1881, p. 69. 니콜라우스 쿠사누스(Nicolaus Cusanus, 1401-1464))의 중심 개념 중의 하나인 'docta ignorantia'를 '박학한 무지', '가르친 무지', '무지의 지', '현명한 무지', '아는 무지' 등으로 번역한다. 'docta ignorantia'의 개념에 대해 참조: 김형수, 「쿠사누스의 '아는 무지'(docta ignorantia) : 대립의 합치와 통일성에 대한 인식 추구」, 『신학전망』 174(2011/ 가을), 113-141. 'docta ignorantia'의 번역 문제에 대해 참조: 김형수, 「쿠사누스의 「사유의 정점」에서 파악될 수 없는 것으로서 가능성-자체(posse ipsum)」, 『중세철학』 16(2010), 220, 각주 4.
94 블라디미르 로스키는 'Ego sum qui sum'이라는 하느님의 이름이 "생각의 부정적 상승의 한계를 드러내는 이름"이라 칭한다: V. Lossky, "Les éléments de 《Théologie négative》 dans la pensée de saint Augustin", in *Augustinus Magister*, 1, Paris: Études Augustiniennes, 1954, p. 579.
95 *Enarrationes in Psalmos* 101, s.2, 10. "Magnum ecce Est, magnum Est! Ad hoc homo quid est? … Quis apprehendat illud esse? quis eius particeps fiat? quis anhelet? quis adspiret? quis ibi se esse posse praesumat?"
96 *Sermo* 7, 7. "Cum ergo sit hoc nomen aeternitatis, plus est quod est dignatus habere nomen misericordiae: *Ego sum Deus Abraham, et Deus Isaac, et Deus Iacob*. Illud in se, hoc ad nos"; *Enarrationes in Psalmos* 101, s.2, 10. "Noli desperare humana fragilitas. *Ego sum*, inquit, *Deus Abraham, et Deus Isaac, et Deus Iacob*. Audisti quid sim apud me, Audi et quid sim propter te." Cf. Ét. Gilson, *Philosophie et Incarnation selon saint Augustin*, Genève: Editions Ad Solem, 1999.
97 *In Iohannis Evangelium Tractatus* 38, 8. "Forte multum erat et ad ipsum Moysen, sicut multum est et ad nos, et multo magis ad nos, intelligere quid dictum sit: *Ego sum qui sum*; et: *Qui est, misit me ad vos*. Et si forte caperet Moyses, illi ad quos mittebatur quando caperent? Distulit ergo Dominus quod capere homo non posset, et addidit quod capere posset; adiunxit enim et ait: *Ego sum Deus Abraham, et Deus Isaac, et Deus Iacob*."
98 *Sermo* 6, 5. "Et dignatus est ipse Filius Dei mutabilem carnem suscipiendo, manens id quod Verbum Dei est, venire et subvenire homini. Induit ergo se carne mortali ille qui est, ut dici posset, *Ego sum Deus Abraham, Deus Isaac, et Deus Iacob*."
99 *Enarrationes in Psalmos* 52, 6; 66, 9; 138, 2; 146, 11; *Sermo* 166, 4; *Epistola* 140, 4, 10; *De civitate Dei* 9, 15, 2; *De trinitate* 4, 2, 4.
100 Cf. M.-A. Vannier, 《*Creatio*》, 《*Conversio*》, 《*Formatio*》 *chez saint Augustin*, pp. 103-104.
101 *Sermo* 130, 4. Cf. A. Pollastri, "La fede negli scritti di S. Agostino", in AA.VV., *La fede nei Padri della Chiesa, Dizionario di spiritualità biblico-*

patristica, Vol. 22, Roma: Edizioni Borla, 1999, p. 282.

102 *De civitate Dei* 8, 11. "Quaerenti quod sit nomen eius, qui eum pergere praecipiebat ad populum Hebraeum ex Aegypto liberandum, respondeatur: *Ego sum qui sum, et dices filiis Israel: Qui est, misit me ad vos*, tamquam in eius comparatione, qui vere est quia incommutabilis est, ea quae mutabilia facta sunt non sint, vehementer hoc Plato tenuit et diligentissime commendavit. Et nescio utrum hoc uspiam reperiatur in libris eorum, qui ante Platonem fuerunt, nisi ubi dictum est: *Ego sum qui sum, et dices eis: qui est, misit me ad vos.*"

103 *De civitate Dei* 8, 10.

104 É. Bréhier, "Y-a-il une philosophie chrétienne?", *Revue de Métaphysique et de Morale*(1931/avril-juin), pp. 133-162.

105 L. Grandgeorge, *Saint Augustin et Le Néo-Platonisme*, Paris: Ernest Leroux, 1896.

106 Cf. G. Combès, *Saint Augustin et la culture classique*, Paris: Librairie Plon, 1927, pp. 29-33; A. Casamassa, "Le fonti della filosofia in S. Agostino", in AA.VV., *Acta Hebdomadae Augustinianae-Thomisticae*, Torino: Casa Editrice Marietti, 1931, pp. 88-96; E. Portalié, "Augustin (Saint)", *Dictionnaire de Théologie Catholique*, 1-II, pp. 2325-2331.

107 F. van Steenberghen, "La philosophie de S. Augustin d'après les travaux du centenaire", *Revue Néoscolastique de philosophie* 37(1933), pp. 107-108.

108 Cf. M.C. D'Arcy, "The Philosophy of St. Augustine", AA.VV., *A monument to Saint Augustine*, London: Sheed & Ward, 1930, pp. 159-160.

109 *Contra Academicos* 3,20,43. "Mihi ergo certum est nusquam prorsus a Christi auctoritate discedere; non enim reperio valentiorem … quid sit verum non credendo solum sed etiam intellegendo apprehendere impatienter desiderem."

110 F. van Steenberghen, "La philosophie de S. Augustin d'après les travaux du centenaire", pp. 109-110.

111 *Contra Iulianum* 4,14,72. "Non sit honestior philosophia Gentium quam nostra Christiana, quae una est vera philosophia, quandoquidem studium vel amor sapientiae significatur hoc nomine."

112 *De civitate Dei* 8, 1. "Porro si sapientia Deus est, per quem facta sunt omnia, sicut divina auctoritas veritasque monstravit, verus philosophus est amator Dei."

113 A. Masnovo, *S. Agostino e S. Tommaso. Concordanze e sviluppi*, Milano: Vita e Pensiero, 1942, p. 130.

114 B. Romeyer, "Trois problèmes de philosophie augustinienne. A propos d'un livre récent", *Archives de Philosophie* 7(1930), p. 204.

115 Ét. Gilson, *L'esprit de la philosophie médiévale*, p. 51.

116 S. Macdonald, "The divine nature", E. Stump and N. Kretzmann (ed.), *The Cambridge Companion to Augustine*, Cambridge: Cambridge University Press, 2001, p. 82.

아우구스티누스의 compelle intrare

– 도나투스파와의 관계를 중심으로

들어가는 말

1. compelle intrare로의 과정
2. compelle intrare의 정당화
   아우구스티누스의 입장 변화
   세속 권력에 대한 호소의 원인

나가는 말

「아우구스티누스의 compelle intrare– 도나투스파와의 관계를 중심으로」는 2017학년도 가톨릭대학교 성신교정 교비연구비 지원을 받아 연구 작성된 논문으로, 『서양중세사연구』 40호, 한국서양중세사학회, 2017에 수록되었다.

들어가는 말

그리스도교와 역사적으로 연결되는 사회 안에서 교회와 국가라는 용어는 독립적인 제도와 구분되는 활동 영역을 가리킨다.[1] 국가는 힘과 두려움을 통해 작용하는 물리적 권위인 반면, 교회는 가르침과 성사 집전을 통해 활동하는 윤리적 권위이기 때문이다.[2] 하지만 고대 사회에서 종교는 시민의 삶과 동일시될 정도로 합치되어 있었다. 그리스도교 역시 313년 밀라노 칙령과 함께 로마제국과 매우 긴밀한 관계를 발전시켜 나아갔다. 그리스도교는 제국의 종교가 되었고, 황제들은 교회의 문제에 개입하였다. 하지만 이러한 개입이 교회의 요청에 의한 것인지 혹은 요청하지 않은 것인지 간에, 세속 권력의 진정성에 대한 의구심이 제기되기도 하였다.

이 과정에서 아우구스티누스는 교회와 국가의 고유한 관계에 대해 체계적이고 실제적인 접근을 하였다. 특별히 도나투스파와의 논쟁은 이러한 접근을 더욱 구체화시켰으며, 이로 인해 강제적 방식을 통해 가톨릭교회의 일치 안으로 들어오게 하는 "어떻게 해서라도 들어오게 하라"는 루카 14, 23의[3] 'compelle intrare'라는 가르침을 제시하였다.[4] 이 사상은 중세와 그 이후의 가톨릭교회의 교의, 특별히 이단(haeresis)과 이교(離敎, schisma) 박해의 적법성에 대한 교회의 태도에 숙고할만한 영향력을 행사하였다.[5] 종교 문제에 있어 강제의 방식을 인정한 대변자로서 여러 세기 동안 이 주제와 관련한 그리스도교 사상의 흐름에 직접적인 영향을 미쳤다는 것이다.[6]

이로 인해 아우구스티누스는 최초의 종교재판 이론가라는 오명을 갖게 되었다.7 교회와 국가의 관계에 대한 아우구스티누스의 이론들이 중세와 반종교개혁 실행의 모델이 되어 살아남았다는 것은 서방 그리스도교에게 비극이었다는 평가도 들어야 했다.8

이러한 비판 앞에서 본 논문은 '과연 그러한가?'라는 의문을 제기하면서, 아우구스티누스가 제시한 'compelle intrare'의 의미를 다시 한 번 밝히려는 것이다.9 이를 통해 '왜 아우구스티누스가 그러한 주장을 했으며 또 이 사상의 의미가 무엇인지' 살펴보고자 한다.

1. compelle intrare로의 과정

교부들은 그 누구도 강제적으로 교회에 결합되어서는 안 된다고 강조한다. 무엇보다 212년 테르툴리아누스(Tertullianus)는 누구를 혹은 무엇을 경배하든지 그것은 그 사람의 권리이며 자유로운 본성이라고 강조한다. 곧 자신의 의사로 종교를 받아들이는 것이지, 강제에 의해 이루어져서는 안 된다는 것이다.10 락탄티우스(Lactantius)는 그리스도인들이 자신들의 하느님을 섬기라고 타인에게 강제적으로 요구하지 않으며, 다른 이들이 자신들의 하느님을 공경하지 않아도 분노하지 않는다고 304년경에 저술한 작품에서 주장한다.11 이러한 노선에서 프와티에의 힐라리우스(Hilarius Pictaviensis)도 교회가 투옥과 강제의 수단을 통해 신앙을 요구하고 있다고 지적하고 있다.12

하지만 교부들은 이교사상(paganismus) 및 이단(haeresis)에 합류하는 것을 강제로 금지시키는 것에 호의적이었다. 사실 콘스탄티누스는 이단자들이 사적 장소뿐 아니라 공적 장소에서의 모임도 금지하였다. 또한 이단자들의 집회 장소를 몰수하여 가톨릭교회의 재산으로 귀속시키고 그 밖의 장소는 공공재산에 포함시키며, 이단자들은 가톨릭교회로 돌아와야 한다고 선포하였다.[13] 아울러 황제는 점쟁이들이나 이교 사제들 또는 이교 예식을 집전해왔던 이들이 개인 집에서 예식을 행하는 것을 금지하였다.[14] 또한 이교 신전들을 폐쇄하였는데, 그 중에는 킬리키아(Cilicia)의 아이가이(Aigai)에 있는 아스클레피우스(Asclepius) 신전과 아페카(Apheca)의 신전 그리고 헬리오폴리스(Heliopolis)에 있는 아프로디테(Aphrodite) 신전 등이 포함되었다.[15]

이러한 황제의 일련의 정책들의 정점은 380년 2월 28일 그라티아누스(Gratianus), 발렌티니아누스(Valentinianus), 테오도시우스(Theodosius) 황제의 명의로 공포된 칙법(勅法)에 나타난다.[16] 로마제국의 통치하에 있는 모든 민족은 베드로가 로마인들에게 전해준 종교를 따라야만 한다고 선포한 이 칙법을 통해 이제 로마제국은 공식적으로 그리스도교 제국이 되었다. 이후 동·서방 제국의 유일한 황제가 된 테오도시우스는 모든 이교 신전들을 폐쇄하고 이교 예식을 금하는 칙법을 계속해서 공포함으로써[17] 그리스도교가 제국의 종교로 자리매김하는데 큰 도움을 주었다. 이러한 측면을 우리는 밀라노의 주교 암브로시우스(Ambrosius Mediolanensis)에게서 확인할 수 있다. 그는 395년에 저술한 한 작품에서 우상들의 파괴와 강제적인 신전폐쇄를 정의로운 행동으로 간주하였다. 그렇지만 그 이상의 것, 곧 이교도들에 대한 박해와 같은 폭력은 인정하지 않았다.[18]

아우구스티누스 역시 암브로시우스의 노선을 따라 이교도 신전 파괴에 대해 지지하였다.19 "참으로 이교도들 역시 자신들의 거짓 종교로 인해 신앙심을 갖고 있지 않은 이들이다. 또한 최근의 칙법들은 그들의 우상을 파괴하고 없애며 사형이라는 벌로 그들의 희생 제사를 금지하는 명을 내렸다."20 하지만 그는 자신들의 예식을 회복하려는 노력을 기울이는 한편 가톨릭신자들에게 폭력을 행사하는 이교도들에게 부과된 사형에 대해서는 강력하게 반대한다.21

여기서 아우구스티누스는 성경에 기초하여22 비폭력의 이상을 개진한다. 이는 무엇보다 394년에 저술한 『주님의 산상 설교』에서 잘 드러난다. 무엇보다 아우구스티누스는 비폭력의 모습을 마태 5, 5에 나타나는 온유함(mansuetudo)과 연결시킨다.23 더욱이 그는 그리스도가 악을 악으로 갚지 말고 더욱 참아 견디어 낼 태세를 갖추면서 악에 저항하지 말라고 권고하였다고 강조한다. 곧 온갖 형태의 불의 앞에서 그리스도인의 양심은 자비로워야 하고 더욱 더 많은 것을 참아 견디어내어야 한다는 것이다.24

특기할 것은 아우구스티누스가 "… 할 태세를 갖추고 있는"(paratus)라는 형용사를 통해 외적인 행동보다 내적 자세에 초점을 맞추고 있다는 점이다.25 그렇기에 그는 교정에 도움이 되는 벌을 인정한다. 이러한 유형의 벌이 자비에 속한 것이기 때문이다. 또한 관계의 질서에서 벌을 줄 수 있는 권한을 받은 사람만이, 그것도 아버지가 자신의 아들을 책망하는 것과 같은 지향으로 벌을 주어야 한다고 잠언 3, 12와 루카 12, 47-48에 기초하여26 지적한다. 달리 말하면 "영이 구원을 받도록"(1 코린 5, 5) 분노가 아닌 사랑으로 그러한 벌이 이루어져야 한다는 것이다.27

이토록 아우구스티누스가 지닌 비폭력의 이상은 도나투스파와의 논쟁에서 취한 자세에서도 잘 드러난다. 391년 히포에서 그가 사제 서품을 받았을 때 아프리카 가톨릭교회는 도나투스파로 인해 짓밟히고 억눌려 있었다. 누미디아(Numidia) 대부분의 도시에 가톨릭교회와 도나투스파 교회가 공존하고 있어서 보편교회의 일치를 보증할 수 없는 상황이었다.[28] 이에 아우구스티누스는 도나투스파에 맞서 저술이나 즉흥적인 강론을 통해 구원의 말씀을 가르치고 선포하는데 주력했다.[29] 주교가 된 후에는 한 지역뿐 아니라 오라고 하는 곳이면 어디든지 가서 기꺼이 또 부지런히, 더 큰 정성과 열정 그리고 더 큰 권위로 설교했다. 특히 히포에 살거나 근처 다른 곳에 살던 도나투스주의자들도 그의 말씀과 기록을 자신들의 주교에게 전해 주기도 했다. 포시디우스는 흥미로운 사실을 다음과 같이 증언한다. "사실 아우구스티누스께서는 도나투스파 주교들과 유명한 평신도들에게 사신(私信)을 써 보내셨다. 여기서 그분은 이치를 설명하시면서 그들이 오류에서 벗어나 교정되도록, 혹은 적어도 (당신과의) 토론에 나서도록 훈계하고 권고하셨다."[30]

여기서 우리는 아우구스티누스가 도나투스파에 대해 초기에 취한 '대화와 설득을 통한 일치'라는 방법론을 확인할 수 있다. 이러한 그의 자세는 무엇보다 교회의 일치 문제에 있어 국가 권력의 모든 도움을 거부하는 것이다. 또한 아타나시우스(Athanasius)와 나지안주스의 그레고리우스(Gregorius Nazianzenus)와 마찬가지로 그리스도인의 선익(善益)이라는 차원에서 사용할 수 있는 유일한 무기는 형제적 사랑과 진솔한 토론이라는 것이다.[31]

이러한 관점은 신부 시절(391-395)인 392년경 시니툼(Sinitum)의 도나투스파 주교 막시미누스(Maximinus)에게 보낸 서한에서 다음과 같이 제시된다. "나의 제안은 사람들이 자신들의 의사와는 달리 어떤 이와의 친교에 강제적으로 결속되도록 하려는 것이 아닙니다."32 주교직 초기인 396년에 에우세비우스(Eusebius)에게 보낸 서한에서도 동일한 신념이 표현된다. "이러한 나의 고통은 평화의 감정에서 비롯된 것임을 하느님은 아십니다. 또한 제가 어떤 이를 그의 의지와는 달리 강제적으로 가톨릭교회의 일치로 돌아오게 하려고 행동하는 것이 아님을 그분은 아십니다."33

같은 해에 작성된 또 다른 서한에서 아우구스티누스는 도나투스주의자가 된 딸을 아버지가 강제로 가톨릭교회로 돌아오게 하는 가부장적 권위를 비판한다. 그녀 스스로 자발적이면서 온전한 자유의지로 선택해야 한다는 것이다.34 399-400년경에 작성된 또 다른 서한에서도 아우구스티누스는 도나투스주의자가 된 자신의 친척 세베리누스(Severinus)에게 도나투스 이교(離敎)에서 벗어나기를 권고한다.35 아울러 아우구스티누스는 397년경 저술하였으나 현재는 소실된『도나투스 이교 반박』에서 세속 권력이 이단자들을 강압적인 방식으로 이끌어 일치를 이루는 것을 원하지 않는다고 밝히고 있다.36

이토록 국가의 개입을 통한 강제적 방식을 거부하면서 도나투스파와의 대화를 선호하는 '중재자'(mediator)와 같은 아우구스티누스의 입장은,37 사제서품을 받기 전인 389/390년경에 시도한 그리스도의 생애에 대한 해석에서 기인하는 것으로 보인다. 그리스도의 생애는 하나의 교화(敎化)라는 관점에서 "힘으로 이루시는 것은 하나도 없고 오직 모든 것을 설득하시고 충고하시면서 이루셨다."고 아우구스티누스는 이해하였다.38 달리 말하면 그리스도가 인성을 취하여 지낸 지상 생애 전체가 윤리적 가르침(disciplina morum)이었다는 것이다.39 이러한 아우구스티누스의 대화와 설득을 통한 일치라는 방법은 주교직 초기인 399년경까지 지속되었다.

2. compelle intrare의 정당화

아우구스티누스의 입장 변화

세속 권력의 개입을 거부하면서 평화적 방법으로 도나투스파를 가톨릭교회와 일치시키려는 아우구스티누스의 태도는 400년을 기점으로 변화되기 시작한다. 무엇보다 그는 400년경 저술한 『파르메니아누스 서간 반박』을 통해 일치에 반대하는 도나투스주의자들의 재산 몰수와 가톨릭신자들에게 성당 반환을 명령한 콘스탄티누스 황제의 317년 칙법의 정당성을 주장한다. 파르메니아누스는 황제가 오시우스(Ossius) 주교의 조언에 따라 비인간적인 형벌을 명령하였다고 주장한다. 이에 아우구스티누스는 오히려 황제가 오시우스 주교의 조언에 따라 이교(離敎)의 신성모독죄에 대한 형벌을 완화시켜 준 것이라고 강조한다. 아울러 로마 13, 1과 3-4에 근거해 하느님은 악을 벌하시기 위해 인간 권력을 이용하신다고 주장한다.40

계속해서 아우구스티누스는 400-401년경 저술한 『페틸리아누스 서간 반박』에서 비폭력이 항상 가능한 것이 아니라는 이유로 공적 억압을 정당화한다. "우리가 '나는 너희에게 말한다. 악인에게 맞서지 마라'는 주님의 계명을 어기지 않으면서 폭력을 일삼는 자에게 간혹 물리적인 힘으로 저항할 수 있다면, 경건한 이가 불경한 이를 그리고 의로운 이가 불의한 이를 또 불법으로 좌(座)를 차지하고 있거나 하느님의 법을 거슬러 점유하고 있는 이들을 합법적 통치 권력을 통해 내쫓는 것에 찬성하는 것도 가능한 것이 아닙니까? … 여러분이 세상과 분리되어 있는 것이 불의한 행동이었다는 것이 드러난다면, 하느님께는 여러분을 채찍질하기 위한 일꾼들이 부족하지 않습니다. 사실 박해는 우리에게서 온 것이 아니라 … 여러분 자신의 행동에서 오는 것입니다."[41]

따라서 세속 권위가 가톨릭교회가 요청하지 않았음에도 반(反)도나투스주의적 법령들을 반포한 것은,[42] 도나투스파로 하여금 강제로 선행을 하도록 만드는 것이 아니라 악행을 금지하기 위한 것이라 할 수 있다. 달리 말하면 벌에 대한 공포가 훌륭한 양심을 즉각적으로 불러일으키지는 않지만, 적어도 악한 욕망을 억제할 수 있다는 것이다.[43] 이렇게 볼 때 국가 권력 혹은 황제는 사도 바오로가 로마 13, 4에서 말하듯 악을 저지르는 자에게 하느님의 진노를 집행하는 그분의 일꾼인 것이다. 또 그들이 도나투스파를 박해한다고 하여도 박해자라고 할 수 없다. 하느님의 계획안에서 자신들에게 맡겨진 특별한 의무를 수행하는 것이기 때문이다.[44] 그렇기에 아우구스티누스는 페틸리아누스에게 다음과 같이 천명한다. "우리가 여러분에게 하는 모든 것이 비록 여러분의 원의를 거슬러 행하는 것일지라도, 사랑으로 행하는 것입니다. 이는 여러분이 원한다면 교정될 수 있도록 그리고 교정되어 여러분이 살 수 있도록 하려는 것입니다."[45]

이렇게 모든 박해가 항상 비난받아야 할 것은 아니며 도나투스파에 대한 억압이 사랑으로 이루어지는 것임을 아우구스티누스는 401년 말에 저술한 작품에서도 반복한다.[46] 더욱이 404년 카르타고 공의회에서 제시된 아우구스티누스의 입장은 억압적인 칙령을 요구하는 연로한 주교들의 생각과는 달리 보호 훈령이다. 공의회는 이러한 그의 관점을 수용하여 새로운 칙법을 요구하기보다 381년 반(反) 마니교 칙법과 392년 반(反) 이단 칙법의 재반포를 결정하기에 이른다.[47]

하지만 호노리우스 황제의 405년 2월 12일 칙법[48] 이후 아우구스티누스는 세속 권력의 개입을 지지하는 방향으로 전환한다. 406년경 아우구스티누스는 이 법령을 암시하면서, 이것이 도나투스파 특별히 '키르쿰켈리오네스'(circumcelliones)라고 불리는 이들의[49] 범죄로 말미암아 공포된 것임을 지적한다.[50] 4세기 말엽 공공질서에 대한 그들의 위협은 그 이전보다 더 심각해졌기 때문이다.[51] 아울러 히포의 주교는 이러한 법령들이 그토록 잔인한 범죄에 마땅하게 엄격히 적용되기보다 그리스도교의 온순함에 의해 완화된 것이라는 사실도 지적한다. 가톨릭신자들이 도나투스주의자들의 박해자가 아니라, 실제로는 그들의 구원을 위한 약을 처방해주는 이들이기 때문이다. 또한 이단자라고 하더라도 그가 사형당하는 것을 원치 않기 때문이다.[52] 더욱이 '하느님께 찬미를'(Deo laudes)이라는 구호를 갖고 있던 키르쿰켈리오네스의 삶은 자살을 포함한 온갖 수단을 통해 순교를 지향하였다. 이러한 상황에서 아우구스티누스는 그들에게 순교의 명분을 주지 않

기 위해서라도 사형을 원치 않았다.53

하지만 이것이 왕의 역할을 변화시키지는 못한다고 아우구스티누스는 지적한다. 그는 구약성경의 다니엘서에 등장하는 네부카드네자르(Nebuchadnezzar)가 처음에는 자신이 세운 상에 절하라는 명령을 내렸지만, 후에 참된 하느님을 모독하는 것을 금하는 엄격한 법령을 선포하였다는 예를 들면서 이렇게 말한다. "왕들이 하느님의 명령에 순명하면서 왕으로서 어떻게 하느님을 섬기는지 보십시오. 왕들은 자신의 나라에서 선을 명하고 악을 피하는데, 이는 인간 사회의 영역에서만 그러한 것이 아니라 하느님의 종교에 관련된 영역에서도 그렇게 합니다." 중요한 것은 이러한 국가 권력의 편에서 행해지는 억압에도 인류애에 적합하고 사랑에 합당한 방식이 항상 견지되어야 한다는 점이다.54

세속 권력에 대한 호소의 원인

히포의 주교는 종교가 자유로운 행위여야 한다는 관점을 결코 포기하지 않았다. 400-401년경에 저술한 『페틸리아누스 서간 반박』에서 "그 누구도 자신의 의지와는 달리 강제로 신앙을 가져서는 안 된다."고 명확하게 말한다.55 이렇게 본다면 도나투스파의 일원으로 남아 있든 떠나든지 간에, 그것은 분명히 개인이 결정할 문제인 것이다.56 그러므로 신앙의 자유에 관한 신념은 바뀌지 않은 상태에서 국가권력에 호소한다는 것은 분명 모순이라 할 수 있다. 하지만 이러한 측면은 실제적인 이유에서 아우구스티누스의 생각이 변화하였음을 드러내는 것이다. 또한 객관적으로 악한 것을 용인하는 사람의 양심을 따르는 것은 죄라는 일반 윤리 규범을 적용하고 있는 것이다.57

"아프리카 교회가 지상 권위의 도움을 필요로 하지 않을 정도로, 그토록 심각한 환난으로 고통 받지 않기를 바랍니다."라는 아우구스티누스의 언급을 볼 때,58 로마 황제들은 도나투스주의자들의 악행에 대해 알게 될 때마다 칙법들을 공포하여 그들을 엄격하게 벌하는 것이 합당하다고 판단한 것이다. 그렇기에 종교 문제에 관해 황제가 법 제정을 할 권한이 없다거나 국가 권력으로부터 박해를 받는다는 도나투스파의 주장은 용인될 수 없다. 세속 권력에 호소하는 아프리카 가톨릭교회의 목적은 사도 바오로가 그러했듯(사도 23, 12-24) 도나투스파, 특별히 키르쿰켈리오네스의 불법적인 폭력 행위로부터 보호받기 위한 것이기 때문이다.59 또한 가톨릭신자들이 세속 권력의 힘에 의지해서라도 그리스도인들의 일치를 추구하는 이유가 도나투스주의자들의 교정을 위한 것이기 때문이다.60

동일한 내용을 히포의 주교는 417년에 작성된 서한을 통해 밝힌다. "위에서 언급한 법령들이 아프리카에 공포되기 전에 저의 생각은 이러하였습니다. 도나투스주의자들의 맹렬함이 도처에서 잔혹해지고 있음에도 불구하고, 그 분파에 남아 있기를 원하는 이들에게 벌을 부과하는 구체적인 법령을 통해 그 이단을 온전히 억압하라고 명령하는 황제들에게 호소해서는 안 된다는 것이었습니다."61 또한 히포의 주교가 426/427년에 저술한 『재론고』에서 『참된 종교』에 대해 거론하면서 "내가 '힘으로 이루시는 것은 하나도 없고 오직 모든 것을 설득하시고 충고하시면서 이루셨던' 주 예수 그리스도에 대해 언급하였던 또 다른 구절에서, 그분이 사고팔고 하는 자들을 모두 채찍으로 성전에서 쫓아내셨다는 것을 기억하지 못하였습니다."라고 언급한다.62 또한 같은 책에서 『도나투스 이교 반박』에 대해 "제1권에서 저는 '세속 권력의 강제에 의해 억지로 이교자들을 일치로 이끄는 것을 원하지 않는다.'라고 말했습니다. 이것이 당시 저의 생각이었습니다. 그들이 처벌받지 않았을 때 어떠한 악행을 감행할지 그리고 보다 좋은 쪽으로 변화되기 위해서는 엄격한 규율이 얼마나 도움이 되는지를 아직 체험하지 못했기 때문입니다."라고 말한다.63 바로 여기에 아우구스티누스의 입장 변화의 이유가 있다. 교회 안에 용서의 공간이 있다면, 강제의 자리도 있어야만 한다는 것이다.64

하지만 아우구스티누스가 407-408년에 작성한 『서한』 93에서 제시하는 또 다른 이유도 간과할 수 없다. 하느님에 의해 설립된 세속 권위를 통해 도나투스주의자들의 만행이 억제되고 교정되는 것이 무익하지 않다는 확신이다. 이러한 확신은 아우구스티누스의 동료 주교들이 제시한 효과적인 강제의 실례(實例)를 통해 갖게 된 것이다.65 도나투스주의자들이 자신들의 마음에 들지 않은 법령의 사슬에 묶이지 않았다면 치유의 길을 걷지 않았을 것이라는 관점이다. 벌에 대한 두려움에서 키르쿰켈리오네스를 포함한 많은 도나투스주의자들이 가톨릭 신앙으로 돌아와 이전의 행동과 비참한 오류에서 해방된 것에 기뻐하고 놀라워하면서 히포의 주교는 이렇게 말한다. "만일 우리가 그들에게 두려움을 불러일으키고 그들을 범죄자로 고발하지 않으면서 또 교정의 길로 인도하기 위한 방책을 아무것도 생각하지 않으면서 그들을 간과하고 참아 견디어냈다면, 분명 우리는 그들에게 악을 악으로 갚는 것이 되었을 것입니다."66

따라서 세속 권력이 부과하는 벌은 치료제와 같은 역할을 수행하는 것이다.67 오류에서 벗어나 진리로 나아가게 해주기 때문이다. 히포의 주교는 자유로운 내적 선택을 강화하기 위해 외적 강제를 이용한다는 것을 강조하기 위해 『서한』 93, 5에서 "어떻게 해서라도 들어오게 하라"는 "Cogite intrare"라는 표현을 처음으로 인용한다.68 특기할 것은 아우구스티누스가 불가타(Vulgata)의 'compello' 대신에 자신의 고전 라틴어(Vetus Latina)에서 발견한 'cogo'를 사용한다는 점이다. 프레더릭 러셀(Frederick H. Russell)은 이 용례가 사소한 것이 아니라고 지적하면서 아우구스티누스의 『고백록』 제10권에 나오는 '기억'(memoria)에 대한 성찰과 연결시킨다. 히포의 주교에 의하면, 학식이나 지식과 같은 추상적 개념들을 배운다(discere)고 할 때 "감관을 통해 그 개념들의 표상을 길어내는 것이 아닙니다. 저것들은 아예 표상이 없으며, 존재하는 그대로 그 자체를 통해서 저희가 내면에서 감지하는 것입니다. 아마도 기억이 여기저기 정돈되지 않은 채 그것들을 간직하고 있었는데 사유를 함으로써 마치 그것들을 한데 긁어모으고, 주시를 함으로써 그것들을 보살피는 것이 아닌지 모릅니다. … 일종의 분산으로부터 응집시키듯이 하므로 '생각을 모으다'는 말이 나왔습니다. cogo와 cogito라는 동사는 ago와 agito, facio와 facito 사이의 관계와 흡사하기 때문입니다. 여하튼 정신은 이 단어를 어디까지나 자기 것이라고 주장했으니, 다른 곳 아닌 정신 안에 '긁어모아진다'는 뜻으로, 그야말로 '모아진다'는 뜻으로 그 말을 채택하였습니

다. 그렇게 해서 고유하게 '생각을 모으다'라고 일컫습니다."⁶⁹

결국 아우구스티누스가 'cogo'라는 동사를 사용한 것은 단순히 물리적 힘을 통해 강요하는 것만을 염두에 둔 것이 아니다. 오히려 '함께 모이다' 혹은 '모으다'라는 뜻을 더 강조하고 싶은 것이다. 이 정의는 반(反) 도나투스파 논쟁에서 아우구스티누스가 취한 전략이 무엇인지 우리에게 정확히 알려준다. 진리를 배우기 위해 기억이 뒤죽박죽 지니고 있던 조각들을 생각으로써 한데 모으는 강제적 활동이 요구되듯이, 도나투스주의자들을 가톨릭교회의 일치로 다시 모으기 위해서도 어느 정도 강제적 활동이 요구된다는 것이다. 외부로부터 오는 강제가 내면의 사유로 이끌 수 있으며, 이 과정에서 가르침이 중요하게 작용한다는 것이다.⁷⁰

이러한 측면을 아우구스티누스는 사도 바오로의 예를 들어 강조한다. 히포의 주교에 따르면, 원래 사울이라는 이름을 가진 바오로는 그리스도의 폭력(violentia Christi)을 통해 강제로 진리를 알게 되고 이를 받아들인 인물이다. 또한 그리스도의 신비체에 일치하지 않았다면 다마스쿠스로 가는 길에 잃었던 시력을 회복하지 못했을 인물이기에 전형적인 폭력을 통한 회심의 실례(實例)로 나타난다.⁷¹ 그리스도는 사울의 회심을 위해 말씀만이 아니라 땅에 엎어뜨리는 폭력을 사용하였다. 또한 불신앙에 눈이 먼 그가 내적 빛을 갈망하도록 강요하기 위해 아무것도 보지 못할 정도로 그를 치는데 주저하지 않았다. 달리 말하면 그리스도는 우선 그에게 강요하였고 후에 그를 교육시킨 것이다. 처음에는 그를 때리고 다음에는 그를 위로한 것이다. 두려움이 그를 사랑으로 인도하였고 후에 그의 완전한 사랑이 두려움을 몰

아낸 것이다.72

여기서 우리는 'cogere-docere'라는 도식을 발견한다. 'disciplina-doctrina'로 표현될 수 있는 이 정식은73 강제가 회심을 가져오는 교육의 출발점이요 양성의 도구이기에 교육자가 되는 것임을 강조한다.74 바로 여기에 두려움의 유익이 있다. 사실 가르침 없이 공포만을 주는 것은 무자비한 전제정치의 모습만을 드러내는 것인 반면, 두려움 없이 가르침에만 한정하는 것은 과거의 습관에 사로잡힌 이들로 하여금 너무나도 게으르게 치유의 길로 걸어가게 할 뿐이다. 하지만 유익한 두려움이 구원의 가르침과 결합될 때, 진리의 빛이 오류의 어두움을 몰아낼 뿐 아니라 두려움의 힘이 악한 습관의 사슬을 끊어버린다.75 그렇기에 교육 없는 강제는 오류라는 악에서 벗어나 진리라는 선을 받아들이기 위한 목적이라고 할지라도 유익보다는 괴로운 열정일 뿐이라고 아우구스티누스는 확언한다.76 견책(correptio)은 교정(correctio)의 효과를 보일 때 정당화되는 것이며, 강제와 설득은 결코 분리될 수 없는 것이기 때문이다.77

이러한 의미에서 강제와 가르침은 '가톨릭 설교자들의 강론과 가톨릭신자 황제들의 법령들'78 그리고 '말씀과 규율의 엄격함'79으로 비유될 수 있다. 하느님의 권고와 황제의 법령들에 순종하는 이들은 모두 구원에로 나아가며, 불순종하는 이들은 영원한 멸망에로 나아가는 것이기 때문이다.80 그렇기에 아우구스티누스는 회심의 가능성을 막는 사형을 거부한다.81 인간과 그 사람의 오류를 구분하면서 인간을 사랑하고 오류만 단죄하자는 것이다.82 결국 사랑을 통해 이루어지는 세속 권력의 강제는 인간을 존재론적으로 변형시키는 하느님의 구원 의지의 요소이며[83] 죄인에 대한 하느님의 특별한 자비와 사랑의 현현이다.[84] 단순한 법적 처벌이나 공포만으로는 진정한 회심을 가져오는 것이 아니라고 할 수 있다.[85]

이렇게 세속 권력의 도움이 사랑을 전적으로 배제하지 않는다는 것이 아우구스티누스의 입장이라 할 수 있다.[86] 달리 말하면 도나투스파에 대한 황제의 개입과 313년 밀라노 칙령 이전에 가톨릭교회가 박해를 받던 것은 완전히 다른 것이다. 히포의 주교의 입장에서 보면, 하나는 의로운 박해이고, 다른 하나는 불의한 박해이다. "교회는 사랑으로 박해하고, 반면 그들은 분노로 그러합니다. 교회는 그들을 회심시키기 위해 박해하고, 그들은 파괴하기 위해 그렇게 합니다. 교회는 오류에서 벗어나도록 박해하고, 그들은 오류에 빠뜨리기 위해 그렇게 합니다. 교회는 자신의 원수들이 오류에서 돌아와 진리 안에서 증진하도록 그들을 박해하고 제어합니다. 반면 그들은 선을 악으로 되갚으면서, 우리가 그들의 영원한 삶을 걱정하기 때문에 우리의 현세적 생명을 없애려고 노력합니다. 그들이 스스로 목숨을 끊을 정도로 살인을 사랑하기 때문입니다."[87]

이토록 아우구스티누스가 세속 권력의 강제가 지니는 긍정적 유익을 인정하고 있지만, 국가 개입에 대해 제한을 두고 있음을 간과해서는 안 된다. 무엇보다 이 개입은 이차적인 것이다. 강제는 개종시키거나 일치로 이끄는 수단으로 먼저 작용해서는 안 되며, 가르치고 대화하며 설교하는 가톨릭교회의 고유 직무가 첫 번째 방식이어야 한다. 강제에 의해 도나투스주의자들이 위선적이고도 거짓된 가톨릭 신자가 되지 않도록 하기 위한 것이다.[88] 그렇기에 세속 권력의 개입은 교

회의 요청이 있을 때 교회에 도움을 주기 위해 수행되어야 한다.[89]

둘째, 국가 권위의 역할은 이단이나 이교를 엄벌하고 더 나아가 사형을 집행하기보다 오히려 효과적인 법제정을 통해 이단이나 이교의 확산을 막는 것이다.[90] 그리스도교 공동체뿐 아니라 도나투스파의 폭력으로 위협받는 무고한 개인들을 보호하고, 더 나아가 도나투스주의자들을 가톨릭교회의 일치로 돌아오게 해야 하는 것이다.[91]

여기에서 아우구스티누스가 왕의 권력에 대한 고대 로마인의 개념에 근본적으로 충실하면서도 동시에 성서적 근거까지 제시하고 있음을 확인할 수 있다. 히포의 주교에게 있어서도 국가는 공공질서의 유지뿐 아니라 신들의 노여움을 진정시키는 벌을 통해 온갖 신성모독을 벌하는 책임을 갖고 있는 제도이다. 이러한 노선에서 그리스도인 황제들은 하느님의 일꾼으로서 로마법에 기초하여 하느님의 유일한 교회 안에 모인 백성의 일치를 위협하는 모든 이단과 이교를 감소시키고 이교사상을 근절해야 한다.[92] 달리 말하면 국가 개입은 가톨릭교회의 일치를 회복하고 그럼으로써 하느님께 마땅한 영예를 보호할 때 정당한 것이다.[93] 이 과정에서 국가와 교회는 한 몸이 된다. 평화와 질서를 유지하기 위해 두 개의 상이한 권위가 단일한 행동을 하는 것이며, 국가는 교회를 보호하면서 자신을 보호하게 되는 것이다.[94]

따라서 아우구스티누스는 바오로 사상에 근거하여 왕은 두 가지 상이한 방식으로 하느님을 섬기는 사람이라고 정의한다. 인간으로서는 충실하게 살아가면서 하느님을 섬기지만, 왕으로서는 올바른 것을 제시하고 불의한 것을 금하는 법령들을 선포하고 엄격하게 준수하도록 요구하면서 하느님을 섬기는 것이다. 결국 왕은 하느님께 순명하기 위해 자신만이 할 수 있는 것을 할 때, 곧 그리스도를 위해 하느님의 법에 충실한 법령을 제정하면서 하느님을 섬기는 것이다.95

여기서 우리가 숙고해야 할 또 다른 측면을 발견한다. 아우구스티누스가 세속 권력을 통한 의로운 박해를 수용한 이유 중에 신학적 요소가 자리하고 있다. 이는 도나투스주의가 '이단'(haeresis)인가 아니면 '이교'(離敎, schisma)인가? 하는 문제와 연결된다.96 사실 아우구스티누스는 도나투스파와 가톨릭교회와 공통으로 갖고 있는 하느님의 은혜, 곧 성경, 세례, 성사, 서품 축복, 정절 서원, 동정 서약, 신앙고백 등을 강조한다.97 또한 도나투스주의자들이 아리우스주의의 관점을 어느 정도 수용하고 있다는 비판에 대해 아우구스티누스는 대다수의 도나투스주의자들은 가톨릭교회와 동일한 신앙을 고백하지만, 일부 사람들이 아리우스의 이단적 주장에 기울어져 있다고 설명한다.98 이렇다면 폴 몽소(Paul Monceaux)가 "도나투스주의는 단순히 이교이다."라는 주장은 합당하다고 할 수 있다.99 로마제국 당국자들과 황제들도 동일한 의견을 갖고 있었으며, 아우구스티누스 역시 밀레비스의 옵타투스(Optatus Milevitanus)의 노선을 따라 신부 시절과 주교직 초기에 도나투스주의자들을 단순히 이교자라고 보았다.100

문제는 '이단'과 '이교'라는 두 용어가 오늘날과 같이 정확하게 구분되지 않는다는 점이다.101 또한 이단에 대한 아우구스티누스의 개념을 정의하기가 쉽지 않다는 것이다.102 우선 히포의 주교는 'haeresis'를 '철학 학파' 혹은 '분파' 등의 의미로 사용한다. 이는 바오로가 에피쿠로스학파와 스토아학파의 몇몇 철학자가 대담을 나누었다는 사도 17, 18의 내용에 대해 설명하는 『서한』 88, 10의 "haeresi

Stoicorum et Epicureorum"이라는 표현에서 확인할 수 있다. 하지만 동일한 내용을 언급하고 있는 『크레스코니우스 반박』 1, 12, 15에서는 'haeresis'를 비(非) 그리스도교적 오류라는 의미로 사용한다.[103]

391-392년경 저술된 『믿음의 유익』은 "이단자는 어떤 현세적 유익 때문에 또 무엇보다 자신의 영광과 자신의 권력을 위해 거짓되고 새로운 의견을 창출하거나 따르는 사람이라는 것이 내 의견이다."라고 제시한다.[104] 또 393년에 작성된 『신앙과 신경』에서는 "이단자들은 하느님에 관해 잘못된 생각을 갖고 있기 때문에 신앙 자체를 배반합니다. 이교자들은 불의한 분리로 인해 우리가 믿고 있는 동일한 진리들을 믿고 있으면서도 형제적 사랑과 단절합니다."라고 정의한다.[105] 따라서 이단은 그리스도와 교회에 대한 거부이며, 이교는 인간 육체에 생긴 상처와도 같은 것으로 사랑의 부재를 드러내는 것이라 말할 수 있다. 이러한 이단과 이교에 대한 부정적 관점으로 인해 아우구스티누스가 이단과 이교를 세속 권력을 통해서라도 근절해야 할 것으로 판단한 것은 놀라운 일이 아니다.[106]

특기할 것은 도나투스파 논쟁에 관련된 작품들, 특별히 도나투스파를 마니교와 같은 이단으로 공식적으로 선포한 호노리우스(Honorius) 황제의 405년 2월 12일 칙법[107] 이전의 작품 안에서 이단과 이교 혹은 이단자(haereticus)와 이교자(schismaticus) 등의 용어가 동의어로 사용되고 있다는 점이다.[108] 우선 『파르메니아누스 서간 반박』에서 아우구스티누스는 도나투스파에 대해 언급할 때 '이교'와 '이교자들'이라는 용어를 29회, '이단'과 '이단자들'이라는 단어는 7회 사용하고 있다.[109] 또한 『페틸리아누스 서간 반박』 서두에서 히포의 주교는 도나투스파를 이단자로 명명하면서 그들의 신성모독적인 오류 (Donatistarum haereticorum sacrilegus error)에 대해 언급하지만 동시에 페틸리아누스를 이교의 주교(episcopus schismatis)라고 칭하고 있다.(1, 1, 1) 아우구스티누스는 도나투스주의자들에게 이교의 범죄(schismatis crimen)를 행하고 있음을 지적하며(1, 21, 23; 1, 25, 27; 2, 8, 20), 이교의 짐(sarcina schismatis)을 버리라고 촉구한다.(2, 67, 150) 이 부분에서 히포의 주교는 키노(Quinot)가 제시하는 것처럼, 도나투스파의 오류를 '갈라짐' 또는 '분리' 등을 의미하는 'praecisio', 'concisio', 'separatio', 'diremptio' 등의 단어로 지적한다.110 또한 이러한 단절이, 곧 불일치 (dissensio)와 분열(divisio)이 도나투스파를 이단자들(haeretici)로 만든 것이라고 아우구스티누스는 생각한다.(2, 39, 93; 2, 95, 219) 진정 불행한 이단자들(miseri haeretici)이 된 것이다.(2, 74, 166)

이러한 사실은 '이단'과 '이교'라는 용어가 거의 동의어로 사용되었음을 잘 보여준다. 이에 대해 크리스틴 모어만(Christine Mohrmann)은 아우구스티누스가 이단을 교의(dogma)의 오류로 그리고 이교를 규율의 관점에서 상이함으로 보는 당시의 경향을 알고 있었지만 이 구분을 따르고 있지 않다고 지적한다.111 하지만 히포의 주교가 399-400년경에 저술한 『마태오 복음의 열일곱 질문』(Quaestiones XVII in Matthaeum)은 모어만의 주장과 상치되는 것으로 보인다. 이 작품에서 아우구스티누스는 밀과 가라지의 비유와 그에 대한 설명(마태 13, 25-30 그리고 36-43)을 주석하면서, 이단자들은 거짓된 교의를 믿는 이들이고 이교자들은 상이한 믿음을 갖고 있는 이들이 아니라 친교의 일치에서 떨어져 나온 이들이라고 명확하게 정의하기 때문이다.112

405년 2월 12일 칙법 이후, 곧 405년 말경에 저술된 『크레스코니우스 반박』에서 아우구스티누스는 도나투스파를 명확하게 이단으로 규정한다. 반면 크레스코니우스는, 도나투스가 그리스도가 설립한 교회를 떠나지 않았기에 도나투스주의자들이 이단자들이 아니라는 입장을 내세운다.[113] 특기할 것은 크레스코니우스와 아우구스티누스가 제시한 이단과 이교에 대한 정의이다. 전자에 의하면, 반대되거나 상이하게 해석된 종교의 추종자들이 이단자들이다. 여기에는 마니교도들(Manichaei), 아리우스주의자들(Ariani), 마르키온주의자들(Marcionitae), 노바투스주의자들(Novatiani)처럼 그리스도교 신앙에 반대하며 상이한 의견(diversa sententia)을 제시하는 이들이 속한다. 반면 가톨릭신자들과 도나투스주의자들 사이에는 상이한 의견이 없다. 그리스도가 동일하고, 단일한 종교이며, 그리스도교 관습에서도 차이가 없기 때문이다. 결국 이단은 다른 교의를 고백하는 사람들의 분파(diversa sequentium secta)인 반면, 이교는 동일한 교의를 고백하는 사람들 사이의 분열(idem sequentium separatio)이다. 그렇기에 도나투스주의는 이교이지 이단이 아니다.[114]

아우구스티누스는 크레스코니우스가 언급한 것처럼 가톨릭교회와 도나투스파 사이에 상이한 의견이 없다고 하더라도 재세례를[115] 행하는 것 자체가 정도(正道)에서 벗어난 것이라고 지적한다.[116] 단일한 종교와 그리스도교 관습의 동일함은 유일한 세례를 전제로 하기 때문이다. 더욱이 도나투스파는 재세례를 행하는 반면, 가톨릭교회는 하지 않기 때문에 관습 혹은 예식에 있어 아무런 차이도 없다는 것은 모순이다. 곧 도나투스주의자들이 재세례를 행하는 것 자체가 자신들이 이단자임을 드러내는 것이다. 세례가 종교와 성사, 그리스도교 관습의 한 부분이라는 점을 받아들이기를 원치 않기 때문이다.117 따라서 『페틸리아누스 서간 반박』 서두에 나오는 도나투스주의들의 신성모독적인 오류는 가톨릭교회가 행한 세례를 인정하지 않고 재세례를 하는 것이라고 할 수 있다. 바로 여기에 아우구스티누스가 도나투스파에게 책망한 오류들 중에 가장 근본적인 것이 담겨 있다. 이것이 하느님을 거슬러 범한 매우 심각한 죄악이기 때문이다.118 이러한 맥락에서 히포의 주교는 이교와 이단을 다음과 같이 정의한다. 이교는 일부 의견의 상이함으로 인해 최근에 발생한 한 집단의 분열(recens congregationis ex aliqua sententiarum diversitate dissensio)이며, 이단은 오랫동안 지속된 이교(schisma inveteratum)이다.119

주목할 것은 이단에 대한 아우구스티누스의 정의에서 완고함을 의미하는 '시간'이라는 요소가 결정적 역할을 하고 있다는 점이다.120 이러한 견해는 아우구스티누스가 396년 말과 397년 초에 작성한 『서한』 43, 1, 1에서 이미 나타나고 있으며, 『신국론』에서는 다음과 같이 제시된다. "이단자란 그리스도교적 언사를 써가며 그리스도교 교리에 저항하는 사람들이다. … 만일 누군가 그리스도의 교회에서 뭔가 병적이고 사악한 것에 맛을 들여 제발 건강하고 바른 것을 맛들이라고 교정을 받았는데도 완강하게 반항하거나, 자신의 유독하고 치명적인 교리를 바로잡기를 거부하거나, 끈질기게 변명하거나 하면 이단자가 된다."121

여기서 아우구스티누스는 이교(離敎)를 이단의 숨겨진 뿌리로 간주한다.122 이단은 이교에서 탄생하는 것이요,123 이교가 이단으로 인도하기 때문이다. 그렇기에 아우구스티누스는 "믿는 이들 가운데 분열의 씨앗을 뿌린 신성모독적인 이교 그리고 하느님께서 온 세상에 퍼져 있는 교회에 관해 선포하시고 실현하셨던 약속들을 거슬러 끔찍한 정신으로 주장한 신성모독적인 이단"으로 도나투스주의를 정의한다. 또한 도나투스파 주교인 가우덴티우스(Gaudentius)에게는 "당신은 신성모독적인 분리로 인해 이교자이고 동시에 신성모독적인 교의로 인해 이단자이다."라고 선언한다.[124]

결국 아우구스티누스가 도나투스주의자들을 이단자들의 범주 안에 두고 있는 것은 그들의 완고한 사고방식의 전환을 바라기 때문이다. 가톨릭교회는 자신을 박해하는 이들의 죽음이 아닌 회심을 바라기에,[125] 그들이 회개와 성찰의 시간을 통해 오류에서 벗어나 일치로 돌아오는 기쁨과 평화를 증진시키고자 한다.[126] 또한 'compelle intrare'라는 '공격적인 무기'를 통해 가톨릭교회의 일치라는 잔치에서 멀리 떨어져 가시덤불 속에 있던 도나투스주의자들이 폭력적인 정신에서 벗어나 구원의 식탁으로 오기를 바라고 있다. 분리에서 벗어나 평화로 오게 하려는 것이다.[127] 바로 여기에서 히포의 주교는 영혼의 목자로서, 가톨릭교회를 공격하며 파괴적인 주장을 내세우는 많은 이들을 구원으로 이끄는 책임을 갖고 있음을 드러낸다.[128] 그러므로 히포의 주교는 이렇게 단언한다. "저는 오류에 빠진 당신을 다시 부를 것이며, 길 잃은 당신을 찾을 것입니다. 당신이 원하든 원하지 않든 간에, 저는 이렇게 할 것입니다."[129]

나가는 말

국가의 개입을 통한 강제적 방식을 거부하면서 도나투스파와의 대화를 선호하던 아우구스티누스가 compelle intrare를 수용하는 입장으로 변화하는 과정은 실로 사목적 전략의 일환이었다. 즉 자신의 양떼 속에서 이루어지는 사목 활동의 연장인 것이다.[130] 그의 강제 이론은 결코 '교의'(doctrine)로서 나타나지 않았다. 오히려 긴장을 해결하고 수용하는 오랜 시간 동안 이어진 고통스러운 노력이었다.[131] 자신의 양떼를 도나투스주의자들의 폭력으로부터 보호하고, 그들을 다시 가톨릭교회의 일치 안으로 데리고 들어오려는 목자의 열정으로 동시대의 비극적 상황에 응답한 것이었다.[132]

그렇기에 히포의 주교는 강제적 방식이 사랑의 행위이어야 함을 강조한다. 강제는 진리로 향하고 있어야 하며 또한 그 방법은 참된 인간의 선익을 위한 것이어야만 한다는 것이다. 또한 강제된 이에 대한 배려로써 강제가 완화되어야 한다는 점도 잊지 않는다. "솔직히 우리는 그들에게 사형선고가 언도될 목적으로 여러분의 법정에 고발하기보다 오히려 그들의 손에 죽는 것을 선호해야만 한다고 느낍니다."라고 말할 정도이다. 이는, 아버지가 일탈행위를 하는 아들을 사랑으로 벌을 통해 훈육하는 것 혹은 치명적인 상처를 입은 환자를 치료하기 위해 그 상처를 불로 지지는 것과 같다. 폭력은 사랑의 행위이며 동시에 의무인 것이다. 이토록 사랑이 도나투스파에 반대하는 아우구스티누스의 모든 행동의 근원이며 평화는 그 목적이다.[133]

잊지 말아야 할 것은 compelle intrare가 결코 신앙을 강요한 것이 아니었다는 점이다. 아우구스티누스가 비록 405년 이후에는 도나투스파를 이단으로 규정하였지만, 이는 일치라는 목적에서 이루어진 것이지 강제로 개종을 시키려는 것이 아니었기 때문이다. 이러한 의미에서 볼 때 아우구스티누스는 강제에 의한 개종 이론을 제시하지 않았다고 말할 수 있다. 또한 중세에 이단재판의 원조 혹은 근거로 그를 거론하는 것도 절대적으로 틀린 것이며, 이단재판관들이 행한 모든 것의 책임자로 생각해서도 안 된다.[134] 물론 히포의 주교는 이단재판으로 가는 길을 넓게 열어놓은 인물이고, 이단재판과 연관 지을 수 있는 일부 요소를 갖고 있다는 평가를 받기도 한다.[135] 아울러 국가권력의 본성과 기능에 관한 아우구스티누스의 가르침 안에 자리한 신정 정치적 요소는 국가가 이단이나 이교의 죄를 범한 이들을 처벌해야 한다는 관점을 드러낸다는 주장이 제기되기도 한다.[136]

하지만 compelle intrare에 대한 아우구스티누스의 이해와 수용은 시대적 배경 안에서 이해해야 한다. 이브 콩가르(Yves Congar)가 주장하듯이 일종의 비상조치(Notlösung)로 간주해야 할 것이다.[137] 또한 신앙의 눈으로 역사를 바라보면서 하느님이 국가 권력을 통해서도 인간에게 진정한 회심의 기회를 어떻게 만들어주실 수 있는지 제시하고자 했던 측면으로 보아야 한다.

| 주 |

1   R. Dodaro, "Church and State", in *Augustine through the Ages. An Encyclopedia*, ed. Allan D. Fitzgerald, (Grand Rapids, Cambridge: William B. Eerdmans Publishing Company, 1999), 176.
2   Herbert A. Deane, *The Political and Social Ideas of St. Augustine* (New York, London: Columbia University Press, 1963), 173.
3   성서의 인용 및 약어는 한국천주교주교회의가 2005년에 발행한 성경을 따른다.
4   피터 브라운은 자신이 알고 있는 한, 아우구스티누스가 종교적 강제에 관한 주제에 대해 초기 교회에서 논의한 유일한 저술가라고 밝힌다. in "St. Augustine's Attitude to Religious Coercion", Peter Brown, *Religion and Society in the Age of Saint Augustine* (New York, Evanston, San Francisco, London: Harper & Row Publishers, 1972), 260.
5   Brian H. Warmington, *The North African Provinces from Diocletian to the Vandal Conquest* (Cambridge: Cambridge University Press, 1954), 79.
6   W.J. Sparrow Simpson, *St. Augustine and African Church Divisions* (London, New York, Bombay, Calcutta: Longmans, Green, And Co., 1910), 147-150. 예를 들면 루이 14세가 위그노파를 처리할 때 도나투스파의 박해에 대한 언급을 통해 정당화하였다.
7   Peter Brown, *Augustine of Hippo*, 정기문 옮김, 『아우구스티누스 - 격변의 시대, 영혼의 치유와 참된 행복을 찾아 나선 영원한 구도자』(서울: 새물결 출판사, 2012), 340.
8   W.H.C. Frend, "Augustine and State Authority. The Example of the Donatists", in *Agostino d'Ippona 《Quaestiones disputatae》 (Palermo 3-4 dicembre 1987)*, ed. F. Giunta et al. (Palermo: Edizioni Augustinus, 1989), 73.
9   compelle intrare는 아우구스티누스의 저서에서 coge intrare, cogite intrare 등과 같은 이형태(異形態)와 함께 나타난다. compelle intrare는 『도나투스파 주교 가우덴티우스 반박』 1, 28과 『서한』 173, 10에서 사용된다. coge intrare는 『강론』 112, 8에 나타난다. cogite intrare는 『서한』 93, 5; 185, 24; 208, 7과 『강론』 112, 8에서 발견된다. 참조: K.H. Chelius, "Comelle intrare", in *Augustinus-Lexikon*, 1, ed. C. Mayer, (Basel: Schwabe AG, 1986-1994), 1084-1085.
10 테르툴리아누스, 『스카풀라에게』(Ad Scapulam) 2, 1-2.
11 락탄티우스, 『거룩한 가르침』(Divinae institutiones) 5, 2.
12 힐라리우스, 『아욱센티우스 반박』(Contra Auxentium) 3-4.
13 에우세비우스, 『콘스탄티누스의 생애』(Vita Constantini) III, 63-66. 『콘스탄티누스의 생애』 영어 번역 및 해제에 대해 다음을 참조: A. Cameron and Stuart G. Hall, *Eusebius. Life of Constantine* (New York: Oxford University Press, 2002[reprinted]) 참조.
14 『테오도시우스 법전』(Codex Theodosianus) 9, 16, 1-2. 『테오도시우스 법전』의 편집본으로 Th. Mommsen and Paulus M. Meyer, eds., *Theodosiani libri*

xvi cum constitutionibus sirmondianis (Berlin: Weidmann, 1905) 참조. 영역본은 다음을 참조: C. Pharr, *The Theodosian Code and Novels and the Sirmondian Constitutions: A Translation with Commentary, Glossary, and Bibliography* (Princeton: Princeton University Press, 1952 : repr., Union: The Lawbook Exchange, Ltd. 2001[reprinted]).

15 에우세비우스, 「콘스탄티누스의 생애」 III, 55-56; 58.
16 「테오도시우스 법전」 16, 1, 2.
17 이단자들의 교회 몰수를 선포한 381년 7월 30일 칙법, 이단자들의 집회를 금지하는 389년 11월 26일 칙법과 391년 5월 19일 칙법 그리고 이단자들의 성직자들과 불법 집회를 조장한 이들에게 10 리브르 금화 벌금을 부과한 392년 6월 15일 칙법 등을 꼽을 수 있다.
18 암브로시우스, 「테오도시우스의 죽음」(De obitu Theodosii) 38. 참조: Paul van Geest, "Quid dicam de vindicando vel non vindicando?(Ep. 95,3). Augustine's Legitimation of Coercion in the Light of His Roles of Mediator, Judge, Teacher and Mystagogue", in *Violence in Ancient Christianity: Victims and Perpetrators*, eds. Albert C Geljon and R. Roukema. (Leiden, Boston: Brill, 2014), 154.
19 아우구스티누스, 「강론」 105, 10, 13; 「복음사가들의 일치」 1, 14, 21. 본 논문에서 다루어지는 아우구스티누스의 모든 작품에 대해서는 1965년 이래 라틴어와 이탈리아어 대역으로 발행되고 있는 다음의 총서를 사용한다: *Opera omnia di sant'Agostino*, Nuova Biblioteca Agostiniana (Roma: Città Nuova Editrice).
20 아우구스티누스, 「파르메니아누스 서간 반박」 1, 9, 15.
21 아우구스티누스, 「서한」 91, 4.
22 폭력을 포기하고 원수를 사랑하라는 마태 5, 38-47과 루카 6, 27-35, 불의한 고통을 참아 견디라는 베드로의 조언(1 베드 2, 23; 3, 17)과 아무에게도 악을 악으로 갚지 말고 선으로 악을 굴복시키라는 바오로의 권고(로마 12, 17과 21) 등이다.
23 아우구스티누스, 「주님의 산상 설교」 1, 2, 4. "악행에 동의하지 않으며 악에 굴복당하지 않고 선으로 악을 굴복시키는 사람들이 온유한 이들입니다."
24 아우구스티누스, 「주님의 산상 설교」 1, 19, 57; 20, 66. 아우구스티누스가 417/418년에 저술한 「인내론」 2, 2에서 온유함은 인내로 표현된다. "칭송과 덕행이라는 말을 들을만한 참된 인내를 통해 우리는 마음의 평정을 잃지 않는 영혼으로 악을 견디어냅니다. … 인내심을 지닌 이들은 악을 견디어내지 않기 위해 악을 행하기보다, 악을 범하지 않기 위해 악을 견디어내는 것을 선호합니다."
25 M. Spanneut, "Saint Augustin et la violence", *Studia Moralia* 28(1990): 86.
26 잠언 3, 12. "아버지가 아끼는 아들을 꾸짖듯 주님께서는 사랑하시는 이를 꾸짖으신다."; 루카 12, 47-48. "주인의 뜻을 알고도 아무런 준비를 하지 않았거나 주인의 뜻대로 하지 않은 그 종은 매를 많이 맞을 것이다. 그러나 주인의 뜻을 모르고서 매 맞을 짓을 한 종은 적게 맞을 것이다. 많이 주신 사람에게는 많이 요구하시고, 많이 맡기신 사람에게는 그만큼 더 청구하신다."
27 아우구스티누스, 「주님의 산상 설교」 1, 20, 63과 65.
28 H. Leclercq, *L'Afrique chrétienne*, II (Paris: Librairie Victor Lecoffre,

1904), 99. 프렌드는 398년까지, 곧 아우구스티누스의 주교직 초기까지 도나투스파 교회가 사실상(de facto) 북아프리카의 가톨릭교회로 인정받고 있었다고 주장한다. W.H.C. Frend, "Augustine and State Authority", 55.
29 포시디우스, 『아우구스티누스의 생애』 7, 1-2. 스패로우 심슨은 아우구스티누스가 5년간 사제직을 수행하는 동안 히포의 도나투스파에게 미친 영향력은 그리 크지 않았을 것이라고 본다. W.J. Sparrow Simpson, *St. Augustine and African Church Divisions*, 57.
30 포시디우스, 『아우구스티누스의 생애』 9, 1과 3. 한국어 번역은 다음을 참조: 포시디우스, 『아우구스티누스의 생애』, 이연학·최원오 역주 (왜관: 분도출판사, 2008) 참조.
31 P. Augustin, *Religious Freedom in Church and State. A Study in Doctrinal Development* (Baltimore, Dublin: Helicon, 1966), 68.
32 아우구스티누스, 『서한』 23, 7. 이 서한의 연도에 대해서는 다음을 참조: P. Monceaux, *Histoire littéraire de l'Afrique chrétienne depuis les origines jusqu'à l'invasion arabe*, VII (Paris: Éditions Ernest Leroux, 1923), 279.
33 아우구스티누스, 『서한』 34, 1.
34 아우구스티누스, 『서한』 35, 4.
35 아우구스티누스, 『서한』 52, 1-4.
36 아우구스티누스, 『재론고』 2, 5.
37 아우구스티누스, 『서한』 93, 5, 17. 참조: Paul van Geest, "Quid dicam de vindicando vel non vindicando?(Ep. 95,3).", 161-164.
38 아우구스티누스, 『참된 종교』 16, 31. 한국어 번역은 다음을 참조: 아우구스티누스, 『참된 종교』, 성염 역주 (왜관: 분도출판사, 1989).
39 아우구스티누스, 『참된 종교』 16, 32.
40 아우구스티누스, 『파르메니아누스 서간 반박』 1, 8, 13.
41 아우구스티누스, 『페틸리아누스 서간 반박』 2, 19, 43.
42 가톨릭 성직자들에게 부여한 면세 특권을 이교 성직자들에게 거부한 326년 9월 1일 칙법, 두 번째 세례 관습의 금지와 이를 어기는 주교들의 파면을 선언한 373년 2월 20일 칙법, 이단자들의 집회 장소 몰수와 이 집회를 조장한 이들에 대한 처벌을 규정한 376년 4월 23일 칙법, 이단자들에게 자신들의 주장을 전파하고 재세례를 행하며 집회를 갖는 것을 금지한 379년 8월 3일 칙법, 교회의 평화를 어지럽힌 이들에게 사형을 선언한 386년 1월 19일 칙법, 이단자들의 집회를 금지한 389년 1월 19일 칙법과 391년 5월 19일 칙법, 이단자들의 성직자들과 불법 집회를 조장한 이들에게 10 리브르 금화 벌금을 부과한 392년 6월 15일 칙법, 가톨릭교회를 혼란에 빠뜨리는 이에게 유배형을 선포한 392년 7월 18일 칙법, 이단자들에게 주교 서품을 금지한 394년 4월 15일 칙법, 이단자들에게 집회와 서품 그리고 선교를 금지한 394년 7월 9일 칙법, 이단자들의 집회와 예식 집전 그리고 사제서품을 금지한 395년 3월 30일 칙법, 가톨릭교회의 교의를 받아들이지 않는 이를 이단자로 간주한 395년 9월 3일 칙법, 모든 이단자들과 가톨릭 성직자들의 특전을 훼손하는 이들을 위협한 399년 6월 25일 칙법 등이 있다. 이에 대해 참조: J. Martin, *La doctrine sociale de saint Augustin* (Paris: Éditeur A. Tralin, 1912), 225-227; F. Martroye, "La répression du donatisme et la politique religieuse de Constantin et de ses successeurs en

Afrique", *Mémoíres de la Socieíété nationale des antiquaires de France* 73(1914): 23-96; Yves N.-J. Congar, "La législation impériale sur le Donatisme jusqu'en 400", in *Œuvres de Saint Augustin. Traités anti-donatistes*, I, Traduction de G. Finaert, introduction et notes par Yves N.-J. Congar, Bibliothèque Augustinienne 28(quatrième série) (Paris: Desclée de Brouwer, 1963), notes complémentaires 23, 731-733; B. Quinot, "Les lois antidonatistes", in *Œuvres de Saint Augustin. Traités anti-donatistes*, III, Traduction de G. Finaert, introduction et notes par B. Quinot, Bibliothèque Augustinienne 30(quatrième série) (Paris: Desclée de Brouwer, 1967), notes complémentaires 18, 792-794.

43 Frederick H. Russell, "Persuading the Donatists: Augustine's Coercion by Words", in *The Limits of Ancient Christianity. Essays on Late Antique Thought and Culture in Honor of R.A. Markus*, eds. William E. Klingshirn and M. Vessey, (Ann Arbor: The University of Michigan Press, 1999), 128.

44 아우구스티누스, 「페틸리아누스 서간 반박」 2, 83, 184; 92, 212. 참조: F. Ferrère, *La situation religieuse de l'Afrique romaine depuis la fin du IVe siècle jusqu'à l'invasion des Vandales (429)* (Paris: Éditeur Félix Alcan, 1897), 216.

45 아우구스티누스, 「페틸리아누스 서간 반박」 2, 94, 217.

46 아우구스티누스, 「가톨릭 형제들에게」 20, 53.

47 Erika T. Hermanowicz, *Possidius of Calama. A Study of the North African Episcopate* (Oxford: Oxford University Press, 2008), 124-125.

48 「테오도시우스 법전」 16, 5, 38. 참조: Le Nain de Tillemont, *Mémoires pour servir à l'histoire ecclésiastique des six premiers siècles, justifiés par les citations des auteurs originaux avec des notes pour éclaircir les difficultés des faits et de la chronologie*, XIII (Paris: Charles Robustel, 1702), 416-418.

49 아우구스티누스는 「도나투스파 주교 가우덴티우스 반박」 1, 28, 32에서 circumcelliones를 "농촌에서 공포의 씨앗을 뿌리며, 농토에서의 노동을 그만두고 음식을 찾기 위해 농민들의 창고를 공격하는 이들"로 정의하면서, 바로 이 때문에 circumcelliones라는 이름을 갖게 된 것이라고 언급한다. 워밍톤은 circumcellioones가 분명한 사회 계급이었을 것이라 주장한다. 도나투스주의를 포기하기를 거부하는 이들이 내야 할 벌금 액수 목록을 제시한 412년 1월 30일 칙법에 나타나기 때문이다(「테오도시우스 법전」 16, 5, 52). 또한 그들이 한 토지에서 다른 토지로 이동하면서 자신들의 노동력을 제공하는 자유민 농업 노동자이며, 도나투스주의에 결속되어 폭력을 행사한 것은 그들을 토지에 붙잡아두려는 세속 권위와 토지소유자들의 압력에서 나온 것이고 지적한다. 더욱이 'cellae'가 '곡간', '창고' 등을 의미한다고 주장한다. 반면 프렌드는 circumcelliones가 북부 누미디아(Upper Numidia)와 마우레타니아(Mauretania) 출신의 도나투스파 농부들로서 대토지소유자들과 고리대금업자들에게 두려움을 주었다는 것에 동의한다. 하지만 그들이 무엇보다 종교적 광신도이며, 음식을 얻을 수 있는 순교자 경당 주위에(circum cellas) 살았기에 circumcelliones라는 이름을 가지게 되었다고 주장한다. 또한 묘지 비문과 여러 문헌들은 그들을 '경기에 나가는 사람들'(agonistici) 혹은 '그리스도의 군사들'(milites Christi)로 제시한다. 또한 그들

은 가톨릭교회 성직자들과 무엇보다 토지소유자들 그리고 여행 중인 치안 판사들에 대한 잔혹한 행위를 순교자들의 무덤 순례라는 종교적 행위와 결합시켰다. 이러한 폭력의 과정에서 도나투스파 주교들과 성직자들이 지도자가 되었다. 포시디우스는 그들이 금욕 서약을 하였다고 기록하고 있다: B.H. Warmington, *The North African Provinces from Diocletian to the Vandal Conquest*, 84-85 그리고 87-88; W.H.C. Frend, *The Donatist Church. A Movement of Protest in Roman North Africa* (Oxford: Oxford University Press, 1952), 172-174; W.H.C. Frend, *Orthodoxy, Paganism and Dissent in the Early Christian Centuries* (Aldershot: Ashgate Publishing Limited, 2002), 617; Brent D. Shaw, "Who were the Circumcellions?", in *Vandals, Romans and Berbers: New Perspectives on Late Antique North Africa*, ed. A.H. Merrills. (London, New York: Routledge, 2004), 227-258; 포시디우스, 「아우구스티누스의 생애」 10, 1.

50 아우구스티누스, 「서한」 88, 6.

51 B.H. Warmington, *The North African Provinces from Diocletian to the Vandal Conquest*, 85.

52 아우구스티누스, 「도나투스파 문법학자 크레스코니우스 반박」 3, 43, 47; 50, 55; 63, 69.

53 아우구스티누스, 「페틸리아누스 서간 반박」 2, 49, 114. 아우구스티누스는 「도나투스파 문법학자 크레스코니우스 반박」 3, 47, 51에서 "벌이 아니라 이유가 그리스도의 순교자를 만든다."(Christi martyrem non facit poena sed causa)라고 확언한다. 또한 「서한」 89, 2; 108, 5, 14; 「강론」 274, 1; 325, 1; 335/E, 1; 「시편 상해」 34, s. II, 13 등에서 그리스도교 진리, 그리스도의 평화, 교회의 일치와 같은 세 가지 이유가 순교자를 인증한다고 지적한다.

54 아우구스티누스, 「도나투스파 문법학자 크레스코니우스 반박」 3, 51, 56.

55 아우구스티누스, 「페틸리아누스 서간 반박」 2, 83, 184.

56 H. Pope, *Saint Augustine of Hippo. Essays Dealing with His Life and Times and Some Features of His Work* (New York: Image Books, 1961), 246.

57 P. Augustin, *Religious Freedom in Church and State*, 69.

58 아우구스티누스, 「서간」 100, 1.

59 Herbert A. Deane, *The Political and Social Ideas of St. Augustine*, 192. 도나투스파 근본주의자들의 만행에 대해 참조: 포시디우스, 「아우구스티누스의 생애」 10, 1-6.

60 아우구스티누스, 「서한」 87, 8-9. 이 서한은 406년에 작성된 것이다.

61 아우구스티누스, 「서한」 185, 7, 25.

62 아우구스티누스, 「재론고」 1, 13, 6.

63 아우구스티누스, 「재론고」 2, 5.

64 John R. Bowlin, "Augustine on Justifying Coercion", *The Annual of the Society of Christian Ethics* 17(1997): 66.

65 아우구스티누스, 「서한」 93, 5, 16-17. 윌리스는 예상치 못한 405년 2월 12일 칙법의 성공이 아우구스티누스가 동료 주교들의 관점을 수용하게 된 이유라고 설명

한다. Geoffrey G. Willis, *Saint Augustine and the Donatist Controversy* (London: SPCK, 1950), 127-135. 하지만 피터 브라운은 이러한 주장이 여러 이유로 불충분하다고 본다. 교회가 모든 민족들 가운데 널리 퍼질 것이라는 예언적 진리의 성취라는 구체적 관점에서 강제에 대한 아우구스티누스가 반응이 결정되었다는 것이다. 그는 이러한 측면을 399년부터 401년에 행해진 「강론」 24와 62에서 나타난다고 강조한다. Peter Brown, "St. Augustine's Attitude to Religious Coercion", 263-267.

66 아우구스티누스, 「서한」 93, 1, 1-2.
67 아우구스티누스, 「서한」 138, 2, 11. 참조: P. Batiffol, *Le catholicisme de saint Augustin* (Paris: Librairie Lecoffre, 1929⁵), 291; Donald X. Burt, "Friendly Persuasion: Augustine on Religious Toleration", *American Catholic Philosophical Quarterly* LXXIV/1(2000): 67; Frederick H. Russell, "Persuading the Donatists: Augustine's Coercion by Words", 126. 존 로어는 아우구스티누스가 강제의 치료적 본성에 대해 강조한 것이 신앙 행위와 원죄 그리고 영혼 안에서의 은총의 작용에 대한 교의적 입장 때문이었다고 주장한다. John A. Rohr, "Religious Toleration in St. Augustine", *Journal of Church and State* 9(1967): 62.
68 아우구스티누스는 「강론」 112, 8에서 "밖에는 강제가 있으며, 안에서는 의지가 태어납니다."라고 말한다.
69 아우구스티누스, 「고백록」 10, 11, 18. 한국어 번역은 다음을 참조: 아우구스티누스, 「고백록」, 성염 역주 (파주: 경세원, 2016).
70 Frederick H. Russell, "Persuading the Donatists: Augustine's Coercion by Words", 121.
71 아우구스티누스, 「서한」 93, 2, 5.
72 아우구스티누스, 「서한」 185, 6, 22. 참조: Paul van Geest, "Timor est servus caritatis (s. 156,13-14). Augustine's Vision on Coercion in the Process of Returning Heretics to the Catholic Church and his Underlying Principles", in *The Uniquely African Controversy. Studies on Donatist Christianity*, ed. Anthony Dupont et al. (Leuven, Paris, Bristol: Peeters, 2015), 297-299.
73 Frederick H. Russell, "Persuading the Donatists: Augustine's Coercion by Words", 122. 여기에서 러셀은 disciplina가 태형까지도 포함할 수 있는 교정의 교육을 통해 이루어진 교회의 규율에 대해 외적으로 따르는 것을 의미한다고 본다. 또한 마커스는 discplina 개념이 아우구스티누스의 강제 이론의 핵심이라고 지적한다. R.A. Markus, *Saeculum: History and Society in the Theology of St. Augustine* (Cambridge, New York, New Rochelle, Melbourne, Sydney: Cambridge University Press, 2007[re-issued]), 143.
74 아우구스티누스, 「믿음의 유익」 3, 9.
75 아우구스티누스, 「서한」 93, 1, 3.
76 아우구스티누스, 「서한」 100, 2.
77 Gregory W. Lee, "Using the Earthly City: Ecclesiology, Political Activity, and Religious Coercion in Augustine", *Augustinian Studies* 47/1(2016): 58; Peter Brown, "St. Augustine's Attitude to Religious Coercion", 274-

275; Geoffrey G. Willis, *Saint Augustine and the Donatist Controversy*, 135.
78 아우구스티누스, 「서한」 185, 2, 8.
79 아우구스티누스, 「서한」 173, 10.
80 아우구스티누스, 「서한」 185, 2, 8.
81 아우구스티누스, 「서한」 100, 2; 153, 6, 18.
82 아우구스티누스, 「페틸리아누스 서간 반박」 1, 29, 31. 빅토리노 그로시는 이것이 일치를 위한 대화에서 나타나는 아우구스티누스의 원칙이라고 지적한다. V. Grossi, *La Chiesa di S. Agostino. Modelli e simboli* (Bologna: Edizioni Dehoniane, 2012), 71.
83 R. Joly, *Origines et évolution de l'intolérance catholique* (Bruxelles: Éditions de l'Universitéde Bruxelles, 1985), 52; M. Nolan, "S. Agostino e la libertà religiosa nel conflitto coi donatisti", in *Chiesa e Stato. Pavia, 25 aprile – 2 maggio 1976. Atti della settimana agostiniana pavese n. 8*, ed. S. Cotta et al. (Pavia: Industrie Lito-tipografiche Mario Ponzio, 1980), 55; M. Spanneut, "Saint Augustin et la violence", 101.
84 Charles J. Scalise, "Exegetical Warrants for Religious Persecution: Augustine Vs. The Donatist", *Review and Expositor* 93(1996): 501.
85 Herbert A. Deane, *The Political and Social Ideas of St. Augustine*, 218.
86 R. Crespin, *Ministère et sainteté. Pastorale du clergé et solution de la crise donatiste dans la vie et la doctrine de saint Augustin* (Paris: Études Augustiniennes, 1965), 166; R. Joly, "L'intolérance de saint Augustin, doctrine ou attitude?", in *Hommages à Marcel Renard*, ed. B. Jacqueline, (Bruxelles: Latomus, 1969), 495; O. Brabant, "Contrainte et charité selon saint Augustin", *Science et esprit* 22(1970): 13–14.
87 아우구스티누스, 「서한」 185, 2, 11.
88 아우구스티누스, 「서한」 185, 7, 25. 참조: P. Cazier, "Le *compelle intrare* d'Augustin, mise en perspective", in *Violence et religion*, eds. P. Cazier et J.M. Delmaire. (Villeneuve d'Ascq: Université Lille 3, 1998), 32.
89 B. Quinot, "Saint Augustin et le recours au bras séculier", *Œuvres de Saint Augustin. Traités anti-donatistes*, III, notes complémentaires 21, 802.
90 아우구스티누스, 「서한」 93, 3, 10. 참조: Herbert A. Deane, *The Political and Social Ideas of St. Augustine*, 202.
91 G. Combès, *La doctrine politique de saint Augustin* (Paris: Librairie Plon, 1927), 386; É. Lamirande, *Church, State, and Toleration: An Intriguing Change of Mind in Augustine* (Villanova: Villanova University, 1975), 12–13, 18; Geoffrey G. Willis, *Saint Augustine and the Donatist Controversy*, 129.
92 P. Keresztes, "Saint Augustine's Good Christian Ruler", in *Congresso Internazionale su S. Agostino nel XVI centenario della conversione, Roma, 15-20 settembre 1986. Atti 1* (Roma: Institutum Patristicum

Augustinianum, 1987), 507-530; Matthew A. Gaumer and A. Dupont, "Dontist North Africa and the Beginning of Religious Coercion by Christians: A New Analysis", *La ciudad de Dios* 223(2010): 463; A.C. De Veer, "Comment les rois dovent servir Dieu", in *Œuvres de Saint Augustin. Traités anti-donatistes*, IV, Traduction de G. Finaert, introduction et notes par A.C. De Veer, Bibliothèque Augustinienne 31(quatrième série) (Paris: Desclée de Brouwer, 1968), notes complémentaires 40, 820-821.

93 Donald X. Burt, *Friendship and Society. An Introduction to Augustine's Practical Philosophy* (Grand Rapids, Cambridge: William B. Eerdmans Publishing Company, 1999), 212.

94 Combès, *La doctrine politique de saint Augustin*, 387.

95 아우구스티누스, 「서한」 93, 5, 19; 185, 5, 19. 여기서 아우구스티누스는 히즈키야(2 열왕 18, 4), 요시야(2 열왕 23, 4-20), 니네베의 왕(요나 3, 6-9), 다리우스(다니 14, 21), 네부카드네자르(다니 3, 96) 등의 예를 들고 있다.

96 이단과 이교에 대한 교부들의 해석에 대해 다음을 참조: V. Grossi, "Eresia-eretico", *Dizionario patristico e di antichità christiane*, I, Angelo Di Berardino (diretto da) (Casale Monferrato: Marietti, 1994²), 1187-1191; V. Grossi, "Scima-Scismatico", *Dizionario patristico e di antichità christiane*, II, 3113-3114.

97 아우구스티누스, 「시편 상해」 54, 16; 「서한」 61, 2; 「강론」 37, 27.

98 아우구스티누스, 「서한」 44, 3, 6; 185, 1, 1; 「강론」 183, 5, 9.

99 P. Monceaux, *Histoire littéraire de l'Afrique chrétienne depuis les origines jusqu'à l'invasion arabe*, IV (Paris: Éditions Ernest Leroux, 1912), 160.

100 아우구스티누스, 「서한」 43, 1, 1.

101 가톨릭교회 「교회법전」제751조는 이단과 이교에 대해 다음과 같이 정의한다. "이단이란 세례 받은 후 천상적 가톨릭 신앙으로 믿어야 할 어떤 진리를 완강히 부정하거나 그것에 대해 완고히 의심하는 것이고, … 이교란 교황에게 대한 순종 또는 그에게 종속하는 교회의 구성원들과의 친교를 거부하는 것이다."

102 아우구스티누스의 이단 개념에 대해 참조: J. de Guibert, "La notion d'hérésie chez saint Augustin", *Bulletin de littérature ecclésiastique* 21(1920): 368-382; G. Wurst, "Haeresis, haeretici", in *Augustinus-Lexikon*, 3, ed. C. Mayer, (Basel: Schwabe AG, 2004-2010), 290-302; G.R. Evans, "Heresy, Schism", in *Augustine through the Ages. An Encyclopedia*, ed. Allan D. Fitzgerald. (Grand Rapids, Cambridge: William B. Eerdmans Publishing Company, 1999), 424-426.

103 "Ecce apostolus Paulus Stoicos et Epicureos, diversas non solum ab illo verum etiam inter se adversasque haereses secum conferre non respuit."

104 아우구스티누스, 「믿음의 유익」 1, 1.

105 아우구스티누스, 「신앙과 신경」 10, 21.

106 Donald X. Burt, *Friendship and Society*, 212; W.J. Sparrow Simpson, *St. Augustine and African Church Divisions*, 73.

107 『테오도시우스 법전』 16, 5, 38; 16, 6, 4. '이단'과 '이교'의 구분에 대해 참조: P. Marone, "La distinzione tra scisma ed eresia maturata durante la polemica donatista", *Annales Theologici* 22(2008): 105-114.
108 Wurst, "Haeresis, haeretici", 297-298.
109 A. Pincherle, "L'ecclesiologia nella controversia donatista", *Ricerche religiose* 1(1925): 53, n. 3.
110 B. Quinot, "Les donatistes, hérétiques ou schismatiques?", *Œuvres de Saint Augustin. Traités anti-donatistes*, III, notes complémentaires 17, 789.
111 Ch. Mohrmann, *Die altchristliche Sondersprache in den Sermones des hl. Augustin*, I (Nijmegen: Dekker & van de Vegt, 1932), 153.
112 아우구스티누스, 『마태오 복음의 열일곱 질문』 11, 1-2.
113 아우구스티누스, 『크레스코니우스 반박』 2, 12, 15; 4, 6, 7.
114 아우구스티누스, 『크레스코니우스 반박』 2, 3, 4. 이단과 이교에 대한 크레스코니우스의 정의는 아우구스티누스의 『마니교도 파우스투스 반박』 20, 3에 나타나는 파우스투스(Faustus)의 정의와 유사하다. 또한 파우스투스가 제시한 이교에 대한 정의는 후에 티코니우스(Tyconius)에게서 나타난다. 이에 대해 참조: A.C. De Veer, "La définition de l'hérésie et du schisme par Cresconius et par Augustin", *Œuvres de Saint Augustin. Traités anti-donatistes*, IV, notes complémentaires 14, 760-761.
115 도나투스파는 이단자들이 행한 세례가 무효라고 주장하면서 재세례를 옹호했던 치프리아누스의 권위에 호소하여 재세례를 강조한다. 이단자들이 행한 세례에 대한 치프리아누스의 입장에 대해 참조: Abraham van de Beek, "Cyprian on Baptism", in *Cyprian of Carthage. Studies in His Life, Language, and Thought*, ed. Henk Bakker et al. (Leuven, Paris, Walpole: Peeters, 2010), 148-153. 도나투스파의 재세례 문제에 대해 참조: R.A. Markus, "Donatismo e ri-battesimo", in *Agostino e il donatismo. Lectio Augustini XIX Settimana Agostiniana Pavese (2003)*, ed. R.A. Markus et al. (Roma: Institutum Patristicum Augustinianum, 2007), 13-22.
116 아우구스티누스의 『서한』 93, 10, 43은 330년 혹은 335년경 275명의 도나투스파 주교들이 참석한 가운데 카르타고에서 개최된 공의회가 가톨릭신자들에게 재세례를 행하지 않으면서 받아들이기로 결정하였다는 티코니우스의 증언을 전해준다.
117 아우구스티누스, 『크레스코니우스 반박』 2, 4, 5-4, 6; 『이단론』 69, 1. 재세례에 대한 황제들의 금령을 『테오도시우스 법전』 16, 6, 3에서 확인할 수 있다.
118 아우구스티누스, 『크레스코니우스 반박』 4, 10, 12.
119 아우구스티누스, 『크레스코니우스 반박』 2, 7, 9. 폴 몽소는 이단에 대한 아우구스티누스의 정의가 도나투스주의에 합당하지 않다고 생각한다. 도나투스주의가 탄생한 이래 아무것도 바뀌지 않았기 때문이다. 또한 크레스코니우스를 거슬러 과연 히포의 주교가 옳은 것이지도 확실하지 않다고 본다. 이에 대해 참조: P. Monceaux, *Histoire littéraire de l'Afrique chrétienne depuis les origines jusqu'à l'invasion arabe*, IV, 163.
120 아우구스티누스, 『서한』 87, 4. 동일한 생각이 티코니우스에게도 나타난다. 이에 대해 참조: A.C. De Veer, "La définition de l'hérésie et du schisme par

Cresconius et par Auigustin", 763.
121 아우구스티누스, 『신국론』 18, 51, 1. 한국어 번역은 다음을 참조: 아우구스티누스, 『신국론』, 성염 역주, (왜관: 분도출판사, 2004).
122 M. Pontet, "La notion de schisme d'après saint Augustin", in *1054-1954 L'Église et les églises. neuf siècles de douloureuse séparation entre l'Orient et l'Occident. Études et travaux sur l'Unité chrétienne offerts à Dom Lambert Beauduin*, I (Chevetogne: Éditions de Chevetogne, 1954), 164.
123 『테오도시우스 법전』 16, 6, 4.
124 아우구스티누스, 『도나투스파 주교 가우덴티우스 반박』 2, 9, 10.
125 아우구스티누스, 『서한』 100, 2.
126 아우구스티누스, 『서한』 93, 11, 46.
127 아우구스티누스, 『서한』 173, 10; 『강론』 112, 8. 참조: Donald X. Burt, *Friendship and Society*, 215.
128 목자로서의 아우구스티누스의 자세에 대해 참조: G. Ceriotti, "Atteggiamento pastorale di Agostino con i donatisti (dall'epistolario)", in *Agostino e il donatismo. Lectio Augustini XIX Settimana Agostiniana Pavese (2003)*, ed. R.A. Markus et al. (Roma: Institutum Patristicum Augustinianum, 2007), 63–73.
129 아우구스티누스, 『강론』 46, 14.
130 R.A. Markus, *Saeculum: History and Society in the Theology of St. Augustine*, 140–142.
131 Peter Brown, "St. Augustine's Attitude to Religious Coercion", 260.
132 Frederick H. Russell, "Persuading the Donatists: Augustine's Coercion by Words", 125. 이러한 면에서 아우구스티누스의 태도가 당시 시대적 상황만으로는 설명되지 않는다는 매종너브의 주장은 수용될 수 없다. H. Maisonneuve, "Croyance religieuse et contrainte: la doctrine de saint Augustin", *Mélanges de science religieuse* 19(1962): 49–68..
133 Burt, *Friendship and Society*, 217–218.
134 P. Monceaux, *Histoire littéraire de l'Afrique chrétienne depuis les origines jusqu'à l'invasion arabe*, VII, 228–229.
135 R. Joly, "Saint Augustin et l'intolérance religieuse", *Revue belge de philologie et d'histoire* 33/2(1955): 294; M. Nolan, "S. Agostino e la libertà religiosa nel conflitto coi donatisti", 54–56.
136 Herbert A. Deane, *The Political and Social Ideas of St. Augustine*, 215.
137 Yves N.-J. Congar, "Introduction Générale", *Œuvres de Saint Augustin. Traités anti-donatistes*, I, 24.

7장

아우구스티누스의 창조 사상

들어가는 글

1. 한처음에 하느님께서 하늘과 땅을 창조하셨다(창세 1, 1)
   창조: 삼위일체 하느님에 의한 존재 산출
   창조: '시간-영원성'의 구도
   말씀을 통한 무에서의 창조
   창조의 동기: 'quia voluit'-'quia bonus'
2. 하느님의 모상으로서의 인간 창조
   삼위일체적 모상
   capax Dei
3. 창조의 지속성
   창조의 두 순간
   종자적 이성

나가는 글

「아우구스티누스의 창조 사상」은 고계영 외, 『창조물의 신비. 프란치스칸 생태 영성의 방향 모색』, 프란치스코 출판사, 2018에 수록된 논문이다.

들어가는 글

아우구스티누스에게 있어 하느님은 존재하는 모든 것들 곧 최상위에 있는 것들부터 시작하여 최하위에 있는 것들까지 유형무형한 만물의 창조주이다. 물론 이 점은 비단 아우구스티누스만의 관점이 아니라, 유다인들과 그리스도인들의 신앙고백이다.[1] 이러한 믿음은 오늘날 철학이나 자연과학이 자신들의 논리로써 선사할 수 없는 세상에 대한 의미를 제시한다. 여기에서 보다 나은 삶이라는 명목 하에 무차별적 개발을 시도하는 오늘날의 경제 논리에 맞서 창조주 하느님에 대한 신앙을 강조하는 것이 얼마나 필요한 것인지 드러난다.

이러한 노력은 이미 교부들에 의해 이루어졌다. 물론 그들이 환경신학적 문제를 제기한 것은 아니다. 그들이 시도한 것은 창세기에 묘사되고 있는 창조에 대한 신학적 설명이었다. 이러한 주장이 오늘날 무슨 의미가 있는지 묻기도 한다. 어쩌면 오늘날의 문제에 대한 답이 아니라고 볼 수도 있다. 그럼에도 불구하고 본고는 교부들 중의 최고의 인물이라고 할 수 있는 아우구스티누스의 창조 사상을 개략적으로나마 살펴보고자 한다. 그것은 생태학적 문제를 해결하기 위해서라기보다, 오히려 근원적인 문제라고 할 수 있는 '하느님의 창조는 무슨 의미를 지니는가?'에 대한 답을 얻기 위해서이다. 곧 하느님과 자연 그리고 하느님과 인간이 어떠한 관계를 형성하고 있는지 보고자 한다.

1. 한처음에 하느님께서 하늘과 땅을 창조하셨다(창세 1, 1)

창조에 대한 아우구스티누스의 사상을 전개하는 데 있어 무엇보다 다음과 같은 그의 말에 주목해야 한다. "피조계에 대해 세 가지의 위대한 진리를 알아야 하는데, 즉 누가 피조계를 만들었으며, 무엇으로 만들었으며, 왜 만들었느냐는 것이다. … 여하튼 앞에서 내가 언급한 세 질문, 피조물 하나하나에 대해 사람들이 물음직한 질문, 즉 누가 무엇으로 왜 만들었느냐는 물음에 이렇게 답변해야 할 것이다: '하느님이, 말씀으로, 좋아서 만들었다!'"[2]

창조: 삼위일체 하느님에 의한 존재 산출

아우구스티누스는『고백록』에서 다음과 같이 적고 있다. "문득 내 앞에 수수께끼로 나타나는 삼위일체, 하느님이시여 곧 당신이시니이다. 아버지여, 당신이 우리 지혜의 비롯음이신 당신의 지혜로 즉, 당신께 났으나 당신과 같으시고, 같이 영원하신 당신 아드님으로 하늘과 땅을 만드셨나니 … 내가 이미 믿었듯이 하느님을 삼위이신 줄 믿으면서 당신 성서에서 찾아보니 이에 당신의 '성령이 물 위에 움직이시더라' 하였습니다. 그렇습니다. 나의 하느님이야말로 성부, 성자, 성령 삼위이시오, 모든 피조물의 창조주이신 것입니다."[3] 여기에서 "당신이 아니 계신 채 존재하는 무엇이 있습니까?"라는[4] 아우구스티누스의 고백이 나온다. 이 질문은 창조 행위가, 에티엔느 질송(Étienne Gilson)의 표현대로, 있는 것의 존재를 산출하는 것임을 제시한다.[5] 달리 말하면, 모든 존재자는 최고유(最高有, summe esse)인 하느님에 의해 생겨난 것이다.[6]

하느님이 최고로 존재하는 분(Deus qui summe est)이라는 사실은,[7] 하느님이 "나는 있는 나다"(Ego sum qui sum)라고 선포하듯(탈출 3, 14), 하느님만이 존재 자체(Ipsum esse)라는 것이요, 피조물이 갖고 있지 못하는 양식으로 존재를 소유하고 있다는 것이다.[8] 그렇기에 하느님과 피조물은 존재를 부여하는 자와 그것을 부여받은 자의 관계로 표시된다.『고백록』역시 이 점을 다음과 같이 제시한다. "천지는 제 스스로 생겨나지 않았음을 이렇게 외칩니다. '우리가 있는 것은 만들어졌기 때문, 그러기에 우리가 있기 이전에 있지 못하였으니 우리 스스로가 우리를 만들어낼 수 없던 것이다.' 그들의 말소리는 자명한 것입니다."[9]

더욱이 피조물은 자신의 존재뿐 아니라 존재양식과 선성(善性)까지도 하느님께 의존한다. "어떠한 양식으로든 존재하는 모든 것은 높은 곳에 계시는 그분에게서 나온 것이요, 그 종류에 있어 선하다."[10] 또한 "일체의 선은 하느님 자신이거나 하느님께로부터 오며, 따라서 제 아무리 미소한 형용이라 하더라도 하느님께로부터 오는 것이다."[11] 달리 말하면, 존재하는 것은 아무리 미소하더라도 선한 것이니, 이는 최고유(最高有)이며 최고선(最高善, summum bonum)인 하느님께로부터 온 것이기 때문이다.[12] 그렇기에 아우구스티누스는 다음과 같이 고백한다. "주여, 당신이 만들어내신 것이오니 그것들이 아름다웁기는 님이 아름다우신 때문, 님이 좋으시기에 그것들도 좋아진 것, 님이 있으시기에 그것들도 있는 것이니이다."13 또한 "어떠한 양식으로든 존재하는 모든 것은 선한데, 이는 어떠한 양식으로 존재하는 것이 아니라 존재 자체이신 분에게서 온 것이기 때문이다."14

이토록 긴밀히 연결되어 있는 피조물의 존재와 선성은, 하느님이 각 피조물 안에 질서를 확립해 놓으셨음을 드러낸다. 하느님이 각각의 본성의 움직임에 부여한 이 법칙에 대해15 아우구스티누스는 다음과 같이 말한다. "하느님으로부터 크든 작든 모든 선이 나옵니다. 그분에게서 크든 작든 모든 척도가 나오며, 크든 작든 모든 형상이 나오며, 크든 작든 모든 질서가 나옵니다. … 이 세 가지가 큰 곳에 큰 선이 있습니다. 이 세 가지가 작은 곳에 작은 선이 존재합니다. 이 세 가지가 없는 곳에는 어떠한 선도 존재하지 않습니다. 더욱이 이 세 가지가 큰 곳에 큰 본성이 있습니다. 세 가지가 작은 곳에는 작은 본성이 있습니다. 이 세 가지가 없는 곳에는 어떠한 본성도 없습니다. 따라서 모든 본성은 선합니다."16 다른 곳에서 성인은 이렇게 말한다. "모든 자연 본성은 존재한다는 이유로, 또 자기 척도를 갖고 자기 형상을 갖고 나름대로 자기 평화를 갖고 있으므로 정말 선하다."17 또한 『마니교도 반박 창세기 해설』(De Genesi contra Manichaeos)에서 아우구스티누스는 다음과 같이 말한다. "조화의 일치에로 이끄는 척도와 수와 질서를 발견하지 않은 채 저는 어떠한 동물의 몸과 지체에 대해 생각할 수 없습니다. 저는 이 세 가지가 하느님의 불변하고 영원한 초월함 안에 존재하는 최고의 척도와 수 그리고 질서에서가 아니라면 어디에서 온 것인지 이해하지 못합니다."18

아우구스티누스가 피조물에 부여된 질서에 관해 언급한 위의 세 인용문은 '척도(modus)-형상(species)-질서(ordo)', '척도(modus)-형상(species)-평화(pax)' 그리고 '척도(modus)-수(numerus)-질서(ordo)' 등으로 표현되는 존재자의 존재론적 삼중구조를 우리에게 제시한다. 사물의 존재론적 선성(善性) 또는 존재자의 형이상학적 원리를 제시하는 이 구조는 "당신께서는 모든 것을 재고 헤아리고 달아서 처리하셨습니다."(omnia mensura et numero et pondere disposuisti)라는 지혜 11, 21의[19] '척도(mensura)-수(numerus)-무게(pondus)'에 상응하는 것이다.[20] 아우구스티누스의 지혜 11, 21 주석에 따르면,[21] 척도(mensura)는 각각의 사물에 한계를 지우는 것이며, 수(numerus)는 각각의 사물에 고유한 형상을 주는 것이고, 무게(pondus)는 개별 사물을 그의 안식(quies)과 영속성(stabilitas)에로 이끄는 것이다.[22] 달리 말하면, '척도'는 존재 양식이기에 mensura와 modus는 존재론적 질서를 가리킨다. '형상과 아름다움'으로 번역할 수 있는 '수'는 개별 존재자의 내적 조화의 법을 의미하기에 numerus와 species는 지성론적 질서를 드러낸다. 그리고 '무게'는 존재자로 하여금 자신의 목적에로 향하게끔 하는 경향적 운동이다. 따라서 pondus와 ordo는 개별존재자와 세상과의 그리고 더 나아가서는 하느님과의 역동적 관계를 정의하며, 가치론적 의미를 지니고 윤리적 질서를 가리킨다.[23]

이러한 의미에서 볼 때, 개별 존재자들뿐 아니라 이들의 연합체라고 할 수 있는 온 세상에서도 나타나는 이 존재론적 삼중구조는 피조물성을 드러낸다고 할 수 있다.[24] 창조주 하느님만이 최고의 척도(summa mensura)요, 최고의 수(summus numerus)이며, 최고의 질서

(summus ordo)이기 때문이다.25 따라서 아우구스티누스는 이렇게 고백한다. "이성을 가지고 하늘과 땅을 바라보고, 눈에 보이는 모든 사물들, 제각기 그 종류에 따라서 일정한 척도와 형상과 질서에 의거하여 만들어진 모든 사물들을 관찰하노라면 하느님 말고 다른 조성자가 있으리라고 믿을 사람은 아무도 없으리라."26

창조: '시간-영원성'의 구도

모든 피조물이 자신의 존재하는 데 있어 그리고 선성(善性)을 지니는 데 있어 하느님께 종속되어 있다는 사실에서 우리는 하느님과 피조물의 또 다른 관계를 발견한다. 아우구스티누스에 따르면, 온갖 사물이 아무리 아름답고 좋으며 존재하지만, 창조주에 비하면 아름다운 것, 좋은 것, 존재하는 것이 아니다. 모든 존재자는 변화와 무상함을 통해 자신의 피조물성을 고백하기 때문이다.27 이러한 하느님과 피조물의 존재 양식에 대해『고백록』은 다음과 같이 묘사한다. "그대 아래 있는 모든 것을 내 보아하니 아주 있는 것도 아니요, 또 아주 없는 것도 아니더라. 그대로부터 있으니 있는 것이요, 그대가 아닌 것들이니 없는 것이 아닌가? 참으로 있는 것은 항상되게 있는 그것."28 이 구문에 의하면, 피조물에게 '존재'와 '비존재'라는 용어를 동시에 적용할 수 있다. 참으로 존재한다는 것(vere esse)은 불변하게(incommutabiliter) 있다는 것이기 때문이다. 이 점은『강론』7에서도 분명히 나타난다. 성인은 "존재한다는 것은 불변성의 이름이다."라고 전제하면서, "변화하지 않는 이가 아니라면, 참된 존재(verum esse), 순수한 존재(sincerum esse), 진정한 존재(germanum esse)를 소유하지 못한다."고 강조한다.29

더욱이 히포의 주교는 하느님을 가리키는 용어로 'Idipsum'30을 사용하면서 다음과 같이 자문자답(自問自答)한다. "그분 자체(Idipsum)는 무엇인가? 항상 동일하게 계시는 분, 곧 지금은 이러한 것이지만 다음에는 다른 것으로 되는 분이 아니다."31 『고백록』에서는 이렇게 말한다. "당신이야말로 진정 바뀌지 않는 '같으신 분!' 당신 안의 안식은 온갖 수고의 잊음이오니 아무도 당신과 견줄 이 없고, 당신 아닌 다른 허구한 것들을 애써 찾을 것도 없사옵니다."32 또한 다른 작품은 "그분에 대해 존재 자체가 아니라면 다른 어떤 것으로도 말할지 못할 것입니다."라고 고백한다.33 하느님이 최고로 그리고 최상으로 존재하시고 절대로 불변하시고, 항상 같으신 분이라는 사실은,34 그분이 영원하신 분이라는 것을 드러낸다. "영원성은 하느님의 실체(substantia)이다."35 달리 말하면, 영원성은 불변하는 하느님의 방식인 것이다. "(하느님은) 참된 영원성으로, 그것을 통해 하느님이 불변하시며, 시작도 없고 끝도 없으시다."36

이에 반해 피조물은 '비존재'가 적용된다는 점에서 가변적이다. 이러한 가변성은 피조물의 존재론적 한계를 드러내는 것이다. 곧 가변성은 불완전함의 가장 확실하고도 명백한 표지이다.37 그렇다면 이러한 한계는 어디에서 기인한 것인가? 무엇보다 피조물의 가변성은 시간에 종속되어 있음을 드러낸다. 시간은 창조된 사물들의 특징이기 때문이다.38 달리 말하면, 시간은 하느님의 피조물이기에 자기 스스로 존재할 수 없으며, 그것의 본질은 변화하는 것이요 과거에서 현재로 넘어가는 것이지 하느님처럼 영속적인 것이 아니다.[39] 따라서 피조물과 하느님 사이에 나타나는 '변화-불변'의 차이는 '시간-영원성'의 구도에서 조망될 수 있는 것이다.[40] 아우구스티누스는 이러한 가변성과 시간성을 태어나 성장하고 사라지는 직선적인 세 단계로 묘사한다. "나고 죽고 하는 그 아름다움은 나면서 있어지고, 제 한도까지 자라다가 도가 차면 늙고 죽삽나니, 죽기는 다 하여도 늙기는 저마다 하는 것이 아니옵니다. 이러므로 나면서 있어진 것이 있고자 자라기를 빨리 할수록 결국 그것은 없어지고자 더욱 바삐 서두른 셈이 되는 것이니, 이것이 바로 그것들의 됨됨이옵나이다."[41]

따라서 "천지를 창조하기 이전에 하느님이 무엇을 하고 있었는가?"[42]라는 질문 자체가 형성되지 않는다.[43] 영원하신 하느님을 시간의 흐름 안에 종속시키기 때문이다. 그렇기에 아우구스티누스는 다음과 같이 설명한다. "모든 시간을 만드신 분이 당신이신데도 천지를 내시기 이전에도 무슨 시간이 있다 친다면 어찌하여 당신께서 모든 일을 쉬셨다 일컫나이까? 시간조차 당신의 하신 일이 아니오니까? 당신께서 시간을 내셨느니만큼 영겁마저 당신이 내시기 이전엔 흐를 수 없던 것입니다. 이러므로 천지 이전에 아무런 시간도 존재치 않았다면 그때에 무엇을 하고 계셨더냐는 질문이 도대체 무엇이오니까? 시간이 존재치 않았을 적에 그때란 것이 있지 않았던 까닭이옵니다. … 님의 세월은 가지도 오지도 않건마는 우리네 것은 오기 위해 가고, 또 흘러가나이다. 님의 세월은 항상되기에 다 함께 있어 흐르지 않는 까닭에, 가는 것에 오는 것에 밀려남이 없건마는 우리네 세월은 다 가

고 없은 다음에야 다 있게 되기 마련입니다."⁴⁴

말씀을 통한 무에서의 창조

모든 존재자의 시간성과 가변성에서 우리는 또 다른 측면을 발견한다. 곧 모든 피조물은 하느님의 것(non de illo), 즉 하느님의 한 부분이 아니라 하느님에게서 온 것(ab illo)이라는 점이다. 이를 달리 표현하면, 피조물이 지닌 가변성의 기저에 '무로부터의 창조'(creatio ex nihilo)가 근본 이유로 제시되고 있다는 것이다. "(하느님이) 만드신 모든 것은 무(無)로부터 만드신 것이기에 가변적인 것이다."⁴⁵ 바로 여기에 피조물이 존재뿐 아니라 비존재까지도 공유하는 이유가 있다.

사실 그리스 철학자들은 '무로부터의 창조'라는 개념을 생각할 수 없었다. 왜냐하면 무(無)에서는 무(無)만 기인할 수 있기 때문이다. 영적 세계에 대한 강력한 옹호자였던 플라톤조차 아직 비형상적이지만 무언가가 될 수 있는 능력을 소유하고 있는 어떤 것이 있어야 한다는 이른 바 '영원한 질료' 이론을 주장하였다.⁴⁶ 아울러 영지주의자였던 바실리데스(Basilides)는 무로부터의 창조를 명시적으로 개진하였지만, 대부분의 영지주의자들은 창조 개념보다는 '유출'(emanation) 이론을 지지하였다. 이러한 분위기에서 무로부터의 창조를 위한 논거를 제시한 첫 번째 그리스도교 저술가로서 안티오키아의 테오필루스가 등장한다. 그는 다음과 같은 주장을 한다. 첫째, 하느님만이 아니라 플라톤주의자들이 주장하는 것처럼 질료도 창조되지 않은 것이라면, 하느님은 더 이상 모든 것의 창조요 유일하신 주님이 될 수 없다. 둘째, 만약 질료가 창조되지 않은 것이고 변화하지 않는 것이라면, 불변하신 하느님과 동일한 것이어야만 한다. 셋째, 만약 하느님이 선재하는 질료에서 세상을 창조하신 것이라면, 그것은 특별한 것이 되지 않을 것이다. 왜냐하면 인간도 기존의 물질에서 어떤 새로운 것을 제조할 수 있기 때문이다. 후대 그리스도교 저술가들은 이러한 테오필루스의 관점을 수용하여 무로부터의 창조가 그리스도교 신학의 핵심 요소로 자리하게 된다. 유일하시고 전능하신 분으로서 성서에 나타나는 하느님에 대한 옹호였기 때문이다.47

아우구스티누스 역시 이러한 전승을 충실히 따르면서 "당신 아닌 무엇이 있어서 그것으로 천지를 내신 것이 아니었나이다. … 그러므로 무에서 하늘과 땅, 큰 것, 작은 것을 내시었으니 전능하시고 지선하시어 모든 좋은 것, 큰 하늘, 작은 땅을 당신이 내시었나이다."라고 고백한다.48 또한 그는 "하느님은 −그분으로부터, 그분을 통하여 그리고 그분 안에서 모든 것이 존재합니다− 당신의 권능으로 인해 선재하는 어떠한 질료의 도움을 필요로 하지 않으십니다."라고 주장한다.49 '무로부터의 창조'는 로마 4, 17, 2 마카 7, 28, 시편 148, 5, 로마 11, 36 등 성경이 이미 증언하고 있는 내용으로,50 쟝 페팽(Jean Pépin)이 지적하듯 '신−세상'(dieu-monde)으로 표현할 수 있는51 플라톤과 플라톤주의자들의 '유출' 이론과는 상반되는 것이다.52 이 점을 아우구스티누스는 '그분으로부터'(Ex ipso)와 '그분의'(De ipso)라는 표현의 차이, 즉 어떠한 것의 '기원'과 '창조한 분이 지닌 실체의 한 부분'과의 극명한 구분을 통해 분명하게 제시한다.53

'무에서의 창조'라는 사실은 하느님이 무엇으로 세상을 만드셨는가? 라는 질문을 우리에게 제시한다. "주여, 하늘과 땅을 어떻게 창조하셨나이까? 결코 하늘과 땅 그리고 공중이나 물에서 천지를 창조하실 리 없었으니 이것이 다 하늘과 땅에 딸려 있기 때문이요, 온 누리 안에서 온 누리를 창조하셨다고도 못할 것이, 존재를 위하여 창조되기 이전에 있어야 할 공간이 없었던 때문입니다. 하늘과 땅을 만드실 바탕으로 당신 손에 무엇을 가지신 바도 아니었으니, 무엇은 당신이 아니 만드신 것이 있삽기에 어느 무엇으로 무엇을 만드신단 말이옵니까 … 그러기 말씀하시매 모든 것이 생겨났고, 또 이것은 당신 말씀님으로 하신 것이니이다."54 이 구문에서 나타나듯 하느님은 당신 말씀으로 세상을 만드신 것이다.

문제는 "한처음에 하느님께서 하늘과 땅을 창조하셨다. 땅은 아직 꼴을 갖추지 못하고 비어 있었는데, 어둠이 심연을 덮고 하느님의 영이 그 물 위를 감돌고 있었다."(창세 1, 1-2)를 어떻게 해석하는가이다. 창세 1, 3부터 하느님의 창조적 말씀이 등장하기 때문이다. 아우구스티누스에 의하면, "처음에 혼돈된 그리고 무형한 질료가 창조되었다. 이는 그 질료에서 형상을 갖추고 구별되는 것들이 창조되기 위해서이다. 나는 그리스인들이 이것을 카오스(χάος)라고 부른다고 믿는다."55 이 무형한 질료(materia informis) 역시 무(無)에서 창조된 것이며, 56 창세 1, 1의 '하늘과 땅'으로 불린다. 왜냐하면 하늘과 땅이 이미 존재하였기 때문이 아니라 하늘과 땅으로 될 수 있기 때문이다. 또한 무형한 질료는 '보이지 않고 틀이 잡히지 않은 땅'(terra invisibilis atque incomposita)과 '물'(aqua)로도 불린다. 왜냐하면 비가시성은 어둠 때문이고, 정돈되지 않은 것은 아직 형상을 갖지 못했기 때문이다. 그리고 물이라 불리는 것은, 물을 자신을 통해 모든 것들이 형상을 갖추도록 일하시는 하느님의 힘에 쉽고도 온순하게 자신을 내맡기기 위해서이다.57

여기서 염두에 두어야 할 것이 있다. 무형한 질료가 시간적으로 다른 모든 것의 창조에 우선하지 않는다는 점이다. 왜냐하면 모든 것은 동시에 창조되었기 때문이다. 곧 질료는 인과의 순서상 그리고 존재의 조건으로서 형상을 앞서는 것이지 시간상 그러한 것은 아니다.58 아울러 무형한 질료는 절대적 무(無)가 아니라, 어떠한 형상이 없는 '꼴 없는 그 무엇'인 것이다.59 하지만 이 질료는 최고로 그리고 본래부터 존재하는 하느님과 다른 존재이며, 무형성(informitas) 때문에 무(無)를 향한 경향성을 지니고 있다. 그렇기에 무형한 질료는 항상 그리고 불변한 형태로 성부께 일치하고 있는 말씀의 형태를 모방해야 한다. 곧 무형한 질료가 참으로 그리고 영원히 존재하는 분인 창조주께 향함으로써 자신의 종류에 적절한 양식으로 형상을 받게 되고 완전한 피조물이 된다.

이러한 회귀(回歸, conversio)를 위해, 곧 아직 불완전한 피조물이 자신에게 적합한 형상을 받도록 말씀은 피조물을 부르는 것이다. 이 부름이 '되어라'(fiat)라는 표현을 통해 나타나는 것이다. 이러한 회귀와 꼴을 갖춤(formatio)을 통해 각각의 피조물은 자신의 고유한 능력에 따라 성부와 항상 일치하여 있는 말씀을 본받게 된다.60 바로 여기에 하느님이 말씀을 통해 창조하셨다고 보는 이유가 있다. "미완성인 것마저 당신 말씀님에 매이었기는 오직 그 말씀님이 당신의 통일에로 끌어들임으로써 그것들이 오직 한분 최고선이신 당신으로 해 완성되고, 모두가 매우 좋이 있기 위함이었나이다."[61]

창조의 동기: 'quia voluit'–'quia bonus'

아우구스티누스는 '무로부터의 창조'에 대해 다음과 같이 요약한다. "'하느님께서 무로부터 모든 것을 창조하셨다.'라고 말할 때, 다음의 것 외에는 다른 것을 말하지 말아야 한다. (이미 존재하는 어떤 것에서) 창조하는 것이 없었다. 그리고 무엇보다 그분이 원했기 때문에 창조하셨다."[62] 이 구문에서 우리는 흥미로운 주제를 발견한다. 바로 "왜 하느님은 하늘과 땅을 창조하셨는가?"에 대한 대답이다. "그분이 원하셨기 때문이다."(quia voluit) 하느님의 의지가 창조의 원인임을 제시하는 이 답변은 신이 자신을 통교하는 필연성에 의해, 곧 선(善)의 필연적인 확산과도 같이 그 자신을 퍼뜨리는 것과 같이 세상이 존재하게 되었다는 플로티누스의 주장과는 상반되는 것이다.[63]

여기서 또 다른 질문을 하게 된다. "왜 하느님은 하늘과 땅을 만드시기를 원하셨는가?" 아우구스티누스에 의하면, 이 물음은 하느님의 의지보다 더 위대한 어떤 것, 곧 하느님의 의지의 원인을 알고자 하는 것이다. 하지만 그 무엇도 하느님의 의지보다 위대하지 않은데, 이는 하느님의 의지가 존재하는 모든 것의 작용인(作用因, causa efficiens)이기 때문이다.[64] 달리 말하면, 모든 작용인은 그것의 결과보다 더 위대한 것이기에, 하느님의 의지보다 더 위대한 것은 존재하지 않는다.[65]

결국 창조된 모든 것의 원인은 하느님의 의지인 것이다.[66] 즉 하느님의 '원하심'(volle)은 그분의 창조하심(facere)인 것이다.[67]

보다 성서적인 아우구스티누스의 주의설(主意說, voluntarismus)외에 우리는 성인의 작품 안에서 또 다른 창조의 동기를 발견한다. 그것은 플라톤의 『티마이오스』에 나타난 '선한 신'(Deus bonus)에 의한 선한 행적의 산출과 조화로 '그분이 선하시기 때문에'(quia bonus)라는 것이다. "하느님의 선함에서 그리고 최고선이요 창조되지 않으신 그분으로부터 크고도 좋은 세상이 창조되었다."[68] 이 측면은 아우구스티누스의 다음의 글에서 잘 나타난다. "모든 것을 가리켜 '하느님 보시기에 좋았다.'고 하는데, 하느님의 창조 예술, 하느님의 지혜에 따라 당신의 작품을 선하다고 인정하는 말씀이 아니라면 뭐라고 이해하겠는가? … 한 걸음 더 나아가 플라톤은 감히 이런 말을 했다. 즉 하느님이 우주를 완성하고 나서 기쁨에 겨웠다고 … 그는 창조할 예술이 하느님 마음에 들었던 것과 마찬가지로 이미 창조된 것이 예술가로서 당신의 마음에 들었음을 알리고 싶었던 것이다. … 피조계에 대해 세 가지의 위대한 진리를 알아야 하는데, 즉 누가 피조계를 만들었으며, 무엇으로 만들었으며, 왜 만들었느냐는 것이다. … 누가 만들었느냐고 우리가 묻는다면 '하느님께서 만들었다.'고 답한다. 무엇으로 만들었느냐고 묻는다면 '빛이 생겨라 하시자! 하시자 빛이 생겨났다.'고 답한다. 왜 만들었느냐고 묻는다면 '하느님 보시기에 좋았다.'고 답한다. 하느님보다 더 훌륭한 제작자가 없고 하느님의 말씀보다 더 훌륭한 제작 기술이 없고 선한 하느님으로부터 선한 것이 창조되는 것보다 더 좋은 제작 이유가 없다. 플라톤 역시 선한 하느님에 의해 선한 작품이 생긴 이것이야말로 세계를 창조하는 가장 정당한 이유라고 말한다. … 여하튼 앞에서 내가 언급한 세 질문, 피조물 하나하나에 대해 사람들이 물음직한 질문, 즉 누가 무엇으로 왜 만들었느냐는 물음에 이렇게 답변해야 할 것이다: '하느님이, 말씀으로, 좋아서 만들었다!' … '하느님 보시기에 좋았다!'는 구절에서 하느님이 어떤 필요에 의해서거나 당신이 사용할 무엇이 부족해서 만든 것이 아니라, 오로지 당신의 선함으로, 창조된 모든 것을 만들었음을 제대로 알게 된다. 다시 말해 그것은 좋아서 만들었다는 것이다."[69] 또한 아우구스티누스는 만약 창조의 동기를 묻는다면, 다음의 대답보다 더 훌륭한 것은 없다고 주장한다. "하느님의 모든 피조물은 좋다는 것이다. 그리고 하느님이 아니라면 그 어떤 이도 창조할 수 없는 좋은 것들을 선하신 하느님이 만든다는 사실보다 더 합당한 것이 무엇이 있겠는가?"[70] 아울러 이 측면은 피조물과 하느님의 유사함에서도 드러난다. "모든 사물이 좋다면, 비록 매우 불완전하다고 하더라도, 최고선(最高善)과의 유사함을 갖고 있는 것이다."[71] 결국 하느님이 선하시기에 우리는 존재하는 것이고, 우리는 존재하는 그만큼 선하다고 할 수 있다.[72]

여기서 새로운 질문이 등장한다. '그분이 원하셨기 때문에'(quia voluit)와 '그분이 선하시기 때문에'(quia bonus)라는 두 전통이 아우구스티누스 안에서 서로 조화를 이루는가? 이 문제를 해결하기 위해 두 전통이 함께 나타나는 성인의 본문을 살펴보자. "그분이 만드신 모든 것은 강압적으로 만들어진 것이 아니다. 오히려 '그분이 원하셨던 모든 것을 만드신 것이다.' 그분이 만드신 모든 것의 동기는 그분의 원의이다. 당신은 집을 지을 것이다. 왜냐하면, 만약 집을 세운다고 결정하지 않는다면, 머물 공간 없이 있어야만 하기 때문이다. 당신의 자유로운 원의가 아닌 필요성이 당신으로 하여금 집을 세우도록 하는 것이다. 당신은 옷을 지을 것이다. 왜냐하면 만약 당신이 그것을 만들지 않는다면 헐벗은 채로 있어야만 하기 때문이다. 어떤 필요성이 당신으로 하여금 옷을 만들도록 이끄는 것이지, 의지의 자유로운 선택을 통해 당신이 그것을 하는 것은 아니다. 당신은 산에 올라가 포도나무를 심던가 아니면 그곳에 씨앗을 뿌릴 것이다. 왜냐하면, 만약 당신이 노동하지 않는다면, 당신이 먹을 것을 갖지 못하기 때문이다. 이 모든 행위들을 당신은 필요성에 의해 움직여 수행한다. 하느님은 당신의 선함에 움직여 모든 것을 창조하셨다. 사실 그분은 창조된 것들 중 어떤 것도 필요로 하지 않으셨다. 그래서 '그분이 원하셨던 모든 것을 만드신 것이다.'라고 말하는 것이다."[73]

여기서 아우구스티누스는 무엇보다 세상 창조에 있어 하느님의 자유를 강조한다.[74] 달리 말하면 세상 창조의 작용인은 전지전능한 하느님의 의지이며,[75] 이러한 전지전능함에 완전한 그분의 자유로움이 있다. 하느님의 완전한 자유를 설명하는데 있어 그분의 절대적 초월성외에 그 어떤 것도 필요하지 않다. 즉 하느님은 자존(自存)하시는 분이므로 누구의 선(善)을 필요로 하지 않으신다. 반면, 피조물은 하느님의 선(善)인 최고선을, 곧 최고유(最高有)를 결하고 있는 것이다.[76] 이러한 의미에서 볼 때 '그분이 선하시기 때문에'는 '그분의 확산적인 선'(Bonum diffusivum sui)이라는 플라톤주의가 제시하는 원칙의 연장이 아니다. 오히려 인격적이며 자유로운 창조주에 대한 그리스도교적 전망에서 보아야 한다. 곧 하느님은 우리를 사랑하기 때문에, 곧

우리로 하여금 당신의 선성에 참여시키기 위해 우리를 창조하셨다는 전망이다.77

따라서 우리는 "아우구스티누스에 따르면 자유롭다는 것은 사랑의 질서에 따라 원한다는 것이다."라는 클라크(Clark)의 주장에78 동의한다. 아우구스티누스는 플라톤주의자들의 '확산적인 선'(bonum diffusivum)을 '확산적인 사랑'(amor diffusivus)으로 변형한 것이다.79 '그분이 선하시기 때문에'는 '그분이 사랑하시기 때문에'라고 이해할 수 있으며, 이를 통해 하느님이 자신의 창조에 대한 지속적 관심을 드러낸다고 말할 수 있다.80 곧 하느님이 자유롭게 세상을 창조하는 데 있어 자신의 자애로운 호의를 드러내시는 것이다. 이러한 의미에서 창조의 동기는 하느님의 사랑이라 할 수 있으며, 이는 '그분이 원하셨기 때문에'를 통해서 그리고 '그분이 선하시기 때문에'를 통해서 표현된다.81 그러므로 '그분이 원하셨기 때문에'와 '그분이 선하시기 때문에'라는 두 전통이 조화를 이룰 수 있다는 에티엔느 질송의 주장은82 정당하다. 아울러 같은 노선에 있는 쿠지노(Cousineau)의 결론 역시 그러하다고 볼 수 있다. "하느님은 완전하게 내재적이며 동시에 초월적이다. 이 사실은 그분의 창조 행위를 특징짓는다. 내재적-초월적 범주는 목적-작용(final-efficient) 그리고 quia-bonus와 quia-voluit 범주에 유비적이다."83

2. 하느님의 모상으로서의 인간 창조

삼위일체적 모상

아우구스티누스의 신학적 인간학의 출발점은, 넬로 치프리아니(Nello Cipriani)가 주장하듯[84] 하느님의 모상으로 창조된 인간에 대한 성서적 확언이다. "우리와 비슷하게 우리 모습으로 사람을 만들자."(창세 1, 26) 인간이 하느님의 모상으로 창조되었다는 것은, 사람은 삼위성(三位性)과 일치성(一致性)을 동시에 드러낸다는 것을 의미한다. 곧 인간 안에 독립적으로 드러나면서 분리되지 않고 활동하고 있는 세 구체적 실재가 존재함을 말한다.[85] 이는 다른 것이 아니라, 인간 안에 삼위일체 하느님의 모상이 있다는 것이다.[86] 이는 다음의 구문에서 잘 나타난다. "하느님의 이 말씀에 대해 우리가 선호하는 의미는 다음의 문장이 단수가 아닌 복수로 표현되었다는 것을 이해하는 것이다. '우리와 비슷하게 우리 모습으로 사람을 만들자.' 왜냐하면 인간은 오직 성부만의 혹은 오직 성자만의 또는 오직 성령만의 모상이 아닌 바로 그 삼위일체의 모상으로 창조되었기 때문이다."[87] 아울러 아우구스티누스는 『고백록』에서 인간의 삼위일체적 모상을 '존재-인식-의지'(esse-nosse-velle)로 설명한다.[88] 또한 그는 『삼위일체론』에서 인간의 정신 안에 나타나는 두 가지 삼위일체적 구조, 곧 '정신-인식-사랑'(mens-notitia-amor)과 '기억-지성-의지'(memoria-intelligentia-voluntas)라는 두 정식을 소개한다.[89]

하느님의 모상에 관한 아우구스티누스의 사상이 형성되는 데 있어 암브로시우스의 영향력을 부정할 수 없다.[90] 사실 아우구스티누스는 밀라노의 주교를 통해 고대 가톨릭교회의 일반적 전통을 따르고 있고,[91] 창세 1, 26-27이 이성적 정신에 곧 내적 인간에게만 해당되는 것이라 생각한다.[92]

문제는 인간 정신 안에 나타나는 삼위일체의 모상성이라는 아우구스티누스의 사상이 어디에서 연유한 것인가 하는 점이다. 제랄드 보너(Gerald Bonner)는 에티엔느 질송의 노선을 따라 플라톤주의자들의 강한 영향력을 주장한다.[93] 물론 아우구스티누스의 지성적 배경에서 그들의 영향력을 무시할 수는 없다. 그러나 우리는 프와티에의 힐라리우스나 니사의 그레고리우스와 같은 저술가들의 영향력을 배제하지 않으면서 마리우스 빅토리누스(Marius Victorinus)의 영향력을 주장한 넬로 치프리아니의 의견에 동의한다.[94] 왜냐하면 마리우스 빅토리누스는 모든 피조물 안에서 삼위일체의 그림자 혹은 모상을 보는 데 한정짓지 않고, 인간 영혼이 삼위일체의 모상임을 명시적으로 주장하였기 때문이다.[95]

capax Dei

인간이 하느님의 모상으로 창조되었다는 것은 무엇을 의미하는가? 무엇보다 하느님의 모상성은 인간이 하느님과 동일하거나 그분처럼 영원하다는 것을 의미하지 않는다.[96] 오히려 그것은 인간이 하느님과 밀접한 관계에 있다는 존재론적 능력을 제시한다. 곧 인간 안에 하느님께서 실제적으로 현존하여 계시어 사람으로 하여금 하느님의 얼굴을 관상케 하는 표지인 것이다.[97] 『고백록』과 『삼위일체론』에서 아우구스티누스는 인간 안에 있는 영적 모상의 본성, 곧 인간 편에서 하느님께 참여하는 능력을 '하느님에 대한 능력을 갖고 있는'(capax Dei), '최고 본성에 대한 능력을 갖고 있는'(capax summae naturae), '신적 실재에 대한 능력을 갖고 있는'(capax divinorum) 등의 표현을 사용하면서 다음과 같이 제시한다.

"인간의 정신은 하느님에 대한 능력을 갖고 있는 한 하느님의 모상이며 그분께 참여할 수 있다."[98]

"최고의 본성에 대한 능력을 갖고 있고 그에 참여할 수 있다."[99]

"인간의 영혼은 신적 실재에 대해 능력을 가지고 있다."[100]

사실 capax Dei는 하느님이 인간을 창조할 때 자신에게 참여할 수 있도록 준 능력이다.[101] 곧 인간은 하느님의 조명에 대한 능력을 가진 채로 창조되었기에[102] 지성적 그리고 불변적 실재들과 계속적인 접촉을 갖는다. 또한 인간은 자신의 고유한 의지를 통하여[103] 혹은 절제와 인내라는 두 덕행을 통해 실현되는 영혼의 정화를 통하여 하느님께 참여할 수 있는 능력을 지니고 있다.[104] 더 나아가 인간은 하느님의 선물에 대한 능력을 지니고 있다. 곧 불멸성과 지복직관(beatitudo)을 받을 수 있는 능력을 갖고 있다.[105]

아우구스티누스는 오리게네스에게서 받아들인 capax Dei 라는 표현을 통하여,[106] 하느님께 열린 인간의 존재론적 구조뿐 아니라 이성을 가진 존재라는 사실에서 오는 인간의 위대함을 강조한다.[107] 다른 말로 한다면, 인간의 고귀함은 하느님을 보는 것에로, 하느님을 인식하는 것에로 그리고 불변의 본성에 접합하며 삼위일체를 관상하는 것에로 고양하는 능력을 가진 인간의 본성으로 구성된다.108 그렇기에 하느님의 모상은 하느님께 일치되는 능력이며 하느님의 본성과 그분의 진리 그리고 지복직관에 참여하는 것까지 고양되는 능력인 것이다.109 여기서 하느님께 참여함으로써(particeps Dei) 하느님과 만나는 장소요 그분과 일치하는 장소로서 인간의 하느님에 대한 능력을 볼 수 있다. 이 능력은 신적 삶에로의 하느님의 부르심,110 곧 인간이 자신에게 모상을 새겨주신 분께 나아가는 것이다.111 그렇기에 '하느님께의 참여'(participatio Dei)를 통하여 인간의 삶은 성삼의 세 위격들 각자와 밀접한 관계를 맺게 되어112 하느님과 비슷하게 되는 것이다.113

여기서 진리에 도달할 수 없다는 아카데미학파의 주장이 오류라는 사실이 드러난다.114 아우구스티누스에 따르면, 지성의 행위는 조명을 통해 보는 행위이다.115 곧 인간은 지성을 갖고 있기에, 신적 빛에 참여함으로써 자연적으로 하느님으로부터 조명된 존재인 것이다.116 이러한 의미에서 인간은 비록 그가 불경한 자라도 하느님의 모상이기에 그분을 발견할 수 있는데, 그분의 빛이 그를 조명하면서 그를 만지기 때문이다.117 따라서 인간 영혼은 자신 안에 존재하는 영적 빛으로 인해 지성적이며 불멸의 실재들과 지속적인 관계, 곧 존재론적 결속을 갖고 있다고 할 수 있다.118

하느님께 대한 능력과 신적 삶에 대한 참여로 말미암아, 첫 인간은 정의의 질서가 낳은 결과인 하위의 것이 상위의 것에 대한 복종을 통하여 자신에게 평화와 지복직관을 선사한 올바름 안에 있었다. 달리 말하면 인간은 온전히 하느님의 마음에 드는 존재였고, 인간에게 있어 하느님은 기쁨의 원천이었다.[119] 첫 인간은 '불사불멸성',[120] '옷을 입지 않았어도 부끄러워하지 않음'[121] 그리고 '지성'[122]이라는 세 측면으로 특징지을 수 있는 원초적 정의를 소유하고 있었던 것이다.

영혼과는 달리 인간 육신은 하느님의 모상의 자리가 아니라는 점은 주지의 사실이다. 그런데 아우구스티누스 안에서 우리는 흥미로운 사실을 발견한다. 육신이 간접적으로 하느님 모상성에 참여한다는 것이다. 이는 육신이 존재하고 살아있기 때문이며 동시에 직립구조(直立構造)이기 때문이다. "우리의 육신 또한, 우리가 짐승보다 상위에 있으며 따라서 하느님과 비슷하다는 것을 드러내는 양식으로 형성되었다. 물속에서 혹은 땅 위에서 살아가는 또는 창공을 날아다니는 모든 동물들의 육신은 땅을 향해 있지 인간의 육신처럼 직립이지 않기 때문이다."[123] 이 '직립 구조'는 그리스 철학과 이교 문학 그리고 그리스도교 문학에서 많이 사용된 주제로,[124] 동물에 대한 인간의 우월성과 천상의 것들을 생각하도록 해주는 특전적인 구조로서 아우구스티누스에게서 나타난다.[125] 다른 말로 한다면, 직립적인 인간의 육신은 하늘을 관상하는데 보다 적합한 구조이기에, 인간에게 부여된 특전인 것이다.[126] 따라서 인간의 육신은 이성적 영혼과 조화로운 상태에 있는 것이라 할 수 있다.[127]

3. 창조의 지속성

창조의 두 순간

아우구스티누스에 의하면 모든 피조물의 존재는 하느님이 실체(substantia)를 부여하는 창조 사업에 기인한 것이다.128 여기서 만약 하느님의 이러한 창조 행위가 피조물에게서 사라진다면, 피조물은 더 이상 존재할 수 없게 된다는 결론이 나온다. 즉 "창조주의 권능과 전능하시고 무소부재(無所不在)하신 분의 능력은 모든 피조물이 존재할 수 있도록 하는 원인이다. 만약 이 능력이 한 순간이라도 피조물들을 다스리길 멈춘다면, 그 순간 그들의 존재는 끝이 나고 모든 본성은 무로 사라질 것이다. 왜냐하면 하느님은 건물을 지은 후에 떠나버리는 건축가와는 다르기에, 활동을 멈추시고 떠나간 후에도 그분의 일은 지속된다. 하지만, 만약 하느님이 자신의 관리 활동을 그만두신다면, 세상은 눈 깜빡하는 순간조차 존재할 수 없기 때문이다."129 이는 "우리는 그분 안에서 살고 움직이며 존재합니다."라는 사도 17, 28의 말씀을 통해서도 분명히 드러난다.130

하지만 우리는 여기서 난감한 문제에 부딪힌다. "하느님께서는 하시던 일을 이렛날에 다 이루셨다. 그분께서는 하시던 일을 모두 마치시고 이렛날에 쉬셨다."고 창세 2, 2는 말한다. 이와는 달리 "내 아버지께서 여태 일하고 계시니 나도 일하는 것이다."라고 요한 5, 17은 전한다. '쉬다'와 '일하다'라는 동사로 표현되고 있는 이 두 구절을 어떻게 이해할 수 있는가? 더욱이 성경은 창조 행위에 대해 6일 간의 창조를 묘사하는 창세기 1장과는 다른 구절을 제시한다. "영원히 살아 계시는 분께서 만물을 함께(simul) 창조하셨다."(집회 18, 1)

　이러한 성경 내에서의 상호 충돌을 어떻게 설명할 수 있는가? 이에 대한 답을 우리는 무엇보다 『창세기 문자적 해설』 5, 11, 27에서 찾을 수 있다. 먼저 하느님의 창조 행위는 그분의 존재처럼 영원한 것이기에 유일하며 시간에 종속된 것이 아니라는 것에 대해서는 의심의 여지가 없다. 그렇기에 아우구스티누스는 개념적으로 창조의 두 순간을 구분하면서, 각각을 '첫 창조'(prima conditio)와 '통치'(administratio)라고 부른다. "첫 창조에서 모든 피조물들을 만드시고 이렛날 쉬셨을 때의 하느님의 행위는 다른 것이고, 그분이 현재까지 계속해서 일하시면서 피조물들을 통치하는 행위 역시 다른 것이다." '첫 창조'와 '통치'로 표현되는 두 순간은 계속해서 '그때'(tunc)와 '지금'(nunc)이라는 대구(對句)로 이어진다. "그때는 하느님이 시간의 간격 없이 모든 것들을 동시에 창조하셨고, 반면 지금은 시간의 간격을 통해 하신다."

　아우구스티누스는 이 구분에 기초하여 다음과 같이 확언한다. "세상 처음에 하느님께서는 무엇보다 모든 것들을 동시에 창조하셨는데, 어떤 것들은 이미 그것들의 본성으로, 어떤 것들은 미리 존재하는 원인들로 하셨다. 이러한 방식으로 전능하신 분께서는 현재의 것들뿐 아니라 미래의 것들까지도 창조하셨고 그것들을 창조하신 후에 쉬셨다. 이는 계속해서 그것들을 통치하고 관리하면서 시간의 질서와 현세적인 것들도 창조하기 위해서이다. 왜냐하면 한편으로는 그분이 모든 종류를 결정했다는 의미에서 완성하신 것이고, 다른 한편으로는 그분이 시간의 흐름 안에서 모든 종류가 확산되기에 시작하신 것이기 때문이다. 그렇게 그분이 모든 종류를 완성했기에 쉬신 것이고, 그것을 시작했기에 그분은 여전히 지금까지 일하고 계신 것이다."131

결국 '첫 창조'는 하느님이 시간 안에서 무언가를 완성한 것이 아님을 드러낸다. 오히려 하느님이 모든 것을 동시에 창조하면서 그것들에게 시간의 간격이 아닌 원인들의 연결(connexio causarum)에서 오는 질서(ordo)를 주었던 양식을 의미한다.132 다른 말로 한다면, '첫 창조'는 동시에 그리고 한 순간에(in ictu condendi)133 피조물 전체를 구축한 근원적 기초이며 동시에 이 피조물 전체로 하여금 전체성, 곧 조화로운 우주를 형성하고 자신들 안에 발전의 원리를 가져온 질서인 것이다.134 일반적으로 '선행하는 원인과 이어지는 원인의 결합'(connexio praecedentium sequentiumque causarum)으로 정의되는 이 질서는135 '무형의 양식으로 유형한 피조물 안에 삽입된 다수의 원인들'(numerosae rationes incorporaliter corporeis rebus intextae)을 통해 개진된다.136 여기서 우리는 아우구스티누스의 '종자적 이성'(혹은 '배종적 이유'[胚種的 理由], rationes seminales) 이론을 발견한다.137

종자적 이성

비가시적으로(invisibiliter), 잠재적으로(potentialiter), 인과적으로(causaliter), 처음부터(primordialiter), 본원적으로(originaliter)138 존재하

는 이 씨앗들에 관한 종자적 이성 이론은 신플라톤주의와 스토아학파에서 영감을 받은 것이다. 하지만 아우구스티누스는 새로운 내용과 새로운 이유로 자신의 철학 안에 삽입하여 우리로 하여금 '첫 창조'와 '통치'라는 창조의 두 순간에 대한 올바른 이해에로 이끈다.139 또한 아우구스티누스가 종자적 이성 이론을 신학적으로 가치 있는 개념으로 간주한 첫 번째 인물은 아니지만, 자신의 선임자들보다 더 체계화하였다는 데에서 의의를 찾을 수 있다.140

성인에 의하면, "따라서 우리는 하느님께서 창조하신 모든 일에서 쉬셨다는 사실을, 그분이 창조하신 모든 것들을 유지하고 통치하는 것을 그만두셨다는 것이 아니라, 그 순간부터 계속해서 더 이상 새로운 어떤 본성을 창조하지 않으셨다는 의미로 이해해야 합니다."141 '첫 창조'가 실재하는 각 존재자의 존재 조건뿐 아니라 가지성(可知性, intellegibilitas)의 조건까지 실제적으로 제시하는 반면, 이 조건들은 우주의 현세적 발전 안에서 자신들의 역동성과 순리성을 계속해서 발휘한다.142 즉 세상 흐름의 각 순간에 모든 미래가 아직 발전하지 않은 그러나 현존하는 이 존재에서 발견되는 것이다.143

이에 대해 아우구스티누스는 다음과 같이 말한다. "물질적으로 그리고 가지적으로 태어나는 모든 것들의 감춰져 있는 씨앗들이 이 세상의 물질적 요소들 안에 현존하여 있다. 사실 열매와 동물들 안에서 우리 눈에 이미 보이는 씨앗들이 있고, 반면 창조주의 명에 따라 물이 첫 물고기들과 첫 새들을 조성하도록 하였고, 땅이 자신의 첫 산물과 자신의 생물들을 제 종류대로 내도록 한 감춰져 있는 씨앗이 있다."144 또한 "우리가 보고 있는 모든 것들은 요소들의 천과 같은 유형으로 근원적으로 그리고 처음부터 이미 창조된 것들이지만, 알맞은 기회에 나온 것이다."145

따라서 종자적 이성은 '첫 창조'와 '통치'라는 두 순간의 매개자로 하느님의 지속적 창조(creatio continua)를 드러내는 것이다. "감각세계의 무형한 창작자(effectrix)는 활동하는 힘으로 세상을 지탱한다. … 작용인(作用因)은 자신의 고유한 창조물을 보존하는 데 있어 그리고 그 창조물이 자신으로 하여금 존재케 하는 형상 없는 채로 있도록 방치되도록 중단될 수 없다."146 곧 하느님은 창조주로만 남아 계신 것이 아니라, 자신이 창조한 것들을 보존하시고 그것들의 온전함을 보호하는 분인 것이다.147 이에 대해 에티엔느 질송은 다음과 같이 말한다. "미래 시대에 성장하는 것을 보게 될 모든 것을 함유하는 이러한 감추어진 씨앗들 때문에, 우리는 신에 의해서 창조된 세계가 나타나게 될 존재들의 원인들을 품고 있다고 말할 수 있다. 그러므로 어떤 의미에서는 세계는 완전하고 성공적으로 창조된 것이다. 왜냐하면 세계 안에 있는 어떤 것도 창조주의 행위로부터 벗어날 수 없기 때문이다. 그러나 다른 한편 우주는 미완성된 상태로 창조되었다. 왜냐하면 나중에 우주 안에서 나타나야 되는 모든 것이 오로지 씨앗 또는 종자적 이성들로만 창조되었기 때문이다."148 하느님은 종자적 이성으로 세상을 움직이며 통치하시는 것이기에, 이러한 활동은 창조적 행위인 것이다. 곧 하느님은 홀로 활동하지 않으신다. 그분은 종자적 이성을 통해 그리고 그것들과 함께 움직이시며, 그것들로 하여금 일하게 하신다.149

이러한 의미에서 볼 때, 종자적 이성은 변화보다는 불변성의 원리를 가진다는 에티엔느 질송의 지적과 인과율 안에 함축되어 있다고 본 샤를르 브와이에(Chalres Boyer)의 판단은 옳다고 할 수 있다.[150] 물리적 세상의 원리들은 모든 것에게 자신이 만들 능력이 있는지 없는지를 한정짓는, 그리고 모든 것이 어떤 결과는 산출할 수 있는지 아닌지를 한정짓는 능력과 자질을 갖고 있기 때문이다. 이 때문에 밀의 낟알이 콩이 아니라 밀을 산출하고, 사람이 다른 종의 동물이 아닌 사람을 낳는 것이다.[151] 따라서 아우구스티누스의 종자적 이성 이론은 진화론이나 생물 변이설의 입장에서 이해하는 것은 무리가 있다.[152] 오히려 그는 이 이론을 통해 '하느님이 만물을 동시에 창조하셨다.'는 성서적 증언이 참되다는 것을 제시하면서 창조주와 피조물 사이에 상호 작용이라는 실제적인 역사를 제시하였다.[153] 또한 그는 이 이론을 통해 자연에 대한 은총의 부여에 대한 개념을 제공하였다.[154]

나가는 글

지금까지 창조에 대한 아우구스티누스의 사상을 개략적으로 살펴보았다. 이 과정은 우리로 하여금 성인이 바라보는 하느님과 세상 그리고 인간에 대한 이해, 곧 "하느님께서 보시니 좋았다."라는 창세기의 설명이 어떠한 것인지를 제시하였다. 물론 성인은 오늘날 우리가 이야기하는 생태신학의 노선을 취한 것은 아니고, 생태학적 문제를 제기한 것도 아니다. 무엇보다 그가 주장하고자 한 것은, 세상과 인간이 하느님께서 보시니 좋은 피조물이라는 사실이다. 그리고 창조되었다는 것이 무엇을 의미하는지 강조하고자 하였다. 이러한 그의 노력은 인간과 자연이 근본적으로 조화를 이루고 있고, 이를 통해 "피조물은 당신을 찬미하며 우리에게 당신을 사랑하라 하고, 우리는 당신을 사랑하면서 피조물이 당신을 기리라 합니다."[155]라는 고백처럼 창조주 하느님을 찬미하고 사랑하고자 한 것이다.

따라서 아우구스티누스는 창조에 대해 자연과학적으로 설명하기를 원하지 않았다. 오히려 관계성에 치중하면서 세상이 얼마나 하느님의 손길을 느끼게 해주는 존재인지, 그리고 하느님의 모상으로 창조된 인간이 얼마나 고귀한 존재인지 신학적으로 전개하고자 하였다. 이러한 그의 사상은 세상과 인간이 얼마나 하느님을 그리워하고 필요로 하는 존재인지 제시하였다. 그렇기에 아우구스티누스는 창조 사상을 그의 윤리학과 연결시켜 모든 피조물이 하느님을 향해 나아갈 때 자신의 꼴을 가질 수 있음을 강조한다. 이 측면을 우리는 『고백록』에서 발견한다. "당신과는 엉뚱한 그 피조물임에도 말씀님이 이를 내시어 당신께로 당기시고, 스스로 비추시어 빛이 되게 하셨으니 비록 당신과 같지는 아니할지언정 당신 모습을 닮게 하지 않으셨나이까 … 언제나 당신께 가까이하는 자 복되오니, 귀의로 얻은 빛을 당신을 등짐으로 잃지 아니하고, 캄캄한 심연과 같은 생활로 두 번 다시 떨어짐이 없으오리라."[156]

여기에서 우리는 또 하나의 사실을 깨닫게 된다. 인간이 자연 안에서 하느님의 흔적을 발견하면 할수록, 인간이 왜 창조 질서를 잘 보존해야 하는지 알게 된다는 것이다. 피조물 하나하나가 다 좋고, 통틀어 일체가 매우 좋기 때문이다.[157] 그러므로 우리가 어떻게 자연 사물을 사용해야 하는지에 대한 성인의 다음과 같은 권고를 잊지 않도록 하자. "사물에 대한 사용은 영혼이 하느님의 법에 충실하게 머물러 있고 완전한 사랑으로 유일하신 하느님께 종속되어 있을 때, 그리고 자신에게 복종하고 있는 모든 것들을 욕망이나 방종함이 없이, 곧 하느님의 법에 따라 다스릴 때 합법적입니다."[158]

| 주 |

1. 참조: A. Hamman, "L'enseignement sur la création dans l'antiquité chrétienne", *Revue des sciences religieuses* 42(1968), pp. 1-23 그리고 97-122.
2. 아우구스티누스, 「신국론」 11, 21-24. 「신국론」의 우리말 번역은 성염의 것을 따른다: 아우구스티누스, 「신국론」, 성염 역주, 왜관: 분도출판사, 2004.
3. 아우구스티누스, 「고백록」 13, 5, 6. 「고백록」의 우리말 번역은 최민순 신부의 것을 따른다: 성아구스띤, 「고백록」, 최민순 옮김, 바오로딸출판사, 2006(2판 22쇄).
4. 같은 책. 11, 5, 7.
5. 에티엔느 질송, 「아우구스티누스 사상의 이해」, 김태규 역, 성균관대학교 출판부, 2010, 368쪽.
6. 아우구스티누스, 「신국론」 12, 5.
7. 아우구스티누스는 자신의 여러 작품 안에서 '최고로'(summe)라는 부사 외에도 '제일 크게'(maxime), '참되게'(vere), '매우 참되게'(verissime), '첫째가는'(primitus), '가장 충만하게'(plenissime), '절대적으로'(simpliciter) 등의 부사를 사용하고 있다. 이에 대해 참조: J.F. Anderson, *St. Augustine and Being. A Metaphysical Essay*, The Hague: Martinus Nijhoff, 1965, p. 20.
8. 아우구스티누스, 「시편 상해」 134, 4. 참조: É. zum Brunn, "L'exégèse augustinienne de 'Ego sum qui sum' et la 'métaphysique de l'Exode", in AA.VV., *Dieu et l'Être. Exégèse d'Exode 3, 14 et de Coran 20, 11-24*, Paris: Études Augustiniennes, 1978, pp. 141-164.
9. 아우구스티누스, 「고백록」 11, 4, 6.
10. 아우구스티누스, 「마니교도 세쿤디누스 반박」 10, 1.
11. 아우구스티누스, 「참된 종교」 18, 35. 「참된 종교」의 우리말 번역은 성염의 것을 따른다: 아우구스티누스, 「참된 종교」, 성염 역주, 왜관: 분도출판사, 1989.
12. 같은 책. 18, 35.
13. 아우구스티누스, 「고백록」 11, 4, 6. 참조: 아우구스티누스, 「선의 본성」 11.
14. 같은 책. 13, 31, 46.
15. 아우구스티누스, 「율리아누스 반박」 5, 14, 51.
16. 아우구스티누스, 「선의 본성」 3.
17. 아우구스티누스, 「신국론」 12, 5.
18. 아우구스티누스, 「마니교도 반박 창세기 해설」 1, 16, 26.
19. 지혜 11, 21은 불가타(Vulgata)를 따른 것이다. 한국어 및 기타 현대어 번역 성경에서는 지혜 11, 20이다.
20. 아우구스티누스의 작품 안에서 '척도(mensura)-수(numerus)-무게(pondus)' 정식은 다양한 형태로 나타난다. 이에 대해 참조: W.J. Roche, "Measure, number and weight in Saint Augustine", *The New Scholasticism* 15(1941), pp. 350-376. 올리비에 뒤 루와는 아우구스티누스가 「파우스투스 반

박』 21, 6에서 두 정식, 곧 'modus-species-ordo'와 'mensura-numerus-pondus'의 균형을 피하고 있다고 본다: O. Du Roy, L'intelligence de la foi en la Trinité selon saint Augustin. Genèse de sa théologie trinitaire jusqu'en 391, Paris: Études Augustiniennes, 1966, p. 280.
21 참조: W. Beierwaltes, "L'interpretazione di Agostino di Sapientia, 11, 21", in W. Beierwaltes, Agostino e il neoplatonismo cristiano, Milano: Vita e Pensiero, 1995, pp. 143-157.
22 아우구스티누스, 『창세기 문자적 해설』 4, 3, 7.
23 A. Solignac, "Mesure, nombre et poids", in Bibliothèque Augustinienne 48, Notes complémentaires n. 48, pp. 635-636.
24 아우구스티누스, 『마니교도 반박 창세기 해설』 1, 21, 32.
25 같은 책. 1, 16, 26.
26 아우구스티누스, 『자유의지론』 3, 12, 35. 『자유의지론』의 우리말 번역은 성염의 것을 따른다: 아우구스티누스, 『자유의지론』, 성염 역주, 왜관: 분도출판사, 2005(재쇄).
27 아우구스티누스, 『고백록』 11, 4, 6.
28 같은 책. 7, 11, 17.
29 아우구스티누스, 『강론』 7, 7.
30 단어의 원래 뜻은 '그것 자체'라는 뜻이지만 '그분 자체', '존재 자체', '같으신 분', '절대자' 등으로도 번역 가능하다.
31 아우구스티누스, 『시편 상해』 121, 5.
32 아우구스티누스, 『고백록』 9, 4, 11.
33 아우구스티누스, 『가톨릭교회의 관습과 마니교도의 관습』 1, 14, 24. 앤더슨에 의하면, 아우구스티누스에게 있어 Idipsum은 첫째가는 의미의 하느님 이름이다. 하느님 자신을 가리키기 때문이다. 이 점에서 아우구스티누스는 자신이 주장하는 존재론의 보다 직접적인 선구자인 플로티누스(Plotinus)를 수용하지 않는다. 왜냐하면 플로티누스에게서 모든 존재자들의 최초 원인인 '일자'는 존재를 넘어서 있는 분이기 때문이다. 곧 일자에 대한 플로티누스의 존재론은 '존재'의 형이상학이 아니기 때문이다. 따라서 Idipsum에 대한 아우구스티누스의 사상은, 항상 동일하게 머무는 것이 존재의 바로 그 핵심을 구성한다는 플라톤을 따르고 있다고 볼 수 있다. 이에 대해 참조: J.F. Anderson, St. Augustine and Being. A Metaphysical Essay, pp. 26-33.
34 아우구스티누스, 『그리스도교 교양』 1, 32, 35; 『선의 본성』 1.
35 아우구스티누스, 『시편 상해』 s.2, 10.
36 아우구스티누스, 『삼위일체론』 15, 5, 7.
37 Ch. Boyer, Sant'Agostino, Milano: Fratelli Bocca Editori, 1946, p. 63.
38 김태규, 「아우구스티누스의 시간 이론 - 『고백록』 XI권을 중심으로」, 『신학전망』 74(1986/가을), 광주가톨릭대학교 전망편집부, 92쪽.
39 아우구스티누스, 『고백록』 11, 14, 17. 참조: J. Mcevoy, "St. Augustine's account of time and Wittgenstein's criticisms", Review of metaphysics 37(1984), p. 555; E. TeSelle, Augustine, Nashville: Abingdon Press,

2006, p. 28.
40 참조: 변종찬, 「아우구스티누스의 부정신학」, 『가톨릭 신학과 사상』 66(2010/겨울), 신학과사상학회, 52-55쪽.
41 아우구스티누스, 『고백록』 4, 10, 15. 참조: J.M. Quinn, *A companion to the Confessions of St. Augustine*, New York: Peter Lang, 2002, p. 217.
42 같은 책. 11, 10, 12.
43 참조: E. Peters, "What was God doing before He created the Heavens and the Earth?", *Augustiniana* 34(1984), pp. 53-74.
44 아우구스티누스, 『고백록』 11, 13, 15-16.
45 아우구스티누스, 『선의 본성』 1.
46 참조: 플라톤, 『티마이오스』 32c. 이 작품은 박종현·김영균 공동 역주로 2000년 서광사에서 『플라톤의 티마이오스』라는 제목으로 출판되었다.
47 T. van Bavel, "The Creator and the integrity of creation in the Fathers of the Church especially in Saint Augustine", *Augustinian Studies* 21(1990), pp. 4-5.
48 아우구스티누스, 『고백록』 12, 7, 7.
49 아우구스티누스, 『선의 본성』 27.
50 같은 책. 26. 윌리엄 크리스챤은 『선의 본성』 26과 27에서 아우구스티누스가 'ex nihilo' 대신에 보다 더 정확한 표현으로 간주되는 'de nihilo'를 사용함을 지적한다. 사실 바니에가 알려주듯 아우구스티누스는 대부분의 작품 안에서 보다 익숙한 'creatio ex nihilo'보다 'creatio de nihilo'를 선호한다: W.A. Christian, "The creation of the world", in *A Companion to the Study of St. Augustine*, R.W. Battenhouse, ed.by, New York: Oxford University Press, 1955, p. 341, n.45; M.-A. Vannier, "Saint Augustin et la création", in *Collectanea Augustiniana. Mélanges T.J. Van Bavel*, I, B.Bruning, M. Lamberights, J. Van Houtem, publiés par, Leuven: Leuven University Press, 1990, p. 361, n.51.
51 J. Pépin, *Théologie cosmique et théologie chrétienne (Ambroise, Exam. I, 1, 1-4)*, Paris: Presses Universitaires de France, 1964, p. 1.
52 플라톤과 플라톤주의자들은 비록 '유출'이라는 단어를 회피하였지만 영지주의자들과는 달리 신적인 것과 세상 사이에 어떠한 유사함이 존재한다고 믿었다. 예를 들면, 태양과 달 그리고 별과 하늘 등은 신적인 존재들이기에 인류는 그것들을 경배해야만 한다는 것이다. 참조: T. van Bavel, "The Creator and the integrity of creation in the Fathers of the Church especially in Saint Augustine", pp. 6-7.
53 아우구스티누스, 『선의 본성』 27.
54 아우구스티누스, 『고백록』 11, 5, 7.
55 아우구스티누스, 『마니교도 반박 창세기 해설』 1, 5, 9.
56 같은 책. 1, 6, 10. 애매 솔리냑(Aimé Solignac)은 '무형한 질료'의 기원을 아리스토텔레스보다는 플라톤적으로 본다: A. Solignac, "Exégèse et Métaphysique Genèse 1, 1-3 chez saint Augustin", in AA.VV., *In Principio. Interprétation des premiers verset de la Genèse*, Paris: Études Augustiniennes, 1973,

p. 156.
57 같은 책. 1, 7, 11-12.
58 아우구스티누스, 「창세기 문자적 해설」 1, 15, 29.
59 아우구스티누스, 「고백록」 12, 3, 3.
60 아우구스티누스, 「창세기 문자적 해설」 1, 4, 9. 이러한 점에서 아우구스티누스의 창조 사상은 '창조-회귀-꼴을 갖춤'(creatio-converio-formatio)이라는 도식으로 설명될 수 있다. 이에 대해 참조: M.-A. Vannier, 《Creatio》, 《Conversio》, 《Formatio》 chez saint Augustin, Fribourg: Éditions Universitaires Fribourg Suisse, 1991; C.J. O'Toole, The Philosophy of Creation in the writings of St. Augustine, Washington, D.C.; The Catholic University of America Press, 1944, pp. 16-33.
61 아우구스티누스, 「고백록」 13, 2, 2.
62 아우구스티누스, 「프리쉴리아누스파 반박」 3, 3.
63 참조: L. Grandgeorge, Saint Augustin et le Néo-platonisme, Paris: Éditeur Ernest Leroux, 1896, p. 102; C.J. O'Toole, The Philosophy of Creation in the writings of St. Augustine, p. 12, n.10; 김규영, 「아우구스티누스의 생애와 사상」, 형설출판사, 1980. 134쪽. 플로티누스는 하느님과 세상 사이에 상호 종속적 관계가 있다고 보는 반면, 아우구스티누스는 하느님과 세상 사이에 일방적 관계가 있다고 생각한다. 이에 대해 참조: J. Guitton, Le temps et l'éternité chez Plotin et saint Augustin, Paris: Librairie Philosophique J. Vrin, 1959³, p. 195.
64 아우구스티누스, 「마니교도 반박 창세기 해설」 1, 2, 4.
65 아우구스티누스, 「여든세 가지 다양한 질문」 28.
66 아우구스티누스, 「시편 상해」 134, 10.
67 R.-H. Cousineau, "Creation and Freedom. An Augustinian Problem: 《Quia voluit》? and/or 《Quia bonus》?", Recherches Augustiniennes II(1962), p. 254, n.4.
68 아우구스티누스, 「프리쉴리아누스파 반박」 8, 9.
69 아우구스티누스, 「신국론」 11, 21-24.
70 아우구스티누스, 「서한」 166, 5, 15.
71 아우구스티누스, 「삼위일체론」 11, 5, 8.
72 아우구스티누스, 「그리스도교 교양」 1, 32, 35.
73 아우구스티누스, 「시편 상해」 134, 10.
74 플로티누스는 세상의 기원을 설명하기 위해 신에게 행위를 부여하지만, 아우구스티누스는 하느님께 의지와 지식을 인정하고 있다. 곧 아우구스티누스에 의하면 세상 창조는 하느님의 자유로운 의지 행위에 의한 것인데, 이 행위는 무(無)에서 나온 세상이 좋을 것이라는 점을 하느님이 알고 있기에 이루어지는 것이다: L. Grandgeorge, Saint Augustin et le Néo-platonisme, p. 108.
75 아우구스티누스, 「시편 상해」 134, 12.
76 아우구스티누스, 「참된 종교」 14, 28.
77 참조: F.-J. Thonnard, "Caractères platoniciens de l'ontologie

augustinienne", in AA.VV., *Augustinus Magister*, I, Paris: Études Augustiniennes, 1954, p. 324.
78 M.T. Clark, *Augustine Philosopher of Freedom. A Study in Comparative Philosophy*, New York, Tournai: Desclée, 1959, p. 174.
79 R.-H. Cousineau, "Creation and Freedom. An Augustinian Problem: 《Quia voluit》? and/or 《Quia bonus》?", p. 262.
80 T. van Bavel, "The Creator and the integrity of creation in the Fathers of the Church especially in Saint Augustine", p. 8.
81 M.-A. Vannier, 《*Creatio*》, 《*Conversio*》, 《*Formatio*》 *chez saint Augustin*, p. 113; M.-A. Vannier, "Saint Augustin et la création", p. 367.
82 에티엔느 질송, 「아우구스티누스 사상의 이해」, 369-370쪽.
83 R.-H. Cousineau, "Creation and Freedom. An Augustinian Problem: 《Quia voluit》? and/or 《Quia bonus》?", p. 270. 하지만 쿠지노의 주장에 동의하지 않는 테스크(Teske)는 아우구스티누스가 안에서 두 전통이 서로 충돌을 일으키고 있고, 아우구스티누스가 하느님의 선성에서 창조하는 내적 필요성을 수용하고 있는 것처럼 보인다고 주장한다: R.J. Teske, "The motive for creation according to Saint Augustine", *The Modern Schoolman*, 65(1988), pp. 245-253.
84 N. Cipriani, *La pedagogia della preghiera in S. Agostino*, Palermo: Edizioni Augustinus, 1984, p. 13.
85 아우구스티누스, 「강론」 52, 6, 17.
86 소머(Somers)에 의하면, 아우구스티누스는 393년부터 삼위일체적 모상을 명시적으로 언급하였다. 하지만 페를러(Perler)는 「행복한 삶」 4, 35에 근거하여 이미 386년에 삼위일체적 모상에 대한 생각이 나타난다고 주장한다. 마이어(Maier)는 「서한」 11에 기초하여 389년부터 이 생각이 나타난다고 본다: H. Somers, "Image de Dieu et illumination divine. Sources historiques et élaboration augustinienne", in AA.VV., *Augustinus Magister*, I, Paris: Études Augustiniennes, 1954, p. 456; O. Perler, *Weisheit und Liebe, nach Texten aus den Werken des heiligen Augustins*, Olten: Verlag Otto Walter, 1952, p. 58; J.-L. Maier, *Les missions divines selon saint Augustin*, Fribourg: Éditions Universitaires Fribourg Suisse, 1960, p. 184, n.3.
87 아우구스티누스, 「창세기 문자적 해설 미완성 작품」 16, 61.
88 아우구스티누스, 「고백록」 13, 11, 12. 이에 대해 참조: 정승익, 「고백록 13, 11, 12에 나타난 '심리학적 삼위일체론'에 관하여」, 「누리와 말씀」 21(2007. 6), 인천가톨릭대학교, 269-290쪽.
89 아우구스티누스, 「삼위일체론」 9, 12, 18; 10, 11, 17-12, 19; 15, 3, 5. 이에 대해 참조: C. Boyer, "L'image de la Trinité. Synthèse de la pensée augustinienne", *Gregorianum* 27(1946), pp. 173-199 그리고 333-352; M.F. Sciacca, "Trinité et unité de l'esprit", in AA.VV., *Augustinus Magister*, I, Paris: Études Augustiniennes, 1954, pp. 521-533; J.E. Sullivan, *The image of God: The doctrine of St. Augustine and its influence*, Dubuque: The Priory Press, 1963, pp. 115-148; R. Bodei, *Ordo amoris. Conflitti*

terreni e felicità celeste, Bologna: Il Mulino, 1997(Nuova edizione), pp. 167–174; J.-L. Maier, Les missions divines selon saint Augustin, pp. 185–189.

90 참조: P. Batiffol, Le catholicisme de saint Augustin, Paris: Éditeurs J. Gabalda et Fils, pp. 118–124; L. Dattrino, "Gen 1, 26–27 e Gen 2, 7 nella interpretazione patristica (le scuole "asiatica" e "alessandrina")", Teología y Vida 43(2002), p. 203; M.T. Clark, "Image doctrine", in Augustine through the Ages. An Encyclopedia, Michigan: William B. Eerdmans Publishing Company, 1999, p. 440.

91 R.M. Wilson, "The early history of the exegesis of Gen. 1, 26", Studia Patristica I(1957), pp. 420–437; H. Somers, "Image de Dieu. Les sources de l'exégèse augustinienne", Revue des études augustiniennes 7(1961), pp. 105–125; H.C. Graef, "L'image de Dieu et lastructure de l'âme d'après les Pères grecs", La vie spirituelle supplément 6(1952), pp. 331–339; Th. Camelot, "La théologie de l'image de Dieu", Revue des sciences philosophiques et théologiques 40(1956), pp. 443–471; C.W. Wolfskeel, "Some remarks with regard to Augustine's conception of man as the image of God", Vigiliae Christianae 30(1976), p. 63.

92 아우구스티누스, 「창세기 문자적 해설」 3, 20, 30; 「요한서간 강해」 8, 6; 「삼위일체론」 12, 7, 12; 14, 4, 6.

93 G. Bonner, "The Glorification of the image", Sobornost 7(1962), pp. 363–364; Ét. Gilson, "The future of Augustinian metaphysics", in AA.VV., A monument to St. Augustine, London: Sheed & Ward, 1930, pp. 289–315. 참조: T.A. Wassmer, "Platonic thought in Christian Revelation as seen in the Trinitarian theology of Augustine", The American ecclesiastical review 139(1958), pp. 291–298.

94 N. Cipriani, "La presenza di Mario Vittorino nella riflessione trinitaria di sant'Agostino", Augustinianum 42(2002), p. 294, n.74. 참조: N. Cipriani, "Il mistero trinitario nei Padri", Path 2(2003), p. 68.

95 마리우스 빅토리누스, 「아리우스 반박」 1, 45; 4, 22.

96 아우구스티누스, 「창세기 문자적 해설 미완성 작품」 16, 61.

97 참조: H. Somers, "La gnose augustinienne: sens et valeur de la doctrine de l'image", Revue des études augustiniennes 7(1961), pp. 1–8; J.M. Le Blond, Les conversions de saint Augustin, Paris: Aubier, 1950, p. 218.

98 아우구스티누스, 「삼위일체론」 14, 8, 11. 존 에드워드 설리반(John Edward Sullivan)에 의하면, capax Dei라는 표현과 그에 상당 어구(上堂 語句)와 같은 capax sapientiae는 주요 개념들이 했던 것처럼 아우구스티누스의 작품 안에서 모상 이론 안에서 발전하였다. capax sapientiae 라는 표현이 일반적으로 하느님에 대한 지식(그리고 사랑)에 일차적으로 관련된 것과는 달리, capax Dei는 은총을 통해 제공된 하느님께의 참여를 일차적으로 언급한다: The image of God: The doctrine of St. Augustine and its influence, pp. 51–52.

99 같은 책. 14, 4, 6.

100 아우구스티누스, 「고백록」 9, 11, 28.

101 아우구스티누스, 「삼위일체론」 14, 12, 15.
102 같은 책. 12, 15, 24.
103 아우구스티누스, 「서한」 153, 5, 12.
104 아우구스티누스, 「강론」 38, 1.
105 아우구스티누스, 「율리아누스 반박」 4, 3, 14; 「삼위일체론」 13, 8, 11.
106 'capax Dei', 'capere Deum' 등의 표현은 루피누스가 라틴어로 번역한 오리게네스의 「원리론」 1, 3, 8과 3, 6, 9에 나타난다. 참조: G. Madec, "Capax Dei", in *Augustinus Lexikon*, 1, Basel: Schwabe & Co. AG, p. 728.
107 아우구스티누스, 「여든세 가지 다양한 질문」 51, 2; 「율리아누스 반박」 4, 3, 15. 참조: J. Heijke, "The image of God according to St. Augustine (De trinitate excepted)", *Folia. Studies in the Christian perpetuation of the Classics* 10(1956), p. 10
108 아우구스티누스, 「강론」 297, 5, 8; 「삼위일체론」 14, 8, 11.
109 아우구스티누스, 「삼위일체론」 14, 14, 20.
110 같은 책. 12, 7, 10.
111 아우구스티누스, 「마니교도 반박 창세기 해설」 2, 9, 12.
112 참조: J. Oroz Reta, "De l'illumination à la déification de l'âme selon saint Augustin", *Studia Patristica* XXVII(1993), p. 381.
113 아우구스티누스, 「창세기 문자적 해설 미완성 작품」 16, 57. 참조: G. Bonner, "Augustine's doctrine of man: image of God and sinner", *Augustinianum* 24(1984), p. 500; R.J. Teske, "The image and likeness of God in St. Augustine's De Genesi ad litteram liber imperfectus", *Augustinianum* 30(1990), p. 442.
114 아우구스티누스, 「아케데미학파 논박」 2, 9, 23.
115 아우구스티누스, 「질서론」 2, 3, 10.
116 아우구스티누스, 「여든세 가지 다양한 질문」 54; 「강론」 342, 2.
117 아우구스티누스, 「삼위일체론」 14, 15, 21.
118 아우구스티누스, 「재론고」 1, 4, 4. 참조: A. Dupont, *La philosophie de S. Augustin*, Louvain: Librairie-Éditeur Charles Peeters, 1881, p. 44.
119 아우구스티누스, 「죄벌과 용서 그리고 유아세례」 2, 22, 36.
120 아우구스티누스, 「창세기 문자적 해설」 6, 25, 36.
121 아우구스티누스, 「율리아누스 반박」 4, 16, 82.
122 아우구스티누스, 「율리아누스 반박 미완성 작품」 5, 1.
123 아우구스티누스, 「마니교도 반박 창세기 해설」 1, 17, 28.
124 참조: M. Pellegrino, "Il ⟨topos⟩ dello ⟨status rectus⟩ nel contesto filosofico e biblico (A proposito di Ad Diognetum 10, 1-2)", in AA.VV., *Mullus. Festschrift Theodor Klauser*, Münster Westfalen: Aschendorffsche Verlagsbuchhandlung, 1964, pp. 271-281.
125 아우구스티누스, 「신국론」 22, 24, 4.

126 아우구스티누스, 「삼위일체론」 12, 1, 1; 「여든세 가지 다양한 질문」 51, 3.
127 참조: J.J O'Meara, *The creation of man in De Genesi ad litteram*, Villanova: Villanova University Press, 1980, pp. 54-55.
128 아우구스티누스, 「창세기 문자적 해설」 9, 15, 27.
129 같은 책, 4, 12, 22.
130 같은 책, 4, 12, 23.
131 같은 책, 7, 28, 42.
132 같은 책, 5, 5, 12.
133 같은 책, 4, 33, 51.
134 P. Agaësse, A. Solignac, "Le double moment de la création et les 《raison causales》" in *Bibliothèque Augustinienne* 48, Notes complémentaires n.21, p. 660.
135 아우구스티누스, 「창세기 문자적 해설」 4, 32, 49.
136 같은 책, 4, 33, 52.
137 아우구스티누스는 종종 'rationes seminales'라는 용어를 다음의 표현으로 대치한다. 'rationes causales', 'rationes primordiales', 'rationes occultae', 'rationes insitae', 'primae causae rerum', 'semina rerum', 'semina seminum', 'quasi semina', 'numeri rerum efficaces'. 이에 대해 참조: J. de Blic, "Le proces년 de la création d'après saint Augustin", in AA.VV., *Mélanges offerts au R.P. Ferdinad Cavallera*, Toulouse: Bibliothèque de l'Institut Catholique, 1948, p. 185.
138 아우구스티누스, 「창세기 문자적 해설」 5, 4, 10; 6, 6, 10.
139 Ch. Boyer, *Sant'Agostino*, p. 72.
140 S. Knuuttila, "Time and creation in Augustine", in *The Cambridge companion to Augustine*, E. Stump, N. Kretzmann, ed. by, Cambridge: Cambridge University Press, 2001, p. 104.
141 아우구스티누스, 「창세기 문자적 해설」 4, 12, 23.
142 토마스 아퀴나스 이후로 많은 학자들은 '종자적 이성'을 능동적 힘보다는 수동적 가능태로 해석하는 경향이 있다. 이 노선에 헨리 우즈역시 동의한다. 어네스트 메신저(Ernest Messenger)는 이 주장에 반대하면서 '종자적 이성'의 기능을 드러내는 부사인 'potentialiter', 'causaliter' 등이 수동적 의미보다는 능동적 의미가 있다고 주장한다: H. Woods, *Augustine and Evolution. A Study in the Saint's De Genesi ad Litteram and De Trinitate*, p. 47; E.C. Messenger, *Evolution and Theology. The Problem of Man's Origin*, New York: The Macmillan Company, 1932, pp. 49-55.
143 P. Montanari, *Saggio di filosofia agostiniana. I massimi problemi*, Torino: Società Editrice Internazionale, 1931, p. 183.
144 아우구스티누스, 「삼위일체론」 3, 8, 13.
145 같은 책, 3, 9, 16.
146 아우구스티누스, 「영혼 불멸」 8, 14.
147 G. Quadri, *Il pensiero filosofico di S. Agostino*, Firenze: Editrice La

Nuova Italia, 1934, p. 22.

148 에티엔느 질송, 「아우구스티누스 사상의 이해」, 399-400쪽.

149 Ch. Boyer, "La théorie augustinienne des raisons séminales", in AA.VV., *Miscellanea Agostiniana*, II, Roma: Tipografia Poliglotta Vaticana, 1931, p. 802 그리고 818.

150 에티엔느 질송, 「아우구스티누스 사상의 이해」, 400쪽; Ch. Boyer, *L'idée de vérité dans la philosophie de saint Augustin*, p. 149.

151 아우구스티누스, 「창세기 문자적 해설」 9, 17, 32.

152 앙리 드 도를로(Henry de Dorlot)는 '종자적 이성' 이론을 통해 아우구스티누스를 진화론자로 이해한다. 이에 대해 헤리 우즈(Henry Woods)는 진화론적 해석은 아우구스티누스에게 낯선 것이라 반박한다. 아울러 쥘 마르탱(Jules Martin)은 만약 진화가 생물변이설(transformism)을 함축하는 것이라면, 곧 진화가 하나의 초기 원리 혹은 하나의 배아에서 다른 실재들이 나올 수 있다는 것을 함축하는 것이라면, 아우구스티누스는 그러한 양식의 진화가 가능하다고 믿지 않았다고 주장한다. 또한 샤를르 브와이에(Chalres Boyer)는 7일째의 안식 이후로 새롭게 창조된 것은 아무것도 없다는 확언이 아우구스티누스의 우주론(宇宙論)에서 중요하다고 보면서, 그의 우주론은 생물변이설이 아닌 진화론이라고 주장한다. 윌리엄 말라드(William Mallard) 역시 아우구스티누스의 이론이 진화론이 아니라고 확언하면서, 모든 살아있는 세포의 DNA 안에 있는 유전암호에 대한 현대의 이론을 아우구스티누스가 내다본 것이라 주장한다 : H. Woods, *Augustine and Evolution. A Study in the Saint's De Genesi ad Litteram and De Trinitate*, The Universal knowledge Foundation, 1924, p. 46; J. Martin, *Saint Augustin*, Paris: Éditeur Félix Alcan, 1907², p. 314; Ch. Boyer, *L'idée de vérité dans la philosophie de saint Augustin*, Paris: Beauchesne et ses Fils, 1941², pp. 147-148 그리고 152; Ch. Boyer, *Sant'Agostino*, p. 72; W. Mallard, *Language and Love. Introducing Augustine's religious thought through the Confessions story*, Pennsylvania: The Pennsylvania State University Press, 1994, p. 90. 아우구스티누스의 '종자적 이성' 이론이 생물변이설(變移說)과 반대의 입장이라는 점에 대해 참조: Ch. Boyer, "La théorie augustinienne des raisons séminales", p. 819; P. Montanari, *Saggio di filosofia agostiniana. I massimi problemi*, p. 186; V.J. Bourke, *Augustine's quest of Wisdom. Life and Philosophy of the Bishop of Hippo*, Milwaukee: The Bruce Publishing Company, 1945, p. 233.

153 R. William, "Creation", in *Augustine through the Ages. An Encyclopedia*, Michigan: William B. Eerdmans Publishing Company, 1999, p. 252; 김규영, 「아우구스티누스의 생애와 사상」, 139-141쪽.

154 J. Guitton, *Le temps et l'éternité chez Plotin et saint Augustin*, p. 190.

155 아우구스티누스, 「고백록」 13, 33, 48.

156 같은 책. 13, 2, 3.

157 같은 책. 13, 32, 47.

158 아우구스티누스, 「창세기 문자적 해설 미완성 작품」 1, 3.

8장

아우구스티누스의 '의로운 전쟁' 이론

들어가는 말

1. 인간의 명령하에 이루어지는 방어전쟁
2. 하느님이 장본인으로 등장하는 전쟁

나가는 말

「아우구스티누스의 '의로운 전쟁' 이론」은 2018학년도 가톨릭대학교 성신교정 교비 연구비 지원을 받아 연구 작성된 논문으로, 『신학전망』 200호, 광주가톨릭대학교 신학연구소, 2018에 수록되었다.

들어가는 말

"모든 전쟁이 초래하는 불행과 불의 때문에, 교회는 선하신 하느님께서 오랜 전쟁의 굴레에서 우리를 해방시켜 주시도록 모든 이가 기도하고 행동할 것을 간곡히 촉구한다."[1] 전쟁의 해악성과 비참한 결과는 그 누구도 반론을 제기할 수 없는 잔혹한 현실이다. 그럼에도 불구하고 오늘날에도 도처에서 발생하는 전쟁과 테러는 많은 이들을 두려움 속에 몰아놓고 있다. 경우에 따라서는 더 나쁜 악을 피하기 위해 필요하기도 하지만 전쟁은 항상 악한 것이며, 탐욕과 욕망 그리고 권력욕과 같은 죄 많은 인간의 지속적인 갈망으로 인해 발생하고 있다. 더욱이 아우구스티누스는 플라톤(Platon)과 마찬가지로 영과 육 사이에 있는 모든 사람의 내면에서 발생하는 심리적 충돌을[2] 전쟁으로 묘사한다.[3] 인간이 본성상 부패한 것은 아니지만 원죄로 인해 상처를 받았고,[4] 이 상처가 인류 역사 안에 그토록 엄청나게 등장한 폭력의 실제적인 원인이다.[5]

이러한 비극적인 현실에 대해 아우구스티누스도 전쟁의 해악성을 지적한다. 특기할 것은 정치적인 문제 및 이를 동반하는 전쟁 수행의 필요성에 대해 열정적이지 않은 히포의 주교가 '의로운 전쟁'(bellum iustum)이라는 이론을 주장하고 있다는 사실이다.[6] 더욱이 많은 이들은 그를 중세 중기에 나타나는 성전(聖戰) 사상의 주창자로 간주하고 있는 것도 사실이다. 또한 오늘날까지 지속되는 의로운 전쟁 원칙의 근본적인 지침에 대해 책임을 아우구스티누스에게 돌리기도 한다.[7]

여기에서 본고가 제기하는 질문이 등장한다. 평화를 강조하는 아우구스티누스가 왜 의로운 전쟁 이론을 주장하였는가? 그렇다면 그 이론의 의미는 무엇이며, 과연 그에게 중세의 십자군과 같은 성전 사상의 선구자라는 칭호를 부여하는 것이 올바른가? 이 질문과 함께 본고는 전쟁에 대한 아우구스티누스의 사상 전체를 다루고자 하지 않는다. 오히려 의로운 전쟁에만 초점을 둘 것이다. 이를 위하여 인간의 명령 하에 이루어지는 전쟁과 하느님의 명령 하에 이루어지는 전쟁이라는 두 측면으로 나누어 아우구스티누스의 사상을 살펴보고자 한다.

1. 인간의 명령하에 이루어지는 방어전쟁

초세기 그리스도인들은 개별적이든 공동체적이든 무기 사용을 거부하였다. 이러한 그들의 입장은 두 가지 신약성경 전승에 기초한 것이었다. 첫 번째 전승은 마태오 복음 5장에 나타나는 사랑의 복음이다. 산상설교라 일컫는 이 부분에서 등장하는 내용, 곧 폭력을 포기하고 원수를 사랑하라는 구절들이 박해시대 그리스도인들에게 비저항의 이상으로 자리하고 있었던 것이다.[8] 두 번째 전승은 "내 나라는 이 세상에 속하지 않는다. 내 나라가 이 세상에 속한다면, 내 신하들이 싸워 내가 유다인들에게 넘어가지 않게 하였을 것이다. 그러나 내 나라는 여기에 속하지 않는다."는 요한 18, 36의 말씀에 기초한 것이다.[9] 이러한 예수의 가르침에 따라 그들은 자신들의 종교를 평화와 동일시하면서 유혈사태를 동반하는 전쟁에 대해 엄격하게 거부하였다. 이사 2, 4의 예언이 자신들 안에서 성취된 것으로 간주한 것이었다.[10] 그렇기 때문에 마르쿠스 아우렐리우스(Marcus Aurelius) 황제 (161-180재위) 시절까지 하나 혹은 두개의 예외를 제외하면 그리스도인이 군대에 복무하였다는 기록이 없다.[11]

이토록 군복무와 전쟁을 거부하는 평화주의(Pacifism)가 초기 그리스도교의 보편적 이념이었음은 알렉산드리아의 클레멘스(Clemens Alexandrinus), 오리게네스(Origenes), 테르툴리아누스(Tertullianus) 그리고 락탄티우스(Lactantius)의 작품들을 통해서도 확인된다.[12] 클레멘스는 "우리가 전쟁이 아니라 평화 안에서 양육된다."고 『교육자』(Phaedagogus) I, 12에서 언명한다. 또한 전쟁 기술을 여성들에게도 가르치는 민족들에 대해 말하면서, 사람들이 평화주의자가 되기를 바라는 그리스도인들과 그 민족들 간의 차이를 분명하게 지적하다.(『양탄자』[Stromata] IV, 8) 오리게네스 역시 『켈수스 반박』(Contra Celsum) V, 33에서 "우리는 어떤 민족을 거슬러 결코 무기를 들지 않으며 전쟁도 벌이지 않는다. 우리는 우리의 머리이신 예수님에 의해 평화의 자녀가 되었다."는 원칙을 강조한다. 락탄티우스는 인간 사회를 유지하는 계약은 근본적으로 평화의 계약이라는 측면에서 다음과 같이 『거룩한 가르침』(Divinae Institutiones) V, 5에서 강조한다. "하느님만이 경배의 대상이라면 분열도 없고 전쟁도 없을 것이다. 사람들은 자신들이 한 분이신 하느님의 자녀임을, 곧 거룩하고 침해될 수 없는 신적 관계의 끈에 의해 결합된 자녀임을 알게 될 것이다." 또한 전쟁을 용인하는 인간의 법 위에 하느님의 법이 있음을 상기시키면서 이렇게 말한다.(『거룩한 가르침』 VI, 20)

"하느님이 우리에게 살인을 금지할 때 국가법도 용인하지 않는 것처럼 단순히 살인자가 되는 것을 금하는 것만이 아니다. 그분은 사람들 사이에서 합법적인 것으로 간주되는 것들도 해서는 안 된다고 금지하신다. 따라서 의인들에게 군대에 들어가는 것을 허용하시지 않으신다. 의인들이 해야 할 봉사는 의로움 자체인 것이다. … 사람을 죽이는 것은 항상 불경스러운 범죄이다. 왜냐하면 하느님은 사람이 거룩한 존재가 되기를 원하셨기 때문이다."[13]

군인이 되는 것은 군대가 황제와 우상을 숭배하는 것과 많이 연결되어 있기에 거의 불가능하다고 생각하는 테르툴리아누스는 사도행전 10장에 등장하는 백인대장 코르넬리우스(Cornellius)에게 사도 베드로가 세례를 준 사실을 지적하면서 『월계관』(De corona) 11에서 다음과 같이 주장한다. "신앙을 받아들여 믿음으로 들어간 뒤에는 많은 이들이 그러했던 것처럼 군대를 떠나거나 혹은 적어도 군복무를 원치 않으시는 하느님을 거슬러 어떠한 일도 하지 않아야 한다." 같은 노선에서 히폴리투스(Hippolytus)의 『사도전승』(Traditio apostolica) 제16장은 이렇게 말한다.

"권력하에 있는 군인은 사람을 죽이지 말 것이다. 만일 그런 명령을 받으면 이를 이행하지 말 것이며 선서도 하지 말 것이다. 만일 그가 이런 조건을 거부하면 돌려보낼 것이다. 만일 칼의 권세를 갖고 있는 사람이나 자줏빛 옷을 입을 정도의 지역 통치자이면, 이를 그만둘 것이며 그렇게 하지 않으면 돌려보낼 것이다. 군인이 되기를 원하는 예비자나 신자는 내쫓을 것이니, 이는 하느님을 경멸하는 일이기 때문이다."[14]

이러한 초대 교회의 가르침에 따라 군대 혹은 전쟁에 공직자로서 참여하여 다른 이들에게 강압적인 방식을 사용해야하는 의무가 있는 자들과 이를 금지하는 이들이 5세기 후반까지도 교회 안에 여전히 공존하였다.[15]

하지만 초기 교회의 평화주의는 콘스탄티누스(Constantinus) 황제의 등장과 함께 변화되기 시작하였다. 313년 로마제국은 밀라노 칙령을 통해 가톨릭교회에 신앙의 자유를 제공하였고, 교회 역시 로마제국을 인정하면서 황제에 대한 순종이 교회의 행동 규범이 되었다.[16] 더욱이 콘스탄티누스 황제는 그리스도교에 많은 특전을 부여하였다.[17] 이교의 제관들이 누리던 개인 세금 면제를 그리스도교 성직자들에게도 부여하였다.[18] 주교들에게 국가의 사법권을 이양하여 법정의 재판관 역할을 하도록 하였으며(audientia espicopalis)[19] '공공 도로'(cursus publicus)의 사용을 허락하였다. 그리고 교회는 성당을 죄인의 도피처로 제공하는 특권을 부여 받았다. 또한 황제는 십자가형을 폐지하였고, 인간이 하느님의 모상을 따라 창조되었기에 죄수들의 얼굴에 낙인을 찍어서는 안 된다고 규정하였다. 321년에는 교회가 상속권을 갖는 법을 제정하여 신자들이 그들의 재산을 교회에 기증할 수 있게 되었다. 더 나아가 주일과 교회 축일을 공휴일로 지정하였다. 긴요한 농사일을 제외하고는 태양의 날(dies solis)인 일요일에 노동을 일절 금했다. 아울러 교회 건축들이 그리스도교에 대한 황제의 공적 신앙 고백으로 강조되었다. 313년 콘스탄티누스 황제는 교황에게 라테란 궁전을 기증하고 라테란 대성당의 건축을 시작하였고, 320년경에는 바티칸 언덕의 베드로 무덤 위에 베드로 대성당의 기초를 놓았다. 이어 예루살렘 무덤 성당, 베들레헴의 예수 성탄 성당 등이 건립되었다. 이러한 성당 건축은 돌에 새겨진 설교라고 할 수 있었다. 곧 그 성당들은 어떤 주교의 학설이나 황제의 칙령보다 교회와 제국의 동맹이 하느님의 섭리임을 더 잘 보여주었다.[20]

무엇보다 중요한 시대적 변화는 이단자들이 사적 장소뿐 아니라 공적 장소에서도 모임 갖는 것을 콘스탄티누스 황제가 금지하였다는 것이다. 또한 이단자들의 집회 장소를 몰수하여 가톨릭교회의 재산으로 귀속시키고 그 밖의 장소는 공공재산에 포함시키며, 이단자들은 가톨릭교회로 돌아와야 한다고 선포하였다.[21] 아울러 황제는 점쟁이들이나 이교(異敎) 사제들 또는 이교 예식을 집전해왔던 이들이 개인 집에서 예식을 행하는 것을 금지하였다.

"우리는 점쟁이, 무당 그리고 가가호호 방문하면서 우정이라는 핑계로 종교 의식을 금지하는 바이다. 이들이 법을 무시하고 행동한다면 가차 없이 처벌할 것이다. 그러나 이런 요술이 이롭다고 생각하는 사람들은 공공의 장소에 설치된 제대와 사당에 가서 각자의 관습에 따라 종교 의식을 거행할 수 있다. 왜냐하면 우리는 지나간 세대의 왜곡된 종교 행위들을 공개적으로 거행하는 것을 금지하는 것을 금지하지는 않기 때문이다."[22]

또한 이교 신전들을 폐쇄하였다.23 이러한 일련의 정책들의 정점은 380년 2월 28일 테오도시우스(Theodosius) 황제가 로마제국의 통치하에 있는 모든 민족들이 베드로가 로마인들에게 전해준 종교를 따라야만 한다고 공포한 칙법(勅法)이다.24 이로써 로마제국은 공식적으로 그리스도교 제국이 되었으며, 그리스도교가 아닌 다른 종교를 신봉하는 이들은 이단 교설을 따르는 이들이 되었다.

결국 그리스도교의 평화가 '팍스 로마나'(pax romana)와 결합되었으며, 온 세상의 평화를 보호하는 책무를 갖고 있다는 자의식을 갖고 있던 황제는 로마의 평화와 그리스도교 평화 모두의 수호자가 되었다. 교회는 팍스 로마나에 세상의 회심을 위한 신적 섭리의 계획이 자리하고 있다고 고백하였으며,25 그리스도인들이 전쟁에 참여하는 것의 정당성뿐 아니라 제국을 수호하는 주요 역할을 수행해야 한다고 강조하였다.26 이 변화의 과정에서 특기할 것은 교회가 처음부터 지켜왔던 평화주의를 온전히 포기한 것은 아니라는 사실이다. 또한 교회가 어떤 권력을 용인한다는 것이 어떠한 의미인지 자문한 것의 결과라는 점이다. 그리스도교 국가의 정치가 세상이 이해하는 것과 완전히 다른 것이 되도록 권력을 회심시켜야 하는 것인지? 아니면 정치적 도구들을 있는 그대로 온전히 받아들여 하느님 나라에 대한 봉사로 정향시켜야 하는 것인지? 이 두 질문 앞에서 4-5세기의 교부들은 두 번째의 것을 선택하였다.27 비폭력(mansuetudo)이 사도들과 초기 교회의 모습이었다면, 이제 그리스도교 시대가 되면서 그리스도를 위해 무력의 사용을 정당화한 것이다.28

이러한 노선에 있는 교부들의 전형적인 모습을 우리는 암브로시우스(Ambrosius)를 통해 볼 수 있다. 그는 『성직자의 의무』(*De officiis ministrorum*)라는 저서를 통해 합법적인 국가 방어가 정의의 의무라고 주장한다. 정의에 대한 침해로 발생한 전쟁은 평화를 위해 수행될 수 있다는 것이다. 따라서 그리스도인도 조국의 방어를 위해 군대에 복무하며 국가의 적들에 맞서 전쟁에 참여할 수 있게 된다. 여기에 어떠한 윤리적 문제가 없는 것은 그러한 책무에 봉사하는 이들이 제국뿐 아니라 그리스도교의 보호자가 되기 때문이다.29 따라서 암브로시우스는 로마제국 내에서 일어나는 약탈 전쟁에 대해 강력하게 단죄하지만 로마제국과 황제에게 복종하지 않는 야만인들과의 전쟁에 대해서는 비난하지 않는다. '전쟁권'(ius belli)을 인정하면서 그는 제국 군대의 승리를 위해 기도하는 것도 주저하지 않는다. 그렇지만 그는 오직 정당한 이유에서 그리고 합당한 방식으로 전쟁을 수행해야 한다고 강조한다. 아울러 성경의 영웅들이 원수들을 의롭게 다루었듯이 전쟁에 참여하는 이들도 그렇게 해야 한다는 점도 지적한다. 또한 원수들에 대한 처벌은 그들이 감행한 불의함에 비례해야 한다고 생각한다.30

이러한 암브로시우스의 주장은 치체로(Cicero)가 저술한 『의무론』(*De officiis*)의 영향을 드러낸다.31 무엇보다 치체로는 국방 외교에 있어 전쟁법이 최대한 준수되어야 한다고 강조하면서 분쟁을 해결하는 두 방법으로 협상과 무력 수단을 제시한다. 하지만 협상은 인간에게 속한 고유한 것이고 힘은 짐승에게 속한 것이므로, 더 우월한 것인 협상이 통하지 않을 때 최종 단계에 이르러 보다 열등한 무력에 호소해야 한다고 그는 주장한다.(『의무론』 1, XI, 34) 전쟁터에서의 용기보다는 우정 어린 대화를 통한 이성적인 분쟁 해결이 더 바람직한 것이기 때문이다.(『의무론』 1, XXIII, 80) 이토록 최후 수단으로 전쟁을 선택하는 치체로의 '전쟁의 권리'(ius ad bellum)에 있어 중요한 것은 전쟁이 불의함 없이 평화 속에 살기 위해 수행되어야 한다는 것이다.(『의무론』 1, XI, 35) 따라서 전쟁은 정당한 이유가 있을 때, 곧 평화 추구라는 이유가 있을 때 과도한 폭력 없이 전쟁에 관한 법을 철저히 준수하면서 이루어져야 한다.(『의무론』 1, XXII, 74; XXIV, 82; 3, XXIX, 107)[32]

바로 여기에서 우리는 의로운 전쟁의 첫 측면인 방어 전쟁의 이론적 근거를 발견한다. 암브로시우스와 치체로의 노선을 따르는 아우구스티누스도 영토를 확장하기 위한 정복전쟁이 아닌 인간의 명령에 의해 이루어지는 방어 전쟁을 의로운 전쟁으로 인정한다.[33] 모든 인간은 평화를 원한다는[34] 기본적인 논거에서 침략자의 불의한 행위를 억제하거나 처벌하려는 목적만을 갖고 있는 전쟁이기 때문이다. 달리 말하면 어떤 국가와 통치자들이 매우 탐욕스럽거나 공격적이어서 현세적인 정의의 규범들을 침해하였을 때 부과되는 처벌인 것이다.[35] 여기서 우리는 '정당한 이유'라는 의로운 전쟁의 첫 번째 원칙을 발견한다.[36] 이러한 의미에서 "불의에 대한 응징으로서의 전쟁들을 일반적으로 의롭다고 명명한다."(iusta autem bella ea definiri solent quae ulciscuntur iniurias)[37]는 의로운 전쟁의 정의가 등장한다.

이때 전쟁을 선언하는 권한은 자연법이 요구하듯이 군주에게 있다. 전쟁이 결코 개인적인 문제가 아니라 항상 국가 전체의 문제이며 보편적인 평화를 지향하기 때문이다.[38] 바로 여기에서 '합법적 권위'라는 의로운 전쟁의 두 번째 원칙이 등장한다.[39] 이를 아우구스티누스는 모든 정치권력은 하느님에게서 온 것이라는 사도 바오로의 로마 13, 1에 기초하여 다음과 같이 분명하게 제시한다.

국왕의 명령에 복종함이 그 국가 사회에 위배되는 것이 아니라 복종하지 않는 편이 사회에 위배됩니다. 자기 군주들에게 복종함이 국가 사회의 일반 약조이기 때문입니다.[40]

그렇기 때문에 군인들은 평화와 공동 구원을 위해 전쟁 명령에 순명하는[41] 법률의 집행인(minister legis)이 되어야 한다.[42] 아우구스티누스는 루카 3, 14를 근거로 이 측면을 강조한다. 그리스도교의 가르침이 모든 유형의 전쟁을 단죄한다면, 복음에서 세례자 요한이 무기를 버리고 군복무에서 온전히 벗어나라고 규정하였을 것이라고 히포의 주교는 지적한다. 요한이 군인들에게 "아무도 강탈하거나 갈취하지 말고 너희 봉급으로 만족하여라."하고 일렀음을 상기시키면서, 군인들이 사회 질서의 대리인이긴 해도 그로 인해 당연히 폭력을 행사해도 되는 입장은 아니라고 주장한다.[43]

이러한 논지에서 히포의 주교는 다윗, 백인대장, 코르넬리우스 등과 같은 성경의 인물들이 군인이었다는 사실을 근거로 그리스도인이 직업 군인이 되는 데 아무런 문제가 없음을 제시한다. 또한 물리적 힘으로 야만족과 싸우는 것을 기도를 통해 영적인 원수와 싸우는 것을 동일시한다.[44] 그럼에도 불구하고 아우구스티누스는 칼로 사람들을 죽이는 것보다 대화로 전쟁까지 가는 것을 막고 전쟁이 아닌 평화로써 평화를 유지하거나 마련하는 것을 더 큰 영광의 칭호로 간주한

다.⁴⁵

여기서 우리는 다음과 같은 문제에 직면한다. 정당한 이유로 인해 합당한 권위가 내린 명령에 따라 전쟁에 참여하는 군인들이 과연 욕망(libido) 없이 적군을 죽일 수 있는가? '해를 끼치려는 욕망'(nocendi cupiditas), '잔혹한 복수'(ulciscendi crudelitas), 평화롭지 못하고 용서 없는 영혼(impacatus atque implacabilis animus), 폭동의 잔악함(feritas rebellandi), 지배욕(libido dominandi) 및 이와 유사한 것들이 전쟁의 실제적인 해악이기 때문이다.⁴⁶ 무엇보다 아우구스티누스는 군인이 적군을 죽일 때 죄짓는 것이 아니며, 더욱이 사람들은 아예 그들을 살인자라고 부르지 않는다고 지적한다.⁴⁷ 또한 군인은 적군을 죽임으로써 법률의 집행인 역할을 하는 것이기에, 아무런 욕망 없이 직무를 수행하는 것임을 히포의 주교는 암시적으로 인정한다.⁴⁸ 군인이나 공직자가 자기 자신이 아닌 다른 이들이나 자신의 국가를 보호하기 위해 그리고 하느님의 법에 따라 공권력을 행사하는 사람들이나 정의로운 법률이 명하는 대로 전쟁에서 적군을 죽이는 것은 자신에게 맡겨진 직무에 충실한 것이기 때문이다.⁴⁹

그렇기 때문에 개인적인 분노나 복수의 감정 없이 또한 지배욕 없이 전쟁에서 적군을 죽일 때 '사랑'(caritas)이라는 하느님의 법을 침해하지 않는 것이며, 정의를 복원하는 행위에 참여하면서 하느님의 법에 순명하는 것이다.⁵⁰ 이는 전쟁의 합법성이 복음의 계명인 사랑에 기초해야 한다는 것을 드러내는 것이다.⁵¹ 바로 여기에 올바른 사랑으로 표현되는 '올바른 원의'라는 의로운 전쟁의 세 번째 원칙이 자리한다.⁵²

이렇게 평화의 회복이라는 측면으로 의로운 전쟁이 나타나지만, 그럼에도 불구하고 아우구스티누스는 의로운 전쟁이 발생하는 현실에 대해 개탄하는 것도 잊지 않는다. 히포의 주교는 현자가 의로운 전쟁을 수행할 것이라는 스토아학파의 노선을 따르지만 전쟁에 대한 로마제국의 칭송을 비판하며 자신의 의견을 다음과 같이 개진한다.53

그러나 그 현자가 인간이라면, 아무리 의로운 전쟁이라 하더라도 인간에게 전쟁이라는 필요악이 존재한다는 사실에 대해 한층 더 애통해할 것이다. … 현자로 하여금 의로운 전쟁이라는 전쟁을 수행하지 않을 수 없게 하는 것은 상대편의 불의일 것이다. 전쟁을 일으킬 만한 그런 불의라면 인간 누구나 통탄해야 마땅하다. 비록 거기서 반드시 전쟁이 일어나는 것은 아니더라도 어디까지나 인간들이 저지른 불의라는 점에서 통탄해야 한다. 그러므로 사람이라면 누구나 전쟁이라는 이토록 거창하고 이토록 가공스럽고 이토록 잔혹한 악에 대해 숙고할수록 고통스러워지며, 따라서 전쟁은 비참하다고 실토해야 마땅할 것이다.54

2. 하느님이 장본인으로 등장하는 전쟁

인간의 명령하에 이루어지는 의로운 전쟁이 방어 전쟁에 초점을 두고 있다면, 공격 전쟁도 의로운 전쟁이 될 수 있는 가능성을 아우구스티누스는 다음과 같이 제시한다.

만일 어떤 국가나 어떤 도시가 자신의 구성원들이 범한 불의함에 대해 벌하거나 불의하게 가져간 것을 돌려주는 것을 간과하였다면 (그들을 거슬러) 전쟁을 수행해야만 한다.55

이러한 전쟁이 의로운 전쟁이 될 수 있는 것은 하느님의 직접적인 명령하에 이루어지는 것이기 때문이다. 곧 하느님 자신이 최고의 합법적인 권위이기 때문이다. 그렇기에 인간의 명령에 의해 수행된 전쟁이 한시적으로 의로운 전쟁이 되는 것과는 달리 하느님이 장본인으로 등장하는 전쟁은 절대적으로 의로운 전쟁이 된다. 아울러 여기에는 '정당한 이유', '올바른 원의'와 같은 요소도 등장하지 않는다. "하느님 쪽이 불의하시다는 것입니까? 결코 그렇지 않습니다."라고 로마 9, 14가 선언하듯 하느님 안에는 불의함이 없으며, 하느님은 각자에게 무엇이 주어져야 하는지 알고 있는 분이기 때문이다.56 하느님의 섭리에 의해 이루어진 이러한 전쟁에서57 군대의 장군은 스스로를 전쟁의 장본인(auctor belli)이 아닌 하느님의 계획을 수행하는 사람(minister)으로 간주해야 한다고 아우구스티누스는 강조한다.58

인류 역사에서 공격 전쟁이 의로운 전쟁으로 평가되는 것이 극히 제한적이지만, 이러한 전쟁의 예를 아우구스티누스는 구약성경을 거부하는 마니교도들을 거슬러 제시한다. 특별히 모세가 수행한 전쟁들이 의로운 하느님께 대한 순명에 의한 것임을 다음과 같이 강조한다.

그는 전쟁에서 하느님의 명령을 수행하면서 잔혹하지 않았고 오히려 순종적이었으며, 하느님은 전쟁을 명하시면서 잔인하지 않

으셨다.59

이러한 모습을 아우구스티누스는 민수 21, 21-25에 나타나는 사건을 통해 보다 구체적으로 제시한다. 이스라엘 백성이 아모리인들의 임금 시혼에게 영토를 지나가는 것을 허락해달라고 청한다. 하지만 시혼은 이를 허락하지 않고 오히려 이스라엘을 치려고 모든 군대를 모아 광야로 나오자 이스라엘이 그를 칼로 쳐 죽이고 그의 나라를 정복한다. 히포의 주교는 이 사건을 주석하면서 이스라엘이 하느님께 서원했기에 아모리인들의 모든 성읍을 차지한 것이 아님을 지적한다. 이 전쟁이 의로운 전쟁이 되는 것은 인간 사회의 합당한 법에 따라 누구에게도 가능한 '해를 끼치지 않는 통과'(innoxius transitus)가 60 거부되었기 때문이다. 하지만 무엇보다 하느님이 자신의 약속을 이루시고자 이스라엘을 도우러 오신 것이고, 이스라엘에게 아모리인들의 땅을 주는 것이 적합하였기 때문이었다. 사실 민수 20, 14-21에 등장하는 에돔도 이스라엘의 통과 요청을 거부하였다. 하지만 이스라엘 백성들은 그들과 전쟁을 벌이지 않은 것은, 하느님이 이스라엘에게 그 고장을 허락하지 않았기 때문에 다른 길로 돌아간 것이라고 아우구스티누스는 설명한다.61

여기서 우리는 하느님이 그러한 전쟁을 명하시는 이유를 발견한다. 바로 종교적 교육뿐 아니라 심판과 교정을 위한 것이다.62 형벌을 통해 하느님이 역사를 재배치하는 것에 대한 참여, 곧 사악한 이들을 벌하는 것에 대한 하느님의 재가, 바로 여기에 아우구스티누스가 제시하는 전쟁에 대한 가장 강력한 정당화가 있다.63 달리 말하면 아우구스티누스는 자신의 논거를 강화하기 위해 하느님의 명령에 따른 구약성경의 전쟁에서 나타나는 '데우스 엑스 마키나'(deus ex machina)에 의존하고 있는 것이다.[64]

하느님의 권위하에 발발하는 전쟁이 사멸할 인간의 교만함에 겁을 주거나 그 교만함을 무너뜨리거나 굴복시키기 위한 목적으로 정당하게 시작된 것임을 의심하는 것은 옳지 않다. 인간의 욕망으로 인해 발발한 전쟁이라 하더라도, 그것은 불멸의 하느님뿐 아니라 그분의 성도들에게 아무런 해를 끼치지 못한다. 오히려 성도들에게 인내심을 단련하고, 영혼을 겸손하게 하며 자부적 규율을 견디어 내는데 유익한 것이 된다.[65]

따라서 하느님의 명령에 의해 전쟁을 수행하는 사람은 비난의 대상이 되지 않는다. 하느님은 잘못된 것을 결코 명할 수 없기 때문이다.[66] 달리 말하면 정의의 원천인 하느님을 장본인으로 하여 전쟁을 수행하는 사람들은 "사람을 죽이지 말라"는 계명을 거슬러 행동하는 것이 아니다. 성경의 다른 인물들을 통해서도 이러한 측면을 볼 수 있음을 아우구스티누스는 아브라함(창세 22, 1-9)과 판관 입다(판관 11, 29-39) 그리고 삼손(판관 16, 25-30)의 예를 통해 제시한다.[67]

더욱이 예수님이 "나는 너희에게 말한다. 악인에게 맞서지 마라. 오히려 누가 네 오른뺨을 치거든 다른 뺨마저 돌려 대어라"고 말하였기에(마태 5, 39), 하느님은 전쟁을 수행하라는 명령을 내릴 수 없었을 것이라고 생각하는 마니교도들에게 아우구스티누스는 이러한 자세가 육신에 있는 것이 아니라 덕행의 거룩한 처소인 마음에 있는 것이라고 강조한다.68 "악인에게 맞서지 마라"는 권고가 외적 계명이 아닌 내적 지침 또는 육체의 행동이 아니라 마음의 내적 자세라는 것이다. 특기할 것은 이러한 덕행이 구약의 의인들 안에도 머물러 있었으며, 인간의 왕국들과 원수들에 대한 승리를 포함하는 지상적인 선익들도 유일하신 참 하느님의 능력과 의지하에 있었다는 점이다. 구약성경이 어느 정도 하늘나라의 신비를 그림자로 덮어 숨기고 있었지만 말이다. 하지만 때가 차자 신약성경은 구약의 인물들에 의해 감추어져 있던 것을 드러내면서 또 다른 삶과 또 다른 왕국이 있음을 분명하게 증언하였다. 또한 그러한 삶 때문에 현세의 삶을 경시해야만 하며 그 왕국 때문에 지상의 모든 나라의 재난을 인내로 참아 견디어내야 한다고 제시하였다.

성조들과 예언자들은 이 세상에서 통치하였는데, 이 왕국을 주고 빼앗아가는 이가 하느님이심을 드러내기 위해서이다. 반면 사도들과 순교자들은 이 땅에서 아무런 왕국도 가지고 있지 않았는데, 이는 하늘나라를 더욱 더 염원해야 한다는 것을 드러내기 위해서이다. 성조들과 예언자들은 왕이기에 전쟁을 하였는데, 그러한 승리들 역시 하느님의 뜻에 따라 이루어진 것을 드러내기 위해서였다. 사도들과 순교자들은 저항하지 않고 죽임을 당했는데, 이는 진리에 대한 믿음 때문에 죽임을 당하는 것이 보다 더 큰 승리라는 것을 가르치기 위해서였다. 더욱이 이 세상에서 예언자들은 주님께서 '아벨의 피부터 즈카르야의 피에 이르기까지'라고 말씀하신 것처럼 진리를 위해 죽는 것도 알고 있었다. … 그리스도인 황제들 역시 신심에서 오는 온전한 신뢰를 그리스도께 두면서 자신들의 희망을 우상들과 악마에 두었던 신성모독죄를 범하는 원수들에 대해 매우 영광스러운 승리를 거두었다.69

이렇게 볼 때 랑간(J. Langan)이 정확하게 주장하듯이, 구약성경은 종교적 근거에서 폭력을 정당화하는 예화집이 아니다. 오히려 그러한 예를 통해서도 진정한 선이 무엇인지를 점진적으로 우리에게 계시하는 무대이다.70 달리 말하면 구약에 등장하는 의로운 전쟁이 하느님이 약속한 땅으로 가는 여정 중에 이루어진 것이라면, 이는 신약에서 그리스도인의 목적지가 천상도성임을 예형으로 드러낸 것이다. 또한 하느님의 명령에 따라 수행된 의로운 전쟁이 불의함에 대한 응징과 평화의 회복을 목적으로 한 것이라면, 이 평화 역시 이 세상에서의 평화만이 아니라 궁극적으로 영원한 평화, 곧 천상도성에서 누리게 될 평화를 지향해야 한다는 것을 드러낸다고 할 수 있다. 바로 여기에 아우구스티누스가 복음의 규범들을 내적 태도로 해석하고 있는 이유가 자리한다.

이러한 측면을 아우구스티누스는 "선으로 악을 굴복시키십시오."라는 로마 12, 21을 근거로 다음과 같이 강조한다.

악인이 선인에 의해 극복된다는 것을 혹은 더욱이 악한 사람 안에서 악이 선에 의해 극복되고 사람은 외적이며 생소한 악이 아닌 참으로 자신의 것이며 살육하는 모든 외적인 원수의 잔혹함보다 더 심각하고 해악을 끼치는 내면의 악에서 해방된다는 것을 분명하게 봅니다. 따라서 선으로 악을 극복하는 사람은 과도하게 사랑하면 악하게 되는 현세적 선익을 얼마나 무시해야 하는 것인지 믿음과 정의를 위해 가르치기 위해 그러한 선익의 상실을 인내로이 견디어냅니다. 불의함을 저지른 사람은 자신이 획득하기 위해 불의함을 저질렀던 그 선익이 얼마나 가치가 있는지를 이러한 방식으로 자신이 해악을 끼쳤던 사람에게서 배웁니다. 이는 박해하는 자의 폭력이 아닌 참아 견디어내는 사람의 호의에 의한 것이며, 이로써 회심하고 화합에로 나아가게 됩니다. … 더욱이 이러한 방식의 행위는 교정과 화합을 이끌어내기를 원하는 사람에게 유익이 될 것이라고 믿을 때 칭송받을만한 것입니다.[71]

여기에서 우리는 아우구스티누스의 일차 관심사가 마음과 정신의 회개이며, 이를 위해 인내를 선호하고 있음을 볼 수 있다.[72] 이러한 인내의 계명들은 올바른 마음의 준비(praepartio cordis) 속에서 보존되어야만 하며, 동일한 호의는 악을 악으로 갚지 않으려는 원의 속에서 구체화해야 한다. 하지만 히포의 주교는 이 경우에도 싸움을 좋아하는 사람들에 대한 형벌에도 의존하면서 호의적인 가혹함과 함께 많은 방책들을 사용하는 것이 필요하다고 강조한다. 곧 그들의 원의보다는 그들에게 유익한 것에 더 신경을 써야 한다는 것이다. 아버지가 자신의 아들의 원의와 고통에도 불구하고 무섭게 교정하면서 치유하듯이 말이다.[73]

이러한 교정의 필요성에 대해 아우구스티누스는 다음과 같이 제시한다. "죄인들의 행복보다 더 불행한 것은 없습니다. 어떤 처벌도 받지 않고 악에 대한 원의는 내면의 원수처럼 강화됩니다."74 결국 교정은 도덕적 질서 회복과 보존을 위한 것임이 드러난다.75 이는 개인의 차원만이 아니다.76 전쟁 역시 교정의 측면을 갖고 있는 것이다. 곧 "가능하다면 그러한 자비의 정신으로 선한 이들은 전쟁도 하는 것입니다. 이는 방종한 격정들에 대해 승리하면서 의로운 통치가 근절하거나 내리 누르는 그러한 악행들이 제거되기 위해서입니다."77

바로 여기에 왜 아우구스티누스가 전쟁과의 관련하에 항상 평화를 강조하고 있는 이유가 드러난다. "평화를 얻기 위해 전쟁을 벌인다."78 자신의 피를 흘리면서까지 평화를 위해 전쟁하는 것은 영광스러운 평화에 도달하기 위한 것이다.79 따라서 평화는 원의 속에 있어야만 하고 전쟁은 필요일 뿐이다. 이는 하느님이 우리를 필요에서 해방시켜 평화 속에 보존하기 위해서이다.80 아우구스티누스는 평화가 평온한 질서(tranquilitas ordinis)라는 사실을 강조하면서 다음과 같이 제시한다.

신체의 평화는 부분들의 질서있는 조화다. 비이성적 영혼의 평화는 욕구들의 질서 있는 안정이다. 이성적 영혼의 평화는 인식과 행위의 질서 있는 합의다. 신체와 영혼의 평화는 생명체의 질서 있는 생명과 안녕이다. 사멸할 인간과 하느님의 평화는 영원법에 대한 신앙의 질서 있는 순종이다. 인간들의 평화는 질서 있는 화합이다. 가정의 평화는 함께 사는 사람들 사이에 명령하고 복종하는 질서 있는 화합이다. 도시국가의 평화는 시민들 사이에 명령하고 복종

하는 질서 있는 화합이다.[81]

이토록 하느님의 지고한 의지에 응답하기 위하여 인간 사회가 나아가야 할 목표는 항상 평화이다.[82] 또한 이러한 평화에 있어 본질적인 질서는 동등한 것들과 동등하지 않은 것들의 고유한 자리를 각각에게 부여하는 배치이다.[83] 따라서 평화의 회복은 질서의 회복이요 동시에 정의의 회복이다.[84] 정의 역시 각자에게 자기 것을 배분하는 덕(suum cuique tribuere)이기 때문이다.[85] 매우 정의롭게 정의를 부여하는 하느님은 사멸하는 인류를 지상을 장식하는 최고의 존재로 만들었고, 현세생활에 어울리는 선들을 인간에게 베풀어 주었는데, 그 속에 현세적 평화가 있다. 이 평화는 사멸할 인생의 시간 간격에 어울리는 평화로서, 건강과 무사안녕, 자기 부류들과 이루는 사회생활로 이루어진다. 또 이 평화를 옹호하고 회복하는 데 필요한 선들, 곧 감관으로 제대로 접할 수 있는 적절한 대상들, 빛과 소리, 공기와 물 등 신체가 자신을 먹이고 입히고 덮고 치유하고 꾸미는데 알맞은 것들도 모두 베풀어 주었다.[86]

이러한 맥락에서 볼 때 현세적 평화를 가져온 폭력도 하느님의 선물이라고 할 수 있다. 그렇다면 왜 하느님은 현세적 평화와 이 평화를 옹호하고 회복하는 데 필요한 선들을 인간에게 선사하였는가? 아우구스티누스는 다음과 같이 답변한다.

이런 사물들을 베풀면서 더없이 공정한 조건이 인간들에게 제시되었다. 곧 사멸할 인간이 사멸할 인간들의 평화에 어울리게 이런 선들을 올바로 사용한다면 더 풍족하고 더 좋은 선들을 받게 된다. 다시 말해 불사불멸의 평화, 그리고 그 평화에 걸맞은 영광과 영예를 받아 영원한 생명으로 하느님을 향유하고 하느님 안에서 이웃 사람들을 향유하기에 이른다.[87]

바로 여기에서 정치적 평화에서 대신적(對神的) 차원의 평화로의 전환을 볼 수 있으며, 이는 아우구스티누스가 제시하려는 궁극적인 평화 개념이라고 할 수 있다. 히포의 주교에 따르면, "최대의 상급은 우리가 그분을 향유하는 것이며, 그분을 누리는 모든 사람이 그분 안에서 서로서로를 향유케 될 것이다."[88] 또한 "천상 도성의 평화는 하느님 안에서 서로 향유하는, 더없이 질서 있고 더없이 화합하는 사회적 결속이다."[89]

따라서 지상적 사물들의 사용은 지상 도성에서 지상적 평화를 향유하는 일과 관련된다. 그리고 천상 도성에서는 영원한 평화를 향유하는 일과 결부된다.[90] 달리 말하면 지상 도성에서는 현세생활에서 오는 편리한 사물을 갖고 지상 평화를 도모하려고 하지만, 천상 도성에서는 장차 영원할 것으로 언약된 사물들을 기다리며 지상적이고 현세적인 사물들을 사용하되 나그네처럼 사용한다는 것이다. 천상 도성도 이 순례의 길에서는 지상 평화를 이용하고, 신심과 종교심에 의해 허용되는 한, 사멸할 인생에 속하는 사물들에 관해 인간 의지들 사이에 이루어지는 적절한 조정을 보호하고 추구하며 지상 평화를 천상 평화로 귀결시킨다. 그러므로 천상 평화만이 진정한 평화라고 할 수 있으며 이성적 피조물은 이것만을 평화라 여기고 불러야 마

땅하다.91

　이토록 현세 생활에서 누리는 평화는 일시적이며 선인에게나 악인에게나 공유되는 평화이며92 비참함에 대한 위로(solacium miseriae)일 뿐 지복에서 오는 기쁨은 되지 못한다.93 하지만 궁극의 평화 속에서는 "우리의 자연본성이 죽지 않고 썩지 않아 온전해질 것이다. 그리하여 인간의 자연본성은 악습을 지니지 않을 것이다. 타인에 의해 유발되든 우리 자신에 의해 유발되든, 어떤 사람이 우리 중의 누구와 갈등을 빚는 일도 없을 것이다. 악덕이란 일체 없을 테니까 이성이 악덕에 명령을 내릴 필요도 없어질 것이다. 오히려 하느님이 인간에게 명령하고 정신이 육체에 명령할 것이며, 저 평화 속에서는 살고 다스리는 행복이 그만큼 크고 따라서 명령에 순종하기도 무척이나 유쾌하고 순종한다는 것이 매우 쉬울 것이다. 거기서는 이런 것들이 인간 모두에게 또 인간 각자에게 영원할 것이며, 영원하리라는 사실 또한 확실할 것이다. 그리하여 이 지복의 평화, 또는 평화의 지복이 최고선이 될 것이다."94 이러한 평화를 갈망하며 아우구스티누스는 한 서한에서 다음과 같이 고백한다.

> **인간의 평화가 사멸할 인간들의 현세적 구원으로 인해 그토록 달콤하다면, 천상 평화는 천사들의 영원한 구원으로 인해 얼마나 더 달콤하겠는가!**95

나가는 말

　모든 국가는 평화를 원한다는 근본적인 입장 속에서 전개된 아우구스티누스의 의로운 전쟁 이론은 사랑에 중심을 둔 윤리이다. 더욱이 구약성경에 나타나는 전쟁과 신약성경이 제시하는 평화 사이의 딜레마를 아우구스티누스는 참된 의로운 전쟁과 한시적인 의로운 전쟁을 구분하면서 해결하고 있다. 그렇기에 목적이 수단을 정당화한다는 차원에서 전쟁이 지닌 해악성에도 불구하고 정의에 도달한다는 도구적 가치를 지닌다는 것을 히포의 주교는 강조한다.[96] 평화를 지향하는 전쟁이라는 윤리적 원칙 위에서 아우구스티누스는 암브로시우스와 치체로의 노선을 따라 의로운 전쟁 이론을 재구성한 것이다. 물론 이상적인 것은 전쟁이 아닌 평화로 평화를 조성하는 것이다. 그러나 불의함을 통해 평화가 깨졌을 경우, 이를 교정하고 질서를 회복하여 평화를 이루려는 목적에 도움이 되는 도덕적 요구에 의해 전쟁을 수행하는 것이다.

　'평화-목적' 그리고 '전쟁-도구'라는 구조뿐 아니라 전쟁에 대한 평화의 자연적 우위성이라는 노선에서[97] 아우구스티누스의 주장은 치체로의 사상과 매우 유사한 것처럼 나타난다. 하지만 아우구스티누스에게 영감을 불어 넣은 것은 복음 정신이며, 바로 이 점이 치체로와의 결정적인 차이를 드러내었다.[98] 스탠리 윈다스(Stanley Windass)가 주장하듯 하느님이 장본인으로 등장하는 전쟁(bellum Deo auctore)이라는 측면이 모든 문제를 해결한 것이다. 곧 하느님의 영감에 따른 전쟁이라는 주제가 의로운 전쟁에 관한 아우구스티누스의 결정적 혹은 주요 요소로 제시된 것이다.99 그렇기에 치체로의 단순한 법적 형식주의(形式主義)가 아닌 사악함을 벌하려는 하느님의 뜻을 성취하는 다목적 도구로서 의로운 전쟁이 제시된 것이다.100 이토록 인간의 명령에 의해 수행된 전쟁이 한시적으로 의로운 전쟁이 되는 것과는 달리 하느님이 장본인으로 등장하는 전쟁은 절대적으로 의로운 전쟁이 된다는 사실에서, 단순한 의무론이나 결과론이 아우구스티누스의 의로운 전쟁 이론의 근본적인 전망이 될 수 없다는 측면이 등장한다.101

그러므로 중세 사상가들이 성전에 대한 자신들의 주장을 아우구스티누스의 구약성경 주석에 의지하고 있지만, 의로운 전쟁 이론을 내세운 아우구스티누스를 중세 중기에 두드러진 성전(聖戰) 사상, 곧 하느님이 자신의 편에 계시고 의로운 전쟁에서 승리를 보증해 주실 것이라는 입장의 대변자로 볼 수 없다. 히포의 주교가 그리스도교 확장의 수단으로, 또한 정복을 정당화하거나 새로운 재화의 획득을 위해 의로운 전쟁을 말하고 있지 않기 때문이다.102 오히려 아우구스티누스의 원래 주장이 무시된 것이고, 심지어 의로운 전쟁에 대한 정식조차 시야에서 사라진 것이라 할 수 있다. 더욱이 전쟁에 관한 아우구스티누스의 작품들이 자동적으로 중세의 결론으로 이끌지 않고 있다는 것도 특기할 만한 점이다.103 또한 아우구스티누스가 의로운 전쟁으로 구체적으로 명명하고 있는 유일한 전쟁들은 구약성경에 나타나는 전쟁들이라는 사실도 매우 의미심장하다.104 여기서 아우구스티누스의 의도가 드러난다. 그는 전쟁 수행에 한계를 제시하고 동시에 일부 조건들하에서 전쟁을 정당화하려고 하였던 것이다. 전쟁을 그리스도교 맥락에서 어떻게 바라볼 수 있는지 그리고 윤리적 담화 속에서 전쟁에 대한 논의를 제시하고자 한 것이다.[105] 그렇기에 히포의 주교는 하느님의 명령하에 이루어진 전쟁이 가진 측면들, 곧 종교적 교육과 형벌 그리고 교정을 제시하면서 결국 현세적 평화가 아닌 천상의 평화를 지향하도록 하였다. 비록 십자군이나 성전에로의 길을 아우구스티누스의 의로운 전쟁 이론이 열어 놓았다고 할 수 있겠지만, '하느님의 권위'와 '순명'이라는 두 축을 통해 아우구스티누스가 제시하고자 했던 것은 평화와 사랑이었다.

| 주 |

1   『가톨릭교회 교리서』 2307항.
2   아우구스티누스, 『강론』 30, 4. 본고에서 다루어지는 아우구스티누스의 작품에 대해서는 1965년 이래 라틴어와 이탈리아어 대역으로 발행되고 있는 다음의 총서를 사용한다. Opera omnia di sant'Agostino, Nuova Biblioteca Agostiniana, Roma: Città Nuova Editrice.
3   Herbert A. Deane, The Political and Social Ideas of St. Augustine, New York, London: Columbia University Press, 1963, 157; Robert L. Holmes, "St. Augustine and the Just War Theory", The Augustinian Tradition, ed., Gareth B. Matthews, Berkeley, Los Angeles, London: University of California Press, 1999, 324. 아우구스티누스는 『신국론』 19, 28에서 다음과 같이 말한다. "사실 다음과 같은 전쟁보다 더 심각하고 더 쓰라린 전쟁을 상상할 수 있겠는가? 의지가 정욕에 대립하고 정욕이 의지에 대립하는 전쟁, 둘 중의 어느 편의 승리로도 둘의 적대관계가 끝나지 않는 전쟁, 육체의 본성이 고통의 위력과 철저히 충돌하면서도 그 가운데 어느 것도 다른 것에 물러서지 않는 전쟁 말이다." 한국어 번역은 다음을 참조: 아우구스티누스, 『신국론』, 성염 역주, (왜관: 분도출판사, 2004).
4   아우구스티누스, 『신국론』 13, 13. "육이 영을 거슬러 욕망을 품기 시작했고, 우리는 육과 갈등 속에 태어났다. 저 최초의 반역으로부터 우리는 죽음의 기원을 끌어들였고, 우리 지체와 부패한 본성에 육의 도전과 압도를 안은 채 태어났다." 참조: Giovanni Torti, "Sant'Agostino e la ⟨grande guerra santa⟩. Nota su civ. Dei 15, 5", Giornale italiano di filologia 23, 1971, 363-364.
5   참조: Louis J. Swift, The Early Fathers of War and Military Service, Message of the Fathers of the Church 19, Wilmington: Michael Glazier, 1983, 111; Donald X. Burt, "Augustine on the Morality of Violence: Theoretical Issues and Applications", Congresso Internazionale su S. Agostino nel XVI centenario della conversione Roma, 15-20 settembre 1986, III, Studia Ephemeridis Augustinianum 26, Roma: Institutum Patristicum Augustinianum, 1987, 28..
6   Gregory M. Reichberg, Henrik Syse and Endre Begby, The Ethics of War: Classic and Contemporary Readings, Oxford: Blackwell Publishing Ltd., 2006, 71 참조. 사실 정치학이라는 큰 윤곽 속에 의로운 전쟁을 두면서 체계적으로 숙고한 첫 번째 사상가는 아리스토텔레스이다. 이에 대해 참조: Frederick H. Russell, The Just War in the Middle Ages, Cambridge: Cambridge University Press, 1979(reprinted), 3 참조.
7   Patrick A. Messina, Craig J.N. De Paulo, "The Influence of Augustine on the Development of Just War Theory", Augustinian Just War Theory and the Wars in Afghanistan and Iraq. Confessions, Contentions, and the

Lust for Power, eds., Craig J.N. De Paulo, Patrick A. Messina and Daniel P. Tompkins, New York; Peter Lang, 2011, 26.
8   예를 들면 다음과 같은 구절이다. 마태 5, 39. "악인에게 맞서지 마라. 오히려 누가 네 오른뺨을 치거든 다른 뺨마저 돌려 대어라."; 마태 5, 44. "너희는 원수를 사랑하여라. 그리고 너희를 박해하는 자들을 위하여 기도하여라."
9   Stanley Windass, "Saint Augustine and the Just War", *Blackfriars* 43, 1962, 462.
10 초기 그리스도인들의 입장에 대해 참조: C. John Cadoux, *The Early Christian Attitude to War*, New York: The Seabury Press, 1982.
11 초기 그리스도인들의 군대 복무에 대해 참조: Simonetta e Michelle Salacone, "I primi cristiani e il servizio militare", *Le chiese e la guerra*, a cura di Alcenste Santini, Roma: Napoleone Editore, 1972, 19-29.
12 Albert Bayet, *Pacifisme et christianisme aux premiers siècles*, Paris: Les œuvres représentatives, 1934, 56-89; Pierre Batiffol, "Le premiers chrétiens et la guerre", *L'Église et la guerre*, Paris: Bloud et Cie, 1913, 8-18; Roland H. Bainton, *Christian Attitudes Toward War and Peace*, Nashiville: Abingdon Press, 1960, 73; C. John Cadoux, 앞의 책, 49-66.
13 락탄티우스, 『거룩한 가르침』 VI, 20.
14 Peter Burnell, "Justice in War in and before Augustine", *Studia Patristica* 49, 2010, 109-110.
15 Herbert A. Deane, 앞의 책, 163-164.
16 Vincent J. Genovesi, "The Just-War Doctrine: A Warrant for Resistance", *The Thomist* 45(1981), 506.
17 미셸 끌레브노, 『그리스도인과 국가 권력: 2-3세기 그리스도교의 역사』, 이오갑 역, 한국신학연구소, 1994, 278-279; 에른스트 다스만, 『교회사 II/1』, 하성수 역, 분도출판사, 2013, 74-82.
18 콘스탄티누스가 가톨릭교회 성직자들에게 부여한 특전에 대해 참조: C. Dupont, "Les privilèges des clercs sous Constantin", *Revue d'histoire ecclésiastique* 62(1967), 729-752.
19 주교법정에 대해 참조: 변종찬, "아우구스티누스 안에 나타난 주교법정", 『서양중세사연구』 36, 2015, 1-40.
20 피터 브라운, 『기독교 세계의 등장』, 이종경 역, 새물결 출판사, 2004, 71.
21 에우세비우스, 『콘스탄티누스의 생애』 III, 63-66 참조. 『콘스탄티누스의 생애』 영어 번역 및 해제에 대해서는 A. Cameron, Stuart G. Hall, *Eusebius, Life of Constantine* (New York: Oxford University Press, 2002[reprinted]) 참조.
22 『테오도시우스 법전(*Codex Theodosianus*)』 9, 16, 2. 『테오도시우스 법전』의 편집본으로 Th. Mommsen and Paulus M. Meyer, eds., *Theodosiani libri xvi cum constitutionibus sirmondianis*, Berlin: Weidmann, 1905 참조. 영역본으로는 C. Pharr, *The Theodosian Code and Novels and the Sirmondian Constitutions: A Translation with Commentary, Glossary, and Bibliography*, Union: The Lawbook Exchange, 2001 참조.
23 에우세비우스, 『콘스탄티누스의 생애』 III, 55-56; 58.

24 「테오도시우스 법전」 16, 1, 2.
25 George J. Lavere, "The Political Realism of Saint Augustine", *Augustinian Studies* 11, 1980, 139.
26 Robert L. Holmes, *On War and Morality*, Princeton: Princeton University Press, 1989, 117.
27 Fabrizio Fabbrini, "I cristiani e la guerra. Da Costantino a san Francesco", *Le chiese e la guerra*, a cura di Alcenste Santini, Roma: Napoleone Editore, 1972, 31-32.
28 R.A. Marcus, "Saint Augustine's View on the 'Just War'", *The Church and War*, ed., W.J. Sheils, Oxford: Basil Blackwell, 1983, 9.
29 암브로시우스, 「성직자의 의무」 I, 27, 126-29, 142.
30 Homes Dudden, *The Life and Times of St. Ambrose*, II, Oxford: The Clarendon Press, 1935, 538-539.
31 André Vauchez, "La notion de guerre juste au moyen âge", *Les quatre fleuves* 19, 1984, 12.
32 Franck Bourgeois, "La théorie de la guerre juste: un héritage chrétien?", *Études théologiques et religieuses* 81, 2006, 452-453. 치체로의 「의무론」에 대한 한국어 번역은 다음을 참조: 치체로, 「치체로의 의무론: 그의 아들에게 보낸 편지」, 허승일 역, 서광사, 1989.
33 Robert M. Grant, "War - Just, Holy, Unjust - in Hellenistic and Early Christian Thought", *Augustinianum* 20, 1980, 173. 스탠리 윈다스는 아우구스티누스가 초기 교회가 지향한 평화주의의 결론들을 따르지는 않지만 그러한 입장에 매우 호의적이었다는 사실을 지적한다. Stanley Windass, "Saint Augustine and the Just War", 462.
34 아우구스티누스, 「신국론」 19, 12, 1.
35 Robert Regout, *La doctrine de la guerre juste de saint Augustin à nos jours d'après les théologiens et les canonistes catholiques*, Paris: Éditions A. Pedone, 1935, 44; Herbert A. Deane, 앞의 책, 160; William Augustus Banner, *The Path of St. Augustine*, Lanham, Boulder, New York, London: Rowman & Littlefield Publisher, 1996, 80.
36 John Mark Mattox, *Saint Augustine and the Theory of Just War*, London, New York: Continuum, 2008(paperback edition), 45-46; Patrick A. Messina, Craig J.N. De Paulo, 앞의 책, 28. 로버트 홈즈는 하느님의 직접적인 명령에 의해 수행되지 않은 의로운 전쟁들을 '참으로 의로운 전쟁'과 '한시적으로 의로운 전쟁'으로 양분하면서 기준을 제시한다. 전자의 경우 '합법적 권위', '정당한 이유', '실제적으로 올바른 원의', '올바른 사랑'이라는 네 가지 기준을 그리고 후자의 경우에는 '합법적 권위'와 '정당한 이유'라는 두 가지 기준을 지적한다. Robert L. Holmes, 앞의 책, 333
37 아우구스티누스, 「구약 칠경에 관한 질문」 VI, 10. 프레데릭 러셀은 이 정의에 대해 "치체로 이후의 의로운 전쟁에 대한 첫 번째 새로운 정의"라고 지적하면서, 표면상으로는 치체로를 반향하고 있는 것으로 보이지만 이에 대한 해석은 치체로와 다른 방향으로 나아간다고 주장한다. 치체로의 관점은 침해받은 이들의 재산(res)이나 권리(iura)의 회복, 곧 전쟁 이전의 상태로의 회귀이기 때문이다. 필립 원

도 이 정의가 거의 확실하게 치체로의 것이라고 주장한다. 세비야의 이시도루스(Isidorus)를 통해 우리에게 전해지는 『국가론』(De republica) 3, 23, 35에서 치체로는 "적들에게 원수를 갚거나 적들을 몰아낸다는 이유를 떠나서는 어떤 정의로운 전쟁도 감해할 수 없다."고 말한다(『국가론』의 한국에 번역은 다음을 참조: 치체로, 『국가론』, 김창성 역, 한길사, 2007). 아우구스티누스는 의로운 전쟁에 대해 자신의 고유한 정의를 제시하기보다 일반적인 의로운 전쟁과 하느님의 명령에 의해 이루어진 절대적인 의로운 전쟁을 비교하기 위해 치체로의 정의를 사용하고 있으며, 바로 이러한 이유로 "일반적으로 명명된다."(definiri solent)라고 아우구스티누스가 적고 있다는 것이다. 안토넬로 칼로레는 "불의함을 복수하는 전쟁"이라는 표현이 로마법에서 의로운 전쟁의 결정적 요소인 "rerum repetitio"에 대한 명확한 언급이며, 이는 그 이론이 아우구스티누스 당시 문화에 여전히 존재하고 있었다는 증거라고 주장한다. 또한 아우구스티누스 역시 의로운 전쟁의 전통적인 범주를 알고 있었다고 지적하다. Frederick H. Russell, *The Just War in the Middle Ages*, 18–19; Frederick H. Russell, "Love and Hate in Medieval Warfare: The Contribution of Saint Augustine", *Nottingham Medieval Studies* 31, 1987, 112–113; Philip Wynn, *Augustine on War and Military Service*, Minneapolis: Fortress Press, 2013, 236; Antonello Calore, "Agostino e la teoria della guerra giusta. (A proposito di Qu. 6, 10)", *Guerra e diritto. Il problema della guerra nell'esperienza giuridica occidentale tra medioevo ed età contemporanea*, a cura di Aldo Andrea Cassi, Soveria Mannelli: Rubbettino Editore, 2009, 20–23.

38 François Berrouard, "Réponses de saint Augustin à quelques questions sur la guerre", *Cahiers de la Réconciliation* 45, 1978, 6.
39 Patrick A. Messina, Craig J.N. De Paulo, 앞의 책, 28.
40 아우구스티누스, 『고백록』 3, 8, 15.
41 아우구스티누스, 『마니교도 파우스투스 반박』 22, 75.
42 아우구스티누스, 『자유의지론』 1, 5, 12.
43 아우구스티누스, 『서한집』 138, 2, 15.
44 아우구스티누스, 『서한집』 189, 4–5. 이에 대해 참조: Louis J. Swift, 앞의 책, 126–127.
45 아우구스티누스, 『서한집』 229, 2.
46 아우구스티누스, 『마니교도 파우스투스 반박』 22, 74.
47 아우구스티누스, 『자유의지론』 1, 4, 9. 특기할 것은 개인의 자기 방어의 문제에 대해서는 아우구스티누스가 다른 입장을 취한다는 것이다. 비록 실정법이 용인한다고 하더라도 그리스도인은 의지적으로 다른 이의 생명을 취하는 것이 허락되지 않는다. 예를 들면 행인이 강도에게 살해당하지 않으려고 강도를 살해하거나 어떤 남자나 여자가 자기한테 덤비는 파렴치한이 자기한테 추행을 저지르기 전에 죽여 버릴 권리를 주는 법률은 정의롭지 못하다고 아우구스티누스는 주장한다(『자유의지론』 1, 5, 11). 동일한 생각이 『서한』 47, 5에서도 "다른 이들에게서 죽임을 당하지 않기 위해 그들을 죽일 수 있다는 의견을 나는 좋아하지 않는다."라고 표현된다. 이러한 논거에 대해 리차드 쉘리 하티간은 아우구스티누스의 입장이 교회의 전통적인 평화주의 노선을 따르고 있다고 지적한다. 같은 입장을 데이빗 레니헌도 제시한다. Richard Shelly Hartigan, "Saint Augustine on War and Killing: The Problem of the Innocent", *Journal of the History of Ideas* 27/2, 1966, 197;

David A. Lenihan, "The Just War Theory in the Work of Saint Augustine", *Augustinian Studies* 19, 1988, 44.
48 같은 책, 1, 5, 12.
49 아우구스티누스, 「서한집」 47, 5; 「신국론」 1, 21.
50 Richard Shelly Hartigan, 앞의 책, 201. 이 글에서 저자는 아우구스티누스가 전쟁 중에 무고한 이들, 특별히 무고한 시민이나 비전투요원의 보호에 대해서는 명확한 논거를 제시하지 않았다고 주장한다. 무고한 이들의 죽음은 의로운 전쟁의 부수적인 결과이기에, 의로운 전쟁의 필요성이 관련되는 한 무고한 이들의 운명에 아우구스티누스가 관심을 갖지 않았다는 것이다. 이에 대해 랑간은 아우구스티누스가 이 문제를 소홀히 했던 이유를 설명할 두 가지 대안이 있다고 주장한다. 첫째는 모세의 전쟁에 관한 파우스투스와의 논쟁에서 찾아볼 수 있는데, 개전과 전쟁 중 행위에 관한 신적 권위 부여에 대한 아우구스티누스의 신념을 수용한다면 의로운 전쟁을 수행하는 과정에서 비전투요원의 보호를 본질적인 요소로 상정하는 것은 대단히 어렵다는 것이다. 둘째는 전쟁의 해악을 최소화하려는 아우구스티누스의 관심을 원리 혹은 규칙의 윤리보다 덕 윤리에 나타나는 표현들로 간주할 수 있다는 것이다. J. 랑간, "아우구스티누스의 전쟁 윤리: 의로운 전쟁", W.S. 뱁코크 엮음, 「아우구스티누스 윤리학」, 문시영 역, 서광사, 1998, 308-309.
51 Frederick H. Russell, *The Just War in the Middle Ages*, 17.
52 Patrick A. Messina, Craig J.N. De Paulo, 앞의 책, 27-28. 폴 램지 역시 아우구스티누스의 작품 속에 나타나는 의로운 전쟁의 토대가 그리스도교 사랑이지 자연적인 정의가 아니라고 강조한다. 또한 그리스도교 사랑이라는 올바른 원의의 계명에로 의로운 전쟁 이론이 전환하였고, 이 의향을 구체화하면서 올바른 행위로 의로운 전쟁이 정향하고 있다고 지적한다. Paul Ramsey, *War and Conscience: How Shall Modern War Be Conducted Justly?*, Durham NC: Duke University Press, 1961, 15와 32-33.
53 J. Warren Smith, "Augustine and the Limits of Preemptive and Preventive War", *Journal of Religious Ethics* 35/1, 2007, 154.
54 아우구스티누스, 「신국론」 19, 7. 이에 대해 참조: Nello Cipriani, "La violenza nel pensiero di S. Agostino", *Parola, Spirito e Vita* 37, 1998, 248.
55 아우구스티누스, 「칠경에 관한 질문」 VI, 10.
56 Frederick H. Russell, "Augustine's Contradictory Just War", *Studia Patristica* 70, 2013, 558.
57 Paul Monceaux, "Saint Augustin et la guerre", *L'Église et la guerre*, Paris: Bloud et Cie, 1913, 12.
58 아우구스티누스, 「칠경에 관한 질문」 VI, 10.
59 아우구스티누스, 「마니교도 파우스투스 반박」 22, 74.
60 여기서 아우구스티누스는 만민법(ius gentium)을 염두에 두고 있는 것으로 보인다. 이에 대해 참조: Frederick H. Russell, *The Just War in the Middle Ages*, 21; Philip Wynn, 앞의 책, 237.
61 아우구스티누스, 「칠경에 관한 질문」 IV, 44.
62 랑간은 아우구스티누스가 전쟁을 해석함에 있어 종교적 교육의 요소와 신적 힘과 심판의 시행이라는 두 가지 요소를 모두 고려하는 구약성경의 영향을 받았다고 지

적한다: J. 랑간, 앞의 책, 290-291.
63 Gustave Combès, *La doctrine politique de saint Augustin*, Paris: Librairie Plon, 1927, 287; Kevin Carnahan, "Perturbations of the Soul and Pains of the Body. Augustine on Evil Suffered and Done in War", *Journal of Religious Ethics* 36/2, 2008, 276.
64 Stanley Windass, *Christianity Versus Violence. A Social and Historical Study of War and Christianity*, London: Sheed and Ward, 1964, 32-34; Frederick H. Russell, *The Just War in the Middle Ages*, 23.
65 아우구스티누스, 『마니교도 파우스투스 반박』 22, 75.
66 아우구스티누스, 『마니교도 파우스투스 반박』 22, 75.
67 아우구스티누스, 『신국론』 1, 21.
68 아우구스티누스, 『마니교도 파우스투스 반박』 22, 76.
69 같은 책. 이에 대해 참조: Domenico Argiolas, "La guerra nel pensiero di sant'Agostino", *Palestra del clero* 56, 1977, 730-731.
70 J. 랑간, 앞의 책, 293.
71 아우구스티누스, 『서한집』 138, 2, 11.
72 J. 랑간, 앞의 책, 295.
73 아우구스티누스, 『서한집』 138, 2, 14.
74 아우구스티누스, 『서간집』 138, 2, 14.
75 랑간은 아우구스티누스의 의로운 전쟁 이론의 핵심이 행위가 폭력적인 것인지 아닌지 하는 것을 근본 질문으로 삼는 것보다 근본적으로 성향과 욕구들의 의로운 내적 질서에 대해 그리고 도덕 질서의 보존에 대한 것이었다고 지적한다. J. 랑간, 앞의 책, 296.
76 아우구스티누스, 『신국론』 19, 16. "집안에서 누군가 불복종으로 가정의 평화에 반항한다면, 인간사회가 허용하는 범위 내에서 말이나 채찍으로, 또는 정당하고 합당한 어떤 종류의 징계로 이를 바로잡아야 한다. 그것은 징계를 받는 당사자가 스스로 이탈한 평화에 다시 적응하도록 당사자의 선익을 도모하는 징계여야 한다. … 무죄한 사람이라면 아무에게도 악을 끼쳐서는 안 되며, 또한 다른 사람에게 악을 행하지 못하도록 압력을 가하거나 죄를 벌하는 일도 무죄한 사람의 직분에 해당된다." 이에 대해 참조: D. Beaufort, *La guerre comme instrument de secours ou de punition*, La Haye: Martinus Nijhoff, 1933, 23.
77 아우구스티누스, 『서한집』 138, 2, 14.
78 아우구스티누스, 『서한집』 189, 6.
79 아우구스티누스, 『서한집』 229, 2; 『신국론』 19, 12, 1. 최종적인 목적과 목표를 위해 전쟁보다 평화를 우선시하는 관점은 이미 아리스토텔레스의 『니코마코스 윤리학』 1177b에 나타난다. "전쟁을 하는 것은 평화 속에 살기 위해서이다. … 아무도 전쟁하는 것 자체가 좋아서 전쟁하지 않는다. 싸움을 하고 살육을 하기 위해서 자기 친구를 원수로 만드는 사람이 있다면 그 사람은 전적으로 살인적인 사람이라 생각되지 않을 수 없다. … 정치적 행동과 군사적 행동이 그 고귀성과 규모의 크기에 있어 뛰어난 것이라 할지라도 그것들이 비한가적이고 어떤 목적을 추구하며 그 자체 때문에 바람직한 것이 아니다." 한국어 번역은 다음을 참조: 아리스토텔레스, 『니코마코스 윤리학』, 최명관 역주, 서광사, 1986(3판).

80 아우구스티누스, 「서한집」 189, 6.
81 아우구스티누스, 「신국론」 19, 13, 1.
82 Yves de la Brière, "La conception de la paix et de la guerre chez saint Augustin", *Revue de philosophie* 1, 1930, 562.
83 아우구스티누스, 「신국론」 19, 13, 1.
84 정의는 평화의 전제이며, 평화는 정의의 업적이다. 이에 대해 참조: Philippe Curbelié, *La justice dans la cité de Dieu*, Paris: Institut d'Études Augustiniennes, 2004, 469.
85 아우구스티누스, 「자유의지론」 1, 13, 27; 「질서론」 1, 7, 9; 2, 7, 22; 「여든세 가지 다양한 질문」 2; 「시편 상해」 83, 11; 「신국론」 19, 4, 4; 19, 21, 1.
86 아우구스티누스, 「신국론」 19, 13, 2.
87 아우구스티누스, 「신국론」 19, 13, 2.
88 아우구스티누스, 「그리스도교 교양」 1, 32, 35.
89 아우구스티누스, 「신국론」 19, 13, 1.
90 같은 책, 19, 14.
91 같은 책, 19, 17. 데이빗 레니헌은 아우구스티누스의 세계관 및 전쟁 철학의 본질적인 것이 천상 도성이 지상의 평화를 사용한다는 시각이라고 주장한다. David A. Lenihan, 앞의 책, 52.
92 같은 책, 19, 26.
93 Elena Cavalcanti, "La cosidetta 《guerra giusta》 nel *De civitate Dei* di Agostino", *Cristianesimo nella storia* 25, 2004, 56.
94 아우구스티누스, 「신국론」 19, 27.
95 아우구스티누스, 「서한집」 189, 6.
96 Bernard Roland-Gosselin, *La morale de saint Augustin,* Paris: Éditeur Marcel Rivière, 1925, 147; Antonello Calore, 앞의 책, 19.
97 Sergio Cotta, "Guerra e pace nella filosofia di S. Agostino", *L'umanesimo di sant'Agostino. Atti del Congresso Internazionale Bari 28-30 ottobre 1986*, a cura di Matteo Fabris, Bari: Levante Editori, 1988, 134.
98 Monseigneur De Solages, *La théologie de la guerre juste*, Paris: Desclée de Brouwer, 1946, 45.
99 Stanley Windass, "Saint Augustine and the Just War", 466.
100 Frederick H. Russell, "Love and Hate in Medieval Warfare: The Contribution of Saint Augustine", 115; Nico Vorster, "Just War and Virtue: Revisiting Augustine and Thomas Aquinas", *South African Journal of Philosophy* 34, 2015, 56.
101 Henrik Syse, "Augustine and Just War Between Virtue and Duties", *Ethics, Nationalism, and Just War: Medieval and Contemporary Perspectives*, eds. Henrik Syse, Gregory M. Reichberg, Washington, D.C.: The Catholic University of America Press, 2007, 36-50 참조.
102 Marie-François Berrouard, "Bellum", Karl Heinz Chelius, ed, *Augustinus-*

Lexikon, I, Basel: Schwabe & Co. AG, 1986-1994, 642.

103 William R. Stevenson, *Christian Love and Just War. Moral Paradox and Political Life in St. Augustine and His Modern Interprets*, Macon: Mercer University Press, 1987, 42-43; Gregory M. Reichberg, Henrik Syse and Endre Begby, 앞의 책, 85.

104 Philip Wynn, 앞의 책, 239.

105 Frederick H. Russell, "War", Allan D. Fitzgerald, ed., *Augustine through the Ages*. An Encyclopedia, Grand Rapids, Cambridge: William B. Eerdmans Publishing Company, 1999, 876.

S. Augustinus

II

아우구스티누스와 사제직·수도직

9. 아우구스티누스 규칙서에 나타난 복음적 권고
10. 아우구스티누스 규칙서에 나타난 기도
11. 아우구스티누스의 『그리스도교 교양』 4권에 나타난 그리스도교 설교학
12. 아우구스티누스에게 있어 사제서품의 의미
13. 아우구스티누스 안에 나타난 주교법정
14. 아우구스티누스 사제직의 근본정신 : "Ubi humilitas, ibi caritas"

9장

아우구스티누스 규칙서에 나타난
복음적 권고

서론

1. 청빈
   소유의 완전한 공유로서의 가난
   영적 재화의 공동 소유
   각자에게 필요한 만큼 나누어 주다
2. 정결
   수도자의 복장
   이성을 대하는 자세
   형제적 교정
3. 순명
   아우구스티누스 수도 공동체의 특징
   장상의 역할
   장상에 대한 공동체 구성원들의 자세: 순명, 공경, 연민, 공동책임성

결론

「아우구스티누스 규칙서에 나타난 복음적 권고」는 2007학년도 가톨릭대학교 사목연구소 '계광학술연구기금' 연구비 지원을 받아 연구 작성되었다. 이 논문은 「사목연구」 19호, 가톨릭대학교 사목연구소, 2007에 수록되었다.

서론

'그리스도를 따르는 것'(sequela Christi)은 모든 그리스도인의 사명이요 본질이다. 이는 그리스도인(christianus)이라는 이름이 그리스도(Christus)에게서 나왔다는 것만 보더라도 잘 알 수 있다.[1] 그런데 처음부터 교회에는 복음적 권고를 보다 더 철두철미하게 실천하고자 하는 열망을 지니고 보다 자유롭게 그리스도를 따르려는 이들이 있었다. 우리는 그들을 수도자라고 부르는데, 그들은 하느님의 부르심에 따라 모든 것을 버리고 온전한 마음으로 자신을 그리스도께 봉헌하기 위해 이 특별한 길을 선택한 것이다.[2] 때문에 수도자들은 청빈, 정결, 순명의 복음적 권고를 선서함으로써 그들의 생활양식을 보여준다. 하느님의 부르심에 응답하고 영원한 것을 사랑하기 위해 세상의 것을 포기하기 때문이다.

이 수도생활의 핵심은 수도 규칙서에 잘 나타난다. "교회의 변함없는 전통과 의식 안에서 수도 규칙은, 일반적으로 생각하는 것과는 달리 법규들의 모음이 아니라 오히려 복음을 사는 일련의 태도[3]이기 때문이다. 이러한 의미에서 본 논문은 아우구스티누스 규칙서로 돌아가고자 한다. 무엇보다 "이제 당신만을 사랑합니다. 당신만을 따르렵니다. 당신만을 찾으렵니다. 당신만을 섬기기 위해 제 자신을 쓰렵니다. 당신만이 정의롭게 다스리시기 때문입니다.[4]라는 고백에서 볼 수 있듯, 아우구스티누스는 하느님께 자신을 온전한 봉헌한 '하느님의 종'(servus Dei)이었다. 또한 '아프리카 수도생활의 창시자'로서 그가 남긴 규칙서는, 짧은 분량에도 불구하고, 수도생활에 대해 성인이 갖고 있는 영성적 풍부함을 잘 보여준다.[5] 때문에 그의 규칙서는 복음의 명령에 충실하게 응답하여 살고자 하는 오늘날의 수도자들에게도 많은 가르침을 전해준다고 할 수 있다. 그러므로 본 논문은 아우구스티누스 규칙서에 나타난 복음적 권고에 대한 분석을 통하여, 청빈, 정결, 순명이 수도생활의 목적에 도달하는 도구로서 어떠한 의미와 역할을 지니고 있는지 살펴보고자 한다.

1. 청빈

아우구스티누스는 규칙서 서두에서 수도생활의 목적을 다음과 같이 밝히고 있다. "너희가 하나로 모여 있는 첫째 목적은 한 집안에서 화목하게 살며, 하느님을 향하는 한 영혼과 한 마음이 되는 것이다."[6] 이 목표에 도달하는 방법으로 무엇보다 "너희는 아무것도 자기의 것이라 말하지 말고 모든 것을 너희의 공유로 할 것이다."라고 제시한다.[7] 개인적 가난과 공동 소유가 형제적 사랑과 친교의 첫 번째 표현이요 형제들과의 참된 동등성을 드러내기 때문이다.[8]

소유의 완전한 공유로서의 가난

"너희는 아무것도 자기의 것이라 말하지 말고 모든 것을 너희의 공유로 할 것이다."

'아무것도 자기의 것이라 말하지 않는' 부정적 측면과, '모든 것을 공유로 하는' 긍정적 측면을 함께 갖고 있는 이 문장은 마태 19, 21[9]과 사도행전 4, 32[10]를 상기시킨다. 첫 번째 구절은, 개인적 가난이 영원한 것에 대한 희망 때문에 물질적 재산을 포기하는 것임을 드러낸다. 즉 자발적으로 가난한 이가 되어 하느님으로 부유한 이가 되는 것이다.[11] 아우구스티누스의 성경 주석에 따르면, 이들은 마태 25, 40에 나오는 그리스도의 형제들인 가장 작은이들로, 자신들의 모든 재산을 버리고 그리스도를 따랐으며 세상과의 연결 없이 하느님을 자유로이 섬기기 위하여 그리고 세속적 짐에서 해방된 날개를 가진 어깨를 위로 올리기 위하여 자신들이 갖고 있는 모든 것을 가난한 이들에게 나누어 준 사람들이다. 그렇기에 겸손한 이들인 것이다.[12]

이 자발적 가난은 사도행전 4, 32가 보여주듯 공동체 안에서 소유물의 완전한 공유로서 표현되어야 한다. 수도원 내에서의 이 공유에 대해 아우구스티누스는 말한다. "만약 네가 사랑한다면, 아무것도 갖고 있지 않다고 말할 수 없다. 왜냐하면, 만약 네가 일치를 사랑한다면, 네가 소유한 것은 어떤 것이든 다른 이가 너를 통해 그것을 소유할 수 있기 때문이다."[13] 또한 히포의 주교는 "하느님의 가난한 이"(pauperes Dei)[14]라는 표현을 사제와 부제에게 사용하면서, "나와 함께 이곳에 머물기를 원하는 이는 하느님을 소유하게 된다."[15]고 강조한다. 여기서 가난과 사랑이 불가분의 관계를 갖고 있고, 이 두 요소는 하느님께 대한 온전한 신뢰와 깊이 연결되어 있음을 볼 수 있다.

사실 개인 소유물을 가지는 것은 인간의 권리이다.[16] 하지만 고전 철학가들도 공동생활의 이상으로 재산의 공동 소유를 주장하고 있다.17 아우구스티누스 역시 개종하기 전에 철학가들의 이 이상을 따라 공동생활을 계획하였음을 우리는 고백록을 통해 알 수 있다.18 또한 『규칙서』 1, 5에서 그는 "세속에서 재산을 갖고 있던 자는 수도원에 입회할 때 그 재산을 공동 소유할 것을 기꺼이 원해야 한다."고 적고 있다. 이는 물질적 재산을 소유하려는 욕망에 불화의 근원이 있음을 분명하게 보여준다. 그렇기에 히포의 주교는 형제들이 집안에서 화목하게 살 수 있는 조건으로 나누어질 수 없는 소유물을 열망해야 한다고 주장한다.19 계속적인 반목과 다툼의 원인이 될 수 있는 근원을 없애고자 한다면, 개인 소유를 금지하고 평등에 기초한 사회를 만들어야 한다는 것이 아우구스티누스의 생각이다. "사람들 사이에 다툼, 반목, 추문, 죄, 악행, 살인 등이 일어나는 것은 바로 개인 재산 때문입니다. … 사실 우리가 함께 들이마시고 있는 공기나 모든 함께 보고 있는 태양 때문에, 즉 우리가 공동으로 가지고 있는 것 때문에 우리가 다툼을 벌입니까? 그러므로 자신이 개인적으로 가지고 있는 것만을 향유하지 않고, 주님께 자리를 준비하는 이는 실로 복됩니다."20 또한 시편 103, 10의 말씀, "산과 산 사이로 물이 흘러내립니다."라는 구절을 주석하면서 다음과 같이 말한다. "이 구절은 사도들 사이에 진리의 말씀에 대한 선포가 흘러내린다는 것을 의미한다고 우리는 생각할 수 있습니다. 사도들 사이에 라는 말은 무엇을 의미합니까? 우리가 '사이에'라는 표현을 사용할 때, 그것은 공동의 것이라는 점을 나타냅니다. 우리로 하여금 평등하게 살아가게끔 하는 공동의 것은 사이에 있지 나에게 속한 것이 아닙니다. 더욱이 너에게 속한 것도 아니고 나에게 속한 것도 아닙니다. … 만약 물이 사이로 흐르지 않는다면, 이것은 개인 소유일 것이고, 그 물의 흐름이 공동선을 위한 것이 될 수 없습니다."[21] 이토록 수도원내에서 평화를 유지하기 위한 필수 조건으로 히포의 주교가 가난과 공동 소유를 강조한 것에 대해, 치프리아니 신부는 다음과 같이 말한다. "훌륭한 심리학자로서 그는, 인간들의 일치된 그리고 평화로운 공동체를 현실화하기 위해서, 물질적 그리고 사회적 불평등이 제거되지 않는다면, 가장 높은 영성적 가치에 호소하는 것만으로는 충분하지 않음을 이해하고 있다."[22]

영적 재화의 공동 소유

아우구스티누스는 수도원에서의 완전한 공동 소유를 단순히 물질적, 경제적으로만 한정하지 않는다. 397-398년에 저술한 『마니교도 파우스투스 반박』에 따르면, "얼마나 많은 형제들의 공동체가 개인적인 것을 아무것도 소유하지 않으면서 먹고 입는 것에 필요한 것 외에는 모든 것을 공동 소유로 하였고, 구성원들은 애덕의 불로 뜨거워져 하느님을 향하는 한 영혼과 한 마음을 형성하였던가?"[23] 또한 400년에 저술한 『입문자 교리교육』에서 초기 그리스도교 신자들은 "그리스도인 사랑 안에서 화목하게 살면서 어떠한 것도 개인적인 것이라 주장하지 않고 모든 것을 공동으로 소유하면서 하느님을 향하는 한 영혼과 한 마음이 되었다."[24] 결국 성인에 따르면, 수도 공동체는 하느님을 향하는 한 영혼과 한 마음을 형성하기에, 하느님이라는 영적 보화 역시 공동 소유를 해야 한다는 것이다. 바로 이것이 그리스도인 사랑(dilectio christiana)이기에 히포의 주교는 한 강론에서 말한다. "하느님으로부터 그리고 성령을 통해 어머니이신 교회로부터 태어난 모든 그리스도인, 모든 신자, 모든 이는 형제이다! … 그들의 유산은 하느님 자신이다. 그들은 하느님의 유산이며 동시에 하느님은 그들의 유산인 것이다."[25] 이러한 의미에서 아우구스티누스는 수도자(monachus)라는 단어에 대해 설명한다. "monos는 하나를 뜻하지만, 아무 의미에서나 하나라는 뜻은 아니다. 군중 가운데 있는 한 사람은 하나이며, 많은 사람과 함께 있는 각자도 하나이지만, 그런 사람은 monos, 즉 단 한 사람이라 할 수 없으니, 왜냐하면 monos는 홀로 있는 한 사람을 뜻하기 때문이다. 그러므로 하나로 일치하여 사는 사람들은 성서에 기록되어 있는 것처럼 한 마음 한 뜻이 되기 위해, 즉 몸은 여러 개이나 마음은 여러 개가 아니고, 몸은 여러 개이나 뜻은 여러 개가 아닌, 한 사람이 되는 것이다. 이런 사람들은 마땅히 monos 즉 단 한 사람이라 불린다."[26]

각자에게 필요한 만큼 나누어 주다

"너희 원장이 너희 각자에게 음식과 의복을 나누어 주겠지만 모든 이가 똑같은 건강을 갖고 있지 않으므로 모두에게 똑같이 하지 말고 각자에게 필요한 만큼 나누어 줄 것이다."라고 규칙서는 말한다.[27]

"너희 원장이 너희 각자에게 음식과 의복을 나누어 주겠지만"라는 표현은 우리에게 "먹을 것과 입을 것이 있으면, 우리는 그것으로 만

족합시다."라는 1티모 6, 8의 말씀을 떠올리게 한다.[28]

특기할 것은 "각자에게 필요한 만큼 나누어 줄 것이다."라는 이 규정을 통해 아우구스티누스는 엄격한 평등성의 원칙을 받아들이지 않음을 드러내고 있다. 이는 사람들에 대한 관심이라는 측면에서 사람이 갖고 있는 차이와 다양성을 인정하는 것이다. 아우구스티누스의 공동체 개념에는 획일성이나 맹목적 평준화라는 것이 없다는 것이다.[29] 이렇게 함으로써 아우구스티누스는 파코미우스의 양적 평등성을 질적 평등성으로 바꾸고 있다고 볼 수 있다.[30]

또한 이 규정은 히포의 주교가 가지고 있는 또 다른 생각을 우리에게 알려준다. 수도원에 들어가면서 약속하는 청빈은 자유 의지에 의해 이루어지는 것이지만, 가난의 실천은 장상의 권위하에서 이루어져야한다는 것이다. 그렇기에 청빈이 수도생활의 기본이듯이, 장상의 기본적 의무는 형제들이 계속해서 화목하게 살 수 있도록 그리고 하느님과 공동체의 사명을 열렬히 추구하도록 청빈을 실천하도록 깨어 있어야 한다는 것이다.[31]

각자에게 필요한 만큼 나누어 준다는 것은 매우 미묘한 문제로 수도원의 안녕과 수도 규칙의 성공이 달려있다고 해도 과언이 아니다. 그렇기에 아우구스티누스는 또 다시 사랑(caritas)을 강조한다. 사랑은 각 개인의 성격과 특성을 존중할 수 있도록 해주며, 형제들과의 평등함을 추구하도록 이끌기 때문이다. 이 사랑의 원칙에 그 누구도 예외가 될 수 없다. 그렇기에 규칙서는 말한다. "세속에서 재산을 갖고 있던 자는 수도원에 입회할 때 그 재산을 공동 소유할 것을 기꺼이 원해야 한다."[32] 또한 "아무것도 가지고 있지 않던 자는 밖에서 가질 수 없었던 것을 수도원 안에서 얻으려 하지 말 것이다. 그러나 밖에 있을 때 가난하여 필요한 것을 구할 수 없었던 자 하더라도 병 치료에 요긴한 것은 받을 수 있다. 그러나 밖에서 얻을 수 없었던 음식 의복을 이제 얻게 되었다는 그 이유만으로 행복하다고 생각해서는 안 된다."33

2. 정결

"정결은 천상 행복의 특별한 표지이며, 수도자가 기꺼이 하느님을 섬기고 사도직 활동에 헌신하는 가장 좋은 길이다."라고 제2차 바티칸 공의회 「수도 생활의 쇄신에 관한 교령」 12항은 말한다. 이러한 측면에서 규칙서 제4장은 우리를 놀라게 한다. 정결의 보호에만 한정해서 다루기 때문이다.34 그렇다고 해서 아우구스티누스가 정결을 청빈이나 순명보다 덜 중요한 것으로 간주한 것은 아니다. 이는 401년에 저술한 『거룩한 동정』(De sancta virginitate)이라는 책을 통해서도 알 수 있다. 규칙서가 정결에 대해 많은 부분을 할애하고 있지 않은 것은, 무엇보다도 독신이 수도생활의 기본조건이라는 사실에서 이해해야 하기 때문에 정결의 보호에만 관심을 갖는 것이다.

수도자의 복장

"너희 복장을 유별나게 하지 말지니 옷으로서 호감을 사려하지 말고 생활로서 남의 마음에 들게 할 것이다."[35]

의복은 무언의 언어라고 할 수 있다. 옷을 입고 있는 사람의 마음이나 자신이 수행하는 직분을 드러내기 때문이다. 남편이 있는 여인이 의복으로 그의 마음에 들도록 하는 것처럼, 그리고 그녀가 과부와 다른 복장으로 남편이 있는 여인임을 드러내는 것처럼 말이다.[36] 따라서 아우구스티누스 수도원의 구성원들 역시 당연히 봉헌 생활에 맞는 복장을 하였을 것이다. 성인은 이에 대해 명확하게 규정하거나 언급하지 않는다. 하지만 다음의 두 본문을 통해 우리는 당시 수도자의 복장이 어떠했는지 짐작해볼 수 있다.

① "나는 당신이 나에게 보낸 투니카를 받았습니다. 이 글을 쓰는 동안 나는 이미 그것을 입기 시작하였습니다."[37]
② "개인에게 망토와 아마포로 된 투니카를 선물하지 마십시오."[38]

첫 번째 본문에서 나타나는 투니카(tunica)는 고대 그리스 로마 사람의 소매가 짧고 무릎까지 내려오는 속옷으로, 사피다(Sapida)라는 동정녀가 아우구스티누스와 함께 수도원에서 생활하다 사망한 자신의 친 오빠(혹은 동생)를 위해 만든 것이다. 두 번째 본문은 수도자들에게 하는 선물에 관한 문맥에서 발견되는데, 여기서 망토와 투니카가 언급되고 있다. 이 두 의복이 당시 아프리카인들의 평범한 복장이었다는 것을 우리는 알고 있다. 이렇게 볼 때, 아우구스티누스 수도자들 역시 일반인들과 같은 복장을 하였을 것이라 볼 수 있다.[39] 단지 검소함이라는 차원에서 구분되었을 것이라 보인다.[40] 이는 포시디우스의 증언을 통해서도 드러난다. "그분의 옷과 신 그리고 침구들은 소박하면서도 어울리는 것으로서 지나치게 화려하지도 그렇다고 형편없이 낡은 것도 아니었다."41 또한 아우구스티누스 자신도 신자들에게 이렇게 말한다. "제 형제가 갖고 있지 않다면 그에게 선물할 수 있는 옷을 가져야만 합니다. 즉 사제로서 가질 수 있는 의복, 부제, 차부제에게 어울리는 의복입니다. … 너무나 예쁜 옷을 입은 내 자신을 부끄러워함을 여러분에게 고백합니다."42

의복에 관한 규칙서의 또 다른 규정에 따르면, "너희의 의복은 한두 책임자하에 공동으로 보관하며, 옷들이 좀에 상하지 않도록 털 수 있는 충분한 인원을 정하여 둘 것이다. 너희가 한 부엌의 음식을 입는 것과 같이 의복도 한 피복실에서 받아 입어야 한다. 가능하면 계절에 따라 옷을 갈아입을 때 보관하여 둔 자기 옷을 받든지 다른 이가 입던 옷을 받든지 개의치 말아야 한다. 그러나 누구든지 무엇을 필요로 하면 그에게 거절하지 말 것이다. 만일 전에 받았던 옷보다 못한 것을 받았다고 불평하거나, 자신은 다른 형제가 입는 옷과 같은 옷을 입는 것이 부당하다고 여김으로써 이로 인하여 너희 가운데 다툼과 불평이 생긴다면, 이것은 육체의 옷을 가지고 다투는 너희에게 마음의 거룩한 내적 옷이 얼마만큼 결여되어 있는지를 증명하여 주는 것이다. 그러나 너희의 나약함을 고려하여 전에 입던 옷을 다시 받아 입게 하더라도, 그 보관은 공동 관리 책임자에 의하여 한 곳에 되어야 한다."43

이 규정에 따르면, 수도복 역시 공동체의 재산인 것이다. 그렇기에 규칙서는 계속해서 "만일 누가 수도원에 사는 자기 자식이나 어떤 친척 관계에 있는 자에게 옷이나 그 외 필요하다고 생각되는 무슨 물건을 주면, 몰래 받지 말고 공동 소유로 하여 원장의 권한으로 필요한 사람에게 줄 수 있게 할 것이다."44라고 규정하고 있는 것이다. 여기서 특기할 것은 "계절에 따라 옷을 갈아입을 때 보관해 둔 자기 옷을 받든지 다른 이가 입던 옷을 받든지 개의치 말아야 한다."라는 규정이다. 이는, 전에 받았던 옷보다 못한 것을 받았다고 불평하거나, 다른 형제가 입는 옷과 같은 옷을 입는 것이 부당하다고 여김으로써 공동체 구성원 가운데 겸손의 부족에서 오는 다툼과 불평이 생기지 않도록 하는 것이다. 이 다툼과 불평은, 규칙서가 계속해서 말하듯, 육체의 옷을 가지고 다투는 수도자들에게 마음의 거룩한 내적 옷이 얼마나 결여되어 있는지를 증명해 주는 것이기 때문이다.

결국 성인에 따르면, 중요한 것은 외적 의복이 아니다. 다른 말로 한다면, 복장이 수도자를 만드는 것은 아니라는 것이다. 그렇기에 규칙서는 "옷으로서 호감을 사려하지 말고 생활로서 남의 마음에 들게 할 것이다."라고 말한다. 또한 "너희 의복의 세탁은 원장의 지시에 따라 각자가 하든지 담당자들이 할 것이다. 이는 깨끗한 옷에 대해 지나치게 마음을 씀으로써 내적으로 영혼의 더러움을 입히지 않게 하기 위해서이다."라고 규정한다.45 수도자가 본질적으로 신경을 써야 하는 것은 영혼의 아름다움으로,46 이는 하느님께 자기 자신을 온전히 봉헌함으로써 그분을 기쁘게 하는 데에 신경을 쓰는 것이다.47 이 "마음의 거룩한 내적 옷"은 예수 그리스도를 옷 입듯이 입는 것으로, 그리스도의 감정을 자신의 것으로 만드는 것으로, 그리고 그리스도를 따르고 본받는 것으로 구성되는 것이다.48 이 점은 모든 그리스도인들이 추구해야할 것으로, 청빈, 정결, 순명을 통해 그리스도를 보다 더 가까이 따르도록 불림을 받은 수도자들에게는 보다 더 본질적인 것이다. 다시 말하면, 수도자는 그리스도가 어디로 가든지 따라가는 사람들이어야 한다.[49] 이러한 의미에서 수도자는 외적인 것이 아닌 마음의 내적 옷에 더 신경을 써야 하는 사람들이다. 아우구스티누스는 잠언 31, 13을 주석하면서 이에 대해 다음과 같이 강조한다. "양모와 아마를 구해다가 제 손으로 유익한 일을 한다. … **'양모'는 육적인 것을, '아마'는 영적인 것을 의미한다고 생각합니다.** … 사실 내적 옷은 아마로 만들었고, 반면 외적 옷은 양모로 만들었습니다. … 영으로 일하지 않고 육신으로만 일하는 것은 훌륭해 보일지라도 전혀 유익한 것이 못됩니다. 육신으로 일하지 않고 영으로만 일하는 것은 게으른 사람의 몫입니다. 가난한 이에게 손으로 자비를 베푸는 사람이 이것을 행할 때 하느님을 생각하지 않는다면, 그는 단지 인간의 마음에 드는 것만을 기대하는 것입니다."[50]

이성을 대하는 자세

"너희가 외출할 때는 함께 가며 목적지에 가서 함께 있어야 한다."[51]

"목욕하러 가거나 필요에 의해 어느 곳에 가든지 간에 적어도 두세 사람 이상 함께 가야 한다. 어느 곳에 외출 할 필요가 있는 사람은 자기가 원하는 사람들과 함께 가서는 안 되고 원장이 명령하는 사람들과 함께 가야 한다."52

아우구스티누스가 개인의 자유를 존중하지 않는 사고방식을 지녔기에 이 규정이 나온 것이라고 비판할 수 있다. 하지만 치프리아니는 이에 대해 다음과 같이 주장한다. "아우구스티누스 주교와 온 아프리카 교회는 성직자, 남성 수도자, 여성 수도자들이 희생양 혹은 주인공이 되는 추문을 일으키는 일화가 매우 자주 반복되는 것에 몹시 걱정하고 있었던 것이다."53 결국 수도원에서 외출할 때 홀로 다니지 말라고 하는 규정은 교회의 명예를 보호하고자 하는 주교로서의 열망을 담고 있음을 볼 수 있다. 또한 규칙서에 따르면, "병자의 건강에 필요하면 목욕하는 것을 전혀 금하지 말아야 한다."54 목욕은, 의학 서적들이 많이 이야기하듯, 건강의 차원에서 중요한 역할을 지니고 있었던 것이 사실이다. 하지만 성인은 공중목욕탕에 가는 것이 당시 많은 이들에게 단순히 건강의 목적이 아닌 기분을 좋게 하려고 가는 것도 알고 있었다. 또한 성인은 온천이 풍기문란의 장소가 될 수도 있기에, 정결의 보호를 위해 "목욕하러 가거나 필요에 의해 어느 곳에 가든지 간에 적어도 두세 사람 이상 함께 가야한다. 어느 곳에 외출 할 필요가 있는 사람은 자기가 원하는 사람들과 함께 가서는 안 되고 원장이 명령하는 사람들과 함께 가야 한다."고 규정하고 있는 것이다.

아우구스티누스는 이성을 바라보는 시선에 대해서 강한 어조로 말한다.

"만약 너희의 눈길이 여인들 중의 어떤 이에게 가게 되더라도 그 시선을 고정 시키지 말 것이다. 너희가 외출할 때 여자들을 보는 것을 금하지는 않지만 그들을 탐하거나 그들로부터 사랑 받기를 원하는 것은 죄짓는 것이다. 만짐으로나 감정으로뿐 아니라 봄으로도 욕정이 일어나며 또 여자들에게 욕정을 일으켜 주기도 한다. 만일 너희가 부정한 눈길을 하고 있다면 깨끗한 마음을 지니고 있다고 말하지 말지니 부정한 눈길은 부정의 마음을 표시하기 때문이다. 말을 하지 않더라도 서로의 눈길로 불순한 마음을 서로 알리고 육체의 정욕을 강렬히 즐긴다면 비록 육체적으로는 온전하다 하더라도 그 태도에서 정결을 잃은 것이다."[55]

물론 규칙서가 수도자들이 여성을 바라보는 것 자체를 금하는 것은 아니다. '부정한 눈길'이 정결을 거스르는 죄임을 말하는 것이다. 여기서 우리는 마태 5, 28의 말씀의 간접적 인용을 보게 된다.[56] 결국, 규칙서에서 말하는 것처럼, 부정한 눈길은 부정의 마음을 표시하기에 아우구스티누스는 한 강론에서 '눈'(oculus)의 다른 이름이 '신속함'(velocitas)이라고 말한다.[57] 그만큼 부정한 시선이 얼마나 빨리 마음의 정결을 잃게 하는지 잘 보여주는 것이라 할 수 있다. 여기서 우리는 아우구스티누스의 내향성(interiority) 원칙을 발견한다. 즉 정결은 육체적 순결만이 아닌 마음의 순결함까지 보존하는 것이며, 육체의 정결을 어기는 것은 외적 행위에 의한 것만이 아니라 마음의 불충실성을 통해서도 이루어진다는 것이다. 그렇기에 참된 정결은 순수한 마음의 정결인 것이다.

이러한 마음의 불충실성은 숨길 수 있는 성질의 것이 아님을 규칙서는 강조한다. "한 여자에게 눈길을 보내고 또 그 여자가 자기에게 눈길을 보내는 것을 좋아하는 자는 이런 짓을 하고 있는 동안 다른 사람에게 발각되지 않았으리라 생각하지 말 것이다. 자기는 발각되지 않았으리라 생각했던 사람들에게까지도 꼭 발각되고야 만다. 이것이 숨겨져서 아무 사람에게도 발각되지 않았다 하더라도 아무것도 숨길 수 없는 저 높은 곳에서 보고 계시는 분은 어떻게 하겠는가? 명철하게 보고 계시는 그분께서 참고 계시다고 해서 그분이 못 보고 계시다고 생각할 수 있겠는가?" 계속해서 규칙서는, 수도자들이 이러한 잘못에 떨어지지 않도록 하기 위한 방법으로 두려움을 제시한다. "그러므로 거룩한 사람(수도자)은 그분을 상심케 하지는 않을까 두려워하여, 불의하게 여자의 호감을 얻기를 탐하지 말 것이다. 그분이 만사를 보고 계시다는 점을 명심하여 여자를 불순하게 쳐다보기를 탐하지 말 것이다. 사실 성서는 이 점에 있어서 하느님께 가져야 할 두려움을 이렇게 권하고 있다: (정욕의) 눈길은 주님께 혐오를 일으킨다."58 아우구스티누스에 따르면, 두려움의 유일한 동기는 사랑하는 것을 얻은 후에 잃어버린다는 생각이나 원하는 것을 얻지 못할 것이라는 생각에서 나오는 것이다.59 따라서 수도자들이 가져야 할 두려움은 다른 것이 아니라, 하느님의 마음을 아프게 해드리는 것에 대한 두려움이요, 그분이 모든 것을 지켜보고 계시는 것에 대한 두려움인 것이다. 수도자들이 이 두려움을 간직할 때 마음의 정결을 유지할 수 있음을 규칙서는 강조하는 것이다.

형제적 교정

"여자들이 있는 성당 안이나 어느 곳에든지 너희가 함께 있을 때 너희의 순결은 서로 지켜 주어야 한다. 너희 안에 거처 하시는 하느님은 이러한 방법으로도 너희를 지켜 주시기 때문이다."[60]

아우구스티누스는 정결을 지키는 데 있어 개인보다 공동체에 책임이 있음을 강조한다. 즉 성인의 초점은 내 자신의 잘못에 관한 나의 책임성이 아닌, 다른 이의 허물에 관한 나의 책임성에 있는 것이다.[61]

여기에서 형제적 교정에 관한 규정이 나오는 것이다. 이 교정은 우리가 하느님 앞에서 서로에 대해 가지는 책임에서 나오는 것으로 무엇보다 네 단계로 이루어져야 한다고 규칙서는 말한다.(4,25-27)

① 잘못을 한 당사자에게 직접 충고한다.
② 공동체의 책임자인 원장에게 알려야 한다.
③ 두 명이나 세 명의 증인에 의해 그의 잘못이 확증되어야 한다.
④ 잘못을 한 사람은 전체 공동체 앞에서 자신의 허물을 인정해야 한다.

이 네 단계적 교정은 세 단계로 구성된 교정에 대해 이야기하고 있는 마태 18, 15-18의 내용을 연상시킨다. 여기에 아우구스티누스가 원장에게 알려야 한다는 규정을 첨가하면서, 교정에 있어 원장의 책임성에 대해서도 언급하는 것이다. 그럼에도 불구하고 규칙서는 형제적 교정이 단순히 원장에게만 있는 것이 아니라 전 공동체에 있음을 강조하고 있다. "너희의 형제를 지적하여 고칠 수 있음에도 불구하고 침묵을 지킴으로써 멸망하게 내버려 둔다면, 너희도 절대 무죄하지 않다."[62]

형제적 교정이 사랑에서 나오는 것임을 규칙서는 강조한다. "만일 너희 형제가 몸에 상처를 입었는데도 그가 치료 받기를 두려워하여 숨기려 한다면 너희가 침묵하는 것은 무자비한 짓인 반면, 이를 지적해 주는 것이 오히려 사랑의 행위가 아니겠는가?"[63] 또한 수도원에서 쫓아내는 경우에도 "이는 가혹한 처사가 아니라 전염성 있는 병폐로 인해 많은 이를 잃지 않기 위한 사랑의 처사"인 것이다.[64] 여기서 특기할 것은 "내가 금지된 시선을 들어 말한 이 모든 사항은, 다른 죄들을 발견하고 금지 시키고 알리고 확증하고 벌주는 데 있어서도 정확히 그리고 충실히 준수하되 사람은 사랑하고 그의 악습은 미워하는 마음으로 할 것이다."라는 규정이다.[65] 이 점은 "원수를 사랑하여라."는 계명(마태 5, 44)에 대한 아우구스티누스의 해석을 통해 보다 더 잘 이해할 수 있다. 그에 따르면, 원수의 모습에서 우리는 두 가지 측면, 즉 그 안에 있는 나쁜 면과 그 안에 있는 좋은 것을 구분해야 한다. 그렇기에 원수를 사랑하는 것은 그가 자신의 원의로 지은 죄라는 악행을 미워하지만, 그 역시 하느님의 모상대로 창조된 인간이기에 사랑해야 한다는 것이다.[66]

형제적 교정 차원에서 또 하나 특이한 것은 어떤 여자로부터 편지나 작은 선물을 몰래 받는 경우이다. "누가 악에 깊이 빠져들어 어떤 여자로부터 어떠한 종류의 편지나 작은 선물을 몰래 받았을 때, 그가 이 사실을 스스로 고백하면 용서해 주고 그를 위해 기도할 것이다. 그러나 만일 그 사실이 발각되면 사제나 원장의 판단에 따라 엄한 벌을 받게 된다."[67] 사실 현대인의 시각으로는 이 규정을 이해하기 쉽지 않다. 여기서 우리는 아우구스티누스 시대에도 편지가 공개적인 성격을 지닌 것임을 상기해야 한다. 즉 여러 사람이 함께 읽는 것이었다.

그렇기에 성인은 규칙서에 "몰래"라는 말을 첨가하고 있는 것이다. 따라서 한 여인과의 모든 서신 왕래 자체를 거부하는 것이 아니라, 연애편지와 같은 것을 금하는 것으로 이해해야 한다. 선물도 마찬가지이다. 무엇보다 선물은 공동체에 해야 하는 것으로 이를 통해 필요한 이에게 배분되어야 한다는 점에서 성인은 금지하고 있는 것이다.

3. 순명

아우구스티누스 수도 공동체의 특징

"너희는 아버지에게 하듯 원장에게 순종하며 그에게 합당한 공경을 드림으로써 그분 안에 계시는 하느님께서 무례를 당하시지 않도록 할 것이다. 너희 모두를 돌보는 사제에게 더욱더 그렇게 해야 할 것이다."[68]

이 규정에서 우리는 아우구스티누스 수도원의 특징을 보게 된다. 원장(praepositus)과 사제(presbyter)라는 두 명의 장상에 대한 언급을 통해, 규칙서가 작성되었을 당시 원장이 신부가 아니었다는 것을 우리는 알 수 있다. 이는 "원장의 소관이나 권한을 넘는 것은 너희 위에 더 큰 권한을 가진 사제에게 보고할 것이다."라는 규정에서도 잘 드러난다.[69] 또한 이 두 장상의 언급은 아우구스티누스 수도 공동체가 엄격한 명령-순명이라는 구조를 가진 이집트 수도생활과는 다른 모습으로 형성되었음을 보여주는 것이다. 이는 그의 개인적인 체험, 즉 친구들로 구성된 평신도 수도생활에 대한 체험에서 기인한 것으로 보인다.70 때문에 아우구스티누스 공동체가 '아버지'(abba)라는 이름을 가진 장상이 아닌, '한 그룹에서 첫 번째 자리를 차지하는 이'라는 뜻을 지닌 praepositus라는 단어를 사용하고 있는 것이다. 이를 통해 장상 역시 다른 수도원 구성원들과 본질적으로 다른 인물도 아니고, 오히려 공동체의 한 부분임을 드러낸다. 곧 아우구스티누스가 중시한 것은 상호 간의 봉사이며, 이러한 관점에서 장상의 역할도 보아야 한다는 것이다. 이 점은 5세기 초에 말하는 사회관계라는 측면에서 본다면 더더욱 놀라운 일이다. 평등과 형제애 안에서 함께 살아가는 것을 규칙서는 말하기 때문이다.71 다른 말로 한다면, 규칙서는 장상의 권위와 수도자들의 순명의 관계를 "온전히 상호 신뢰와 그리스도적 사랑에 기초를 둔 더 인간적이며 인격적인 장상과 수하 사람의 관계"72로 드러내고 있는 것이다.

장상의 역할

규칙서에 따르면 원장의 중요한 임무는 "모든 것이 준수되도록 하며, 만일 준수되지 않는 점이 있으면 방심하여 지나쳐 버리지 말고 견책하고 바로잡아 줌으로써 고치게 하는 것"이다.73 어떠한 모습으로 이 임무를 수행하여야 하는지 규칙서는 계속해서 말한다. "너희 중의 으뜸인 자는 자신이 권한으로 지배하는 자가 아니라 사랑으로 봉사하는 자임을 기쁘게 여길 것이다. 원장은 너희 앞에서는 너희 위에 있는 영예를 지니고 있지만, 하느님 앞에서는 두려움으로 너희의 발아래 엎드려야 한다. 원장은 모든 이에게 자신을 선행의 표본으로 보이며 문란한 이들을 꾸짖고 소심한 이들을 위로하며 약한 이들을 붙들어 주고 모든 이에게 인내할 것이다. 원장은 규율을 기꺼이 유지시키며 위엄을 보일 것이다. 그에게 두 가지 면이 다 필요하겠지만, 두려움 받기보다는 사랑 받기를 더 원해야 한다. 그는 너희에 대해 하느님께 셈 바치게 될 것을 항상 생각하고 있다."[74]

이 규정에서 봉사자, 공동체의 모범 그리고 아버지라는 장상의 세 모습을 보게 된다. 우선 "너희 중의 으뜸인 자는 자신이 권한으로 지배하는 자가 아니라 사랑으로 봉사하는 자임을 기쁘게 여길 것이다."라는 문장을 통해 아우구스티누스는 봉사자로서의 장상의 모습을 강조한다. 이 모습은 섬김을 받으러 온 것이 아니라 섬기러 오신 그리스도의 모범을 따르는 것이다. 때문에 장상은 공동체 구성원에게 이로움을 주기 위해 그 직분을 맡는 것이지, 지위에 대한 욕심이나 다른 이들을 지도하기 좋아해서 역할을 수행해서는 안 된다. 다시 말하면 우리가 봉사자가 되길 원한다면, 애덕 때문에 봉사해야 하는 것이고,[75] 또한 헌신적인 봉사 안에서 자신의 행복을 찾아야 하기 때문이다. 성인에 따르면, "신앙으로 살아가는 의로운 사람들, 곧 천상 도성에서 멀리 떨어져 아직도 나그넷길을 걷는 사람들의 집안에서는 명령하는 사람들도 명령을 내리는 것처럼 보이는 대상들을 오히려 섬긴다. 또 지배하려는 욕심에서 명령하는 것이 아니고 직책상 보살피며, 통치하는 오만함으로 하지 않고 보살피는 자비심으로 한다."[76] 더 나아가 원장은 구성원들의 발아래 엎드리는 사람이 되어야 한다. 이는 봉사자로서 원장의 덕목이 다름 아닌 겸손임을 잘 드러낸다. 때문에 "겸손이 있는 곳에 위대함이 있습니다."라고 성인은 말한다.77

"원장은 모든 이에게 자신을 선행의 표본으로 보여야 한다."고 규칙서는 공동체의 모범으로서 원장에 대해 말한다. 선행의 모범으로서 원장은 문란한 이들을 꾸짖고 소심한 이들을 위로하며 약한 이들을 붙들어 주고 모든 이에게 인내해야 한다. 여기서 잊지 말아야 할 것은 선행의 모범과 견책하고 벌주는 것이 서로 대립된 것이 아니라는 점이다. 후자 역시 수도 공동체의 선익을 위해 필요한 것이고, 더 나아가 잘못한 이를 교정하고 확실하게 개선시키기 위해 벌을 줄 때 이는 그에게 자비를 보여주는 것이기 때문이다.78

아버지로서 장상은 공동체 구성원들이 규칙서의 규정을 잘 지키도록 하고, 이를 위해 그들이 인정하는 권위를 가져야 한다. 성인에 따르면, "집안에서 누군가 불복종으로 가정의 평화에 반항한다면, 인간 사회가 허용하는 범위 내에서 말이나 채찍으로, 또는 정당하고 합당한 어떤 종류의 징계로 이를 바로잡아야 한다. 그것은 징계를 받는 당사자가 스스로 이탈한 평화에 다시 적용하도록 당사자의 선익을 도모하는 징계여야 한다."79 그럼에도 불구하고 장상은 "두려움 받기보다는 사랑받기를 더 원해야 한다." 이는 장상이 구성원들에 대해 하느님께 셈 바치게 될 것을 항상 생각하고 있기 때문이다. 여기서 아우구스티누스는 인간이 아닌 하느님 앞에서 서 있는 장상의 책임성을 간략하지만 명백하게 강조한다.

장상에 대한 공동체 구성원들의 자세: 순명, 공경, 연민, 공동책임성

무엇보다 규칙서는 "너희는 아버지에게 하듯 원장에게 순종하며 그에게 합당한 공경을 드림으로써 그분 안에 계시는 하느님께서 무례를 당하시지 않도록 할 것이다.너희 모두를 돌보는 사제에게 더욱 더 그렇게 해야 할 것이다."고 말한다. 여기서 우리는, 쥼켈러가 말하듯, 아우구스티누스의 "순종 개념 전체의 열쇠"와 "전통적인 순종의 이상을 넘어서는 근본적인 발전"을 보게 된다.80 "너희는 아버지에게 하듯 원장에게 순종하며"라는 표현을 통해 성인은 장상과 구성원 간에 가족적 분위기를 형성하길 원한다. 아버지로서의 장상에게 아들로서 순명하는 것을 통해 수도원은 이제 하나의 가정과 같은 모습을 드러낸다. 물론 혈연관계로 이루어진 장소가 아닌 하느님을 향하는 한 영혼과 한 마음으로서의 수도원 내에서 이루어지는 것이기에 순명은 초자연적인 것이라 할 수 있다.

공동체 구성원은 아들로서 장상에게 순명하는 것 뿐 아니라 마땅한 공경을 드려야 한다. 바로 이 점이 장상이 하느님 앞에서 더욱 더 겸손해질 수 있는 이유이기도 하다. 장상의 입장에서는 겸손을, 구성원들 입장에서는 공경의 덕이 요구된다. 때문에 아우구스티누스에 따르면, 장상에게 마땅한 공경을 드리지 않는다면 그 탓은 공동체에 있는 것이고, 장상에게 마땅한 공경을 드릴 때 장상이 아니라 공동체가 그것을 자랑스럽게 생각하는 것이다.81 바로 이 점 때문에 장상은 공동체의 선익을 위하여 그러한 영예를 받아들일 수 있는 것이다.82 또한 "그분 안에 계시는 하느님께서 무례를 당하시지 않도록 할 것이다."라는 규정을 통해 아우구스티누스는, 순명이 하느님께 드리는 경신례적 행위가 되는 것임을 강조한다.[83] 이러한 의미에서 순명은 "모든 덕의 모체이며 보호가 되는 덕"[84]이라 할 수 있다.

마지막으로 규칙서는 "너희가 그에게 잘 순종하는 것은 너희 자신을 위해서 뿐 아니라 그에게도 자비를 베푸는 것이니, 너희 가운데 지휘가 높을수록 그만큼 그 위험도 커지기 때문이다."라고 규정함으로써,[85] 장상에 대한 공동체 구성원들의 감정이 '연민'과 '공동책임성'임을 강조한다. 이 생각은 다음의 글에서도 분명하게 드러난다. "만약 저의 책망 혹은 저의 간곡한 요청 후에도 여러분이 여전히 말을 듣지 않는 태도를 취한다면, 제가 할 수 있는 것은 탄식하고 마음 아파하는 것뿐입니다. … 여러분이 하느님의 종들이라면, 저에 대해 자비를 베풀어 주십시오. 하지만 만약 저에게 여러분이 자비를 베풀어주지 않는다면, 더 이상 엄격한 말을 하지 않을 것입니다."[86] 따라서 아우구스티누스에게 있어 순명은 장상이 짊어진 책임을 함께 나누는 것이다. 즉 그에게 도움을 주는 것이요, 공동체의 일치라는 책무를 보다 쉽게 할 수 있도록 해주는 것이다. 그렇기에 순명은 장상을 향한 사랑의 행위라고 할 수 있다. 다시 말하면, 장상의 권위와 순명의 관계는 상호 간의 사랑의 관계인 것이다.[87] 이러한 의미에서 규칙서는 수도생활의 황금률로 "아무도 자신을 위한 일을 하지 말고 모든 일을 공동체를 위해 할 것이며 자신을 위한 개인 일을 할 때보다 더 열심히 그리고 더 기쁘게 할 것이다."라고 규정한다. 규칙서에 의하면, 사랑은 개인의 것을 공동의 것보다 더 중히 여기지 않고, 오히려 공동의 것을 개인의 것보다 더 중히 여기기 때문이다.[88]

결론

지금까지의 고찰은 우리에게 아우구스티누스 규칙서의 영성적 풍요로움을 잘 알려준다.

무엇보다 하느님을 향하는 한 영혼과 한 마음으로서 수도 공동체를 이해함으로써 히포의 주교는 가족 공동체로서의 모습을 잘 제시할 수 있었다. 그는 가족의 화목을 위해 그리고 구성원 상호 간의 평등과 평화를 유지하기 위한 물질적, 영성적 소유물의 완전한 공유로서 청빈의 의미를 제시하고 있다. 또한 아우구스티누스는 개인적 가난과 공동 소유를 형제적 사랑과 연결하여 각 사람이 갖고 있는 차이와 다양성을 인정하고 있다. 그럼으로써 아우구스티누스는 공동체를 질적 평등함의 차원에서 이해할 수 있었다. 때문에 사람에 대한 보다 깊은 관심과 배려가 돋보이는 규칙서임이 드러난다.

공동체 구성원 상호 간의 사랑과 관심은 정결에 관한 규정에서도 잘 나타난다. 규칙서는 정결의 보호라는 측면에 한정하고 있지만, 무엇보다 수도 공동체가 구성원 각자의 순결을 보존하는 데 도움이 될 수 있고 또 그렇게 되어야 한다는 점을 강조하고 있다. 또한 규칙서는, 내향성의 원칙에 입각하여 육신의 정결에 마음의 순결이 상응해야 한다는 것을 보여준다. 이러한 측면에서 교정역시 형제적 사랑에서 나오는 것이고, 공동체를 성숙하도록 도와주고 그 구성원을 보호해주는 것이다. 때문에 정결의 보호를 위한 공동체의 책임이나 교정은 결국 성령을 통해 그리고 성령 안에서 이루어지는 것이라 할 수 있다.

수도 공동체를 한 가족으로 이해함으로써 아우구스티누스는 장상의 역할을 봉사자, 공동체의 모범 그리고 아버지로 제시할 수 있었다. 또한 순명과 권위의 관계를 상호 간의 사랑 관계로 볼 수 있었던 것이다. 바로 이 점이 엄격한 명령과 이에 대한 순종이라는 전통적 모습을 지닌 수도원과의 차이점이라고 할 수 있다.

결국 청빈, 정결, 순명이라는 복음적 권고는 한 순간의 서원으로 끝나는 것이 아님을 알 수 있다. 수도 공동체는 하느님을 향하는 한 영혼과 한 마음이기에, 복음적 권고의 삶은 결국 이 지상 삶 안에서 계속 수행되어야 할 것이다. 이 세상에서 완전한 평화를 향유할 수 있는 곳은 어느 곳에도 없기 때문이다. 그렇기에 세상을 거친 바다, 수도원을 항구로 비유하면서 히포의 주교는 말한다. "세상의 소음과 군중들의 분주함에서 멀리 떨어져 고요함의 삶을 선택한 이들과 함께 머물겠다고 하는 사람의 결정은 진정 훌륭하고 칭찬받을 만합니다. 그들은 세상의 폭풍우를 극복한 후 항구에 있는 것과 같습니다. 그런데 그들의 집에는 우리에게 약속된 기쁨과 환희가 이미 있는 것인가요? 아직은 아닙니다. 여전히 거기에는 유혹으로 인해 탄식하고 번뇌 속에 머물 수 있는 요소가 있습니다. … 항구에서도 평온함을 찾을 수 없다면, 이것은 어디에 있는 것입니까? 어찌했던 간에 항구에 있는 이들이 거친 바다에 있는 이들보다 더 행운아임은 분명합니다. … 그러니 그들은 서로 사랑하길 바랍니다. 그들의 항구에서 이 배들은 서로 잘 정박해 있고 충돌하지 않기를 바랍니다. 거기에 비편파성의 열매인 평등함과 꾸준한 사랑이 다스리기를 바랍니다."[89]

| 주 |

1. 아우구스티누스, 「시편 상해」 149, 6. "Ideo christiani, quia ille Christus"; 「강론」 76, 1, 1. "Quomodo non a christiano Christus, sed a Christo christianus vocatur." Cf. E. Lamirande, "Christianus(christianismus, christianitas)", in *Augustinus Lexikon*, 1, Basel, pp. 842-843.
2. 참조: 제2차 바티칸 공의회, 「수도생활의 쇄신에 관한 교령」(*Perfectae caritas*) 1항. "다양한 은혜 가운데 복음적 권고를 실천하도록 하느님께 부름 받고 그 실천을 충실히 서원한 모든 이는, 동정이시고 가난하시며 십자가의 죽음에 이르기까지 순종하심으로써 인간을 구원하시고 거룩하게 하신 그리스도를 따라, 자기를 하느님께 특별한 방법으로 봉헌한다."
3. 기경호, "수도 규칙서", 「한국가톨릭대사전」, 8, 한국교회사연구소, 2003, 5047쪽.
4. 아우구스티누스, 「독백」 1, 1, 5. "Iam te solum amo, te solum sequor, te solum quaero, tibi soli servire paratus sum, quia tu solus iuste dominaris."
5. "수도원 안에 살고 있는 너희가 지키도록 우리가 정한 규정들은 이러하다."라는 서문으로 아우구스티누스는 본래의 규칙서(Praeceptum)를 시작한다. 이 문장을 통해 그는, 트라페(Trapè)가 지적하듯, 수도생활에 관한 일련의 실천 규범을 제공하고자 하는 의도를 보여준다. 하지만, 치프리아니(Cipriani)가 강조하듯, 실천적 성격에도 불구하고 각 규범의 이면에는 풍요로운 영성적 가르침과 수도생활 신학을 지니고 있다는 것을 잊어서는 안 된다: A. Trapè, *Introduzione a S. Agostino, La Regola*, Milano, 1971, p. 83; N. Cipriani, *Sant'Agostino. La Regola*, Roma, 2006, p. 20.
6. 아우구스티누스, 「규칙서」 1, 3. "Primum, propter quod in unum estis congregati, ut unianimes habitetis in domo et sit vobis anima una et cor unum in Deum." 이 문장에서 다음의 성서 구절에 대한 암시가 강조되고 있다. 즉 흩어져 있는 당신의 자녀들을 그리스도 안에서 하나로 모으시려는 하느님의 계획을 보여주는 요한 11, 52, 한 집안에서 화목하게 살게 하시는 분은 하느님이시라는 시편 67, 7ㄱ 그리고 초대 예루살렘 교회의 공동체 생활을 담고 있는 사도행전 4, 32ㄱ이다. 이에 대해 참조: N. Cipriani, "Introduzione alla Regola", in *Nuova Biblioteca Agostiniana* VII/2, Roma, 2001, p. 13.
7. 아우구스티누스, 「규칙서」 1, 4. "Et non dicatis aliquid proprium, sed sint vobis omnia communia."
8. 이러한 의미에서 트라페는 "하느님께 우리를 봉헌한다는 의미에서 보면, 정결이 첫자리를 차지하지만, 공동생활이라는 측면에서 볼 때는 청빈이 첫 자리에 위치한다."고 평가한다: A. Trapè, *Introduzione a S. Agostino*, La Regola, p. 155.
9. "네가 완전한 사람이 되려거든, 가서 너의 재산을 팔아 가난한 이들에게 주어라. 그러면 네가 하늘에서 보물을 차지하게 될 것이다. 그리고 와서 나를 따라라."
10. "신자들의 공동체는 한마음 한뜻이 되어, 아무도 자기 소유를 자기 것으로 하지 않고 모든 것을 공동으로 소유하였다."
11. 아우구스티누스, 「시편 상해」 94, 8. "Voluntate pauperes, de Deo divites."
12. 아우구스티누스, 「강론」 113, 1, 1. "*Quando uni ex minimis meis fecistis*, mihi

fecistis. Minimi ergo qui sunt Christi? Illi sunt qui omnia sua dimiserunt, et secuti sunt eum, et quidquid habuerunt, pauperibus distribuerunt; ut Deo sine saeculari compede expediti servirent, et ab oneribus mundi liberatos, velut pennatos sursum humeros tollerent. Hi sunt minimi. Quare minimi? Quia humiles, quia non elati, non superbi."

13. 아우구스티누스, 『요한복음 주해』 32, 8. "Si amas, non nihil habes: si enim amas unitatem, etiam tibi habet quisquis in illa habet aliquid."
14. 아우구스티누스, 『강론』 356, 8-9.
15. 아우구스티누스, 『강론』 355, 6. "Habet Deum, qui mecum manere vult."
16. 참조: 아우구스티누스, 『요한복음 주해』 6, 25. "Iure tamen humano dicit: Haec villa mea est, haec domus mea, hic servus meus est."
17. 포르피리오스는 『피타고라스의 생애』 20에서, 피타고라스의 제자들이 공동체 안에서 생활하였고 자신들의 모든 재산을 공동으로 하였다고 전해주고 있다. 또한 스토아학파의 사상에 따르면, 모든 사람은 본성상 동등하며 자연의 모든 재화는 모든 이를 위한 것이다.
18. 아우구스티누스, 『고백록』 6, 14, 24. "Et multi amici agitaveramus animo et colloquentes ac detestantes turbulentas humanae vitae molestias paene iam firmaveramus remoti a turbis otiose vivere, id otium sic moliti, ut, si quid habere possemus, conferremus in medium unamque rem familiarem conflaremus ex omnibus, ut per amicitiae sinceritatem non esset aliud huius et aliud illius, sed quod ex cunctis fieret unum."
19. 아우구스티누스, 『강론』 359, 2. "Fratres ergo si volunt esse concordes, non ament terram. Sed si volunt non amare terram, non sint terra. Quaerant possessionem quae dividi non potest, et semper concordes erunt."
20. 아우구스티누스, 『시편 상해』 131, 5. "Quia propter illa quae singuli possidemus, existunt lites, inimicitiae, discordiae, bella inter homines, tumultus, dissensiones adversum se, scandala, peccata, iniquitates, homicidia … Numquid propter ista quae communiter possidemus, litigamus? Aerem istum communiter ducimus, solem communiter omnes videmus. Beati ergo qui sic faciunt locum Domino, ut privato suo non gaudeant."
21. 아우구스티누스, 『시편 상해』 103, s. 2, 11. "Putemus hoc ita dictum: Inter Apostolorum medium pertransibunt praedicationes verbi veritatis. Quid est: Inter medium Apostolorum? Quod medium dicitur, commune est. Res communis, unde omnes aequaliter vivunt, media est, nec attinet ad me; sed nec attinet ad te, nec ad me … Si enim non sunt in medio, quasi privatae sunt, non publice fluunt."
22. N. Cipriani, *Sant'Agostino. La Regola*, 41.
23. 아우구스티누스, 『마니교도 파우스투스 반박』 5, 9. "Quam multae fraternae congregationes nihil habentes proprium, sed omnia communia, et haec nonnisi ad victum et tegumentum necessaria; unam animam et cor unum in Deum, caritatis igne conflantes?"
24. 아우구스티누스, 『입문자 교리교육』 23, 42. "Viventesque in christiana

dilectione concorditer, non dicebant aliquid suum, sed erant illis omnia communia, et anima et cor unum in Deum."
25. 아우구스티누스, 『강론』 359, 4. "Fratres sint Christiani omnes, fratres sint fideles omnes, fratres sint nati ex Deo et ex visceribus matris Ecclesiae per Spiritum Sanctum ⋯ Hereditas eorum Deus ipse est. Cuius sunt ipsi hereditas, ipse est vicissim eorum hereditas."
26. 아우구스티누스, 『시편 상해』 132, 6. "Μόνος enim unus dicitur: et non unus quomodocumque; nam et in turba est unus, sed una cum multis unus dici potest, μόνος non potest, id est, solus: μόνος enim unus solus est. Qui ergo sic vivunt in unum, ut unum hominem faciant, ut sit illis vere quod scriptum est, una anima et unum cor; multa corpora, sed non multae animae; multa corpora, sed non multa corda; recte dicitur μόνος, id est unus solus."
27. 아우구스티누스, 『규칙서』 1, 4. "Distribuatur unicuique vestrum a praeposito vestro victus et tegumentum, non aequaliter omnibus, quia non aequaliter valetis omnes, sed potius unicuique sicut cuique opus fuerit."
28. Sœur Marie-Ancilla, *La règle de saint Augustin*, Paris, 1996, p. 176.
29. T.J. van Bavel, *La règle de saint Augustin*, Louvain, 1989, p. 65.
30. A. Solignac, "Pauvreté chrétienne", in *Dictionnaire de spiritualité* XII/1 (1984), p. 644.
31. A. Sage, *La vie religieuse selon saint Augustin*, Paris, 1972, p. 189.
32. 아우구스티누스, 『규칙서』 1, 5. "Qui aliquid habebant in saeculo, quando ingressi sunt monasterium, libenter illud velint esse commune."
33. 아우구스티누스, 『규칙서』 1, 6. "Qui autem non habebant, non ea quaerant in monasterio quae nec foris habere potuerunt. Sed tamen eorum infirmitati quod opus est tribuatur, etiam si paupertas eorum, quando foris erant, nec ipsa necessaria poterat invenire. Tantum non ideo se putent esse felices, quia invenerunt victum et tegumentum, quale foris invenire non poterant."
34. 사실 4장은 많은 비판을 받고 있는 장이기도 하다. 이 비판 중 가장 심한 것은 4장이 정결의 보호라는 측면만을 다루고 있기에 어떠한 신학적 동기가 결여되어 있다는 것이다. 즉 정결이나 독신 생활 전체를 다루고 있지 않고 오직 한 부분만 다루고 있기에 아우구스티누스가 규칙서를 작성할 시기에는 수도 생활의 독신에 대해 충분히 성찰한 것이 아니라고 주장하는 것이다. 이에 대해 치프리아니는 규칙서의 문학 유형이 권고(monitio)에 속하는 것이기에 어떠한 신학적 설명을 요구하지 않는다고 반박한다. 또한 교의적 설명이나 전개가 없다고 하여 아우구스티누스가 규칙서를 작성할 당시에 독신에 대한 성찰이 부족한 것은 아니라고 주장한다: N. Cipriani, *Sant'Agostino. La Regola*, pp. 87-88.
35. 아우구스티누스, 『규칙서』 4, 19. "Non sit notabilis habitus vester, nec affectetis vestibus placere sed moribus."
36. 아우구스티누스, 『서한』 262, 9. "Scriptum est quidem, mulieres esse debere in habitu ornato; aurique circumpositio, et intortio crinium, et caetera huiusmodi quae vel ad inanem pompam vel ad illecebram

formae adhiberi solent, merito reprehensa sunt. Sed est quidam pro modulo personae habitus matronalis a viduali veste distinctus, qui potest fidelibus coniugatis salva religionis observantia convenire."

37. 아우구스티누스, 「서한」 263, 1. "Missam abs te tunicam accepi, et quando haec ad te scripsi, ea me vestire iam coeperam."
38. 아우구스티누스, 「강론」 356, 13. "Nemo det birrum, lineam tunicam."
39. Cf. O. Perler, *Les voyages de saint Augustin*, Paris, 1969, pp. 94-96.
40. 아우구스티누스에 따르면, "절제되지 않은 빗질과 의복 착용으로 그리고 다른 것들로 구분되는 이는 세상의 화려함의 추종자라는 같은 이유로 고발당하며 환상적인 성덕이라는 외관으로 그 어느 누구도 속일 수 없다.": 「주님의 산상 설교」 2, 12, 41.
41. Possidius, *Vita Augustini* 22, 1. "Vetus eius et calciamenta vel lectualia ex moderato et competenti habitu erant, nec nitida nimium nec abiecta plurimum."
42. 아우구스티누스, 「강론」 356, 13. "Talem debeo habere, qualem possim, si non habuerit, fratri meo dare. Qualem potest habere presbyter, qualem potest habere decenter diaconus et subdiaconus ⋯ Fateor enim vobis, de pretiosa veste erubesco."
43. 아우구스티누스, 「규칙서」 5, 30. "Vestes vestras in unum habete, sub uno custode vel duobus vel quod sufficere potuerint ad eas excutiendas, ne a tinea laedantur; et sicut pascimini ex uno cellario, sic induimini ex uno vestiario. Et, si fieri potest, non ad vos pertineat, quid vobis induendum pro temporis congruentia proferatur, utrum hoc recipiat unusquisque vestrum quod deposuerat, an aliud quod alter habuerat; dum tamen unicuique, quod cuique opus est, non negetur. Si autem hinc inter vos contentiones et murmura oriuntur, cum queritur aliquis deterius se accepisse quam prius habuerat et indignum se esse qui ita vestiatur, sicut alius frater eius vestiebatur, hinc vos probate quantum vobis desit in illo interiore sancto habitu cordis, qui pro habitu corporis litigatis. Tamen si vestra toleratur infirmitas, ut hoc recipiatis, quod posueritis, in uno tamen loco, sub communibus custodibus habete quod ponitis."
44. 아우구스티누스, 「규칙서」 5, 32. "Consequens ergo est ut etiam si quis suis filiis, vel aliqua necessitudine ad se pertinentibus, in monasterio constitutis, aliquid contulerit, vel aliquam vestem, sive quodlibet aliud inter necessaria deputandum, non occulte accipiatur, sed sit in potestate praepositi, ut, in rei communi redactum, cui necessarium fuerit, praebeatur."
45. 아우구스티누스, 「규칙서」 5, 33. "Indumenta vestra secundum arbitrium praepositi laventur, sive a vobis, sive a fullonibus, ne interiores animae sordes contrahat mundae vestis nimius appetitus."
46. 아우구스티누스, 「서한」 245, 1. "Nam verus ornatus maxime Christianorum et Christianarum, non tantum nullus fucus mendax, verum ne auri quidem vestisque pompa, sed mores boni sunt."
47. 아우구스티누스, 「강론」 161, 12, 12. "Illae ⋯ quomodo placeant Deo, pulchritudine interiore, decore occulti hominis, decore cordis."

48. N. Cipriani, *Sant'Agostino. La Regola*, p. 97.
49. 아우구스티누스, 「거룩한 동정」 28, 28. "Sequantur itaque Agnum ceteri fideles, qui virginitatem corporis amiserunt…Possunt autem ubique."
50. 아우구스티누스, 「강론」 37, 6. "*Inveniens lanas et linum, fecit utile manibus suis* … Lanam carnale aliquid puto, linum spiritale … Interiora sunt enim linea vestimenta, lanea exteriora … Operari autem carne et non operari spiritu, quamvis bonum videatur, utile non est. Operari autem spiritu et non operari carne, pigrorum est. Invenis hominem porrigentem manu elemosynam pauperi, nec tamen de Deo ibi cogitantem, sed hominibus placere cupientem."
51. 아우구스티누스, 「규칙서」 4, 20. "Quando proceditis, simul ambulate; cum veneritis quo itis, simul state."
52. 아우구스티누스, 「규칙서」 5, 36. "Nec eant ad balneas, sive quocumque ire necessefuerit, minus quam duo vel tres. Nec ille qui habet aliquo eundi necessitatem, cum quibus ipse voluerit, sed cum quibus praepositus iusserit, ire debebit."
53. N. Cipriani, *Sant'Agostino. La Regola*, p. 88. 한 예가, 어떤 집의 손님인 한 사제가 그 집의 여인과 성적 관계를 맺었다고 고발된 사건을 다루는 「서한」 13*이다. 아우구스티누스는 그 사제에게 혐의가 없다고 하면서, 다음과 같은 결론을 내리고 있다. "이러한 이들은 성직자들이 개인적 용무나 교회의 직무를 서둘러 하기 위해 홀로 다니지 않는다면, 쉽게 일어나지 않는 일이다."
54. 아우구스티누스, 「규칙서」 5, 34. "Lavacrum etiam corporum, cuius infirmitatis necessitas cogit, minime denegetur."
55. 아우구스티누스, 「규칙서」 4, 22. "Oculi vestri, et si iaciuntur in aliquam feminarum, figantur in nemine. Neque enim, quando proceditis, feminas videre prohibemini, sed appetere, aut ab ipsis appeti velle,13 criminosum est. Nec solo tactu et affectu, sed aspectu quoque, appetitur et appetit concupiscentia feminarum. Nec dicatis vos animos habere pudicos, si habetis oculos impudicos, quia impudicus oculus impudici cordis est nuntius. Et cum se invicem sibi, etiam tacente lingua, conspectu mutuo corda nuntiant impudica, et secundum concupiscentiam carnis alterutro delectantur ardore, etiam intactis ab immunda violatione corporibus, fugit castitas ipsa de moribus."
56. "음욕을 품고 여자를 바라보는 자는 누구나 이미 마음으로 그 여자와 간음한 것이다."
57. 아우구스티누스, 「강론」 56, 8, 12. "Quandoquidem dicitur oculus inde accepisse nomen, a velocitate."
58. 아우구스티누스, 「규칙서」 4, 23. "Nec putare debet qui in femina figit oculum et illius in se ipse diligit fixum, ab aliis se non videri, cum hoc facit; videtur omnino, et a quibus se videri non arbitratur. Sed ecce lateat et a nemine hominum videatur, quid faciet de illo desuper inspectore quem latere nihil potest? An ideo putandus est non videre, quia tanto videt patientius, quanto sapientius? Illi ergo vir sanctus timeat displicere, ne velit feminae male placere. Illum cogitet omnia videre, ne velit feminam male videre."

Illius namque et in hac causa commendatus est timor, ubi scriptum est: Abominatio est Domino defigens oculum."
59. 아우구스티누스, 「여든세 가지 다양한 질문」 33. "Nulli dubium est non aliam metuendi esse causam, nisi ne id quod amamus aut adeptum amittamus aut non adipiscamur speratum."
60. 아우구스티누스, 「규칙서」 4, 24. "Quando ergo simul estis in ecclesia et ubicumque ubi et feminae sunt, invicem vestram pudicitiam custodite; Deus enim qui habitat in vobis, etiam isto modo vos custodiet ex vobis."
61. 반 바벨은 "Deus enim qui habitat in vobis, etiam isto modo vos custodiet ex vobis"라는 규정에서 너희 안에(in vobis)라는 표현과 너희로부터(ex vobis)라는 표현에 관심을 두면서 다음과 같이 말한다. "너희 안에는 너희의 공동체 안에 거주하시는 하느님이 너희 모두 안에 (머무심을) 뜻하는 복수형이다. 마찬가지로 '너희로부터'라는 표현도 새롭게 공동체에 강조를 두는 복수형이다.": T.J. van Bavel, *La règle de saint Augustin*, p. 87.
62. 아우구스티누스, 「규칙서」 4, 26. "Magis quippe innocentes non estis, si fratres vestros, quos indicando corrigere potestis, tacendo perire permittitis."
63. Idem. "Si enim frater tuus vulnus haberet in corpore, quod vellet occultare, cum timet sanari, nonne crudeliter abs te sileretur et misericorditer indicaretur?"
64. 아우구스티누스, 「규칙서」 4, 27. "Non enim et hoc fit crudeliter, sed misericorditer, ne contagione pestifera plurimos perdat."
65. 아우구스티누스, 「규칙서」 4, 28. "Et hoc quod dixi de oculo non figendo etiam in ceteris inveniendis, prohibendis, indicandis, convincendis vindicandisque peccatis, diligenter et fideliter observetur, cum dilectione hominum et odio vitiorum."
66. 아우구스티누스, 「마니교도 파우스투스 반박」 19, 24. Cf. 「시편 상해」 138, 28. "*Diligite inimicos vestros?* Quomodo implebit hoc, nisi illo perfecto odio; ut hoc in eis oderit quod iniqui sunt, hoc diligat quod homines sunt?"
67. 아우구스티누스, 「규칙서」 4, 29. "Quicumque autem in tantum progressus fuerit malum, ut occulte ab aliqua litteras vel quaelibet munuscula accipiat, si hoc ultro confitetur, parcatur illi et oretur pro illo; si autem deprehenditur atque convincitur, secundum arbitrium presbyteri vel praepositi gravius emendetur."
68. 아우구스티누스, 「규칙서」 7, 44. "Praeposito tamquam patri oboediatur, honore servato, ne in illo offendatur Deus; multo magis presbytero, qui omnium vestrum curam gerit."
69. 아우구스티누스, 「규칙서」 7, 45. "Ita, ut ad presbyterum, cuius est apud vos maior auctoritas, referat, quod modum vel vires eius excedit."
70. T.J. van Bavel, "Community life in Augustine", in *The Tagastan* 29(1983), p. 128.
71. T.J. van Bavel, *La règle de saint Augustin*, p. 112.
72. A. Zumkeller, 「아우구스티누스 규칙서」, 이형우 옮김, 왜관: 분도출판사, 2006(신

정판), 164쪽.
73. 아우구스티누스, 『규칙서』 7, 45. "Ut ergo cuncta ista serventur et, si quid servatum non fuerit, non neglegenter praetereatur, sed emendandum corrigendumque curetur, ad praepositum praecipue pertinebit."
74. 아우구스티누스, 『규칙서』 7, 46. "Ipse vero qui vobis praeest, non se existimet potestate dominantem, sed caritate servientem felicem. Honore coram vobis praelatus sit vobis, timore coram Deo substratus sit pedibus vestris. Circa omnes seipsum bonorum operum praebeat exemplum, corripiat inquietos, consoletur pusillianimes, suscipiat infirmos, patiens sit ad omnes. Disciplinam libens habeat, metum imponat. Et quamvis utrumque sit necessarium, tamen plus a vobis amari appetat quam timeri, semper cogitans Deo se pro vobis redditurum esse rationem."
75. 아우구스티누스, 『시편 상해』 103, s. 3, 9. "Non necessitate, sed caritate servimus."
76. 아우구스티누스, 『신국론』 19, 14. "Sed in domo iusti viventis ex fide et adhuc ab illa caelesti civitate peregrinantis, etiam qui imperant serviunt eis, quibus videntur imperare. Neque enim dominandi cupiditate imperant, sed officio consulendi, nec principandi superbia, sed providendi misericordia." (성염 역주, 분도출판사, 2004)
77. 아우구스티누스, 『강론』 160, 4. "Ubi humilitas, ibi maiestas."
78. 아우구스티누스, 『믿음 희망 사랑의 길잡이』 19, 72. "Non solum in eo quod dimittit atque orat, verum etiam in eo quod corripit et aliqua emendatoria poena plectit, eleemosynam dat, quia misericordiam praestat."
79. 아우구스티누스, 『신국론』 19, 16. "Si quis autem in domo per inoboedientiam domesticae paci adversatur, corripitur seu verbo seu verbere seu quolibet alio genere poenae iusto atque licito, quantum societas humana concedit, pro eius qui corripitur utilitate, ut paci unde dissiluerat coaptetur."
80. A. Zumkeller, 『아우구스티누스 규칙서』, 150쪽.
81. 아우구스티누스, 『강론』 91, 5, 5. "Oportet enim ut servo Dei habenti aliquem honorem in Ecclesia deferatur primus locus: quia si non deferatur, malum est illi qui non defert: non tamen bonum est illi cui defertur."
82. 아우구스티누스, 『서한』 130, 6, 12. "Placetne igitur ut super salutem istam temporalem optent sibi ac suis honores et potestates? Sane, si ut per hoc consulant eis qui vivunt sub eis, non propter haec ipsa, sed propter aliud quod inde fit bonum, decet ea velle: si autem propter inanem fastum elationis pompamque superfluam vel etiam noxiam vanitatis, non decet."
83. N. Cipriani, Sant'Agostino. La Regola, p. 124.
84. 아우구스티누스, 『신국론』 14, 12. "Oboedientia ⋯ mater omnium custosque virtutum."
85. 아우구스티누스, 『규칙서』 7, 47. "Unde vos magis oboediendo, non solum vestri, verum etiam ipsius miseremini, quia inter vos, quanto in loco

superiore, tanto in periculo maiore versatur."
86. 아우구스티누스, 「수도자들의 노동」 33, 41. "Quod si post hanc admonitionem vel potius obsecrationem nostram ineo sibi perseverandum esse putaverint, nihil aliud faciemus quam dolemus et gemimus ⋯ Si servi Dei sunt, miserentur; si non miserentur, nolo quidquam gravius dicere."
87. T.J. van Bavel, "Community life in Augustine", *Community life in Augustine*, p. 129.
88. 아우구스티누스, 「규칙서」 5, 31. "Ita sane, ut nullus sibi aliquid operetur, sed omnia opera vestra in commune fiant, maiore studio et frequentiori alacritate, quam si vobis singuli propria faceretis. Caritas enim, de qua scriptum est quod non quaerat quae sua sunt, sic intelligitur, quia communia propriis, non propria communibus anteponit. Et ideo, quanto amplius rem communem quam propria vestra curaveritis."
89. 아우구스티누스, 「시편 상해」 99, 10. "Tamen bona cogitatio humana, laudabilis, esse cum talibus qui elegerunt vitam quietam; remoti a strepitu populari, a turbis inquietis, a magnis fluctibus saeculi, tamquam in portu sunt. Iam ergo ibi gaudium illud? iam ibi iubilatio illa quae promittitur? Nondum; sed adhuc gemitus, adhuc sollicitudo tentationum ⋯ Ubi ergo securitas, si nec in portu? Et tamen utcumque feliciores in portu quam in pelago ⋯ Ament se, naves in portu bene sibi applicentur, non sibi collidantur: servetur ibi parilitas aequabilitatis, constantia caritatis."

10장

아우구스티누스 규칙서에 나타난 **기도**

서론

1. 아우구스티누스 규칙서
  아프리카 수도원의 창시자인 아우구스티누스
  아우구스티누스 규칙서의 친저성과 기원
  아우구스티누스 규칙서의 구조

2. 공동기도
  영적 친교의 표징이요 도구인 공동기도
  정해진 때와 시간

3. 기도소(Oratorium)
  기도의 장소와 작업실의 구분
  개인기도에 대한 권고

4. 기도의 기본 법칙 : 내향성(內向性, interiority)
  하느님께 올리는 마음의 외침인 기도
  믿음과 희망과 사랑에서 나오는 열망인 기도

5. 기도와 성가

결론

「아우구스티누스 규칙서에 나타난 기도」는 2007학년도 가톨릭대학교 '성신교정 교비연구비' 지원을 받아 연구 작성된 논문임. 이 논문은 「가톨릭신학」 11호, 한국가톨릭신학학회, 2007에 수록되었다.

서론

아우구스티누스 성인은 그리스도인들에게 많은 모습으로 등장한다. 우리는 그 안에서 히포의 주교, 신학자, 논쟁가, 목자, 그리스도교 철학가 등의 모습을 발견한다. 여기에 또 한 측면을 첨가하자면, 수도자로서의 아우구스티누스이다. 그는 자신의 개인적 체험과 예루살렘 초대 공동체의 모습에서 영감을 받아 수도원을 세웠고, 죽을 때까지 하느님을 찾는 한 구도자로서 자신의 삶을 영위하였던 것이다.[1]

'하느님의 종'(servus Dei)[2]으로서 아우구스티누스는 실로 기도하는 인물이었다. 시편 주석과 강론 안에서 발견되는 수많은 기도와 기도에 대한 가르침을 통해 우리는 아우구스티누스에게 '기도의 스승'이라는 칭호를 붙일 수 있다. 하지만 아우구스티누스는 「서한」 130을 제외하면 기도에 관한 체계적인 글을 남기지 않았다. 또한 규칙서에 나오는 기도 생활에 관한 규정은 너무나도 짧아서 실망스러울 정도이다. 하지만 그 내용면에서 보면, 기도에 관해 그가 갖고 있는 중심 사상을 요약 정리해서 말하고 있다는 것을 알게 된다. 이러한 의미에서 본 논문은 아우구스티누스의 전 작품에 나타난 기도에 관한 그의 가르침을 다루지 않는다. 오히려 그의 규칙서를 통해 그가 갖고 있던 기도에 관한 생각을 보고자 하는 것이다. 또한 기도 생활이 수도 공동체의 삶 안에서 얼마나 큰 위치를 차지하고 있는지 밝히고자 한다.

1. 아우구스티누스 규칙서

아프리카 수도원의 창시자인 아우구스티누스

아우구스티누스 시대의 서방 교회에 이미 동방에서 온 수도생활의 전통이 있었음을 우리는 알고 있다. 이 전통에서 수도자들은 사도들의 삶, 즉 예수께서 당신의 제자들에게 가르쳐준 삶을 온전히 살고자 하였다. 때문에 4세기 후반에 수도 생활이 처음으로 출현하였을 때, 개인에서 개인으로 전수되는 운동으로 나타났다. 우리는 "모범이 되어야지 입법자가 되어서는 안 된다."라는 금언(金言)을 통해서도 이를 알 수 있다. 결국 초기 수도 생활에서 규칙서는 오늘날처럼 법적 기능을 갖고 있었다기보다, 오히려 영성집(code de spiritualité)이라는 측면이 더 강했다. 즉 수도생활에서 지켜야할 규정 모음집의 성격이었던 것이다.[3]

이러한 수도생활 전통에서 볼 때, 아우구스티누스는 매우 특별한 경우이다. 다른 이로부터 수도 생활에 대한 양성을 받은 것이 아니기 때문이다. 하지만 386년 11월 초부터 시작된 카씨치아쿰(Cassiciacum)에서의 생활은 단순히 가슴의 통증 때문이 아니라 '하느님의 종'(servus Dei)이 되기 위한 선택이었다.[4] 또한 387년 4월 24-25일에 세례성사를 받은 후 아프리카로 돌아와 자신의 고향인 타가스테(Tagaste)에서의 삶 역시 하느님과 인간에 대한 봉사에 온전히 봉헌하는 것이었다.[5] 이러한 의미에서 타카스테 공동체는 아프리카에 처음으로 세워진 수도원이라고 할 수 있다.[6] 또한 히포에서 사제로 서품되어 세운 수도원과 주교가 된 후 세운 수도원을 통해 수도생활이 북아프리카 전역으로 퍼지게 되었다. 430년 8월 28일 아우구스티누스가 사망할 무렵, 우리가 알고 있는 한, 아프리카에 적어도 46개의 수도원이 있었다.7 포시디우스의 증언을 통해 볼 때, 더 있었을 가능성도 배제할 수 없다.8 때문에 "아우구스티누스 이전 아프리카에는 수도생활이 번성하지 않았을 뿐 아니라 수도생활, 즉 일정한 규율과 연결된 공동 수도생활 자체가 거의 알려지지 않았었다."고 아고스티노 트라페(Agostino Trapè)와 함께 말할 수 있다.9

아우구스티누스 규칙서의 친저성과 기원

「계명집」(Praeceptum) 혹은 「하느님의 종들을 위한 규칙서」(Regula ad servos Dei)라고도 불리는 「아우구스티누스 규칙서」(Regula Sancti Augustini)는 가르시아(J. García)가 지적하듯, 히포의 주교가 저술한 작품들 중 가장 짧으면서도 내용면에서는 아주 풍부하기에 해석하기가 쉽지 않은 작품이다.10 사실 규칙서의 친저성, 저술 연도, 수신인 등의 문제가 여전히 학자들 간에 논쟁 중에 있다. 이는 아우구스티누스 자신이 언제, 왜 그리고 누구를 위해 규칙서를 작성한 것인지 「재론고」(Retractationes)에서 밝히고 있지 않기 때문이며, 포시디우스 역시 「아우구스티누스 저술 목록」(Indiculum)에서 규칙서에 대해 언급하고 있지 않기 때문이다.11

약 100여 개 이상의 사본을 통해 전해지는12 계명집의 원본이 「서한」 211에 삽입되어 있는 「수녀들을 위한 규칙서」(Regularis nformatio)라는 것이 전통적인 주장이다.[13] "그 누구도 성 아우구스티누스의 규칙이 그의 「서한」 211에서 나온 것임을 모르지 않는다."라고 확언하고 있는 랑보(Lambot)에 따르면, 오늘날 「아우구스티누스 규칙서」라고 말하는 것은 사실 「수녀들을 위한 규칙서」를 남자 수도자들을 위해 변형시킨 것으로,[14] 이 편집 작업을 아우구스티누스 자신이 직접 했다고 볼 수 없다는 것이다.[15] 이 의견은 샤를 브와이에(Charles Boyer)가 평가하듯 1930년대 대부분의 학자들이 주장하던 것이었다.[16]

하지만 계명집이 아우구스티누스의 작품이라는 것에 대해서는 의심할 여지가 없다고 본다. 우선 사본 전승의 관점에서 본다면, 현재 우리가 갖고 있는 가장 오래된 사본은 원래 코르비(Corbie) 대수도원에 있다가 현재 파리 국립 도서관에 소장되어 있는 Cod. Parisinus lat. B.N. 12634로 6-7세기에 작성된 것이다.[17] 이 사본은 여러 규칙서 모음집으로 루쿨라눔(Lucullanum)의 에우집피우스(Eugippius)가 산 세베리노(San Severino) 수도원 수도자들을 위해 만든 작품으로,[18] 수도원의 기도생활과 하루의 일과와 생활양식에 관한 짧은 분량의 가르침을 담고 있는 「수도원 규정서」(Ordo monasterii)와 함께 「계명집」을 전해주고 있다.[19] 에우집피우스가 6세기 초반에 왕성한 활동을 하였다는 것을 볼 때, 약 530년경에 남자 수도자들을 위한 아우구스티누스의 「계명집」이 그의 작품으로 여겨졌다는 것을 알 수 있다. 이러한 면에서 볼 때, 아우구스티누스의 「하느님의 종들을 위한 규칙서」가 「수녀들을 위한 규칙서」 보다 먼저 씌어진 것이라고 할 수 있다.[20]

사본 전승이라는 외적 증언 외에 내용이나 형식의 차원에서, 즉 아우구스티누스의 다른 작품과의 비교나 성경 인용이나 단어 그리고 수사학 등의 내적 비판을 통해서도 규칙서가 아우구스티누스의의 작품이라는 점에서는 의심의 여지가 없다.[21] 뤽 베르헤이언(Luc Verheijen)은 포시디우스의 「아우구스티누스의 생애」와 규칙서가 인용하고 있는 사도행전 4, 32-35을[22] 비교하면서 규칙서에 대한 아우구스티누스의 친저성을 주장한다.[23] 타르시치우스 반 바벨(Tarsicius van Bavel)은 규칙서에 나오는 사도행전 4, 32의 인용문에 'In Deum'이라는 말이 첨가된 것에 초점을 둔다. 이 문구를 첨가시킨 것은 아우구스티누스의 특징이며 습관이라는 것을 자신의 연구를 통해 밝혀냈다.[24]

아우구스티누스 규칙서의 구조

규칙서는 세 부분으로 나누어진다.

첫 부분은 도입 부분으로 I, 1-8까지이다. 이 부분에서 저자는 수도 생활의 근본 목적인 사도행전 4, 32-35에서 묘사하고 있는 초기 그리스도교 공동체의 영적·물적 친교 체험을 제시하고 있다.[25] 예루살렘 초기 공동체의 친교 체험이 수도 공동체가 계속해서 추구해야 하는 이상적인 모습이기 때문이다.[26]

두 번째 부분은 II-VII로, 애덕 안에서 성장하기 위한 각종 계명을 제시하고 있다. 즉 공동 기도, 가난, 정결 생활, 공동 노동, 형제적 교정 순명과 장상의 봉사 등이다.

세 번째 부분은 결론 부분으로 VIII, 1-2로, 모든 계명을 준수하도록 활기를 불어넣어 주는 사랑과 자유의 정신을 제시한다.

결국 도입 부분은 도달해야할 목표이고, 두 번째 부분은 이를 위한 수단 및 도구이고 마지막은 순명의 정신을 이야기하는 것이다. 이 세 부분에서 주목할 만한 것은 첫 번째와 마지막 부분이다. 다른 수도 생활 체험과 비교할 때, 저자가 갖고 있는 수도생활에 대한 개념의 독창성이 드러나기 때문이다.

2. 공동 기도

영적 친교의 표징이요 도구인 공동 기도

"정해진 때와 시간에 기도들에 전념하시오."라고 규칙서는 말한다.[27]

하느님께서 계시를 통하여 인간에게 하시는 말씀에 대한 응답으로 인간이 하느님께 향하는 말(locutio ad Deum)로 정의되는[28] 기도는 그리스도인의 삶에서 가장 중요한 요소라고 할 수 있다.[29] 더욱이 수도자에게 있어 기도는 첫 번째 의무이다. 하느님과의 긴밀한 관계 속에서 살기 위해 세상을 포기하였기 때문이다.[30] 이것이 일반적인 그리스도인들이 갖고 있는 수도자에 대한 생각임을 아우구스티누스는 다음과 같이 말한다. "(그들은) 진정 위대한 사람들이며 거룩한 사람들입니다. 항상 찬미가와 기도와 하느님을 찬미 하는 가운데 있습니다.

이것으로 그들은 살아갑니다. 그들(성경) 읽는 것 외에 다른 것은 하지 않습니다. 또 식량을 마련하기 위해 그들은 손노동을 합니다. 탐욕에서 기인해 어떤 것을 청하지도 않습니다. 그리고 신심 깊은 이들이 자신들에게 기부한 것들을 애긍과 애덕으로 사용합니다. 그 누구도 형제가 갖고 있지 않은 것을 요구하지 않습니다. 그들 모두는 서로 사랑하고 서로 격려합니다."[31] 이러한 의미에서 수도원은 예수께서 말씀하신 것처럼[32] 기도의 집이 되는 것이다. 이에 대해 아우구스티누스는 시편 150, 5의 말씀[33]을 주석하면서 다음과 같이 말한다. "여러분은 좋은 소리를 내는, 즉 조화롭게 연주하는 뿔 나팔이요, 수금이며 비파이고, 손북과 춤이며 현악기와 피리이고 우렁찬 자바라입니다."[34]

바로 여기에서 우리는 "기도들에 전념하라"(Orationibus instate)라는 규칙서의 말씀을 이해해야 한다. 이 말씀은 콜로 4, 2와 로마 12, 12의 구절의 인용으로,[35] 여기에 "지정된 때와 시간"(horis et temporibus constitutis)이라는 표현을 규칙서는 삽입하고 있다. 이를 통해, 아우구스티누스는 무엇보다 공동기도가 수도 공동체의 정체성을 드러내는 것임을 강조한다. 수도자들은 함께 기도함으로써 자신들의 영적 친교를 표현하는 것이다. 즉 하느님이 자신들 모두에게 삶의 중심이요, 매일 자신들을 양육하는 음식이고, 모든 이가 향유하는 공동선이라는 점이다. 다시 말하면, 수도자들이 함께 모여 사는 것은 하느님 때문이고, 오직 하느님만을 섬기기를 원하기 때문이라는 것이다. 하느님이 마음과 영혼을 엮어주는 끈이라고 한다면, 공동체가 매일 일정한 시간에 자신의 일치를 표현하는 것은 당연한 것이다. 여기에서 공동기도가 영적 친교의 표징이요 도구라는 점이 나온다.[36] 이는 예루살렘 초대 공동체의 삶에서도 볼 수 있다. "그들은 사도들의 가르침을 받고 친교를 이루며 빵을 떼어 나누고 기도하는 일에 전념하였다."(사도 2, 42)

공동기도는 다른 것이 아니라 구성원 서로 간의 조화와 일치를 드러내는 중요한 표지이기에, "하느님께 바쳐지는 공동 전례를 포함하여 하루의 정해진 일과표가 수도생활에 평화와 화합을 이루어 준다."고 줌켈러 신부는 주장한다.37 여기서 활동이라는 미명하에 공동기도를 소홀히 해서는 안 된다는 것이 분명해진다. "활동적이라고 해서 하느님에 대한 관상을 전혀 도모하지 않을 정도여야 한다는 법도 없다."38 또한 공동기도만으로 구성원들의 마음을 일치하고 공동체를 쇄신할 수 없다는 사실이 공동기도의 중요성을 간과해도 되는 알리바이를 제공하지 않는다. 공동기도 없는 공동생활은 더 이상 공동생활이라고 할 수 없기 때문이다. 바로 여기에서 정해진 체계를 가진 공동체의 기도생활이, 즉 보다 생동감 있고 창조적인 방식으로 공동기도를 바침으로써 그 기도가 단순히 반복적인 행위나 쳇바퀴 도는 식의 모습으로 되지 않는 기도생활이 나오는 것이다.39

정해진 때와 시간

우리는 아우구스티누스 수도원의 일과표가 어떠했는지 정확히 알 수 없다. 규칙서는 "정해진 때와 시간"이라는 간략한 표현을 사용하면서, 무엇보다 공동기도 시간 엄수와 공동기도에 대한 성실성만을 강조하고 있을 뿐이다. 프로바(Proba)에게 보낸 「서한」 130에서도 "어느 정도 간격이 있는 때와 시간에 우리는 하느님께 말로 기도합니다."라고 적고 있을 뿐이다.[40] 이 문제에 대한 정확한 답변을 제시할 수 없지만, 두 가지 측면에서 해결책을 모색해볼 수 있다고 본다.

무엇보다, 수도자들의 모범을 따라 살려고 하는 경건한 신자들의 모습을 꼽을 수 있다. 412년 사순절에 히포에서 행한 한 시편 주해에서 아우구스티누스는 경건한 한 신자에게 자신의 규칙적인 기도생활에 대해 이야기하는데, 그는 이렇게 대답한다. "매일 일어나 성당에 갑니다. 찬미가 하나를 아침에 드리고 또 다른 찬미가는 저녁에 바칩니다. 세 번째 찬미가와 네 번째 찬미가는 집에서 드립니다. 이렇게 저는 매일같이 찬미의 희생 제사를 드리고 그것을 하느님께 봉헌합니다."[41] 사실 아프리카 교회의 전통에서 이미 테르툴리아누스[42]와 치프리아누스[43]는 하루에 세 번, 즉 제3시, 제6시, 제9시에 기도할 것을 명하고 있다. 또한 이들은 아침기도와 저녁기도에 대해서도 말한다.[44] 여기에 치프리아누스는 야간 기도를 첨가하고 있다.[45] 아프리카 교회의 이러한 전통을 보았을 때, 그리스도인들은 하루에 최소한 5번 고정 시간에 기도를 하였다는 것이 분명해진다.

또한 우리는 가장 오래된 아우구스티누스 규칙서 사본에서 발견되는 「수도원 규정서」를 통해 아우구스티누스 수도원의 기도 시간표를 짐작할 수 있다. 이 규정서는 2항에서 기도에 관해 다음과 같이 전해준다. "이제 우리가 어떻게 기도하고 시편을 읊조리는지 묘사합니다. 즉 아침기도에는 세 개의 시편, 즉 62편, 5편, 89편을 바칩니다. 3시 기도에는 화답송과 함께 하는 시편 하나를 하고 두 개의 후렴, 독서 그리고 끝맺는 기도를 바칩니다. 6시기도와 9시기도도 이와 같이 바칩니다. 저녁기도(lucernarium)에는 화답송과 함께 하는 시편 하나와 네 개의 후렴, 화답송과 함께 하는 또 다른 시편 하나, 독서 그리고 끝맺는 기도를 합니다. 저녁기도 후 적당한 시간에 모든 이가 앉아 있는 가운데 독서를 하고, 그 다음 잠자리에 들기 전에 통상의 시편들로 기도합니다. 야간 기도에 대해서는, 11월, 12월, 1월, 2월에는 열두 개의 후렴과 여섯 개의 시편 그리고 세 개의 독서를 합니다. 3월, 4월, 9월, 10월에는 열 개의 후렴, 다섯 개의 시편 그리고 세 개의 독서를 합니다. 5월, 6월, 7월, 8월에는 여덟 개의 후렴, 네 개의 시편, 두 개의 독서를 합니다."[46] 이 내용은, 줌켈러 신부와 트라페 신부가 지적하듯, 서방 수도생활에서 기도에 관한 가장 오래된 규정으로 오늘날 시간 전례와 비슷한 구조로 이루어져 있음을 볼 수 있다.[47]

따라서 위의 사항을 통해 우리는, 아우구스티누스 수도원의 공동 기도가 하루에 최소한 5번 성당에서 이루어졌고, 시편과 후렴 그리고 독서로 구성되었을 것이라고 추측해볼 수 있다.

3. 기도소(Oratorium)

기도의 장소와 작업실의 구분

"기도소에서는, 그 말이 뜻하는 바대로, 세워진 목적 이외의 다른 것을 아무도 해서는 안 된다. 이는 혹시 어떤 이가 여가가 있어 정해진 시간 이외에 (기도소)에서 기도하기를 원할 때 그곳에서 다른 일을 하고 있는 사람으로 인해 방해 받지 않기 위해서이다."[48]

이 규정은 기도소라는 말이 어원상 '기도하다'(orare)에서 나온 것임을 분명히 밝히면서 기도의 장소로서 기도소를 수도원에 둘 것을 명하고 있다. 줌켈러에 따르면, "동방 수도원들에서는 기도의 장소를 작업실로도 사용하는 것을 관례로 해온 것 같다. … 아우구스티누스 규칙서에 나오는 이 말은 서방 수도원들 안에 기도소가 있었다는 가장 오래된 증언이며, 수도생활 발전사에 있어서 결정적 단계를 나타낸다."[49] 이 주장을 받아들인다면, 당시 서방 교회 수도원들에서는 동방의 관례를 그대로 따르고 있었다는 것이고, 또 동방 교회 수도원들에도 기도소가 있었지만 아우구스티누스가 주장하는 것과는 다른 목적으로도 사용되었음을 보여주는 것이다.[50] 또한 반 바벨은 타가스테에 세운 첫 수도원의 협소함으로 인해 기도의 장소가 작업실로도 사용되었기에 나온 규정이 아닌가 하고 주장한다.[51] 하지만 규칙서의 내용대로, "혹시 어떤 이가 여가가 있어 정해진 시간이외에 (기도소)에서 기도하기를 원할 때 그곳에서 다른 일을 하고 있는 사람으로 인해 방해 받지 않기 위해서이다."라는 단순한 열망에서 나왔을 수도 있다는 것도 배제할 수는 없다.[52]

개인기도에 대한 권고

기도소에 관한 규정에서 수도자들이 공동기도 시간 외에도 개인적으로 기도하기를 권고하는 아우구스티누스의 모습을 우리는 볼 수 있다. 이 권고는 다른 것이 아니라 지속적인 기도 즉 개인기도에 대한 권고로 자신의 영혼으로 돌아가 영혼을 하느님께 향하기 위해서이다. 또한 이 권고는 사도 바오로의 "끊임없이 기도하십시오."(1 테살 5, 16)라는 말을 따르는 것으로, 히포의 주교에 의하면 영원한 삶인 행복한 삶을 주실 수 있는 분에게만 그 삶을 받도록 계속해서 희망하라는 것이다. 이 희망을 통하여 우리는 계속해서 기도할 수 있고, 이는 우리 안에 이 원의가 식을 수 있도록 만드는 걱정거리와 잡다한 일에서 벗어나 정해진 시간에 기도에 전념할 수 있게 된다.53 이러한 의미에서 아우구스티누스는 이집트의 수도자들의 기도방법을 다음과 같이 칭송하고 있다. "이집트의 형제들은 자주 하지만 짧은 기도를, 즉 어떤 의미로 보면 화살기도를 한다고 말합니다. 이는 기도하는 사람에게 매우 필요한 깨어있고 열렬한 지향이 사라지거나 기도를 너무 오랫동안 함으로써 둔감해지지 않기 위해서입니다."54

결국 개인기도는 공동기도와 불가분의 관계로 공동기도의 준비이며 또한 그것의 보다 나은 결과이기도 하다. 공동기도가 형제들의 사랑을 일치시키고 규칙성을 통해 게으름에서 우리 자신들을 보호해줄 뿐 아니라 기도하고 싶다는 그리고 기도해야 한다는 깊은 열망을 불러일으키기 때문이다. 더 나아가 좁은 의미에서 볼 때, 그리스도인들에게 있어 개인기도는 사실 존재하지 않는다고 볼 수 있다. 이들이 항상 그리스도와 교회에 일치하여 있고, 기도할 때 이 신비로운 일치를 느낄 수밖에 없기 때문이다. 이에 대해 아우구스티누스는 다음과 같이 말한다. "우리가 하느님께 말하고 기도할 때, 우리는 그분으로부터 성자를 분리할 수 없습니다. 그리고 성자의 몸이 기도할 때, 그것은 자신의 머리로부터 떨어져있다고 생각할 수 없습니다. 이 때문에, 신비체의 유일한 구세주요 하느님의 아드님이신 우리 주 예수 그리스도께서 우리를 위해 기도하는 분이며, 우리 안에서 기도하는 분이고 우리의 기도를 듣는 분입니다. 그분은 우리의 사제로서 우리를 위해 기도하는 것이고, 우리의 머리로서 우리 안에서 기도하는 것이며, 우리의 하느님으로서 우리의 기도를 들으시는 것입니다. 그러므로 그분 안에서 우리의 목소리를 식별합시다. 그리고 우리 안에서 그분의 목소리를 발견합시다."[55]

4. 기도의 기본 법칙: 내향성(內向性, interiority)

하느님께 올리는 마음의 외침인 기도

아우구스티누스의 사상에 따르면, 입으로 말하는 것은 마음 안에 담겨진 것을 표현해야한다. 즉 외적인 것은 내적인 것에, 실천은 이론에 그리고 삶은 이상에 상응해야 한다는 것이다. 이 '내향성'이라는 아우구스티누스 영성의 기초가 규칙서에 다음과 같은 말로 표현되어 있다. "시편과 찬미가로 하느님께 기도할 때 소리 내어 기도한 것을 마음 속으로 되새길 것이다."[56] 또한 "이는 너희가 바치는 기도 때문이니, 너희가 그 기도를 자주 바치는 그만큼 건전한 자들이 되어야 한다."[57]

내향성이라는 원칙에 입각해서 볼 때, 기도는 내적인 것이 아니라면 진정한 것이 아니다. 그렇기에 아우구스티누스는 "입은 외쳐도 마음은 여전히 벙어리인 채로 남아 있지 말라"고 신자들에게 권고한다.[58] 마음에서 나와야만 기도는 개개인의 영혼을 하느님과 일치시키고 그분을 통해 형제들과도 일치시키기 때문이다. 여기에서 "하느님께 올리는 마음의 외침"(clamor cordis ad Dominum)이라는 기도의 정의가 나온다. 이 마음의 외침은 영(spiritus)의 큰 집중으로 구성되는데, 이 집중이 기도에서 이루어질 때 기도하는 이가 결과에 대해 실망하지 않도록 지탱해 주는 깊은 염원과 열정을 드러낸다.[59]

믿음과 희망과 사랑에서 나오는 열망인 기도

"하느님께 올리는 마음의 외침"이라는 정의와 함께 아우구스티누스는 기도에 대한 또 하나의 정의를 다음과 같이 제시한다. 기도는 믿음과 희망과 사랑에서 나오는 열망(desiderium)이다.[60] 마음 안에 열망이 있다는 것은 탄식(gemitus)이 있다는 것이다. 즉 탄식은 원의의 목소리라는 것이다.[61] 우리 안에 계시는 성령께서 우리로 하여금 탄식하게끔 하시며, 이럼으로써 우리가 이 세상의 순례자임을 느끼게 하시고 천상 고향을 열망하도록 가르치시는 것이다.[62] 때문에 아우구스티누스는 다음과 같이 말한다. "그러므로 두 가지 종류의 은혜(beneficium)가 있으니, 하나는 지상적인 것이요 또 하나는 영원한 것이다. … 이 지상 삶의 나무에서 우리 스스로 지나가는 자로 머물러야 하는 순례자이지 결코 이곳에 머물도록 예정된 이처럼 생각해서는 안 된다. 영원한 은혜는 무엇보다 영원한 생명이요, 육신과 영혼의 불멸성과 불사성이고, 천사들과의 일치(societas angelorum)이며, 천상 도시이고, 썩지 않을 화관이요, 한 아버지와 한 나라, 즉 죽음을 모르시는 한 아버지와 원수를 모르는 한 나라이다. 우리는 이 은혜를 온 영혼의 열렬함으로 바라도록 노력해야 하고 많은 말없이 진실한 탄식으로 기도 안에서 온전한 인내로 청해야 한다. 입은 침묵하고 있어도 원의는 항상 기도한다. 만약 네가 항상 바란다면, 너는 항상 기도하는 것이다."[63]

성령께서 천상 도시에 대한 사랑을 심어주신 것이기 때문에,[64] 마음의 외침은 사랑의 열정(flagrantia caritatis)이라 할 수 있다. 다시 말하면, "만약 네가 끊임없이 기도하고자 한다면, 결코 바라는 것을 멈추어서는 안 된다. 지속적인 너의 원의는 지속적인 너의 목소리가 될 것이다. 만약 네가 사랑하기를 멈춘다면 침묵하게 될 것이다. … 사랑의 냉기는 마음의 침묵이고, 사랑의 열정은 마음의 외침이다. 만약 사랑이 계속해서 있다면, 너는 항상 외치게 된다. 만약 네가 항상 외친다면, 항상 바란다. 그리고 만약 네가 바란다면, 평화를 기억할 것이다."[65]

이 모든 것은 기도의 정신이 하느님과 영원한 생명을 향한 마음의 끊임없는 열망이요 사랑임을 분명히 드러낸다. 이러한 의미에서 기도는, 치프리아니 신부가 지적하듯, 신비적이요 종말론적 특성을 지니게 된다.[66] 또한 기도는 하느님과 천상 고향에 대한 열망을 요구하기에 우리에게 계속적인 회심을 가져온다. 즉 기도는 이 세상의 순례자인 우리에게 천상 고향에 누리게 될 형언할 수 없는 안식을 열망케 하고, 그리스도 안에서 걷게끔 하며, 열망하면서 마음으로 하느님께 찬미의 노래를 부르게끔 한다.67 그렇기에, 계속해서 치프리아니 신부가 평가하듯, 기도는 정화자(purificatrice)이며 쇄신자(rinnovatrice)의 역할을 수행한다.68

5. 기도와 성가

"노래로 하라고 지시되어 있는 것만 노래로 하고, 노래로 하라고 기록되어 있지 않은 것은 노래로 하지 말 것이다."69

성가에 관한 이 규정이 비록 부정적인 형식으로 표현되고 있지만, 수도원 내에서 성가의 사용과 이것이 지닌 중요성을 충분히 드러내고 있음을 우리는 알 수 있다. 사실 송가와 시편을 노래하는 것이 밀라노 교회로부터 시작하여 여러 교회에 퍼져 있었다는 것을 우리는 아우구스티누스의 다음 증언을 통해 알 수 있다. "밀라노 교회가 이러한 위안과 교훈의 양식을 사용하여 교우들이 대단한 열성을 가지고 소리와 마음의 합창을 하기 시작하기는 그리 오래된 일이 아니었습니다. … 사람들이 지루한 비애에 지쳐버리지 않게끔 동방의 습속대로 송가와 성시를 노래하게 된 것이 그때의 일이었습니다. 그로부터 오늘에 이르기까지 보존되어 오는 습속은 이미 많은, 아니 거의 모든 당신의 양떼가 전 세계에 걸쳐 본뜨고 있는 바로소이다."70

사실 왜 성가에 관한 규정을 아우구스티누스가 도입하고 있는지 그 상황과 이유에 대해서 우리는 정확히 알 수 없다. 「재론고」를 통해 우리는, 카르타고 교회에서 봉헌기도 전이나 영성체 때 시편을 노래하고 있는 관행에 대해 힐라리우스(Hilarius)라는 평신도가 반대하여, 이를 반박하는 -현재는 전해지지 않는- 책을 아우구스티누스가 저술하였음을 알고 있다.71 이 점이 규칙서에 성가에 관한 규정이 들어오게 하였다고 추측해볼 수 있다.72 또한 우리는 아우구스티누스의 개인적 체험을 간과할 수 없다. 아우구스티누스는 세례를 받던 날 밀라노에서 들은 성가에 대해 다음과 같이 회상한다. "당신 교회에서 아름다이 울려나오는 송가와 찬미가에 몹시도 감격하여 나는 얼마나 울었더니이까! 그 소리와 소리는 내 귀에 스며들고, 진리는 내 마음 안 속속들이 들이 배어 경건의 정이 타오르며, 눈물이 쏟아져 흐르며 이와 더불어 나는 행복하였던 것입니다."73

하지만 이 규정은 도나투스파 이단자들을 염두에 두고 있다는 것이 가장 맞는 것 같다. 「서한」 55에서 우리는 다음과 같은 표현을 읽는다. "도나투스 주의자들은 우리가 성당에서 예언자들의 거룩한 송가를 부르는 것을 너무나 절제한다고 비난합니다. 반면에 그들은 인간의 자질로 작곡된 시편을 노래하는 데 있어 술주정과도 같이 마치도 트럼펫 소리처럼 광적으로 지나치게 합니다."74 베르헤이언은 규칙서 라틴어 본문에서 '지시되어 있는 것'(quod legitis)과 '기록되어 있는 것'(scriptum est)이라는 표현들이 성경 인용을 표시하기 위한 일상적인 용어들이라고 주장한다. 즉 성경에서 찾을 수 있는 본문만 노래로 해야 한다는 것이지, 도나투스 주의자들처럼 사람이 만든 시편을 노래로 해서는 안 된다는 것이다.75 어쨌든 이 규정은 공동체가 깨어있음으로써 노래의 남용을 막고 성가를 통해 영적 성장을 도모하도록 이끄는 걱정을 담고 있다.

노래로 기도하는 것이 "영혼에게 신심을 불러일으키고 하느님께 향한 사랑으로 마음을 뜨겁게 하는 데 매우 유익하다."고 아우구스티누스는 말한다.76 또한 아우구스티누스는 손노동을 하면서 시편을 노래하는 것을 칭찬한다. "시편을 노래하는 점에 있어 손노동을 하는 동안에도 – 편하게 – 할 수 있다. 더욱이 이렇게 신적 리듬에 맞춰 노동하는 것은 기쁜 일이다."77 결국 노래하는 것은 깊은 감정의 표현이다. 이러한 면에서 아우구스티누스는 "노래하는 것은 사랑하는 이의 것이다."라고 말한다.78 즉 천상 고향으로 돌아가길 원하는 사람으로서 그리고 하느님을 사랑하는 사람으로서 우리는 노래하는 것이다.79 그렇기에 성인은 말한다. "나의 형제들이여, 노래합시다. 천상의 양식을 즐기기 위해서보다 우리 수고의 피곤을 풀기 위해서 노래합시다. 길 가는 사람처럼 노래합시다. 그러나 계속 걸어가십시오. 노래함으로써 수고의 짐을 가벼이 하고 게으름에는 빠지지 마십시오. 노래하면서 발걸음을 계속하십시오. '발걸음을 계속하라'는 말이 무슨 뜻입니까? 덕행에로 정진하라는 말입니다. 덕행에로, 올바른 신앙에로, 거룩한 생활에로 정진하십시오. 노래하면서 걸음을 계속하십시오. 길에서 벗어나지 말고 뒤를 돌아보지도 마십시오. 멈추지도 마십시오. 오직 주님께만 향하십시오."80

결론

규칙서 저자는 "수도원 안에 살고 있는 너희가 지키도록 우리가 정한 규정들은 이러하다."81라는 서문을 통해 수도생활에 관한 일련의 실천 규범을 제공하고자 하는 자신의 의도를 보여준다.82 그럼에도 불구하고 지금까지 우리가 살펴본 기도에 관한 가르침을 볼 때, 규칙서 각 규범의 이면에는 풍요로운 영성적 가르침과 수도생활 신학이 자리하고 있음도 알 수 있다.83

여기서 우리는 또 하나의 사실을 발견하게 된다. 아우구스티누스가 간략하지만 기도에 관한 규정을 규칙서에서 제시하고 있는 것은 기도와 삶의 조화를 꾀하기 위해서라는 것이다. 이는 다른 것이 아니라, "sacntum propositum"이라고 표현되는 "anima una et cor unum in Deum"으로서 공동생활의 실현인 것이다. "그들은 하느님 안에서 사랑의 불꽃으로 한마음과 한뜻을 이룹니다."84 곧 수도 생활 안에서 기도와 삶의 조화는 형제적 일치와 사랑에서 보인다. 사랑 안에서 그리고 마음과 영혼의 일치 안에서 살면서 수도자들은 하느님을 공경하고 그분께 참된 예배를 드릴 수 있기 때문이다.

이 규칙서의 가르침을 통해 우리는 기도의 큰 의미를 발견하게 된다. 기도가 마음의 영적 찬가라고 한다면, 이는 목소리와 삶이 조화를 이룰 때에야 온전한 기도가 되는 것이지 하루의 어느 한 시점으로만 제한할 수 없다는 것이다. 때문에 아우구스티누스는 그리스도인들이 자신들 "존재의 모든 것 안에서, 즉 목소리로, 양심으로, 삶과 행동으로 하느님을 찬미하도록" 초대한다.85 하느님과 영원한 생명을 향한 끊임없는 열망이요 사랑으로서 기도는 우리로 하여금 이 세상의 순례자임을 보여준다. 또한 이 세상을 살아가는 동안 천상 고향에서 누리게 될 안식을 열망하며 하느님께 찬미의 노래를 부르게끔 한다. 때문에 기도는 공동체 영적 친교의 도구요 표징이 된다. 공동체 구성원 각자가 하느님의 성전으로서 또한 공동체 자체가 하느님 현존의 표징으로서 살아갈 수 있게 해주는 이 기도를 통해 하느님을 공경할 수 있는 것이다. 따라서 이 공동기도에 관한 아우구스티누스 규칙서의 내용은 모든 그리스도인들에게 큰 의미를 지닌다고 볼 수 있다. 하느님을 향하는 한마음 한 몸을 형성하면서 서로 안에 살아계시는 하느님을 공경함으로써 하느님께 드리는 봉헌물이요 하느님께서 가장 좋아하시는 희생 제사가 무엇인지를 알려주기 때문이다.

| 주 |

1   폴 몽소(Paul Monceaux)가 지적하듯, 아우구스티누스는 세 가지 요소를 결합하여 자신의 고향인 타가스테(Tagaste)에 수도원을 세운다. 첫 번째는 이상적 요소로, 사도행전에서 묘사하고 있는 예루살렘 초기 공동체에 대한 기억이다. 두 번째는 실재적 요소로, 이탈리아에서 방문한 수도원에 대한 기억들이다. 세 번째는 개인적 요소로, 철학 작품과 함께하는 학문적 은거의 생각을 금욕주의의 사상에 연결시키던 관습이다: "Saint Augustin et saint Antoine. Contribution à l'histoire du monachisme", in AA.VV., *Miscellanea Agostiniana*, II, Roma: Tipografia Poliglotta Vaticana, 1931, 71.

2   '하느님의 종'은 아우구스티누스가 수도자들을 가리켜 즐겨 쓰는 표현이다.

3   Cf. A. De Vogüé, *Les Règles monastiques anciennes(400-700)*, Turnhout: Brepols, 1985, 11-12.

4   「고백록」 9, 5, 13. "Renuntiavi peractis vindemialibus, ut scholasticis suis Mediolanenses venditorem verborum alium providerent, quod et tibi ego servire delegissem et illi professioni prae difficultate spirandi ac dolore pectoris non sufficerem."

5   Possidius, Vita Augustini 3, 1-2. "Ac placuit ei percepta gratia cum aliis civibus et amicis suis Deo pariter servientibus ad Africam et propriam domum agrosque remeare. Ad quos veniens et in quibus constitutus ferme triennio et a se iam alienatis, cum his qui eidem adhaerebant Deo vivebat, ieiuniis orationibus, bonis operibus, in lege Domini meditans die ac nocte." 일부 학자들은 이 증언의 신빙성에 대해 물음을 제시한다. 왜냐하면 그가 저술한 아우구스티누스 전기가 현대적 의미에서 볼 때 참된 전기가 아니라는 것이다: H.J. Diesner, "Possidius und Augustinus", *Studia Patristica* 6(1962), 354-356. 365; L.J. Van der Lof, "The threefold meaning of Servi Dei in the writings of Saint Augustine", *Augustinian Studies* 12(1981), 55-56.

6   Cf. Ferrand, *Discours où l'on fait voir que St. Augustin a été moine. Prouvé par la doctrine des Pères, et principalement par cette de S. Augustin*, Paris, 1689; P. Guilloux, *L'âme de saint Augustin*, Paris: J. De Gigord, 1921[2], 155-174; A. Zumkeller, *Das Mönchtum des heiligen Augustinus*, Würzburg: Augustinus-Verlag, 1968, 56-68; M. Mellet, *L'itinéraire de l'idéal monastiques de saint Augustin*, Paris: Desclée De Brouwer et Cie, 1934, 19-29; V.J. Bourke, *Augustine's quest of Wisdom*, Milwaukee: The Bruce Publishing Company, 1945[2], 106-122; G. Lawless, "Augustine's first monastery: Thagaste or Hippo?", *Augustinianum* 25(1985), 65-78. 다음의 학자들은 타가스테 공동체를 당시의 철학적 사색을 위한 장소로 본다: G. Folliet, "Aux origines de l'ascétisme et du cénobitisme africain", in AA.VV., *S Martin et son temps: Mémorial du 16e centenaire des débuts du monachisme en Gaule, 361-1961, Studia Anselmiana* 46, Roma: Pontificium Institutum S. Anselmi, 1961, 38; R.J. Halliburton, "The inclination to retirement the retreat of Cassiciacum and the 'Monastery' of Tagaste", *Studia Patristica* 5(1962), 339; L.J. Van der Lof, "The

threefold meaning of Servi Dei in the writings of Saint Augustine", 54-56. 다음의 학자들은 어떤 의미에서 타가스테 공동체가 수도원임을 인정하면서도 본래의 의미에서 수도원으로 규정하는 데에는 우유부단한 입장을 취한다: G. Bonner, *St. Augustine of Hippo. Life and controversies*, London: The Canterbury Press Norwich, 1986 (reissued & revised), 108; C. Stancliffe, *St. Martin and his hagiographer*, Oxford: Clarendon Pr., 1983, 28-29; P. Brown, *Augustine of Hippo*: Faber and faber, 1990 (reprinted), 136; A. Pincherle, *Vita di sant'Agostino*, Bari: Laterza, 1988², 98.

7   Cf. J.J. Del Estal, "Institución monàstica de san Augustìn desde sus orìgenes hasta la muerte del Fundador (430)", *La Ciudade de Dios* 178(1965), 256-269.

8   Possidius, *Vita Augustini* 31, 8. "Clerum sufficientissimus et monasteria virorum ac feminarum continentibus cum suis praepositis plena ecclesiae dimisit."

9   A. Trapè, *Introduzione a S. Agostino, La Regola*, Milano: Editrice Ancora, 1971, 67.

10 J. García, "La Règle de saint Augustin: Structure et fondement théologique", *Connaissance des Pères de l'Église* 67(septembre, 1997), 19.

11 제랄드 보너(Gerald Bonner)에 따르면, 규칙서가 「재론고」에 나오지 않는 것은 415/416년에 씌어진 「인간 의로움의 완성」(De perfectione iustitiae hominis)의 경우처럼 무심결에 빠뜨렸을 것이다: G. Lawless/G. Bonner/Sr. Agatha Mary, *Saint Augustine, The Monastic Rules*, New York: New City Press, 2004, 28. 조지 로리스(George Lawless)는 규칙서가 한 공동체를 위해 작성된 것임을 상기시키면서 이런 내적용도 때문에 아우구스티누스가 「재론고」에서 책이나 강론 혹은 서한 등으로 명확하게 규정짓지 않았을 것으로 본다: *Augustine of Hippo and his monastic rule*, Oxford, New York: Oxford University Press, 1987, 128.

12 이 사본들을 크게 3가지 전승 혹은 세 그룹으로 나눈다. 첫 번째 그룹은 "수도원 안에 살고 있는 너희가 지키도록 우리가 정한 규정들은 이러하다."라는 문장으로 시작하는 「계명집」앞에 「수도원 규정서」(Ordo monasterii)가 붙어 있는 사본들의 경우이다. 이 그룹에 속한 규칙서를 「보다 긴 계명집」(Praeceptum longius)이라고 부른다. 두 번째 그룹은 「수도원 규정서」가 붙어 있지 않고 계명집만 나타나는 경우이다. 세 번째 그룹은 「서한」 211에 삽입되어 있는 「수녀들을 위한 규칙서」(Regularis nformatio)로 나타나는 경우이다. 이에 대해서는 참조: L. Verheijen, *La Règle de saint Augustin*, I, Paris: Études augustiniennes, 1967.

13 Cf. L. Verheijen, *La Règle de saint Augustin*, II, 19-85.

14 C. Lambot, "La règle de saint Augustin et S. Césaire", *Revue bénédictine* 41(1929), 333-341.

15 C. Lambot, "Saint Augustin a-t-il rédigé la règle pour moines qui porte son nom?", *Revue bénédictine* 53(1941), 41-58. 피에르 망도네(Pierre Mandonnet)는 「수녀들을 위한 규칙서」와 「하느님의 종들을 위한 규칙서」가 다른 두 단계에서 작성된 하나의 동일한 본문이라고 생각한다: *Saint Dominique. L'idée. l'homme et l'œuvre*, II, Paris: Desclée De Brouwer et Cie, 1938,

121-148. 도나시앙 드 브뤼인(Donatien de Bruyne)은 「수녀들을 위한 규칙서」를 아우구스티누스 규칙서로 변형한 것은 베네딕투스라고 주장한다: "La première règle de saint Augustin", *Revue bénédictine* 42(1930), 316-342.
16 Ch. Boyer, "Augustin(Saint)", *Dictionnaire de spiritualité*, I(1937), 1127; Ch. Boyer, "Agostino Aurelio", *Enciclopedia Cattolica*, I(1949), 564.
17 Cf. L. Verheijen, *La Règle de saint Augustin*, I, 111-117.
18 460년경에 태어나 539년경에 사망한 에우집피우스는 40권 이상의 아우구스티누스 작품에서 뽑은 선집인 「아우구스티누스 작품 요약집」(Excerpta ex operibus S. Augustini)의 저자이다. 참조: V. Pavon, "EUGIPPIO", *Dizionario patristico e di antichità cristiane*, I(1983), 1278-1279.
19 피에르 망도네에 따르면, 「계명집」은 「수도원 규정서」의 주석서로, 이 둘이 단일한 형태로 합쳐져 아우구스티누스 규칙서가 형성되었다. 즉 「수도원 규정서」는 아우구스티누스의 작품으로 388년 타가스테에 첫 수도원을 세웠을 때 작성한 것이고, 「계명집」은 아우구스티누스가 히포에 수도원을 세운 391년에 작성된 것이다: *Saint Dominique. L'idée. l'homme et l'œuvre*, II, 121-148. 도나시앙 드 브뤼인은 「수도원 규정서」가 베네딕투스의 첫 규칙서임을 강조한다: "La première règle de saint Augustin", 316-342. 20세기에 이르러 많은 학자들은 아우구스티누스를 「수도원 규정서」의 저자로 보지 않는다. 규정서 내용면에서는 아우구스티누스의 사상과 같지만, 문체라는 측면에서 볼 때는 그의 것으로 볼 수 없다는 것이다: A. Casamassa, "Note sulla Regula Sancti Augustini", in AA.VV., *Sanctus Augustinus, Vitae spiritualis magister*, I, Roma:Analecta augustiniana, 1959, 357-389; A. Sage, *La vie religieuse selon saint Augustin*, Paris: La vie augustinienne, 1972, 167. 라드너는 다음과 같이 말한다. "만약 수도원 규정서가 아우구스티누스 자신이 쓴 것이 아니라고 한다면, 적어도 아우구스티누스와 동시대에서 그리고 아우구스티누스적 환경에서 기원한 것임은 확실하다.": G.B. Ladner, *The idea of reform. Its impact on Christian thought and action in the age of the Fathers*, Cambridge, Massachusetts: Harvard University Press, 1959, 357-358. 베르헤이언, 아돌라르 줌켈러, 이형우 아빠스는 문체와 법적 색채 등의 이유로 수도원 규정서의 저자가 아우구스티누스의 친구였던 알리피우스(Alypius)라고 주장한다: L. Verheijen, *La Règle de saint Augustin*, II, Paris: Études augustiniennes, 1967, 164-174; M. Verheijen, "Remarques sur le style de la 《Regula secunda》 de saint Augustin, son rédacteur", in AA.VV., *Augustinus magister*, I, Paris: Études augustiniennes, 1954, 255-263; A. 줌켈러, 아우구스티누스 규칙서, 이형우 옮김, 왜관: 분도출판사, 2006(신정판), 28; 이형우, "아우구스티노 규칙서", 한국가톨릭대사전, 8, 분도출판사, 2003, 5712.
20 Cf. M. Verheijen, "La Regula Sancti Augustini", *Vigiliae Christianae* 7(1953), 27-56.
21 Cf. T.J. van Bavel, "Parallèles, vocabulaire et citations bibliques de la 《Regula Sancti Augustini》. Contribution au problème de son authenticité", *Augustiniana* 9(1959), 12-77; N. Cipriani, "La precettistica antica e la regola monastica di S. Agostino", *Augustinianum* 39(1999), 365-380.
22 Possidius, *Vita Augustini* 5, 1. "Factusque presbyter monasterium intra ecclesia mox instituit et cum Dei servis vivere coepit secundum modum et

regulam sub sanctis Apostolis constitutam: maxime, ut nemo quicquam proprium in illa societate haberet, sed eis essent omnia communia, et distribueretur unicuique sicut opus erat; quo iam ipse prior fecerat, dum de trasmarinis ad sua remeasset"; 규칙서 1, 3. "Et non dicatis aliquid proprium, sed sint vobis omnia communia, et distribuatur unicuique vestrum a praeposito vestro victus et tegumentum, non aequaliter omnibus, quia non aequaliter valetis omnes, sed potius unicuique sicut cuique opus fuerit. Sic enim legitis in Actibus Apostolorum, quia erant illis omnia communia et distribuebatur unicuique sicut cuique opus erat."

23 L. Verheijen, *La Règle de saint Augustin*, II, 89-95.
24 T.J. van Bavel, "《Ante omnia》 et 《in Deum》 dans la 《 Regula Sancti Augustini》", *Vigiliae Christianae* 12(1958), 162-165.
25 일부 학자들의 의견에 의하면, 아우구스티누스는 처음에 사도행전 4, 32ㄱ의 말씀을 공동체적인 의미가 아닌 개인적 차원으로 이해한 것으로 보인다: D. Sanchis, "Pauvreté monastique et charité fraternelle chez saint Augustin. Note sur le plan de la Regula", *Augustiniana* 8(1959), 15; L. Verheijen, *Saint Augustine's monasticism in the light of Acts 4.32-35*, Villanova: Villanova University Press, 1979, 6-9; T.J. van Bavel, *La règle de saint Augustin*, Louvain: Institut Historique Augustinien, 1989, 56. 하지만 곧 '한 마음과 한 뜻'이라는 구절을 공동체적 의미에서 이해하게 된다. 베르헤이언에 따르면, 아우구스티누스가 사도행전 4,32ㄱ을 공동체적 의미에서 이해하게 된 것이 놀라(Nola)의 파울리누스(Paulinus)의 편지에 의한 것이라고 주장한다. 이에 대해 치프리아니 신부는 치프리아누스가 쓴 「가톨릭 교회의 일치」를 제시하면서 3세기와 4세기에 발전된 아프리카 교회의 교회론에서 아우구스티누스가 영향을 받은 것이라고 주장한다: L. Verheijen, *Saint Augustine's monasticism in the light of Acts 4.32-35*, 9-16; N. Cipriani, "Introduzione alla Regola", in *Nuova Biblioteca Agostiniana* VII/2, Roma: Città Nuova, 2001, 13.
26 그렉 신부는 사도행전 2, 42-47과 사도행전 4,32-37을 비교 분석하면서 아우구스티누스가 2,42-47을 인용하지 않은 것은, 그곳에서 말하고 있는 것은 여전히 지켜지고 있는 교회의 유산이지만, 시간의 흐름 속에 환경이 바뀌면서 잃어버린 것 혹은 쇄신되어야 할 것은 사도행전 4,32-37의 내용이기에 이것만 인용했다고 주장한다: P. Grech, "The augustinian community and the primitive Church", *Augustiniana* 5(1955), 459-470.
27 「규칙서」 2, 1. "Orationibus instate horis et temporibus constitutis."
28 「시편 상해」 85, 7. "Oratio tua locutio est ad Deum; quando legis, Deus tibi loquitur." 여기서 우리는 암브로시우스의 영향을 볼 수 있다. 밀라노의 주교는 「성직자의 직무론」(De officiis ministrorum) 1, 20, 88에서 다음과 같이 말한다. "Illum adloquimur, cum oramus, illum audimus, cum divina legimus oracula."
29 「시편 상해」 101, s. 1, 3. "Oravit Petrus, oravit Paulus, oraverunt ceteri Apostoli; oraverunt fideles temporibus illis, oraverunt fideles consequentibus temporibus, oraverunt fideles martyrum temporibus, orant fideles nostris temporibus, orabunt fideles posterorum temporibus."
30 A. Sage, *La vie religieuse selon saint Augustin*, 203.

31 「시편 상해」99, 12. "Magni viri, sancti, quotidie in hymnis, in orationibus, in laudibus Dei, inde vivunt, cum lectione illis res est; laborant manibus suis, inde se transigunt; non avare aliquid petunt, quidquid eis infertur a piis fratribus, cum sufficientia et cum caritate utuntur; nemo sibi usurpat aliquid quod alter non habeat; omnes se diligunt, omnes invicem se sustinent."
32 마태 21, 13. "나의 집은 기도의 집이라 불릴 것이다."
33 "주님을 찬양하여라, 낭랑한 자바라로. 주님을 찬양하여라, 우렁찬 자바라로."
34 「시편 상해」150, 8. "Vos estis tuba, psalterium, cithara, tympanum, chorus, chordae, et organum, et cymbala iubilationis bene sonantia, quia consonantia"
35 콜로 4, 2. "기도에 전념하십시오." (Orationi instate); 로마 12, 12. " … 기도에 전념하십시오."(Orationi instantes) 여기서 아우구스티누스는 '기도'(orationi)라는 단수형 대신에 '기도들'(orationibus)이라는 복수형을 사용하고 있다.
36 N. Cipriani, Sant'Agostino. La Regola, Roma: Città Nuova, 2006, 67.
37 A. 줌켈러, 아우구스티누스 규칙서, 73.
38 「신국론」19, 19. "Nec sic actuosus, ut contemplationem non requirat Dei."
39 N. Cipriani, Sant'Agostino. La Regola, 68.
40 「서한」130, 9, 18. "Ideo per certa intervalla horarum et temporum etiam verbis rogamus Deum."
41 「시편 상해」49, 23. "Surgam quotidie, pergam ad ecclesiam, dicam unum hymnum matutinum, alium vespertinum, tertium aut quartum in domo mea: quotidie sacrifico sacrificium laudis, et immolo Deo meo."
42 Tertullianus, De oratione 25. "De tempore vero non erit otiosa extrinsecus observatio etiam horarum quarundam, istarum dico communium quae diei interspatia signant, tertia sexta nona, quas sollemniores in scripturis invenire est." 필립 팀코(Philip Timko)에 따르면, "떼르뚤리아노 시대에는 기도는 제3시, 제6시, 제9시에 해야 할 의무는 없었다. … 그렇지만 떼르뚤리아노는 그 시간에 기도하는 것이 좋다고 판단했고, 개인적으로는 그 시간을 의무화하고 싶어 한다고 표현하였던 것이다.": P. Timko, 김순복 베다 역, "정한 시간에 기도하라, 항상 기도하라. – 수도승 기도의 원형 –", 코이노니아 선집 5(2004), 270.
43 Cyprianus, De dominica oratione 34. "In orationibus vero celebrandis invenimus observasse cum Danihele tres pueros in fide fortes et in captivitate victores horam tertiam sextam nonam."
44 Tertullianus, De oratione 25. "Exceptis utique legitimis orationibus quae sine ulla admonitione debentur ingressu lucis et noctis"; Cyprianus, De dominica oratione 35. "Nam et mane orandum est…Recedente item sole ac die cessante necessario rursus orandum est."
45 Cyprianus, De dominica oratione 36. "Qui autem in Christo, hoc est in lumine, semper sumus nec noctibus ab oratione cessemus…nulla sint horis nocturnis precum damna."
46 「수도원 규정서」의 라틴어 비판본은 다음의 책에 나온다. L. Verheijen, La Règle

de saint Augustin, I, 148-149.
47 A. 줌켈러, 아우구스티누스 규칙서, 80; A. Trapè, *Introduzione a S. Agostino, La Regola*, 185.
48 「규칙서」 2, 2. "In oratorio nemo aliquid agat nisi ad quod est factum, unde et nomen accepit; ut si forte aliqui, etiam praeter horas constitutas, si eis vacat, orare voluerint, non eis sit impedimento, qui ibi aliquid agendum putaverit."
49 A. 줌켈러, 아우구스티누스 규칙서, 78.
50 Cf. Sœur Marie-Ancilla, *La règle de saint Augustin*, Paris: Cerf, 1996, 189.
51 T.J. van Bavel, *La règle de saint Augustin*, 73-74.
52 G. Lawless/G. Bonner/Sr. Agatha Mary, *Saint Augustine, The Monastic Rules*, 68.
53 「서한」 130, 9, 18. "Ac per hoc et quod ait Apostolus: *Sine intermissione orate*, quid est aliud quam: Beatam vitam, quae nulla nisi aeterna est, ab eo qui eam solus dare potest, sine intermissione desiderate? Semper ergo hanc a Domino Deo desideremus, et oremus semper. Sed ideo ab aliis curis atque negotiis, quibus ipsum desiderium quodammodo tepescit, certis horis ad negotium orandi mentem revocamus, verbis orationis nos ipsos admonentes in id quod desideramus, intendere, ne quod tepescere coeperat, omnino frigescat, et penitus exstinguatur, nisi crebrius inflammetur."
54 「서한」 130, 10, 20. "Dicuntur fratres in Aegypto crebras quidem habere orationes, sed eas tamen brevissimas, et raptim quodammodo iaculatas, ne illa vigilanter erecta, quae oranti plurimum necessaria est, per productiores moras evanescat atque hebetetur intentio."
55 「시편 상해」 85, 1. "Quando loquimur ad Deum deprecantes, non inde Filium separemus, et quando precatur corpus Filii, non a se separet caput suum, sitque ipse unus salvator corporis sui Dominus noster Iesus Christus Filius Dei, qui et oret pro nobis, et oret in nobis, et oretur a nobis. Orat pro nobis, ut sacerdos noster; orat in nobis, ut caput nostrum, oratur a nobis, ut Deus noster. Agnoscamus ergo et in illo voces nostras, et voces eius in nobis."
56 「규칙서」 2, 3. "Psalmis et hymnis cum oratis Deum, hoc versetur in corde quod profertur in voce."
57 「규칙서」 6, 2. "Propter orationes vestras, quas utique, quanto crebriores habetis, tanto saniores habere debetis." 반 바벨은 "너희가 바치는 기도 때문이니"(propter orationes vestras)라는 구절을 "너희가 '주님의 기도'를 바치면서 거짓말을 하지 않도록 하기 위해서"라는 말로 번역한다: T.J. van Bavel, *La règle de saint Augustin*, p. 105. 아우구스티누스에 따르면, 주님의 기도는 하느님과 인간 사이의 계약이기에 "저희에게 잘못한 이를 저희가 용서하오니 저희 죄를 용서하시고"라고 기도할 때, 우리는 진실한 마음과 언행일치 속에서 이 기도를 바쳐야 한다. 그렇지 않으면 거짓말쟁이, 즉 규칙서의 표현대로 한다면, 건전하지 못한 자들이 되고, 하느님과의 계약을 깨뜨리는 사람이 되는 것이다: 「강론」 56, 9, 13; 211, 3, 3.

58 「강론」 198, 1. "… ne sit lingua perstrepens corde muto."
59 「시편 상해」 118, s. 29, 1. "Est autem clamor cordis magna cogitationis intentio; quae cum est in oratione, magnum exprimit desiderantis et petentis affectum, ut non desperet effectum."
60 「서한」 130, 9, 18. "In ipsa ergo fide et spe et caritate continuato desiderio semper oramus."
61 「시편 상해」 37, 14. "Ipsum enim desiderium tuum, oratio tua est: et si continuum desiderium, continua oratio … Si autem inest desiderium, inest et gemitus."
62 「요한복음 주해」 6, 2. "Nec parva res est, quod nos docet Spiritus Sanctus gemere: insinuat enim nobis quia peregrinamur, et docet nos in patriam suspirare, et ipso desiderio gemimus."
63 「강론」 80, 7. "Duo ergo genera beneficiorum sunt, temporalia et aeterna … Ponamus nos ergo in stabulo vitae huius, quasi peregrini transituri, non quasi possessores mansuri. Aeterna vero beneficia sunt, primum ipsa vita aeterna, incorruptio et immortalitas carnis et animae, societas angelorum, civitas coelestis, dignitas indeficiens, Pater et patria, ille sine morte, illa sine hoste. Haec beneficia toto ardore desideremus, omni perseverantia petamus, non sermone longo, sed teste gemitu. Desiderium semper orat, etsi lingua taceat. Si semper desideras, semper oras."
64 「시편 상해」 86, 1. "Affectum istum generabat in eis amor civitatis; amorem autem civitatis infuderat Spiritus Dei: *Caritas, inquit, Dei diffusa est in cordibus nostris per Spiritum Sanctum, qui datus est nobis*. Hoc ergo Spiritu ferventes audiamus quae dicta sunt de hac civitate."
65 「시편 상해」 37, 14. "Si non vis intermittere orare, noli intermittere desiderare. Continuum desiderium tuum, continua vox tua est. Tacebis, si amare destiteris … Frigus caritatis, silentium cordis est; flagrantia caritatis, clamor cordis est. Si semper manet caritas, semper clamas; si semper clamas, semper desideras; si desideras, requiem recordaris."
66 N. Cipriani, *La pedagogia della preghiera in S. Agostino*, Palermo: Edizioni Augustinus, 1984, 21-22.
67 「시편 상해」 86, 1. "Ambulantes ergo in Christo, et adhuc peregrinantes donec perveniamus, et suspirantes desiderio cuiusdam ineffabilis quietis quae habitat in illa civitate … ambulantes ergo, sic cantemus, ut desideremus."
68 N. Cipriani, *La pedagogia della preghiera in S. Agostino*, 23-24.
69 「규칙서」 2, 4. "Et nolite cantare, nisi quod legitis esse cantandum; quod autem non ita scriptum est ut cantetur, non cantetur."
70 「고백록」 9, 7, 15. "Non longe coeperat Mediolanensis ecclesia genus hoc consolationis et exhortationis celebrare magno studio fratrum concinentium vocibus et cordibus … Tunc hymni et psalmi ut canerentur secundum morem orientalium partium, ne populus maeroris taedio

contabesceret, institutum est: ex illo in hodiernum retentum multis iam ac paene omnibus gregibus tuis et per cetera orbis imitantibus." (최민순 신부의 번역을 따른다)

71 「재론고」 2, 11.
72 G. Lawless/G. Bonner/Sr. Agatha Mary, *Saint Augustine, The Monastic Rules*, 69.
73 「고백록」 9, 6, 14. "Quantum flevi in hymnis et canticis tuis suave sonantis ecclesiae tuae vocibus commotus acriter! Voces illae influebant auribus meis et eliquabatur veritas in cor meum et exaestuabat inde affectus pietatis, et currebant lacrimae, et bene mihi erat cum eis." (최민순 신부의 번역을 따른다)
74 「서한」 55, 18, 34. "Ita ut Donatistae nos reprehendant, quod sobrie psallimus in ecclesia divina cantica Prophetarum, cum ipsi ebrietates suas ad canticum psalmorum humano ingenio compositorum, quasi ad tubas exhortationis inflamment." Cf. L. Verheijen, *Nouvelle approche de la Règle de saint Augustin*, I, Bégrolles en Mauges, Abbaye de Bellefontaine, 1980, 386; *Nouvelle approche de la Règle de saint Augustin*, II, Louvain, Institut Historique Augustinien, 1988, 321-322.
75 L. Verheijen, *La Règle de saint Augustin*, II, 152-153.
76 「서한」 55, 18, 34. "De hac re tam utili ad movendum pie animum, et accendendum divinae dilectionis affectum."
77 「수도승의 노동」 17, 20. "Cantica vero divina cantare, etiam manibus operantes facile possunt, et ipsum laborem tamquam divino celeumate consolari."
78 「강론」 336, 1. "Cantare amantis est."
79 A. Sage, *La vie religieuse selon saint Augustin*, 210.
80 「강론」 256, 3. "Modo ergo, fratres mei, cantemus, non ad delectationem quietis, sed ad solacium laboris. Quomodo solent cantare viatores; canta, sed ambula; laborem consolare cantando, pigritiam noli amare; canta et ambula. Quid est ⟨ambula⟩? Profice, in bono profice. Sunt enim, secundum Apostolum, quidam proficientes in peius. Tu si proficis, ambulas, sed in bono profice, in recta fide profice, in bonis moribus profice: canta et ambula. Noli errare, noli redire, noli remanere. Conversi ad Dominum."
81 「규칙서」 1, 1. "Haec sunt quae ut observetis praecipimus in monasterio constituti."
82 Cf. A. Trapè, *Introduzione a S. Agostino, La Regola*, 83.
83 N. Cipriani, *Sant'Agostino. La Regola*, 20. 이러한 이유에서 저자는 19쪽에서, 아우구스티누스가 영성적 감흥이 없고 빈약한 신학으로 인해 무미건조한 규칙서, 즉 일련의 실천 규범 외에는 아무 것도 아니고 그 중에 많은 것들은 아우구스티누스 당시의 환경과 연결되어 고대의 것이고 현실적이지 않은 규칙서를 썼다고 주장하는 폴레트 레르미트 르크레크의 의견을 반박한다; P. L'Hermite-Leclerq, *L'Eglise et les femmes dans l'Occident chrétien des origines à la fin du Moyen*

Âge, Turnhout: Brepols, 1992, 70-74.
84 「파우스투스 반박」 5, 9. "Unam animam et cor unum in Deum, caritatis igne conflantes."
85 「시편 상해」 148, 2. "Laudate de totis vobis; id est, ut non sola lingua et vox vestra laudet Deum, sed et conscientia vestra, vita vestra, facta vestra."

11장

아우구스티누스의 『그리스도교 교양』 De doctrina christiana 4권에 나타난 **그리스도교 설교학**

서론

1. 그리스도교 설교자의 덕목: 달변(eloquentia)과 지혜(sapientia)의 융합
  수사학의 유용성
  성경과 교부들의 작품을 통해 습득되는 그리스도교 달변

2. 그리스도교 수사학
  그리스도교 수사학의 4대 원칙
  웅변의 세 가지 목표와 세 가지 양식
  강론자의 주제와 그에 따른 문장 양식

3. 그리스도교 설교자에게 요구되는 실천적 규정
  다양한 문체로 이루어지는 강론
  삶과 가르침의 융화
  언변보다 중요한 진리
  기도의 필요성

결론

「아우구스티누스의 '그리스도교 교양'(De doctrina christiana) 4권에 나타난 그리스도교 설교학」은 2008학년도 가톨릭대학교 성신교정 교비연구비(2차) 지원을 받아 연구 작성된 논문으로, 『사목연구』 21호, 가톨릭대학교 사목연구소, 2008에 수록되었다.

서론

제2차 바티칸 공의회『사제의 생활과 교역에 관한 교령』은 하느님 말씀의 교역자인 사제에 대해 다루면서 다음과 같이 말한다. "하느님의 백성은 그 무엇보다도 먼저 살아 계신 하느님의 말씀으로 모이며, 이 말씀을 사제들의 입에서 찾는 것은 지극히 당연하다. … 사제들은 주교들의 협력자로서 하느님의 복음을 모든 사람에게 선포하는 것이 첫째 직무이다. … 실제로, 구원의 말씀은 비신자의 마음에 신앙을 불러일으키고, 신자의 마음에 신앙을 키운다. 이 신앙으로 신자들의 모임이 시작되고 자라난다. 사도의 말씀대로 '들어야 믿을 수 있고 그리스도를 전하는 말씀이 있어야 들을 수 있다.'.(로마 10, 17) 그러므로 사제들은 주님께 받은 복음의 진리를 모든 사람에게 전달하여야 할 의무가 있다."[1] 이토록 사제의 삶에 있어 큰 비중을 차지하고 있는 강론의 중요성에 대해 교회는 항상 강조해왔다. 사제는 강론을 통해 자신의 지혜가 아닌 하느님의 말씀을 선포하여 모든 사람을 끊임없이 회개와 성덕으로 부르고, 하느님은 사제들의 말을 통해 당신 자신을 계시하고 선물로 내어 주시기 때문이다.[2] 하지만『사제의 생활과 교역에 관한 교령』은 현대 세계의 상황에서 사제들의 설교가 매우 어려운 일임을 인정하면서, 듣는 사람들의 마음을 움직이기 위해 복음의 영원한 진리를 구체적인 생활환경에 적응시켜 설명하도록 요구한다.[3]

이러한 의미에서 본 연구는 391년 사제서품을 받은 이후 430년 사망할 때까지 영혼의 목자로 살았던 아우구스티누스에게 관심을 갖는다. 그의 첫 번째 전기 작가인 포시디우스(Possidius)의 증언에 따르면, "당신의 마지막 병환 때까지 끊임없이 교회에서 하느님의 말씀을 기쁘고 힘차고 맑은 정신과 건전한 판단력으로 설교하셨다."라고 한다.[4] 히포(Hippo)뿐 아니라 카르타고 등 아프리카 여러 교회에서 아우구스티누스는 많은 강론을 하였다. 그는 일주일에 두 번, 즉 토요일과 주일에 강론을 하였다고 한다. 하지만 평일에도 종종 강론을 하였고, 어떤 날은 하루에 두 번 하였다고도 한다. 이런 것을 종합해보면 실로 엄청난 횟수의 강론을 한 것이다.[5] 때문에 "어느 곳이든 내가 있는 경우에는 항상 말해야만 했습니다. 침묵을 지키면서 타인의 말을 경청하는 것이, 따라서 듣는 데에는 준비가 되어있고 말하는 데는 천천히 하는 것이 나에게는 매우 드물게 허용되었습니다."라고 불만을 토로하기도 하였다.[6] 아우구스티누스는 자신의 이러한 사목적 체험을 바탕으로 『그리스도교 교양』(De doctrina christiana)[7] 4권에서 성경에 담겨있는 신앙의 진리를 전달하는 방법론에 대해 다루고 있다.[8] 특별히 이 부분은 그의 생애 말기에 해당되는 426-427년에 저술된 것이기에,[9] 설교자로서 그가 갖고 있던 강론에 대한 모든 생각이 요약, 정리되어 있다고 볼 수 있다.[10] 이러한 의미에서 본고는 위 저서의 내용을 중심으로 고전 수사학과 그리스도교 수사학의 근본적 차이는 무엇인지 그리고 그리스도교 설교자가 가져야할 모습은 어떤 것인지 살펴보고자 한다.

1. 그리스도교 설교자의 덕목:
달변(eloquentia)과 지혜(sapientia)의 융합

수사학의 유용성

"잡혀서 신부로 서품되었다."(Apprehensus, presbyter factus sum)[11]라고 표현할 만큼 자신의 의도와 상관없이 히포에서 사제서품을 받은 후 아우구스티누스는 사제에 대해 "백성에게 성사와 하느님의 말씀을 주는 사람"(homini ... qui populo ministrat sacramentum et verbum Dei)으로 정의하였다.[12] 포시디우스(Possidius)의 증언에 따르면, "그분(발레리우스)은 교회에서 당신 앞에서 복음을 선포하고 자주 설교할 수 있는 권한을 사제 아우구스티누스에게 주셨다. 그런데 이것은 아프리카 교회의 관습에 어긋나는 것이었다. 이런 이유로 어떤 주교들은 발레리우스를 비난하였다. 그러나 공경받아 마땅하고 신중하신 발레리우스께서는 동방 교회에서는 통상 이렇게 한다는 것을 익히 알고 계시면서 교회의 유익을 찾고 계셨으므로, 헐뜯는 이들의 비난을 귀담아 듣지 않으셨다. 단지 주교인 자신이 할 수 없다고 여기는 일이 사제에게서 이루어지기만 하면 되었던 것이다."[13] 395년 말경 타가스테의 주교 알리피우스(Alypius)에게 보낸 서한에서 아우구스티누스는 자신의 주교인 발레리우스가 맡긴 강론의 권한을 "진리의 말씀을 설명하는 그토록 위험한 직무"(tractandi verba veritatis tam periculosum onus)로 묘사하고 있다.[14] 또한 423년경에 카르타고에서 행한 강론에서 그는 말씀의 선포자의 자세에 대해 다음과 같이 묘사한다. "우리는 말씀의 봉사자들, 곧 우리의 말이 아닌 하느님과 우리 주님 말씀의 봉사자들입니다."15

결국 아우구스티누스에게 있어 사제는 무엇보다 설교자, 곧 성경공부 및 묵상을 통해 하느님의 신비를 백성에게 전달하는 사람인 것이다.16 다시 말하면 사제는 주님 말씀의 봉사자 또는 선포자로서 성경의 해설자요 교사이고, 바른 신앙의 옹호자요 오류의 반대자이기에 선한 것을 가르쳐야 함은 물론, 악한 것도 깨우쳐 주어야 하며, 강론을 통해 등진 사람들을 화해시키고 태만한 사람들을 분발시키며, 모르는 사람들에게는 현재 일어나고 있는 일과 장차 무엇을 기대해야 하는지 알려주어야 한다.17

여기서 성경을 통해 깨달은 바를 전달하는 방법(modus proferendi)의 중요성이 나타난다. 다시 말하면, 무언가를 가르치는 데 있어 수사학의 방법이나 규칙이 필요하다는 것이다. 수사학은 "어떤 주어진 상황에서 말하는 이가 기대하는 효과를 얻기 위한 목적으로 사용할 수 있는 언어학적 형식과 개념으로 이루어진 체계"18이다. 짧게 표현하면, 수사학은 퀸틸리아누스(Quintilianus)가 정의하듯 "잘 말하기"(bene dicendi)이며19 보다 치밀한 토론을 위한 규칙이다.20 아우구스티누스는 수사학자로서의 직업을 버리고 지혜에 대한 추구에 자신을 온전히 투신한 후에도 말로써 상대방을 설득하는 기술인 수사학의 긍정적 가치를 인정하고 있다. 386-397년에 저술한 『질서론』(De ordine)에서 진리를 어떻게 발견하는지 그리고 어떻게 가르치는지를 알려주는 학문중의 학문(disciplina disciplinarum)인 변증법(辨證法, dialectica)21의 중요성을 역설하고 있다. 이 과정에서 무지한 이들이 참되고 유익하며 고귀한 것에 대한 문제를 납득하기 위해 일반적으로 개인적 체험 등에 의지하기에, 수사학은 그들에 대한 교육 뿐 아니라 무엇보다 적합한 언어적 도구를 통해 그들 마음 안에 관심을 불러일으키게 하는 역할을 수행한다고 강조한다.[22]

이와 동일한 생각이 『그리스도교 교양』 2권에서도 나타난다. 이에 따르면, 변증법은 사물을 정의하고 분류하고 구분하여 이해하는 데 도움을 주는 반면, 수사학은 이해한 바를 전하는 데 사용하는 것이다.[23] 또한 4권에서 히포의 주교는 치체로의[24] 노선을 따라 수사학의 유용성에 대해 다음과 같이 역설한다. "수사학의 기술을 통해서 진리 또는 허위를 (상대방에게) 설득시키는 것이라면, 허위에 대항해서 진리를 옹호하는 사람들을 (수사학의 기교로) 무장시킬 필요가 없다는 말을 누가 감히 하겠는가? 말을 바꾸어, 허위를 펴는 자들은 그럴싸한 허두(虛頭)를 꺼내어 청중이 호감을 갖고 귀를 기울이고 순순히 따르게 만들어도 되지만 (진리를 옹호하는 자들은) 그것을 몰라도 된다는 말을 누가 하겠는가? 그자들은 허위를 간결하고 명료하고 그럴듯하게 이야기하는 데 비해서, 이 사람들은 진리를 말하면서도 듣기에 지루하고 이해하기에 어렵고 끝에 가서는 믿기에 힘들어서야 되겠는가?"[25] 결국 수사학 규칙들은 중립적 위치에 있기에, 그것을 이용하여 진리를 설득시킬 수 있는 반면, 또 그것을 악용하여 허위를 진실인 것처럼 설득시킬 수 있을 만큼 힘 있는 것이다.[26] 아우구스티누스에 따르면, 달변(eloquentia)은 내적으로 느끼는 것을 적당한 양식으로 표현하여 말하는 능력(facultas dicendi)이며, 우리가 옳은 것을 생각할 때 사용해야만 하는 것이다.[27] 때문에 그는 다음과 같이 반문한다.

"만약 악인들이 도착되고 허황한 사건을 승소시키기 위해서 악의와 오류에 이용하고 있는 지경이라면, 왜 선을 위하여 진리에 이바지하는 데에 사용할 수 없다는 말인가?"[28] 이러한 측면에서 히포의 주교는 치체로와 마찬가지로, 수사학의 이론과 법칙은 적절한 시간 간격을 할당하여 적합한 나이에 뛰어난 선생을 통해 학습해야 할 것이라고 본다. 또한 그는 치체로의 말을 인용하면서,[29] 이 기술은 빠른 속도로 습득할 수 있는 사람이 아니라면 아무리 오래 배워도 완전히 통달하지 못한다고 본다.[30] 달변은 무엇보다 천부적 재능이기에 어떠한 수사학적 규칙도 그것을 대치할 수 없다는 것이다.[31]

성경과 교부들의 작품을 통해 습득되는 그리스도교 달변

여기까지 본다면, 수사학에 대한 아우구스티누스와 치체로의 입장이 같은 것으로 보인다. 때문에 일부 학자들은 『그리스도교 교양』 4권에 나타난 수사학의 유용성에 대한 아우구스티누스의 긍정적 평가를 확대 해석하여, 마치 그가 고전 수사학의 법칙들이 그리스도교 설교자들에게 필요불가결한 것(indispensable)인양 보고 있다고 주장하기도 한다.[32] 크리스틴 모어만(Christine Mohrmann)에 따르면, 이러한 주장은 아우구스티누스를 "치체로주의자"(Ciceronianus)로 보는 것과 같다.[33] 이러한 고전적 해석의 전통과의 단절은 프랑스 학자인 앙리-이레네 마루(Henri-Irénée Marrou)에게서 나타난다. 무엇보다 그는, 달변이 천부적 재능에 의한 것은 사실이지만 그렇다고 해서 치체로가 수사학 규칙을 무시해도 된다고 권고하지 않았음에 초점을 맞춘다. 이를 다른 말로 한다면, 치체로의 입장은 수사학만으론 충분하지 않다는 것이다.34 아우구스티누스는 그의 입장보다 더 나아가, 수사학의 이론과 법칙이 반드시 필요한 것이 아니라고 주장한다. 곧 이미 성숙했거나 나이든 사람들이 그것을 배우기 위해 시간을 쏟을 만큼 중요한 것은 아니라는 것이다. 단지 젊은이들의 관심을 환기시키는 것으로 족하며, 그것도 교회에 봉사하도록 교육받는 젊은이들이 아니라 아직 다른 일에 종사하지 않는 사람들에 한해서일 뿐이다.35

이토록 아우구스티누스는 모든 그리스도교 지성인들에게 수사학적 양성을 부과하려 하지 않는다. 그에 따르면, 그리스도교 설교자들이 달변의 재능을 획득하는 또 다른 방법이 있다. 곧 거룩한 달변의 모델과 스승인 성경과 교부들의 저서에 대한 면밀한 공부인 것이다. 이것들을 읽는 가운데 거기 서술되는 내용만을 유의하더라도, 거기 표현된 언변(言辯)마저 익히기 때문이다.36 이 외에 히포의 주교는 자신의 체험에 근거하여 또 하나의 조언을 한다. "이것들을 읽는 동안에 자기가 신심과 신앙의 규범에 준하여 느끼고 생각하는 바를 스스로 쓰고 구술하고 끝에 가서는 말하는 연습을 간혹 또는 집중적으로 가미한다면 말할 나위가 없다."37 이 점에서 아우구스티누스는 당시의 문화에서 본질적인 것으로 간주된 수사학과의 단절을 보이고 있다. 때문에 마루(Marrou)는 이러한 측면을 가리켜 "혁명적"(révolutionnaire)이요, 문화사(文化史)에서 "주목할 만한 혁신"(innovation remarquable)이라 표현한다.38

이러한 아우구스티누스의 입장에서 우리는 그리스도교 달변의 본질을 파악할 수 있다. 달변의 기교를 익히는 것을 주된 목적으로 하여 각종 규칙을 정하고 있는 고전 교육학과는 달리 아우구스티누스가 제시하는 그리스도교 달변은 언변과 지혜의 융합을 꾀하고 있다.[39] 치체로 역시 이 점을 간과하고 있지 않기에, "달변이 결여된 지혜는 국가에 조금밖에 이바지하지 못하지만 지혜가 결여된 달변은 지나치게 해로울 따름이며 조금도 이로울 데가 없다."고 고백한다.[40] 또한 "다른 사물들과 마찬가지로 언변의 바탕은 지혜이다."라고 말한다.[41] 하지만 아우구스티누스에 따르면, 치체로가 지혜를 말하고 있음에도 불구하고 야고보서 1장 17절이 말하는 참된 지혜, 곧 위로부터 빛을 지으신 아버지께로부터 내려오는 지혜가 아니라 단순한 진리의 어떤 압력이라고 본다.[42] 『그리스도교 교양』 1권에 의하면, 하느님만이 불변하는 참된 지혜이며, 인간의 지성은 그 지혜를 취득함으로써 지혜롭게 된다.[43] 우리가 지혜 자체에게로 나아갈 수 있는 것은 그분이 우리의 약함을 나누어지고 사람으로서 삶의 모범을 보여주었기 때문이다. 곧 지혜 자체가 우리의 고향인 동시에 그분이 우리에게 당신 자신을 고향에 이르는 길로 삼아 주었기 때문이다. 따라서 우리가 그분께 향할 때 지혜롭게 행동하게 된다.[44] 또한 건강하고 깨끗한 내적 눈으로 볼 때 하느님의 지혜는 어디에나 현존하시지만, 병들고 불순한 눈을 가진 이들의 육적인 눈에도 나타나시는 것이 합당하다고 여겼다. 사도 바오로의 말처럼, 세상은 하느님의 지혜를 보면서도 자기의 지혜로는 하느님을 알아보지 못하였기에,[45] 그분께서는 복음 선포의 어리석음을 통하여 믿는 이들을 구원하기로 작정하였기 때문이다.[46] 곧 하느님의 지혜는 교만으로 인해 타락한, 그래서 치유되어야 할 사

람에게 의사가 되어 겸손이라는 약을 쓴 것이다.[47]

그리스도인은 이러한 지혜의 자녀요 봉사자이다.[48] 이를 다른 말로 한다면, 지혜 자체에 인간이 참여한다는 것이고, 이것이 가능한 것은 신적 지혜가 피조물의 세계로 오셨기 때문이다. 바로 여기에 성경을 이해하고 그 의미를 진지하게 탐구하는 목적이 놓여 있다.[49] 곧 마음의 눈으로 성경의 핵심을 바라보는 것이며,[50] 내면에 귀 기울이면서 하느님의 말씀을 선포하는 참된 설교자가 되는 것이다.[51] 이러한 의미에서 볼 때, 사람은 성경에 대한 인식에서 더 진보하냐 아니면 덜 진보하냐에 따라 보다 지혜롭게 말하든가 아니면 덜 지혜롭게 말하게 된다.[52] 성경 저자들보다 더 지혜로운 자가 없을뿐더러 그들보다 언변이 더 좋은 자가 없기 때문이다.[53] 성경 저자들은 언변과 지혜를 융화시킨 인물들로, 부족하지도 않고 지나치지도 않을 정도로 자기 나름의 기교를 사용하고 있으며, 성경 본문에서 눈에 띄는 수사학적 기교역시 그 내용에 자연스럽게 따라 나온다는 인상을 준다. 지혜가 제 집에서 즉 현인의 가슴에서 나온다면 언변은, 마치 자신의 여주인에게서 한시도 떨어지지 않는 여종처럼 부르지 않더라도 반드시 따라나서기 때문이다.[54]

그렇기에 설교자는 자신의 언어가 빈약하다고 느끼면 느낄수록 성경 말씀으로 풍부해져야 한다. 자신의 언어로 말하는 빈약한 내용을 성경의 훌륭한 말씀으로 입증하고, 자신의 언어로는 미약하지만 성경의 위대한 말씀을 힘입어 성장할 수 있기 때문이다.[55] 이러한 측면에서 아우구스티누스는 바오로의 서한, 특히 로마서 5장 3절부터 5절 그리고 2코린 11장 16절부터 30절 그리고 예로니모가 히브리어에서 라틴어로 번역한 아모스서 6장 1절부터 6절을[56] 인용하면서 지혜와 언변이 얼마나 잘 융합되어 있는지 제시한다.[57] 그리고 이 구절들의 분석을 통해 아우구스티누스는 성경의 문학적 혹은 형식상의 아름다움을 증명하면서 고전 수사학이 말하는 언변과는 다른 영감 받은 저자들의 예외적 특징으로 자리한 언변을 드러낸다.[58] 곧 성경은 인간적 기교로 저술된 것이 아니라 지혜와 언변을 곁들여 신적인 지성으로부터 부어 주신 것이기에, 성경 저자들은 지혜로우면서 동시에 언변도 훌륭하다는 것이다.[59]

2. 그리스도교 수사학

그리스도교 수사학의 4대 원칙

앞에서 일부 성경 저자들의 글을 수사학의 표본으로 인용하였음에도 불구하고, 아우구스티누스에 따르면, 성경에는 애매모호한 대목이 많이 있다. 여기서 성경 저자들의 글을 그대로 모방해서는 안 된다는 그리스도교 수사학의 첫 번째 원칙이 나온다. 이러한 모호한 표현이 사용되는 것은, 후대 사람들이 그들의 말을 올바로 이해하고 해석할 경우 제2의 은총, 곧 자기들이 받은 것과 비교가 안 되는 은총을 하느님의 교회 안에서 얻게 하기 위한 것이다. 따라서 성경을 해석하고 해설하는 사람들은 자신들의 설명이 성경 저자들과 유사한 권위가 있는 것처럼 내세워서는 안 된다. 오히려 그들은 먼저 이해하려는 노

력을 기울여야 하고, 가능한 언어의 명료성에 입각해야 한다.60

두 번째 원칙은 난해한 의문들은 청중의 이해에 맡긴다는 것이다. 다시 말하면, 어떤 문제는 말하는 사람의 능력과 관계없이 본래의 뜻대로 이해가 안 되거나 쉽게 이해되지 않기에, 설교자는 이런 유형의 문제를 대중 앞에서 드물게 다루거나 아예 다루지 않도록 해야 한다는 것이다. 하지만 설교자는, 자신이 파악한 진리가 아무리 알아듣기 힘들다 할지라도, 어떤 형식이든 대화를 통해서 타인에게 이해시키도록 노력해야 한다.61

세 번째 원칙은 발언을 명료하게 해야 한다. 설교자는 무엇보다 가르치는 사람이기에 얼마나 훌륭한 언변으로 말할 것인가를 고민하기보다 명료성에 더 치중해야 한다는 것이다. 곧 어떻게 하면 자신이 제시하려는 바를 잘 밝혀 주고 잘 파악케 하느냐에 관심을 두라는 것이다.62 치체로는 이러한 수사법을 일컬어 "고의적인 부주의"라고 한다.63 명료성이란 원칙에서 중요한 것은 언어의 실용적 목적이다. 즉 상대방으로 하여금 가르치는 것을 이해시키는 데에 있는 것이다. 이런 이유로 설교자는 일반 대중에게 모호하거나 두 가지 의미로 사용될 수 있는 고상한 언어(verba cultiora)외에 적절한 단어가 없을 경우 대중적 단어(lingua vulgi)를 사용하더라도 자신이 전달하고자 하는 내용을 제대로 가르쳐야 한다.64 이러한 아우구스티누스의 입장은 비록 수사학적 규칙을 무시하는 것은 아니지만, 자신의 강론을 신자들이 이해하지 못하는 것보다 문법가들로부터 비판받는 것을 택하겠다는 것, 곧 명료성을 위해 모든 것을 희생할 수 있다는 의지를 보이는 것이다. 또한 목자와 함께 일치를 이루면서 그와 함께 기뻐하고 슬퍼

하는 백성들과의 가족적 대화로서의 강론에 대한 지향을 드러낸다.[65]

더 나아가 명료성의 원칙은 침묵을 지키고 있는 청중을 향해 강론하는 사람에게 이들에 대한 각별한 주의를 요구한다. 군중은 자신들이 이해하고 있는지 아닌지를 동작으로 표현하기 때문이다. 이러한 대중의 자기표현에 설교자는 예민하게 반응하면서 그들이 흥미를 갖고 있는지, 아니면 지루해 하는지 또는 이해하고 있는지 살피면서 말을 해야 한다는 것이다.[66] 아우구스티누스가 강론을 하는 중에 신자들이 종종 박수를 치며 환호하였다는 것을 우리는 알고 있다. 이것은 분명 신자들이 그의 강론을 이해하였다는 표시였기에, 아우구스티누스는 이를 바라보면서 다음과 같은 말을 하기도 하였다. "내가 원하는 것은 훌륭한 행동이지 박수가 아닙니다."[67]

네 번째 원칙은 가르치는 데 있어 언변은 감추어져 있는 것을 드러내야 한다는 것이다. 곧 언어 속에 깃든 진리를 포착하여서 그것을 향유하고 사랑하게 만들어야 한다는 것이다.[68]

웅변의 세 가지 목표와 세 가지 양식

아우구스티누스는 치체로의 말을 인용하면서, 언변 있는 사람은 가르치고 만족을 주고 설득하기 위하여 발언하며, 가르침은 필요성에서 오는 문제이고 만족을 줌은 쾌감의 문제이며 설득함은 승패의 문제라는 연설의 세 가지 목표를 제시한다.[69] 이 세 가지 목표 중에서 가르쳐야 할 필요성은 말하는 내용에 의해 좌우되며, 나머지 둘은 말하는 방법에 달려 있는 것이다. 다시 말하면, 가르치는 것은 필수적인 문제이며, 청중의 마음을 움직여 행동하도록 설득하는 것은 불가결한 과업이고, 청중을 매료하는 일은 연설을 통해 밝혀진 진리가 행하는 것이기에 유익한 일이라는 것이다.70

말을 통해 무엇이 좋다고 설득시키고자 하는 사람은 연설의 세 가지 목표, 즉 가르치고 매료시키고 설복시키는 것 중 어느 하나도 소홀히 해서는 안 된다. 때문에 이 세 가지 목표에 상응하는 세 가지 웅변 양식이 나오게 된다. 치체로에 따르면, "웅변가는 사소한 일은 차분하게(summisse), 보통의 일은 절도 있게(temperate), 중대한 일은 장중하게(graviter) 말할 줄 아는 사람이다."71 다시 말하면, 웅변가란 가르치기 위해서 사소한 일은 차분하게 말할 줄 알고, 매료시키기 위해서 보통의 일은 절도 있게 말할 줄 알고, 설득하기 위해서 중대한 일은 장중하게 말할 줄 아는 사람인 것이다.72 이러한 세 가지 문장 양식을 진술체(陳述體), 완만체(緩慢體), 장엄체(莊嚴體)라 부른다.73

강론자의 주제와 그에 따른 문장 양식

아우구스티누스는, 치체로가 공회장(公會場, forum)의 사건에서 공판 연설(genus iudiciale), 의회 연설(genus deliberativum), 축문 연설(genus demonstrativum) 등으로 세 가지 웅변 양식의 표본을 제시할 수 있었지만,74 교회 문제에서는 그렇게 할 수 없을 것이라 단언한다. 이는 무엇보다 다루는 사안 자체가 본질적으로 다르기 때문이다. 법정 사건에 있어서 사소한 일은 금전 사건과 관련하여 판결이 내려져야 할 경우이고, 중대한 일은 사람의 일신과 생사에 좌우되는 경우이다. 이 둘 중의 어느 것도 재판을 받는 경우가 아니면, 무엇을 하거나 결정하도록 만드는 것이 아니며 단순하게 듣는 사람이 만족하게 되는 경우이다. 때문에 두 가지의 중간에 해당하는 것으로 간주하여 보통의 일이 있는 것이다.

설교자는 모든 것을, 그것도 높은 강론대에 서서 회중에게 말해야 하며, 사람들의 안녕을 그것도 잠시적 안녕이 아닌 영원한 안녕을 언급해야 한다. 영원한 멸망에 경종을 울려 영원한 악에서 벗어나고 영원한 선에 도달케 하는 것을 가르치는 것이기에, 설교자의 말은 모두 중대한 일이다. 곧 그가 하는 말은 어디서 하든지 간에, 대중에게든 사적으로든, 한 사람에게든 여럿에게든, 친구들에게든 적에게든, 연설에서든 사적인 담화에서든, 책에서든 서간에서든, 매우 길게 하든 매우 짧게 하든 상관없이 모두 중대한 일이다.75 바로 이 점이 일반 연설가와 강론자를 구분하는 결정적인 요인이 된다.

하지만 강론자는 항상 중대한 일을 소재로 다룰지라도, 늘 장중하게 발언해야 하는 것은 아니다. 무엇을 가르칠 때에는 차분하게, 무엇을 책망하거나 칭찬할 적에는 절도 있게 해야 한다. 반면, 해야 하지만 하길 원하지 않는 이들을 대상으로 어떤 것을 행동에 옮겨야 하는 문제를 다루는 강론을 할 때에는, 영혼을 설득하는 데 적절한 장엄체로 이루어져야 한다. 사실 강론의 주제는 항상 하느님이어야 한다. 때문에 진리를 등진 영혼이 회심하고 자극을 받기 위해서 그리고 하느님과 그분의 업적을 찬미하기 위해서 강론자는 진술체, 완만체, 장엄

체 등을 상황에 따라 사용해야 한다.76

이러한 세 가지 문장 양식을 성경에서 발견할 수 있다고 성인은 본다.77 무엇을 가르칠 때 사용하는 진술체의 예로 히포의 주교는 갈라티아서 4장 21절에서 26절 그리고 진술체의 특징인 추론을 통해 이야기를 전개하는 갈라티아서 3장 15절에서 22절을 꼽는다. 이 과정에서 그는 다음의 조언을 잊지 않는다. "가르치는 일은 단지 문제들 중에서 숨겨지고 얽혀진 것을 푸는 일뿐 아니라 이런 일을 하는 도중에 생겨날 수도 있는 다른 의문들에도 대응하여 우리가 하고 있는 이야기가 (그런 질문으로) 의혹에 싸인 채 남거나 지탄을 당하지 않게 처리하는 일도 해당된다. 하지만 질문의 해답이 그와 동시에 따라 나온다면, 우리가 해결 못할 다른 질문을 자극하지 말도록 할 것이다. 왜냐하면 질문에 다른 질문들이 (꼬리를 물고) 생겨날 경우, 질문에 대한 질문을 다시 다루고 해결하고 하는 사이에 우리 추론의 범위가 너무 확대되어 웬만큼 기억력이 강하고 치밀하지 않는 한, 토론자가 원래의 출발점으로 돌아오기가 불가능해지고 마는 까닭이다."78 아우구스티누스에 따르면, 완만체는 티모테오 1서 5장 1절에서 2절, 로마서 12장 1절, 로마서 12장 6절에서 16절, 로마서 13장 7절에서 8절, 로마서 13장 12절에서 14절 등에서 볼 수 있다.79 심경의 격렬한 감정을 선동하기에 어휘상의 수식을 많이 첨가하지 않는 장엄체의 경우, 코린토 2서 6장 2절에서 11절 그리고 로마서 8장 28절부터 39절에서 그 예를 볼 수 있다.80 갈라티아서의 경우, 성인의 분석에 따르면, 전문이 진술체로 쓰여 있고, 마지막 부분은 완만체로 이루어져 있으며, 4장 10절부터 20절까지는 장엄체로 이루어져 있기에, 세 가

지 문장 양식을 다 볼 수 있다.[81]

성경 저자들의 글을 읽고 신적이고 구원에 유익한 것에 관한 지식을 넓게 발전시켰고 그 지식을 교회에 제시한 교부들 안에서도 세 가지 문장 양식의 예를 볼 수 있다고 아우구스티누스는 강조한다. 무엇보다 아프리카 교회에서 큰 영향을 미친 카르타고의 치프리아누스와 자신의 개종, 특히 성경으로의 회심에 깊이 개입되어 있는 밀라노의 암브로시우스의 작품 안에서 세 문장 양식을 뽑고 있다. 진술체의 경우, 치프리아누스의 『잔의 성사에 대해 체칠리아누스에게 보낸 서한』(Epistula ad Caecilianum, de Sacramento calicis), 곧 『서한』 63, 2-4, 암브로시우스의 『성령론』(De Spiritu Sancto) 1권 서언(prologus) 2-3을 예로 든다.[82] 완만체의 예로 히포의 주교는 동정성을 예찬하고 있는 치프리아누스의 『동정녀들의 규율과 복장에 관해』(De disciplina et habitu virginum) 3과 23-24 그리고 암브로시우스의 『동정녀들에 대해』(De virginibus) 2, 1, 7-8을 들고 있다.[83] 장엄체의 경우, 치프리아누스의 『동정녀들의 규율과 복장에 관해』 15-16 그리고 암브로시우스의 『동정녀들에 대해』 1, 6, 28을 들고 있다.[84] 마지막으로 아우구스티누스는 두 인물이나 다른 교부들에게서 세 가지 문체에 해당하는 글과 말을 얼마든지 찾아낼 수 있다고 강조하면서 조언을 한다. "학생들이 그들의 작품을 정독하고, 유의해서 듣고, 연습을 곁들인다면 이 세 가지 문장 양식을 익힐 수 있을 것이다."[85]

3. 그리스도교 설교자에게 요구되는 실천적 규정

다양한 문체로 이루어지는 강론

아우구스티누스는 세 가지 문체를 한꺼번에 써서 어법을 다채롭게 만들어야 한다는 입장을 반복한다. 한 가지 양식으로만 강론을 전개하면 듣는 사람의 관심을 붙잡아 놓지 못하기 때문이다. 또 한 문체에서 다른 문체로 전환하면, 비록 강론이 길어진다 하더라도, 강론이 더 효과적으로 개진되기 때문이다.86 이러한 의미에서 어떤 문체에 다 다른 문체를 적절한 대목에 삽입하여 사용한다는 것은 매우 중요한 문제라고 할 수 있다.

무엇보다 성인에 따르면, 장엄체에서도 그 서두는 거의 언제나 완만체로 시작해야 하고, 어떤 것을 장엄체로 말하고 또 어떤 부분을 진술체로 말할지는 강론하는 이의 자유로운 선택에 맡겨야 한다고 한다. 이는, 마치 그늘이 있으면 빛나는 물체가 더 돋보이듯, 장엄하게 말하는 대목이 대조적으로 더 장중하게 들리게 하기 위함이다. 또 어떤 문체에서든 질문이 제기되는데, 이에 대한 해답을 도모하는 과정에서는 예리함이 요구되며, 무엇을 논증하는 데는 명료함이 요구되기에 진술체를 사용하는 것이 좋다.87

각각의 문체는 여러 효과를 낳는다. 무엇보다 장엄체는 그 무게 때문에 때때로 눈물을 자아내게 한다. 진술체 역시 사람을 변화시키는데, 이는 처음에 몰랐다가 알게 되거나 당초엔 믿지 않았다가 믿게 되면서 이루어지는 것이다. 이에 반해 완만체는 문장을 감상하고 매료되게 하기에 상대적으로 다른 두 문체에 비해 비중이 적지만, 청중이 이미 내용을 이해하거나 호감을 갖게 된 경우 사람들로 하여금 공감이나 동의에 더욱 확고해지도록 하는 역할을 수행하기도 한다. 여기서 잊지 말아야할 것이 있다. 세 가지 문체 중 어느 것을 구사하든 지간에 강론의 보편적 임무는 상대방을 설득하기 위해 적절한 발언을 해야 한다는 것이다. 때문에 완만체를 쓸 경우 청중이 강론자의 달변을 감상토록 하는 것이 아니라, 청중으로 하여금 선한 행위를 사랑하고 악한 관습은 멀리하도록 해야 한다.[88]

그러므로 강론자가 지혜로만 말하는 데 그치지 않고 달변으로도 말하고 싶다면, 자신의 말이 명료하게, 유려하게 그리고 설득력 있게 들리도록 해야 한다. 이를 위해 그는 세 가지 문체를 다 염두에 두고 가능하다면 한꺼번에 구사해야 하는데 셋 중의 어느 하나에만 목표를 두더라도 문장 구성에는 세 가지 문체를 모두 포함시켜야 한다.[89]

삶과 가르침의 융화

강론자에게 있어 중요한 것은 어조의 장중함보다 자신이 선포하는 말을 삶으로 확인하는 것이다. 이를 통해 청중이 그의 말을 보다 더 설득력 있게 들을 수 있기 때문이다. 물론 언변을 겸비하여 지혜롭게 말한다면, 비록 그가 악하게 살지라도, 자신의 영혼에겐 무익하겠지만 배우고자 하는 많은 이들을 가르칠 수 있다. 이는 진리이신 그리스도가 비진리(非眞理)에 의해서도 전파될 수 있다는 것을 뜻한다. 사악하고 거짓된 마음을 갖고 있으면서도 바르고 진실한 것을 설교할 수 있기 때문이다. 이러한 의미에서 사도 바오로는 필리피서 1장 18절에서 가식으로 하든지 진실로 하든지 결국 그리스도가 전파된다고 말하는 것이다.[90]

따라서 자신이 실천하지 않는 것을 말하면서도 많은 이들에게 유익을 준다면, 말하는 바를 실천하는 이는 더 많은 사람에게 도움을 줄 것은 자명한 일이다. 하지만 말과 행동이 일치하지 않는 설교자를 경멸하다가 자칫 그가 이야기하는 하느님의 말씀까지 무시하는 일이 발생할 수도 있다. 그렇기 때문에, 바오로가 말하듯[91] 설교자는 말과 행실, 사랑과 믿음 그리고 순결로 믿는 이들의 본보기가 되도록 노력해야 하고,[92] 진리의 말씀이라는 빛으로 사람들을 비추는 등경이 되어야 한다.[93] 자신이 하느님 말씀의 씨앗을 뿌리는 사람임을[94] 잊어서는 안 된다.

강론자의 삶과 가르침의 융화의 측면에서 우리는 그리스도교 달변의 독창적 특성을 발견하게 된다. 고전 수사학의 달변과는 달리, 그리스도교 달변은 그리스도의 진리를 선포하고 그것으로 사람들이 살아가게끔 하는 초자연적 목적을 갖고 있다.[95] 다시 말하면, 그리스도교 설교자는 사람들이 그리스도의 자녀가 되게끔 하려는 바람만을 갖고 있는 것이다.[96] 때문에 설교자는 가슴으로 말해야 하고 자신의 신자들과 살아있는 관계를 유지하는 것이 필요하다. 이러한 모습은 아우구스티누스가 강론을 할 때마다 '여러분'이라는 표현보다는 오히려 '우리'라는 복수 1인칭 주어를 사용하면서 신자들과의 거리감을 두려하지 않았다는 것에서도 볼 수 있다.[97]

언변보다 중요한 진리

말과 행동이 조화를 이루고 있는 설교자는 말보다는 강론의 내용을 통해 사람들 마음에 들고자 하며, 보다 진실한 말이 아니면 훌륭한 말이 아니라고 간주하고, 교사가 말에 봉사하는 것이 아니라 말이 교사에게 이바지해야 한다고 본다. 곧 진리가 드러나게 하려고, 진리가 사람들 마음에 들게 하려고 그리고 진리가 사람을 움직이게 하려고 설교자는 강론을 하는 것이다.

따라서 만약 강론자가 언변과 지혜 둘 다 제대로 구사하지 못한다면, 어리석은 말을 언변 좋게 하는 것보다 유창하지 않더라도 지혜로운 말을 하는 것이 더 낫다. 또한 지혜로운 말도 하지 못한다면 자신에게도 유익하고 타인들에게도 모범이 되는 훌륭한 삶을 실천하는 것이 필요하다. 그의 삶의 모습이 훌륭한 언변이 될 수 있기 때문이다.

만약 강론자가 선포는 잘 하는데 정작 무엇을 말해야할지 생각해 내지 못한다면, 다른 이가 언변과 지혜를 다하여 쓴 글을 입수하여 전하는 것도 나무랄 일은 아니다. 훌륭한 교사는 많이 배출되지 못할지라도 진리를 선포하는 인물은 보다 많이 나올 수 있기 때문이다. 이 과정에서 말은 유창하나 행실이 악한 사람이 작성한 진리를 유창하게 말은 못하지만 행실이 착한 사람이 자신의 입을 통해 훌륭하게 선포할 수 있다. 이 경우, 아우구스티누스의 판단에 따르면, 남의 글을 인용하지만 사실은 자신의 것을 전하는 것이다. 하느님의 생각대로 합당하게 살기에, 비록 스스로 지어내지는 못하지만 그 말씀을 자신의 말로 만들 수 있기 때문이다.[98]

기도의 필요성

강론자는 기도의 사람이어야 한다. 곧 기도의 경건함으로 자신이 강론을 하는 것이지 언변의 위력으로 하는 것이 아님을 인식해야 한다. 자신을 위해서 그리고 청중을 위해서 기도함으로써 그는 발언자(發言者)이기에 앞서 탄원자(歎願者)가 되는 것이다. 설교자가 강론을 하기 전에 바치는 기도는 자신의 목마른 영혼을 하느님께 들어 올리는 것이며, 이를 통해 이미 마신 바를 내놓을 수 있고 가득 채운 바를 퍼줄 수 있는 것이다.[99] 곧 강론자는 사람들의 영원한 구원을 위해 말씀을 전하고 가르치는 일에 종사하는 사람이기에, 하느님께서 자신 입에 좋은 말씀을 담아 주시도록 청하는 것이다. 또한 남에게서 받은 글을 자신의 입으로 선포해야 하는 이도 글을 받기 전에 그 사람을 위해서 기도해야 하고, 글을 받을 때에는 자신이 그것을 잘 전할 수 있고 청중 역시 그것을 잘 받아들일 수 있도록 기도해야 한다. 그리고 강론 후에도 하느님께 감사드려야 한다.[100]

결국 강론자에게 있어 기도는 자신의 고유한 능력을 믿기보다 하느님께 의지하겠다는 표현이며, 오직 그리스도만이 유일한 교사임을 드러내는 것이다. 때문에 아우구스티누스는 다음과 같이 말한다. "말하는 것은 우리이지만, 여러분을 가르치시는 분은 하느님이십니다."[101]

결론

지금까지 우리는 아우구스티누스의 『그리스도교 교양』 4권에 나타난 그리스도교 설교학에 대해 살펴보았다. 무엇보다 설교자로서의 사제의 측면을 강조하면서 히포의 주교는 말하는 법의 중요성을 인정했다. 자신이 파악하고 이해한 진리를 언어라는 도구를 통해 신자들에게 전달하기 때문이다. 이러한 의미에서 성인은 수사학적 이론과 규칙 그리고 이를 통해 형성되는 달변이 결코 무익한 것이 아니라 오히려 필요하다고 강조했던 것이다. 아무리 좋은 내용이라 할지라도 그것을 전달하는 방법상에 문제가 있다면, 강론을 듣고 있는 신자들에게 큰 유익을 줄 수 없기 때문이다. 여기서 잊지 말아야 할 것은 성인이 『그리스도교 교양』 4권에서 다룬 내용이 고전 수사학의 그것과 유사한 점이 많다 하더라도, 그 대상은 강론을 하는 사제 혹은 그 직분을 준비하는 이들이었다는 것이다. 때문에 히포의 주교는 크리스틴 모어만이 지적하는 대로[102] 설교자로서의 자신의 체험을 바탕으로 그리스도교 수사학 또는 그리스도교 달변에 대해 설명하고자 한 것이다. 이러한 측면에서 아우구스티누스는 고전 수사학의 유용성을 인정하면서도 그것이 필요불가결한 것이라고 보지 않는 것이다.

성인에 따르면 고전 수사학과 그리스도교 수사학은 본질적으로 '지혜'라는 측면에서 구분된다. 히포의 주교는 달변과 지혜의 융합으로서 그리스도교 수사학을 설명한다. 물론 고전 수사학, 특히 치체로 역시 지혜에 대해 언급하지만, 성인의 입장에서 보면 하느님에게서 오는 참된 지혜가 아니라 진리의 압박 정도로만 이해한다. 여기서 고전 수사학과 그리스도교 수사학의 또 다른 차이가 나온다. 전자의 경우, 학교를 다니며 훌륭한 스승에게서 달변을 배우게 되지만, 후자의 경우 성경과 교부 문헌들의 공부 및 이해를 통하여 자연스럽게 언변을 익히게 된다. 성인에 따르면, 성경 저자들만큼 지혜와 언변이 뛰어난 인물들도 없기에, 강론을 준비하는 이들의 성경에 대한 인식이 넓어질수록 그만큼 지혜도 커진다. 성경에 대한 이해를 통해 육화한 지혜에 참여할 수 있기 때문이다.

그리스도교 수사학의 또 다른 특징은 강론자가 다루는 주제에서 발견된다. 아우구스티누스는 이 문제를 다루면서 고전 수사학이 말하는 웅변의 세 가지 목표와 이에 상응하는 세 가지 문장 양식을 전제하고 있다. 곧 가르치고 만족을 주고 설득하기 위하여, 사소한 일은 차분하게, 보통의 일은 절도 있게, 중대한 일은 장중하게 말한다는 것이다. 하지만 강론자에겐 모든 주제가 중대한 일이다. 하느님이란 주제를 다루고 영혼들로 하여금 악을 피하고 선을 행하도록 그리고 하느님과 그분의 업적을 찬미하도록 이끌기 때문이다. 이 과정에서 강론자는 고전 수사학이 말하는 세 가지 문장 양식을 상황에 따라 사용하는 것이다. 진리를 등진 영혼에게 진리를 선포하여 다시금 그것으로 살아가도록 회심시키기 위해서이다.

여기서 그리스도교 수사학의 또 다른 특징이 나온다. 발언을 명료하게 해야 한다는 것이다. 강론의 관건은 신자들에게 그리스도의 말씀을 이해시키는 데 있기에, 대중들의 사고방식 또는 언어 습관 등을 고려해야 한다는 것이다. 실제로 아우구스티누스는 일반 대중들이 보다 더 잘 이해한다는 이유로 문법적으로 틀린 단어까지 사용하였다. 또한 설교자는 신자들이 강론을 이해하고 있는지를 각별한 주의를 갖고 보아야 한다.

일방적인 전달이 아닌 친밀한 대화와 같은 의미로 강론을 이해함으로써 아우구스티누스는 또 다른 그리스도교 수사학의 특징을 드러내고자 한다. 강론자는 자신이 선포하는 것을 자신의 삶으로도 드러내야 한다는 것이다. 이는 세상에 진리를 드러내 보이기 위해, 진리가 사람들 마음에 들게 하기 위해 그리고 진리가 사람을 움직이게 하기 위해서이다. 때문에 그리스도교 수사학은 강론자 본인을 위해 그리고 자신의 강론을 듣는 사람을 위해 기도해야 한다는 기도의 필요성에 대해 강조하는 것이다.

그러므로 우리는 다음과 같은 결론을 내릴 수 있다. 무엇보다 사제는 하느님의 말씀을 전하는 교사이며 동시에 그분의 말씀을 공부하는 학생이어야 한다. 다시 말하면, 사제는 진리에 대한 사랑에 머물러 있어야 하며 자신의 직무를 수행하는 과정에서 기도와 성서 공부 및 묵상을 통해 하느님의 신비를 백성에게 전달해주어야 한다. 또한 사제는 자신의 강론을 경청하는 신자들의 상황에 대해 민감한 사람이어야 한다. 그들의 언어 및 사고방식 그리고 사회적 상황 등 삶의 모든 영역에 대해 친숙한 사람이어야 한다는 것이다. 그래서 하느님의 말씀을 그들이 이해할 수 있는 방식으로 설명할 수 있도록 노력해야 하는 것이다. 이를 위해 달변도 필요한 것이기에, 아우구스티누스가 제시하는 대로 성경과 교부들의 문헌에 친밀해짐으로써 인간적 말재주가 아닌 하느님의 지혜에 의존하면서 자신의 말이 아닌 하느님의 말씀인 진리를 전달해야 할 것이다.

| 주 |

1 제2차 바티칸 공의회, 「사제의 생활과 교역에 관한 교령」(Presbyterorum ordinis), 4항.
2 윤민구, "설교", 『한국가톨릭대사전』 7, 한국교회사연구소, 2004, 4475쪽.
3 제2차 바티칸 공의회, 「사제의 생활과 교역에 관한 교령」, 4항.
4 『아우구스티누스의 생애』(Vita Augustini), 이연학·최원오 역주, 왜관: 분도출판사, 2008, 153쪽(원전: 포시디우스, 『아우구스티누스의 생애』, 31, 4)[이하 역주 및 편역 표기가 없는 고전 작품은 필자가 직접 번역한 것임]; 설교자로서의 아우구스티누스의 모습에 대해 참조: F. Van der Meer, Saint Augustin Patsteur d'âmes, II, Paris: Études Augustiniennes, 1955, pp. 193–285(원전: F. Van der Meer, Augustinus de Zielzorger, Utrecht: Het Spectrum, 1949). 아우구스티누스의 강론 안에 나타나는 설교자의 상징적 모습에 대해 참조: G.Lawless, "Preaching", Augustine through the ages. An Encyclopedia, Gran Rapids, Cambridge: B.Eerdmans Publishing Company, 1999, p. 675.
5 베르브라켄에 따르면, 아우구스티누스는 8000회 정도 강론을 했다고 한다: P.–P. Verbraken, "Lire aujourd'hui les Sermon de saint Augustin à l'occaion du XVIᵉ centenaire de sa conversion", in Nouvelle Recherche Théologique 109(1987), p. 830.
6 아우구스티누스, 「재론고」 서언(prologus) 2.
7 Cf. J.J. O'Donnelll, "Doctrina Christiana, De", Augustine through the ages. An Encyclopedia, pp. 278–280; K. Pollmann, "Doctrina christiana (De–)", Augustinus Lexikon, 2, Basel: Schwabe & Co., 1996–2002, pp. 551–575. doctrina라는 단어의 의미에 대해 참조: E. Kevane, "Translatio imperii: Augustine's De Doctrina christiana and the Classical Paideia", in Studia Patristica 14(1976), pp. 453–457.
8 Cf. M. Moreau, "Lecture du 《De Doctrina christiana》", in A.–M. La Bonnardière, sous la direction de, Saint Augustin et la Bible, Paris: Beauchesne, 1986, p. 255; G.A. Press, "The subject and structure of Augustine's 《De doctrina christiana》", in Augustinian Studies 11(1980), p. 114. 힐(Hill)은, 『그리스도교 교양』이 그리스도교 문화의 밑그림이라는 마루(Marrou)의 주장에 반대하면서 이 작품은 카르타고의 주교 아우렐리우스의 요청에 의해 설교하고 가르치는 성직자들을 위해 작성된 것이라고 주장한다: E. Hill, "De Doctrina Christiana: A Suggstion", in Studia Patristica 6(1962), pp. 443–446. 하지만 핀케를레는 마루의 노선을 따라 문제의 이 작품이 그리스도교 지성인의 양성을 위한 교과서라고 본다: A. Pincherle, La formazione teologica di S. Agostino, Roma: Edizioni Italiane, 1947, p. 194.
9 참조: 아우구스티누스, 「재론고」 2, 4, 1. 아우구스티누스는, 주교서품을 받은 직후인 396년경 『그리스도교 교양』의 저술을 시작하여 3권 25장 35절까지 썼다. 그리고 『재론고』를 저술한 시기인 426–427년에 이 작품이 완성되지 않았음을 보면서 3권의 마지막 부분과 4권을 저술한 것이다. 이러한 시간적 간격의 이유에 대해 참조: A. Pincherle, "Sulla composizione del 《De doctrina christiana》 di

S. Agositno", in AA.VV., *Studi in onore di E. Dupré Theseider*, II, Roma, 1974, pp. 541-559.
10 참조: 노희성, "아우구스티노 성인에게서 배운다. - 위대한 수사학자의 강론 특강 - ", 「사목」 317(2005년 6월), 130-135쪽.
11 아우구스티누스, 「강론」 355, 2.
12 아우구스티누스, 「서한」 21, 3. 참조: 변종찬, "아우구스티노에게 있어 사제서품의 의미", 「신학전망」 161(2008 여름), 47-73쪽.
13 포시디우스, 「아우구스티누스의 생애」 5, 3-4.
14 아우구스티누스, 「서한」 29, 7.
15 아우구스티누스, 「강론」 114, 1.
16 Cf. G. Madec, "Christus", in *Augustinus Lexikon*, 1, Basel, 1986-1994, p. 860.
17 아우구스티누스, 「그리스도교 교양」 4, 4, 6. 우리말 번역은 성염의 것을 따른다: 아우구스띠누스, 「그리스도교 교양」, 성염 역주, 왜관: 분도출판사, 1989.
18 H. Lausberg, *Elementi di Retorica*, Bologna: Il Mulino, 1969, p. 9. [원문: H. Lausberg, *Elemente der literarischen Rhetorik*, München: Max Hueber Verlag, 1967]
19 Quintilianus, *Institutio Oratoria* 2, 15.
20 아우구스티누스, 「그리스도교 교양」 2, 36, 54.
21 변증법에 대해 참조: 백민관, "Dialectics", 「가톨릭에 관한 모든 것 백과사전」 1, 가톨릭대학교 출판부, 2007, 843-844쪽.
22 아우구스티누스, 「질서론」 2, 13, 38. 넬로 치프리아니(Nello Cipriani) 신부에 따르면, 「질서론」에서 표현되고 있는 수사학에 대한 아우구스티누스의 조망이 플라톤과는 거리가 멀고 치체로를 통해 받은 아리스토텔레스의 개념과 더 가깝다고 주장한다: N. Cipriani, "Rhetoric", *Augustine through the ages. An Encyclopedia*, p. 724.
23 변증법과 수사학의 관계에 대해 참조: J. Pépin, *Saint Augustin et la dialectique*, Villanova University Press, 1976, pp. 194-210. 사실 변증법과 수사학은 별개의 학문이지만, 실천적인 부분에서는 이 두 학문이 매우 밀접하게 연결되어 있어 각각의 문학적 형태에 의해서만 구분될 뿐이다. 이에 대해 참조: A.C. De Veer, "La dialectique et l'éloquence", in *Bibliothèque Augustinienne* 31, Notes complémentaires n. 7, pp. 749-750.
24 치체로에 대해 참조: 키케로, 「수사학. 말하기의 규칙과 체계」, 안재원 편역, 서울: 도서출판 길, 2006, 15-56쪽; 성염, "치체로, 마르쿠스 툴리우스", 「한국가톨릭대사전」 11, 한국교회사연구소, 2005, 8336-8338쪽.
25 아우구스티누스, 「그리스도교 교양」 4, 2, 3.
26 아우구스티누스, 「그리스도교 교양」 2, 36, 54; 4, 2, 3.
27 아우구스티누스, 「도나투스파 문법학자 크레스코니우스 반박」 1, 1, 2. Cf. A.C. De Veer, "La définition de l'éloquence", in *Bibliothèque Augustinienne* 31, Notes complémentaires n. 2, pp. 742-744.
28 아우구스티누스, 「그리스도교 교양」 4, 2, 3.

29 Cicero, *De oratore* 3, 89. Cf. M. Testard, *Saint Augustin et Cicéron*, II, Paris: Études Augustiniennes, 1958, p. 27.
30 아우구스티누스, 「그리스도교 교양」 4, 3, 4.
31 참조: 아우구스띠누스, 「그리스도교 교양」, 성염 역주, 왜관: 분도출판사, 1989, 302쪽, 각주 11.
32 Cf. M. Comeau, *La rhétorique de saint Augustin*, Paris: Boivin, 1930, p. 48.
33 Ch. Mohrmann, "Saint Augustine and the 《Eloquentia》", in *Études sur le latin des chrétiens*, I, Roma: Edizioni di storia letteratura, 1961, p. 358.
34 H.-I. Marrou, *Saint Augustin et la fin de la culture antique*, Paris: Éditions E. De Boccard, 19584, p. 516.
35 아우구스티누스, 「그리스도교 교양」 4, 3, 4.
36 같은 책. 여기서 우리는, 크리스틴 모어만이 지적하는 대로, 「그리스도교 교양」 제4권 서두에서 왜 아우구스티누스가 수사학 강의를 할 의도가 없다고 했는지 이해할 수 있다: Ch. Mohrmann, "Saint Augustine and the 《Eloquentia》", p. 360.
37 같은 책.
38 H.-I. Marrou, *Saint Augustin et la fin de la culture antique*, p. 515.
39 이러한 점에서 우리는 아우구스티누스가 치체로의 수사학적 이론을 그리스도교화 하였다고 말할 수 있다. 이에 대해 참조: A. Curley, "Cicero, Marcus Tullius", *Augustine through the ages. An Encyclopedia*, pp. 191-192.
40 Cicero, *De inventione* 1, 1.
41 Cicero, *Orator* 21, 70. "Sed est eloquentiae sicut reliquarum rerum fundamentum sapientia."
42 아우구스티누스, 「그리스도교 교양」 4, 5, 7.
43 아우구스티누스, 「그리스도교 교양」 1, 8, 8.
44 아우구스티누스, 「그리스도교 교양」 1, 11, 11.
45 1코린 1, 21.
46 아우구스티누스, 「그리스도교 교양」 1, 12, 11.
47 아우구스티누스, 「그리스도교 교양」 1, 14, 13.
48 아우구스티누스, 「그리스도교 교양」 4, 5, 7.
49 Cf. F. Young, "Wisdom in Augustine's De Doctrina Christiana", in *Studia Patristica* 43(2006), pp. 323-327.
50 아우구스티누스, 「그리스도교 교양」 4, 5, 7.
51 참조: 아우구스티누스, 「강론」 179, 1.
52 아우구스티누스, 「그리스도교 교양」 4, 5, 7.
53 아우구스티누스, 「그리스도교 교양」 4, 6, 9. 아우구스티누스는 19세에 치체로의 「호르텐시우스」(*Hortensius*)를 읽고 난 후, 성경으로 눈을 돌렸을 때 그것의 문체에 실망했었다.(「고백록」 3, 5, 9) 이제 성경 저자들보다 더 지혜로운 이가 없다고 말한다. 이 변화의 이면에는, 치프리아니 신부가 마린의 글을 인용하면서 평가하듯, 엄격하게 예정된 규범에 순응하지 않고 오히려 수사학의 규칙 자체까지도 지배하고

있는 인간적 표현의 자연성과 자발성이라는 명제가 자리하고 있다. 곧 『그리스도 교 교양』 2, 36, 54에서 나타나듯 수사학의 법칙들은 인간이 제정한 것이 아니라 발견하는 것이라는 점이다: N. Cipriani, "Rhetoric", p. 725; M. Marin, "Retorica ed esegesi in Sant'Agostino", in M. Fabris, a cura di, *L'umanesimo di sant'Agostino. Atti del Congresso Internazionale Bari 28-30 ottobre 1986*, Bari: Levante Editori, 1988, p. 221.

54 아우구스티누스, 『그리스도교 교양』 4, 6, 10.
55 아우구스티누스, 『그리스도교 교양』 4, 5, 8.
56 여기서 아우구스티누스는 불가타 성서를 인용하는데, 이는 그의 작품에서도 매우 드문 경우이다. 특별히 아모스서의 경우 예로니모의 번역을 사용하고 있는 것은 이 곳뿐이며, 일반적으로는 70인역 성경을 이용한다. 이에 대해 참조: M. Moreau, "Sur un commentaire d'Amos. *De Doctrina Christiana IV, VII, 15-21, sur Amos VI, 1-6*", in A.-M. La Bonnardière, sous la direction de, *Saint Augustin et la Bible*, pp. 313-322.
57 아우구스티누스, 『그리스도교 교양』 4, 7, 11-7, 20.
58 Cf. H.-I. Marrou, *Saint Augustin et la fin de la culture antique*, pp. 475-477; G. Combès, J. Farges, "Beauté littéraire de la Bible", in *Bibliothèque Augustinienne* 11, Notes complémentaires n. 59, p. 592.
59 아우구스티누스, 『그리스도교 교양』 4, 7, 21.
60 아우구스티누스, 『그리스도교 교양』 4, 8, 22.
61 아우구스티누스, 『그리스도교 교양』 4, 9, 23.
62 아우구스티누스, 『그리스도교 교양』 4, 10, 24. Cf. M. Comeau, *La rhétorique de saint Augustin*, pp. 3-4. 11-12.
63 Cicero, *Orator* 23, 78. "quaedam etiam negligentia est diligens."
64 아우구스티누스, 『그리스도교 교양』 4, 10, 24. 실지로 아우구스티누스는 문법적으로 틀린 단어들을 사용한다. 예를 들면, os라는 단어 대신에 ossum을, sanguine 라는 단어 대신에 sanguinibus를 그리고 feneratur이란 단어 대신에 fenerat를 사용한다. 이러한 예는 『시편 상해』 36; 『강론』 3, 6; 50, 19; 『요한복음 강해』 2, 14에서 볼 수 있다.
65 A. Trapè, *S. Agostino. L'uomo, il pastore, il mistico*, Fossano: Editrice Esperienze, 1976, p. 202; H.-I. Marrou, *Saint Augustin et la fin de la culture antique*, pp. 525. 536-540.
66 아우구스티누스, 『그리스도교 교양』 4, 10, 25.
67 아우구스티누스, 『강론』 311, 4.
68 아우구스티누스, 『그리스도교 교양』 4, 11, 26.
69 아우구스티누스, 『그리스도교 교양』 4, 12, 27; Cicero, *Orator* 21, 69. 여기서 특이한 점은, 아우구스티누스가 치체로의 문장에서 probare라는 동사를 docere로 바꾸고 있다는 것이다.
70 아우구스티누스, 『그리스도교 교양』 4, 12, 27-14, 31.
71 Cicero, *Orator* 29, 101.
72 아우구스티누스, 『그리스도교 교양』 4, 17, 34.

73 참조: 아우구스띠누스, 『그리스도교 교양』, 성염 역주, 340쪽, 각주 70.
74 참조: 위의 책, 354쪽, 각주 102.
75 아우구스티누스, 『그리스도교 교양』 4, 18, 35-37.
76 아우구스티누스, 『그리스도교 교양』 4, 19, 38.
77 히포의 주교는, 세 문장 양식과는 달리 문장의 운율적 결말(clausula numerosa)이 성경에서 발견되지 않는다는 것을 유감스럽게 생각한다: 『그리스도교 교양』 4, 20, 41. 이에 대해 참조: G. Combès, J. Farges, "Saint Augustin et la technique oratoire", in Bibliothèque Augustinienne 11, Notes complémentaires n. 60, pp. 592-593.
78 아우구스티누스, 『그리스도교 교양』 4, 20, 39.
79 아우구스티누스, 『그리스도교 교양』 4, 20, 40.
80 아우구스티누스, 『그리스도교 교양』 4, 20, 42-43.
81 아우구스티누스, 『그리스도교 교양』 4, 20, 44.
82 아우구스티누스, 『그리스도교 교양』 4, 21, 44-46.
83 아우구스티누스, 『그리스도교 교양』 4, 21, 47-48.
84 아우구스티누스, 『그리스도교 교양』 4, 21, 49-50.
85 아우구스티누스, 『그리스도교 교양』 4, 21, 50.
86 아우구스티누스, 『그리스도교 교양』 4, 22, 51.
87 아우구스티누스, 『그리스도교 교양』 4, 23, 52.
88 아우구스티누스, 『그리스도교 교양』 4, 24, 53-25, 55.
89 아우구스티누스, 『그리스도교 교양』 4, 26, 56.
90 아우구스티누스, 『그리스도교 교양』 4, 27, 59.
91 1티모 4, 12.
92 아우구스티누스, 『그리스도교 교양』 4, 27, 60.
93 아우구스티누스, 『강론』 46, 5; 47, 13. Cf. M. Pellegrino, "S. Agostino pastore d'anime", in Recherches Augustiniennes 1(1958), p. 319.
94 아우구스티누스, 『강론』 150, 1. "verba Dei seminamur".
95 G. Combès, J. Farges, "Caractère original de l'éloquence chrétienne", in Bibliothèque Augustinienne 11, Notes complémentaires n. 62, p. 594.
96 참조: 아우구스티누스, 『강론』 23, 1; 179, 2.
97 F. Van der Meer, Saint Augustin Patsteur d'âmes, II, pp. 215-217.
98 아우구스티누스, 『그리스도교 교양』 4, 28, 61-29, 62.
99 아우구스티누스, 『그리스도교 교양』 4, 15, 32.
100 아우구스티누스, 『그리스도교 교양』 4, 30, 63.
101 아우구스티누스, 『강론』 153, 1, 1.
102 Ch. Mohrmann, "Saint Augustine and the 《Eloquentia》", p. 358.

12장

아우구스티누스에게 있어 **사제서품**의 **의미**

들어가는 말

1. 카씨치아쿰(Cassiciacum) 공동체
2. 타가스테(Tagaste) 공동체
    수도원으로서의 타가스테 공동체
    타가스테 공동체의 이상인 '고요함 안에서 하느님처럼 된다.'는 것
3. 히포의 사제 아우구스티누스
    폭력에 떠밀린 눈물의 사제서품
    사제서품: 개인적 이익에서 백성에 대한 봉사로의 전환

나가는 말

「아우구스티누스에게 있어 사제서품의 의미」는 2008학년도 가톨릭대학교 '성신교정교비연구비'의 지원을 받아 이루어진 논문으로서, 2008년 2월 15-17일까지 아우구스티노 수도회가 '교회 안에서의 봉사'라는 주제로 개최한 성 아우구스띠노 영성 세미나에서 발표된 내용을 수정, 보완한 것이다. 이 논문은 「신학전망」 161호, 광주가톨릭대학교 신학연구소, 2008에 수록되었다.

들어가는 말

　가톨릭교회 교리서는 성품성사를 혼인성사와 함께 친교에 봉사하는 성사로 설명한다. 다시 말하면, 이 두 성사들은 "개인적인 구원에도 이바지하지만, 그것은 타인들에 대한 봉사를 통하여 이루어진다. 이 성사들은 교회 안에서 특별한 사명을 부여하고, 하느님 백성의 형성에 이바지한다."는 것이다.1 때문에 성품성사는 그리스도께서 당신 사도들에게 위임하신 임무인 봉사 직무를 세상 마칠 때까지 교회 안에서 계속 수행토록 하는 성사이며, 성품성사를 받는 사람들은 하느님의 말씀과 은총으로 교회를 사목하도록 그리스도의 이름으로 축성되는 것이다.2 이러한 의미에서 성품성사는 "사랑으로 모든 사람의 종이 되시고 가장 낮은 사람이 되신 그리스도의 모범을 따르는"3 성사인 것이다.

　교부들은 사제직에 관한 많은 고민과 함께 글을 남겼다. 동방 교부들 가운데, 에프렘(Ephraem Syrus)의 『사제직무에 관한 설교』(*Sermo de sacerdotio*), 나지안주스의 그레고리우스(Gregorius Nazianzenus)의 『연설』(*Oratio*) 그리고 요한 크리소스토무스(Joannes Chrysostomus)의 『사제직에 관하여』(*De sacerdotio*) 등을 꼽을 수 있다. 서방 교부들 중에서 우리는 암브로시우스(Ambrosius)의 『사목자들의 직무론』(*De officiis ministrorum*), 히에로니무스(Hieronymus)가 네포티아누스(Nepotianus)에게 보낸 『서한』 52, 대그레고리우스(Gregorius Magnus)의 『사목규칙』(*Regula pastoralis*) 등을 꼽을 수 있다.4

　본고에서 다루고자 하는 아우구스티누스는 다른 교부들과 달리 사제직에 관한 작품을 저술하지 않았지만, 여러 서한과 강론을 통하여 사제직에 관한 자신의 생각을 전해주고 있다.5 네덜란드 니메가(Nimega) 대학의 프리츠 반 데어 메어(Frits Van der Meer) 교수가 1949년 출판한 『영혼의 목자 아우구스티누스』(*Augustinus de Zielzorger*) 이후, "언제나 보편 교회의 선익을 위해 노심초사하고 늘 깨어 있었던 주님 몸의 탁월한 지체"로서 포시디우스(Possidius)가 정의한6 아우구스티누스의 40여 년 간의 사제생활에 대해 여러 학자들은 주목할 만한 연구물들을 내놓았다.7 본고는 사제직에 대한 아우구스티누스의 사상을 다룬 학자들의 결과물을 반복하거나, 다른 교부들이 생각한 사제직과 아우구스티누스가 바라본 사제직을 비교하고자 하는 것이 아니다. 오히려 성품성사가 아우구스티누스의 삶에 있어 어떠한 의미를 가졌던가를 살펴보고자 하는 것이다. 다시 말하면, 필자는 본고에서 사제서품 순간에 흘린 아우구스티누스의 눈물에 초점을 두면서, 무엇보다 사제서품을 받기 전 성인의 상황에 대한 성찰로 시작하여 성품성사가 아우구스티누스의 삶에 어떠한 변화를 가져왔는지 밝히고자 한다.

1. 카씨치아쿰(Cassiciacum) 공동체

『고백록』(*Confessiones*) 제8권은 아우구스티누스의 개종에 대해 우리에게 잘 설명해주고 있다. 폰티치아누스(Ponticianus)의 방문을 통해 알게 된 안토니우스(Antonius)와 수도생활 그리고 수도자가 된 폰티치아누스의 친구들 이야기는 성인의 마음을 송두리째 흔들게 된다. 또한 "집어라, 읽어라. 집어라, 읽어라"[8]라는 목소리에 성인은 성경을 펴 들고 첫눈에 띄는 대목을 읽게 된다. 바로 "흥청대는 술잔치와 만취, 음탕과 방탕, 다툼과 시기 속에 살지 맙시다. 그 대신에 주 예수 그리스도를 입으십시오. 그리고 욕망을 채우려고 육신을 돌보는 일을 하지 마십시오."라는 로마 13, 13-14의 말씀이었던 것이다. 성인에 따르면, "더 읽을 마음도 그럴 필요도 없었습니다. 이 말씀을 읽고 난 찰나, 내 마음엔 법열이 넘치고, 무명의 온갖 어두움이 스러져버렸나이다. … 드디어 당신은 나를 당신께 돌아가게 해주셨으니 나는 아내도, 세속의 어떠한 욕망도 다시는 찾지 아니하고, 다만 당신께서 그 몇 해 전에 나를 들어 어미에게 보여주신 그 신앙의 규범에 굳건히 서 있었습니다. 그러하옵니다. 당신의 그의 통곡을 즐거움으로 돌이키셨습니다. 어미가 바라던 것보다 더욱 푸지게, 그리고 내 육체에서 바라던 손자들보다 훨씬 더 살뜰하고 깨끗한 즐거움으로."[9]

이로써, 포시디우스가 증언하듯 아우구스티누스는 세상에 두고 있던 모든 희망을 마음 깊은 곳으로부터 등지게 된다.[10] 명예, 재산 그리고 아내로 표현되는 이 희망에 성인이 얼마나 매여 있었는지 다음의 고백을 통해 알 수 있다. "나는 세속에서 지내던 생활이 싫증났었고, 이미 허구한 사람들처럼 고된 종살이를 유지하기 위하여 돈과 명예의 허욕에 애태움이 없는지라, 오히려 그런 생활이 무척 짐스러웠습니다. … 그런데 여성에게만은 끈질기게 얽혀 있었습니다."[11] 두 섭리적 사건, 즉 폰티치아누스의 이야기와 '집어라, 읽어라'라는 소리가 아우구스티누스로 하여금 여성이라는 마지막 세속적 매임에서 해방시킨 것이다. 이를 성인의 표현대로 한다면, 세속의 희망을 끊고 하느님만을 섬기도록 해줄 확실한 빛이 나타난 것이다.[12] 이로써 성인은 완전한 금욕의 삶을 걸어가게 된다. 다시 말하면, "더 이상 아내라든가 육신의 자식, 세상의 부나 명예 따위를 추구하지 않고, 이제 동료들과 함께 하느님을 섬기로 작정"한 것이다.[13] 여기서 "하느님을 섬기다"라는 표현이 수도생활을 일컫는 전형적인 표현임을 생각한다면, 아우구스티누스의 회개는 단순한 그리스도교 신자가 되는 것이 아닌 수도자가 된다는 것을 의미한다고 볼 수 있다.[14] 즉 그의 가톨릭 신앙에로의 돌아섬은 단순히 그리스도교로 개종하는 것만을 의미하지 않고, 그리스도교 완덕 그리고 관상생활에의 투신까지 의미하는 것이다.[15] 이는, 루이지 알리치가 지적하듯, '무언가를 찾는 것'(ricerca di qualcosa)이 신앙에 의해 '누군가에게 응답하는 것'(risposta ad Qualcuno)으로 변형된 것임을 보여준다.[16]

아우구스티누스는 회심한 후 세례 받기까지 카씨치아쿰[17]에서 모니카(Monica), 아데오다투스(Adeodatus), 나비지우스(Navigius), 라스티디아누스(Lastidianus), 루스티쿠스(Rusticus), 알리피우스(Alypius), 트리제시우스(Trygetius)와 리첸시우스(Licentius) 등과 함께 지내게 되는데, 이 과정에서도 하느님의 종(servus Dei)이 되겠다는 아우구스티누스의 결심을 잘 볼 수 있다. 『독백』에서 성인은 다음과 같이 말한다. "이제 당신만을 사랑합니다. 당신만을 따르렵니다. 당신만을 찾으렵니다. 당신만을 섬기기 위해 제 자신을 쓰렵니다. 당신만이 정의롭게 다스리기 때문입니다. 그렇기에 저는 당신의 소유물이 되고 싶습니다."[18] 여기서 아우구스티누스는 영원한 것을 사랑하기 위해 세상의 것을 포기해야 하고, 이는 곧 하느님께 자기 자신을 온전히 봉헌하는 것을 강조하고 있다. 그렇기에 『고백록』에서 "포도수확의 휴일들이 끝난 다음, 나는 밀라노 사람들에게 기별을 해서 그 학생들을 위하여 다른 말 장사를 구하라고 했습니다. 당신을 섬기기로 작정을 했고 호흡이 곤란하고 가슴이 아프기도 하여 그 일을 감당할 수 없어서였습니다."라고 고백한다.[19] 포시디우스 역시 같은 내용을 다음과 같이 전하고 있다. "그는 수사학을 배우던 학생들에게, 자신은 하느님을 섬기겠노라 작정했으니 다른 선생을 찾아보라고 일러주었다."[20]

성인은 하느님께 대한 자발적이며 온전한 봉헌을 드러내기 위해 그리고 하느님의 아들로서 누리는 참된 자유를 말하기 위해 '하느님의 종' 또는 '하느님을 섬기다'라는 표현을 사용한다. 이러한 그의 결심은 카씨치아쿰 공동체의 삶, 즉 철학 연구와 토론뿐[21] 아니라 아침에는 기도와 시편 읽기를 동반하였다는 것에서도 잘 드러난다.[22] 아우구스티누스는 신앙에 따른 하느님을 향유하는 것에 대한 추구를 철학적 관심과 연결하였는데, 이는 종교적 삶의 진보는 도덕적 그리고 지성적 수덕을 통해 발전한다고 생각하였기 때문이다.[23] 그렇기에 아우구스티누스는 하느님에 대한 관상이 "잘 살고, 잘 기도하고, 잘 공부하는"[24] 사람에게 허용된다고 확언한다.

2. 타가스테(Tagaste) 공동체

387년 4월 13일 부활성야 때 밀라노에서 암브로시우스에게 세례를 받은 아우구스티누스는 동년 11월부터 이듬해 8월까지 10개월 간 로마에 체류한다. 이 시기 동안 그는 로마의 여러 수도원을 방문하면서 수도 생활에 대해 관심을 보였다.[25] 또한 계속해서 영성과 철학에 대해 공부하면서 저술 활동을 하였다.[26] 그 후 388년 9월 고향 타가스테로 돌아와 친구들과 함께 공동체 생활을 시작한다.[27]

수도원으로서의 타가스테 공동체

여기서 우리는 새로운 문제에 직면한다. 타카스테 공동체의 삶은 카씨치아쿰 공동체 삶의 연장선인가? 아니면 새로운 삶인가? 만약 연장선이라면 어떻게 발전되었는가? 만약 새로운 삶이라면 우리는 타가스테 공동체를 어떻게 정의할 수 있는가?

성인은 세례를 받은 후의 결심을 다음과 같이 고백한다. "당신께서는 한집에 한마음으로 살게 하셨나이다 … 우리는 다 같이 함께 있었습니다. 다 같이 당신의 거룩한 뜻에 살기로 하였습니다. 그리하여 당신을 섬기기에 가장 적당한 곳을 찾다가 함께 아프리카로 돌아오는 것이었습니다."[28] 포시디우스의 증언에 따르면, "(세례의) 은총을 받은 후에 자신처럼 하느님을 섬기는 데 뜻을 함께 하는 고향 사람들과 친구들과 함께 아프리카로, 자신의 집과 전원으로 돌아가기로 결심하였다. 거기에 도착한 후, 약 삼 년간 머물면서 온갖 세속적 관심사들을 떨쳐 버리고 단식과 기도와 선행을 하면서 하느님을 섬기는 데 있어서 뜻을 같이한 친구들과 하나가 되었으며, 밤낮으로 주님의 법을 묵상하였다. 그분은 묵상하고 기도하는 동안 하느님께서 깨닫게 해 주신 것들을 말씀과 저술로써 함께 있는 이들에게 그리고 멀리 있는 이들에게 가르쳐 주었다."29

위의 증언들을 통해 우리는 다음의 사실을 알 수 있다. 우선 이 공동체는 구성원 모두가 친구로 이루어져 있다. 또한 이 공동체의 삶은 청빈, 공동생활, 금욕주의, 공부, 사도직을 통해 하느님을 위해 사는 것(vivere Deo)으로 이루어져 있다. 다시 말하면, 이 삶은 하느님과 인간에 대한 봉사에 온전히 투신하는 것이기에 제2의 카씨치아쿰이 될 수 없는 것이다. 오히려 새로운 결단과 방향을 보여주는 것이다.30 여기서 특기할만한 것은 타가스테 공동체가, 일부 학자들이 철학적 사색을 위한 장소로 해석할 정도로,31 지적 노동에 대해 강조하고 있다는 점이다.32 이러한 점들을 통해 우리는 다음과 같은 결론을 내릴 수 있다. 타카스테 공동체는 아프리카에 처음으로 세워진 수도원으로33 몽소(Monceaux)가 지적하듯, 세 주요 요소가 조합되어 이루어진 공동체이다. 즉 사도행전 4, 32-35에서 말하는 초대 예루살렘 공동체의 기억을 담은 이상적 요소, 이탈리아에서 성인이 방문한 수도원들에 대한 기억을 담은 실제적 요소 그리고 수덕생활의 이상에 철학 연구를 동반한 학문적 피정이라는 이상을 결합한 개인적 요소 등이다.34

타가스테 공동체의 이상인 '고요함 안에서 하느님처럼 된다.'는 것

하느님과 인간에 대한 봉사라는 타가스테 공동체의 삶은 당시 아

아우구스티누스가 쓴 『서한』 10[35]에 나오는 '고요함 안에서 하느님처럼 된다.'(deificari in otio)라는 표현으로 압축된다. 이 표현은 해석에 있어 많은 논란을 불러 일으켰는데, 해석 여하에 따라 성인이 당시 갖고 있던 이상이 철학적 개념에 머물렀는지 아니면 그리스도교적 완덕을 추구했는지 큰 편차가 있다.

우선 '하느님처럼 된다.'(deificari)라는 표현부터 고찰해 보도록 하자. 이 개념은 플라톤주의와 중기 플라톤주의의 가르침에 나타나는 것으로 덕행을 통해 신과 유사해지는 것을 가리킨다.[36] 또한 『서한』 10에서 이 단어가 하느님의 은총에 의해 이루어지는 의화나 신화와 같이 그리스도교 신비를 표현하는 그리스도교적 용어가 아닌 철학적 언어로 나타나는 것도 사실이다.[37] 그리고 아우구스티누스가 이 용어를 성서보다는 그리스 철학에서 가져왔다고도 볼 수 있다.[38]

그럼에도 불구하고 『서한』 10에서 아우구스티누스가 이 용어를 단순히 그리스 철학적 의미로만 사용하였다고 볼 수 없다. 무엇보다 성인이 카씨치아쿰 공동체에서부터 시편을 읽었다는 것에서 시작할 수 있다. 이는 다른 것이 아니라 "너희는 신이며 모두 지극히 높으신 분의 아들이다."라는 시편 82, 6의 말씀을 알고 있었을 가능성이다. 또 하나는 바오로 서간을 읽으면서 신화가 인간의 능력이 아닌 하느님의 도우심으로 이루어진다는 것을 발견했을 가능성이다. 바오로 서간을 읽으면서 육화하신 그리스도의 형언할 수 없는 신비, 곧 하느님과 인간 사이의 유일한 중개자이며 보편적인 구세주 하느님을 향해 우리가 올라가는 데 필요한 은총의 샘이심을 깨달았다고 아우구스티누스가 『고백록』에서 언급하고 있다는 것을 간과해서는 안 된다.39 또한 우리는, 카씨치아쿰에서 저술된 작품 안에서 그리스도의 육화와 교회의 권위와 연결된 은총에 대한 일련의 표현을 발견한다.40 무엇보다『독백』(Soliloquia)에서 아우구스티누스는 하느님을 찾는 이에게 주어지는 그분의 도우심을 고백하면서, 성령이 선물임을 다음과 같이 강조한다. "우리가 완전한 죽음의 노예가 되지 않기 위하여 받은 하느님이여."41 또한『독백』은 성령께 회개, 정화, 쇄신 그리고 부활의 영원한 상급을 준비시키시는 역할을 부여한다. "오 하느님, 당신은 우리를 당신께로 향하게 하십시다. 오 하느님, 당신은 우리에게 없는 것을 벗겨 주시고 있는 것으로 입혀주십니다. … 오 하느님, 당신은 우리를 길로 불러 주십니다. 오 하느님, 당신은 우리를 문으로 인도하여 주십니다. … 오 하느님 당신은 우리를 씻어 주사, 당신의 상을 받기에 합당한 자 되게 하여 주십니다."42 이러한 성령을 통한 쇄신 및 새로운 창조 때문에 아우구스티누스는 "오 하느님, 당신께 믿음은 우리를 자극하며, 당신께 희망이 솟아오르며, 사랑은 당신께 일치시킵니다."라고 고백한다.43 성령을 통해 이루어지는 새 창조, 새로운 탄생이라는 측면은『가톨릭교회의 관습과 마니교도의 관습』(De moribus Ecclesiae Catholicae et de moribus Manichaeorum)에서 그리스도교 용어로, 특별히 바오로의 표현으로 묘사된다. 이에 따르면, 인간의 쇄신이 교회적 그리고 성사적 측면에서 이루어진다. 즉 새로운 인간에로의 쇄신은 세례성사를 통해 시작되는 것이다.44 이는 다른 것이 아니라, 성화는 성령을 통해 이루어진다는 것이다. 성령께서 우리 마음 안에 부어 넣어준 사랑이 우리를 하느님께 일치시키고 그분과 비슷하게 만든다는 것이다. 또한 사랑은 하느님의 지혜이신 성자에게로 우리를 이끌고, 그분을 통해 하느님 아버지를 알게 한다. 이로써 우리는 세상 것들과 분리되고 더 이상 그것들과 혼합되지 않는다.[45]

이 모든 것은 '하느님처럼 된다.'(deificari)라는 표현이 단순히 플라톤 사상의 모방 내지 재현이 아님을 분명히 보여준다. 오히려 바오로의 사상처럼 하느님의 은총을 통해 이루어지는 것이다. 이는 문제의 표현이 수동태라는 사실에서도 더욱 더 드러난다. 폴리에(Folliet)는 이 표현을 재귀형으로 해석했기에, 아우구스티누스가 아직 그리스도의 은총의 충만함을 다 이해하지 못했고, 따라서 플라톤주의자들이 말하는 것처럼 자신의 노력으로 또 덕행의 삶으로 신과 유사하게 되는 것이 가능했다고 이해했던 것이다.[46] 하지만 망두즈(Mandouze)에 따르면, 이 표현을 재귀형으로 해석해야 할 이유가 전혀 없고, 오히려 데스케(Teske)가 주장하는 것처럼 "신학적 수동형"(theological passive)으로 이해해야 한다.[47]

이제 '고요함 안에서'(in otio)라는 표현에 대해 살펴보자. '고요함'(otium)이란 단어는 철학적, 문학적 영역 등 다양한 측면에서 사용되었다. 그리스-로마 문화권에서 이 단어는 두 측면으로 표현되는 삶의 이상을 표현하였다. 즉 온갖 종류의 손노동과 공공 생활에서 벗어나는 것 그리고 관상 생활, 고요함, 철학에 헌신해야 할 필요성을 가리켰다.[48] 로마 공화국 시절에 이 단어는 공공 생활, 특별히 정치 활동을 하던 귀족들이 갖는 자유 시간뿐 아니라 정치적 활동을 중지하는 것을 의미하기도 하였다.[49]

이러한 철학적, 정치적 배경을 갖고 있는 단어를 아우구스티누스는 긍정적 의미, 곧 성서 공부와 관상에 필요 불가결한 요소로 제시하고 있다. 하지만 문제는 아우구스티누스가 「서한」 10을 쓸 당시 '고요함'이라는 단어를 어떤 의미로 이해하고 사용하였는가에 있다. 폴리에(Folliet)는 테스타르(Testard)의 노선을 따라[50] '고요함'을 철학자의 고요함으로, 곧 386년 밀라노의 수사학 선생으로 추구했던 것으로 같은 해 11월 카씨치아쿰에서 실현한 고요함으로 이해한다.[51] 하지만 아우구스티누스가 카씨치아쿰의 삶을 '그리스도인 삶의 고요함'(christiane vitae otium)으로 묘사하고 있음을 잊어서는 안 된다.[52] 또한 네브리디우스가 보낸 서한에서 하느님을 섬기는 것(servire Deo) 혹은 하느님을 위해 사는 것(vivere Deo)이 하느님을 사랑하고 그분과 일치하는 것으로만 구성된다는 것도 잊어서는 안 된다.[53] 결국 이 모든 것은 고요함(otium)의 의미를 단순히 철학적 의미가 아닌 하느님을 섬기겠다는 아우구스티누스의 결심에서 이해해야 한다는 것을 분명히 말해준다. 이 결심이 단순히 개인적인 차원이 아닌 다른 이들과 공동체를 이루어 함께 수행해 나아간다는 차원에서 고요함이란 단어의 의미는, 망두즈가 지적하듯, 수도 공동체의 영역에서 이해해야 한다.[54]

　이 바탕 위에서 다시 『서한』 10으로 돌아가자. 아우구스티누스를 카르타고 근처 시골집에 초대하고자 하는 네브리디우스의 바람에 대한 대답으로 시작하는 「서한」 10에서 성인은 다음과 같은 어려움을 제시한다. 먼저 타카스테 공동체에 네브리디우스가 오는 것이 가장 적합하지만, 그의 어머니가 이를 허락하지 않을 것이기에, 유일한 해결책은 아우구스티누스가 직접 네브리디우스에게 가는 것이다. 하지만 문제는, 성인에 따르면, 공동체 구성원 중 일부가 그와 함께 갈 수 없다는 것, 또 그들을 버려두는 것이 옳지 않다는 것이다. 정신 안에서 달콤하게 살 수 있는 네브리디우스와는 달리, 그들이 같은 것을 하기 위해서는 매우 큰 노력이 필요하다는 것이다. 또한 아우구스티누스가 자주 네브리디우스에게 가서 그와 함께 머물고 돌아와서 다른 이들과 함께 하는 것도 불가능한 것이다. 성인에 따르면, 이것은 함께 사는 것도 아니고 삶의 계획(sententia)에 따라 있는 것도 아니기 때문이다. 그리고 타가스테와 카르타고 사이의 거리도 짧지 않고 성인의 건강 역시 약하기에 자주 긴 여행을 하면서 갖는 피로(negotium)는 원하는 고요함(otium)을 추구할 수 없다는 것을 의미한다고 아우구스티누스는 주장한다.[55] 여기서 우리는 아우구스티누스의 원의를 발견한다. 성인은 negotium을 피하고 otium을 추구하면서 sententia에 따라 살고자 한다. 이는 네브리디우스에 대한 평가와 연결된다. '고요함' 안에 있다는 것은 정신 안에서 달콤하게 산다(apud tuam mentem suaviter habitare)는 것, 곧 진리는 인간의 내면에 살아 있기에[56] 아우구스티누스가 이미 카씨치아쿰에서 자신의 동료들에게 요구한 자기 자신으로 돌아감이요,[57] 인간의 내면에 현존하여 계신 하느님을 찾으라는 초대인 것이다.

계속해서 서한은 아무것도 두려워하지 않기(nihil temere) 위해 지나가는 것들에 대한 번민에서 벗어남(secessio a tumultu rerum labentium)으로 '고요함'을 표현하고 있다. 즉 완고함, 대담함, 헛된 영광에 대한 추구, 미신적 관념으로부터 영향을 받지 않은 그래서 아무 것도 두려워하지 않기 위해 이 세상의 지나가는 것들에 대한 혼란에서 벗어나는 것을 의미하는 것이다. 이러한 상태에서 영혼은 그 어떤 것과도 비교할 수 없는 큰 기쁨을 갖는다.58 이러한 삶의 형태를 성인은 '안전함'(securitas)로 표현하는데, 정신의 내면에서 하느님을 흠숭하기 때문이다.59 결국 성인이 생각하는 '고요함'은 오직 하느님께만 영혼이 일치되어 있을 때 가능한 것이다. 이 정의는 『서한』 10과 같은 시기에 『참된 종교』에도 다음과 같이 나타난다. "고요함은 사랑하느라 번민하지 않을 수 없는 사물들을 사랑하지 않는 것이다."60 고요함의 그리스도교적 특성을 드러내는 이 정의는 『자유의지론』 1권에 나타난 그릇된 욕망(libido)이라는 단어의 다음과 같은 정의를 연상시킨다. "누구든지 원하지 않아도 잃어버릴 수밖에 없는 것들에 대한 사랑이다."61 사랑하느라 번민하는 사물이나 원하지 않아도 잃어버릴 수밖에 없는 것들은 영원한 것이 아닌 그저 지나가는 것들이다. 하느님만이 영원하며 잃어버릴 수 없는 것이다. 따라서 고요함이란 단어는 하느님을 섬기는 것에서 이해해야 한다는 것이 분명해진다.

따라서 타카스테 수도 공동체의 이상으로 제시된 '고요함 안에서 하느님처럼 된다.'(deificari in otio)는 정식은 일부 학자들이 이해하듯62 철학자나 현인 곧 육신적 사랑을 갖고 있지 않은 이의 행복한 안식으로 보아서는 안 된다는 것이 확실하다. 오히려 이 표현은 관상생활 안에서 하느님과 유사해진다는 의미로 보아야 하며, 이러한 의미에서 아우구스티누스는 타카스테 공동체의 이상이며 동시에 그가 평생 추구하고자 했던 정신으로 삼았던 것이다.

3. 히포의 사제 아우구스티누스

폭력에 떠밀린 눈물의 사제서품

타가스테 공동체의 삶은 아우구스티누스와 그의 동료들의 지향이 진리에 대한 관상에 헌신하는 것임을 보여준다. 다시 말하면, 그들의 삶은 본질적으로 거룩한 고요함에 봉헌하는 삶인 것이다.63 이 삶은 고요함안에 쉬는 것(vacare in otio)으로, 64 고요함에서 참된 지혜를 얻을 수 있고 신적 삶의 무언가를 맛볼 수 있기 때문이다.65 평생 하느님의 종으로서 수도원의 고독 안에 머물기 바랐던 아우구스티누스에게 삶의 전환점이 되는 사건이 발생한다. 391년 히포에서 사제서품을 받게 된 것이다. 혹자는 이 사건을 가리켜 아프리카 교회뿐 아니라 전 세계 교회가 갖고 있는 영적 투사에 있어 중요한 것이라고 한다.66 다른 이는 토론을 벌이는 철학자에서 선포하는 설교가로의 전환을 의미하는 사건이라고 말한다.67 혹시라도 성직자가 될까 봐 주교좌가 비어 있다고 알려진 도시에는 얼씬도 하지 않던 아우구스티누스의 모습을68 생각한다면, 사제서품은 분명 그에게 특별한 사건임이 틀림없다. 쟈크 핀타르(Jacque Pintard)는 『재론고』 1권에 나타나는 『믿음의 유익』(*De utilitate credendi*), 『두 영혼』(*De duabus animabus*), 『마니교도 포르투나투스 반박 토론』(*Acta contra Fortunatum Manichaeum*), 『신앙과 신경』(*De fide et symbolo*), 『이단자 도나투스 서한 반박』(*Contra epistolam Donati heretici*), 『로마서 명제 해설』(*Expositio quarumdam propositionum ex epistola Apostoli ad Romanos*) 등의 작품에 대한 아우구스티누스의 설명, 곧 사제서품이나 사제 시절에 작성된 것이라는 문장을 인용하면서 성인에게 있어 사제서품이 연대기적으로 특별한 지표이며 동시에 잊을 수 없는 날짜였다고 본다.[69] 또한 그는 『교사론』(De magistro)이 아우구스티누스의 마지막 철학서이고, 성인이 사제서품 후에 저술한 첫 작품으로 『믿음의 유익』이 『재론고』에서 나타나고 있다는 것은 철학에 안녕을 고하는 것(un adieu à la philosophie)이라는 바르디(M. Bardy)의 주장을 인용하면서 성품성사로 인한 문화의 변형을 보고 있다.[70]

　이러한 변화를 가져온 성품성사를 떠올리며 성인은 다음과 같이 말한다. "여러분은 지금 나를 하느님의 섭리로 여러분의 주교로 보고 있습니다. 제가 이 도시에 왔을 때, 저는 젊은이였습니다. 여러분들 중의 많은 분들은 그것을 알고 있을 것입니다. 당시 저는 수도원을 세워 저의 형제들과 함께 살 곳을 찾고 있었습니다. 저는 모든 세속적 희망을 포기하였습니다. 세상 안에서 제가 할 수 있었을 경력 역시 원하지 않았습니다. 무엇보다 저는 지금 제가 있는 지위를 추구하지 않았습니다. 죄인들의 장막 안에 살기보다 저의 하느님 집의 낮은 자리에 있는 것을 택하였습니다. 저는 세상을 사랑하는 이들을 멀리하였고 백성을 다스리는 이들과 저를 동등하게 놓지 않았습니다. 주님의 잔치에서 저는 높은 자리보다는 낮고 비천한 자리를 택하였습니다. 하지만 그분은 '높은 곳으로 올라오라'고 말하시는 것을 좋아하신 것입니다. 저는 주교 직무에 대해 두려워했습니다. 그렇기에 주교좌가 공석인 도시에 가는 것을 피하곤 하였는데, 하느님의 종들 중에 제 명성이 점점 회자되기 시작했기 때문입니다. 저는 이 지위를 피하려고 노력하였고 낮은 곳에서 저를 보호하시고 높은 직무를 맡아 위험에 빠지지 않도록 하느님께 울면서 기도하였습니다. 하지만 제가 말했던 대로, 좋은 주인을 거역해서는 안 됩니다. 이 도시에 저는 한 친구를 보러 왔습니다. 그를 하느님께 봉헌하고 우리와 함께 수도원에 있도록 하기 위함이었습니다. 이곳은 주교가 있었기 때문에 안전할 거라고 보았던 것입니다. 하지만 잡혀 신부로 서품되었고 그 지위를 거쳐 주교직에 이르게 되었습니다."71 이 강론에서 우리는 특기할 점을 발견하게 된다. 무엇보다 아직 평신도로서의 아우구스티누스가 생각하던 사제직에 대한 생각이다. "죄인들의 장막 안에 살기보다 저의 하느님 집의 낮은 자리에 있는 것을 택하였습니다."라는 시편 84(83), 11을 인용하면서, 사제직을 수행하는 이들을 세상을 사랑하는 이들이요, 백성을 다스리는 이들이고, 주님의 잔치에서 높은 자리를 택한 이들로 보고 있다는 것이다. 때문에 위험에 빠지기 쉬운 이들로 묘사된다. 이에 반해, 히포에 온 아우구스티누스의 의도는 오직 수도생활과 관련된다. 새로운 수도원을 세우기 위해 그리고 수도생활에 대해 매력을 갖고 있는 한 친구를 하느님께 봉헌하고 수도원에서 함께 생활하기 위한 것이었다. 이러한 성인에게 사제서품은 "잡혀 신부로 서품되었다."(Apprehensus, presbyter factus sum)라고 표현할 만큼 자신의 의도와는 상관없이 벌어진 일이었다.

이 강제에 의한 사제서품은 포시디우스의 증언에서도 잘 드러난다. 그는 성인이 수도생활을 원하는 이를 만나러 히포에 갔음을 설명한72 후 다음과 같이 적고 있다. "그즈음 히포의 가톨릭교회에는 거룩한 발레리우스가 주교직을 수행하고 있었다. 하루는 그의 교회의 간절한 필요성에서 히포시를 위해 사제를 한 사람 세워 서품하는 일에 대해 하느님의 백성에게 권고하고 있었다. 이미 거룩한 아우구스티누스의 수덕적 삶과 가르침을 알고 있었던 가톨릭 신자들은 그를 손으로 지목하였다. 마침 그는 일어날 일에 대해 모른 채 안심하고 백성 가운데 있었다. −평신도일 때 그가 자주 우리에게 말한 것처럼 주교가 없는 교회들에 보통 다니지 않았다− 백성들은 그를 붙잡아, 이런 경우 통상 하던 대로, 주교에게 서품을 주도록 요청하였다. 모든 이가 만장일치로 동의하고 원하며 그것이 이루어지기를 간청하면서 열광하고 소리 지르며 졸라대고 있는데, 그는 펑펑 울고 있었다. … 이리하여 사람들이 원하던 바대로 그 소원이 이루어졌다."73 여기서 우리는 당시 강제적 사제서품이 드물지 않은 경우였다는 것을 "이런 경우 통상 하던 대로"라는 표현을 통해 알 수 있다. 예를 들면, 놀라(Nola)의 파울리누스(Paulinus)는 백성들의 원의에 따라 바르셀로나에서, 74 히에로니무스의 형제인 파올리니아누스(Paolinianus)는 에피파니우스(Epiphanius)의 강압에 따라 사제로 서품되었다.75 또한 포시디우스는 마니교도였다가 아우구스티누스에 의해 개종한 피르무스(Firmus)역시 억지로 사제로 서품되었다고 전해준다.76

백성들의 열광과 원의로 이루어진 사제서품에 대한 아우구스티누스의 반응은 눈물이라고 포시디우스는 전해준다. "그는 펑펑 울고 있었다." 문제는 이 눈물에 대한 해석이다. 포시디우스에 따르면, "그 스스로 말한 바에 따르면, 몇몇은 이 눈물을 교만의 표지로 알아들었다고 한다. 그들은, 그가 물론 더 높은 지위에 합당한 사람이지만 사제의 자리 또한 주교직으로 나아가는 것이라고, 마치 위안이라도 하려는 듯 이야기했다는 것이다."77

그렇다면 이 눈물의 의미는 무엇인가? 아우구스티누스의 표현대로 한다면, 무엇보다 사제서품은 "내가 하고자 하는 것을 더 이상 원하지 않고 당신이 원하시는 것을 원하는 것"이다.78 이러한 의미에서 본다면, 본인이 지금껏 고요함 안에서 오직 하느님만을 추구해온 삶의 방식과는 다른 모습으로 살아가야 한다는 것에 대한 아픔이라고 할 수 있다.79 위에서 인용한 「강론」 355, 2에서 나타나듯, 세속의 모든 야망을 포기하고 살아온 삶, 백성을 다스리는 것을 좋아하는 이들과 각축을 벌이지 않기 위해 세상을 사랑하는 자들을 멀리하였던 삶, 주님의 자리에서 좀 더 높은 자리보다 제일 비천한 자리를 선택한 삶, 자신의 구원을 위해 낮은 곳에 머물려고 했던 삶에서 자신이 원하지 않던 삶으로 변화되는 것에 대한 눈물이라고 볼 수 있다. 그런데 성인이 사제서품 후 발레리우스 주교에게 보낸 서한을 통해 직접 밝히고 있는 눈물의 참된 이유에 따르면, "처음에 저는 이 직무를 매우 위험한 것으로 판단하였습니다. 이 때문에 몇몇 형제들이 서품식 때 도시에서 제가 흘린 눈물을 보게 된 것입니다."80 포시디우스 역시 같은 내용을 다음과 같이 전해준다. "사실 하느님의 사람 아우구스티누스는 본인 스스로 말하듯, 더 심오한 견지에서 알아듣고, 교회를 이끌고 다스리는 일 때문에 이제 자신의 삶에 얼마나 큰 위험을 겪게 될지를 예견하였기에 눈물을 흘린 것이다."81 결국 성인이 눈물을 흘린 것은 교회를 이끌고 다스리는 사제직을 매우 위험한 것으로 생각하였기 때문이다.

그렇다면 이 위험은 어떤 것인가? 성인에 따르면, "건성으로 그리고 아첨하면서 한다면 이 세상 삶에서, 특별히 이 시기에 주교직, 사제직, 부제직보다 더 쉬운 것도 없고, 더 즐거운 것도 없고, 사람들에게 더 받아들여질 만한 것도 없습니다. 하지만 하느님 앞에서는 (이 직무들보다) 더 불행한 것도 없고, 더 슬픈 것도 없고, 더 단죄 받을 것도 없습니다. 마찬가지로 우리의 장군께서 명령하신 대로 군인의 임무를 다한다면, 이 세상 삶에서 특별히 이 시기에 주교직, 사제직, 부제직보다 더 어려운 것, 더 힘든 것 그리고 더 위험한 것은 없습니다. 그러나 하느님 앞에서 그 어떤 것도 이 직무들보다 더 행복한 것은 없습니다."[82] 여기서 아우구스티누스는 두 개의 상반된 성직자 삶의 개념에 대해 묘사하고 있다. 무엇보다 개인적 야심을 위한 도구요 경력으로서 사제직을 생각하는 이들에 대해 단죄한다. 이 개념은, 포시디우스가 전해주듯, 일부 사람들이 사제서품 때 울고 있던 아우구스티누스에게 한 말에서 잘 드러난다. 이 개념에 따른 삶은, 성인이 경고하듯, 하느님 앞에서 가장 불행하고 슬프고 단죄 받을 삶이다. 성인은 이러한 모습으로 살아가는 일부 성직자들에 대한 체험을 하였고, 스스로 그들보다 더 지식이 많고 낫다고 여기면서 자주 그들에 대해 엄격하게 비판한 것으로 보인다.[83] 때문에 성인은 자신의 사제서품을 하느님이 원하시는 교정 방법, 곧 자신의 죄 때문에 이루어진 폭력이라고 본다.[84] 위에서 인용한 성인의 묘사에서 나타나는 또 다른 성직자의 삶은 마치 군인이 장군의 명에 따라 자신의 임무를 충실히 수행하는 것이다. 그래서 그보다 더 어려운 것, 더 힘든 것 그리고 더 위험한 것은 없지만, 하느님 앞에서 가장 행복한 직무라고 표현한다. 이 상반된 두 모습의 삶에 대한 생각에서 우리는 다음의 것을 엿볼 수 있다. 무엇보다 사제직은 자신의 개인적 야망이나 욕심 때문에 수행해서는 안 된다. 오히려 사제직은 이를 부여하신 하느님의 명에 따라 행해져야 한다. 또한 사제직을 받은 이는 자신의 모든 것을 다 바쳐 이를 수행해야 한다. 즉 전적인 투신과 봉사가 요구되는 삶인 것이다.

사제서품: 개인적 이익에서 백성에 대한 봉사로의 전환

아우구스티누스의 삶에서 결정적인 순간으로 작용한 사제서품은 그의 삶에 새로운 방향을 부여한다. 지금껏 관상생활만을 추구하였다면, 이제 주님의 뜻에 따라[85] 그리고 교회의 필요에 따라[86] "지극히 위험한 직무"(periculosissimum ministerium)요[87] "짐"(sarcina)으로 느끼는 사제직을 수행해야 하는 것이다.[88]

이러한 고통스러운 체험에서 하느님께 대한 봉사의 개념 역시 변화되었다. 물론 아우구스티누스가 수도생활을 완전히 포기한 것은 아니다. 포시디우스가 증언하듯, 사제가 된 후 히포 주교좌성당 옆에 수도원을 세우고 하느님의 종들과 함께 사도 시대에 제정된 방식과 규정에 따라 살았다.[89] 그러나 히포의 사제로서 그리고 주님 안에서 수인이 된[90] 성인은 수도생활의 영역에 사제생활의 차원을 결합하여 사목직 수행을 통한 관상생활이라는 새로운 전망을 탄생시킨다.[91] 이 점에 있어 우리는 마태 17, 1-8에 대한 강론에서 흥미로운 것을 발견한다. "주님, 여기에서 지내면 좋겠습니다."라는 베드로의 바람에 아우구스티누스는 이렇게 응답한다. "베드로여 내려가시오. 당신은 산

위에서 머물기를 희망했었지. 내려가시오. 하느님의 말씀을 선포하시오. 적합한 상황이든 부적당한 상황이든 모든 상황에서 계속 하시오. 책망하고, 권고하고, 당신의 모든 인내심과 가르치는 모든 능력을 사용하여 용기를 불어 넣어주시오. 일하시오. 많이 피곤해지시오. 어떠한 고통도 받아들이시오. 이는 선한 행동의 빛남과 아름다움을 통하여 주님의 옷이 빛났다는 것이 상징하는 바를 당신이 사랑 안에서 소유하기 위해서입니다. 사도의 편지에서 읽은 사랑의 찬가에서 우리는 다음의 말씀을 들었습니다. '자기 이익을 추구하지 않는다.' … 다른 곳에서 사도는 잘 이해하지 않으면 위험한 표현을 사용합니다. … '누구나 자기 좋은 것을 찾지 말고 남에게 좋은 것을 찾으십시오.' … 사도는 자기 자신에 대해 이렇게 말합니다. '나는 많은 사람이 구원을 받을 수 있도록, 내가 아니라 그들에게 유익한 것을 찾습니다.' 이것을 베드로는 아직 산 위에서 그리스도와 함께 살기를 희망할 때 이해하지 못한 것입니다. 베드로여, 그리스도께서는 이것을 당신에게 죽음 후로 미루신 것입니다. 그분은 지금 당신에게 이렇게 말씀하십니다. '땅 위에서 피곤해지기 위해, 땅에서 봉사하기 위해, 멸시받기 위해, 땅 위에서 십자가에 못 박히도록 내려가라.' … 당신의 개인적 이익을 추구해서는 안 됩니다. 당신은 사랑을 지녀야 하고, 진리를 선포해야 합니다. 그 때에는 고요함을 발견할 영원성에 당신은 도달할 것입니다."[92] 이 강론에서 아우구스티누스는 사도 바오로의 말씀들을(1 코린 13, 5; 10, 24; 10, 33) 인용하면서, 타볼 산위에 머물기를 바라는 베드로에게, 백성들에게 봉사하기 위해 그곳에서 내려와야 한다는 것을 강조하고 있다. 다른 말로 한다면, 타볼 산에 머물기를 희망하는 것이 진리이신 그리스도께 대한 관상에 대한 사랑이었다면, 이제는 백성에 대한 사랑으로 그곳에서 내려와 진리를 선포해야 한다는 것이다.

　진리에 대한 사랑으로 표현되는 수도생활에서 백성에 대한 사랑으로 표현되는 사제직으로의 전환에 대한 이 강론은 분명 사제서품이라는 아우구스티누스의 개인적 체험을 담고 있다고 할 수 있다. 이 체험을 통해 성인은 사제는 "백성에게 성사와 하느님의 말씀을 주는 사람"이라는 정의를 내리게 되었다.93 따라서 사제는 무엇보다 진리에 대한 사랑에 머물러 있어야 한다. 곧 사제는 자신의 직무를 수행하는 과정에서 기도와 성서 공부 및 묵상을 통해 하느님의 신비를 백성에게 전달해주어야 한다는 것이다.94 사제서품 직후에 갖게 된 이 생각에 아우구스티누스는 항상 충실하게 머물면서 사제생활의 중심 프로그램으로 삼았다.95 이는 425-426년 히포에서 행한 강론에서 성인이 신자들에게 다음과 같이 요구한 것에서도 잘 나타난다. "영혼이 육신 안에 있을 때까지 제가 내 힘이 얼마만큼 지원할지라도 하느님의 말씀 안에서 여러분에게 봉사할 수 있도록 저를 위해 기도해주십시오."96

　사목직 수행을 통한 관상생활에 대한 아우구스티누스의 생각은 수도자들에게 교회가 요구한다면 사제직을 받아들일 것을 권고하는 것으로 발전한다. "오 형제들이여, 우리는 여러분들이 수도생활을 수행하여 이를 끝까지 보존할 것을 주님 안에서 권고합니다. 만약 어머니이신 교회가 너희들의 봉사를 요구한다면, 높은 곳으로 올라간다는 열망 때문에 이를 받아들여서는 안 되며, 매력적인 게으름 때문에 이를 거부해서도 안 됩니다. 오히려 여러분을 인도하시는 분에게 겸손하게 복종하면서 하느님께 양순한 마음으로 순명해야 합니다. … 교회의 필요성보다 여러분의 고요함을 더 앞세워서는 안 됩니다. 선한 이들 중에 그 누구도 새로운 자녀를 탄생하는 데 있어 교회를 돕지 않는다면, 여러분 역시 그 안에서 태어나는 양식을 발견하지 못할 것입니다."[97] 이 서한에 따르면, 사제직과 수도생활은 분명 다른 두 길이지만 양립할 수 있다는 것이다. 곧 상호 보완하며, 어떤 의미로 보면 수도생활이 사제직을 위한 훌륭한 준비기간이라고도 할 수 있다는 것이다.[98]

성인의 깊은 교회적 감각을 드러내는 이 가르침은 『신국론』 19권 19장에서 보다 결정적인 표현으로 나타난다. 이에 따르면, "고요함 중에 이웃에게 베풀 유익한 일을 아무것도 생각하지 않을 정도여야 한다는 법도 없고, 활동적이라고 해서 하느님에 대한 관상을 전혀 도모하지 않을 정도여야 한다는 법도 없다. 고요함 중에는 나태한 한가함을 즐기는 것이 아니고 진리에 대한 탐색과 발견을 즐겨야 하며, 누구든지 진리 안에서 정진하되 자기가 발견한 진리를 다른 사람도 발견한다고 해서 시샘하지 말아야 한다. 그 대신 활동 중에는 현세생활의 영예와 권세에 애착해서는 안 된다. … 진리에 대한 사랑은 거룩한 고요함을 찾는 것이 마땅하고, 사랑에서 우러나오는 필요성은 올바른 활동을 받아들이는 것이 마땅하다."[99] 여기서 아우구스티누스는 수도자들의 삶을 거룩한 고요함(otium sanctum)으로 보면서, 이 고요함은 진리에 대한 사랑(caritas veritatis)으로,[100] 즉 관상과 공부에 대한 사랑과 개인적 성화로 채워져야 한다고 강조한다. 그리고 사제직 수행은 활동적인 삶으로 보며 이를 교회와 직무에 대한 보편적 사랑으로 애덕의 실천적 행위인 사랑에서 우러나오는 필요성(necessitas caritatis)으로 보고 있다. 때문에 성인은 계속해서 다음과 같이 말한다. "아무도 우리에게 짐을 지우지 않는다면 진리를 파악하고 관조하는 데 고요함을 가져야 마땅하다. 하지만 짐이 지워진다면 사랑에서 우러나오는 필요성 때문에 그 짐을 받아들이는 것이 마땅하다. 그렇다고 진리에 대한 향락을 전적으로 내버려야 한다는 말이 아니다. 그렇지 않으면 진리의 감미로움을 빼앗기고 활동의 필요가 우리를 짓누르는 결과를 빚는다."[101]

그러므로 사랑에서 우러나오는 필요성(necessitas caritatis)은 그리스도의 신비체인 교회 개념 안에서 이해해야 한다. 즉 "한 지체가 고통을 겪으면 모든 지체가 함께 고통을 겪습니다. 한 지체가 영광을 받으면 모든 지체가 함께 기뻐합니다."라는 바오로의 말처럼(1 코린 12, 26) 살아있는 유기체인 교회 안에서 고통 받고 있는 구성원에 무관심해서는 안 된다는 것이다.[102] 이러한 의미에서 아우구스티누스는 에우독시우스(Eudoxius)와 그의 수도자들에게 보낸 서한에서 "여러분은 우리 안에서 활동적이 되고, 우리는 여러분 안에서 관상적일 정도로 우리는 한 머리 밑에 한 몸을 형성합니다."라고 말한다.[103] 따라서 하느님께서 내적으로 당신의 뜻을 드러내시고 외적으로는 교회를 통해 보여주시는 하느님의 부르심에 대한 겸손한 응답으로 시작되는 사제직은 말씀의 선포와 성사 집전자요 그리스도의 종으로서 다른 형제들에게 봉사하는 삶이다.[104] 사람들이 그리스도인이 되고 그리스도인으로 살아가게끔 돕는 것이다. 즉, 선포하고 자신이 직접 살아가는 말씀을 통해 사람들에게 하느님을 선사하고, 성사 집전을 통해 사람들에게 하느님을 전해주어야 한다.105 이러한 의미에서 사제 직무는 본성상 사회적 성격을 지니고 있다고 할 수 있다.

나가는 말

지금까지의 고찰을 통해 사제서품이 아우구스티누스에게 있어 어떤 의미를 지니는지 보았다. 그리스도교 신자가 되겠다는 결심은 그에게 수도자가 되겠다는 것과 같은 의미를 지녔기에, 성인은 하느님께 대한 온전한 봉헌을 드러내기 위해 '하느님의 종' 또는 '하느님을 섬기다'라는 표현을 사용하면서 아무런 조건 없이 하느님을 섬기는데 자기 자신을 온전히 봉헌하게 된다. 이러한 그의 모습이 처음으로 드러난 곳이 바로 카씨치아쿰 공동체였다.

세례를 받은 후 아우구스티누스는 자신의 고향인 타가스테에 아프리카 최초의 수도원을 설립하여 계속해서 '하느님의 종'으로서 살고자 하는 자신의 서원을 구현해 나아간다. 우리는 타가스테 수도원의 모습을 고찰하면서, 특별히 『서한』 10의 분석을 통해 '고요함 안에서 하느님처럼 되다'라는 아우구스티누스의 이상에 대해 알 수 있었다. 철학적 색채를 가지고 있는 이 정식은, 아우구스티누스가 타가스테에서 수도생활을 시작하였을 때, 더 이상 철학자나 현인들의 지성적 휴식을 통해 신과 비슷해지는 것으로 나타나지 않는다. 오히려 세례성사를 통해 주어진 성령의 선물을 통해, 그리고 수도생활의 핵심이라고 할 수 있는 하느님만을 추구하는 고요함 안에서 하느님과 비슷해진다는 그리스도교적 성격의 이상이었던 것이다.

그러나 이러한 그의 이상은 사제서품이라는 매개체를 통해 더 이상 수도생활에서만 구현되지 않는다. 타볼 산에서 내려와 지극히 위험스러운 직무를 수행함으로써 성인은 관상생활과 사제생활을 연결시킨다. 이로써 사목직과 관상생활이 연결된 사제직 개념이 등장하게 되었다. 사제는 "백성에게 성사와 하느님의 말씀을 주는 사람"이라는 인식을 통해 아우구스티누스는 사목직이 사랑의 직무이며, 이 사랑 때문에 사제는 자유로운 종이 되어 공동체를 위해 자신의 온 삶을 헌신해야 함을 강조한다. 이러한 그의 정신을 통해 우리는 다음의 사실을 알 수 있다. 무엇보다 사제는 그리스도와 교회 그리고 사람들의 영혼에 대한 깊은 사랑을 가지고 있어야 한다. 그리하여 그리스도와 교회가 원하는 대로 백성에게 하느님의 말씀을 전하고 가르쳐야 한다. 또한 양들을 위해 목숨을 바친 그리스도의 모범을 따라 사제 역시 백성을 위해 헌신적으로 봉사해야 한다.

| 주 |

1   「가톨릭교회 교리서」 1534항.
2   같은 책, 1535-1536항, 1551항.
3   같은 책, 1551항.
4   참조: A. 트라페, 「교부들의 사제 영성」, 이상규 역(왜관: 분도출판사, 2005), 22-23; Sant'Agostino. Sul Sacerdozio, ed. G. Ceriotti(Roma: Città Nuova, 19932), 29-30.
5   아우구스티누스, 「서한」 21; 48; 60; 228; 「강론」 46; 47; 101; 137; 138; 339; 340; 340/A; 「요한복음 강해」 46; 123.
6   포시디우스, 「아우구스티누스의 생애」(Vita Augustini) 18, 6. "Praecipuum dominici corporis membrum, circa universalis Ecclesiae utilitatem sollicitus semper ac pervigil."
7   M. Jourjon, "L'évêque et le peuple de Dieu selon saint Augustin", in AA.VV., Saint Augustin parmi nous(Le Puy, Paris: Éditions Xavier Mappus, 1954), 149-178; M. Pellegrino, "S. Agostino pastore d'anime", in Recherches Augustiniennes 1(1958), 317-338; Verus sacerdos. Il pensiero nell'esperienza e nel pensiero di sant'Agostino(Fossano: Editrice Esperienze, 1965²); J. Pintard, Le sacerdoce selon St. Augustin(Paris: Maison Mame, 1960); R. Crespin, Ministère et sainteté. Pastorale du clergé et solution de la crise donatiste dans la vie et la doctrine de saint Augustin(Paris: Études Augustiniennes, 1965); A. Mandouze, Saint Augustin. L'aventure de la raison et de la grâce(Paris: Études Augustiniennes, 1968), 121-164; "Saint Augustin et le ministère épiscopal", in Ch. Kannengiesser, ed., Jean Chrysostome et Augustin. Actes du coloque de Chantilly 22-24 septembre 1974(Paris: Éditions Beauchesne, 1975), 61-73; L. Verheijen, "Saint Augustin, un moine devenu Prêtre et Évêque", in Nouvelle approche de la règle de saint Augustin, I(Bégreoles en Mauges: Abbaye de Bellefontaine, 1980), 251-299; G.C. Ceriotti, "Il sacerdozio in S. Agostino", in Renovatio 14(1979), 205-220, 334-353.
8   아우구스티노, 『고백록』, 최민순 역(서울:성바오로출판사, 2006, 8, 12, 29.
9   아우구스티누스, 「고백록」 8, 12, 29-30.
10 포시디우스, 「아우구스티누스의 생애」 2, 1.
11 아우구스티누스, 「고백록」 8, 1, 2.
12 참조: 아우구스티누스, 「고백록」 8, 7, 18.
13 포시디우스, 「아우구스티누스의 생애」 2, 1.
14 참조: M. Mellet, L'itinéraire de l'idéal monastiques de saint Augustin(Paris: Desclée de Brouwer et Cie, 1934), 10; A.-G. Hamman, En Afrique du Nord au temps de saint Augustin(Paris: Hachette, 1985), 216.

15 참조: M.F. Sciacca, "Sant'Agostino", in U.A. Padovani, ed., *Grande Antologia Filosofica*(Milano: Marzorati, 1954), 256. 여기서 저자는 아우구스티누스의 개종에서 두 순간을 구분해야 한다고 주장한다. 하나는 그리스도교의 수용이요, 다른 하나는 그리스도교 완덕의 이상과 결혼하는 것이다.
16 L. Alici, "Agostino fra fede e ricerca: la conversione dell'intelligenza", in AA.VV., *Agostino e la conversione cristiana*(Palermo: Augustinus, 1987), 42.
17 카씨치아쿰에 대해서 참조: F. Meda, "La controversia sul Rus Cassiciacum", in AA.VV., *Miscellanea Agostiniana*, II(Roma: Tipografia Poliglotta Vaticana, 1931), 49-59.
18 아우구스티누스, 「독백」(*Soliloquia*) 1, 1, 5. 「독백」(서울: 가톨릭 청년사, 1960)을 참고하였다.
19 아우구스티누스, 「고백록」 9, 5, 13.
20 포시디우스, 「아우구스티누스의 생애」 2, 4.
21 아우구스티누스, 「질서론」(*De ordine*) 1, 2, 5. Nuova Biblioteca Agostiniana(이하 NBA) III, 252. 아고스티노 트라페에 따르면, 아우구스티누스가 카씨치아쿰에서 다룬 주제들은 그가 열렬하게 추구한 그리스도교 철학의 큰 프로그램에 들어가는 것이다: A. Trapè, *S. Agostino. L'uomo, il pastore, il mistico*(Fossano: Editrice Esperienze, 1976), 148.
22 참조: 아우구스티누스, 「고백록」 9, 4, 8-11.
23 참조: L.F. Pizzolato, "L'itinerario spirituale di Agostino a Milano", in AA.VV., *Agostino a Milano: Il Battesimo*(Palermo: Augustinus, 1988), 38-39.
24 아우구스티누스, 「질서론」 2, 19, 51, NBA III, 354.
25 아우구스티누스, 「가톨릭교회의 관습과 마니교도의 관습」 1, 33, 70, NBA XIII/1, 102.
26 로마에 체류하는 동안 아우구스티누스는 「가톨릭교회의 관습과 마니교도의 관습」, 「영혼의 위대함」(*De animae quantitate*)을 저술하였고, 「자유의지론」(*De libero arbitrio*) 집필을 시작하였다. 이에 대해 참조: 아우구스티누스, 「재론고」(*Retractationes*) 1, 7, 1-9, 6, NBA II, 32-56.
27 참조: O. Perler, *Les voyages de saint Augustin*(Paris: Études Augustinien-nes, 1969), 145-151.
28 아우구스티누스, 「고백록」 9, 8, 17.
29 포시디우스, 「아우구스티누스의 생애」 3, 1-2. 참조: 아우구스티누스, 「서한」 157, 4, 39, NBA XXII, 632.
30 참조: P. 브라운, 「어거스틴 생애와 사상」, 차종순 역(서울: 한국장로교출판사, 1992), 188.
31 G. Folliet, "Aux origines de l'ascétisme et du cénobitisme africain", in AA.VV., *S. Martin et son temps: Mémorial du 16e centenaire des débuts du monachisme en Gaule*, 361-1961(Roma: Pontificium Institutum S. Anselmi, 1961), 38; R.J. Halliburton, "The inclination to retirement – the retreat of Cassiciacum and the 'Monastery' of Tagaste", Studia Patristica

5(1962), 339; L.J. Van der Lof, "The threefold meaning of Servi Dei in the writings of Saint Augustine", *Augustinian Studies* 12(1981), 54-56.

32 F. Van der Meer, *Saint Augustin. Pasteur d'âmes*, I(Paris: Editions Alsatia, 1955), 324.

33 참조: A. Zumkeller, *Das Mönchtum des heiligen Augustinus*(Würzburg: Augustinus-Verlag, 1968), 56-68; M. Mellet, *L'itinéraire de l'idéal monastiques de saint Augustin*, 19-29; G. Lawless, "Augustine's first monastery: Thagaste or Hippo?", *Augustinianum* 25(1985), 65-78.

34 P. Monceaux, "Saint Augustin et saint Antoine. Contribution l'histoire du monachisme", in AA.VV., *Miscellanea Agostiniana*, II, 71.

35 「서한」 10은 아우구스티누스와 네브리디우스가 387년부터 391년까지 서로 주고받은 12개의 편지 중의 하나이다. 서로 주고받은 편지에 대해서는 참조: M. Marie de Gonzague, "Un correspondant de saint Augustin: Nebridius", in AA.VV., *Augustinus Magister*, I(Paris: Études Augustiniennes, 1954), 93-99. 「서한」 10이 작성된 연도에 대해서는 참조: M. Pellegrino, "Introduzione alle Lettere", in *Nuova Biblioteca Agostiniana* XXI/1(Roma: Città Nuova, 19922), CXI.

36 G. Reale, *Storia della filosofia antica*, V(Milano: Vita e Pensiero, 1996³), 68.

37 참조: R.J. Teske, "Augustine's Epistula X: Another look at Deificari in otio", *Augustinianum* 32(1992), 296.

38 참조: G. Folliet, "Deificari in otio. Augustin, Epistola 10, 2", *Recherches Augustiniennes* 2(1962), 233-236; G. Bonner, "Augustine's conception of deification", *Journal of Theological Studies* 37(1986), 371.

39 참조: 아우구스티누스, 「고백록」 7, 18, 24; 21, 27.

40 참조: R. Holte, *Béatitude et Sagesse. Saint Augustin et le problème de la fin de l'homme dans la philosophie ancienne*(Paris: Études Augustiniennes, 1962), 318.

41 아우구스티누스, 「독백」 1, 1, 3. 넬로 치프리아니는 'quem accepimus'라는 표현이, 성령은 신자들이 그리스도로부터 받는 선물이라는 점을 분명히 드러낸다고 설명한다. 또한 뒤 루와는 'ne omnino periremus'라는 표현을 통해 성령의 역할이 피조물로 하여금 무(無)로 돌아가지 않도록 하는 것임을 드러낸다고 해석한다: N. Cipriani, "Le fonti cristiane della dottrina trinitaria nei primi dialoghi di S. Agostino", *Augustinianum* 34(1994), 291; O. du Roy, *L'intelligence de la foi en la Trinité selon saint Augustin. Genèse de sa théologie trinitaire jusqu'en 391*(Paris: Études Augustiniennes, 1966), 201, n. 6.

42 아우구스티누스, 「독백」 1, 1, 3.

43 아우구스티누스, 「독백」 1, 1, 3.

44 아우구스티누스, 「가톨릭교회의 관습과 마니교도의 관습」 1, 35, 80, NBA XIII/1, 112.

45 같은 책, 1, 13, 23; 13, 22; 17, 31; 35, 78; 35, 80.

46 G. Folliet, "Deificari in otio. Augustin, Epistola 10, 2", 226-236.

47 A. Mandouze, *Saint Augustin. L'aventure de la raison et de la grâce*, 208, n. 1; R.J. Teske, "Augustine's Epistula X: Another look at Deificari in otio", 296.
48 참조: A. Lipari, "Ozio", in *Dizionario Enciclopedico di Spiritualità*, 2(Roma, 1990), 1798.
49 참조: D. Trout, "Otium", in *Augustine through the Ages. An Encyclopedia* (Michigan: Eerdmans, 1999), 618; E. Francesco, "Ozio", in *Enciclopedia Cattolica*, IX(Citt del Vaticano: 1952), 492.
50 참조: M. Testard, *Saint Augustin et Cicéron*, I(Paris: Études Augustiniennes, 1958), 98-99.
51 G. Folliet, "Aux origines de l'ascétisme et du cénobitisme africain", 37.
52 아우구스티누스, 「재론고」 1, 1, 1.
53 아우구스티누스, 「서한」 5, NBA XXI/1, 22.
54 A. Mandouze, *Saint Augustin. L'aventure de la raison et de la grâce*, 209.
55 아우구스티누스, 「서한」 10. 1, NBA XXI/1, 46.
56 아우구스티누스, 「참된 종교」(*De vera religione*), 성염 역(왜관: 분도출판사, 1989), 39, 72.
57 아우구스티누스, 「질서론」 1, 3, 6.
58 아우구스티누스, 「서한」 10, 2, NBA XXI/1, 48.
59 같은 책, 10, 3, NBA XXI/1, 48.
60 아우구스티누스, 「참된 종교」 35, 65.
61 아우구스티누스, 「자유의지론」 성염 역(왜관: 분도출판사, 1998) 1, 4, 10.
62 W. Thimme, *Augustins geistige Entwickelung in den ersten Jahren nach seiner Bekehrung*, 386-391 (Berlin: Trowitzsch & Sohn, 1908), 29, n. 1; G. Bardy, "Divinisation", in *Dictionnaire de Spiritualité*, III(Paris, 1957), 1390-1391; J.A.A.A. Stoop, *Die deificatio hominis in die Sermones en Epistulae van Augustinus*(Leiden: Luctor et Emergo), 1952, 48.
63 참조: 아우구스티누스, 「서한」 220, 3, NBA XXIII, 622.
64 같은 책, 48, 2, NBA XXI/1, 404; 95, 9, NBA XXI/2, 900-902
65 참조: 아우구스티누스, 「강론」, 103, 4, 5, NBA XXX/2, 264-266; 104, 3, NBA XXX/2, 270-272.
66 G. Ceriotti, *La pastorale delle vocazioni in S. Agostino*(Palermo: Edizioni Augustinus, 1991), 13.
67 J. Ratzinger, *Popolo e casa di Dio in sant'Agostino*(Milano: Jaca Books, 1978), 13.
68 포시디우스, 「아우구스티누스의 생애」 4, 1.
69 J. Pintard, *Le sacerdoce selon St. Augustin*, 323.
70 같은 책, 323-324.
71 아우구스티누스, 「강론」 355, 2, NBA XXXIV, 246.

72 포시디우스, 「아우구스티누스의 생애」 3, 3-4.
73 같은 책, 4, 1-3. 포시디우스의 「아우구스티누스의 생애」 5, 2에 따르면, 발레리우스는 "하느님의 말씀과 구원의 가르침을 통해 주님의 교회를 건설할 능력을 갖춘 사람을 달라고 자주 기도하였다고 말하였다. 그는 그리스 출신이고 라틴어와 문학에 그리 조예가 없었기에 이 일에 적합하지 않다고 스스로 생각하였다."
74 파울리누스, 「서한」 24, 4.
75 히에로니무스, 「서한」 51, 1.
76 포시디우스, 「아우구스티누스의 생애」 15, 5-7.
77 포시디우스, 「아우구스티누스의 생애」 4, 2."
78 아우구스티누스, 「고백록」 9, 1, 1.
79 마루는, 아우구스티누스의 서신에서 '시간이 없습니다. 정신을 못 차릴 정도로 일이 있습니다.'라는 불평이 자주 나타난다는 점을 들면서, 관상가요 사색가인 아우구스티누스가 사도직과 행동의 직무를 수락하면서 행한 희생이 얼마나 큰지 느낄 수 있다고 주장한다: H.-I. Marrou, *Saint Augustin et la fin de la culture antique*(Paris: Éditions E.de Boccard, 1958), 330, n. 1.
80 아우구스티누스, 「서한」 21, 2, NBA XXI/1, 100
81 포시디우스, 「아우구스티누스의 생애」 4, 3.
82 아우구스티누스, 「서한」 21, 1, NBA XXI/1, 100.
83 같은 책, 21, 2, NBA XXI/1, 100. 베르헤이언은 여기서 아우구스티누스가 '반성직주의적' 가톨릭 지성인들에 속한 사람이었다고 주장한다: L. Verheijen, "Saint Augustin, un moine devenu Prêtre et Évêque", 268.
84 아우구스티누스, 「서한」 21, 1-2, NBA XXI/1, 100.
85 아우구스티누스, 「강론」 355, 2, NBA XXXIV, 246.
86 포시디우스, 「아우구스티누스의 생애」 4, 1.
87 아우구스티누스, 「서한」 21, 2, NBA XXI/1, 100.
88 아우구스티누스, 「서한」 85, 2.
89 포시디우스, 「아우구스티누스의 생애」 5, 1.
90 F. Van der Meer, *Saint Augustin. Pasteur d'âmes*, 1(Colmar-Paris: Éditions Alsatia, 1955), 29.
91 G. Ceriotti, "Azione e contemplazione in S. Agostino", in A. Baldoni, G. Ceriotti, ed., *Frammenti agostiniani*(Palermo: Edizioni Augustinus, 1988), 94.
92 아우구스티누스, 「강론」 78, 6, NBA XXX/1, 570-572.
93 아우구스티누스, 「서한」 21, 3, NBA xxI/1, 102.
94 이러한 면에서 아우구스티누스는 사제서품 후 발레리우스 주교에게 성서에 대한 자신의 부족한 이해를 이유로 이를 보충하고 기도할 시간을 청한다: 「서한」 21, 3,(「서한」 21, 3) 핀타르에 따르면, 영혼의 목자로서 아우구스티누스는 특별히 성경과 친밀해져야할 필요성을 느꼈고, 이로 인해 성경이 고전작품들을 대치하게 되었다. 때문에 「그리스도교 교양」(De doctrina christiana)에서 그리스도교 문화의 새 프로그램이 작성되었고, 이 새로운 면이 사제서품과 무관한 것은 아니다: J. Pintard,

Le sacerdoce selon St. Augustin, 324.
95 M. Pellegrino, *Verus sacerdos. Il pensiero nell'esperienza e nel pensiero di sant'Agostino*, 17. 사제가 선생이자 학생이라는 측면, 곧 꾸준히 성서를 읽고 묵상하고 공부해야 한다는 것에 대해서 참조: A. 트라페, 「교부들의 사제 영성」, 244-251.
96 아우구스티누스, 「강론」 355, 7, NBA XXXIV, 256. 참조: 같은 책, 8, 2, NBA XXIX, 120.
97 아우구스티누스, 「서한」 48, 2, NBA XXI/1, 402-404.
98 참조: 아우구스티누스, 「서한」 60, 1, NBA XXI/1, 514-516.
99 아우구스티누스, 「신국론」, 성염 역(왜관: 분도출판사, 2004), 19, 19.
100 베르헤이언은 아우구스티누스가 'amor veritatis'가 아닌 'caritas veritatis'라는 표현을 사용하고 있음에 관심을 가지면서, 이는 단순한 추상적 진리에 대한 건조한 공부가 아닌 사랑을 통해 다른 존재와 나누는 사랑받는 그분에 대한 점진적 인식을 표현하기 위한 것이라고 주장한다: L. Verheijen, "Saint Augustin, un moine devenu Prêtre et Évêque", 258.
101 아우구스티누스, 「신국론」 19, 19.
102 참조: 아우구스티누스, 「서한」 95, 1, NBA XXI/2, 890; 139, 3, NBA XXII, 200.
103 아우구스티누스, 「서한」 48, 1, NBA XXI/1, 402.
104 참조: 아우구스티누스, 「서한」 228, 2, NBA XXIII/1, 692.
105 성직자의 소명과 임무에 대해서 참조: 아우구스티누스, 「강론」 46; 최창무, "아우구스티누스의 목자론", 「사목」 89(1983/9), 81-92; G.C. Ceriotti, "Il sacerdozio in S. Agostino", 334-353.

13장

아우구스티누스 안에 나타난
주교법정

들어가는 말

1. 주교법정의 성서적 배경과 실천
2. 주교법정의 로마법적 공인
3. 아우구스티누스와 주교법정
    바오로의 계명에 따른 주교법정
    사회적 문제의 해결 장소인 주교법정
    로마법에 대한 아우구스티누스의 이해
    사제직의 의무요 사랑의 표현인 주교법정

나가는 말

「아우구스티누스 안에 나타난 주교법정」은 2015학년도 가톨릭대학교 성신교정 교비연구비(1차) 지원을 받아 연구 작성된 논문이다. 「서양중세사연구」 36호, 한국서양중세사학회, 2015에 수록되었다.

들어가는 말

우리는 아우구스티누스의 작품들 안에서 매우 급박한 일들이 그로 하여금 기도와 연구에 몰두할 수 없게 만든다는 불평을 종종 보게 된다. 포시디우스(Possidius) 역시 아우구스티누스가 세상일로 겪게 되는 괴로움을 이렇게 표현한다. "이러한 일들은 정작 더 중요한 일로부터 당신을 떼어 놓는 고역으로 여기셨다. 사실 그분 마음에 드는 것은 언제나 하느님의 일에 대해 말씀하시거나 형제적이고 가족적인 분위기에서 대화를 나누시는 것이었다."[1] 사실 아우구스티누스에게 있어 주교직은, 비록 사랑으로 받아들였고 사랑으로 수행하였지만, 하나의 짐(sarcina)이었다. 강론, 교리교수, 성사 집전, 가난한 자들에 대한 배려, 성직자 양성, 환자 방문, 교회 재산 관리 등 많은 일이 주교를 기다리고 있었다. "아침이든 오후이든 대중의 일들에 저는 엮여 있습니다."라고[2] 말할 정도이다. 또한 "제 손에 얼마나 많은 일이 있는지 당신 또한 알고 있다고 저는 믿습니다. 따라서 저의 직무에 불가피하게 연결되어 있는 다양한 책무로 인해 저에게는 매우 적은 양의 시간만 있을 뿐입니다."라고[3] 고백할 정도이다. 여기에 또 하나의 버거운 일이 추가된다. 바로 아우구스티누스가 하루의 많은 시간을 투자해야 했던 주교법정(audientia episcopalis)인 것이다.[4]

비록 그가 이 모든 일을 형제들에 대한 사랑과 하느님에 대한 경외심에서 행하는 봉사라고 생각하였지만,[5] 사실 주교법정이라는 제도는 주교직의 고유한 역할에 부합되지 않는다는 인상을 준다. 더욱이 주교법정으로 인해 주교에게 중요한 일이 방해받는다는 불평은 더더욱 우리에게 다음과 같은 물음을 제기하게 한다. 주교법정의 기원은 무엇인가? 로마법의 범주 안에서 어떠한 의미를 지니고 있었는가? 그리고 아우구스티누스는 이 제도를 어떻게 이해하였고 수행하였는가? 특별히 그는 어떠한 문제를 다루었는가?

아우구스티누스가 395년 주교로 서품되어 430년에 사망하였다는 것을 염두에 둔다면, 그의 주교법정 활동이 얼마나 많았을지 짐작하는 것은 어렵지 않다. 그렇다면 이러한 그의 활동은 중재자로서의 측면인지, 아니면 재판관으로의 모습인지 우리는 묻게 된다.[6] 주교로서의 그의 활동 시기가 399년 호노리우스의 칙법과 408년 칙법의 시기에 상응하기 때문이다. 그리고 이 질문에 대한 답변은 그가 주교법정에서 다룬 소송들이 어떠한 것인지를 고찰할 때 이루어질 것이다. 또한 주교법정에 대한 그의 권한이 4-5세기 아프리카에서 통상적인 집행을 넘어서는 것이 아니었음을 즉 자신의 교구 안에서만 행해지는 것임을 상정한다면,[7] 우리는 아우구스티누스를 통해 당시 아프리카에서 행해지던 주교법정의 성격을 볼 수 있을 것이다.

1. 주교법정의 성서적 배경과 실천

주교법정은 콘스탄티누스 이래 국가로부터 공인된 사법권으로 가톨릭교회 안에 자리하였지만, 이미 그리스도인들에게 친숙한 제도였다. 공동체 구성원들 사이에 어떠한 분쟁이나 다툼이 일어났을 때, 그리스도인들은 유다인 공동체의 구성원들처럼 문제 해결을 자신들의 종교 지도자에게 기꺼이 맡긴 것이다.[8] 초기 그리스도교가 자신의 고유한 법적 구조와 교직자를 갖고 있었음을 잘 보여주는 이러한 모습은 무엇보다 마태 18, 15-18에 나타난 예수의 가르침에 근거한다.[9] 형제와 논쟁하는 모든 그리스도인이 준수해야만 하는 이 계명은, 교회가 자신의 신자들을 사면하거나 단죄하는 온전한 권한을 그리스도로부터 받았다는 점을 제시한다. 더욱이 바오로는 복음의 계명을 발전시켜 신자들 사이의 송사에 관해 1코린 6, 1-8에서[10] 강하게 천명한다.[11]

여기에서 바오로가 염려하는 것은 무엇보다 형제들 사이에 분쟁이 일어나지 않는 것이다. 곧 신비체인 교회의 일치 속에서 조화가 유지되기를 바라고 있는 것이다. 이러한 종교적 근심의 이면에는, 사랑을 설파하면서도 자신들 사이에서 물질적인 문제로 다투고 소송을 제기하고 있는 코린토 그리스도인들의 이중적 모습에[12] 대한 이방인들의 비웃음을 피하고자 하는 바오로의 의지가 담겨 있다고 할 수 있다. 따라서 바오로는 "감히 하다" 혹은 "감행하다"라는 뜻을 지닌 동사(τολμάω)를 사용하면서 강한 분노를 표출하며 꾸짖고 있다. 하지만 바오로가 국가법 자체를 거부하는 것은 아니다. 본인 스스로도 로마 시민권을 내세워 황제에게 상소하였기 때문이다.(사도 25, 1-12) 결국 바오로가 훈계하는 것은 그리스도인들끼리의 문제를 가지고 세속 법정에 소송을 제기하는 것이다.[13]

이러한 바오로의 질책에는 또 다른 측면도 자리하고 있다. 소송의 과정에서 제신(諸神)에 대한 맹세와 같은 이교적 요소가 자리하고 있기에 영혼의 구원에 위험하다는 점이다.[14] 또한 신학적으로 볼 때 그리스도인들은 거룩한 이들, 즉 의로움을 소유한 이들이기에 예수 그리스도에 대한 믿음을 통하여 의롭게 되지 못한 이방인들에게 재판을 받는 것 자체가 어리석은 일이다. 더욱이 그리스도인들은 그리스도 신비체의 지체라는 측면에서 그리스도와 하나 되고 그리스도와 함께 심판 날에 천사들도 심판하게 될 것이다. 따라서 그리스도인들이 이방인 재판관들에게 소송을 의뢰한다면, 그들을 자신들이 인정하는 권위자로 세우면서 자신들의 존엄성을 상실하는 것이다. 이러한 의미에서 그리스도인들 사이의 분쟁은 자신들 공동체의 '지혜로운 이'에게 맡겨 해결해야 한다고 바오로는 결론짓는다.[15]

여기서 우리는 다음과 같은 질문을 하게 된다. '바오로가 형제들 사이의 소송에 대해 코린토 공동체에 언급할 때 히브리인들의 관습을 염두에 두고 있는가? 만일 그러하다면 지혜로운 이는 누구인가?' 우선 첫 번째 질문에 대해 충분히 가능성이 있다고 답할 수 있다. 사실 헬레니즘 세계의 유다인 회당은 고유한 재판권을 가지고 있었다. 이는, 유다인을 다스리고 분쟁을 해결하고 계약과 율법의 문제를 감독하는 지배자(ethnarca)의 존재를 알려주는 플라비우스 요세푸스(Flavius Josephus)의 『유대 고대사』에서 확인된다.[16] 따라서 바오로 역시 유다인들의 이러한 규범이 그리스도인들 사이에서도 준수되기를 바란 것이었다고 할 수 있다.[17] 그렇다고 해서, 쥴리오 비스마라(Giulio Vismara)가 주장하듯, 바오로가 코린토의 그리스도인들에게 유다인의 모델을 분명하게 제시한 것이라고 말할 수도 없다. 유다인들의 제도는 율법에 대한 엄격한 적용을 위한 것인데 반해, 바오로가 제시하는 '지혜로운 이'는 사랑을 통해 의로움을 구현하는 역할을 수행하며, 이는 분쟁 중에 있는 형제들의 화해와 공동체의 평화를 재구축하기 위한 것이기 때문이다. 따라서 바오로의 계명은 그리스도교 메시지의 새로움에서 기인한 바오로 자신의 고유한 것이라고 할 수 있다.[18]

그렇다면 '지혜로운 이'는 누구를 의미하는가? 사실 바오로는 '지혜로운 이'가 누구인지 명확하게 밝히지 않는다. 하지만 그의 역할을 보면 신자들이 자신들의 소송의 중재자로 선택할 수 있는 사람이어야 한다. 그렇다면 소송 당사자들 모두의 신망을 받는 사람일 수밖에 없다. 이로 인해 '지혜로운 이'라는 용어가 '주교', '신부', '공동체 수장', '평신도' 등으로 해석되었다.[19] 더욱이, 루카 12, 13-14[20]에서도 나타나듯, 그 중재자는 단순히 영적인 사항만이 아니라 물질에 관련된 문제까지도 해결할 수 있어야만 한다. 그렇다면 그는 문화적 소양, 특별히 사법(私法)의 영역에서도 재판할 수 있는 역량을 갖추어야 한다. 이러한 모든 측면은 교계제도의 형성과 함께 '지혜로운 이'를 주교와 동일시하게 하였다. 주교가 직접적이든 혹은 간접적이든 사도들을 통해 하느님으로부터 받은 권한을 갖고 있기 때문이다. 그리고 주교에게 부여된 존경과 신뢰 그리고 권위가 그로 하여금 그리스도인들 사이의 분쟁이나 송사를 해결하는데 가장 적합한 인물이 되게 한 것이다. 그리하여 공동체를 다스리는 주교의 책무에 신자들의 다툼을 해결하는 사목적 책임감이 추가된 것이다.[21]

결국 바오로의 규범은 교회 안에서 점점 더 보편적 의미를 지니게 되었다. 이는 『디다케』(Didache)라고 흔히 부르는 『열두 사도들의 가르침』(Doctrina 12 Apostolorum), 히폴리투스(Hippolytus)의 『사도전승』(Traditio apostolica), 『프세우도-클레멘티네』(Pseudo-Clementine)

에 나타나는 『야고보에게 보낸 클레멘스의 첫째 편지』(Epistola I Clementis ad Iacobum), 『사도 교훈』(Didascalia Apostolorum), 『사도 헌장』(Constitutiones Apostolicae)과 같은 첫 3세기 동안의 교회 문헌에서 잘 드러난다.[22] 이 중 특기할 문헌은 주교의 사법 활동에 많은 지면을 할애하고 있는 『사도 교훈』으로, 주교들이 편파적이지 않고 마치 그리스도가 현존하면서 그들의 판결에 참여하고 있는 것처럼 판결하기를 제시하고 있다. 이 문헌은 주교의 법정, 재판 그리고 판결에 대해 언급하면서 주교의 사법적 역할을 광범위하게 다루는데, 중재자가 아닌 재판관으로서의 주교를 강조하고 있는 것이다. 여기서 잊지 말아야 할 것은, 이 모든 문헌이 콘스탄티누스 이전 시대의 것이라는 점이다. 곧 로마제국으로부터 공인되기 이전의 그리스도교라는 환경 속에서 작성된 것이고, 이 문헌들을 통해 드러난 주교법정은 주교들이 이미 비공식적으로 자신들의 공동체에서 법적 사법권을 행사하고 있었다는 것을 드러내고 있는 것이다.[23]

2. 주교법정의 로마법적 공인

주교법정의 비공식적 측면은 이제 콘스탄티누스의 두 칙법(勅法)을 통해 공식화한다. 318년 6월 23일에 선포된 첫 번째 칙법은 현재 우리에게 『테오도시우스 법전』(Codex Theodosianus)을 통해 그리고 333년 5월 5일에 반포된 두 번째 칙법은 야코부스 시르몬두스(Jacobus Sirmondus)가 교회회의 훈령들을 담고 있는 일부 사본들 속에서 발견한 헌장들을 모아 1631년 파리에서 출판한 『시르몬두스 헌장』 (Constitutiones Sirmondianae)을 통해 전해진다.[24]

무엇보다 첫 번째 칙법은 주교 법정에 대해 다음과 같이 기술하고 있다. 주교 법정에 소송이 제기되면, 세속 법정의 재판관은 침묵을 지켜야 한다. 또한 어떤 사람이 자신의 소송을 그리스도교 법(lex christiana)의 사법권으로 이전시켜 그 법정을 따르고자 원한다면, 세속 법정의 재판관은 비록 자신에게 이미 그 소송이 제기되었다고 하더라도 들어주어야 한다. 주교가 행한 판결은 거룩한 것으로 간주되어야 한다. 소송인들 중 한 사람이 주교법정에서 소송을 진행하고, 법정을 선택하는 데 있어서도 제한받지 않도록 배려해야 한다. 재판관은 자신에게 계류 중인 소송에 대한 침해받지 않는 재판권의 권리를 가져야만 한다.[25]

이러한 내용은 콘스탄티누스가 정무총감(政務摠監, praefectus praetorio) 아블라비우스(Ablavius)에게 보낸 333년의 칙법을 통해 확언되고 보다 정확하게 규정된다. 무엇보다 이 칙법은 이미 공표한 법령에서 인준하였듯이 주교의 법적 판결이 어떠한 성격을 지니더라도 영원토록 침해받지 않고 손상 받지 않으며 준수되어야만 한다고 강조한다. 주교의 법적 판결은 영원히 거룩하고도 존경받을 것으로 간주되어야만 한다는 것이다. 더욱이 원고나 피고 중 그 누구라도 주교법정을 선택한다면, 비록 다른 편이 이에 반대하더라도, 그 소송을 주교 법정으로 이관해야 한다. 이는 소송의 어느 시기라도 상관없이 이루어져야 한다. 소송이 시작될 때이든, 아니면 최후 변론이 이루어질 때이든, 혹은 재판관이 판결문을 선포하려고 할 때이든 상관없이 이루어져야 한다. 더욱이 주교의 판결이 나온 후에는 어느 사건이든 재심할 수 없다. 아울러 주교가 내린 판결을 세속 재판관은 즉각적으로 실행해야 한다. 또한 모든 재판관은 주교의 증언을 주저없이 채택해야만 한다.26

주교들에게 수여된 이 특전의27 관대함은 사실 일부 학자들에게 과도한 것으로 간주되어 이 문헌들의 진정성(眞正性)에 대해 의심을 품게 하였다.28 그들은 318년 칙법에 나타난 주교의 권한이 '원하는 이들 사이에서'(inter volentes)만 행해지는 것이며, 이러한 유형의 재판권은 로마법에서 친숙한 법적 형태인 임의중재(任意仲裁)에 불과하기에 민사 소송만을 다루는 것이라고 강조하였다. 더욱이 그들은 콘스탄티누스 시대에도 주교 심문에 대한 매우 적은 사례만 발견되며, 콘스탄티누스 이후의 로마제국 법령들은 333년 칙법이 추정케 하는 것과 다른 상황이 되었다는 것을 분명하게 드러낸다고 본다. 여기에서 클로드 르플레이(Claude Lepelley)는 아프리카 문헌들이 교회법적 소송 외에 어떠한 예도 제공하고 있지 않음을 지적하며, 장 고드메(Jean Gaudemet)는 그리스도교의 성장으로 인해 그리스도인 재판관들의 숫자도 증가하였기에, 교회 재판권에 보다 엄격한 한계를 두었다고 생각한다. 샤를르 뮈니에(Charles Munier) 역시 이 의견에 동의하면서, 교회가 콘스탄티누스가 부여한 과도한 특전을 사용하지 않았기에 후기 로마제국 시대의 주교법정을 과도 평가하는 것은 불의하다고 주장한다. 결국 이들은 318년 칙법과 333년 칙법의 내용을 제한적인 의미로 보고 있는 것이다. 오직 종교에 대한 문제만 주교의 권한에 있고, 다른 모든 문제는 국가에 유보되어 있다는 것이다. 더욱이 이들은 교회 재판권에 대한 엄격한 제한이 333년 칙법 이후에 나타난 다른 법령들에서도 발견된다고 지적한다.29 376년 그라티아누스(Gratianus) 황제가 갈리아와 스페인의 주교들에게 내린 칙법은 형사소송을 세속 재판관들에게만 유보하였고, 상대적으로 덜 중요한 종교적 규정들에 관련된 것들만 교구 교회회의에 맡겼다.30 398년 아르카디우스(Arcadius) 황제는 제국의 동쪽 지역에서만 유효한 법령을 공포하였는데, 이에 따르면 소송 당사자들 모두가 합의(consensus)해야만 주교법정에 호소할 수 있었다.31 408년 호노리우스(Honorius) 황제는 동일한 척도를 제국의 서방 지역을 위해 선포하였다.32 아울러 이보다 앞서 399년 호노리우스 황제와 아르카디우스 황제가 내린 칙법은 종교적인 문제에 대해서만 주교가 소권(訴權)을 갖고, 다른 소송들은 통상적인 재판관들에게 유보된다고 선포하였다.33 이러한 맥락에서 쥴리아노 크리포(Giuliano Crifò)는 주교 심문 제도가 계속해서 존재하였다면, 판결 집행성과 상소불가능성이 부여된 중재적 성격 때문이라고 주장한다.34

여기서 '만일 콘스탄티누스 황제가 단순한 중재자의 역할만을 주교에게 부여한 것이라면, 굳이 칙법을 통해 선포할 필요가 있었을까?'라는 질문을 제기하게 된다. 사실 황제의 법령이 없다고 하더라도 주교들은 이미 자신들의 공동체 안에서 신자들 간의 분쟁을 해결하는 역할을 수행하였기 때문이다. 그렇다면 콘스탄티누스의 지향은 무엇일까? 쥴리오 비스마라는 카이사리아의 에우세비우스(Eusebius Caesariensis)와 교회사가인 소조메누스(Sozomenus)를 통해 그의 의도를 파악할 수 있다고 본다.35 우선 전자의 『콘스탄티누스의 생애』

(Vita Constantini) 4, 27, 2에서 다음과 같은 본문을 발견한다. "그는 교회회의에서 이루어진 주교들의 훈령에 봉인을 하는데, 주교들이 승인한 것을 속주의 통치자들이 무효화하는 것이 합법적이지 않도록 하려는 것이다. 왜냐하면 하느님의 사제들이 어떤 사법관들보다 우위에 있기 때문이다." 분명 여기서 에우세비우스는 주교의 재판권의 척도에 대해 언급하지 않는다. 하지만 "하느님의 사제들이 어떤 사법관들보다 우위에 있다."라는 표현을 통해 잘 드러나듯, 주교들에 대한 콘스탄티누스의 과도한 존경이라는 전형적인 감정을 볼 수 있다.36 이는 소조메누스의 『교회사』(Historia ecclesiastica) 1, 9, 5에서도 확인된다. "그는 소송 중에 있던 이들이 민사 재판관들의 판결을 거부하고 주교들에게 판결을 요청하는 것을 허락하였다. 주교들의 결정은 권위를 가지며 마치 황제에 의해 이루어진 것처럼 다른 재판관들의 결정 위에 놓이게 되었다. 그리고 사법관들은 군인들이 봉사하는 것처럼 판결된 것들을 집행해야만 하였다."37

분명 이러한 증언들은 우리로 하여금 세속 재판관들의 사법권과 양립적인 또는 이와 대체할 수 있는 것처럼 보이는 재판권을 주교들에게 부여하고자 한 것이 콘스탄티누스의 의도였다고 추정케 한다.38 분명한 것은 콘스탄티누스의 개입이 정의를 실현하는 국가 권리에 대한 어떠한 포기도 야기하지 않았다는 것이다. 황제는 국가 권력을 교회에 양도한 것이 아니라 오히려 국가와 재판관의 사법권을 온전히 보존하였던 것이다. 그렇다고 한다면 고대 세계에서 예외적인 사실로 간주되는 교회의 사법권을 인정한 콘스탄티누스에게서 그리스도인들이 바오로의 계명을 준수할 수 있도록 하는 단순한 종교적 목적만을 볼 수 없다. 여기에 모든 이에게 국가재판권자들과 다른 재판관들에게 호소할 수 있는 가능성을 열어주고, 국가재판권자들에게는 노동의 짐을 덜어주는 사회적 배려도 포함될 수 있다. 그렇지만 제국의 고유한 목적을 수행하기 위하여 세속 권력을 교회에 부여하면서 교회의 모든 힘을 이용하고자 하는 정치적 계획도 배제할 수 없을 것이다.[39]

이러한 정치적 목적을 염두에 둔다면, '콘스탄티누스 이후의 법령들에 나타난 주교법정을 단순히 주교의 중재적 역할로만 한정할 수 있는가?'라는 질문을 제기하게 된다. 쥴리오 비스마라는 소송 당사자들 모두의 합의를 요구한 아르카디우스 황제의 398년 법령이 주교법정에 나타난 재판관으로서의 성격을 변형시킨 것이 아니라 오히려 주교법정의 이용을 제한한 것이며 동시에 주교재판권을 보완한 것이라고 지적한다. 왜냐하면 법령에서 나타나는 '합의'라는 라틴어 단어로 비공식적 합의를 의미하는 'consensus'가 사용되기 때문이다. 만일 중재의 경우라면 'compromissum'이라는 용어가 적용되어야 할 것이다.[40] 더욱이 호노리우스 황제의 408년 칙령도 소송 당사자들 모두의 동의를 요구하지만 동시에 상소할 수 없다는 것과 즉각적인 집행이라는 측면에서 주교의 판결을 가장 높은 사법관인 정무총감의 판결과 동등한 것으로 간주하고 있다.[41] 이러한 차원에서 본다면, 주교의 재판권은 단순한 중재적 권한으로 해석될 수 없으며, 오히려 제국으로부터 인정된 독립된 사법권이라고 볼 수 있다.[42] 따라서 유다인들에게 자신들의 종교 지도자에게 민사소송을 제기할 수 있도록 허락하는 398년 아르카디우스 황제와 호노리우스 황제의 법령(『테오도시우스 법전』 2, 1, 10)에 기초하여 주교들의 사법권을 이와 동일한 양식으로 해석하는 입장도 배제된다고 할 수 있다.⁴³

3. 아우구스티누스와 주교법정

바오로의 계명에 따른 주교법정

아우구스티누스는 4-5세기 아프리카라는 복잡한 상황 속에서 권위를 행사하였던 인물이다. 이 과정에서 개인적 카리스마를 여실히 보여주었던 그가 어떤 주교들보다 더 많은 소송에 개입해야만 하였다는 것에 의심의 여지가 없다. 이러한 주교법정이 지닌 무게는 "우리의 기도가 세속 재판들의 짙은 안개와 소동으로 인해 자주 어두워지고 훼손됩니다."라고 표현될 정도이다.⁴⁴ 그럼에도 불구하고 포시디우스는 아우구스티누스가 그리스도인이나 온갖 집단 사람들의 청을 받게 되면 그들의 이야기에 주의 깊고도 경건한 자세로 귀를 기울였고, 어떤 때는 가벼운 식사를 할 때까지 또 어떤 때에는 하루 종일 굶으면서 늘 이런 소송들을 검토하며 해결하였다고 전해준다.⁴⁵

무엇보다 아우구스티누스는 항상 준수해야만 하는 규범인 바오로의 계명과 주교재판을 연결시킨다. 사도의 바람처럼 그리스도인들 사이에서 발생하는 현세적인 것에 대한 모든 판결은 세속 법정이 아닌 교회 안에서 이루어져야 된다는 것이다. 이러한 연유로 주교들은 분쟁 당사자들의 논쟁을 참아 견디어내야만 하며, 세상의 법에 대해서도 이해해야 하는 것이다.⁴⁶ 정해진 시간에 기도하고 약간의 손노동을 하며 그 외 자유 시간에는 성경을 읽고 기도하고 싶은 아우구스티누스의 지향과는 달리, 판결로써 해결해야 하든지 아니면 권위 있는 개입으로써 그만두게 해야 하는 다른 이들의 소송으로 인한 혼잡함과 괴로움은 히포의 주교에게 하나의 큰 희생이었다. 더욱이 이러한 희생을 주교에게 지운 것은 바오로이지만, 바오로 역시 자신의 원의에 따라 그런 것이 아니라 자신을 통해 말하는 그리스도의 의지에 의한 것임을 아우구스티누스는 인정한다. 그렇기에 그는 이러한 주교법정의 의무를 보다 연약한 지체들을 돕는 교회의 종으로서 영원한 삶에 대한 희망 안에서 받게 되는 하느님의 위로로 수용한다.⁴⁷

바실리카 파치스(Basilica Pacis) 또는 바실리칸 마요르(Basilica Maior)라고 불리던 주교좌성당의 제의실(secretarium)에서 혹은 아우구스티누스가 사제가 된 후 주교좌성당 옆에 세운 수도원의 한 응접실에서 행한 주교법정은⁴⁸ 히포의 주교에게 있어 모든 세속법정이 문을 닫는 부활시기에 15일만 휴정하는 매일의 책무였던 것으로 보인다.⁴⁹ 흥미로운 것은 아우구스티누스의 법정에 세상사에 관련된 분쟁의 해결을 위해 모든 이가 찾아왔다는 것이다. 그리고 아우구스티누스는 분쟁 해결을 위해 매일 이들로부터 고개 깊이 숙인 인사를 받았다는 것이다.⁵⁰ 이러한 측면은 '왜 사람들은 세속법정이 아닌 주교법정을 선호하였을까?'라는 질문을 제기하도록 한다. 피터 브라운(Peter Brown)은 콘스탄티누스가 주교법정을 만든 것은 소송에 한계를 두기 위한 시도였다고 지적한다. 곧 자신의 재판관들보다 비천한 계층과 더 많이 접촉하는 중간 제도를 만들어 주교법정의 빠르고 값싼 중재를 통해 오래 끄는 소송으로 인해 총독 법정이 방해받지 않도록 하였다는 것이다.[51] 이러한 경제적 측면에 재판관들의 부족과 무능력 그리고 부패 등으로 인한 고대 후기 로마제국 사법부의 심각한 위기도 덧붙일 수 있다.[52] 이는 아우구스티누스의 한 서한에서 잘 나타난다. 여기에서 히포의 주교는 법무관 밑에 있는 사법 보좌관들이 소송 당사자들로부터 돈을 강요하는 현실에 대해 개탄하면서, 돈에 매수된 재판관들과 증인들이 불의한 판결과 증언을 하는 것을 강하게 단죄한다.[53] 이러한 불의함은 권력자들을 거슬러 판결을 내리는 것에 대한 두려움이나 자신의 재산을 빼앗길 수 있다는 협박으로 인해 나타나기도 한다.[54] 결국 이러한 부패의 상황 속에서 그리스도인들뿐 아니라 비그리스도인들도 주교법정을 선택할 수밖에 없었을 것이다.[55]

그렇다면 아우구스티누스는 어떠한 성격의 송사를 해결하였는가? 무엇보다 자신의 교구 안에서 사법적 권한을 갖고 있는 주교로서 그는 교회 규율에 관련된 문제를 다루었다. 이에 대해 우리는 아우구스티누스의 서한을 통해 많은 사례를 알고 있다. 이 중 몇 개의 예를 들어보면, 히포 교구에 속해있던 스트라보니아(Strabonia)의 농업 지역 본당신부였던 아분단티우스(Abundantius),[56] 푸살라(Fussala)의 주교 안토니우스(Antonius),[57] 마니교 오류를 전파한 빅토리누스(Victorinus) 부제[58] 등의 경우를 제시할 수 있다. 또한 교회 규율에 관련되어 재판의 성격보다 권고 혹은 책망의 성격을 지닌 경우도 나타난다. 예를 들면, 나쁜 행동으로 교회에 심각하게 추문을 일으킨 카타퀴아(Cataquia)의 주교 파울루스(Paulus)에게 합당한 양식으로 행동하라고 권고한 경우,[59] 411년 카르타고 대토론회 이후에도 가톨릭교회로 돌아오지 않기 위해 자살을 시도한 도나투스과 신부 도나투스(Donatus)에게 행한 권고,60 레스티투투스(Restitutus) 신부 문제 등이다.61 또 다른 측면의 교회 규율은 판카리우스(Pancarius) 신부의 경우인데, 여기에서 아우구스티누스는 세쿤디우스(Secundius)라는 신부에 대해 이단자들이 아닌 가톨릭신자들이 행한 고발만을 들을 자세가 되어 있다고 선언한다.62 더욱 흥미로운 것은 스페스(Spes)라는 아우구스티누스 수도원의 수도자와 그를 고발한 보니파키우스(Bonifacius) 신부 사건에서 나타난다. 여기서 우리는 정상적 소송 과정 외에도 예외적인 경우에는 '하느님의 심판'이라는 유형에 호소하는 것을 볼 수 있기 때문이다.63 아울러 교회 규율에 관련되어 중재의 성격으로 이루어진 경우도 볼 수 있다. 예를 들면, 자신의 주교인 아욱실리우스(Auxilius)에게 파문된 클라시키아누스(Classicianus) 문제,64 한 수녀에게 폭력을 행사한 고위 신분의 사람을 지팡이로 때린 일부 성직자들에 대한 문제65 등이다.

사실 콘스탄티누스 이래 로마법은 성직자들을 거스른 모든 소송들, 그것이 민사소송이든 아니면 형사소송이든 관계없이 주교법정으로 가야 한다고 지적한다. 곧 모든 주교는 자신의 성직자들에 대해 이른바 '법정의 특전'(privilegium fori)을 향유하고 있었던 것이다.66 아울러 393년 히포에서 개최된 공의회는 성직에 관련된 법적 소송들을 들을 수 있는 고유한 장소로 주교법정을 제시하며(제9조), 주교들만이 주교에 관련된 소송을 판결한다고 선포한다.(제6조)67 또한 397년 카르타고 공의회 역시 성직자들이 세속 법정에 호소하는 것을 엄격하게 금지한다.(제9조)68 이에 따라 아우구스티누스 역시 성직자들과 교회에 관련된 많은 문제를 자신의 법정에서 다룰 수밖에 없었던 것이다.[69] '법정의 특전'에 있어 탁월한 실례를 우리는 유다인 리키니우스(Licinius)가 빅토르(Victor) 주교를 거슬러 제기한 소유권 소송에서 볼 수 있다.[70] 매매(賣買, empitio-venditio)에 관련된 이 소송이 주교가 관련된 것이 아니라면, 온전히 공공 법정에 적당한 것이기 때문이다.

사회적 문제의 해결 장소인 주교법정

그렇다면 아우구스티누스가 다룬 소송은 오로지 교회나 성직자들과 관련된 사항뿐일까? 앞에서 언급한 내용들로만 본다면 긍정적으로 답변할 수밖에 없을 것이다. 하지만 아우구스티누스가 행한 주교법정의 또 다른 측면을 보게 하는 서한들이 있다. 먼저 한 서한은 히포의 주교가 지주와 농민 사이에 지대(地代)에 관련된 분쟁을 다루었음을 전해준다. 소작인들이 자신들의 세금 징수원에게 정해진 금액의 두 배를 내도록 한 사건을 다루었던 것이다.[71] 그리고 또 다른 서한은 사회적 신분에 관한 법적인 조언을 구하고 있다.[72] 이 문제는 당시 아프리카의 노예제도와 노예 매매라는 맥락 안에서 나타나는 것으로, 빈곤하게 된 부모가 자녀를 팔거나 빌려주는 상황에 대한 것이다. 곧 전문적인 노예 상인들(mangones)이[73] 로마법이 정한 대로 25년간 노동을 시키려고 원래 자유 신분에 있는 어린 아이들을 사는 것이 아니라,[74] 오히려 진정한 노예로 사서 바다 건너에 있는 속주들로 데리고 가 다시 노예로 팔고 있는 상황인 것이다. 이러한 아이들을 승선시키는 여러 장소들 중에 히포가 포함되어 있음도 아우구스티누스에게는 고통스러운 상황이었다. 또한 그는 노예상인들이 실제 노예를 주인으로부터 돈을 주고 사는 경우는 극히 드물다고 알려준다. 더욱 심각한 상황은 노예 상인들이 여인들과 아이들을 노예로 팔기 위해 납치하고 있다는 것이었다.75 여기서 우리는 흥미로운 사실을 발견한다. 아우구스티누스는 노예 상인들의 행동을 "동물들이 아닌 사람들을, 야만인들이 아닌 로마속주의 사람들을" 팔고 있다고 정의한다.76 이 구문을 멜키오레 로베르티(Melchiorre Roberti)는 히포의 주교가 노예제도를 합법적인 것으로 그리고 야만인들의 노예 생활이나 그들에 대한 매매를 윤리적으로 비난할 수 없는 것으로 간주하고 있으며, 이는 야만인들이 태생적으로 노예라는 그리스 철학자들의 사고방식에 부합하는 것이라고 주장한다.77 사실 아우구스티누스는 노예제도 안에 자리한 근원적 불의함을 인정하지만, 다른 교부들과 마찬가지로 고대사회의 사회경제적 구조 안에 그토록 깊이 침투한 노예제도 자체를 반대하지 않는다. 하지만 그는 노예의 권리가 비이성적 존재가 갖고 있는 권리와 동일한 성격이라는 것을 거부한다. 또한 사람은 하느님의 모상대로 창조되었다는 것에 기초하여 모든 이들이 평등하고 자유롭다는 것을 강조한다.78 그렇기에 아우구스티누스는 노예들을 해방시키기 위해 많은 노력을 기울였고, 자유인들이 노예로 전락하는 상황을 지켜볼 수 없었던 것이다.79 "우리는 사도의 가르침을 따라 주인들에게 복종하라고 종들에게 권고하지만, 자유인들에게 종살이의 멍에를 지울 수 없습니다."80

이러한 관점에서 아우구스티누스는 법학자인 에우스토키우스

(Eustochius)에게 다음과 같은 법적 자문을 요청한다. 부모가 일정 햇수 동안의 노동을 위해 자녀들을 판 경우, 그 자녀들에 관련된 규범은 어떠한 것이 있는가? 만일 그들의 아버지가 사망한 경우, 그들은 정해진 햇수를 채워야만 하는가? 아니면 자신들을 팔았던 혹은 어떤 방식으로 임대했던 아버지의 죽음으로 그들이 해방되는가? 자유 신분의 아버지가 자신의 자녀들을 영원히 노예가 되도록 팔 수 있는가? 어머니가 자신의 자녀들의 노동만을 팔 수 있는가? 만일 소작인이 자신의 아들을 팔았다면, 그 아들을 산 사람이 그 팔린 아들에 대해 원래 소작인이었던 아버지의 권리보다 우위에 있는 권한을 갖게 되는 것인가? 지주가 자신의 소작인들이나 그 소작인들의 자녀들을 노예로 만드는 것이 합법적인 것인가?[81]

아우구스티누스 당시 아프리카의 심각한 사회적·경제적 상황을 드러내는 이 질문들은 한 인간의 사회적 조건과 법적 신분에 관련된 것이다. 곧 아우구스티누스가 『서한』 24*, 1에서 '사람들의 일시적 신분에 관한'(de condicione hominum temporali) 것이라 부르는 '자유 신분 취득소송'(causae liberales)인 것이다.[82] 사실 로마제국에서 이 소송들은 원래 특별 재판에 속하는 것이었다. 아우구스투스 황제는 로마에서 이러한 분쟁이 일어나는 경우 그 권한을 '자유 신분 취득소송 법무관'(praetor liberalium causarum)에게 그리고 속주에서 발생하는 경우에는 오직 지방장관들(praesides)에게만 부여하였다. 이들은 디오클레티아누스 황제와 막시미아누스 황제의 칙법에 따라 자신들의 특사(iudex pedaneus)를 포함한 그 누구에게도 권한을 양도할 수 없었다. 결국 정무총감(praefectus praetorio)을 포함한 높은 위치의 정무관

(magistratus)들만이 이 소송을 담당할 권한을 갖고 있었던 것이다.83

결국 로마법적 차원에서 보면 아우구스티누스 역시 이러한 부류의 소송을 해결할 권한을 갖고 있지 않다. 문제는 히포의 주교는 에우스토키우스에게 법적 자문을 구하고 있다는 것이다. 이를 아우구스티누스의 개인적 권위라든가 혹은 예외적 특전이라는 식으로도 이해할 수 없다. 또한 이러한 부류의 소송의 해결은 단순 중재자로서 이루어질 수 없는 것이다. 물론 우리는 에우스토키우스가 어떻게 답변하였는지, 그리고 아우구스티누스가 최종 판결을 어떻게 하였는지 알지 못한다. 또한 이러한 종류의 소송이 얼마나 많이 아우구스티누스의 법정에 제기되었는지 알지 못한다. 그럼에도 불구하고 『서한』 24*는 5세기 초엽 주교재판에 관한 중요한 문헌으로 제시할 수 있다. 또한 이 서한은 분쟁을 해결하는 규범으로 로마법이 적용되고 있음을 드러내는 훌륭한 증언이기도 하다.84

로마법에 대한 아우구스티누스의 이해

여기서 새로운 문제가 제기된다. 아우구스티누스는 로마법에 대해 어느 정도 알고 있었을까? 존 라모로(John C. Lamoreaux)는 히포와 같은 번성한 도시의 주교들도 법률 교육을 제대로 받지 않았다고 폄하하면서, 아우구스티누스도 역시 어느 순간도 법을 공부하였다고 알려지지 않았다고 주장한다.85 반면 아고스티노 풀리에제(Agostino Pugliese)는 아우구스티누스 작품들 안에 흩어져 있는 로마법에 대한

다수의 언급들이 그의 법률 이해가 부족하거나 빈약하지 않음을 드러내는 것이라 확언하면서, 그의 법적 감각이 거의 태생적이라고 주장한다.[86] 프란체스코 라던(Francesco Lardone) 역시 아우구스티누스의 법적 소양이 폭넓었다고 주장하면서, 이러한 자질은 전문적인 법학자들에서조차 찾기 쉽지 않았다고 주장한다.[87]

이러한 법률에 대한 친숙함에서 '아우구스티누스는 어디에서 법률 지식을 습득하였을까?'라는 또 다른 질문이 파생한다. 무엇보다 법률 공부는 수사학 학교 과정의 한 부분으로 이루어졌다. 이는 아우구스티누스 자신이 카르타고에서 공부하던 시절을 회상하는 것에서 드러나지만,[88] 어느 수준까지 배웠는지에 대해서는 정확하게 언급하지 않는다. 그러나 앙리–이레네 마루(Henri-Irénée Marrou)가 제시하는 것처럼 후기 로마제국의 동방과 서방 모두에 법을 전문으로 가르치는 학교가 있었다는 것을 염두에 둔다면, 그리 깊지 않은 수준일 것이라 추정된다. 더욱이 마루에 의하면, 공화정 시대에도 법학은 이미 특화되었지만, 지식인들은 어느 정도의 법률 공부를 피할 수 없었다. 그리고 아우구스티누스의 시대에 이르면 로마제국은 공화정 시대의 정치적 삶과 지도층의 문화 사이에 존재하던 연결 고리를 이미 끊었기 때문에 법학은 점차적으로 의학과 마찬가지로 소수에게만 유보된 문화의 형태로 특화되었다. 이러한 이유로 아우구스티누스의 법적 소양이 빈약했던 것이며, 변호사가 되려는 사람이나 제국의 행정에 참여하고자 하는 이들만의 전유물로 법학이 자리하였다. 그리고 이에 대한 실례를 아우구스티누스의 친구이며 변호사인 알리피우스에게서 볼 수 있다고 마루는 지적한다.[89]

따라서 아우구스티누스가 수사학 학교에서 일정 수준의 법학을 공부한 것은 분명하다. 여기에 그가 밀라노에서 체류할 때 'praesidatus'라는 관직을 생각하였다는 것을 염두에 둔다면, 알리피우스의 도움을 받아 계속 법률 공부를 하였을 가능성도 배제할 수 없다.[90] 더욱이 주교가 된 후에도 이러한 법률 지식을 바탕으로 계속해서 연구하였을 것이다.[91] 이러한 측면은 요한네스 디비야크(Johannes Divjak)가 발견한 아우구스티누스의 서한들이 히포의 주교가 법에 대해 상당한 지식을 갖고 있음을 드러내는 것에서도 잘 나타난다.[92] 따라서 아우구스티누스가 알리피우스(Alypius)와 에우스토키우스에게 법률 자문을 요청한 것이 법에 대한 그의 무지를 드러내는 것이 아니라고 할 수 있다. 오히려 그가 제기한 질문들이 주목할 만한 법률 지식을 드러내고 있는 것이다. 이는 노예의 '교회에서의 해방'(manumissio in ecclesia) 절차를 아우구스티누스가 강론에서 소개하고 있는 것에서도 잘 나타난다.[93]

사제직의 의무요 사랑의 표현인 주교법정

이러한 법적 이해와 함께 이루어진 주교법정의 연장선에서 우리는 특기할 만한 또 다른 측면, 곧 로마제국 공직자들에게 관용을 요청하는 중재 역할을 볼 수 있다.[94] 이러한 역할은 특별히 중범죄(重犯罪)로 고발된 이들을 위한 것으로, 무엇보다 도나투스파에 대한 단죄에서 잘 나타난다. 예를 들면 408년에 작성된 한 서한에서 아우구스티누스는 속주집정관(proconsul)인 도나투스(Donatus)에게 사형이라는 벌을 적용한다면, 다시는 그의 법정에 도나투스파를 고발하지 않을 것이라 경고한다.95 411년 말경 호노리우스 황제의 특사인 마르켈리누스(Marcellinus)에게96 보낸 서한에서도 히포의 주교는 레스티투투스(Restitutus) 신부와 인노켄티우스(Innocentius) 신부를 살해한 도나투스파 근본주의자들(circumcelliones)과 성직자들을 사형에 처하지 말아 달라고 청원하고 있다.97 같은 내용이 마르켈리누스의 형제이며 당시 속주집정관이었던 아프린기우스(Apringius)에게98 보낸 서한에서도 나타난다.99 특별히 이러한 중재는 413년과 414년 사이에 아프리카의 총독 대리인이었던 마케도니우스(Macedonius)와100 주고받은 『서한』 153-155에서 잘 드러난다.101 분명 아우구스티누스는 국가법의 정당한 역할을 존중하고 있고, 국가의 영역과 교회의 영역이 각각 고유한 권한을 갖고 있음도 인정하고 있다.102 하지만 그는 정치 영역을 교회의 사명 너머에 있는 것으로 간주하지 않기에, 주교들은 정치 영역 안에서도 복음을 선포해야 한다는 의무를 지니고 있다고 생각했던 것이다. 곧 주교들은 제도적 권력을 정치당국자들에게서 자신들에게로 이동하려는 의도 없이 정치적 과정을 복음화하려고 노력해야 한다고 히포의 주교는 보았던 것이다.103

이러한 측면에서 아우구스티누스는 중범죄를 범한 이들을 위한 중재 활동을 사제직의 의무(officium sacerdotii)로 간주한다.104 달리 말하면 범죄자들을 위한 중재자 혹은 변호자의 의무가 그리스도교 자체에서 유래한다는 것이다.105 이토록 법적 권리나 의무가 아닌 목자로서의 중재 역할을106 통해 아우구스티누스가 지향하는 것은 다른 것이 아니다. '죄를 싫어하면 할수록 그 죄인들이 교정되지 않은 채 죽지 않기를 바란다.' 그리고 '잘못을 단죄하면서 동시에 인간 본성의 선함을 인정한다.'는 원칙에서 죄인에게 이 세상에서 자신의 행동을 뉘우치고 교정할 수 있는 기회를 부여하자는 것이다. 곧 인류에 대한 사랑(caritas humani generis)에서 죄인의 지상 삶이 사형으로 끝나지 않도록 하자는 것이다.107 그렇기에 중재는 주교직의 도덕적 권위를 잘 드러내는 것으로, 사랑의 행위이며 동시에 불의함을 교정하는 최고의 도구이었다.108

이러한 사랑의 원칙은 세속 법정의 재판관이 어떠한 자질을 갖추어야 하는지 제시한다. 무엇보다 믿음과 사랑이 정의를 실현하는데 있어 특별히 필요하기 때문에 재판관은 그리스도인이어야 한다.109 그 누구도 자신이 갖고 있지 않은 것을 줄 수 없기에, 재판관 스스로가 정의로운 판결을 내리기 위해서는 그 자신이 의로운 사람이 되어야 한다는 것이다. 또한 재판관의 의로움은 의로움의 원천인 하느님에게서 나오는 것이기에, 재판관은 이 세상에서 생명과 죽음의 유일한 스승인 그리스도의 제자가 되어야 하고 그분께 결속되어야 하는 것이다.110 이러한 의미에서 재판관은 자신이 인간의 삶을 판단한다는 것과 무죄한 이와 죄를 범한 자를 식별하여 판결을 내린다는 사실로 인해 교만해져서는 안 된다.111

아울러 재판관은 아버지의 직무(officium patris)를 수행하는 것이기에 죄인들의 욕망에 의한 상처를 돌보아야 한다. 또한 심문하는 동안에도 아버지의 자상함(diligentia paterna)을 잃지 않아야 한다. 이는 죄에 대한 자백을 받기 위해 신체 일부를 말에다 잡아 늘리게 하거나,

쇠갈고리로 신체에 줄을 긋거나, 불로 신체를 지지는 등의 고문을 피하라는 것이다.112 특별히 도나투스파의 범죄자들에 대해 아우구스티누스는 이러한 요청을 하는데, 이는 탈리온 법에 따라 그들이 단죄되는 것을 원치 않는 것이다. 여기서 아우구스티누스는 자유교양학문(artes liberales)의 스승들이나 부모들 그리고 드물지 않게 주교법정에서도 사용되는 형태인 채찍으로 때리는 것은 가능하다고 제시한다. 하지만 이 과정에서 재판관이 무엇보다 견지해야 할 자세는, 바오로가 티토 3, 2에서 말하듯, 온순하고 관대한 사람이 되어 모든 이를 온유하게 대하는 것이다.113 예수가 간음하다 붙잡힌 여인을 용서하였듯이 재판관도 그리스도의 관대함을 본받으라는 것이다.114 곧 재판관 자신도 개인적인 죄로 인해 하느님의 자비하심을 필요로 하는 사람임을 잊지 말라는 것이다.115 따라서 재판관은 양심 깊숙한 곳에서 평정심을 지키며 타인에 대해 판결하기 위해 먼저 자기 자신을 재판해야 한다. 자기 자신으로 돌아가, 자신을 주의 깊게 바라보고 성찰하면서 내면의 목소리를 들어야 한다는 것이다.116 이 과정에서 자기 자신에 대해 아부하지 않고 판단하는 것이 중요하다. 사람을 사랑하고 그의 죄를 미워하면서 사랑으로 타인을 판단하기 위해서이다.117

더욱이 동등한 척도로 모든 이를 사랑하는 사람만이 편파성의 의혹에서 자유로울 수 있다. 아우구스티누스는 "겉모습을 보고 판단하지 말고 올바로 판단하여라."라는 요한 7, 24의 말씀을 주석하면서 모든 이를 동등하게(aequaliter) 사랑하는 사람만이 겉모습을 보고 판단하지 않는다고 강조한다. 동등한 사랑(dilectio aequalis)은 사람들 사이의 차별을 만들지 않기 때문이다.118 하지만 인간은 이러한 공평성을 형성할 능력을 갖고 있지 않기에, 하느님을 향할 때만 그분이 인간 안에 만들어주는 것이라고 히포의 주교는 지적한다. 곧 인간을 창조하신 분이 인간 안에 판단(iudicium)과 의로움(iustitia)을 심어 주시는 것이기에, 인간은 선과 악을 구분할 때 판단을 갖는 것이요, 또한 이러한 판단을 실행하면서 의로움을 드러내는 것이다.119

사실 이러한 공평성을 견지한다는 것이 결코 쉽지 않은 것임을 아우구스티누스 본인도 알고 있었던 것으로 보인다. 포시디우스의 증언처럼 친구들보다는 알지 못하는 사람들 사이에서 판결하기를 바란다는 말을 늘 자신의 눈앞에 두고 유념하였기 때문이다. 모르는 사람의 경우 그에 대한 공정한 판결로 친구를 얻을 수 있지만, 친구 사이일 경우 판결을 내릴 때 친구를 잃게 되기 때문이다.120 더욱이 공평성을 유지한다는 것은 진리에 따라 판단한다는 것이기에, 재판관은 편파성에 빠져 진리를 거슬러 판결을 내리지 않기 위해 두 가지 선물에 주의를 기울여야 한다. 하나는 금이나 은 그리고 이러한 유형의 보석과 같은 물질적인 것이다. 그리고 또 다른 하나는 사람들의 칭송으로 이루어지는데, 이것보다 더 헛된 선물은 없다고 아우구스티누스는 지적한다. 다른 사람의 혀로 이루어지는 판결을 받기 위해 자신의 손을 펼치면서, 자신의 양심의 판결을 잃어버리기 때문이다. 곧 이러한 사람들의 칭송이라는 선물을 받는 것은 발음하자마자 바로 사라지는 것을 받는 것이지, 하느님의 말씀처럼 견고하고 영속적인 것을 받지 못하는 것이다.

더욱이 문제는 재판관이 이러한 선물을 받지 않았고, 더욱이 자신의 판결이 하느님을 생각하면서 그분의 심판 하에서 선포되었다는 것을 유념하면서 소송 당사자들 중 한 사람을 거슬러 판결을 내렸음에도 불구하고, 그가 자기 자신에 대해 성찰하기보다 재판관을 고발한다는 것이다. 재판관이 다른 사람의 마음에 들기를 원했다거나, 뇌물을 받았다거나, 부자를 선호하였다거나, 그의 마음을 상하게 하는 것을 두려워했다는 등의 말을 한다는 것이다. 또한 부자와 가난한 이 사이의 문제에서 판결이 가난한 이에게 호의적이었을 때, 부자 역시 재판관이 뇌물을 받았다고 말한다. 곧 재판관이 가난한 이를 보면서 자신이 그를 거슬러 행동하였다고 비난받지 않기 위해 정의를 침해하고 진리에 반대되는 판결을 내렸다고 말한다는 것이다. 이토록 공평성을 유지하는 것, 편파성에 빠지지 않는 것 자체가 쉬운 것은 아니다. 또한 아우구스티누스는 이러한 말들을 피할 수 없다고 하면서 재판관에게 하느님은 누가 뇌물을 받았는지, 그리고 누가 받지 않았는지 알고 계신다는 사실을 기억하라고 권고한다.[121] 결국 재판관이 공평성을 유지하기 위해서는 대중의 인기에 편승해서는 안 된다. 정의는 영예를 필요로 하지 않으며, 그 자체로 영광을 갖고 있기 때문이다. 따라서 이 세상의 자만함을 정의를 위해 희생시키면서 정의 자체를 위해 노력해야 한다.[122]

나가는 말

주교법정은 제국 안에 등장한 새로운 제도였다. 그러나 그것이 로마제국의 고유하거나 독창적인 제도는 아니었다. 성서적 전통, 특별히 마태 18, 15-18과 1코린 6, 1-8의 사상과 그 실천을 국가가 공인한 것이었다. 그리스도교 내에서 이미 실행되고 있던 규범을 콘스탄티누스가 로마제국의 사회적 구조 안으로 도입함으로써, 이제 주교는 교회 내에서의 권위뿐 아니라 국가가 인정한 특별한 역할을 수행하는 사람으로 드러나게 되었다. 이러한 주교의 사회적 권위 및 영예는 주교의 판결을 정무총감의 판결과 동등한 것으로 간주하고 있는 것에서 잘 나타난다. 더욱이 주교의 판결이 갖고 있는 항소 불가능성과 판결 집행성도 주교법정의 권위를 잘 드러내고 있다. 이렇게 주교는 자신의 법정을 통해 이른바 '그리스도교 법'(lex christiana)의 대변자라는 모습을, 그리고 그 법이 국가법과 동등한 위치에 있다는 인상을 로마제국의 시민들에게 보여줄 수 있었다. 그렇기에 많은 사람이 세속 법정보다는 주교법정을 선호하였던 것이다.

이러한 측면이 히포의 주교였던 아우구스티누스 안에서 잘 드러난다. 그 역시 교회의 사람으로서 바오로의 계명과 주교법정을 연결시킨다. 비록 아우구스티누스 개인의 마음은 기도하고 성경을 연구하며 지내는 것이지만, 많은 소송으로 인해 그렇게 할 수 없다는 것을 희생으로 받아들였다. 이러한 수용의 과정에서 동반된 것이 본인 스스로가 언급하듯 로마법에 대한 연구였다. 법학 전문학교에서 공부하는 것처럼 체계적인 수업이나 과정을 이수한 것이 아니었지만, 아우구스티누스는 자신의 주교법정에서 로마법을 정확하게 적용해야 한다는 것을 알고 있었다. 그렇기에 아마도 자신의 동료이며 주교인 알리피우스의 도움을 받아 그리고 분명 법학자였던 에우스토키우스의 자문을 받으면서 각각의 소송에서 적합한 법 규정이 무엇인지 알기 위해 노력했던 것이다.

이러한 그의 노력은 주교법정의 성격을 단순히 중재자로서만 볼 수 없다는 것을 드러낸다. 오히려 아우구스티누스가 수행한 사법권은 중재자와 재판관으로서의 모습을 드러낸다고 해야 할 것이다. 이러한 측면으로 인해 아우구스티누스는 주교법정을 사목직의 한 측면으로 이해하였다고 말할 수 있다. 전문 교육을 받은 평신도와 교회의 교직자들과의 협력 안에서 수행한 주교 사목직의 일환이었던 것이다. 이러한 주교법정과 결합한 사목자의 모습은 특별히 히포의 주교가 책임을 느끼던 사회적 약자에 대한 배려로 연결되었다.[123] 그는 당시의 다른 주교들처럼 부유한 이들을 희생시켜가면서 가난한 이들을 배려하는 이른바 "역에서의 계급 정의"(une justice de classe à l'envers)를 실천하였던 것이다.[124] 다른 말로 한다면, 그는 자신의 직무를 통해 '시보호관'(市保護官, defensor civitatis)과 같은 역할을 수행하였던 것이다.[125] 주교법정 안에서 공평성(aequitas)이 주교를 통해 구현되었던 것이다.[126]

더욱이 주교법정의 사목적 성격은 포시디우스의 증언을 통해 더욱 더 잘 드러난다. "이 일을 하시면서, 어떤 이는 신앙과 훌륭한 처신으로 성장하고 또 어떤 이는 퇴보하는 것을 보는 가운데 그리스도인 영혼의 움직임을 관찰하셨다. 적당한 기회를 보아 여러 집단들에게 거룩한 법의 진리를 설명하시고 차근차근 일러 주시면서 영원한 생명을 얻는 길을 가르치시고 깨우쳐 주셨다. 이 일에 열심한 이들에게는 하느님과 사람에게 바칠 순종과 그리스도인다운 헌신 외에 아무것도 요구하지 않으셨다. 그러나 죄짓는 사람들은 모두가 보는 앞에서 꾸짖으셨으니 이는 다른 이들에게 두려워 삼가는 마음을 일으키시려는 것이었다. 이런 일을 하심에 있어 마치 이스라엘의 가문을 위해 주님께서 세우신 파수꾼과도 같으셨다. 때가 좋든 나쁘든 말씀을 선포하시고, 온갖 지혜와 가르침으로 꾸짖고 격려하고 타이르셨다."[127] 이 증언을 통해 우리는 영혼의 목자로서의 아우구스티누스의 모습을 충분히 볼 수 있다. 분명 그는 주교가 재판관이 된다는 것이 국가의 공무원이나 지상 도시의 봉사자가 된다는 것이 아니라는 점을 충분히 인식하고 있었던 것이다. 그렇기에 그는 주교법정을 단순히 재판장보다 그리스도인 교육을 위한 장소로, 또한 그리스도교 신앙을 갖고 있지 않은 이들에게는 선교의 장소로 활용하였던 것이다.

따라서 우리는 아우구스티누스가 주교직의 본질적 사명인 봉사로 주교법정을 이해하였다고 말할 수 있다. 주교는 영예가 아닌 봉사의 칭호이기에[128] 그리스도의 종이요 그분 종들의 종으로서[129] 그는 주교직을 수행하는 동안 늘 마음속에 간직한 '다스리는 것은 남에게 이로움이 되는 것이다.'(praeesse est prodesse)라는[130] 좌우명의 실천으로 주교법정을 받아들인 것이다. 이러한 봉사직의 뿌리가 사랑이기 때문이다. "주님의 양떼를 돌보는 것이 사랑의 직무가 되기를 바랍니다."[131]

| 주 |

1   포시디우스, 『아우구스티누스의 생애』 19, 6. 한국어 번역은 다음을 참조: 포시디우스, 『아우구스티누스의 생애』, 이연학·최원오 역주, (왜관: 분도출판사, 2008).
2   아우구스티누스, 『서한』 213, 5. 본 논문에서 다루어지는 아우구스티누스의 모든 작품에 대해서는 1965년 이래 라틴어와 이탈리아어 대역으로 발행되고 있는 다음의 총서를 사용한다: *Nuova Biblioteca Agostiniana*, (Roma: Città Nuova Editrice).
3   아우구스티누스, 『서한』 110, 5.
4   A. Trapè, *Agostino. L'uomo, il pastore, il mistico*, (Roma: Città Nuova Editrice, 2001[rivista e ampliata]), pp. 171-172. 'audientia'라는 단어는 플라우투스(Plautus)이후 라틴어에서 사용되었지만, 고대 작가들의 작품 안에서는 드물게 나타난다. 하지만 교부들, 특별히 테르툴리아누스 이래로 그리스도교 용어로 자리하였다. 문헌학적 관점에서 볼 때 'audientia'는 후기 라틴어 단어에서 일반적으로 사용된 저속한 표현(vulgarism)으로 나타났다. 또한 법학 역사가들은 이 단어를 매우 모호한 단어로 간주한다. 하지만 풍요로운 성서적 의미를 담고 있다: H. Jaeger, "Justinien et l'episcopalis audientia", *Revue historique de droit français et étranger* 38(1960), pp. 221-224.
5   아우구스티누스, 『서한』 126, 9.
6   주교법정의 성격이 중재자의 측면인지 아니면 재판관의 모습인지에 대해 학자들의 의견은 일치를 이루고 있지 않다. 이에 대해서는 III장 주교법정의 로마법적 공인에서 보다 자세히 개진될 것이다.
7   C. Gebbia, "Sant'Agostino e l'episcopalis audientia", *A. Mastino* (a cura di), *L'Africa romana: atti del 6. Convegno di studio, 16-18 dicembre 1988*, V. 2, (Sassari: Edizioni Gallizzi, 1989), p. 688.
8   L. Duchesne, *Histoire ancienne de l'Église*, II (Paris: Éditeur E. De Boccard, 1910²), p. 664.
9   "네 형제가 너에게 죄를 짓거든, 가서 단둘이 만나 그를 타일러라. 그가 네 말을 들으면 네가 그 형제를 얻은 것이다. 그러나 그가 네 말을 듣지 않거든 한 사람이나 두 사람을 더 데리고 가거라. '모든 일을 둘이나 세 증인의 말로 확정 지어야 하기' 때문이다. 그가 그들의 말을 들으려고 하지 않거든 교회에 알려라. 교회의 말도 들으려고 하지 않거든 그를 다른 민족 사람이나 세리처럼 여겨라. 내가 진실로 너희에게 말한다. 너희가 무엇이든지 땅에서 매면 하늘에서도 매일 것이고, 너희가 무엇이든지 땅에서 풀면 하늘에서도 풀릴 것이다." 성서의 인용 및 약어는 한국천주교주교회의가 2005년에 발행한 성경을 따른다.
10 "여러분 가운데 누가 다른 사람과 문제가 있을 때, 어찌 성도들에게 가지 않고 이교도들에게 가서 심판을 받으려고 한다는 말입니까? 여러분은 성도들이 이 세상을 심판하리라는 것을 모릅니까? 세상이 여러분에게 심판을 받아야 할 터인데, 여러분은 아주 사소한 송사도 처리할 능력이 없다는 말입니까? 우리가 천사들을 심판하리라는 것을 모릅니까? 하물며 일상의 일이야 더 말할 나위가 없지 않습니까? 그런데 이런 일상의 송사가 일어날 경우에도, 여러분은 교회에서 업신여기는 자들을 재판관으로 앉힌다는 말입니까? 나는 여러분을 부끄럽게 하려고 이 말을 합니다. 여러

분 가운데에는 형제들 사이에서 시비를 가려 줄 만큼 지혜로운 이가 하나도 없습니까? 그래서 형제가 형제에게, 그것도 불신자들 앞에서 재판을 겁니까? 그러므로 여러분이 서로 고소한다는 것부터가 이미 그릇된 일입니다. 왜 차라리 불의를 그냥 받아들이지 않습니까? 왜 차라리 그냥 속아 주지 않습니까? 여러분은 도리어 스스로 불의를 저지르고 또 속입니다. 그것도 형제들을 말입니다."

11 Cristiana Maria Anastasia Rinolfi, "Episcopalis audientia e arbitrato", S. Puliatti, U. Aganti (a cura di), Prinicìpi generali e tecniche operative del processo civile romano nei secoli IV-VI d.C. (Parma, 18-19 giugno 2009), (Parma: Monte Università Parma, 2010), pp. 209-210.

12 코린토 공동체는 형제들 사이의 분쟁이나 소송이 발생하는 것을 피할 수 없다는 것을 체험을 통해 드러내고 있다. 더욱이 코린토 교회 구성원들이 로마제국의 통상적인 법정, 곧 이교도들의 법정에 자신들의 소송을 제기한 것은 신자들의 대다수가 이방인들 출신이라는 사실에서 기인하는 것으로 보인다. 이에 대해 참조: O. Diliberto, "Paolo di Tarso, I Ad Cor., VI,1-8, e le origini della giurisdizione ecclesiastica nelle cause civili", Studi Economico-Giuridici 49(1979), p. 190.

13 200주년신약성서번역위원회, 『200주년 신약성서 주해』 (왜관: 분도출판사, 2004[재쇄]), 864쪽, 각주 2.

14 G. Vismara, La giurisdizione civile dei vescovi (secoli I-IX), (Milano: Dott. A. Giuffrè Editore, 1995), pp. 4-5.

15 Ch. Senft, La Première Épitre de Saint Paul aux Corinthiens, 백운철 옮김, 『고린토인들에게 보낸 첫째 편지』 (서울: 성서와함께, 2005[2쇄]), 150-155쪽.

16 Flavius Josephus, Antiquitates Judaicae, 14, 7, 2, 김지찬 옮김, 『유대 고대사』 I (서울: 생명의 말씀사, 1987), 224-225쪽. 같은 책 19권 5장 2-3은 클라디우스 황제가 알렉산드리아의 유다인들과 로마제국의 다른 지역에 살고 있는 유다인들이 계속해서 자신들의 권리와 특권 그리고 풍습을 보존할 수 있다고 허락한 법령을 전해준다.

17 A. Amanieu, "ARBITRAGE", Dictionnaire de droit canonique, I (Paris: Librairie Letouzey et Ané, 1935), p. 864.

18 G. Vismara, La giurisdizione civile dei vescovi (secoli I-IX), pp. 6-7.

19 O. Diliberto, "Paolo di Tarso, I Ad Cor., VI,1-8, e le origini della giurisdizione ecclesiastica nelle cause civili", pp. 197-198.

20 군중 가운데에서 어떤 사람이 예수님께, "스승님, 제 형더러 저에게 유산을 나누어 주라고 일러 주십시오." 하고 말하였다. 그러자 예수님께서 그에게 말씀하셨다. "사람아, 누가 나를 너희의 재판관이나 중재인으로 세웠단 말이냐?"

21 G. Vismara, La giurisdizione civile dei vescovi (secoli I-IX), p. 8; S. Mochi Onory, Vescovi e Città (Secoli IV-VI), (Spoleto: Centro Italiano di Studi sull'Alto Medioevo, 2010[reprint]), p. 55; R. Dodaro, "Church and State", Allan D. Fitzgerald (General editor), Augustine through the Ages. An Encyclopedia, (Michigan: William B. Eerdmans Publishing Company, 1999), p. 176.

22 『디다케』 15,1-3; 『사도전승』 3; 『야고보에게 보낸 클레멘스의 첫째 편지』 5; 10; 『사도 교훈』 2, 45, 1-54, 1; 『사도 헌장』 2, 45-46.

23 G. Vismara, *La giurisdizione civile dei vescovi (secoli I-IX)*, pp. 17-24.
24 『테오도시우스 법전』과 『시르몬두스 헌장』의 편집본으로 다음을 참조: Th. Mommsen, Paulus M. Meyer(ed. by), *Theodosiani libri xvi cum constitutionibus sirmondianis*, (Berlin: Weidmann, 1905). 영역본은 다음을 참조: C. Pharr, *The Theodosian Code and Novels and the Sirmondian Constitutions: A Translation with Commentary, Glossary, and Bibliography*, (Princeton: Princeton University Press, 1952/ Union: The Lawbook Exchange, Ltd, 2001[reprinted]).
25 『테오도시우스 법전』1, 27, 1.
26 『시르몬두스 헌장』1.
27 콘스탄티누스가 가톨릭교회 성직자들에게 부여한 특전에 대해 참조: C. Dupont, "Les privilèges des clercs sous Constantin", *Revue d'histoire ecclésiastique* 62(1967), pp. 729-752.
28 피에트로 데 프란치쉬는 318년 칙법에 수신인의 이름이 없다는 것과 날짜에 대해 문제 삼는다. 크리스푸스(Crispus)가 제2집정관으로 나타난 것은 318년이지만, 318년에는 비잔티움이 아직 콘스탄티누스의 수중에 들어와 있지 않았다는 것이다. 또한 콘스탄티누스는 318년 초반에 아퀼레이아(Aquileia)에 체류하고 있었고, 콘스탄티노플은 330년 5월 11일에 가서야 설립되었다는 것이다. 클라이드 파(Clyde Pharr)는 크리스푸스가 318년에 제2집정관으로 나타나지만 콘스탄티누스가 아닌 리키니우스(Licinius)와 함께 언급되고 있음을 지적한다. 이에 대해 쥴리오 비스마라는 수신인의 이름이 나타나지 않고 작성 날짜 역시 불확실하지만, 이것이 진정성을 거부할만한 이유는 되지 않는다고 주장한다: P. De Francisci, "Per la storia dell'episcopalis audientia fino alla Nov. XXXV(XXXVI) di Valentiniano", *Annall di giurisprudenza dell'Università di Perugia* 30(1915-1918), pp. 52-53. C. Pharr, *The Theodosian Code and Novels and The Sirmondian Constitutions. A translation with commentary, glossary and bibliography*, in collaboration with Theresa Sherrer Davidson and Mary Brown Pharr, (Union: The Lawbook Exchange, Ltd, 2001[Second reprinting]), p. 31, n. 18; G. Vismara, *Episcopalis audientia. L'attività giurisdizionale del vescovo per la risoluzione delle controversie private tra laici nel diritto romano e nella storia del diritto italiano fino al secolo nono*, (Milano: Società Editrice Vita e Pensiero, 1937), p. 14. 쟈크 고드프로와는 『시르몬두스 헌장』에 나타나는 콘스탄티누스 칙법의 진정성도 의심스럽다고 주장한다. 피에트로 데 프란치쉬와 쥴리아노 크리포는 카저(Kaser)의 노선에 입각하여 333년 칙법이 가짜이거나 매우 빨리 폐지되었기에 『테오도시우스 법전』에 수록되지 않은 것이라 주장한다. 하지만 쥴리오 비스마라는 이에 반대하면서 333년의 칙법이 318년 칙법의 참된 해석을 이루고 있음을 제시한다: J. Godefroy, *Codex Theodosianus cum perpetuis commentariis*, VI, Lipsia, 1748 (ed. Johann Daniel Ritter), pp.339-340: M. Rosa Cimma, *L'episcopalis audientia nelle constituzioni imperiali da Costantino a Giustiniano*, (Torino: G. Giappichelli Editore, 1989), p. 37에서 재인용; P. De Francisci, "Per la storia dell'episcopalis audientia fino alla Nov. XXXV(XXXVI) di Valentiniano", pp. 53-54; G. Crifò, "A proposito di episcopalis audientia", M. Christo, S. Demougin, Y. Duval, C. Lepelley, L. Pietri (édités par), *Institutions, société et vie politique dans l'Empire Romain au IVe siècle Ap. J.-C. Actes de la*

table ronde autour de l'œuvre d'André Chastagnol (Paris, 20-21 janvier 1989), (Rome: École Française de Rome, 1992), p. 400; G. Vismara, *Episcopalis audientia*, pp. 24-29.

29 J. Gaudemet, *L'Église dans l'Empire Romain (IVe-Ve siècles)*, (Paris: Sirey, 1958), pp. 232-236; Ch. Munier, "Audientia episcopalis", *Augustinus Lexikon*, 1, (Basel: Schwabe & Co. Ag, 1986-1994), pp. 511-512 그리고 515; Ch. Munier, "AUDIENTIA EPISCOPALIS", *Dizionario patristico e di antichità cristiane*, I, (Casale Monferrato: Casa Editrice Marietti, 1994[1 reprint]), p. 443; C. Lepelley, "Saint Augustin et la cité romano-africaine", Ch. Kannengiesser (éditées par), *Jean Chrysostome et Augustin. Actes du colloque de Chantilly 22-24 Septembre 1974*, (Paris: Éditions Beauchesne, 1975), p. 19; C. Lepelley, *Les cités de l'Afrique romaine au Bas-Empire, Tome 1: La permanence d'une civilisation municipale*, (Paris: Études Augustiniennes, 1979), p. 390; P. De Francisci, "Per la storia dell'episcopalis audientia fino alla Nov. XXXV(XXXVI) di Valentiniano", pp. 56-69. 미쉘 메슬랭에 의하면, 세속법정보다 주교법정을 선호하였던 그리스도교 원고들의 숫자와 그리스도교의 발전이 교차한다. 또한 그는 주교의 역할이 항상 참된 재판관보다는 조정자로 남아 있었고, 로마제국은 교회의 사법권에 제한을 두려 하였다고 주장한다: M. Meslin, "Institutions ecclésiastiques et cléricalisation dans l'Église ancienne (IIe-Ve siècles)", *Concilium* 47(1969), pp. 50-51.

30 『테오도시우스 법전』 16, 2, 23.

31 『유스티니아누스 법전』 1, 4, 7. 이 법전의 편집본은 다음을 참조: P. Krueger, *Corpus iuris civilis(v.2): codex justinianus*, (Berlin: Weidmann, 1915).

32 『테오도시우스 법전』 1, 27, 2.

33 『테오도시우스 법전』 16, 11, 1.

34 G. Crifò, "A proposito di episcopalis audientia", p. 409.

35 G. Vismara, *Episcopalis audientia*, pp. 19-20.

36 Eusebius, *Life of Constantine*, translated with introduction and commentary by A. Cameron and Stuart G. Hall, (Oxford: Clarendon Press, 1999), p. 324, n. 27.2.

37 Sozomène, *Histoire Ecclésiastique*, Livres I-II, Sources Chrétiennes 306, (Paris: Les Éditions du Cerf, 1983), p. 153.

38 G. Pilara, "Sui tribunali ecclesiastici nel IV e V secolo. Ulteriori considerazioni", *Studi Romani* 52(2004), pp. 361-363. 마리아 로사 침마는 『시르몬두스 헌장』에 나타나는 콘스탄티누스 칙법의 진정성을 부정할만한 충분한 근거가 존재하지 않고, 오히려 진정성을 입증할 분명한 이유가 있기 때문에, 콘스탄티누스가 주교들의 판결을 중재 판결과 차별성을 지니도록 배려하였다고 주장한다: M. Rosa Cimma, *L'episcopalis audientia nelle constituzioni imperiali da Costantino a Giustiniano*, p. 79.

39 G. Vismara, *La giurisdizione civile dei vescovi (secoli I-IX)*, pp. 47-48 그리고 53.

40 중재의 합의에 대해 참조: 현승종 저, 조규창 증보, 『로마법』, (서울: 법문사, 1996),

812-813쪽.
41 카우코 라이카스에 의하면, 주교의 판결과 정무총감의 판결을 동등한 것으로 간주하는 것이 어떠한 의미에서도 사회 안에서 동등한 법적 유효성을 내포하고 있지 않았다. 국가의 편에서 볼 때, 로마제국에 적대적이지 않은 가톨릭교회의 사회적 가치를 증진시키고자 하는 의도가 있었을 뿐이다: Kauko K. Raikas, "St. Augustine on Juridical Duties: Some Aspects of the Episcopal Office in Late Antiquity", Josehp C. Schnaubelt, F. Van Fleteren (ed. by), *Collectanea Augustiniana: Augustine - Second Founder of the Faith*, (New York: Peter Lang, 1990), p. 473.
42 질 해리스는 용어의 유연한 사용이 민사소송에서 후기 로마제국의 특성을 드러낸다고 본다. 그리고 실제적으로 중재자(arbiter)와 재판관(judex)의 역할의 차이가 때때로 그리 크지 않았기에, 재판관이 종종 중재자처럼 행동하였다고 주장한다: Jill D. Harries, "Resolving Disputes: The Frontiers of Law in Late Antiquity", Ralph W. Mathisen (ed. by), *Law, society and authority in late Antiquity*, (New York: Oxford University Press, 2001), pp. 77-78..
43 G. Vismara, *La giurisdizione civile dei vescovi (secoli I-IX)*, pp. 85-94.
44 아우구스티누스, 「서한」 48, 1. "Nostras enim saepe sauciat et debilitat caligo et tumultus saecularium actionum."
45 포시디우스, 「아우구스티누스의 생애」 19, 2-3.
46 아우구스티누스, 「서한」 24*, 1.
47 아우구스티누스, 「수도승의 노동」 29, 37.
48 Peter Brown, Poverty and leadership in the Later Roman Empire, 「고대 후기 로마제국의 가난과 리더십」, 서원모·이은혜 옮김, (파주: 태학사, 2012), 141쪽; Ch. Munier, "Audientia episcopalis", p. 514; A. Pugliese, "Sant'Agostino giudice", *Studi dedicati alla memoria di Paolo Ubaldi*, (Milano: Società Editrice Vita e Pensiero, 1937), pp. 282-283. 포시디우스는 「아우구스티누스의 생애」 5, 1에서 아우구스티누스가 세운 수도원에서 대해 소개한다. 히포 그리스도교 공동체의 교회건축물에 대해 참조: J. Mesnage, *L'Afrique chrétienne. Évêchés & ruines antiques*, (Paris: Éditeur Ernest Leroux, 1912), pp. 264-265; S. Lancel, "Hippo Regius", *Augustinus Lexikon*, 3, (Basel, Schwabe AG, 2004-2010), pp. 355-359.
49 G. Bardy, *Saint Augustin. L'homme et l'œuvre*, (Paris: Desclée De Brouwer & Cie, 1940), p. 180; G. Vismara, *La giurisdizione civile dei vescovi (secoli I-IX)*, p. 103.
50 아우구스티누스, 「서한」 33, 5.
51 Peter Brown, 「고대 후기 로마제국의 가난과 리더십」, 140쪽.
52 G. Vismara, "Ancora sulla 'episcopalis audientia' (Ambrogio arbitro o giudice?)", *Studia et documenta historiae et iuris* 53(1987), p. 56. 재판 과정의 각 단계마다 이른 바 봉사료(sportulae)가 요구되었다. 이에 대해 참조: John C. Lamoreaux, "Episcopal Courts in Late Antiquity", *Journal of Early Christian Studies* 3(N. 2, 1995), p. 151.
53 아우구스티누스, 「서한」 153, 6, 23-24.
54 아우구스티누스, 「강론」 107, 7, 8-9, 10.

55 아우구스티누스, 『시편 상해』 46, 5. 참조: G. Combès, *La doctrine politique de saint Augustin*, (Paris: Librairie Plon, 1927), p. 169.
56 아우구스티누스, 『서한』 65.
57 아우구스티누스, 『서한』 20*; 209. 프랑수와 마르트루와는 안토니우스 사건이 5세기 초의 재판 제도의 역사에 있어 매우 중요한 것이라고 평가한다. 주교가 문제가 된 상황에서 당시 아프리카 교회에서 교회 사법권의 특성과 권한을 잘 드러내기 때문이다: F. Martroye, "Saint Augustin et la compétence de la juridiction ecclésiastique au Ve siècle", *Mémoires de la société nationale des antiquaires de France* 10(1910), p. 12.
58 아우구스티누스, 『서한』 236.
59 아우구스티누스, 『서한』 85.
60 아우구스티누스, 『서한』 173.
61 아우구스티누스, 『서한』 13*.
62 아우구스티누스, 『서한』 251.
63 아우구스티누스, 『서한』 78.
64 아우구스티누스, 『서한』 1*.
65 아우구스티누스, 『서한』 9*.
66 『테오도시우스 법전』 16, 2, 12; 16, 2, 41; 『시르몬두스 헌장』 3; 6; 15. 이에 대해 참조: M. Rosa Cimma, *L'episcopalis audientia nelle constituzioni imperiali da Costantino a Giustiniano*, pp. 100-111.
67 cura et studio Ch. Munier, *Concilia Africae*, CCL(orpus Christianorum Series Latina) 149, pp. 34와 36.
68 J. D. Mansi, *Sacrorum conciliorum nova et amplissima collectio*, III, (Graz: Akademische Druck-U. Verlagsanstalt, 1960), col. 882.
69 프랑수와 마르트루와는 이러한 소송에서 주교법정의 권한은 지도적 차원으로 한정되었을 것이라 본다: F. Martroye, "Saint Augustin et la compétence de la juridiction ecclésiastique au Ve siècle", p. 26.
70 아우구스티누스, 『서한』 8*.
71 아우구스티누스, 『서한』 247.
72 아우구스티누스, 『서한』 24*.
73 노예상인(mangones)에 대해 참조: A. Andrea Cassi, "Agostino contro i mercanti di schiavi: Ius glaudii, ungulae carnificis e funzione della pace", *Etica & Politica* 16(2014), pp. 457-463.
74 M. Humbert, "Enfants à louer ou à vendre: Augustin et l'autorité parentale (Ep. 10* et 24*)", *Les lettres de saint Augustin découvertes par Johannes Divjak. Communications présentées au colloque des 20 et 21 Septembre 1982*, (Paris: Études Augustiniennes, 1983), pp. 198-201.
75 아우구스티누스, 『서한』 10*, 2-3. 이에 대해 참조: C. Gebbia, "Pueros vendere vel locare. Schiavitù e realtà africana nelle nuove lettere di s. Agostino", A. Mastino (a cura di), *L'Africa romana: atti del 4. Convegno di studio, 12-14 dicembre 1986*, V. 1, (Sassari: Dipartimento di Storia dell'Università di

Sassari, 1987), pp. 215-227.
76 아우구스티누스, 「서한」 10*, 5.
77 M. Roberti, "Contributo allo studio delle relazioni fra diritto romano e patristica tratto dall'esame delle fonti agostiniane", *Estratto dal supplemento speciale al Volume XXIII della Rivista di filosofia neoscolastica – Gennaio 1931*, (Milano: Società Editrice Vita e Pensiero, 1931), pp. 43-46.
78 J. Martin, *La doctrine sociale de saint-Augustin*, (Paris: Éditeur A. Tralin, 1912), pp. 79-92; A. Brucculeri, *Il pensiero sociale di S. Agostino*, (Roma: Edizioni La civiltà cattolica, 1945), pp. 119-125.
79 피터 브라운은 주교들의 가난한 자의 돌봄에서 노예라는 계층이 빠져 있다고 전제하면서, 가난한 자의 돌봄에 대한 그리스도교의 실천과 설교가 오직 자유인에 의해서 그리고 자유인을 위해서 이루어졌다고 지적한다: Peter Brown, 「고대 후기 로마제국의 가난과 리더십」, 126-127쪽.
80 아우구스티누스, 「서한」 24*, 1. "Possumus secundum apostolicam disciplinam, ut dominis suis sint subditi, servis praecipere, non autem liberis iugum servitutis imponere."
81 아우구스티누스, 「서한」 24*, 1.
82 G. Vismara, "Le *causae liberales* nel tribunale di Agostino vescovo di Ippona", *Studia et Documenta Historiae et Iuris* 61(1995), pp. 365-372.
83 G. Vismara, *La giurisdizione civile dei vescovi (secoli I-IX)*, pp. 118-119; C. Lepelley, "Liberté, colonat et esclavage d'après la Lettre 24*: la juridiction épiscopale 《de liberali causa》", *Les lettres de saint Augustin découvertes par Johannes Divjak. Communications présentées au colloque des 20 et 21 Septembre 1982*, (Paris: Études Augustiniennes, 1983), p. 331.
84 C. Lepelley, "Liberté, colonat et esclavage d'après la Lettre 24*: la juridiction épiscopale 《de liberali causa》", p. 341.
85 John C. Lamoreaux, "Episcopal Courts in Late Antiquity", p. 159.
86 A. Pugliese, "Sant'Agostino giudice", p. 271. 멜키오레 로베르티(Melchiorre Roberti)는 아우구스티누스의 작품들 안에 나타나는 여러 규범들에 대한 암시와 특별한 법적 표현들이 그의 법에 대한 이해를 드러내고 있지만, 법학에 대해 깊은 친숙함을 결코 갖지 않았다고 주장한다: M. Roberti, "Contributo allo studio delle relazioni fra diritto romano e patristica tratto dall'esame delle fonti agostiniane", pp. 23-24. 이에 반해 장 고드메(Jean Gaudemet)와 다리오 논노이(Dario Nonnoi)도 비록 아우구스티누스가 약간의 정규 법률 공부를 한 것으로 보이지만, 그의 법률 용어와 은유 등이 법률에 대한 그의 친숙함을 드러낸다고 본다: J. Gaudemt, *Le droit romain dans la littérature chrétienne occidentale du IIIe au Ve siècle*, (Milano: Dott. A. Giuffrè Editore, 1978), pp. 127-166; D. Nonnoi, "Sant'Agostino e il diritto romano", *Rivista Italiana per le scienze giuridiche* 9(1934), pp. 531-545.
87 F. Lardone, "Roman Law in the works of St. Augustine", *The Georgetown law journal* 21(1932), pp. 435-456. 아우구스티누스의 법 이해에 대해 참조:

E.-M. Kuhn, "Justice Applied by the Episcopal Arbitrator: Augustine and the Implementation of Divine Justice", *Etica & Politica* 19(2007), pp. 74-79.

88 아우구스티누스, 『고백록』 3, 3, 6. "그적에 제법 고상하다고 일컫던 학문도 결국 소송 법정을 위한 것에 불과한 것으로"(Habebant et illa studia, quae honesta vocabantur, ductum suum intuentem fora litigiosa).

89 H.-I. Marrou, *Saint Augustin et la fin de la culture antique*, (Paris: Éditions E. De Boccard, 1958), pp. 113-114.

90 아우구스티누스, 『고백록』 6, 11, 19. 이에 대해 참조: F. Lardone, "Roman Law in the works of St. Augustine", p. 435. 여기서 "praesidatus"는 지방장관으로 볼 수 있지만, 피에르 데 라브리올르가 주장하듯 법원장으로도 볼 수 있다: John M. Quinn, *A Companion to the Confessions of St. Augustine*, (New York: Peter Lang, 2002), p. 334, n. 43.; P. De Labriolle, *Saint Augustin Confessions*, Vol. I, (Paris: Les Belles Lettres, 1956⁷), p. 137, n. 1.

91 주교가 된 아우구스티누스가 행한 법률 공부에 대해 참조: D. Edward Doyle, *The bishop as disciplinarian in the Letters of St. Augustine*, (New York: Peter Lang, 2002), pp. 85-91. 아우구스티누스가 396-397년에 저술한 『그리스도교 교양』 2, 39, 58에서 법률 공부의 필요성을 다음과 같이 말한다. "상호 공존하는 인간 사회에 효력을 끼치는 인간 제도라면, 현세 생활의 필요성을 보아서라도 소홀히 하지 말 것이다." 한국어 번역은 다음을 참조: 아우구스티누스, 『그리스도교 교양』, 성염 역주, (왜관: 분도출판사, 1989).

92 Noel E. Lenski, "Evidence for the *Audientia episcopalis* in the new letters of Augustine", Ralph W. Mathisen (ed. by), *Law, society and authority in late Antiquity*, (New York: Oxford University Press, 2001), pp. 88-90. 저자는 아우구스티누스의 법률 지식에 대한 가장 분명한 실례를 계약법에 대한 이해를 드러내는 『서한』 8*에서 잘 볼 수 있다고 주장한다. 장 루제 역시 디비야크가 발견한 『서한』 8*에 대한 연구를 통해 아우구스티누스가 법학에 대한 완전한 이해를 갖고 있었다고 지적한다: J. Rougé, "Escroqueire et brigandage en Afrique romaine au temps de saint Augustin (Ep. 8* et 10*)", *Les lettres de saint Augustin découvertes par Johannes Divjak. Communications présentées au colloque des 20 et 21 Septembre 1982*, (Paris: Études Augustiniennes, 1983), p. 179.

93 아우구스티누스, 『강론』 21, 6. 참조: A. Di Berardino, "Roman Laws", Allan D. Fitzgerald (General editor), *Augustine through the Ages. An Encyclopedia*, (Michigan: William B. Eerdmans Publishing Company, 1999), p. 733.

94 포시디우스, 『아우구스티누스의 생애』 20, 2. "당신이 나서서 중재해야 마땅한 청이라고 판단하시면 일을 너무도 품위 있고 겸손하게 수행하신 나머지 부담스러워하거나 귀찮아하는 모습을 보이지 않아 경탄을 사셨다."

95 아우구스티누스, 『서한』 100, 2.

96 마르켈리누스에 대해 참조: A. Mandouze, *Prosopographie chrétienne du Bas-Empire. Vol. 1, Prosopographie de l'Afrique chretienne(303-533)*, (Paris: Editions du Centre National de la Recherche Scientifique, 1982), pp. 671-688.

97 아우구스티누스, 「서한」 133.
98 아프린기우스에 대해 참조: A. Mandouze, Prosopographie chrétienne du Bas-Empire. Vol. 1, Prosopographie de l'Afrique chretienne(303-533), pp. 84-86.
99 아우구스티누스, 「서한」 134.
100 마케도니우스에 대해 참조: A. Mandouze, Prosopographie chrétienne du Bas-Empire. Vol. 1, Prosopographie de l'Afrique chretienne(303-533), pp. 659-661.
101 É. Rebillard, "Augustin et le rituel épistolaire de l'élite sociale et culturelle de son temps. Élements pour une analyse processuelle des relations de l'évêque et de la cité dans l'antiquité tardive, É. Rebeillard, C. Sotinel (édités par), L'évêque dans la cité du IVe au Ve siècle. Image et autorité. Actes de la table ronde organisée par l'Istituto patristico Augustinianum et l'École française de Rome (Rome, 1er et 2 décembre 1995), (Roma: École française de Rome, 1998), pp. 142-144.
102 R. Sève, "La loi civile dans la pensée de saint Augustin", Cahiers de philosophie politique et juridique 12(1987), pp. 33-42.
103 R. Dodaro, "Between the Two Cites: Political Action in Augustine of Hippo", J. Doody, Kevin L. Hughes, K. Paffenroth (ed. by), Augustine and Politics, (Lanham: Lexington Books, 2005), p. 100.
104 아우구스티누스, 「서한」 152, 2.
105 아우구스티누스, 「서한」 153, 2, 4; 4, 10.
106 P. Iver Kaufman, "Augustine, Macedonius, and the Courts", Augustinian Studies 34(2003), p. 75; R. Dodaro, "Church and State", p. 179. 이에 반해 카우코 라이카스는 마케도니우스에게 한 아우구스티누스의 호소를 사회법적 자의식으로 간주한다: Kauko K. Raikas, "Audientia episcopalis: Problematik zwischen Staat und Kirche bei Augustin", Augustinianum 37(1997), pp. 477-478.
107 아우구스티누스, 「서한」 153, 1, 3.
108 G. Combès, La doctrine politique de saint Augustin, p. 196.
109 '그리스도인'의 의미에 대해 참조: E. Lamirande, "Christianus (christianismus, christianitas)", Augustinus Lexikon, 1, (Basel: Schwabe & Co. Ag, 1986-1994), p. 843.
110 아우구스티누스, 「시편 상해」 61, 21; 「서한」 120, 19.
111 아우구스티누스, 「강론」 342, 5.
112 고대 법학자들은 고문을 정보를 얻는 최고의 도구로서 간주하였기에, 재판 과정의 각 단계에서 매우 많이 통용되는 것이었다. 이에 대해 참조: A. Houlou, "Le droit pénal chez saint Augustin", Revue historique de droit français et étranger 52 (1974) pp. 16-18; John C. Lamoreaux, "Episcopal Courts in Late Antiquity", pp. 161-162. 아우구스티누스는 「신국론」 19, 6에서 재판관이 고문을 통해 진실을 밝히도록 강요하는 것에 대해 애통해 하면 이렇게 말한다. "무죄임에도 고문을 당한다면 그는 불확실한 범죄 때문에 더할 나위 없이 확실한 형벌

을 받는 셈이다. 더구나 그가 그 형벌을 받는 것은 그가 범죄를 저지른 것으로 밝혀졌기 때문이 아니고 그가 그 범죄를 저지르지 않았다는 사실이 밝혀지지 않았기 때문이다. […] 피고는 고문에 못 견뎌 범하지도 않은 죄상을 자기가 범했다고 고백하고 말 것이다. 그리하여 그가 유죄 판결을 받고 사형을 당한다면, 재판관은 자기가 범인을 죽였는지 무죄한 사람을 죽였는지 알 길이 없다. […] 이럴 경우 재판관은 피고가 무죄한 사람임에도 진실을 알려고 고문했고, 진실을 미처 알아내지도 못하고 그 사람을 죽인 것이다." 한국어 번역은 다음을 참조: 아우구스티누스, 『신국론』 제19-22권, 성염 역주, (왜관: 분도출판사, 2004).

113 아우구스티누스, 『서한』 133, 1-2.
114 아우구스티누스, 『서한』 153, 4, 11.
115 아우구스티누스, 『서한』 153, 3, 8.
116 아우구스티누스, 『강론』 13, 7.
117 아우구스티누스, 『강론』 49, 5.
118 아우구스티누스, 『요한복음 강해』 30, 8. 참조: A. Houlou, "Le droit pénal chez saint Augustin", pp. 25-26.
119 아우구스티누스, 『시편 상해』 98, 7.
120 포시디우스, 『아우구스티누스의 생애』 19, 2.
121 아우구스티누스, 『시편 상해』 25, II, 13.
122 G. Combès, *La doctrine politique de saint Augustin*, p. 183.
123 Ch. Munier, "L'influence de saint Augustin sur la législation ecclésiastique de son temps", P.-Y. Fux, J.-M. Roessli, O. Wermelinger, *AUGUSTINUS AFER. Saint Augustin: africanité et universalité. Actes du colloque internal Alger-Annaba, 1-7 avril 2001*, (Fribourg: Éditions Universitaire Fribourg Suisse, 2003), p. 111.
124 S. Lancel, *Saint Augustin*, (Paris: Éditions Arthème Fayard, 1999), p. 367. 가난한 이들에 대한 아우구스티누스의 배려에 대해 참조: C. Lepelley, "La lutte en faveur des pauvres: observations sur l'action sociale de saint Augustin dans la région d'Hippone", P.-Y. Fux, J.-M. Roessli, O. Wermelinger, *AUGUSTINUS AFER. Saint Augustin: africanité et universalité. Actes du colloque internal Alger-Annaba, 1-7 avril 2001*, (Fribourg: Éditions Universitaire Fribourg Suisse, 2003), pp. 95-107.
125 C. Lepelley, "Saint Augustin et la cité romano-africaine", p. 16. 아우구스티누스 당시 '시보호관'의 역할은 제국의 고시(告示, edictum)가 모든 제국의 시민들에게 보장하였던 권리를 보호하는 것이었다. 가난한 이들이 도시의 보다 강력한 이들이 자행하던 부조리에 맞서 자신들을 충분히 보호할 능력이 없었기 때문이다. 이에 대해 참조: R. Dodaro, "Church and State", p. 179.
126 H. Jaeger, "Justinien et l'episcopalis audientia", p. 262.
127 포시디우스, 『아우구스티누스의 생애』 19, 3-5.
128 아우구스티누스, 『신국론』 19, 19.
129 아우구스티누스, 『서한』 217.
130 참조: 아우구스티누스, 『서한』 134, 1; 『강론』 340, 1.
131 아우구스티누스, 『요한복음 강해』 123, 5.

14장

아우구스티누스 사제직의 근본정신
: "Ubi humilitas, ibi caritas"

들어가는 말

1. 사제의 칭호와 역할
2. 겸손의 직무
3. 사랑의 직무
4. 관상과 활동의 조화

나가는 말

「아우구스티누스 사제직의 근본정신 : "Ubi humilitas, ibi caritas"」는 가톨릭대학교 성신교정 신학연구소가 주최한 제19회 학술발표회(2016. 11. 3)에서 발표된 논문을 수정·보완한 것으로, 2016년도 가톨릭대학교 성신교정 교비연구비 지원을 받았다. 「신학전망」 195호, 광주가톨릭대학교 신학연구소, 2016에 수록되었다.

들어가는 말

평생 수도원의 고요함 속에서 진리를 관상하는 하느님의 종으로 살고자 염원하던 아우구스티누스에게 391년 히포에서의 사제서품은 분명 삶의 전환점이 되는 사건이었다.[1] "내가 하고자 하는 것을 더 이상 원하지 않고, 당신이 원하는 것을 원하는 것입니다."[2]라는 성인의 표현이 이를 잘 드러내고 있다. 당시 아우구스티누스 안에 각인된 사제의 직무는 철저히 활동의 삶이었다. 이는 사제수품 직후 발레리우스(Valerius) 주교에게 보낸 서한에서 "백성에게 성사와 하느님의 말씀을 주는 사람"[3]으로 사제를 정의하고 있는 것에서 잘 드러난다. 또한 그는 사제직을 "지극히 위험한 직무"(periculosissimum ministerium)[4]이며 "짐"(sarcina)[5]으로 생각하고 있었다.

그렇지만 사제수품 이후 아우구스티누스는 히포교회와 아프리카 교회 그리고 보편교회를 위한 목자로서의 삶을 충실히 영위하였다.[6] 바로 여기에 아우구스티누스의 위대함이 있다. 그는 개인적인 유익보다 복음이 요구하는 바를 우선시하면서 하느님의 백성에 대한 봉사를 요구한 교회의 부름에 온전히 응답하였기 때문이다.[7] 이 과정에서 아우구스티누스는 사제직에 대한 작품을 저술하지 않았지만, 특별히 강론과 서한 등을 통해 사제직에 대한 자신의 생각을 우리에게 남겨 주었다. 본고는 사제직에 대한 아우구스티누스의 모든 생각을 담으려는 목적을 갖고 있지 않다. 오히려 아우구스티누스가 살아온 사제직의 근본정신만을 제시하고자 한다. 이를 위해 5세기 초엽 서방에서 일상적으로 사용된 '사제'(sacerdos)[8]라는 단어와 연관된 여러 칭호를 살펴보고, 이를 통해 나타나는 역할을 다루고자 한다. 그리고 '겸손'(humilitas)과 '사랑'(caritas)이라는 두 측면이 사제직의 근본정신이라는 것을 제시한 후, 히포의 주교가 이를 통해 관상의 삶과 활동의 삶의 조화를 이루고 있음을 밝히고자 한다.

1. 사제의 칭호와 역할

아우구스티누스의 작품에서 교계제도적 요소가 중요한 자리를 점유하고 있지 않다는 것은 주지의 사실이다. 이는 교회의 영적 요소에 대한 아우구스티누스의 각별한 사랑으로 표현되는 그의 영적 기질에서 기인한 것으로 보인다. 하지만 이미 치프리아누스 시기에 카르타고교회는 로마교회와 마찬가지로 모든 품계의 교계제도를 갖고 있었다.[9] 이러한 북아프리카의 전통 속에서 아우구스티누스 역시 교계적 조직이 가톨릭교회의 본질적인 부분임을 충분히 인지하며, 하위성직자와 고위성직자로 이루어진 다양한 품계에 대해 언급한다.[10]

이러한 아우구스티누스의 입장은 그리스도의 교회를 구성하는 이들이 모두 동등한 품계와 동일한 상황에 있지 않다는 것을 분명하게 드러낸다. 달리 말하면, 교회의 구성원들은 성직자(clericus)와 평신도(laicus)로 이루어지는 두 집단으로 구분된다는 것이다.[11] 사순절에 행한 강론에서 히포의 주교는 다음과 같이 말한다. "여러분 이렇게 하십시오. 용서를 청하기를 부끄러워하지 마십시오. 저는 이것을 남자와 여자, 아이와 어른, 평신도와 성직자 등 모든 이들에게 동일한 방식으로 말합니다."12 여기에서 볼 수 있는 '성직자-평신도'라는 구조는 아우구스티누스의 작품 안에서 여러 상이한 표현들로 나타난다. 무엇보다 평신도 신분에 대해서는 'laici', 'plebs', 'populus', 'congregatio laicorum' 등이 사용된다. 반면 성직 신분에 대한 표현으로는 'clerus', 'militia clericatus', 'clericatus', 'clerici', 'ordo clericorum', 'ordinati in ecclesiastici ordinis ministerii gradibus', 'praepositi', 'praepositura Ecclesiae', 'sacerdos' 등이 나타난다.13 여기서 특기할 것은 'ordo'라는 용어의 사용이다. 히포의 주교는 이 단어를 "동등한 것들과 동등하지 않은 것들의 고유한 자리를 각각에게 부여하는 배치"로14 정의한다. 이를 통해 그는 평신도 직분과 구분되는 신분인 성직자를 가리킴과 동시에 성직자들 안에서도 상이한 품계가 있음을 제시하고자 했다.

이러한 의미에서 볼 때 'clericus-laicus' 도식은 가르치고 영적으로 다스리는 사람과 그에 순종하는 이들의 관계를 표현하고 있는 것이라 할 수 있다. 이러한 구분, 곧 평신도 신분의 회중(congregatio laicorum)에서 성직 품계(ordo clericorum)로의 이행(移行)이나 백성들 가운데에서 성직자 신분으로의 발탁(promotio)은 안수로 이루어진 서품(ordinatio)이라는 종교적 예식을 통해 발생한다.15 더욱이 히포의 주교는 백성들 가운데에서 선발되었다는 측면을 'klh/roj'라는 그리스 단어의 의미에서도 볼 수 있다고 간주한다. 이 용어가 마티아를 선발한 방식인 '제비'(사도 1, 26)를 뜻하기 때문이다.16

이렇게 성직자가 회중 가운데에서 선택된다는 사실은 보다 높은 직분으로 올라간다는 것을 말한다. 달리 말하면 성직 신분에 있는 이들이 평신도보다 우위에 있으며 그들에 대해 권위를 갖는다는 것이다. 이는 "praepositi et plebes, pastores et greges"라는 표현을 통해서도 분명히 드러난다.17 특별히 사제단에서 선출되는 주교직에 오른다는 것은 이러한 성직자의 권위를 더욱 잘 표현한다. 주교직이 사제직보다 우위에 있기 때문이다.18 주교는 교회를 통솔하는 인물(praepositus)이며,19 노아가 홍수 동안 방주를 다스렸듯이 교회의 통치가(rector)이다.20 또한 주교는 신자들을 인도하는 목자(pastor)이며,21 깨어있으면서 신자들을 지키는 파수꾼(speculator, explorator)이요22 수호자(custos)이며, 그들을 위에서 지켜보면서 감독하는 사람(superintentor)이다.23 그렇기에 주교는 말씀의 선포자로서24 백성을 가르칠 뿐 아니라 신자들을 현혹하는 이들을 거슬러 전통적인 신앙의 유산을 보호하는 스승(doctor)이기도 하다.25

결국 이러한 가르치고 통솔하는 성직자의 역할은 그리스도교 백성의 영적 유익을 위한 것이다. 이러한 의미에서 볼 때, 백성들 가운데에서 성직자를 선발하는 일의 기저에는 성직자의 성사적 역할이 자리하고 있음을 잊어서는 안 된다. 성직자는 '하느님 신비의 분배자'이며 '성사의 집전자'로서26 성체성사와 그 외 전례 거행의 집전자이다. 더욱이 그리스도가 사제직의 완성이요 충만함이라는 점을 염두에 둔다면, 성직자의 성사적 역할은 무엇보다 '왕이요 사제'(rex et sacerdos)이신 그리스도에게서 기인한 것이라 할 수 있다. 아우구스티누스는 시편 44편을 주석하면서 '왕'이 '우리를 다스리는 사람'인 것처럼 사제는 '우리를 성화하는 자'라고 정의한다.27 또한 시편 26에 대한 주석에서는 "따라서 그분은 우리를 통솔하시고 인도하시기 때문에 왕이시며, 우리를 위해 간구해 주시기 때문에 사제이십니다."라고 제시된다.28 『복음사가들의 일치』에서는 이렇게 표현된다. "주 예수 그리스도께서는 유일한 참된 왕이시며 유일한 참된 사제이십니다. 그분은 왕으로 우리를 통솔하시고, 사제로서 우리를 위해 속죄하십니다."29

이렇게 간구와 속죄를 통해 이루어지는 성화는 온갖 육적인 욕망이 빛의 조명을 받아 살아있는 인간의 영인 선한 의지에게 복종하는 것으로 나타난다. 또한 인간의 모든 부분의 성화가 이루어지면 영적인 것들에 대한 온전한 기쁨이 육적인 쾌락을 짓누르는 것으로 구성된다.30 달리 말하면 인간의 성화는 죄와 그것의 결과에서 해방되는 변화인 것이다.31 이 과정에서 우리를 위해 속죄하는 사제의 직무가 특별히 강조된다. "희생제물이 없다면, 사제도 없습니다."라는 아우구스티누스의 표현처럼32 희생제물 없이 성화가 이루어지지 않기 때문이다. 그렇기에 그리스도가 우리의 사제가 되는 것은 그분 자신이 희생제물이기 때문이다.33 곧 그분은 스스로를 하느님께 봉헌하는 속죄 제물로 바친 것이다. 여기에서 사제이며 동시에 희생제물이 된 그리스도의 사제직에 참여하는 성직자 역시 자신을 제물로 봉헌해야 한다는 사실이 등장한다. 이로써 성직자는 하느님의 선물을 회중에게 전달하는 통로가 되는 것이며,34 그리스도교 회중은 그리스도의 교직자가 아닌 그리스도에게 믿음과 희망을 두게 된다.35

2. 겸손의 직무

사제가 하느님 은총의 도구라는 사실, 곧 "하느님을 인간의 삶 안에 육화시키고 인간을 하느님의 삶 안에서 변모하도록 부름 받은"[36] 존재라는 사실에서 사제직의 본질이 나온다. 주교나 신부가 그리스도교 공동체의 수장이며 영적 지도자가 되는 것은 하느님 백성의 봉사자가 된다는 것이다.[37] 이는 "우리는 여러분의 수장이며 동시에 여러분의 종입니다."라는 표현을 통해 확인된다.[38] 더욱이 아우구스티누스는 스스로를 가리켜 '많은 이들의 종'(servus multorum),[39] '그리스도의 종이며 또한 그리스도로 인해 그분 종들의 종'(servus Christi et per ipsum servus servorum ipsius)으로 부르고 있다.[40]

이러한 아우구스티누스의 자의식은 사제가 단순히 백성들을 위한 봉사에만 헌신하는 것이 아니라, 하느님께 대한 봉사까지 행하는 자라는 사실을 분명히 드러낸다. 달리 말하면 사제 역시 하느님 백성의 구성원들 중의 하나라는 것이다. "제가 여러분을 위한 존재라는 것이 저에게 두려움을 주는 곳에서, 제가 여러분과 함께 있다는 것이 저에게 위안을 줍니다. 사실 저는 여러분을 위해서는 주교이지만, 여러분과 함께 그리스도인입니다. 주교라는 이름은 부여된 직무의 호칭이지만, 그리스도인은 은총의 이름입니다. 전자는 위험의 이름이지만, 후자는 구원의 이름입니다."[41] 이러한 주교와 신자들 사이의 근본적인 동등함에 대해 아우구스티누스는 다음과 같이 말한다.

우리는 여러분의 종이지만, 여러분의 동료 종이기도 합니다. 우리는 여러분의 종입니다. 하지만 우리 모두는 유일한 주님을 모시고 있습니다. 우리는 여러분의 종이지만, '우리는 예수님을 위한 여러분의 종입니다.'라고 사도가 말하는 것처럼 예수님 안에서 그러합

니다. 우리는 그분을 위한 종이며, 그분으로 인해 우리는 또한 자유인입니다.⁴²

아울러 히포의 주교는 같은 학교에서 동일한 스승의 발치에 앉아 있는 동료 제자(condiscipulus)요⁴³ 주님의 포도밭에서 일하고 있는 동료 일꾼(cooperarius)이며, ⁴⁴ 목자이자 동시에 한 마리 양이라고 자신을 소개한다.⁴⁵ 더욱이 아우구스티누스는 히포 교회의 백성들을 "내 백성"이라는 소유격의 형태로 부르지 않는다.⁴⁶ 오히려 그는 히포의 회중들이 자신에게 속한 존재가 아니라는 의미에서 "천상 예루살렘의 백성"(populus Hierosolymitani caelestis),⁴⁷ "그리스도의 지체들"(membra Christi),⁴⁸ "주님의 양떼"(oves dominicae),⁴⁹ "그리스도의 양떼"(grex Christi)라고⁵⁰ 부른다. 또한 다리우스(Darius)에게 보낸 서한에서는 "하느님의 양떼"(grex Dei)라는 표현을 사용한다.⁵¹

결국 사제 직무는 "나는 다스리기보다 타인에게 이로움을 주기를 원한다."⁵²라는 아우구스티누스의 고백처럼 하느님의 백성의 선익과 분리될 수 없는 것이다. 달리 말하면 'dispensator', 'minister' 등의 용어가 제시하듯 성품성사로 축성된 성직자는 자신의 것을 추구하는 사람이 아니라 그리스도의 도구인 것이다.⁵³ 그러기에 히포의 주교는 "참된 사제가 되기 위해서는 성사만이 아니라 의로움의 옷을 입는 것이 필요하다."⁵⁴고 말한다. 이 의로움은 하느님 백성에 대한 겸손한 자기 헌신으로 나타나기에,⁵⁵ 사제직은 무엇보다 겸손의 직무라고 할 수 있다.⁵⁶

이러한 존재론적 겸손은 두 가지 차원으로 나타난다.⁵⁷ 첫 번째는 자기 자신에 대한 인식이다. 예수는 지상에서의 자신의 일을 지속하기 위해 웅변가, 원로원 의원, 황제보다 어부, 무학자, 무지한 이들을 선발하였다. 이는 제자로 선택되었다는 것이 웅변 솜씨나 신분 또는 권력으로 인한 것이라고 자신을 과시하지 않기 위해서이다. 예수는 오직 그리스도만을 자랑으로 삼을 수 있는 사람들을 선택함으로써, 그들이 다른 이들에게 유익한 겸손의 가르침을 줄 수 있도록 한 것이다.58 따라서 아우구스티누스는 먼저 자기 자신이 누구인지 깨달으라고 요구한다. 곧 자기 자신 안으로 들어가, 자신의 연약함을 인정하고, 자신이 인간이며 죄인이라는 것을 인정하며, 그리스도가 의롭게 만들어준 존재이고, 자신이 얼마나 더렵혀진 존재인지 인정하라고 권고한다. 또한 자신을 낫게 해줄 의사를 필요로 하는 존재임을 고백하라고 요청한다.59 이러한 자신의 나약함에 대한 인정과 고백이 하느님의 은총과 선물을 깨닫게 하고, 그분께 찬미와 감사를 드릴 수 있도록 만들어주기 때문이다.60

사도는 교만을 책망하시며 '너는 아무것도 가진 것이 없다.'고 말씀하시지 않고, '네가 받지 않은 것이 무엇이냐?'라고 물으셨습니다. … 당신의 하느님께 말씀드리십시오. '저는 거룩합니다. 당신께서 저를 거룩하게 하셨기 때문입니다. 저는 그것을 받았습니다. 제가 그것을 갖고 있지 않았기 때문입니다. 당신께서 저에게 그것을 주셨기 때문입니다. 하지만 그것을 받을 만한 자격이 저에게는 없었습니다.61

두 번째 차원은 예수 그리스도의 모범을 따르는 것이다. 겸손은 유일한 목자인 예수 그리스도가 인류 구원을 위해 선택한 길이다.62 또한 겸손의 박사요 스승인 그리스도가 말과 행위로써 그리고 말과 모범으로써 요구한 것이다.63 그리스도 자신이 겸손의 완전한 모델과 규범이 된 것이다.64 그렇기에 그리스도인이 된다는 것이 그리스도를 따르는 것이라면, 그리스도를 따르는 것은 그분의 겸손을 본받는 것이다.65

이러한 그리스도의 겸손은 무엇보다 그분의 육화에서 드러난다.66 이에 대해 아우구스티누스는 다음과 같이 말한다. "하느님의 겸손이 그리스도 안에서 드러났다."67 또 "우리 가운데에서 창조된 우리의 창조주께서 겸손하게 오셨습니다. 우리를 창조하셨던 분이 우리를 위해 피조물이 되신 것입니다."68 모든 것을 만드셨던 하느님의 모습을 지니신 분이 종의 모습으로 창조된 것이다.(필리 2, 7-8 참조)69 그렇다면 왜 '하느님의 겸손'(humilitas Dei)이 필요하였는가? "사악하고 교만한 이들에게 딱 하나의 정화가 있으니 '의인의 피'와 하느님의 겸손함이 그것이다."70 인간의 교만함을 치유하기 위해71 시간 이전에 존재하는 하느님이 시간 안으로 들어온 것이다.72 바로 여기에서 '겸손한 그리스도'(Christus humilis)는73 '의사인 그리스도'(Christus medicus)라는74 사실이 분명하게 나타난다.75

그리스도의 겸손은 육화만이 아니라 그분 삶의 매 단계에서도 드러난다.76 무엇보다 온 세상을 담고 있는 그리스도는 포대기에 싸여 구유에 누워있는 어린 아이였다.77 또한 스승인 예수는 종인 요한으로부터 요르단 강에서 세례를 받았으며, 78 왕이 되는 것도 거부하였다.⁷⁹ 더욱이 그리스도는 성부와 동등하지만 자신의 영광이 아닌 자신을 파견한 성부의 영광을 찾는다고 선포하였다.⁸⁰ 최후의 만찬 중에 제자들의 발을 씻겨 주었고⁸¹ 성체성사를 제정하여 그리스도 자신이 영원한 삶을 위한 음식과 음료가 되었다.⁸² 그리고 수난과 죽음을 통해 겸손의 절정을 보여주어, ⁸³ 십자가를 겸손의 표지로 만들었다.⁸⁴

이러한 그리스도의 겸손은 필리 2, 6-9에서 나타나듯 그리스도인 삶의 신비가 본질적으로 죽음과 부활의 신비, 곧 자발적 낮춤과 십자가상 죽음에 이르기까지 순종하였고, 그 겸손으로 인해 영광 속에 드높이 올림 받은 육화한 말씀과의 일치 안에서의 고양의 신비임을 제시한다.⁸⁵ 달리 말하면, 그리스도는 자신을 낮추어 천상 고향에 이르는 길을 제시함으로써 본인 스스로 '고향'이요 '길' 또는 '진리와 생명'이요 '길'이 된 것이다.⁸⁶ 이러한 의미에서 아우구스티누스는 "견고한 진리에 다다르기 위해서는 그 어떤 길도 필요 없고, 오직 하느님이신 분께서 우리의 비참한 상태로 내려오시길 바랐던 그 길만을 따라가면 될 것이오. 그렇소. 첫째가는 길은 겸손이오. 둘째 길도 겸손이오. 셋째 길도 겸손뿐이오⁸⁷"라고 확언한다.

따라서 하느님의 백성에게 그리스도의 말씀을 선포하고 성사를 집전하는 성직자가 그리스도의 겸손으로 채워져야 하는 것은 필요불가결한 것이다. 사제는 그리스도가 되고 하느님의 말씀이 되도록 부름 받은 교직자이기 때문이다.⁸⁸ 그렇기에 히포의 주교는 "나는 마음이 온유하고 겸손하니 … 나에게 배워라"라는 예수의 권고(마태 11, 29)를 강조한다.⁸⁹ 또한 요한 10, 7-21의 착한 목자의 비유를 상기시키면서, 참된 목자는 그리스도의 수난과 그분의 겸손을 본받아 스스로 몸을 낮춰 그리스도라는 낮은 문을 통해 그리스도의 양 우리인 가톨릭 교회로 들어가는 인물이라고 제시한다.90 이로써 히포의 주교는 사제들이 자신들의 힘이 아니라 하느님의 은총과 선물을 통해서만 선한 것을 행할 수 있음을, 그러기에 사제 직무는 본질적으로 겸손의 직무라는 것을 다시 한 번 지적한다.91

3. 사랑의 직무

사제가 하느님 백성을 위해 겸손하게 자기 자신을 온전히 헌신한다는 것은 그리스도의 양떼에 대한 온전한 사랑의 봉사직을 수행한다는 것을 의미한다. 곧 사랑을 통해 교회에 자기 자신을 투신하는 것이다.92 이는 사멸할 인간들에 대한 지극한 사랑에서 이루어진 말씀의 육화를 본받는 것이요,93 가장 완전한 사랑 안에서 인간에게 온전히 자신을 헌신한 그리스도의 사명에 참여하는 것이다.94

이러한 의미에서 히포의 주교는 사랑으로의 길이 겸손임을 다음과 같이 말한다. "그 어떤 것도 사랑의 길보다 우월하지 않습니다. 또한 겸손한 이들이 아니라면 그 누구도 이 길로 걷지 않습니다."95 또한 "겸손이 있는 곳에 사랑이 있습니다."96 아우구스티누스는 "사랑은 그의 모든 가르침의 생생한 핵심이다."라고 구스타브 콩베(Gustave Combès)가 평가하듯,97 그리스도교 완덕의 삶에서 사랑이 지닌 탁월한 중요성을 강조한다.98 "시작된 사랑은 시작된 의로움이며, 성숙한 사랑은 성숙한 의로움이고, 위대한 사랑은 위대한 의로움입니다. 완전한 사랑은 완전한 의로움입니다."[99]라는 구문에서 나타나듯이 그리스도인 삶의 단계가 사랑의 단계와 상응하기 때문이다. 더욱이 예수는 하느님 사랑과 이웃 사랑을 모든 율법과 예언서의 정신으로 제시하고 있다.(마태 22, 34-40) 이렇게 볼 때 다음의 구문이 지적하는 것처럼 사랑은 모든 것이다.

> 오직 사랑만이 모든 것 위에 있습니다. 또한 사랑이 없으면 그 어떤 것도 가치가 없습니다. 사랑은 자신이 있는 곳 어디에서든지 모든 것을 자신에게로 끌어당깁니다.[100]

따라서 히포의 주교가 "주님의 양떼를 돌보는 것이 사랑의 직무가 되길 바랍니다."라고 성직자의 최고 행동 규범을 요구하는 것은 당연한 것이다.[101] 이렇게 그리스도의 사랑이 부여한 교회의 직무는 종이 되겠다는 원의를 통해 이루어진다.[102] 이러한 원의는 베드로가 행한 사랑의 삼중 고백(요한 21, 15-17)을 통해 확인된다.[103] 히포의 주교는 "내 양들을 돌보아라"는 권고가 "내가 너희를 위해서 한 것을 너도 네 형제들을 위해서 하여라. 나는 그들 모두를 내 피로써 구원하였으니, 너희는 진리를 고백하기 위해 죽기를 주저하지 말아라. 그리하여 다른 이들이 너희를 본받도록 하여라."라는 말씀과 같다고 강조한다.[104] 곧 "착한 목자는 양들을 위하여 자기 목숨을 내놓는다."(요한 10, 11)라는 말씀과 "그분께서 우리를 위하여 당신 목숨을 내놓으신 그 사실로 우리는 사랑을 알게 되었습니다. 그러므로 우리도 형제들을 위하여 목숨을 내놓아야 합니다."(1요한 3, 16)라는 말씀처럼 자기 양들을 위해서 목숨을 내놓아야 한다는 것이다.105 형제를 위해 죽을 준비가 되어 있는 것, 바로 이것이 완전한 사랑이다.106 그러기에 양들을 지키기 위해, 곧 양들에 대한 사랑 때문에 피를 흘리는 이가 착한 목자인 것이다.107 "착한 주교는 그러해야만 합니다. 만일 그러하지 않을 것이라면, 주교가 아닐 것입니다. … 물론 주교라고 불리지만 주교가 아닙니다. 그에게는 헛된 이름일 뿐입니다."108

이토록 양들을 위하여 죽을 준비가 되어 있는 모습에 대한 훌륭한 예를 우리는 포시디우스가 『아우구스티누스의 생애』 30장에서 덧붙이고 있는 『서한』 228을 통하여 볼 수 있다. 이 서한은 반달족의 맹렬한 위협에 직면한 티아베나의 호노라투스(Honoratus Thiabensis) 주교가109 야만족의 침입 앞에서 주교와 성직자들이 취해야 할 태도를 문의한 편지에 대한 답장이다. 여기에서 히포의 주교는 다음과 같이 선포한다.

'주교와 성직자와 평신도 모두 똑같이 위험에 처해 있을 때, 다른 사람들을 돌보아야 할 직무를 가진 주교와 성직자는 자신들을 필요로 하는 하느님의 백성을 저버려서는 안 된다. 모두 함께 요새로 옮겨가거나 혹시 어쩔 수 없이 남아야 하는 사람들이 있다면 성직자들도 남아서 그들과 함께 살아남거나 하느님께서 내리시는 고통을 함께 겪어야 한다. 성직자들은 자신들이 더 이상 섬길 그리스도의 백성이 없을 때나, 또는 피신하지 않아도 되는 다른 성직자들이 필요한 직무를 수행할 수 있을 때에만 피신할 수 있다. 그럼에도 불구하고 소홀히 하지 말아야 할 것은, 재앙이 끝난 다음에 살아남은 사람들을 위해 일부 성직자들의 피신은 유익하다는 점이다. 이를 위해 성직자들 중에 누가 남아 죽음을 맞이할 것이며, 누가 피신할 것인지 결정하는 토론이 있어야 한다. 만일 토론이 결론에 이르지 못하면, 제비를 뽑아야 한다.'

결국 영혼의 목자의 사랑은 유일한 목자인 그리스도의 사랑이라는 척도에서 평가될 수 있다. 이 측면은 하느님을 자신의 신랑으로 순수하게 사랑하는 영혼의 정결이 사랑이라는 사실에서도 나타난다.[110] 아우구스티누스는 "다른 이들은 불순한 동기로 그리스도를 선포합니다."라는 필리 1, 17에 기초하여 목자와 삯꾼의 차이를 제시하면서 이를 설명한다. 목자는 하느님을 사랑하는 사람이며, 하느님 때문에 하느님을 선포하는 사람, 곧 그리스도를 진실로 선포하는 사람이다. 반면 삯꾼은 다른 것을 찾으면서 가식으로 그리스도를 선포하는 사람이다.[111] 달리 말하면 삯꾼은 그리스도의 양떼를 돌보지만 그 양떼를 그리스도가 아닌 자기 자신에게 결속시키려는 사람으로, 그리스도가 아닌 자기 자신을 사랑하는 자이다. 또한 순명과 하느님의 마음에 들고 그분께 도움을 드리려는 원의를 불러일으키는 사랑이 아닌 영광이나 권력 혹은 이익에 대한 욕망에 이끌리는 자이다.[112] 삯꾼은 사심 없는 사랑으로 그리스도를 사랑하지 않으며, 하느님 때문에 하느님을 찾지 않고, 현세적인 특전과 이익을 찾으면서 돈을 탐내며 세속적 명예를 갈망하기에 하느님의 자녀로 간주되지 않는다.[113] 현세적 품삯만을 바라기에 영원한 안식처에 들어가지 못하는 사람인 것이다. 이로 인해 삯꾼은 죄를 짓는 이들을 자유롭게 꾸짖을 용기가 없는 자가 된다. 무엇보다 그가 그리스도의 것이 아닌 자신의 것을 찾고 있기 때문이다. 또한 자신의 마음 안에 있는 것을 잃어버리지 않기 위해, 사람들과의 우정이 가져오는 이익을 잃어버리지 않기 위해 그리고 죄를 범한 사람들과 원수관계에 있지 않기 위해 침묵하고 개입하지 않기 때문이다. 그러기에 요한 10, 12에서 말하듯 이리가 오는 것을 보면 양들을 버리고 달아나는 것이다. 이에 대해 아우구스티누스는 다음과 같이 말한다.

> 혹시나 삯꾼이 '저는 여기에 있습니다. 저는 달아나지 않았습니다.'라고 말할 수 있을 것입니다. 아닙니다. 당신은 침묵하였기 때문에 도망간 것입니다. 또한 당신은 두려움을 갖고 있기에 침묵하였던 것입니다. 두려움은 영혼의 도주입니다. 당신이 육신으로는 남아 있었지만 영으로는 달아났던 것입니다.[114]

이러한 삯꾼의 모습은 남편이 부유하기 때문에 그를 사랑하는 부인에 비유된다. 그녀가 진정으로 남편을 사랑한다면, 그가 헐벗은 상태이든 혹은 가난하든 상관없이 사랑한다. 하지만 남편이 아닌 남편의 황금을 사랑하는 것이기에, 진정으로 사랑하는 것이 아니고 결국 그를 떠나게 된다. 사랑에는 연민이 동반하기 때문이다.[115]

이러한 의미에서 그리스도는 사랑의 정결함을 요구하면서 베드로에게 "너는 나를 사랑하느냐?"라고 묻고 있다고 아우구스티누스는 지적한다. 예수의 이 질문이 '너는 정결하냐?', '너의 마음이 간음의 죄를 범하고 있지 않으냐?', '교회 안에서 너의 것이 아닌 나의 것을 추구하고 있느냐'라는 뜻이기 때문이다.116 그러기에 "너는 나를 사랑하느냐?"라는 질문과 "예, 주님! 제가 주님을 사랑하는 줄을 주님께서 아십니다."라는 대답, 그리고 "내 양들을 돌보아라"라는 권고는 다음과 같이 표현된다.

> 만일 네가 나를 사랑한다면, 너 자신을 돌보기를 생각하지 말고 내 양들을 너의 것이 아닌 나의 것으로 돌보아라. 그 양들 안에서 너의 영광이 아닌 나의 영광을, 너의 지배가 아닌 나의 지배를, 너의 이익이 아닌 나의 이익을 찾아라.117
> 네가 그러하고 나를 사랑한다면, 내 양들을 돌보아라. 그 때 너는 삯꾼이 아니라 목자가 될 것이다.118

더 나아가 사랑은 수고와 희생 앞에서 후퇴하지 않는 목자의 열정에 불을 붙인다.

> 만일 우리가 목자의 열정을 갖고 있다면, 울타리와 가시들 사이를 넘어가야만 합니다. 우리의 지체가 찢어질 때까지 양을 찾읍시다. 그리고 그 양을 목자에게 그리고 모든 이들의 제후에게 기쁨으로 다시 데리고 옵시다.119

이토록 사심 없고 헌신적인 사랑으로 이루어지는 목자의 열정은 많은 봉사로 이루어진다. 그 중에서도 영혼의 목자들에게 부과되는 첫 번째 의무이며 동시에 가장 어려운 일은 "큰 일, 무거운 짐, 가파른 언덕"(magnum opus, gravis sarcina, clivus arduus)이라고 표현되는[120] 말씀의 분배자라는 사실이다. 또한 사제, 특히 주교는 백성들의 아버지로서 무엇보다 사제들의 아버지가 되어야 하며,[121] 가난한 이들을 보살피는 자가 되어야 한다. "너희가 내 형제들인 이 가장 작은이들 가운데 한 사람에게 해 준 것이 바로 나에게 해 준 것이다."라는 마태 25, 40의 말씀처럼, 가난한 이가 무언가를 필요로 할 때, 그것은 그리스도가 필요로 하는 것이기 때문이다.[122] 또한 우리가 소유하고 있는 모든 재화는 우리의 것이면서 동시에 가난한 이들의 것이기 때문에, 우리 것만 주장하는 것은 재화를 횡령하는 죄를 범하는 것이기 때문이다.[123]

더욱이 주교는 약자들의 변호자요 후원자로서 일해야 한다. 도움을 필요로 하는 이들 중에서 특별히 고아들에게 관심을 갖고 그들의 보호자가 되는 것은 주교의 큰 의무 중의 하나이기 때문이다.[124] 그 외에도 교리교수, 성사 집전, 성직자 양성, 환자 방문, 교회 재산 관리 등 많은 일이 주교를 기다리고 있었다. "아침이든 오후이든 대중의 일들에 저는 엮여 있습니다."라고 말할 정도이다.[125] 또한 "제 손에 얼마나 많은 일이 있는지 당신 또한 알고 있다고 저는 믿습니다. 따라서 저의 직무에 불가피하게 연결되어 있는 다양한 책무로 인해 저에게는 매우 적은 양의 시간만 있을 뿐입니다."라고 고백할 정도이다.[126] 여기에 또 하나의 버거운 일이 추가된다. 바로 아우구스티누스가 하루의 많은 시간을 투자해야 했던 주교법정(audientia episcopalis)이다.[127]

하지만 사도직 활동의 분주함 속에 살아가는 사제들에게 히포의 주교는 다음과 같이 권고한다. 무엇보다 사랑의 직분에서 우러나 무슨 일에 애를 쓰고 있는지 신경을 써야 한다. 또한 사제는 자신의 활동적 삶에서 현세생활의 영예와 권세에 애착을 가져서는 안 된다. 태양 아래 모든 것이 헛되기 때문이다. 그러한 것들을 통해 이루어지는 업적이 올바르고 유익하게 이루어지고 수하에 있는 사람들의 안녕에 보탬이 된다면, 그것은 하느님의 뜻에 따라 이루어지는 것이다. 마지막으로 사제의 삶은 올바른 활동을 받아들이는 사랑에서 우러나오는 필요성(necessitas caritatis)임을 자각해야 한다. 바로 이 사랑 때문에 사제직의 짐을 받아들이는 것이지, 높은 지위나 백성에 대한 통솔에 대한 욕심으로 인해 그 직분을 수락해서는 안 되는 것이다. 곧 남에게 이로움을 주는 일보다 다스리기를 좋아하는 사람은 사제가 될 수 없음을 깨달아야 하는 것이다.[128]

4. 관상과 활동의 조화

이토록 겸손과 사랑이라는 두 축으로 이루어지는 사제직은, 진리를 선포하는 사제 역시 진리로 채워져야 하는 사람임을 분명하게 드러낸다. 다른 말로 한다면, 진리에 대한 관상과 사랑의 직분인 활동의 조화가 사제 안에서 이루어져야 한다는 것이다.[129] 바로 이것이 히포의 사제요 주님 안에서 수인이 된[130] 아우구스티누스가 관상의 삶의 영역에 활동적인 삶을 결합하여 탄생시킨 사목직 수행을 통한 관상생활이라는 새로운 전망이다.[131] 이러한 사제직의 성격에 대해 아우구스티누스 주교는 다음과 같이 설명한다.

> 인간의 영혼에게 두 가지 형태의 덕이 제시된다. 곧 활동의 덕과 관상의 덕이다. 첫 번째 것을 통해 길을 걸으며, 두 번째 것을 통해 도달한다. 첫 번째 덕에서는 마음을 정화하고 마음이 하느님을 보기에 합당하게 되도록 수고하지만, 두 번째 덕 안에서 안식을 취하고 하느님을 본다. 첫 번째 덕은 현재의 잠시적인 삶을 규제하는 계명을 준수하며, 두 번째 덕은 영원한 삶의 현현을 향유한다. 더욱이 첫 번째는 활동하고, 두 번째는 안식을 취한다. 첫 번째가 죄로부터의 정화라는 임무를 갖고 있고, 두 번째는 이미 정화된 이의 빛을 향유하기 때문이다. 또한 현재의 사멸할 삶에 대해 첫 번째는 올바른 행동을 담당하고, 두 번째는 무엇보다 믿음으로 구성된다. 아울러 비록 극소수이지만 불변의 진리에 대한 부분적인 바라봄, 곧 거울에 비친 모습처럼 어렴풋이 보는 것으로 이루어진다.[132]

여기서 하느님의 사람인 사제에게 있어 무엇보다 중요한 것이 관상의 덕이라는 사실이 분명하게 드러난다. 사제는 사람들 가운데에서 뽑혀 사람들을 위하여 하느님을 섬기는 일을 하도록 지정된 사람(히브 5, 1 참조)이기 때문에, 비록 세상 안에서 살아가지만 세상의 것들이 아닌 하느님의 일에 애착을 가져야 하기 때문이다. 이를 위해 활동의 덕을 통해 마음을 정화하여 하느님을 볼 수 있도록 하는 것이 필요하다. 달리 말하면 창조되지 않은 아름다움 자체를 관상하기 위해 믿음과 희망과 사랑을 통해 건강한 영혼의 눈을 갖는 것이다.133 또한 "세상에 있는 모든 것, 곧 육의 욕망과 눈의 욕망과 살림살이에 대한 자만은 아버지에게서 온 것이 아니라 세상에서 온 것입니다."라는 1요한 2, 16의 말씀처럼 육의 욕망(concupiscientia carnis)과 눈의 욕망(concupiscientia oculorum) 그리고 세속의 야심(ambitio saeculorum)을 정화해야 한다. 곧 색욕, 미각, 후각, 청각, 시각 등의 육의 욕망과 쓸데없는 호기심과 같은 눈의 욕망 그리고 직책과 사람들의 칭송, 허영, 자기만족을 찾는 세속의 야심에서 벗어나야 하는 것이다.134 바로 여기에서 하느님을 향한 영혼의 관상적 움직임이 개인의 성화이며, 이는 은총의 선물이라는 사실이 나온다. 예수 그리스도를 통해서 주어지는 하느님의 은총만이 죄 많은 인간이 자신의 힘으로 성취할 수 없는 것을 이룰 수 있기 때문이다.135

이토록 수고스러운 활동의 덕은 안식과 하느님을 봄 그리고 영원한 삶으로 표현되는 관상의 덕을 지향한다. 여기서 특기할 것은 이 세상에서의 관상의 삶이 부분적으로, 곧 거울에 비친 모습처럼 어렴풋이 불변의 진리를 보는 것으로 이루어진다는 것이다. 아우구스티누스는 이러한 활동과 관상의 모습을136 야곱의 두 부인인 레아와 라헬(창세 29, 15-30)을 통해 볼 수 있다고 지적한다.137 무엇보다 그는 주님의 몸 안에서 두 가지 길이 선포되었다고 전제한다. 하나는 우리가 수고하며 일하는 현세적 삶으로 그리스도가 자신의 수난을 통해 드러낸 삶이다. 다른 하나는 하느님의 기쁨을 관상하게 될 영원한 삶으로 그리스도가 부활을 통해 제시한 삶이다. '수고하며 일하는 자'(Laborans)를 뜻하는 레아가 믿음을 통해 많은 수고스러운 일을 하면서 살아가는 사멸할 첫 번째 삶을 대변한다. 그렇기에 창세 29, 17은 레아의 눈이 생기가 없었다고 말하는데, 이는 그녀의 눈이 건강하지 않았다는 것을 의미한다. 이에 반해 '처음을 바라봄'(Visum principium) 또는 '처음을 보게 하는 말씀'(Verbum ex quo videtur principium)을 의미하는 라헬이 확실하고도 기쁜 진리에 대한 이해를 소유하는 하느님을 영원히 관상하는 것에 대한 희망이라는 두 번째 삶을 표현한다. 이러한 의미에서 창세 29, 17은 라헬이 몸매도 예쁘고 모습도 아름다웠다고 말한다. 따라서 히포의 주교는 처음을 보게 하는 말씀에서 안식을 발견하기 위해서는 죄의 사함을 가져오는 은총을 통해 의로움을 섬기는 것으로 회심해야 한다고 강조한다. 이는, 야곱이 먼저 레아와 결혼하고 그 다음에 라헬과 혼인한 것에서 드러난다. "지혜를 원한다면 계명을 지켜라. 주님께서 너에게 지혜를 베푸시리라"라는 집회 1, 26의 말씀처럼, 계명은 의로움에 속하는 것이다. 또한 의로움은 믿음에서 오는 것이며, "너희가 믿지 않으면 이해하지 못하리라"라는 이사 7, 9의 말씀처럼 불확실한 시련 속에서도 아직 이해하지 못하는 것을 온전히 믿으면서 지혜에 도달하기 위한 목적으로 움직이는 것이다. 달리 말하면, 자명한 진리에 대한 사랑으로 불타올라 수고하며 일하는 의로움의 덕을 통해 빛나는 지혜(luminosa sapientia)에 도달하는 것이다. 그렇기에 명철한 이성의 소유자들이 이미 뛰어난 능력과 학식을 가지고 있음에도 불구하고 여전히 진리 탐구에 목말라 하는 것이다. 온갖 무질서의 원인인 근심과 잡념을 가져오는 일들을 멀리하고, 온 정신을 쏟아 부으며 진리 탐구에 매진하는 것이다.[138]

히포의 주교는 관상과 활동의 조화에 대한 또 다른 예를 베드로와 요한의 모습을 통해 제시한다.139 베드로가 지상에서 그리스도를 따르는 교회, 곧 수고하면서 걸어가는 교회의 표상인 반면, 요한은 복된 관상 안에 머물러 있는 천상 교회의 표상이기 때문이다. 달리 말하면 베드로는 순례중인 교회와 그 안에서 활동의 삶을 영위하는 모든 이들 특별히 목자들의 표상인 것이다. 반면 요한은 관상의 삶에 온전히 헌신하는 이들의 표상이다. 그렇지만 이 두 측면은 공존해야만 한다. 베드로는 요한 없이 살 수 없고 요한 역시 베드로 없이 살 수 없기 때문이다.

이러한 '진리에 대한 사랑'(caritas veritatis)인 관상과 하느님 백성에게 필요한 것들을 마련하고 준비해야 하는 '사랑에서 우러나오는 필요성'(necessitas caritatis)인 활동의 모습은 마르타와 마리아(루카 10, 38-42)를 통해서도 나타난다.140 "마르타와 마리아는 두 삶의 모습입니다. 하나는 현재의 삶이요, 다른 하나는 미래의 삶입니다. 전자는 활동이라는 짐을 졌고, 후자는 관상의 평온 속에 있습니다. 전자는 아직 수고하며 고생하지만, 후자는 복됩니다. 전자는 현세적이지만, 후자는 영원합니다."141 분명 마르타가 주님의 몸이 갖고 있던 필요성 혹은 원의 또는 필요성의 원의에 염려하고 걱정하는 것은 좋은 일이지만, 사멸할 육에 봉사하는 것이다. 곧 그녀가 마음을 쓰고 있는 것은 물질적이고 시간의 흐름 속에 있는 것들이기에 그토록 다양하고도 변화무쌍한 것들이다. 비록 이러한 것들이 좋은 것들이지만, 결국 지나가는 것이다. 반면 마리아는 그 사멸할 육신 안에 계신 분의 목소리에 귀를 기울였기에 영원히 지속되는 것을 선택한 것이다. 말씀으로 사는 것(vivere de Verbo)을 선호한 것이다. 곧 사랑에서 기인하는 감미로움에 마음을 다한 것이요 영원한 진리의 달콤함을 택한 것이다. 이는 끊임없이 의로움과 진리에 목말라했던 그녀의 영혼이 진리에 기뻐하고, 진리로 갈증을 해소하며, 진리 안에서 평온을 느끼고 있음을 드러낸다. 진리의 광채 안에서 지혜의 충만을 맛보는 참된 행복을 누리고 있는 것이다. 마리아가 택한 이러한 삶은 그 누구도 빼앗아갈 수 없는 것으로, 이 세상 삶 동안 계속해서 성장해서 저 세상에서 완성되는 것이다. 그렇기에 마르타가 아직도 바다를 통한 여정 중에 있다면, 마리아는 이미 항구에 도달해 있는 상태를 드러내고 있는 것이다. 달리 말하면 우리는 현재 마르타가 행한 활동 중에 있으면서도, 마리아가 자신의 온 마음을 쏟은 것을 희망하고 있는 것이다.142

이러한 의미에서 아우구스티누스는 세상의 번잡함 안에서 깊은 내적 고독의 필요성을 다음과 같이 강조한다.

> 무리 안에서 그리스도를 알아보기란 쉬운 일이 아닙니다. 영혼에 필요한 것은 고독입니다. 고독 속에 우리 영혼이 촉각을 곤두세울 때 주님은 우리에게 당신을 내보이십니다. 무리는 소음을 자아냅니다. 하느님에 대한 관상은 침묵에서만 가능합니다.143

이러한 진리에 대한 사랑은 무엇보다 기도와 성서 공부 및 묵상으로 나타난다.144 사제 역시 주님의 학교에서 공부하는 학생이며 목자의 음성을 듣고 알아보는 한 마리 양이기 때문이다. 이는 사제 서품을 받은 직후 발레리우스 주교에게 보낸 서한에서 잘 볼 수 있다.

사제는 죄인들 무리 한 가운데에서 깨끗한 양식으로 살아가며, 마음이 겸손하고 온유한 신자들이 바라는 삶을 죽는 날까지 영위해야 합니다. 어떻게 하면 그런 삶을 살 수 있을까요? 그것은 바로 주님께서 가르쳐 주신 방법뿐일 것입니다. 청하고, 찾고, 문을 두드리는 것입니다. 이는 곧 기도하고 연구하며 눈물 흘리는 것이 아니고 무엇이겠습니까?[145]

더욱이 히포의 주교는 관상생활의 필요조건으로 공동생활과 청빈[146] 그리고 정절(continentia)의 삶을 요구하였다.[147] 특별히 아우구스티누스는 직무 수행 때문에 가난해지는 것을 창피하게 생각해서는 안 된다고 강조한다. 스스로를 '거지들을 위한 거지'(mendicus mendicorum)라고 부르면서,[148] 감옥에 갇힌 자들과 많은 가난한 이들을 돕기 위하여 성물마저 쪼개고 녹이게 하여 필요한 이들에게 나누어 주었다. 또한 하느님의 가난한 사람으로서 아무런 유산도 남기지 않았다.[149]

분명 "마리아는 좋은 몫을 선택하였다."라는 예수의 말처럼(루카 10, 42) 이러한 관상의 삶이 활동의 삶보다 우위에 있는 것은 분명하다.[150] 하지만 사제는 교회가 부탁한 협력에 순명한 사람이기에 사목적 사랑으로 사도직을 수행해야만 한다. 이를 아우구스티누스는 마태 17, 1-8에 대한 강론에서 강조한다. "주님, 여기에서 지내면 좋겠습니다."라는 베드로의 바람에 아우구스티누스는 이렇게 응답한다.

**베드로여 내려가십시오. 당신은 산 위에서 머물기를 갈망하지만 내려가십시오. 하느님의 말씀을 선포하십시오. 적합한 상황이든 부적당한 상황이든 모든 상황에서 계속 하십시오. 책망하고, 권고하고, 당신의 모든 인내심과 가르치는 모든 능력을 사용하여 용기를 불어 넣어주십시오. 일하십시오. 많이 피곤해지십시오. 어떠한 고통도 받아들이십시오. 이는 선한 행동의 빛남과 아름다움을 통하여 주님의 옷이 빛났다는 것이 상징하는 바를 당신이 사랑 안에서 소유하기 위해서입니다. 사도의 편지에서 읽은 사랑의 찬가에서 우리는 '자기 이익을 추구하지 않는다.'라는 말씀을 들었습니다. … 다른 곳에서 사도는 잘 이해하지 않으면 위험한 표현을 사용합니다. … '누구나 자기 좋은 것을 찾지 말고 남에게 좋은 것을 찾으십시오.' … 사도는 자기 자신에 대해 이렇게 말합니다. '나는 많은 사람이 구원을 받을 수 있도록, 내가 아니라 그들에게 유익한 것을 찾습니다.' 이것을 베드로는 아직 산 위에서 그리스도와 함께 살기를 희망할 때 이해하지 못한 것입니다. 베드로여, 그리스도께서는 이것을 당신에게 죽음 후로 미루신 것입니다. 그분은 지금 당신에게 이렇게 말씀하십니다. '땅 위에서 피곤해지기 위해, 땅에서 봉사하기 위해, 멸시받기 위해, 땅 위에서 십자가에 못 박히도록 내려가라.' … 당신의 개인적 이익을 추구해서는 안 됩니다. 당신은 사랑을 지녀야 하고, 진리를 선포해야 합니다. 그 때에는 고요함을 발견할 영원성에 당신은 도달할 것입니다.[151]

결국 사제는 하느님의 사람과 교회의 사람이라는 두 축을 중심으로 한 삶을 살아야 한다. 고요함 중에 진리에 대한 탐색과 발견을 즐겨야 하며, 활동 중에는 현세생활의 영예와 권세에 애착해서는 안 되기 때문이다. 또한 고요함 중에 이웃에게 베풀 유익한 일을 아무것도 생각하지 않을 정도여야 한다는 법도 없고, 활동적이라고 해서 하느님에 대한 관상을 전혀 도모하지 않을 정도여야 한다는 법도 없기 때문이다.[152]

이는 관상과 활동의 관계가 결코 추상적인 것이 아니라, 오히려 매일의 삶에서 부딪치는 현실적 문제라는 것을 분명히 드러낸다. 사랑에서 우러나는 필요 때문에 진리에 대한 향락을 포기해서는 안 되기 때문이다. 또한 사도직 활동의 중압감에 진리의 감미로움을 잊어버려서는 안 되기 때문이다.[153] 그렇기에 아우구스티누스는 한 강론에서 다음과 같이 자신의 어려움을 토로한다.

사실 그 누구도 이러한 절대적인 고요함의 안전함에서 저를 능가하지 않을 듯싶습니다. 소음에서 떨어져 하느님의 보화에만 골몰하는 것보다 더 감미롭고 더 좋은 것은 없습니다. 분명 이것은 좋고 달콤합니다. 반대로 강론하고, 오류를 질책하고 꾸짖으며, 공동체를 세우고, 각자가 필요로 하는 것을 위해 애쓰는 것은 큰 부담이고 큰 짐이며 큰 수고입니다. 어느 누가 그런 고생을 피해 달아나려 하지 않겠습니까? 하지만 복음이 나를 공포에 몰아넣습니다.[154]

하지만 히포의 주교가 내세우는 원칙은 명확하다. 아무리 관상생활을 사랑한다고 하더라도 교회의 요구에 귀를 막아서는 안 된다는 것이다. 이러한 맥락에서 그는 수도자들에게도 다음과 같이 분명하게 강조한다.

> 형제들이여, 우리는 여러분들이 수도생활을 수행하여 이를 끝까지 보존할 것을 주님 안에서 권고합니다. 만약 어머니이신 교회가 여러분의 봉사를 요구한다면, 높은 곳으로 올라간다는 열망 때문에 이를 받아들여서는 안 되며, 매력적인 게으름 때문에 이를 거부해서도 안 됩니다. 오히려 여러분을 인도하시는 분에게 겸손하게 복종하면서 하느님께 양순한 마음으로 순명해야 합니다. … 교회의 필요성보다 여러분의 고요함을 더 앞세워서는 안 됩니다. 선한 이들 중에 그 누구도 새로운 자녀를 탄생하는 데 있어 교회를 돕지 않는다면, 여러분 역시 그 안에서 태어나는 방식을 발견하지 못할 것입니다.[155]

나가는 말

교회에 대한 온전한 헌신과 봉사를 요구하는 사제의 삶은 본질적으로 겸손과 사랑이라는 두 축으로 구성된다. 교회의 사람인 영혼의 목자가 사랑으로 생기를 얻고 겸손으로 충만해야 한다는 것이다. 이러한 조건에서 영혼의 목자는 기도로 무장되고 정결과 청빈을 사랑할 수 있으며 또한 말씀의 선포자요 성사 집전자로서 참되게 자리매김 할 수 있다. 그의 직무가 자신을 온전히 희생한 그리스도의 직무의 연장이요 그에 대한 참여이기 때문이다.

"너희 가운데에서 첫째가 되려는 이는 너희의 종이 되어야 한다. 사람의 아들도 섬김을 받으러 온 것이 아니라 섬기러 왔고, 또 많은 이들의 몸값으로 자기 목숨을 바치러 왔다."라는 마태 20, 27-28의 말씀처럼 백성 위에 으뜸이 된다는 것은 무엇보다 종이 되는 것이다. "거룩한 겸손함을 갖춘 사람들"[156]이 되어야 하는 것이다. 이러한 겸손함은 진리이신 그리스도 앞에 서 있는 인간의 존재론적 모습으로, 직무를 맡기에 부당하지만 그리스도에 의해 선발되었다는 측면과 그리스도의 모범을 따른다는 측면으로 이루어진다.

이러한 겸손이 사랑의 길이라는 측면에서 주님의 양떼를 돌보는 사제의 직무는 사랑의 직무가 된다. 양떼를 위해 자신의 목숨마저도 바치는 측면과 자신의 만족이나 명예와 같은 것이 아닌 오직 그리스도의 것을 찾는 것으로 이루어지는 사랑의 직무를 성실히 수행할 때 삯꾼이 아닌 참된 목자가 된다. 이 때 목자는 사랑의 의무가 부과하는 여러 사도직 활동을 받아들이는 것이다.

이토록 겸손과 사랑이라는 두 축으로 이루어지는 사제직은, 진리를 선포하는 사제 역시 진리로 채워져야 하는 사람임을 분명하게 드러낸다. 다른 말로 한다면, 진리에 대한 관상과 사랑의 직분인 활동의 조화가 사제 안에서 이루어져야 한다는 것이다. 바로 이것이 아우구스티누스가 관상의 삶의 영역에 활동적인 삶을 결합하여 탄생시킨 사목직 수행을 통한 관상생활이라는 새로운 전망이다. 그가 마르타와 마리아, 레아와 라헬 그리고 베드로와 요한을 통해 제시하는 이 삶은 아고스티노 트라페(Agostino Trapè)가 지적하듯이 분명 쉽지 않은 길이다.157 히포의 주교 자신도 "물에 빠지거나 화상을 입지 않으면서 불과 물 사이를 걸어야만 하듯이 교만의 정점과 게으름의 심연 사이에서 우리의 행동을 조절해야만 합니다."라고158 말할 정도이다. 그럼에도 불구하고 "하느님의 말씀을 겉으로만 전하고 속으로 경청하지 않는 이는 빈 설교자이다."라는 지적처럼159 관상과 활동의 조화는 사제가 일생동안 추구해야할 과제이다. 포시디우스가 증언하듯 아우구스티누스 역시 이 과제를 안고 사제직을 수행하였다.160 비록 하느님을 바라보고 소유하는 관상이 지상의 순례자인 사제에게 불완전하고 오히려 사랑이 절대적 우선권을 지니지만, 분명 "사제직은 엄청난 책임감을 수반하는 것으로 인간의 재능만으로 수행될 수 있는 것이 아니다. 겸손과 사랑으로 맡은 바 직분을 받아들이고 수행해 나간다면 이보다 더 큰 복락의 원천은 없을 것이다."161

| 주 |

1   변종찬, "아우구스티노에게 있어서 사제서품의 의미", 『神學展望』 161, 2008, 47-73 참조.
2   『고백록』 9, 1, 1
3   아우구스티누스, 『서간집』 21, 3.
4   『서간집』 21, 2.
5   『서간집』 85, 2.
6   모리스 쥬르종(Maurice Jourjon)은 아우구스티누스에게 있어 사목직의 거울이 암브로시우스였다고 지적한다. M. Jourjon, "Le saint évêque d'Hippone", *La tradition sacerdotale. Études sur le sacerdoce*, Paris: Éditions Xavier Mappus, 1959, 134-135 참조.
7   G. Ceriotti, "La concezione agostiniana del sacerdote-monaco ed i suoi rapporti con i laici ed il vescovo", *Agostino Presbitero. XVI centenario dell'ordinazione presbiterale di S. Agostino(391-1991)*, eds. Associazione Storico-Culturale S. Agostiono di Cassago Brianza, 1992, 142 참조.
8   아우구스티누스는 주교와 신부들에 대해 말할 때 '사제'와 '사제직'(sacerdotium) 이라는 단어를 그리 자주 사용하지 않는다. 이는 초대교회가 유일한 사제이며 중개 자인 그리스도에게만 이 용어들을 적용하고 있으며, 그리스도교 공동체의 수장들 에게는 그렇지 않았던 전통에 충실하였기 때문이다. É. Lamirande, "《Sacerdos》 dans la language de saint Augustin", *Œuvres de Saint Augustin. Traités anti-donatistes* V, Bibliothèque Augustinienne 32(quatrième série), Paris: Desclée de Brouwer, 1965, 720 참조. 또한 "사제라는 말은 주교들과 사제들에게만 하는 말이 아니다. 그들은 이미 교회에서 고유하게 사제라고 불린 다. 신비로운 도유로 인해 모든 이를 그리스도라고 부르듯이, 한 분 사제의 지체 가 되기 때문에 모두가 사제라고 불린다."라고 아우구스티누스가 『신국론』 20, 10에서 밝히고 있듯이, '사제'라는 용어는 평신도에게까지 사용되었다. 참조: J. Pintard, *Le sacerdoce selon sanit Augustin*, Paris: Maison Mame, 1960, 154-157, 206-208; P.-M. Gy, "Remarques sur le vocabulaire antique du sacerdoce chrétien", *Lex Orandi* 22, Paris: Les Éditions du Cerf, 1957, 139-140.
9   참조: V. Monachino, *La cura pastorale a Milano Cartagine e Roma nel secolo IV*, Roma: Pontificia Università Gregoriana, 1947, 154-159; L. Bayard, *Le latin de saint Cyprien*, Paris: Librairie Hachette et Cie, 1902, 179-180; 변종찬, "치프리아누스의 sacerdos 개념에 대한 이해", 『가톨릭신학』 17, 2010, 15-19.
10 『서간집』 43, 3, 7: Stanislaus J. Grabowski, *The Church. An Introduction to the Theology of St. Augustine*, St. Louis / London: Herder Books, 1957, 102-109; J. Pintard, 앞의 책, 302-320.
11 또한 아우구스티누스는 교회 안의 의인들을 세 그룹, 곧 성직자와 수도자 및 동정 녀 그리고 세상 안에 있지만 하느님을 위해 살고 있는 결혼한 평신도 등으로 구 분하기도 한다. G. Folliet, "Les trois catégories de chrétiens", *Augustinus*

Magister II, Paris: Études Augustiniennes, 1954, 631-644 참조.
12 아우구스티누스, 「강론」 211, 4:
13 참조: Stanislaus J. Grabowski, 앞의 책, 95; J. Michael Joncas, "Ordination, Orders", *Augustine through the Ages. An Encyclopedia*, ed. Allan D. Fitzgerald, Grand Rapids, Cambridge: William B. Eerdmans Publishing Company, 1999, 601. clericus, clericatus, clerus의 의미에 대해서는 A. Faivre, "Clericus(clericatus)", *Augustinus Lexikon*, Vol. 1, ed. C. Petrus Mayer, Basel: Schwabe & Co. AG., 1986-1994, 1011-1015.
14 「신국론」 19, 13, 1.
15 「서간집」 78, 3 참조.
16 아우구스티누스, 「시편 상해」 67, 19 참조. 이브 콩가르(Yves Congar)는 이러한 아우구스티누스의 해석이 'κλῆρος'를 '제비로 뽑힌 몫', '부분' 등의 의미로 간주한 히에로니무스의 주석에 비해 주목받지 못했다고 지적한다. Y. Congar, *Jalons pour une théologie du laïcat*, Paris: Les Éditions du Cerf, 1954, 24-25 참조.
17 아우구스티누스, 「거룩한 동정」 48, 48.
18 「서간집」 82, 4, 33 참조.
19 「신국론」 20, 9, 2 참조.
20 「시편 상해」 132, 5 참조.
21 「요한 복음 강해」 47, 3 참조.
22 「강론」 339, 2. 8 참조.
23 「시편 상해」 126, 3 참조. episcopus라는 그리스어 용어를 'superintendere'라는 라틴어 단어와 연결시키는 것은 「신국론」 19, 19와 「강론」 94에서도 볼 수 있다.
24 「서간집」 21, 3 참조.
25 참조: 「강론」 94; 「시편 상해」 126, 3.
26 참조: 「서간집」 69, 1; 228, 2.
27 「시편 상해」 44, 17 참조. 동일한 정의가 「마니교도 파우스투스 반박」 19, 31에서 반복되고 있다.
28 「시편 상해」 26, II, 2.
29 아우구스티누스, 「복음사가들의 일치」 1, 3, 5.
30 아우구스티누스, 「여든세 가지 다양한 질문」 70 참조.
31 J. Pintard, 앞의 책, 152 참조.
32 「시편 상해」 130, 4.
33 참조: 「고백록」 10, 43, 69; 「시편 상해」 26, II, 2.
34 É. Lamirande, "The Priesthood at the Service of the People of God according to Saint Augustine", *The Furrow* Vol. 15, No. 9, 1964, 503 참조.
35 「강론」 340/A, 9 참조.
36 E. Cavallari, "Il sacerdozio nel pensiero di S. Agostino", *Presenza Agostiniana* 18, 1991, 4.

37 L. Scipioni, "Il vescovo e la chiesa locale secondo sant'Agostino", *Chiesa e Salvezza*, Atti della settimana agostiniana pavese 29 aprile – 6 maggio 1973, Pavia: Industrie lito-tipografiche Mario Ponzio, 1975, 56-59 참조.
38 『강론』 340/A, 3.
39 『강론』 340/A, 1.
40 『서간집』 217; 아우구스티누스, 『죄벌과 용서 그리고 유아세례』 3, 인사말.
41 『강론』 340, 1.
42 『강론』 340/A, 3.
43 참조: 『서간집』 192, 2; 『요한 복음 강해』 16, 3; 『시편 상해』 126, 3; 『강론』 261, 2; 278, 11: "Condiscipuli enim sumus, unus magister est in ista schola"; 340/A, 4.
44 참조: 『강론』 49, 2; A. Mandouze, *Saint Augustin. L'aventure de la raison et de la grâce*, Paris: Études Augustiniennes, 1968, 159-160.
45 『시편 상해』 126, 3; 『요한 복음 강해』 46, 7; 『강론』 296, 13.
46 참조: M. Jourjon, "L'évêque et le peuple de Dieu selon saint Augustin", *Saint Augustin parmi nous*, eds. H. Rondet, et al., Paris: Éditions Xavier Mappus, 1954, 151; A. Mandouze, "L'évêque et le corps presbytéral au service du peuple fidèle selon saint Augustin", *L'Évêque dans L'Église du Christ*, eds. H. Bouëssé / A. Mandouze, Paris: Desclée de Brouwer, 1963, 139-140.
47 『서간집』 95, 5.
48 『서간집』 122, 1.
49 『서간집』 125, 2.
50 아우구스티누스, 『도나투스파 주교 에메리투스와의 논쟁』 7.
51 『서간집』 231, 6.
52 『서간집』 134, 1: 'praeesse-prodesse' 정식에 대해서는 Y. Congar, "Quelques expressions traditionnelle du service chrétiens", *L'Épiscopat et L'Église Universelle*, eds. Y. Congar, B.-D. Dupuy, Paris: Les Éditions du Cerf, 1962, 101-102 참조.
53 참조: É. Lamirande, *Études sur l'Ecclésiologie de saint Augustin*, Ottawa: Éditions de l'Université d'Ottawa, 1969, 129; id., "Dispensator(Dispensatio, Dispensare)", *Œuvres de Saint Augustin: Traités anti-donatistes* V, Bibliothèque Augustinienne 32(quatrième série), Paris: Desclée de Brouwer, 1965, 709-710.
54 아우구스티누스, 『페틸리아누스 서간 반박』 2, 30, 69.
55 G. Ceriotti, "Il sacerdozio in S. Agostino", *Renovatio* 14, 1979, 334-338 참조.
56 Lee F. Bacchi, "A Ministry characterized by and Exercised in Humility: The Theology of Ordained Ministry in the Letters of Augustine of Hippo", *Augustine: Presbyter factus sum*, eds. Joseph T. Lienhard, Earl C. Muller and Roland J. Teske, New York: Peter Lang, 1993, 405-415 참조.

57　Odo F. Pecci, *Il pastore d'anime in sant'Agostino*, Casale: Marietti, 1956, 40-41 참조.
58　「강론」 43, 6.
59　「강론」 137, 4, 4, 아고스티노 트라페, 「교부들의 사제 영성」, 이상규 역, 분도출판사, 2006, 91-92 참조.
60　최창무, "아우구스띠누스의 목자론", 「사목연구」 3, 1996, 51 참조.
61　「시편 상해」 85, 4.
62　「시편 상해」 31, II, 18 참조.
63　참조. 「강론」 340/A, 5; 「요한 복음 강해」 59, 1.
64　「강론」 68, 11 참조.
65　「강론」 142, 14 참조.
66　P. Adnès, *La doctrine de l'humilité chez saint Augustin*, Excerpta ex dissertatione ad Laurem in Facultate Theologica Pontificiae Universitatis Gregorianae, Tolouse, 1953, 13-15 참조.
67　「신국론」 9, 20. '하느님의 겸손함'이라는 개념은 두 가지 중요한 요소를 제시한다. 하나는 「서한」 155, 1, 2-2, 6에서 제시되듯 스토아학파의 윤리를 극복하였다는 것이고, 다른 하나는 신플라톤주의와 아우구스티누스 사상의 결정적 차이이다. 후자에 대해서는 다음을 참조: T.J. van Bavel, "L'humanité du Christ comme lac parvulorum et comme via dans la spiritualité de saint Augustin", *Augustiniana* 7, 1957, 253, 각주 34; W. Mallard, "The Incarnation in Augustine's conversion", *Recherches augustiniennes* 15, 1980, 89; D.V. Meconi, "The Incarnation and the role of participation in St. Augustine's Confessions", *Augustinian Studies* 29, 1998, 61-75.
68　「강론」 340/A, 5.
69　「강론」 192, 1 참조. 구원 사업에서 그리스도의 죽음과 부활에 중심을 두었던 바오로와는 달리 아우구스티누스는 그리스도의 육화에 구속적인 가치를 부여하고 있다. D. Ogliari, "The role of Christ and of the Church in the light of Augustine's theory of predestination", *Ephemerides theologicae Lovanienses* 79, 2003, 348 참조.
70　아우구스티누스, 「삼위일체론」 4, 2, 4.
71　참조: 「시편 상해」 35, 17; 「강론」 123, 1; 292, 4, 4; 340/A, 5; J.-N. Grou, *Morale tirée des Confessions de saint Augustin*, Paris, Bruxelles: Librairie Catholique de Perisse Frères, 1858, 294.
72　「강론」 192, 1 참조.
73　마리 코모(Marie Comeau)는 'Christus humilis'라는 표현이 위에서 내려와 사멸할 육신을 입은 말씀을 가리키는 데 있어 아우구스티누스가 선호한 것임을 지적한다. M. Comeau, *Saint Augustin. Exégète du Quatrième Évangile*, Paris: Gabriel Beauchesne, 1930, 317 참조.
74　「강론」 3, 3: "Medicus quis? Dominus noster Iesus Christus." '의사이신 그리스도'라는 표현은 테르툴리아누스 이래 그리스도의 구속 사업을 제시하기 위해 북아프리카에서 계속해서 사용된 대중적인 개념이다. 이에 대해서는 다음을 참조: R. Arbesmann, "Christ the Medicus humilis in St. Augustine",

Augustinus Magister, II, Paris: Études Augustiniennes, 1954, 624-625; "The concept of 'Christus medicus' in St. Augustine", Traditio 10, 1954, 3-7; R.P. Hardy, "The incarnation and revelation in Augustine's Tractatus in Iohannis Evangelium", Eglise et Théologie 3, 1972, 195; J. Courtès, "Saint Augustin et la médecine", Augustinus Magister, I, Paris: Études Augustiniennes, 1954, 48.

75 참조: 「강론」 340/A, 5; 341/A, 1.
76 참조: P. Adnès, 앞의 책, 15-19; Lee F. Bacchi, 앞의 책, 409-410; J.-N. Grou, 앞의 책, 294.
77 「강론」 188, 3, 3; 189, 4.
78 「강론」 52, 1, 1 참조.
79 「입문자 교리교육」 22, 40; 아우구스티누스, 「참된 종교」 16, 31.
80 「요한 복음 강해」 29, 8 참조.
81 「요한 복음 강해」 58, 4 참조.
82 참조: 「시편 상해」 33, s.1, 6; 「강론」 341/A, 1.
83 참조: 「강론」 340/A, 5; 「요한 복음 강해」 2, 4.
84 「시편 상해」 141, 9 참조.
85 P. Adnès, 앞의 책, 24-25 참조.
86 참조: 아우구스티누스, 「그리스도교 교양」 1, 11, 11; 「시편 상해」 123, 2; 「강론」 141, 4; 142, 2. '고향-길'(Patria-Via) 주제에 대해 G. Madec, Le Christ de saint Augustin. La Patrie et la Voie, Paris: Desclée, 2001, 31-44 참조. 코 모는 '길'과 '진리'가 아우구스티누스에게 있어 그리스도의 모든 신비를 요약하고 있 다고 주장한다. M. Comeau, 앞의 책, 335 참조.
87 「서간집」 118, 3, 22.
88 E. Cavallari, 앞의 글, 8 참조.
89 「거룩한 동정」 35, 35 참조.
90 참조: 「강론」 137, 4, 4; 「요한 복음 강해」 45, 5.
91 참조: 「시편 상해」 93, 15; J. Martin, Doctrine spirituelle de saint Augustin, Paris: LIbrairie-Éditeur P. Lethielleux, 1901, 104-105.
92 G. Moioli, "Sulla spiritualità sacerdotale ed episcopale in S. Agostino", La scuola cattolica 93, 1965, 214 참조.
93 「삼위일체론」 13, 10, 13 참조.
94 M. Pellegrino, Ricerche patristiche, I, Torino: Bottega d'Erasmo, 1982, 329 참조.
95 「시편 상해」 141, 7
96 아우구스티누스, 「요한 서간 강해」 머리말.
97 G. Combès, La charité d'après saint Augustin, Paris: Desclée de Brouwer et Cie, 1934, XIII.
98 Ch. Boyer, "AUGUSTIN (SAINT)", Dictionnaire de Spiritualité, I, eds. M. Viller, assiste de F. Cavallera / J. De Guibert, Paris: Beauchesne, 1937,

1105-1106 참조.
99 아우구스티누스, 「본성과 은총」 70, 84; Odo F. Pecci, 앞의 책, 30 참조.
100 「강론」 354, 6, 6.
101 「요한 복음 강해」 123, 5; G. Ceriotti, *Sant'Agostino. Sul Sacerdozio. Pagine scelte dai discorsi*, Piccola Biblioteca Agostiniana 8, Roma: Città Nuova, 1993, 55.
102 참조: 「서간집」 228, 1; 「시편 상해」 103, s.3, 9.
103 미켈레 펠레그리노는 요한 21, 15-17이 사제적 사랑의 대헌장이라고 제시한다. M. Pellegrino, *Verus Sacerdos. Il sacerdozio nell'esperienza e nel pensiero di sant'Agostino*, a cura di S. Palese, Roma: Edizioni Viverein, 2010, 176 참조.
104 「요한 서간 강해」 5, 5.
105 참조: 「요한 복음 강해」 47, 2; 「요한 서간 강해」 5, 11.
106 「요한 서간 강해」 5, 4 참조.
107 「강론」 138, 1 참조.
108 「강론」 340/A, 4. 이 부분의 앞 장에서 아우구스티누스는 착한 주교는 그리스도의 양들을 위해 자기 자신을 희생하기까지 그들을 돌보는 사랑으로 고취되어야만 한다고 말하였다.
109 A. Mandouze, *Prosopographie chrétienne du Bas-Empire, tome 1: Prosopographie de l'Afrique chrétienne(303-533)*, Paris: Editions du Centre National de la Recherche Scientifique, 1982, 570 참조.
110 「강론」 137, 8, 9 참조.
111 참조: 「강론」 137, 9, 10; 9, 11.
112 「요한 복음 강해」 123, 5 참조.
113 「요한 복음 강해」 46, 5 참조.
114 「요한 복음 강해」 46, 8. 영혼의 도주에 대한 동일한 설명이 「강론」 137, 10, 12에도 나타난다.
115 「강론」 137, 8, 9 참조.
116 「강론」 137, 9, 10 참조.
117 「요한 복음 강해」 123, 5 참조.
118 「강론」 137, 9, 10.
119 「도나투스파 주교 에메리투스와의 논쟁」 12.
120 「강론」 178, 1, 1.
121 Odo F. Pecci, 앞의 책, 122-123 참조.
122 「강론」 38, 8 참조.
123 참조: 「서간집」 185, 9, 35; 포시디우스, 「아우구스티누스의 생애」 23, 1-2.
124 「강론」 176, 2 참조.
125 「서간집」 213, 5.
126 「서간집」 110, 5.

127 변종찬, "아우구스티누스 안에 나타난 주교법정", 「西洋中世史硏究」 36, 2015, 1-40 참조.
128 「신국론」 19, 19 참조.
129 참조: 아고스티노 트라페, 앞의 책, 209-266; Odo F. Pecci, 앞의 책, 70-75; G. Moioli, 앞의 책, 217-221.
130 참조: 에페 4, 1; F. Van der Meer, *Saint Augustin. Pasteur d'âmes*, 1, Colmar-Paris: Éditions Alsatia, 1955, 29.
131 참조: L. Verheijen, *Nouvelle approche de la Règle de saint Augustin* I, Bégrolles en Mauges: Abbaye de Bellefontaine, 1980, 251-283; G. Ceriotti, "Azione e contemplazione in S. Agostino", *Frammenti agostiniani*, eds. A. Baldoni, G. Ceriotti, Palermo: Edizioni Augustinus, 1988, 94.
132 「복음사가들의 일치」 1, 5, 8.
133 「독백」 1, 6, 12-13.
134 참조: 「고백록」 10, 30, 41-39, 64; 「참된 종교」 38, 69-55, 107; 「요한 서간 강해」 2, 10-14.
135 참조: 「고백록」 7, 21, 27.
136 참조: 「마니교도 파우스투스 반박」 22, 52-58; 「복음사가들의 일치」 1, 5, 8; F. Cayré, *La contemplation augustinienne. Principes de la spiritualité de saint Augustin*, Paris: Éditeur André Blot, 1927, 34-38. 레아와 라헬에 대한 아우구스티누스의 주석에서 마니교에 대한 반박을 볼 수 있다. 마니교도들은 순명의 수고를 통해 지나가는 것 없이도 진리에 직접적으로 도달할 수 있다고 주장하며, 믿음이 인식에 이르는 길이라는 사실을 거부하고, 그리스도의 인성이 그분의 신성에 접근하는 것임을 받아들이지 않고 있기 때문이다. M. Cameron, "Rachel and Leah", *Augustine through the Ages. An Encyclopedia*, ed. Allan D. Fitzgerald, Grand Rapids, Cambridge: William B. Eerdmans Publishing Company, 1999, 695-696 참조.
137 N. Joseph Torchia, "Contemplation and Action", *Augustine through the Ages. An Encyclopedia*, ed. Allan D. Fitzgerald, Grand Rapids, Cambridge: William B. Eerdmans Publishing Company, 1999, 233-235 참조.
138 「마니교도 파우스투스 논박」 22, 52-54 참조.
139 참조: 「요한 복음 강해」 124, 4-7. G. Moioli, 앞의 책, 219-220.
140 참조: 「강론」 103; 104; 179; 255. 참조: F. Cayré, 앞의 책, 39-44; A.-M. La Bonnardière, "Les deux vies Marthe et Marie", *Saint Augustin et la Bible*, eds. A.-M. La Bonnardière, Paris: Beauchesne, 1986, 411-425.
141 「강론」 104, 4.
142 「강론」 103, 4, 5; 104, 3-4; 169, 14, 17.
143 「요한 복음 강해」 17, 11.
144 「그리스도교 교양」 4, 5, 7; 4, 15, 32.
145 「서간집」 21, 4.

146 주교관에서 성직자들이 공동생활을 하는 것과 청빈에 대해 포시디우스는 『아우구스티누스의 생애』 25, 1에서 이렇게 말한다. "성직자들은 언제나 아우구스티누스와 같은 집에서 지내면서 같은 식탁에서 먹고 공동으로 구입한 옷을 입었다."라고 기록하고 있다. 또한 『강론』 355와 356은 보다 상세하게 주교관에서 함께 생활했던 사제들의 모습을 그리고 있다. Odo F. Pecci, 앞의 책, 53–61참조.

147 참조: 아우구스티누스, 『부정한 혼인』 2, 20, 22; E. Neveut, "Le Recrutement sacerdotal en Afrique au temps de saint Augustin", *Le Recrutement Sacerdotal* 30, 1930, 53–60.

148 『강론』 66, 5 참조.

149 참조: 『아우구스티누스의 생애』, 24, 15; 31, 6.

150 C. Butler, *Western Mysticism. The Teaching of SS Augustine Gregory and Bernard On Contemplation and the Contemplative Life*, London / Bombay / Sydney: Constable & Company Ltd., 1922, 200–204 참조.

151 『강론』 78, 6.

152 『신국론』 19, 19 참조.

153 『신국론』 19, 19 참조.

154 『강론』 339, 4.

155 『서간집』 48, 2.

156 아우구스티누스, 『도나투스파 문법학자 크레스코니우스 반박』 2, 11, 13.

157 "진리에 대한 열망과 사랑, 하느님과의 일치, 아름다운 피조물들을 바라봄 등의 관상생활이 자칫 '쓸모없는 달콤함'(iners vacatio)만 좇는 안락한 삶의 유혹이 될 수도 있기 때문이다. 반대로 형제들에 대한 봉사, 사도직 활동에 필요한 노고와 헌신이 자기만족과 명예와 권위를 포장하기도 한다. 한편에는 나태와 쾌락이라는 영적 소시민주의의 위험이, 다른 한편에는 무엇이나 할 수 있다는 교만의 위험이 도사리고 있다.": 아고스티노 트라페, 앞의 책, 218.

158 『서간집』 48, 2.

159 『강론』 179, 1.

160 "(세상일들을) 해결하고 정리하신 뒤에는 마치 귀찮고 피곤한 일이기라도 한 듯 세상사를 떠나 더 내면적이고 고상한 일에 주의를 기울이셨다. 탐구해야 할 하느님의 것들에 대해 묵상하시거나, 이미 완수하신 탐구를 받아쓰게 하시거나, 또는 이미 받아 적어 필사한 작품들을 수정하셨던 것이다. 이렇게 낮에는 밤에는 깨어 지내셨다. 그분은 마치 천상교회의 예형인 저 경건한 마리아와도 같으셨다.": 『아우구스티누스의 생애』 24, 11–12.

161 아고스티노 트라페, 앞의 책, 265.

Gregorius

Cyprianus

Bonifacius

Chrysostomus

III

다른 교부들

15. 그레고리우스 대교황의 『사목규범서』에 나타난 설교가의 모습
16. 치프리아누스의 sacerdos 개념에 대한 이해
17. 교황관tiara을 통해 본 교황 보니파키우스 8세의 자의식
18. 요한 크리소스토무스의 자유의지에 대한 이해

15장

그레고리우스 대교황의 『사목규범서』 Liber Regulae Pastoralis에 나타난 설교가 praedicator 의 모습

서론

1. 영혼의 통치자
   설교가인 통치자
   하느님의 부르심에 응답하는 설교가
   성사로 축성된 설교가
   겸손의 교도직: 말과 행동의 일치

2. 영혼의 교사
   적응성(adaptation)의 기술인 강론
   영혼의 의사인 설교가

결론

「그레고리우스 대교황의 『사목규범서』(Liber Regulae Pastoralis)에 나타난 설교가(praedicator)의 모습」은 2009학년도 가톨릭대학교 '성신교정 교비연구비' 지원을 받아 연구 작성된 논문으로서 『사목연구』 22호, 가톨릭대학교 사목연구소, 2009에 수록되었다.

서론

사제의 삶에서 강론이 얼마나 큰 비중을 차지하는지에 대해 교회는 늘 강조한다. 제2차 바티칸 공의회 『사제의 생활과 교역에 관한 교령』에 따르면, 사제는 그리스도께 받은 복음의 진리를 모든 사람에게 전달하여야 할 의무가 있고, 언제나 하느님의 말씀을 가르치고 모든 사람을 끊임없이 회개와 성덕으로 초대하는 소임을 갖고 있다. 그렇기에 사제는 듣는 사람들의 마음을 움직이기 위해 복음의 진리를 구체적인 생활환경에 적응시켜 설명해야 한다.[1]

이러한 의미에서 본 논문은 590년 9월 3일 펠라지우스 2세 교황의 뒤를 이어 성 베드로 대성당에서 교황으로 축성된 그레고리우스가[2] 590년 9월과 591년 2월 사이에 저술한[3] 『사목규범서』에 관심을 갖는다. 교황직 수락을 미룬 가운데 고독과 침묵의 삶을 찾아 도피하려 했던 그를[4] 꾸짖은 요한 주교[5]에게 헌정한 이 책에서 교황은 주교직이 얼마나 무거운 짐인지, 그리고 최고 통치자의 길로 나아가는 사람의 자질과 삶의 방식은 어떠한지에 대해 설명한다.[6] 특별히 그레고리우스 대교황은 『사목규범서』 서두에서 "영혼을 다스리는 것은 기술 중의 기술이다."(ars artium regimen animarum)[7]라고 하면서 이 책의 전체적인 분위기를 요약하고 있다.[8] 여러 가지 면에서 난세라고 할 수 있는 시대에 교황직을 맡게 된 그는, 백성들의 영적·물적 필요를 알고 있는 사목자로서 자신이 만나는 각 사람에게 엄격한 말뿐 아니라 자비로운 말도 할 줄 아는 사람이었고, 매 순간 상황의 핵심을 잘 파악할 줄 아는 통찰력을 갖고 있었다.[9] 이러한 그의 사목자적 모습이 『사목규범서』에 잘 나타난다. 이는, 『사목규범서』가 설교가들인 주교들의 지침서로[10] 후대에 널리 보급되고 큰 영향을 주었다는 사실을 통해서도 잘 알 수 있다.[11]

따라서 본고는 교황의 다른 저서인 『욥기 주해서』와 『복음서 강론』 그리고 『에제키엘 예언서 강론』 등의 도움을 받으면서 『사목규범서』를 중심으로 설교가의 모습에 대해 두 가지 차원에서 살펴보고자 한다. 곧 "영혼을 다스리는 것은 기술 중의 기술이다."라고 한 그의 말을 영혼의 통치자로서의 설교가라는 차원에서 그리고 영혼의 교사로서의 설교가라는 차원에서 각각 고찰하고자 한다.

1. 영혼의 통치자

설교가인 통치자

목자가 된다는 것은 보살피는 직무(curae pastoralis officium)를 맡는 것이며, 가장 높은 통치 자리에 오르는 것(culmen regiminis)이다.[12] 곧 목자는 근본적으로 영혼을 다스리는 직무(locus regiminis)를 맡은 통치자(rector)이다.[13] 또한 이 직무는 통치하는 이(qui praeest)로 하여금 최고의 자리(summus locus)를 갖게 한다.[14] 이러한 의미에서 그레고리우스는 타인과의 관계 속에 있는 목자의 위치를 뚜렷이 드러내기 위해 '고위성직자'(praesul)[15] 그리고 '책임자'(praepositus)와 '장상'(praelatus)이란 표현들도 사용한다.[16]

이러한 목자의 통치 직무는 무엇보다 가르치는 역할(pastorale magisterium)을 통해 나타난다. 이를 교황은 다음과 같이 확언한다. "누구든지 먼저 깊게 생각한 후 무엇인가를 배우지 않는다면 감히 어떤 기술도 가르칠 수 없습니다. 그렇기에 부적합한 이가 사목적 가르침의 역할을 떠맡는다면 얼마나 경솔한 일입니까!"17 여기서 목자의 또 다른 모습이 나온다. 곧 목자는 자신의 말로 신자들을 가르치고 공부를 통해 이를 준비해야 하는 사명을 갖고 있는 전문가이어야 한다. 다시 말하면, 목자는 '교사'(doctor)이며 동시에 '설교가'(praedicator)이다. 따라서 통치자인 목자의 역할에서 강론(praedicatio)이 가장 중요한 위치를 점유하고 있다고 말할 수 있다. 왜냐하면 영혼을 다스리는 것은 강론을 통해 영혼을 가르치는 것을 의미하기 때문이다. 여기에서 또 다른 문제가 발생한다. 그렇다면 영혼에게 무엇을 가르치는가 하는 것이다. 이에 대한 답은 '강론하다'(praedicare)라는 동사가 서방교회 안에서 어떤 의미로 쓰였는지 파악함으로써 찾을 수 있다. 크리스틴 모어만(Christine Mohrmann)은 praedicare라는 라틴어 동사의 풍부하고 깊은 뜻을 이해하기 위해 이것의 그리스어 동의어인 κηρύσσειν과 비교하면서 다음과 같이 지적한다. 무엇보다 κηρύσσειν은 신약성경 안에서 영성적이고 기술적 의미를, 곧 구원 경륜이라는 구도 안에서 '선포하다'라는 뜻을 갖게 된다. 먼저 그리스도의 선구자인 세례자 요한에게 이 단어가 적용되어 그가 선포하고 동시에 설교하는 메시아 시대에 대해 언급된다. 하지만 이 단어는 그리스도로 말미암아 가장 심오하고도 완전한 그리스도교 의미를 지니게 된다. 그리스도의 κηρύσσειν은 하느님 나라의 선포이며, 이 메시지는 사도들에 의해 계속해서 확산되는데 그들의 행위역시 κηρύσσειν이다. 곧 단순한 사건의 통교가 아닌 민족들에게 전해진 구원의 메시지를 선포하는 것이다. 서방교회에서 κηρύσσειν은 praedicare로 번역되었고, praedicare는 3세기까지 κηρύσσειν과 똑같은 의미를 갖고 있었다. 여기에 신비를 선포하는 강론의 카리스마적 특성이 부각되어 4세기에 들어서면서 praedicare는 주교와 사제의 강론을 뜻하는 전문용어로 자리하게 되었다.[18]

결국 목자는 강론을 통해 그리스도와 그를 통해 이루어진 구원을 선포하는 것이다. 이 구원은 신앙으로 시작하며, 사도 바오로의 로마 10, 14-15의 말씀처럼 신앙은 말씀의 청취를 통해 일어나고 강론에서 유래하는 것이다. 그렇기에 강론은 듣는 이들을 구원의 시작인 신앙으로 이끄는 사명을 지니고 있다.[19] 곧 교회의 신앙체험을 전하는 강론은 사람들의 메마른 가슴을 가르침의 물결로 적시고,[20] 아직 깨우침을 받지 않은 미신자들에게 거룩한 교회를 전하는 것이다.[21] 이러한 영성적 사명을 지닌 설교가는 복음선포자(evangelista)요 동시에 교사(doctor)라 할 수 있다. 이에 대해 『에제키엘 예언서 강론』[22]에서 그레고리우스 대교황은 이렇게 말한다. "복음은 기쁜 소식을 뜻하기에 무지한 백성들에게 천상 고향의 선익을 선포하는 이들을 우리는 복음선포자라 부릅니다. 이 복음선포자들과 교사들은 예전에 존재하였고 주님의 은총을 통해 오늘날에도 존재하고 있습니다. 우리는 교사들을 통해 신앙에로 인도된 비신앙인들과 훌륭한 품행으로 형성된 신앙인들을 매일같이 보기 때문입니다."[23] 또한 마태 20, 1-16의 선한 포도밭 주인의 비유에 대한 『복음서 강론』에서도 교황은 다음과 같이 말한다. "하늘나라는 자신의 포도밭을 경작하기 위해 일꾼들을 고용하는 가장에 비유할 수 있습니다. … 그는 포도밭, 곧 보편교회를 가지고 있습니다. … 이 가장은 자신의 포도밭을 경작하기 위해 아침에, 3시경에, 6시경에, 9시경에 11시경에 일꾼들을 고용합니다. 왜냐하면 그분은 이 세상 시작부터 끝까지 신앙인들을 교육하기 위해 설교자들을 모으시는 것을 중단하시지 않기 때문입니다. … 경작해야 할 포도밭과 같은 자신의 백성을 교육하기 위해 주님께서는 일꾼들을 파견하는 것을 절대 중단하시지 않습니다."24

하느님의 부르심에 응답하는 설교가

세상 시작부터 종말까지 하느님의 구원 사업을 선포하기 위해 파견되는 설교가를 역사적 차원에서 보면 하나의 중요한 측면이 발견된다. 곧 설교가의 직무는 하느님의 부르심에 응답하는 것이라는 점이다. 그레고리우스에 따르면, 이 응답은 크게 두 부류로 나타난다. 한 그룹은 칭찬받을만하게 설교의 직무(praedicationis officium)를 열망하는 이들이고, 다른 그룹은 역시 칭찬받을만한 이유로 강압에 의해 그 일을 맡게 되는 이들이다. 첫 그룹은 이사야에게서, 그리고 두 번째 그룹은 예레미야에게서 잘 볼 수 있다. 이사야는 "내가 누구를 보낼까?"라는 하느님의 말씀에 즉시 "제가 있지 않습니까? 저를 보내십시오"라고 설교의 사명을 받아들였지만,(이사 6, 8) 예레미야는 파견되긴 했으나 "아, 주 하느님 저는 아이라서 말할 줄 모릅니다."(예레 1, 6)라고 겸손하게 꺼려하였던 것이다. 이 두 대답은 분명 표면적으로는 다른 말이지만, 똑같은 사랑의 원천에서 나온 것이다. 이사야는 활동생활(vita activa)을 통해 이웃에게 도움이 되려는 소망으로 설교의 직무를 바랐던 것이고, 이에 반해 예레미야는 관상생활(vita contemplativa)을 통해 창조주의 사랑에만 열정적으로 매여 있기를 원했기에 설교하러 파견되는 것에 이의를 달았던 것이다. 다시 말하면, 예레미야는 침묵의 관상을 통해 얻는 것을 설교함으로써 잃어버릴 수 있다고 여겼기에 두려워한 것이고, 이사야는 침묵함으로써 오히려 기쁜 소식을 선포하는 열렬한 일에 해가될 수 있다고 느꼈던 것이다.25 지극한 겸손으로 통치의 짐에서 도피하려는 사람에게 교황은 다음과 같이 권고한다. "최고의 통치가 그에게 맡겨질 때, 그리고 만일 그가 다른 사람들을 이롭게 할 재능을 이미 부여받았다면, 비록 하느님의 명령에 순종하는 것이 그가 하고 싶은 것과는 반대되는 일일지라도 그는 하느님의 처분에 순종하고, 완고함이라는 악덕을 제거하여 진정으로 순종하는 마음에서 그 악덕을 벗어버려야 합니다."26

하느님은 당신 말씀의 봉사자들을 부르시어 파견하는 것으로 만족하지 않으시고, 그들의 사명 안에서 그들을 돌보신다는 점을 그레고리우스는 『사목규범서』에서 다음과 같이 강조한다. "주님은 이사야를 통하여 '목청껏 소리쳐라, 망설이지 마라. 나팔처럼 네 목소리를 높여라'라고 권고하셨습니다. 사제직에 부름 받은 사람은 전령관의 직무를 맡게 됩니다. 그는 무섭게 뒤이어 따라 오시는 심판관이 오기 전에 소리치며 나아갑니다. 만일 사제가 설교할 줄 모른다면, 벙어리 전령관이 무슨 소리를 낼 수 있겠습니까? 그러므로 성령께서 첫 목자들 위에 혀 모양으로 내려오신 것입니다. 왜냐하면 그분이 가득 채우시는 이들에게는 당신의 언변을 끊임없이 주시기 때문입니다."27 또한 『제1열왕기 주해서』에서 교황은 다음과 같이 말한다. "갑작스런 진리의 계시를 통해, 선택된 설교가들은 자신들 안에서 말씀하시는 성령의 체험을 합니다. 갑작스러운 사랑의 뜨거움 안에서 그들은 이 체험을 합니다. 지식의 충만함 속에서 그들은 이 체험을 합니다. 말씀에 대한 엄청난 달변 안에서 그들은 이 체험을 합니다. 왜냐하면 그들은 갑자기 교육받고, 돌연히 뜨거워지며, 한 순간 놀라운 달변의 능력을 갖게 되고 충만해지기 때문입니다."28

그만큼 목자들은 강론할 때, 구약의 예언자들과 신약의 사도들을 인도한 성령에 의존하여 하는 것이다. 다시 말하면, 목자들의 설교 직무는 구약의 예언자들의 사명을 계속해서 수행하는 것이요, 동시에 성령으로부터 받은 말씀을 전하는 것이다.29 그러므로 그레고리우스 대교황은 말씀을 심는 자(seminiverbius)인 사제가 받은 말씀을 설교하지 않고 침묵으로 일관한다면 높은 데서 모든 것을 보시는 심판자 하느님의 분노를 사게 될 것이라고 경고한다.30

성사로 축성된 설교가

하느님으로부터 파견되고 성령의 인도하심에 따라 설교를 하는 목자들의 신분을 묘사하기 위해 그레고리우스 대교황은 'ordo'라는 용어를 도입한다.31 고대 로마의 제도 안에서 한정된 사회 계급이나 사회 집단을 가리키기 위해 사용된 이 단어를 교황은 교회적 차원에서 적용하고 있는 것이다. 이 단어에 대한 지(Gy)의 분석은 우리에게 중요한 사실을 알려준다. 그는 무엇보다 교회 안에서 ordo라는 단어가 성직자들의 품계를 가리키는 말로 가장 많이 사용되었다는 점을 꼽는다. 또한 ordo처럼 honor와 dignitas라는 단어도 상이한 품계를 의미하는 데 사용되었지만, 이 두 단어가 개인적 차원에 적용된 반면 ordo는 그룹과 연관되어 나타난다는 것이다.[32] 따라서 그레고리우스 대교황이 집단적 의미를 지닌 ordo라는 단어를 목자들에게 적용하였다는 것은 그들과 다른 신분의 사람들을 구분하고자 한 특별한 지향을 보여주는 것이다.

이는 『사목규범서』보다 먼저 저술된 『욥기 주해서』에서 잘 나타난다. 이 작품에서 교황은 욥에게 세 딸이 있었다는 구절을(욥 1, 2) 주석하면서, 이 세 딸이 세 지위의 그리스도인들,(tres ordines fidelium) 곧 교회로부터 받은 삶의 형태에서 나타나는 삼중적 구분으로 목자(pastores) · 수도자(continentes) · 결혼한 평신도(coniugati)를 가리키는 것이라 말한다. 그리고 여기에 교황은 에제 14, 14에 나오는 노아와 다니엘 그리고 욥이 이 세 지위의 그리스도인들의 상징이라고 덧붙인다. 곧 노아는 유혹의 파도 속에서 성교회를 통치하는 '책임자의 지위'(ordo praepositorum)를 가리키고, 다니엘은 '수도자들의 삶'(continentium vita)을 드러내며, 욥은 '의로운 부부의 삶'(bonorum coniugum vita)을 상징하는 것이라고 교황은 주석한다.[33] 이 해설은 『사목규범서』보다 후대에 작성된 『에제키엘 예언서 강론』에서도 반복된다. 단지 용어상의 차이, 곧 '목자' 대신 '설교가'(praedicatores)로 그리고 노아를 설명하는 데 있어 '책임자의 지위' 대신 '설교가의 지위'(ordo praedicantium)로 나타나며 '통치자들의 모습'(figura rectorum)이란 표현을 삽입하고 있을 뿐이다.[34] 사실 이 세 범주의 그리스도인들에 대한 언급은 이미 아우구스티누스에 의해 제시된 것이다.[35] 하지만 히포의 주교는 아마도 이 삼중적 분류가 교회 체제의 내적 논리에 상응하지 않는다는 의미에서 '세 부류의 사람들'(tria genera hominum)이란 모호한 표현을 사용하고 있는 것으로 보인다. 반면 그레고리우스 대교황은 ordo라는 단어를 채택함으로써 이 삼중적 분류에 보다 탁월한 가치를 부여한 것으로 보인다.[36] 여기서 염두에 두어야할 것이 있다. 그것은 교황이 ordo라는 단어를 통해 세 부류의 그리스도인들을 구분할 때와 특별히 목자들이나 설교가들에게 이 단어를 적용할 때의 차이점이다. 전자의 경우 단순히 집단적 의미에서의 '신분'이었다고 한다면, 후자의 경우에는 성사적 의미를 드러내고 있다고 할 수 있다. 왜냐하면 전자의 경우에는 '삶'(vita)으로 표현되어 있지만, 후자의 경우에는 '지위'(ordo)라는 단어를 사용하고 있고 특히 『에제키엘 예언서 강론』에서는 '통치자들의 모습'이란 표현까지 삽입하고 있기 때문이다. 결국 교황은 설교가들이 수도자나 결혼한 평신도보다 우위에 있다는 것을 분명히 드러내고자 한다. 곧 강론은 권고와는 달리 특별한 사명이며 직무이고, 이는 성사적 특성에 기인하기에 모든 신자들에 대한 책임성이라는 측면에서 설교가들은 교계제도에서 높은 위치를 구성한다는 것이다.

겸손의 교도직: 말과 행동의 일치

지금껏 고찰한 목자들의 모습은 그들이 자신들의 직분을 수행하기 위해 어떠한 삶의 모습을 가져야 하는지 짐작케 한다. 무엇보다 그들의 직무는 '겸손의 교도직'(humilitatis magisterium)이어야 한다. 만약 자만심이나 허영심의 동기에서 사제직을 맡게 된다면, 하느님의 부르심이 아닌 자신들의 탐욕으로 최고 높은 자리를 빼앗는 것이나 다름없다. 바로 여기에 하느님이 무시하시는 목자들의 부적합성이 있다. 부적합한 목자들은 마태 15, 14처럼 소경을 인도하는 소경이요, 시편 68, 23처럼 어두워진 눈을 갖고 있어 길을 보여주지 못해 그들의 뒤를 따르는 사람들에게 자신들의 죄의 짐을 지게 하는 사람들이다. 하지만 참된 목자들은 영혼의 의사로서 영적인 가르침에 정통한 이들이다.37 또한 그들은 자신들이 탐구하여 이해한 영적 가르침을 자신의 말뿐 아니라 행동으로 가르치는 사람들이다. 그러나 부적합한 목자들은 학문으로만 배운 것을 가르칠 뿐 자신들의 행동으로 이를 증명하지 않기에 수하 사람들로 하여금 자신들의 사악한 행동을 본받게 한다. 이 점에 대해 그레고리우스 대교황은 에제 34, 18-19를 주석하며 다음과 같이 말한다. "확실히 목자들은 가장 깨끗한 물을 마십니다. 그리고 그때 올바른 지성으로 그들은 진리의 물을 함께 마십니다. 반면 발로 물을 더럽히게 되면 그들은 사악한 생활로 거룩한 묵상에 대한 공부를 더럽히는 것입니다. … 거룩한 이름과 지위를 지니고 있으면서 사악하게 행동하는 성직자보다 교회 안에서 더 큰 피해를 끼치는 사람은 없습니다."38 이러한 의미에서 통치자는 자기 신분을 사용해 가장 높은 이상들을 말로 제시하고 삶으로 증명하는 인물이다. 이때 그의 삶의 방식은 그가 말하는 것을 칭송하게 되고, 그의 목소리는 그의 말을 듣는 자들의 마음에 보다 쉽게 스며들어가게 된다.39

그러므로 설교가는 온갖 육신의 욕정에 죽고 영적으로 살아가는 존재로서 모든 면에 있어 삶의 모범(exemplum vivendi)이 되는 사람이다.40 즉 목자는 '곧음'(rectitudo)으로 요약되는 다음의 삶을 살아야 한다. "그는 생각이 깨끗하고 행동이 모범적이며, 침묵에 신중하고, 말에 도움을 주며, 개개인에게 동정심으로 가장 가까운 이웃이 되고, 모든 이들에 앞서 관상에 뛰어나며, 행실이 좋은 사람들과는 겸손되이 친구가 되고, 범죄자들의 악습들을 대항하며 정의에 입각하여 공정해야 합니다. 그는 외부 일에 집착하여 내적 생활에 무관심해서도 안 되며 내적 생활에 대한 관심 때문에 외부 일에 무관심해서도 안 됩니다."41 『사목규범서』 서언(prologus)에서 제기한 "어떤 방식으로 사는지"(qualiter vivat)라는 질문에 대한 답이라 할 수 있는 이 삶은, 통치자가 어떠한 존재인지 다시금 깨닫게 해준다. 무엇보다 통치자는 이사 52, 11에 나오는 주님의 그릇을 나르는 이들, 곧 자신들의 생활양식으로 이웃 사람들의 영혼을 거룩한 장소인 영원한 성전으로 인도할 책임을 맡은 사람들이다. 바로 여기에 통치자들의 생각이 깨끗해야만할 이유가 있다.42 천상적 설교를 하는 통치자들은 올바른 생각을 통해 지상적 행위의 비천함을 버리고 높은 곳에서 바라보아야 한다. 그래야 그들은 이 세상의 좋은 것을 탐하지 않고 어떤 반대도 두려워하지 않으며 세상의 아첨들을 경시하게 된다. 이러한 모습은, 통치자들이 모든 이들보다 지혜의 덕에 뛰어남을,43 그리고 올바른 것과 진리를 자유롭고 솔직하게 말하며 죄인들의 악행을 폭로하는 데 있어 두려워하지 않는다는 것을 보여주는 것이다.44

이러한 이웃에 대한 봉사와 사랑은 통치자로 하여금 높은 관상생활로써 보이지 않는 사물들에 대한 열망을 갖게 하고 타인의 무력함을 자신의 것으로 받아들이게 한다. 곧 설교가들은 교회의 머리이신 그리스도에 대한 높은 관상만 할 것이 아니라, 교회의 지체들에 대한 연민으로 그들을 위해 내려와야 한다는 것이다. 왜냐하면 사랑은 이웃의 연약함을 향한 동정심으로 낮은 곳으로 끌릴 때, 기이하게도 높은 곳을 향해 올라가기 때문이다. 다시 말하면, 사랑은 호의를 갖고 연약함에로 내려가는 만큼 정상을 향해 힘 있게 상승하기 때문이다. 그렇기에 통치자들은, 수하 사람들이 그들을 마치도 어머니처럼 여기며 자신들의 비밀을 드러내는 데 두려워하지 않도록 배려해야 한다.45 또한 통치자들은 수하 사람들의 본성의 평등함(aequalitas condicionis)을 중시하면서, 사람들을 통치하는 것보다 그들에게 이로움을 주는 일에서 기쁨을 찾아야 한다.46 다시 말해, 통치자들은 수하 사람들에게 어머니와 같은 사랑을 베풀어야 하고, 그들을 아버지처럼 교정시켜 주어야 한다. 곧 부드러움과 엄격함을 함께 적용하여 형제들의 잘못을 교정하는 데 자신들의 최고 지위를 사용해야한다.47 그럼으로써 통치자들은, 사람들을 기쁘게 해주기를 원하면서 동시에 그들을 올바로 평가하여 진리에 대한 사랑으로 인도할 수 있게 된다.48 이를 위해 목자가 항상 염두에 두어야 할 것이 있다. 그것은 외부 일과 내적 생활의 조화, 곧 활동생활과 관상생활의 조화이다. 영적 안내자인 목자가 이 조화로운 삶을 유지하지 못한다면, 그는 양떼에 대한 관심에서 멀어지고 수하 사람들은 진리의 빛을 볼 수 없기 때문이다. 따라서 수하 사람들을 위해 하는 외적 일도 규정된 한도 내에서만 하는 것이 필요하다.[49] 결국 이 모든 것은 통치자로 하여금 식별(discretio)의 덕을 갖도록 요구한다. 목자는 악습에서 덕행을 식별하고, 수하 사람들을 교정하는 데 있어 묵인과 엄격함 그리고 관대함 등을 언제 어떻게 적용해야 하는지 식별해야 한다.[50] 따라서 통치자, 곧 설교의 직무에 종사하는 사람은 거룩한 독서(sacra lectio)를 멀리해서는 안 된다. 거룩한 말씀을 마음속에 늘 묵상하면서 필요할 때에 즉시 사람들을 가르쳐야 하기 때문이다.[51]

2. 영혼의 교사

적응성(adaptation)의 기술인 강론

그레고리우스 대교황에게 있어 통치자가 무엇보다 성경을 공부하고 묵상하면서 하느님의 신비를 백성에게 전달하는 설교가라는 사실은 우리에게 가르치는 방식(qualiter doceat)의 중요성에 대한 시사점을 준다. 이 방식에 대한 설명이 『사목규범서』 제3부의 내용을 형성한다. 여기서 교황은 『사목규범서』 서두에서 말한 "영혼을 다스리는 것은 기술 중의 기술이다."(ars artium regimen animarum)라는 표현을 우리에게 다시금 상기시킨다. 『사목규범서』 제1부와 제2부가 'ars'라는 단어를 자격이나 자질과 연결하여 설명하였다면, 제3부는 1장 제목에서도 알 수 있듯 강론의 수사학적 기술(ars praedicationis)이라는 측면에서 'ars'를 이해하고자 한다. 이에 대해 그레고리우스는 다음과 같이 강조한다. "교사들의 강론(sermo)은 청중들의 특성에 따라 각자의 필요에 맞추어야 하지만, 공통적인 교화의 기술(communis aedificationis ars)에서 벗어나서는 안 됩니다. … 교사들은 유일한 사랑(caritas)의 덕행 안에서 모든 이들을 교화하기 위해, 하나의 가르침을 통해(ex una doctrina) 청중들의 마음을 건드려야지 유일하고 동일한 권고로(una eademque exhortatione) 그렇게 해서는 안 됩니다."[52]

이러한 실천적 기술로서의 'ars'를 잘 드러내는 예를 우리는 바오로에게서 볼 수 있다. 교황은 티모테오에게 인내를(2티모 4, 2) 그리고 티토에게 권위를 권고한(티토 2,15) 바오로의 가르침(magisterium Pauli)에[53] 감탄하며 이렇게 말한다. "가르침을 주는 데 있어 한 사람에게는 권위를 그리고 다른 한 사람에게는 인내를 제안한 그토록 훌륭한 기술로써(tanta arte) 그가 자신의 방법론을 나누어주었다는 것이 무엇을 의미합니까?"[54] 또한 『에제키엘 예언서 강론』에서 교황은 다음과 같이 천명한다. "가르치는 사람들은 다음의 것들을 염두에 두어야 합니다. 곧 무엇을 말해야 하는지, 누구에게 그것을 말하는지, 언제 그것을 말하는지, 어떻게 그것을 말하는지 그리고 얼마 동안 그것을 말하는 지 등입니다. 만약 이 요소들 중 하나라도 소홀이 한다면, 그의 말은 받아들여지지 않을 것이기 때문입니다."[55]

이토록 각 사람에게 맞는 적절한 훈계의 기술을 강조하기 위해 교황은 72가지 성향의 유형들을 서로 대비되는 두 가지 범주로 묶어 각각의 경우에 어떻게 훈계해야 하는지『사목규범서』제3부에서 제시한다. 교황이 제시하는 목록은 다음과 같다. "남자와 여자, 젊은이와 노인, 가난한 이들과 부자들, 기뻐하는 사람들과 슬픔에 잠긴 사람들, 수하 사람들과 장상들, 노예들과 주인들, 이 세상의 지혜로운 사람들과 우둔한 사람들, 무례한 사람들과 소심한 사람들, 오만한 사람들과 심약한 사람들, 참을성이 부족한 사람들과 인내심이 많은 사람들, 친절한 사람들과 샘이 많은 사람들, 성실한 사람들과 불성실한 사람들, 튼튼한 사람들과 환자들, 처벌을 두려워하여 무죄하게 사는 사람들과 처벌의 교정에도 무감각하여 악한 일에 굳어진 사람들, 침묵하기를 좋아하는 사람들과 말이 많은 사람들, 느린 사람들과 성질이 급한 사람들, 양선한 사람들과 화를 잘 내는 사람들, 겸손한 사람들과 거만한 사람들, 고집쟁이들과 변덕쟁이들, 음식을 탐하는 사람들과 절제하는 사람들, 자신의 소유를 남에게 잘 희사하는 사람들과 도둑질을 잘 하는 사람들, 훔치지는 않지만 자신의 것을 내어놓지 않는 사람들과 자신의 것을 잘 내어 놓지만 남의 소유를 빼앗는 것을 단념하지 않는 사람들, 불화 중에 사는 사람들과 평화롭게 사는 사람들, 불화를 일으키는 사람들과 평화를 이루는 사람들, 거룩한 법을 올바로 이해하지 못하는 사람들과 이해하지만 겸손이 부족하여 율법을 함부로 말하는 사람들, 설교를 합당하게 잘 하는 사람들과 지나친 겸손으로 그렇게 하기를 두려워하는 사람들, 설교하기에 부적당하거나 나이로 인해 방해받는 사람들과 성급함으로 인해 억지로 설교하도록 요구받는 사람들, 세상 재물 추구에 성공하는 사람들과 재물을 원하지만 고통을 당하고 곤란하여 지친 사람들, 혼인에 얽매여 있는 사람들과 혼인의 속박에서 자유로운 사람들, 성 경험이 있는 사람들과 그런 경험이 없는 사람들, 죄를 범한 후 슬퍼하는 사람들과 생각만으로 지은 죄를 슬퍼하는 사람들, 죄를 슬퍼하나 그것을 포기하지 못하는 사람들과 죄를 포기하나 슬퍼하지 않는 사람들, 자신의 잘못을 시인하는 사람들과 자신의 죄를 고백하나 죄를 피하지 않는 사람들, 갑작스런 탐욕에 넘어간 사람들과 고의적으로 죄의 족쇄를 채우는 사람들, 오직 사소한 죄만 범하는 사람들이 그런 죄를 자주 범하는 경우와 사소한 죄를 범하지 않으나 어떤 때 중죄를 범하는 사람들, 선행을 시작하지도 않은 사람들과 선행을 시작하지만 끝내지를 못하는 사람들, 비밀리에 악을 저지르고도 드러나게는 선하게 보이는 사람들과 그들이 하는 선을 감춘 사람들이 자신들이 하는 공적인 일 때문에 스스로 언짢게 생각하는 사람들."56

우리는, 쥐딕(Judic)이 평가하듯, 이 목록에서 불규칙적인 열거(énumération hétéroclite)를 확인하게 된다. 이는, 그레고리우스 대교황이 설교가에게 해당되는 것과 신자들에게 필요한 것들을 혼합하여 제시하고 있기 때문이다.57 하지만 이 목록은 무엇보다 설교가의 공적 특성을 드러낸다. 목자가 강론할 때, 신자들은 그의 말을 듣는 청취자(audientes, auditores)이자58 동시에 그를 바라보는 사람들이(spectatores suos)59 된다. 여기서 우리는 'spectator'이란 단어에 유의해야 한다. 이 단어의 동사형 'spectare'가 '극장에 가다'라는 뜻을 갖고 있기에,60 'spectatores'는 마치 극장에 앉아 무대 위의 배우들의 공연을 보는 '구경꾼' 혹은 '관람객'으로 그리고 설교가는 마치 희극배우(histrio)인 것처럼 비춰질 우려가 있다. 극장 안에 있는 관람객은 희극

배우에게 찬사를 보내지만 그처럼 되는 것은 원하지 않는다. 교황은 이러한 모습의 관람객을 '어리석은 관람객'(stulti spectatores)이라 묘사한다.61 분명 설교가는 희극배우가 아니라, 사람들에게 본받아야할 일(opus quod imitandum est)을 드러내는 사람이다.62 달리 말하면, 설교가는 사방에 눈을 가진 천상적 동물(에제 1, 18; 10, 12; 묵시 4, 6)로 비유되어, 안으로는 심판관을 기쁘게 해드리고 밖으로는 모범적인 생활을 하면서 사람들 안에서 교정되어야 할 것을 찾아내는 인물인 것이다.63 이러한 의미에서 설교가는 적응성(adaptation)의 원칙이라는 강론 기술을 견지하면서 모범적 삶으로 자신을 보여주는 인물, 곧 말하고 드러내는 기술을 통해 신자들의 귀와 눈을 사로잡아 그들로 하여금 자신을 본받고 잘못을 교정토록 하는 공적 인물이라 할 수 있다.64 여기서 우리는 흥미로운 것을 발견하게 된다. 교황은 죄를 제안(suggestio)과 쾌락(delectatio) 그리고 동의(consensus)의 세 단계로 구성되어 있다고 설명하고 있는 것이다.65 이 분석은 이미 아우구스티누스가 제시한 것으로,66 교황은 이를 통해 목자들에게 죄를 발견하고 이를 교정할 수 있는 기회를 제공한다.67

영혼의 의사인 설교가

그만큼 설교가에게 있어 책망(increpatio)과 교정(correptio)은 매우 중요한 일이다. 이를 통해 그는 신자들로 하여금 세상의 어리석은 지혜(stulta sapientia)에서 벗어나 하느님의 지혜로운 어리석음(sapiens Dei stultitia)을 배워 참된 지혜(vera sapientia)에 보다 가까워지도록 할 수 있기 때문이다.68 신자들은 설교가의 말과 행동을 듣고 보면서 자신들이 소유하고 있는 것은 무엇인지, 그리고 소유하고 있지 않은 것은 무엇인지 식별할 수 있어야 한다.69 이는 영원한 것을 추구하고 덧없이 지나가는 것들에 마음을 두지 않기 위해서이다.70 따라서 그레고리우스 대교황은 다시금 설교가에게 성경이 캄캄한 현세를 살아가는 이들에게 등불과 같다는 것을 상기시킨다. 또한 그는, 설교가들이 하느님의 말씀을 사람들에게 말하기 전에 먼저 스스로에게 적용하도록 권고한다. 곧 잠언 5, 15-17에서 말하는 물을 먼저 설교가들이 마신 다음 강론을 통해 다른 사람들도 마실 수 있게 하라는 것이다.71 성경이야말로 참된 강론의 원천이요 기준이기 때문이다.72

이러한 설교가의 직무는 말씀에 굶주려 죽어가는 영혼들을 위해 설교가 자신들이 받은 은총의 빵으로 봉사하는 것이요, 말씀의 칼로 영혼의 상처를 치유해주는 것이다.73 여기서 교황은 다시 의사로서의 설교가의 역할을 강조한다. 영혼의 지도자는 각 상처에 가장 잘 맞는 치료법을 제시해야 하는 마음의 의사(medicus cordis)이어야 한다.74 의사가 육체의 약한 면이 더 악화되지 않게 하면서 병을 제거하는 것을 자기의 임무로 여겨 매우 정제된 약을 혼합하여 한 번에 병과 약한 몸을 치료하듯이, 영혼을 돌보는 의사인 설교가도 단 한 번의 강론으로 영혼의 치료를 위한 약을 제공하여 사람들이 여러 종류의 도덕적인 악과 싸울 수 있도록 해야 하는 것이다.75

그러므로 그레고리우스 대교황은 또 다시 설교가에게 다음의 사항을 강력하게 권고한다. 무엇보다 설교가는 청중들의 정신을 너무 무겁게 해서는 안 된다. 곧 영혼의 줄을 너무 지나치게 긴장시키지 말아야 한다는 것이다. 그렇기에 설교가는 많은 사람들에게 강론할 때 어려운 주제들은 피하고, 필요하다면 소수의 몇 사람에게만 조금 열어 보여야 한다. 또한 설교가는 사람들의 마음에 어떤 신비도 감추어 두지 않고 명백한 진리를 크게 외쳐, 사람들이 진리의 빛으로 나아가 천상의 사물을 한층 더 깊이 배울 수 있도록 해야 한다는 것을 잊어서는 안 된다.76 또한 이러한 강론은 단순히 말보다 행위로써 해야 한다는 것을 기억해야 한다. 설교가 자신이 먼저 선행을 열심히 함으로써 스스로 깨어 있는 자가 되고, 이와 같은 올바른 삶의 방식으로 장차 청중들이 밟고 지나가야 할 발자국을 새겨 놓아야 하기 때문이다.77

따라서 설교가는 다른 사람들의 상처를 치료하여 건강을 회복시켜 주면서 동시에 자신의 건강도 돌보아야 한다. 무엇보다 그는 자신 안으로 돌아가 교만의 종양을 제거해야 한다. 자칫 우쭐대면서 자신의 덕행을 자랑할 수 있기 때문이다. 설교가가 자신의 찬양을 찾는다는 것은 그에게 선포자의 역할을 맡기신 분에 대한 관심이 없다는 증거이다. 따라서 덕행의 부요함이 설교가를 유혹할 때 영혼의 눈은 자신의 연약함을 응시해야 하고, 자신의 선익을 위해 겸손해져야 한다. 그리고 그는 자신이 행한 선행을 보지 말고 자신이 등한시한 것을 보아야 한다. 하느님은 통치하는 사람들의 마음을 크게 완성시켜 주시지만 동시에 그들을 부분적으로 불완전하게 남겨 놓으시기 때문이다. 이러한 이유로, 설교가는 자신들이 행한 일들이 빛날 때 자신들의 불완전성에 대해 슬퍼해야 하며, 이 순간 그는 비로소 겸손의 대가(大家)이신 하느님 앞에 보다 굳건하게 서 있게 된다.78

결론

지금까지 우리는 그레고리우스 대교황의 『사목규범서』에 나타난 설교가의 모습에 대해 살펴보았다. 분명 교황에게 있어 목자가 되어 보살피는 직무를 맡는다는 것은 무거운 짐을 지는 것과 같은 것이었다. "영혼을 다스리는 것은 기술 중의 기술이다."(ars artium regimen animarum)라고 강조함으로써 교황은 자신의 저서를 통해 목자의 통치자의 측면과 강론가의 측면 모두를 제시하고자 하였다. 이 과정에서 교황의 일관된 생각은 서언에서 밝히듯 다음과 같은 것이었다. "직책을 맡음으로써 겸손을 잃지 않고, 삶의 방식이 수락된 직책에 일치되며, 가르치는 일이 자칫 올바른 삶을 잃지 않고 이 직무를 스스로 과대평가하지 않기 위해 모든 노력을 경주해야 한다. … 또한 목자의 선(善)은 삶으로 드러나야 하고 말함으로써도 전해져야 합니다."79

실천가인 교황은 『사목규범서』에서 목자와 신자들과의 관계에 대해 심도있게 설명하였다. 통치자로서 목자는 교만과 우월감에 맞서 겸손의 덕목으로 자신의 직무를 수행해야 하고, 복음선포자요 동시에 교사로서 목자는 자신의 직무가 하느님의 부르심에 응답하는 것이고 동시에 성사를 통해 받은 것임을 인지하면서 겸손의 교도직을 수행해야 한다는 것이다. 이는 설교가가 온갖 육신의 욕정에 죽고 영적으로 살아가는 존재라는 것을 보여준다. 그렇기에 설교가로서 목자는 신자들의 어려움이나 상황을 직시하면서 그들에게 적합한 강론을 하고 이를 자신의 삶으로도 증명해야 한다. 또한 아버지요 동시에 어머니로서 통치자들은 부드러움과 엄격함을 함께 적용하여 교형자

매들의 잘못을 교정해야 한다. 교황은 신자들이 청취(audire)와 목도 (目睹, videre)를 통해 설교가의 훈계를 받아들인다는 것을 지적함으로써 목자가 어떻게 선행의 삶에 나아가야 하는지, 그리고 성경과 얼마나 친숙해야 하는지 강조한다. 공적 인물로서 그리고 타인에게 드러나 있는 인물로서 설교가는 자신의 내적 상태와 외적 행위에 대해 늘 민감해야 한다는 것이다. 이를 통해 그는 신자들로 하여금 세상의 어리석은 지혜에서 벗어나 하느님의 지혜로운 어리석음을 배워 참된 지혜에 보다 가까워지도록 할 수 있다. 이러한 설교가의 직무는 말씀의 칼로 영혼의 상처를 치유해 주는 의사의 직무와 같은 것이다. 영혼의 의사로서 설교가는 다른 사람들의 상처를 치료하여 건강을 회복시켜 주면서 동시에 자신의 건강도 돌보아야 한다. 왜냐하면 목자가 이룬 것을 뿌듯해하며 자신의 덕행을 자랑할 수 있기 때문이다. 목자는 하느님이 통치하는 사람들을 부분적으로 불완전하게 남겨 놓으신다는 사실을 기억하면서 늘 겸손의 자세를 잊지 말아야 한다.

그러므로 우리는 다음과 같은 결론을 내릴 수 있다. 『사목규범서』에서 교황은 사제직과 강론에 대한 순수 이론적 지식을 전하려고 하지 않았다. 그가 제시한 방법론은 어디까지나 영성적이요 심리학적이었다. 그는 자신이 깨달은 바를 자신의 삶에서 실현하였고, 이를 타인에게 설파하였다. 그는 자신의 시선을 늘 하느님께 두었기에, 실천을 목표로 하는 그리스도교 가르침을 제시할 수 있었다.[80] 이러한 의미에서 볼 때, 참된 사목자인 그레고리우스 대교황의 『사목규범서』는 사목신학 논문이며 동시에 사제 성덕에 대한 규정이라 할 수 있다.[81]

| 주 |

1   제2차 바티칸 공의회, 『사제의 생활과 교역에 관한 교령』, 4항.
2   그레고리우스 대교황의 생애에 대해 참조: Ch. Chazottes, *Grégoire le Grand*, Paris, Les Éditions Ouvrières, 1958; 김성태, "그레고리오 1세", 한국가톨릭대사전편찬위원회, 『한국가톨릭대사전』, 2, 왜관, 분도출판사, 2003(2판 3쇄), 952-953쪽.
3   Cf. B. Judic, "Introduction", in Grégoire le Grand, *Règle Pastorale*, I[Sources chrétiennes 381], Paris, Les Éditions du Cerf, 1992, pp. 21-22.
4   그레고리우스가 사목직을 피해 은둔하고자 했던 행동은 요한 크리소스토무스의 『사제직에 대해』(*De sacerdotio*)와 나지안즈의 그레고리우스의 『도피의 변명서』라고 불리는 『연설문』 II에서도 나타난다: R. Gillet, "Saint Grégoire le Grand", *Dictionnaire de spiritualité*, VI, Paris, Beauchesne, 1974, p. 877. 사제직을 피해 은둔하는 주제에 대해 참조: Y. Congar, "Ordinations invitus, coactus de l'Église antique au canon 214", *Revue des sciences philosophiques et théologiques* 50(1966), pp. 169-197.
5   라틴어 원문에는 단순히 '동료주교 요한에게'(Ioanni coepiscopo)라고 나온다. 여기서 말하는 요한이 누구인가 라는 질문에 두 가지 답변이 나온다. 하나는 콘스탄티노플의 총대주교 요한이고, 다른 하나는 라벤나의 주교 요한이다. 하지만 일반적으로 라벤나의 주교 요한으로 본다. 이에 대해 참조: B. Judic, "Introduction", p. 16, n.3.
6   참조: 최창무, 『교직자의 직업윤리 -라틴교부들 중심으로(III)-』, 『사목』 90(1983/11), 한국천주교중앙협의회, 64-70쪽.
7   『사목규범서』 I,1. 이 정식은 나지안즈의 그레고리우스의 『연설문』, II, 16에 나온다. 문제는 그레고리우스 대교황이 그리스어를 모른다고 『서한』 1, 28; 3, 63; 7, 29; 10, 21; 11, 55 등에서 주장하고 있어 나지안즈의 그레고리우스의 『연설문』을 어떻게 알았는가하는 점이다. 이에 대해 학자들은 교황이 루피누스의 라틴어 번역본을 참고한 것으로 추정한다. 이에 대해 참조: B. Judic, "Introduction", pp. 28-34.
8   참조: 피터 브라운, 『기독교 세계의 등장』, 이종경 옮김, 새물결출판사, 2004, 214쪽.
9   Institutum Patristicum Augustinianum, *Patrologia*, IV, Genova, Casa Editrice Marietti, 1996, p. 154.
10 레이들레는 『사목규범서』가 고위성직자들뿐 아니라 왕을 위해 작성된 것이라 주장한다. 마르쿠스 역시 이 의견에 동의한다: R. Reydellet, *La royauté dans la littérature latine de Sidoine Apollinaire à Isidore de Séville*, Roma, École française de Rome, 1981, p. 463; R.A. Marcus, "Gregory the Great's Rector and his Genesis", in J. Fontaine, R. Gillet, S. Pellistrandi(ed.), *Grégoire le Grand. Actes du Colloques de Chantilly(15-19 septembre 1982)*, Paris, Éditions du Centre National de la Recherche Scientifique, 1986, pp. 137-145.
11 Cf. G. Hocquard, "L'idéal du pasteur des âmes, selon saint Grégoire

le Grand", in AA.VV., *La tradition sacerdotale*, Le Puy, Éditions Xavier Mappus, 1959, pp. 144-147; B. Judic, "Introduction", pp. 88-102.
12 『사목규범서』 I, 1.
13 같은 책, I, 2. 피터 브라운은 "영혼을 지배하는 기술이 없다면 그는 진정한 주교라 할 수 없었다."라고 단언한다: 피터 브라운, 『기독교 세계의 등장』, 217쪽.
14 같은 책, II, 6. 바타니는 그레고리우스 대교황이 사회생활과 그 안에서 이뤄지는 역할들에 대해 개인적 관심이 많았다는 것을 상기하면서 이 역할들의 명칭들이 그의 작품 안에서 어떤 경우에는 사회적 신분을 또 다른 경우에는 교회의 신분을 동시에 가리키고 있음을 지적한다. 그의 분석에 따르면, 'locus'는 'inferior', 'superior', 'minor', 'summus' 등의 비교급과 함께 사용되어 사회계급에서의 위치를 가리키거나, 어떠한 직무를 맡고 있는 위치를 의미한다. 후자의 경우 'regiminis', 'pastorum', 'docendi', 'religionis' 등의 긍정적 단어와 연결된다. 'officium'은 종종 'ministerium'과 연결되지만 동의어는 아니며 맡은 직무에 대한 의식이라는 상급단계를 의미하며 겸손보다 책임성에 호소한다. 또한 'praeconis', 'locutionis', 'pietatis', 'praedicationis', 'religionis', 'sacerdotale' 등에 의해 강조되어 마치 위치에 대한 의무처럼 'locus'에 일반적으로 양립한다: J. Batany, "Le vocabulaire des fonctions sociales et ecclésiastiques chez Grégoire le Grand", in J. Fontaine, R. Gillet, S. Pellistrandi(ed.), *Grégoire le Grand. Actes du Colloques de Chantilly (15-19 septembre 1982)*, Paris, Éditions du Centre National de la Recherche Scientifique, 1986, pp. 171-173.
15 같은 책, II, 1.
16 같은 책, III, 4.
17 같은 책, I, 1. 본고는 라틴어 원문을 참조하면서 전달수 신부의 번역을 인용한다: 성 대 그레고리오 교황, 『사목규범』, 전달수 옮김, 대구, 대구효성가톨릭대학교 영성신학연구소, 1996.
18 Ch. Mohrmann, "Praedicare-tractare-sermo", in *Études sur le latin des chrétien*, II, Roma, Edizioni di storia e letteratura, 1961, pp. 63-69.
19 Cf. M.A. Moreno, "Prédication", *Dictionnaire de spiritualité*, XII, Paris, Beauchesne, 1986, p. 2053.
20 『사목규범서』 I, 10.
21 같은 책, II, 11.
22 이 강론은 593년 말부터 594년 초 사이에 로마의 성직자들과 남녀 수도자들을 대상으로 라테란 대성당에서 행한 것이다. 이에 대해 참조: Ch. Morel, "Introduction", in Grégoire le Grand, *Homélies sur Ézéchiel*, I[Sources chrétiennes 327], Paris, Les Éditions du Cerf, 1986, pp. 10-13.
23 『에제키엘 예언서 강론』 II, 9, 6.
24 『복음서 강론』 II, 19, 1. 그레고리우스 대교황은 복음서에 대한 40개의 강론을 590년 대림1주일부터 시작하였다. 인용한 강론은 정확히 언제 어디에서 하였는지는 알 수 없다. 이에 대해 참조: R. Étaix and Ch. Morel, "Introduction", in Grégoire le Grand, *Homélies sur L'Évangile*, I[Sources chrétiennes 485], Paris, Les Éditions du Cerf, 2005, pp. 42-50.
25 『사목규범서』 I, 7.

26 같은 책, I, 6.
27 같은 책, II, 4.
28 『제1열왕기 주해서』 4, 122, 7.
29 Cf. C. Dagens, "Grégoire le Grand et le ministère de la parole. Les notions d'《ordo praedicatorum》 et d'《officium praedicationis》", in AA.VV., *Forma Futuri. Studi in onore del cardinale Michele Pellegrino*, Torino, Bottega d'Erasmo, 1975, pp. 1061-1063.
30 『사목규범서』 II, 4. 'seminiverbius'라는 표현을 통해 그레고리우스 대교황이 불가 타본 사도 17, 18을 따르고 있음을 볼 수 있다. 그리스 본문에서는 'απερολόγος'로 나오는데, 이는 원래 새가 낱알이나 씨앗을 찾아 쪼아 먹는 것을 의미한다. 이에 대해 참조: St. Gregory the Great, *Pastoral care*, H. Davis(trans. and annot. by), New York, Newman Press, 1978, p. 247, n.29.
31 예를 들면 『사목규범서』 I, 2. "성덕의 이름과 지위"(nomen vel ordinem sanctitatis); II, 2. "지위의 한계를 넘어서는 길에 들어가지 않기 위하여"(ne extra ordinis limitem operis pedem tendat); II, 3. "직책의 품위에 맞게"(sicut honore ordinis) 하지만 교황은 『사목규범서』 II, 6의 "variante meriotrum ordine"라는 표현을 통해 볼 수 있듯 세속 사회의 등급을 뜻하는 데 ordo라는 단어를 사용하기도 한다. 또 『서한』 1, 81; 2, 6 등에서는 원로원을 가리켜 ordo라는 단어를 사용한다.
32 Cf. P. -M. Gy, "Remarques sur le vocabulaire antique du sacerdoce chrétien", in AA.VV., *Études sur le sacrement de l'ordre*, Paris, Les Éditions du Cerf, 1957, pp. 126-129.
33 『욥기 주해서』 1, 14, 20.
34 『에제키엘 예언서 강론』 II, 4, 5. 라드너는, 그레고리우스 대교황이 강론의 직무에 종사하는 모든 이들을 'ordo praedicatorum'이란 표현 하에 하나로 묶은 첫 인물이라고 본다: R. Ladner, "L'ordo praedicatorum avant l'ordre des prêcheurs", in P. Mandonnet, *Saint Dominique. L'idée, l'homme et l'œuvre*, II, Paris, Desclée de Brouwer et Cie, 1937, p. 53.
35 아우구스티누스, 『복음서에 관한 질문』(*Quaestiones Evangeliorum*) 2, 44; 『시편 상해』(*Enarrationes in Psalmos*) 132, 5. 세 부류의 그리스도인들에 대한 아우구스티누스의 생각에 대해 참조: G. Folliet, "Les trois catégories de chrétiens. A partir de Luc (17, 34-36), Matthieu (24, 40-41) et Ézéchiel (14, 14)", in AA.VV., *Augustinus Magister*, II, Paris, Études Augustiniennes, 1954, pp. 631-644.
36 Cf. J. Batany, "Le vocabulaire des fonctions sociales et ecclésiastiques chez Grégoire le Grand", p. 174.
37 『사목규범서』 I, 1. 피터 브라운에 따르면, "영혼의 지배자들은 예리한 후각을 가지고 자아의 내부에 깊숙이 자리 잡고 있는 숨겨진 도덕적 열정과 감염의 '냄새를 맡을 수 있는' 고대 의사들의 비범한 능력을 부여받은 사람이 될 것으로 기대되었다. 그것은 영적 전문가의 꿰뚫어 보는 눈길에 모든 기독교인들을 종속시키려는 감시자의 이상이었다.": 피터 브라운, 『기독교 세계의 등장』, 217쪽.
38 같은 책, I, 2. 빌러와 라너는, 사악한 사제들이 신자들을 파멸로 이끈다는 그레고리우스 대교황의 계속된 걱정이 『사목규범서』 저술의 출발점이 되었다고 본다:

M. Viller, K. Rahner, *Ascetica e mistica nella patristica. Un compendio della spiritualità cristiana antica*, A. Zani(edizione italiana a cura di), Brescia, Editrice Queriniana, 1991, p. 255[원문: *Aszese und Mystik in der Väterzeit. Ein Abriss der frühchristlichen Spiritualität*, Freiburg im Breisgau, Verlag Herder, 1939/1989].

39 같은 책, II, 3. 설교가의 말과 삶의 조화에 대한 주제는 이미 아우구스티누스의 『그리스도교 교양』 4, 27, 59에서 발견된다. 이에 대해 참조: 변종찬, 「아우구스티누스의 『그리스도교 교양』(*De doctrina christiana*) 제4권에 나타난 그리스도교 설교학」, 『사목연구』 21(2008/겨울), 가톨릭대학교 사목연구소, 194-195쪽.

40 같은 책, I, 10.

41 같은 책, II, 1.

42 같은 책, II, 2.

43 같은 책, II, 3.

44 같은 책, II, 4.

45 같은 책, II, 5. 헤들레이는 그레고리우스 대교황이 여기서 참회의 성사와 고해에 대해 언급하고 있는 것이라 확언한다: J.C. Hedley, *Lex Levitarum or Preparation for the cure of souls*, Westminster, Art & Book Company, 1905, p. 55. 참회와 죄 사함에 관한 그레고리우스 대교황의 사상에 대해 참조: P. Galtier, *L'Église et la rémission des péchés aux premiers siècles*, Paris, Gabriel Beauchesne et ses fils, 1932, pp. 100-140; 421-430.

46 "사람들을 통치하는 것보다 그들에게 이로움을 주는 일에서 기쁨을 찾아야 한다."(nec praeesse se hominibus gaudeant sed prodesse)라는 표현은 아우구스티누스에게서 이미 발견된다. 그의 『신국론』 19, 19에서는 "남에게 이로움을 주는 일보다 지휘하기를 좋아하는 사람"(qui praeesse dilexerit, non prodesse)이라고 표현되어 있고, 『강론』 340, 3에서는 "우리는 여러분을 통치하기 보다 이로움을 주는 일을 좋아하도록"(ut nos vobis non tam praeesse quam prodesse delectet)이라는 표현이 나온다. 또한 이 표현은 『베네딕투스의 수도규칙』(*Regula Benedicti*) 64, 8에도 나온다. 베네딕투스는 "남을 지배하기보다는 유익이 되어 주어야 한다는 사실을 알아야 한다."(sciatque sibi oportere prodesse magis quam praeesse)라고 표현하고 있다. 이에 대해 참조: Y. Congar, "Quelques expressions traditionnelles du service chrétien", in Y. Congar et B.-D. Dupuy(sous la diretion de), *L'Épiscopat et L'Église universelle*, Paris, Les Éditions du Cerf, 1962, pp. 101-105.

47 『사목규범서』 II, 6.

48 같은 책, II, 8.

49 같은 책, II, 7.

50 같은 책, II, 9-10.

51 같은 책, II, 11. 이에 대해 참조: B. Judic, "La Bible miroir des pasteurs dans la *Règle pastorale* de Grégoire le Grand", in J. Fontaine, Ch. Pietri(sous la direction de), *Le monde latin antique et la Bible*, Paris, Beauchesne, 1985, pp. 455-473.

52 같은 책, III, 서언. 여기서 아우구스티누스의 『입문자 교리교육』 15, 23의 영향을 확인할 수 있다. 아우구스티누스의 이 작품이 『사목규범서』에 미친 영향에 대해 참

조: V. Paronetto, "Une présence augustinienne chez Grégoire le Grand: Le De Catechizandis rudibus dans la Regula Pastoralis", in J. Fontaine, R. Gillet, S. Pellistrandi(ed.), *Grégoire le Grand. Actes du Colloques de Chantilly (15-19 septembre 1982)*, Paris, Éditions du Centre National de la Recherche Scientifique, 1986, pp. 511-519.

53 아우구스티누스 역시 「그리스도교 교양」 4, 16, 33에서 2티모 4, 2와 티토 2, 15를 인용하고 있다. 그레고리우스와 차이가 있다면, 아우구스티누스는 이 구절들을 설교가의 영감(inspiration) 문제를 다루는 맥락에서 인용하고 있다는 것이다. 이에 대해 참조: B. Judic, "Structure et fonction de la Regula Pastoralis", in J. Fontaine, R. Gillet, S. Pellistrandi(ed.), *Grégoire le Grand. Actes du Colloques de Chantilly(15-19 septembre 1982)*, Paris, Éditions du Centre National de la Recherche Scientifique, 1986, p. 416, n.20.

54 「사목규범서」 III, 16. 그레고리우스는 「에제키엘 예언서 강론」 I, 11, 15에서 '어떻게 잘 말하는가(qualiter loquatur)라는 측면을 해설하기 위해 바오로의 예를 인용한다. 클로드 다정(Claude Dagens)은 이 측면이 강론에 적용된 세속 수사학의 규칙들 중의 하나라고 주장한다: C. Dagens, *Saint Grégoire le Grand. Culture et expérience chrétienne*, Paris, Études Augustiniennes, 1977, p. 127.

55 「에제키엘 예언서 강론」 I, 11, 12.

56 「사목규범서」 III, 1.

57 B. Judic, "Introduction", p. 66.

58 Cf. V. Paronetto, "La figura del praedicator nella 《Regula Pastoralis》 di Gregorio Magno", in AA.VV., *Miscellanea Amato Pitero Frutaz*, Roma, Tipografia Guerra, 1978, p. 173.

59 「사목규범서」 II, 3.

60 A. Blaise, *Dictionnaire Latin-Français des auteurs chétiens*, H. Chirat (revu spécialement pour le vocabulaire théologique par), Turnhout, Brepols, 1993, p. 768.

61 「사목규범서」 III, 10.

62 같은 책. III, 35.

63 같은 책. III, 4.

64 Cf. B. Judic, "Structure et fonction de la Regula Pastoralis", p. 413.

65 「사목규범서」 III, 29. 교황은 「사목규범서」 II, 10에서 에제 8, 8-10을 주석하면서 'peccatum', 'iniquitas', 'malum'이라는 단계를 제시한다. 「욥기 주해서」 4, 27, 49는 'suggestio', 'delectatio', 'consensus', 'defensionis audacia' 등의 네 단계로 죄를 분석한다. 교황의 죄의 세 단계 분석에 대해 참조: P. Helhaye, "La morale de saint Augustin", in *L'Ami du Clergé* 69(1959), pp. 97-109; F. Castaldelli, "Il meccanismo psicologico del peccato nei Moralia in Job di san Gregorio Magno", *Salesianum* 27(1965), pp. 563-605.

66 아우구스티누스, 「시편 상해」 102, 5; 「주님의 산상설교」 1, 12, 34.

67 Cf. B. Judic, "Structure et fonction de la Regula Pastoralis", p. 413; B. Judic, "Introduction", p. 69.

68 「사목규범서」 III, 6.

69 같은 책. III, 16.
70 같은 책. III, 17.
71 같은 책. III, 24.
72 「욥기 주해서」 18, 26, 39.
73 「사목규범서」 III, 25. Cf. L. Weber, *Hauptfragen der Moraltheologie Gregors des Grossen*, Fribourg, Paulusdruckerei, 1947, pp. 65-66.
74 같은 책. I, 1; III, 36.
75 같은 책. III, 37. 영혼의 의사라는 표상은 아우구스티누스의 영향을 보여 준다. 그리스도를 의사로 그리고 죄인을 환자로 비유하는 것은 아우구스티누스의 강론 안에 매우 자주 나타난다. 이에 대해 참조: R. Arbesmann, "Christ the Medicus humilis in St. Augustine", in AA.VV., *Augustinus Magister*, II, Paris, Études Augustiniennes, 1954, pp. 623-629; R. Arbesmann,"The concept of 'Christus medicus' in St. Augustine", *Traditio* 10(1954), pp. 1-28; S. Poque, *Le language symbolique dans la prédication d'Augustin d'Hippone*, I, Paris, Études Augustiniennes, 1984, pp. 176-190; B. Judic, "Introduction", pp. 24-25.
76 같은 책. III, 39.
77 같은 책. III, 40.
78 같은 책. IV.
79 같은 책. 서언.
80 G. Hocquard, "L'idéal du pasteur des âmes, selon saint Grégoire le Grand", p. 154.
81 P. Pourrat, *La spiritualité chrétienne*, I, Des origines de l'Église au moyen âge, Paris, Librairie Lecoffre, ³1947, p. 430.

16장

치프리아누스의
sacerdos 개념에 대한 이해

서론

1. 3세기 카르타고 교회의 교계제도
   ordinatio Dei
   다양한 품계

2. episcopus와 sacerdos
   주교의 여러 명칭
   verus sacerdos
   치프리아누스의 sacerdos 개념의 원천

결론

「치프리아누스의 sacerdos 개념에 대한 이해」는 2010학년도 가톨릭대학교 성신교정 교비연구비의 지원으로 연구 작성되었으며, 「가톨릭신학」17호, 한국가톨릭신학학회, 2010에 수록되었다.

서론

그리스도교 공동체 안에서 교계제도가 온전히 형성될 때까지 오랜 시간이 요구되었다는 것을 우리는 알고 있다. 이 과정에서 episcopus, presbyter, diaconus 등의 성서상의 단어들이 주교와 신부 그리고 부제를 가리키는 용어로 자리하였다. 특기할 것은 여기에 sacerdos라는 단어도 삽입되었다는 것이다. 구약의 대사제와 비교할 때 신약성경 안에서 극히 적은 역할만을 수행하고 있는 이 단어가,[1] 그리스도교 공동체의 교역자를 가리키는 용어로 자리하였다는 것은 흥미로운 일이다. 더욱이 이 용어는 3세기에는 주교에게만 사용되었으며, 4세기 후반부터 6세기까지도 일반적으로 주교를 가리켰다. 하지만 때때로 신부에게도 사용되었는데, 이는 그가 갖고 있는 '성체성사에 대한 권한'과 '예식에 대한 권한' 때문이었다. 이후 카롤링거 시대에는 주교와 신부 모두에게, 하지만 많은 경우에는 신부에게 적용되어 11세기에는 일반적으로 신부를 지칭하는 것으로 사용되었다.[2]

한 단어가 교회의 용어로 받아들여진다는 것은, 어떤 의미로 보면, 신학적 의미를 부여한다는 것이다. 여기에 sacerdos라는 단어도 예외는 될 수 없다. 이러한 의미에서 본 논문은 왜 sacerdos가 주교에게만 사용되었는지를, 아프리카에서 큰 영향력을 행사한 카르타고 (Carthago)의 주교로서[3] 자신의 교회 안에 모든 품계의 교계제도를 갖고 있었던 치프리아누스를 중심으로 살펴보고자 한다. 또한 치프리아누스의 사상이 형성되는 데 있어 누구의 영향이 있었는지도 보고자 한다.

1. 3세기 카르타고 교회의 교계제도

ordinatio Dei

하느님의 백성(populus Dei)이요 그리스도의 신비체(corpus misticum Christi)이며 그리스도의 정배(sponsa Christi)인 교회는 그리스도의 유일한 사제직에 참여하는 교회의 사제직을 갖고 있다.[4] 또한 교회의 사제직은, 정도(gradus)만이 아니라 본질(essentia)에서 다르지만 서로 밀접히 관련되어 있는, 신자들의 보편사제직(sacerdotium commune fidelium)과 직무 또는 교계사제직(sacerdotium ministeriale seu hierarchicum)으로 구분된다.[5] 여기서 '직무적' 그리고 '교계적'이라는 단어는 우리에게 교회가 "위계적으로 조직된 사회"(societas hierarchice ordinata)임을 제시한다.[6] 달리 말하면, 교회 내에 일정한 신분 질서의 구분이나 직무의 서열이 있음을 의미한다. 그리고 이러한 서열이나 단계의 구분을 가리키는 교회의 전문용어가 '교계제도'(hierarchia)이다. 신약성경에 나타나지 않는 '교계제도'라는 용어는 어원적으로 '거룩한' 혹은 '신성한'을 뜻하는 i`ero.j와 '지배권', '통치권' 또는 '원천'을 의미하는 avrch.의 합성명사인 i`erarchj에서 유래한 것으로 6세기경 위(僞)디오니시우스(Pseudo-Dionysius)가 천상적 질서와, 주교·신부·부제의 성직 신분과 수도자·일반신자·예비자로 구분하는 교회적 질서를 제시하기 위해 사용하기 전까지 교회 내에서나 그리스의 정치 용어로 거의 사용되지 않았다.[7]

우리는 성경을 통해 교계제도가 인간적 기원을 갖고 있지 않음을 확인할 수 있다. 그리스도는 사도들을 확고한 단체 또는 집단의 형태로 세우시어 하느님 나라를 선포하도록 하셨다. 즉 "너희는 가서 모든 민족들을 제자로 삼아, 아버지와 아들과 성령의 이름으로 세례를 주고, 내가 너희에게 명령한 모든 것을 가르쳐 지키게 하여라. 보라, 내가 세상 끝 날까지 언제나 너희와 함께 있겠다."는 그리스도의 명령(마태 28, 19-20)에서 볼 수 있듯, 사도들에게 주어진 복음 선포의 사명은 세상 끝날 까지 지속되어야 한다. 그렇기에 사도들은 교회 안에서 후계자들을 세우는 일에 많은 노력을 기울였으며, 그들이 바로 주교들이다.[8] 곧 그리스도는, 교회를 구성하여 유지하는 데 필요한 사도들의 사목직이 그 후계자들을 통해 계승되기를 원한 것이다.[9]

이토록 신적 기원을 갖고 있는 교계제도는 특별한 직무와 그에 따른 여러 의무들이 하느님의 부르심임을 제시한다. 치프리아누스는 자신의 저서에서 이러한 하느님의 부르심에 따른 직무를 가리키기 위해 'ordinatio Dei'라는 표현을 사용한다.[10] 원래 로마제국에서 'ordinatio'는 황제에 의해 임명되어 특정한 'ordo'에 취임하는 것을 의미하였다. 'ordo'는 특정한 사회계급을 가리키는 것으로, 로마에서 가장 높은 'ordo'는 공화국(res publica)과 로마 시민(populus romanus)의 선익을 위해 봉사하는 원로원이었다. 바로 여기에서 'ordo-plebs'라는 구도가 나온다.[11] 지(Gy)는, 테르툴리아누스에게서, 로마제국의 ordo와 로마시민이라는 구조와 유비적인 하느님의 백성 안에서의 성직자들의 상황이라는 구도가 나타난다고 지적한다. 또한 그는 교회 안에서 ordo라는 단어가 성직자들의 품계를 가리키는 말로 가장 많이 사용되었다는 점을 꼽는다. 그리고 honor와 dignitas라는 단어도 상이한 품계를 의미하는 데 사용되었지만, 이 두 단어가 개인적 차원에 적용된 반면 ordo는 그룹과 연관되어 나타난다는 것을 지적한다.12 이러한 의미로 볼 때, 'ordinatio Dei'는 한 사람을 성직자들의 품계(ordo)에 임명하여 활동하게 하는 하느님의 신비로운 계획을 의미한다고 볼 수 있다. 이를 스힐레벡스의 표현대로 한다면, "ordinatio란 ① 한 그리스도인이 교역자 공동조대(collegium)의 일원으로 들어가되, ② 하느님의 은총으로 그렇게 된다는 뜻이다."13

이러한 하느님의 계획을 보다 구체적으로 표현하기 위해 치프리아누스는 'ordinatio clerica'14 또는 'ordinatio ecclesiastica'15라는 표현들을 사용한다. 곧 하느님에 의해 선발된 주교·신부·부제와 같은 교계제도의 다양한 품계를 가리키기 위함이다.16 치프리아누스는 서품 권한이 주교에게 유보되어 있다는 것을 의심하지 않았다. 그에게 있어 서품은 사제 직무의 원리인 성령을 부여하는 것이다. 그런데 성령은 오직 가톨릭교회 안에만 존재하기에, 가톨릭교회만이 서품 권한을 갖고 있다는 것을 그는 강조한다.17

다양한 품계

치프리아누스의 「서한」을 통해 우리는 카르타고 교회가 모든 품계의 교계제도를 갖고 있었음을 확인할 수 있다. 이 상이한 품계는 하위 성직자와 고위성직자로 구분된다. 전자에는 독서자·구마자·시종·차부제 등이 포함되며, 후자에는 부제·신부·주교가 속한다.18

이미 200년경 테르툴리아누스가 소개하고 있는19 독서자(lector)는 신자들의 집회 시 강론대(pulpitum)에서20 성경을 읽는 직무를 갖고 있는 자이다.21 이 직무는 맑은 목소리를 갖고 있는 젊은이에게 유보되었다. 왜냐하면 당시의 독서직은 성직자들의 품계들 중 첫 번째의 것으로, 보다 높은 성직 품계들에 대한 희망을 갖고 있는 이들에게 주어졌기 때문이다.22 달리 말하면 달레(D'Alès)가 지적하듯, 독서자들은 사제 양성소와 같은 역할을 하였던 것이다.23

독서자보다 상위의 등급인 구마자(exorcista)는 구분된 품계로서 등장한다. 이는 증거자들이 치프리아누스에게 보낸 서한에 나타나는 다음의 문장에서 확인할 수 있다. "성직자, 곧 구마자와 독서자 모두 앞에서 루치아누스가 이것을 씁니다."24 구마자의 역할에 대해 치프리아누스는 다음과 같이 말한다. "구마자를 통해 하느님의 권능과 결합된 인간의 목소리가 악마를 채찍질하고, 불태우며, 고문한다."25 이러한 구마자의 목소리의 효과에 대해 치프리아누스는 은총의 선물에 대해 다루면서 다음과 같이 말한다. "우리는, 사람들을 자기 것으로 만들기 위해 잠입해 들어와서 그들을 타락시키는 불순한 악령들을 위협하고 꾸짖음으로써 그 탈을 벗겨 버리는 능력을 받았으니, 심한 때로 그 악령들을 빨리 내쫓고, 다투고 소리 지르며 통곡하는 악령들에게 더 큰 형벌을 가하여 채찍으로 때리고 불에 태워 버릴 수 있네. 이런 이들이 실제로 눈에 보이지는 않지만 실현되고 있네. 채찍은 보이지 않지만 그 벌은 나타나고 있지."26

치프리아누스에게서 시종(acoluthus, acolythus)은 종종 차부제와 연결되어 나타나지만, 정확하게 어떠한 직무를 수행했는지 알 수 없다.

다만 편지를 전달하거나 자선금을 전달하는 등[27] 차부제와 비슷한 역할을 했을 것이라 본다.[28] 달리 말하면, 주교의 신뢰를 받는 인물로 주교의 서한과 자선금을 전달하는 역할을 수행한 차부제와 동행하면서 함께 그 일을 한 것으로 보인다.[29] 차부제에 대한 언급에서 특기할 것은 표현상의 차이이다. 로마 교회가 치프리아누스에게 보낸 서한에는 'subdiaconus'로 나타나지만,[30] 치프리아누스의 서한에서는 일반적으로 'hypodiaconus'로 나타난다는 것이다.[31]

고위성직자 중 가장 낮은 품계인 부제(diaconus)에 대해 치프리아누스는 다음과 같이 말한다. "사도들, 즉 주교들과 공동체 책임자들을 선택한 것은 주님이시지만, 우리 주님께서 하늘로 올라가신 후에 교회에 봉사하고 주교 직무를 돕기 위해 부제들을 만든 것은 사도들임을 부제들은 기억해야만 합니다."[32] 무엇보다 부제들은 제단에서 주교나 신부를 동반하며,[33] 성체를 분배하고,[34] 필요한 경우에는 참회자들의 죄를 사해주는 권한을 갖고 있었다.[35] 또한 치프리아누스의 여러 서한이 "신부들과 부제들"(presbyteris et diaconis)을 수신인으로 하고 있는 것으로 보아, 어느 정도 그리스도교 공동체의 통치에 일정 부분 참여했던 것으로 보인다.[36] 이에 반해 신부들(presbyteri)은 주교의 모든 통치에 긴밀히 결합되어 있으며, 주교의 통상적 자문단 역할을 수행하였다. 필요한 경우 신부들은 주교를 대신하여 감옥에 있는 증거자들을 위해 미사를 집전하거나,[37] 참회자들의 죄를 사해주기도 하였다.[38]

2. episcopus와 sacerdos

주교의 여러 명칭

"교회는 주교들 위에 세워지며, 교회의 모든 행위는 이 동일한 공동체 지도자들을 통해 통치된다."고 치프리아누스는 확언한다.39 그리고 이러한 그리스도교 공동체의 수장인 주교의 직무를 제시하기 위해 카르타고의 주교는 여러 표현을 사용한다. 그의 작품에 산재해 있는 이 다양한 표현들을 우리는 한 「서한」에서 만날 수 있다. 이에 따르면, "자신의 심리(審理, cognitio)에 지도자들과 사제들을 (praepositos et sacerdotes) 소환한다는 것이 얼마나 큰 영혼의 거만이요, 정신의 부기(浮氣)인 교만의 종기인가! 그리고 만약 내가 당신 앞에서 깨끗하다고 선포되지 않거나 당신의 판결문으로 무죄함이 판명되지 않는다면, 보라 6년 동안 형제들은 주교를(episcopum), 백성은 지도자를(praepositum), 양떼는 목자를(pastorem), 교회는 통치자를(gubernatorem), 그리스도는 제사장을(antistitem), 하느님은 사제를(sacerdotem) 갖지 못할 것입니다. … 당신을 통해 제사장(antistites)과 통솔자(rector)가 그들의 제단과 그리고 동일하게 백성에게 복귀하기에, 하느님과 그리스도께서 당신에게 감사할 수 있을 것입니다."40

여기서 치프리아누스는 주교(episcopus)의 역할에 따른 명칭을 제시한다. 곧 주교는 지도자(praepositus)요,41 목자(pastor)이며, 통치자(gubernator)이고, 제사장(antistes)이며, 사제(sacerdos)이고, 통솔자(rector)이다.42 클라크(Clarke)는 이 명칭들을 기능의 차원에서 다음과 같이 구분한다. 먼저 episcopus와 praepositus는 주교의 행정적 역할을 제시하고, pastor과 gubernator은 사목적 기능과 후원자의 역할을, antistes와 sacerdos는 신성한 일에 관련된 역할을 가리킨다는 것이다.43 클라크는 rector에 대해서는 언급하지 않지만, 문맥상 rector이 백성(plebs)에게 복귀한다는 것을 토대로 볼 때, praepositus와 같은 의미라고 볼 수 있다.44 또한 다른 측면으로 본다면, 치프리아누스가 생각하는 주교의 역할은 두 가지로, 곧 지도자와 전례적이고 영적인 직무자로서 볼 수 있다. 곧 episcopus · praepositus · rector · gubernator · pastor 등은 전자의 역할을 드러내는 것이고, antistes와 sacerdos는 후자의 직무를 드러내는 것이다.45

통치자로서 주교는 무엇보다 신앙의 수호자요 교사의 역할을 수행해야 한다. "신앙과 진리로 통치하는 우리들은 신앙과 진리로 오는 이들과 자신의 죄를 용서해달라고 참회하고 있는 이들을 속이거나 잘못 인도해서는 안 됩니다. 오히려 그들을 교정하고 새롭게 하여 하늘나라에 들어가도록 천상의 가르침으로써 교육해야 합니다."46 교회는 자기 주교에게 모인 백성이요, 자신의 목자에게 결합된 양 떼이기 때문이다.47 이러한 교도권과 통치권은 주교의 고유한 교좌(cathedra)가 지니는 권위로 표현된다.48 이러한 의미에서 치프리아누스는 주교를 '현세의 재판관'(ad tempus iudex)으로 부른다.49 더욱이 공동체의 지도자로서 주교는 임종자에 대한 사목적 배려, 세례성사와 성령을 받은 개종자를 받아들이거나 참회하는 죄인들의 화해 예식을 집전하는 성사 집행자가 되어야 한다. "푭피아누스(Puppianus)가 우리를 도와 판결문을 내리고 하느님과 그리스도의 심판이 받아들여지기를! 그렇지 않으면, 우리 시대에 불림을 받은 다수의 신자들이 구원과 평화에 대한 희망 없이 이 세상 삶을 마감하는 것처럼 간주될 것입니다. 그리고 새로운 신자들의 백성이 우리를 통해 세례성사와 성령의 은총을 받지 못하는 것으로 판단될 것입니다. 또한 배교자들과 참회자들에게, 우리의 검증 후에, 평화가 주어지고 친교가 허락되는 것이 당신 판결의 권위로써 무효화하는 것처럼 보일 수 있을 것입니다."50

250년 데치우스(Decius) 황제의 박해로 인해 안전한 곳으로 피신한 치프리아누스가 카르타고의 신부와 부제들에게 보낸 한「서한」은 과부와 병자 그리고 가난한 이와 이방인에 대한 배려가 주교의 임무임을 다음과 같이 강조한다. "나는 여러분들이 과부와 병자 그리고 모든 가난한 이들에 대해 꼼꼼하게 배려할 것을 요구합니다. 그러나 만약 도움을 필요로 하는 이방인들에게는 내가 동료 사제(conpresbyter)인 로가티아누스(Rogatianus)에게 맡겨 놓은 나의 개인적인 기금에서 (de quantitate mea propria) 마련해주십시오. 그 기금이 이미 완전히 지출되었다면, 그에게 나리쿠스(Naricus) 시종자를 통해 또 다른 몫을 보낼 것입니다. 어려움을 겪고 있는 이들에게 자선사업이 보다 확장되고 신속할 수 있도록 말입니다."51

verus sacerdos

통치자로서 주교는 전례 집전자라는 중요한 역할을 수행해야 한다. 치프리아누스는 이 점을 강조하기 위해, 위에서 인용한「서한」

66, 5, 1에서 보았듯, episcopus와 sacerdos를 동의어로 제시한다. 또한 그는 antistes를 sacerdos의 동의어로 사용하기도 한다.52 카르타고의 주교에 따르면, antistes는 "티 없고 흠잡을 데 없는 이, 곧 거룩하고 합당하게 하느님께 희생 제사를 봉헌하면서, 주님 백성의 안녕을 위해 바치는 기도가 받아들여질 수 있는 사람"으로, 이러한 인물만이 sacerdos가 될 수 있다.53 여기서 '미사와 기도를 통해 사람들에게 하느님의 은총을 전하는 도구'라는 sacerdos의 정의가 나타난다. 달리 말하면, sacerdos는 단어의 첫 번째 의미상 '거룩한 것을 행할 권한을 갖고 있는 사람'이기에 성체성사를 봉헌할 수 있는 사람인 것이다.54 이러한 의미에서 sacerdos와 희생 제사를 봉헌하는 제단은 불가분의 관계에 있다고 할 수 있다. 그렇기에 치프리아누스는 다음과 같이 말한다. "하느님의 희생 제사를 매일 집전하는 사제인 우리는 제물과 희생물을 하느님께 준비합니다."55 또한 희생제물의 봉헌과 sacerdos를 밀접하게 연결하여56 다음과 같이 말한다. "따라서 제대와 희생제사에 봉사하는 사제들과 교역자들은 티 없고 흠잡을 데 없는 사람이어야 합니다. 왜냐하면 주님이신 하느님께서 레위기에서 다음과 같이 말씀하시기 때문입니다. '흠과 결점이 있는 사람은 자기 하느님에게 예물을 바치러 가까이 오지 못한다.' 그리고 탈출기에서도 동일한 것을 명하시면서 다음과 같이 말씀하십니다. '주님에게 가까이 오는 사제들도 자신을 성결하게 해야 한다. 그렇게 하지 않으면 주님이 그들을 내칠 것이다.' 그리고 계속해서 '그들이 예식을 거행하려고 거룩한 이의 제단에 다가갈 때, 죽지 않으려거든 자신들 안에 죄를 가지고 가지 말아야 한다.'"57

주교의 교도권과 통치권이 고유한 하나의 교좌(cathedra)를 통해 표현되듯, 희생 제사를 바치는 주교의 역할 역시 하나의 제단(altar)을 통해 나타난다. 이 점은, 251년 3월 합법적으로 로마의 주교로 선출된 코르넬리우스(Cornelius)를 거슬러 불법으로 주교가 된 노바티아누스(Novatianus)에[58] 대해 로마의 주교 스테파누스(Stephanus)에게 설명하는 언급하는 한 「서한」에서 잘 나타난다. 이에 따르면, "그는 부정한 제대를 세우고, 불의한 교좌를 자리 잡게 하고, 참된 주교를(verum sacerdotem) 거슬러 신성모독적인 희생 제사를 봉헌하고자 시도하였습니다."[59] 또한 251년 5월경에 저술한 「가톨릭교회 일치」(De ecclesia catholicae unitate)에서 다음과 같이 천명한다. "사제들과 경쟁하는 자들이 무슨 제사를 드릴 수 있다고 생각하겠습니까? 교회 공동체를 떠나 작당하기 위해 모여 있는데, 그리스도께서 그들과 함께 계시다고 생각할 수 있겠습니까?"[60] 또한 "그리스도의 사제들을 반대하고 그리스도의 교직자들과 백성의 공동체로부터 갈라진 자가 어떻게 그리스도와 함께 있는 자라고 생각할 수 있겠습니까? 그런 자는 교회를 거슬러 무장하고 하느님의 계획에 반대하는 자입니다. 그는 제단의 적이며, 그리스도의 제사를 거역하는 적대자이고, 신앙에 관해서는 배신자이고, 신심에 관해서는 독성자이고, 불순종하는 종이고, 무례한 자식이고, 원수처럼 되어 버린 형제이며, 주교들을 경멸하고 하느님의 사제들을 저버리면서 감히 다른 제단을 쌓고 당치도 않는 말로 다른 기도문을 만들어 내고 그릇된 제사로 주님의 참된 성체를 더럽히고 있습니다."[61]

sacerdos와 제단의 연결은 테르툴리아누스의 표현대로[62] '성부의 대사제'(summus Patris sacerdos)인 그리스도의 희생제사에 참여하는 것이다. 이 점을 치프리아누스는 다음과 같이 말한다. "왜냐하면 만약 우리 주님이시며 하느님이신 예수 그리스도 자신이 아버지 하느님의 대사제이시며 먼저 자기 자신을 성부께 희생 제물로 바치셨다면, 그리고 이것을 자신을 기억하면서 행하라고 명하셨다면, 마찬가지로 그리스도께서 하신 것을 모방하는 사제는 그리스도를 대리하여 참으로 이행한다. 그리고 그리스도 자신이 제물로 바치신 것을 보는 것처럼 그가 봉헌제사를 시작할 때, 교회 안에서 하느님 아버지께 참되고도 완전한 희생 제물을 봉헌하는 것이다."63 이러한 의미에서 계속해서 치프리아누스는 말한다. "이제 만약 우리가 하느님과 그리스도의 사제들(sacerdotes dei et Christi)이라면, 그분 자신이 복음에서 '나는 세상의 빛이다. 나를 따르는 이는 어둠 속을 걷지 않고 생명의 빛을 얻을 것이다.'라고 분명하게 말씀하실 때, 우리가 하느님과 그리스도 외에 그 누구를 따라야 하는지 나는 알지 못합니다. 따라서 우리가 어둠 속을 걷지 않기 위해, 우리는 그리스도를 따라야 하고 그분의 계명을 준수해야만 합니다. 왜냐하면 그분 자신이 다른 곳에서 사도들을 파견하시면서 '나는 하늘과 땅의 모든 권한을 받았다. 그러므로 너희는 가서 모든 민족들을 제자로 삼아, 아버지와 아들과 성령의 이름으로 세례를 주고, 내가 너희에게 명령한 모든 것을 가르쳐 지키게 하여라.'라고 말씀하셨기 때문입니다."64 여기서 sacerdos로서의 주교는 성체성사와 세례성사의 집전자이고, 자신의 교좌에서 그리스도의 계명을 준수하도록 가르치는 사람이라는 것이 분명하게 제시된다. 곧 주님의 성작 안에서 혼합하고 봉헌하면서 주님이 전해주신 진리를

보존하는 것이 사제 직무에 부합하는 것이다.65

이토록 verus sacerdos는 하나의 교좌와 하나의 제단을 소유한다는 특성을 지니고 있다. 여기에 치프리아누스는 '합법적 주교들 상호 간의 친교'라는 요소를 첨가한다. 카르타고의 주교에 따르면, 노바티아누스는 불의한 방법으로 주교가 됨으로써 형제적 사랑과 교회와의 일치를 깨뜨렸기에 그리스도의 교회 밖에 있는 비 그리스도인이라 할 수 있다.66 더욱이 어떤 이가, 비록 합법적으로 주교가 되었다 하더라도, 교회의 유대와 주교단에서 떨어져 나간다면, 주교직의 일치와 평화를 보존하려고 원치 않았기에 주교의 권한과 영예를 소유할 수 없다.67 그리고 바로 여기서 가톨릭교회의 일치가 합법적 주교들의 친교로 유지된다는 주제가 나온다. 치프리아누스에 따르면, "온 세상에 있는 많은 구성원들로 그리스도에 의해 나누어진 하나의 교회가 있듯, 많은 주교들이 화합하는 다수성(多數性)으로 널리 퍼져 있는 하나의 주교직이 존재한다. 하느님의 전통 뒤에, 어디든 연결되고 결합되어 있는 가톨릭교회의 일치 뒤에 그는 인간적 교회를 세우려 하고 다수의 도시들로 자신의 새 사도들을 보내어 자신이 최근에 세운 조직의 기초를 놓으려 한다. … 심지어 그는 그들(각 관구 및 도시에 있는 합법적 주교들) 위에 다른 거짓 주교들을(pseudoepiscopos) 감히 만들려고 한다."68 합법적 주교들의 친교는 그리스도가 베드로 위에 세우신 하나의 교좌 안에 모든 교좌의 합법적 주교들이 함께하고 있는 것이다. 곧 주교들의 일치는 베드로의 교좌이며 으뜸 교회인 로마교회에서 나오는 것이다.69 베드로의 교좌는 교회의 기원과 권위의 일치성을 드러내는 것으로, 이 권위는 합법적 주교들의 계승 안에서 이어지는 것이다.[70] 이 점을 치프리아누스는 다음과 같이 강조한다. "주님은 그분(베드로) 위에 교회를 세우셨고 그에게 양들을 맡기셨습니다. 모든 사도에게 동등한 권한을 주셨지만, 하나의 교좌를 세우셨으며, 당신 권위로 일치의 기원과 이치를 제정하셨습니다. 베드로 역시 다른 사도들과 같은 사도였지만 베드로에겐 수위권이 주어졌는데, 이것은 하나의 교회, 하나의 교좌가 드러나기 위함입니다. 사도가 모두 목자이지만 한마음으로 사목하기 위해 그 양떼는 하나입니다. 베드로를 향한 이 일치를 견지하지 않은 자가 어떻게 신앙을 보존하고 있다고 믿을 수 있겠습니까? 교회가 베드로의 교좌 위에 세워져 있는데, 그 교좌로부터 떠나 있는 자가 어떻게 교회 안에 있다고 생각할 수 있겠습니까?"[71]

'하나의 교좌'와 '하나의 제단' 그리고 '합법적 주교들 상호 간의 친교' 등 verus sacerdos의 세 조건은 왜 치프리아누스가 주교에게만 sacerdos라는 용어를 사용하였는지 분명하게 제시한다. 앞에서 카르타고 교회의 교계제도에서 나타나듯, 치프리아누스는 신부에게 presbyter라는 단어를 사용한다. 물론 치프리아누스가 박해를 피해 카르타고를 떠나 있을 때, 신부들이 감옥에 있는 증거자들을 위해 미사를 집전하거나,[72] 죽을 위험에 있는 참회자들의 죄를 사해주기도 하였다.[73] 또한 그는 한 「서한」에서 성직자는 유언을 통해 법정후견인(tutor) 또는 재산관리인(curator)으로 임명되는 것을 금지한 공의회 규정을 설명하면서 신부의 역할에 대해 다음과 같이 말한다. "거룩한 사제직의 명예를 받아 성직자의 직무에 놓인 각 사람은 제대와 희생제사에 전념하고 기도와 탄원에 힘써야만 합니다."[74] 하지만 이러한 신부의 사제직은, 신부가 사제직의 영예로써 주교와 결합되었다는 사실에서 나오는 것임을 치프리아누스는 강조한다.75 이러한 의미에서 볼 때, 비록 치프리아누스가 신부에게 자신이 부재중에 성체성사를 거행하고 죽을 위험에 있는 참회자들의 죄를 용서해주도록 하였지만, 이것은 일시적인 특사의 형식이지 결코 고유한 '사제적 권한'(sacerdotalis potestas)은 아니었던 것이다.76 왜냐하면 부제들 역시, 치프리아누스의 허락 아래 성체를 분배하고,77 필요한 경우에는 참회자들의 죄를 사해주었기 때문이다.78

치프리아누스의 sacerdos 개념의 원천

공동체의 지도자요 성체성사의 집전자로서 그리스도를 대리하는 치프리아누스의 sacerdos의 개념은 어디에서 온 것인가? 모리스 베브노(Maurice Bévenot)는 무엇보다 치프리아누스가 늘 자신의 스승이라고 칭하는 테르툴리아누스를 언급한다.79 우리는 이미 테르툴리아누스의 표현인 '성부의 대사제'(summus Patris sacerdos)가 치프리아누스에게서 나타나는 것을 살펴보았다. 하지만 무엇보다 치프리아누스에 대한 테르툴리아누스의 영향은 그리스도교 공동체의 조직에서 나타난다.80 이에 따르면, 주교는 대사제(summus sacerdos)로서 신자들을 가르치고 통치하며, 세례와 견진 그리고 참회와 성체성사의 통상적 집전자이다.81 또한 특별한 경우 주교는 공동체에 단식을 명하기도 하였다.82 주교가 부재중일 때, 동일한 사제직에 참여하는 신부

(presbyter)가 신자들의 집회를 주재하면서 성체를 분배하였다. 교계제도에서 세 번째 품계로 나타나는 부제는 주교와 신부와 함께 가르치는 역할을 수행하였다.[83] 여기서 특기할 것은 신부가 사제직에 참여하지만 그에게 sacerdos라는 용어가 적용되고 있지 않다는 것이다.[84] 또한 제도 교회에서 죄를 사해주는 역할이 sacerdos에게 적용되고 있다는 것이다.[85] 더욱이 테르툴리아누스는 그리스도 신자들의 보편 사제직을 주장한다. "씻고 난 후에 우리는 고대의 관습에 따라 축복된 기름으로 도유됩니다. 아론이 모세에 의해 기름부음을 받은 이후, 뿔에서 기름을 부어 사제직에로 올리는 관습을 갖게 되었습니다. 그리스도(christus)라는 이름이 도유를 의미하며 주님께 이름으로서도 적합한 크리스마(chrisma)에서 나온 것입니다."[86]

하지만 테르툴리아누스는 몬타누스주의에 빠지면서 교계제도와 사제직에 대해 다른 입장을 취하게 된다. 무엇보다 신자들의 집단을 순수하고 배타적인 영적 그룹으로, 또한 성령의 교회와 주교들의 교회를 완전히 반대되는 개념으로 이해한다.[87] 「수치론」에 따르면, "실제로 교회는 성령으로, 그 안에 유일한 신성의 삼위일체이신 성부와 성자와 성령이 머무신다. 성령은 주님께서 세 위격 안에 있도록 만드신 이 교회를 조직한다. 따라서 이제부터 이 신앙 안에 함께 모인 모든 숫자는 창조주와 성화자의 눈에 하나의 교회를 형성한다. 그리고 교회가 죄를 사해주는 것은 분명하지만, 영적 인간의 중재를 통한 성령의 교회가 하는 것이지 주교들의 모임인 교회가 하는 것이 아니다."[88] 더욱이 그는 교역자들의 교회를 비판하면서 다음과 같이 외친다. "평신도들인 우리가 사제가 아닙니까? '그분은 우리를 하느님과 당신의 아버지를 위해 왕과 사제로 만드셨습니다.'라고 기록되어 있습니다. 교회의 권위와 품계의 동석을 통해 거룩하게 된 영예가 품계와 백성 사이의 구분을 만들었습니다. 따라서 교회의 품계가 동석하지 않는 곳에서, 당신은 희생 제사를 봉헌하고 세례를 베풀며 당신 홀로 사제입니다. 그러나 비록 평신도일지라도 세 명이 있는 곳에, 교회가 존재합니다."[89] 또한 그는 마태 16, 18-19를 베드로가 엄밀히 말해 개인적으로 하늘나라의 열쇠를 받은 것이지, 교회나 그의 후계자들에게 계속해서 전해지는 것은 아니라고 본다.[90] 물론 몬타누스주의 시기의 저술에서 로마의 주교에게 '대사제'(pontifex maximus), '주교들 중의 주교'(episcopus episcoporum),[91] '복된 아버지'(benedictus papa)[92] 등 이전 작품에서 나타나지 않는 화려한 칭호를 사용하고 있지만, 이는 그에게 모욕감을 주기 위한 것이었다. 이토록 교계제도에 대한 비판적 입장에서 테르툴리아누스는 그리스도인의 보편사제직을 더욱 강조한다. "더욱이 성부의 위대한 대사제이신 예수께서는 우리를 자신의 옷으로 입혀주셨습니다. 왜냐하면 요한에 따르면, 그리스도 안에서 세례를 받은 이들은 그리스도를 옷 입듯이 입었고 자신의 아버지이신 하느님께 사제로 만드셨기 때문입니다. 아버지의 장례 때문에 급히 서두르는 젊은이를 그분께서 부르신 것은 우리가 그분 자신에 의해 사제들로 불린다는 점을 드러내기 위한 것입니다. 율법은 친척의 장례에 참여하는 것을 금하면서 이렇게 말합니다. '사제는 어떤 주검에도 다가가서는 안 된다. 자기 아버지나 어머니 때문이라도 자신을 부정하게 만들어서는 안 된다.'"[93]

이러한 테르툴리아누스의 입장은 치프리아누스의 sacerdos 개념에 대하여 제한적 영향력만을 행사하였음을 보여준다.[94] 달리 말하면, 치프리아누스는 신부를 presbyter로 표현하면서 여러 성사의 공식 집전자인 주교에게만 sacerdos라는 용어를 적용한 것을 따르고 있는 것이다. 더욱이 치프리아누스는 테르툴리아누스가 몬타누스주의에 빠지면서 보다 강하게 주장한 그리스도인의 보편사제직을 받아들이지 않는다. 이러한 의미에서 볼 때, 우리는 치프리아누스의 또 다른 원천으로 236년에 사망한 히폴리투스(Hippolytus)의 저서라고 알려져 있는 「사도 전승」(Traditio apostolica)을 생각한다. 왜냐하면 이 작품이 3세기 초까지 거슬러 올라가는 보편교회를 위한 가장 오래된 전례 문헌집이기 때문이다.[95] 또한 아프리카 교회가 교계제도와 교회의 가르침 등에 있어 로마 교회에 종속적이었음을 전제한다면,[96] 「사도 전승」이 치프리아누스에게 영향을 미쳤을 가능성도 배제할 수 없기 때문이다.

무엇보다 「사도 전승」의 주교서품 기도문은 주교에게 '지도의 영'(principalis spiritus, pneuma hegemonikon)과 '대사제의 영'(spiritus primatus sacerdotii, pneuma archieratikon)이 내리기를 기원한다. 이 두 영의 능력은 주교의 역할을 보여준다. 하느님은 '지도의 영'을 예수 그리스도에게 주었고, 그는 사도들에게 이를 주어 그들로 하여금 곳곳에 교회를 세우게 하였다고 기도문은 말하면서, 새로운 주교가 그 영의 능력을 통해 양떼를 보살피는 역할을 수행하도록 기원한다. 또한 '대사제의 영'을 통해 주교는 책잡힐 데 없는 사제직의 으뜸(primatus sacerdotii)임을 드러내면서, 밤낮으로 하느님을 섬겨 끊임없이 하느님 얼굴의 노여움을 풀어 드리고, 거룩한 교회의 제물을 바치며, 하느님의 계명에 따라 죄를 사하는 권한을 갖게 되고, 여러 직무들을 나누어 주며, 사도들에게 준 권한에 따라 온갖 속박을 풀어 주는 역할을 수행한다.[97] 그리고 바로 여기서 episcopus가 공동체의 지도자이면서 동시에 sacerdos라는 사실이 나타난다.

신부(presbyter)에 대해 「사도 전승」은 '은총과 의견의 영'(spiritus gratiae et consilii)을 받길 청하면서, 민수 11, 16-25에 나오는 모세의 70명의 원로들에 기원을 두고 있음을 밝힌다.[98] 이는, 하느님 백성의 으뜸인 주교를 도와주는 협조자란 뜻이 내포되어 있는 것이다.[99] 하지만 「사도 전승」은 신부가 사제권을 갖고 있는지에 대해 분명하게 언급하지 않는다. 단지 "봉사자들이 예물을 그에게 갖다 바치면, 그는 모든 장로들과 함께 그것에 손을 얹고 감사의 기도를 바칠 것이다."라고 성찬의 전례에서 주교와 공동 집전을 하는 신부의 역할에 대해 말한다.[100] 더욱이 부제에 대해 "그는 사제직에 서품되는 것이 아니라 감독자로부터 명령받은 것을 이행하며 감독자에게 봉사하기 위해 서품된다. 사실 그는 성직자단의 모임에 참석하지 못하고, 다만 관리하고 필요한 것을 감독자에게 알려 주어야 한다. 그는 장로들이 지니고 있는 장로로서의 공동 영을 받지 못하고 다만 감독자의 권한 하에서 맡겨진 것만 받는다."고 「사도 전승」은 규정한다.[101] 결국 이러한 사항은 우리로 하여금, 신부가 독자적으로 사제직을 수행하기보다 대사제인 주교의 사제직에 참여하는 것임을 제시한다. 그렇기에 주교에 대해 「사도 전승」은 사제들의 으뜸(princeps sacerdotum) 혹은 대사제(summus sacerdos) 또는 사제직의 으뜸(primatus sacerdotii) 등의 표현을 부여한 반면, 신부에게는 sacerdos라는 말을 사용하고 있

지 않은 것이라 할 수 있다.[102]

결론

교계조직으로 이루어진 교회 안에서 치프리아누스는 우리에게 다양한 품계를 제시한다. 분명 한 사람을 성직자의 품계에 임명하는 것은 하느님의 신비로운 계획이다. 이를 통해 그리스도교 공동체가 형성되고 유지되기 때문이다.

이러한 측면에서 치프리아누스는 공동체의 책임자인 주교에게 집중한다. 교회는 주교들 위에 세워지며, 교회의 모든 행위는 이 동일한 공동체 지도자들을 통해 통치되기 때문이다. 그렇기에 가르타고의 주교는 지도자(praepositus)·목자(pastor)·통치자(gubernator)·제사장(antistes)·사제(sacerdos)·통솔자(rector)와 같은 다양한 칭호를 통해 주교(episcopus)의 역할을 제시한다. 그리고 이 명칭 중에 sacerdos는 무엇보다 주교의 전례적 역할을 드러낸다. sacerdos와 희생 제사를 봉헌하는 제단은 긴밀한 관계를 갖고 있기에, 치프리아누스는 하나의 제단을 강조한다. 더 나아가 자신의 교좌(cathedra)에서 그리스도의 계명을 준수하도록 가르치는 역할까지 sacerdos는 갖게 된다. 또한 치프리아누스는 sacerdos에 합법적인 주교들 상호 간의 친교라는 측면까지 고려한다. 그렇기에 그는 sacerdos라는 용어를 신부에게 적용할 수 없었던 것이다. 그리하여 presbyter이라는 단어를 신부를 가리키는 용어로 제시하면서, 신부의 사제직은 사제직의 영예로써 주교와 결합되었다는 것에서 나온다는 점을 강조한 것이다.

더불어 이러한 치프리아누스의 사상은, 비록 제한적이긴 하지만 테르툴리아누스의 영향을 받은 것이라 할 수 있다. 또한 우리는 히폴리투스의 「사도 전승」의 영향에 대해서도 가능성을 본다. 왜냐하면 둘 다 주교를 대사제(summus sacerdos)로 칭하면서 공동체 지도자이며 동시에 전례의 통상적 집전자로 제시하고 있기 때문이다. 또한 둘 다 신부는 독자적으로 사제직을 수행하는 것이 아니라 주교의 사제직에 참여하는 것임을 강조하기 때문이다.

따라서 우리는 다음과 같이 말할 수 있다. 우선 치프리아누스는 오직 주교에게만 사제직을 집중함으로써 sacerdos라는 용어에 대해 제한적 사용을 하고 있다. 또한 그는 verus sacerdos가 하나의 제단과 하나의 교좌 그리고 합법적 주교들의 친교라는 세 가지 특성을 갖고 있음을 제시함으로써, sacerdos라는 명칭을 통해 episcopus의 역할을 공동체의 지도자요 따라서 성찬의 주례자로서 그리스도를 대리하는 사람으로 동시에 제시한다.

| 주 |

1   참조: Schrenk, "i'ereuj", in G. Kittel(ed. by), *Theological Dictionary of the New Testament*, Vol. III, Grand Rapids: Eerdmans Publishing Company, 1984(reprinted), 263-265.
2   참조: P.-M. Gy, "Remarques sur le vocabulaire antique du sacerdoce chrétien", in AA.VV., *Études sur le sacrement de l'ordre*, Paris: Les Éditions du Cerf, 1957, 138-145; Y. Congar, *Jalons pour une théologie du laïcat*, Paris: Les Éditions du Cerf, 19542, 190-191.
3   카르타고 교회의 주교 명단 및 고고학적 유적 등에 대해 참조: J. Mesnage, *L'Afrique chrétienne. Évêchés & ruines antiques d'après les manuscrits de Mgr Toulotte et les découvertes archéologiques les plus récentes*, Paris: Éditeur Ernest Leroux, 1912, 1-19.
4   참조: 서경돈, "사제직", 한국가톨릭대사전, 6, 분도출판사, 2004(2판 2쇄), 4018-4022.
5   제2차 바티칸 공의회, 「교회에 관한 교의 헌장」 10항.
6   같은 책, 20항.
7   임병헌, "교계제도", 한국가톨릭대사전, 1, 분도출판사, 2003(2판 3쇄), 567.
8   제2차 바티칸 공의회, 「교회에 관한 교의 헌장」 19-20항.
9   참조: 정하권, 교회론, II, 분도출판사, 2005(5쇄), 56-57.
10 「가톨릭교회일치」(De ecclesia catholicae unitate) 17; 18. 참조: A. D'Alès, *La théologie de saint Cyprien*, Paris: Gabriel Beauchesne, 1922, 305.
11 참조: E. 스힐레벡스, 교회직무론, 정한교 옮김, 분도출판사, 1985, 89-90.
12 참조: P.-M. Gy, "Remarques sur le vocabulaire antique du sacerdoce chrétien", 126-129.
13 E. 스힐레벡스, 교회직무론, 89.
14 「서한」 38, 1, 1. 참조: P. Van Beneden, *Aux origines d'une terminologie sacramentelle ordo, ordinare, ordinatio dans la littérature chrétienne avant 313*, Louvain: Spicilegium sacrum lovaniense, 1974, 117-125.
15 같은 책, 55, 8, 5. 참조: P. Van Beneden, *Aux origines d'une terminologie sacramentelle ordo, ordinare, ordinatio dans la littérature chrétienne avant 313*, 125-130.
16 같은 책, 72, 2, 1. 테르툴리아누스는 「이단자 규정론」(De praescriptione haereticorum) 41에서 다양한 품계가 수여되는 예식을 ordinatio라고 부른다. 반면, 치프리아누스는 베이아르와 설리반이 지적하듯, 전례 예식보다 직무에 임명한다는 의미에서 ordinatio라는 단어를 사용한다: L. Bayard, *Le latin de saint Cyprien*, Paris: Librairie Hachette et Cie, 1902, 180; F.A. Sulivan, *From Apostles to Bishops. The Development of the Episcopacy in the Early Church*, New York, Mahwah: The Newman Press, 2001, 203.
17 같은 책, 69, 11, 2-3.

18 참조: V. Monachino, *La cura pastorale a Milano Cartagine e Roma nel secolo IV*, Roma: Pontificia Università Gregoriana, 1947, 154-159; L. Bayard, *Le latin de saint Cyprien*, 179-180.

19 테르툴리아누스, 「이단자 규정론」 41. 뒤셴(Duchesne)은, 일련자의 독서자들의 비문이 2세기부터, 곧 그들을 처음으로 언급한 테르툴리아누스보다 아마도 선행하는 기념물로써 시작한다고 지적한다: L. Duchesne, *Origines du culte chrétien. Études sur la liturgie latine avant Charlemagne*, Paris: E. De Boccard, 1925, 366.

20 강론대(pulpitum)는 회중들로 하여금 독서자를 볼 수 있도록 하는 역할을 하였는데, 치프리아누스의 작품 안에서 '제대'(altar)외에 언급되고 있는 유일한 성당 가구이다. 이에 대해 참조: V. Saxer, *Vie liturgique et quotidienne à Carthage vers le milieu du troisième siècle*, Città del Vaticano: Pontificio Istituto di archeologia cristiana, 1969, 63.

21 빈첸쪼 모나키노에 의하면, 아프리카에서는 독서자가 복음도 읽었다. 그리고 이 관습은 4세기 서방의 다른 교회에서 미사 중의 복음 낭독이 부제에게 유보되었을 때도 유지되었다: V. Monachino, *La cura pastorale a Milano Cartagine e Roma nel secolo IV*, 155.

22 「서한」 38, 2, 1; 39, 4, 1. 이 두 「서한」은 아우렐리우스(Aurelius)와 첼레리누스(Celerinus) 라는 두 독서자에 대해 언급한다. 또한 「서한」 29는 사투루스(Saturus)와 최근에 차부제가 된 옵타누스(Optatus)라는 두 명의 또 다른 독서자를 언급하면서, 성직자의 대열에 공식적으로 들어가기 전에 주교가 그들에게 독서자의 역할을 부여하면서 검증하였다는 것을 알려준다.

23 A. D'Alès, *La théologie de saint Cyprien*, 318.

24 「서한」 23. "Praesente de clero et exorcista et lectore Lucianus scripsit". 참조: 「서한」 75, 10, 4. "unus de exorcistis". 특별한 언급이 없는 한, 직접적 인용은 필자가 번역한 것이다.

25 같은 책. 69, 15, 2. "per exorcista voce humana et potestate divina flagelletur et uratur et torqueatur diabolus".

26 「도나투스에게」(Ad Donatum) 5. "inmundos et erraticos spiritus, qui se expugnandis hominibus inmerserint, ad confessionem minis increpantibus cogere, ut recedant duris verberibus urguere, conflictantes, heiulantes, gementes incremento poenae propagantis extendere, flagris caedere, igne torrere". 한글 번역은 이형우의 것을 인용한다.(치쁘리아누스, 도나투스에게, 가톨릭 교회 일치, 주의 기도문, 이형우 옮김, 분도출판사, 1987) 같은 내용이 「데메트리아누스에게」(Ad Demetrianum) 15에서도 나타난다. "quando a nobis adiurantur, torquentur spiritalibus flagris et verborum tormentis de obsessis corporibus eiciuntur, quando heiulantes et gementes voce humana et potestate divina flagella et verba sentientes". 여기서 치프리아누스가 세례성사전 구마예식을 염두에 두고 있는 것인지 분명하게 결론내릴 수 없다. 이에 대해 참조: G.W. Clarke(translated and annotated by), *The Letters of St. Cyprian of Carthage*, Vol. 4, *Ancient Christian Writers*, No. 47, New York, Mahwah: Newman Press, 1989, 189, n. 54.

27 이러한 이유에서 클라크는 시종의 역할을 일종의 교회 연락병(orderlies)으로 생각한다: G.W. Clarke(translated and annotated by), *The Letters of St.*

Cyprian of Carthage, Vol. 1, *Ancient Christian Writers*, No. 43, New York, Ramsey: Newman Press, 1984, 202, n. 13.

28 「서한」에서 언급되는 시종들은 다음과 같다. 나리쿠스(Naricus, 서한 7, 2), 니체포루스(Nicephorus, 서한 45, 4, 3), 펠리치아누스(Felicianus, 서한 59, 9, 4-10, 1), 파보리누스(Favorinus, 서한 34, 4, 1), 「서한」 77, 3, 2; 78, 1, 1; 79, 1에 나타나는 루카누스(Lucanus)와 막시무스(Maximus) 그리고 아만티우스(Amantius) 등이다. 달레는 펠리치아누스가 아프리카에 온 페르세우스(Perseus)라는 주교를 동반한 로마교회의 시종이라 생각한다: A. D'Alès, *La théologie de saint Cyprien*, 317, n. 7.

29 「서한」은 다음의 차부제들을 언급한다. 크레멘티우스(Crementius, 서한 20, 3, 2), 「서한」 34, 4, 1에 나타나는 필루메누스(Philumenus)와 포르투나투스(Fortunatus), 메티우스(Mettius, 서한 45, 4, 3), 「서한」 77, 3, 2; 78, 1, 1; 79, 1에 나타나는 헤렌니아누스(Herennianus) 등이다.

30 「서한」 8, 1, 1. 하지만 로마교회가 치프리아누스에게 보낸 「서한」 36, 1, 1은 'hypodiaconus'라는 표현을 사용한다.

31 'hypodiaconus'는 그리스어 'u'podia,konoj'에서 온 것으로 치프리아누스 외에 히에로니무스의 「서한」 102, 1과 「테오도시우스 법전」(Codex Theodosianus) 16, 2, 7에 나타난다: A. Blaise, "subdiaconus", Dictionnaire Latin-Français des auteurs chrétiens, Revu spécialement pour le vocabulaire théologique par Henri Chirat, Brepols, 1993, 398.

32 「서한」 3,3,1. "Meminisse autem diaconi debent quoniam apostolos id est episcopos et praepositos Dominus elegit, diaconos autem post ascensum Domini in caelos apostoli sibi constituerunt episcopatus sui et ecclesiae ministros".

33 같은 책. 5, 2, 2.

34 「배교자들에 관하여」(De lapsis), 25.

35 「서한」 18, 1, 2.

36 참조: A. D'Alès, *La théologie de saint Cyprien*, 315; V. Monachino, *La cura pastorale a Milano Cartagine e Roma nel secolo IV*, 157.

37 「서한」 5, 2, 2.

38 같은 책. 18, 1, 2.

39 같은 책. 33, 1, 1. "ecclesia super episcopos constituatur et omnis actus ecclesiae per eosdem praepositos gubernetur".

40 같은 책. 66, 5, 1-2. "Quis enim hic est superbiae tumor, quae adrogantia animi, quae mentis inflatio, ad cognitionem suam praepositos et sacerdotes vocare ac nisi apud te purgati fuerimus et sententia tua absoluti, ecce iam sex annis nec fraternitas habuerit episcopum nec plebs praepositum nec grex pastorem nec ecclesia gubernatorem nec Christus antistitem nec deus sacerdotem … deus et Christus eius agere tibi gratias possint quod per te sit antistes et rector altari eorum pariter et plebi restitutus". 참조: L. Bayard, *Le latin de saint Cyprien*, 179.

41 시몬 델레아니는 episcopus와 praepositus의 두 역할이 결합되어 있지만, 공동체 모든 구성원들 위에 있는 사람으로 고양시키는 것은 episcopus라는 호칭이라

고 본다: S. Deléani(Introduction, texte, traduction et commentaire par), *Saint Cyprien Lettres 1-20*, Paris: Institut d'Études Augustiniennes, 2007, 67.

42 치프리아누스가 258년 9월 14일 카르타고에서 얼마 떨어져 있지 않은 빌라 섹스티(Villa Sexti)에서 순교한 직후에 그의 제자였던 폰티우스(Pontius) 부제가 저술한 「치프리아누스의 생애」(Vita Cypriani) 9, 5와 11, 8은 치프리아누스에게 'pontifex'라는 칭호를 부여한다. 달레는, 테르툴리아누스가 모욕처럼 로마 주교에게 사용한 이 명칭이 3세기 중반까지 이교사상의 냄새를 갖고 있던 것으로 보인다고 지적한다: A. D'Alès, *La théologie de saint Cyprien*, 310.

43 G.W. Clarke(translated and annotated by), *The Letters of St. Cyprian of Carthage*, Vol. 3, Ancient Christian Writers, No. 46, New York, Mahwah: Newman Press, 1986, 330, n. 20.

44 뒤리(Durry)는 praepositus가 '수장', '지휘관'을 의미하는 군대 용어에서 온 것이라 주장한다: M. Durry, "Vocabulaire militaire: Praepositus", in AA.VV., *Mélanges de Philologie, de Littérature et d'Histoire anicennes offerts à Alfred Ernout*, Paris: C. Klincksieck, 1940, 229-233. 재인용: Y. Congar, "Quelques expressions traditionnelles du service chrétien", in Y. Congar et B.-D. Dupuy(sous la diretion de), *L'Épiscopat et L'Église universelle*, Paris: Les Éditions du Cerf, 1962, 124.

45 F.A. Sulivan, From Apostles to Bishops. The Development of the Episcopacy in the Early Church, 203.

46 「서한」 73, 22, 3. "Quapropter qui fidei et veritati praesumus, eos qui ad fidem et veritatem veniunt et agentes paenitentiam remitti sibi peccata deposcunt, decipere non debemus et fallere, sed correctos a nobis ac reformatos ad regnum caelorum disciplinis caelestibus erudire". 여기서 '통치하다.'라는 뜻의 'praeesse'는 특별히 아우구스티누스에게서 '남에게 유익이 되다'라는 뜻의 'prodesse'와 결합되어 주교가 지녀야할 기본 덕목으로 제시된다.(「신국론」19, 19) 또한 「베네딕투스의 수도규칙」(Regula Benedicti) 64, 8도 "남을 지배하기보다는 유익이 되어 주어야 한다는 사실을 알아야 한다."고 적고 있다. 이에 대해 참조: Y. Congar, "Quelques expressions traditionnelles du service chrétien", 101-105.

47 같은 책. 66, 8, 3. "ecclesia, plebs sacerdoti adunata et pastori suo grex adhaerens".

48 같은 책. 3, 1, 1. 교좌 혹은 주교좌를 의미하는 cathedra가 치프리아누스 안에서 종종 환유(換喩, metonymy)로써 주교직(epicopatus)를 가리키기 위해 사용된다. 이에 대해 참조: L. Bayard, *Le latin de saint Cyprien*, 179.

49 같은 책. 59, 5, 1.

50 같은 책. 66, 5, 2. "Subveniat Puppianus et sententiam dicat et iudicium dei et Christi in acceptum referat, ne tantus fidelium numerus qui sub nobis arcessitus est sine spe salutis et pacis exisse videatur, ne novus credentium populus nullam per nos consecutus esse baptismi et spiritus sancti gratiam iudicetur, ne tot lapsis et paenitentibus pax data et communicatio nostra examinatione concessa iudicii tui auctoritate solvatur". 그리스도교 입문성사에서의 주교의 특별한 역할에 대해 치프리아누스

는 사도행전 8,4-17에 나오는 사마리아인들에게 복음이 전파된 이야기, 특별히 필리포스로부터 세례를 받은 사마리아인들에게 베드로와 요한이 안수하자 성령이 내렸다는 것을 기초로 하여 「서한」, 73, 9, 2에서 다음과 같이 설명한다. "이와 같은 관습을 오늘날 우리 자신들도 지킵니다. 교회에서 세례 받은 이들은 교회의 지도자들에게(praepositis) 나아갑니다. 그리고 우리의 기도와 안수를 통해 그들은 성령을 받아 주님의 봉인으로써 완결됩니다."

51 같은 책. 7, 2. "Viduarum et infirmorum et omnium pauperum curam peto diligenter habeatis. Sed et peregrinis si qui indigentes fuerint sumptus suggeratis de quantitate mea propria quam apud Rogatianum conpresbyterum nostrum dimisi. Quae quantitas ne forte iam universa erogata sit, misi eidem per Naricum acoluthum aliam portionem, ut largius et promptius circa laborantes fiat operatio". 클라크는 "도움을 필요로 하는 이방인들"(peregrinis si qui indigentes fuerint)이라는 표현이 그리스도인들 사이에서 데치우스 황제의 박해를 피해 감행한 피난 운동에 대한 고려할 만한 증거이지만, 여기서 peregrini가 그러한 도망자인지 확인할 수 없다고 본다: G.W. Clarke(translated and annotated by), *The Letters of St. Cyprian of Carthage*, Vol. 1, 201, n. 10.

52 V. Saxer, *Vie liturgique et quotidienne à Carthage vers le milieu du troisième siècle*, 84-85. antistes는 이미 그리스도교 용어로 자리한 것으로 테르툴리아누스에게서도 많이 나타난다. 이에 대해 참조: G.W. Clarke(translated and annotated by), *The Letters of St. Cyprian of Carthage*, Vol. 1, 325, n. 24.

53 「서한」 67, 2, 2. "in ordinationibus sacerdotum non nisi inmaculatos et integros antistites eligere debemus, qui sancte et digne sacrificia deo offerentes audiri in precibus possint quas faciunt pro plebis dominicae incolumitate".

54 S. Deléani(Introduction, texte, traduction et commentaire par), *Saint Cyprien Lettres 1-20*, 68.

55 「서한」 57, 3, 2. "sacerdotes qui sacrificia dei cotidie celebramus hostias deo et victimas praeparemus".

56 P.-M. Gy, "Remarques sur le vocabulaire antique du sacerdoce chrétien", 141-142.

57 「서한」 72, 2, 2. "Oportet enim sacerdotes et ministros qui altari et sacrificiis deserviunt integros atque inmaculos esse, cum dominus deus in Levitico loquatur et dicat: homo in quo fuerit macula et vitium non accedet offerre dona deo, item, in Exodo haec eadem praecipiat et dicat: et sacerdotes qui accedunt ad dominum deum sanctificentur, ne forte derelinquat illos dominus, et iterum: et cum accedunt ministrare ad altare sancti, non adducent in se delictum ne moriantur".

58 같은 책. 44, 1, 1.

59 같은 책. 68, 2, 1. "profanum altare erigere et adulteram cathedram conlocare et sacrilega contra verum sacerdotem sacrificia offerre temptaverit". 'adulter'가 일반적으로 간음을 의미하지만, 여기서 치프리아누스는 'adulter'의 윤리적 의미를 드러내고 있다: G.W. Clarke(translated and

annotated by), *The Letters of St. Cyprian of Carthage*, Vol. 2, Ancient Christian Writers, No. 44, New York, Ramsey: Newman Press, 1984, 236, n.7.
60 「가톨릭교회 일치」 13. "Quae sacrificia celebrare se credunt aemuli sacerdotum? Secum esse Christum, cum collecti fuerint, opinantur qui extra Christi ecclesiam colliguntur?".
61 같은 책. 17. "An esse sibi cum Christo videtur qui adversum sacerdotes Christi facit, qui se a cleri eius et plebis societate secernit? Arma ille contra ecclesiam portat, contra Dei dispositionem repugnat. Hostis altaris, adversus sacrificium Christi rebellis,pro fide perfidus, pro religione sacrilegus, inobsequens servus, filius impius, frater inimicus, contemptis episcopis et Dei sacerdotibus derelictis constituere audet aliud altare, precem alteram inlicitis vocibus facere, dominicae hostiae veritatem per falsa sacrificia profanare".
62 테르툴리아누스, 「수치론」(De pudicitia) 20, 10; 「마르키온 논박」(Adversus Marcionem) 4, 9, 9.
63 「서한」 63, 14, 4. "Nam si Iesus Christus dominus et deus noster ipse est summus sacerdos dei patris et sacrificium patri se ipsum primus optulit et hoc fieri in sui commemoratione praecepit, utique ille sacerdos vice Christi vere fungitur qui id quod Christus fecit imitatur et sacrificium verum et plenum tunc offert in ecclesia deo patri, si sic incipiat offerre secundum quod ipsum Christum videat optulisse".
64 같은 책. 63, 18, 3. "Nam si sacerdotes dei et Christi sumus, non invenio quem magis sequi quam deum et Christum debeamus, quando ipse in evangelio maxime dicat: ego sum lumen saeculi. Qui me secutus fuerit, non ambulabit in tenebris, sed habebit lumen vitae. Ne ergo in tenebris ambulemus, Christum sequi et praecepta eius observare debeamus, quia et ipse alio in loco mittens apostolos dixit: data est mihi omnis potestas in caelo et in terra. Ite ergo et docete gentes omnes tinguentes eos in nomine patris et filii et spiritus sancti, docentes eos observare omnia quaecumque praecepi vobis".
65 같은 책. 63, 19. " … congruit … officio sacerdotii nostri … ,in dominico calice miscendo et offerendo custodire traditionis dominicae veritatem".
66 같은 책. 55, 24, 1. "Christianus non est qui in Christi ecclesia non est … qui nec fraternam caritatem nec ecclesiasticam unitatem tenuit".
67 같은 책. 55, 24, 4. "etiam si episcopus prius factus a coepiscoporum suorum corpore … se ab ecclesiae vinculo atque a sacerdotum collegio separat, episcopi nec potestatem potest habere nec honorem qui episcopatus nec unitatem voluit tenere nec pacem".
68 같은 책. 55, 24, 2. "Cum sit a Christo una ecclesia per totum mundum in multa membra divisa, item episcopatus unus episcoporum multorum concordi numerositate diffusus, ille post dei traditionem, post conexam et ubique coniunctam catholicae ecclesiae unitatem humanam conetur ecclesiam facere et per plurimas civitates novos apostolos suos mittat,

ut quaedam recentia institutionis suae fundamenta constituat … ille super eos creare alios pseudoepiscopos audeat".
69　같은 책. 59, 14, 1. "ad Petri cathedram atque ad ecclesiam principalem unde unitas ascerdotalis exorta".
70　M. Bévenot(translated and annotated by), *St. Cyprian. The Lapsed, The Unity of the Catholic Church, Ancient Christian Writers*, No. 25, New York, Ramsey: Newman Press, 1956, 104, n.30.
71　「가톨릭교회 일치」 4. "Super illum aedificat ecclesiam et illi pascendas oves mandat et, quamvis apostolis omnibus parem tribuat potestatem, unam tamen cathedram constituit et unitatis originem adque rationem sua auctoritate disposuit. Hoc erant utique et ceteri quod fuit Petrus, sed primatus Petro datur et una ecclesia et cathedra una monstratur; et pastores sunt omnes, sed grex unus ostenditur qui ab apostolis omnibus unianimi consensione pascatur. Hanc Petri unitatem qui non tenet, tenere se fidem credit? Qui cathedram Petri, super quem fundata ecclesia est, deserit, in ecclesia se esse confidit?". 이형우의 한글 번역을 따른 이 부분은 「가톨릭교회 일치」 4장의 두 가지 사본 중 '수위권 사본'에서 인용한 것이다. '공인 사본'과 '수위권 사본'의 문제에 대해 참조: 치쁘리아누스, 도나투스에게, 가톨릭 교회 일치, 주의 기도문, 23-26.
72　「서한」 5, 2, 2. 설리반은 치프리아누스가 카르타고를 떠나 있을 때, 신부들이 성체성사를 거행한 것은 분명하지만, 그가 카르타고에 있을 때도 신부들이 미사를 집전했는지 그의 서한들이 분명하게 밝히고 있지 않다고 지적한다: F.A. Sulivan, *From Apostles to Bishops. The Development of the Episcopacy in the Early Church*, 206.
73　같은 책. 18, 1, 2.
74　같은 책. 1, 1, 1. "singuli divino sacerdotio honorati et in clerico ministerio constituti non nisi altari et sacrificiis deservire et precibus atque orationibus vacare debeant".
75　같은 책. 61, 3, 1. "cum episcopo presbyteri sacerdotali honore coniuncti".
76　M. Bévenot, "'sacerdos' as understood by Cyprian", *Journal of theological studies* 30(1979), 423.
77　「배교자들에 관하여」 25.
78　「서한」 18, 1, 2.
79　M. Bévenot, "'sacerdos' as understood by Cyprian", 423-424.
80　참조: A. D'Alès, *La théologie de Tertullien*, Paris: Gabriel Beauchesne & Cie, 1905, 218-220.
81　테르툴리아누스, 「세례론」(De baptismo), 17,1. "dandi quidem summum habet ius summus sacerdos, si qui est episcopus"; 「수치론」 18, 18. "levioribus delictis veniam ab episcopo consequi poterit"; 「월계관」(De corona), 3. "Eucharistiae sacramentum, et in tempore victus et omnibus mandatum a Domino, etiam antelucanis coetibus nec de aliorum manu quam praesidentium sumimus".
82　테르툴리아누스, 「단식론」(De ieiunio), 13, 3. "Bene autem, quod et episcopi

universae plebi mandare ieiunia adsolent".
83 테르툴리아누스, 「세례론」 17, 2. "nisi episcopi iam aut presbyteri aut diaconi vocabuntur discentes domini".
84 참조: J.M.R. Tillard, "La 《qualité sacerdotale》 du ministère chrétien", *Nouvelle Revue Théologique* 95(1973), 507. 저자는 여기에서 테르툴리아누스가 그리스도교 교역자들에게 sacerdos라는 용어를 처음으로 적용한 인물이라는 비란트(F. Wieland)의 의견을 제시하면서, 이 주장이 과장된 것은 아니라고 본다.
85 테르툴리아누스, 「수치론」 21, 17. "Domini enim, non famuli est ius et arbitrium; Dei ipsius, non sacerdotis".
86 테르툴리아누스, 「세례론」 7, 1-2. "Exinde egressi de lavacro perungimur beriedicta unctione de pristina disciplina qua ungui oleo de cornu in sacerdotium solebant, ex quo Aaron a Moyse unctus est. Unde christus dicitur a chrismate quod est unctio, quae ⟨et⟩ domino nomen accommodavit".
87 참조: J. Quasten, *Patrologia*, I, traduzione italiana by N. Beghin, Marietti: Casale 1992(Ristampa), 567.
88 테르툴리아누스, 「수치론」 21, 16-17. "Nam et ipsa ecclesia proprie et principaliter ipse est spiritus, in quo est trinitas unius diuinitatis, Pater et Filius et Spiritus sanctus. Illam ecclesiam congregat quam Dominus in tribus posuit. Atque ita exinde etiam numerus omnis qui in hanc fidem conspirauerint ecclesia ab auctore et consecratore censetur. Et ideo ecclesia quidem delicta donabit, sed ecclesia spiritus per spiritalem hominem, non ecclesia numerus episcoporum". 여기서 그로씨(Grossi)는 가시적 교회와 비가시적 교회, 영적 교회와 제도적 교회 사이의 관계에 대한 라틴 교회에서의 논쟁의 시작을 보고 있다: V. Grossi, "Episcopus in Ecclesia: The importance of an ecclesiological principle in Cyprian of Carthage", *The Jurist* 66(2006), 10-11.
89 테르툴리아누스, 「정결 권고」(De exhortatione castitatis) 7, 3. "Nonne et laici sacerdotes sumus? Scriptum est: Regnum quoque nos et sacerdotes deo et patri suo fecit. Differentiam inter ordinem et plebem constituit ecclesiae auctoritas et honor per ordinis consessum sanctificatus. Adeo ubi ecclesiastici ordinis non est consessus, et offers et tinguis et sacerdos es tibi solus. Sed ubi tres, ecclesia est, licet laici". 틸라르는 테르툴리아누스의 이 본문이 평신도들에게 직무 사제직을 부여하는 이단자들에 대해 언급하고 있는 「이단자 규정론」 41의 가장 고전적인 노선이 이 의견에 반대하는 것으로 보이지 않는다고 본다: J.M.R. Tillard, "Sacerdoce", *Dictionnaire de spiritualité*, XIV(1989), 27.
90 테르툴리아누스, 「수치론」 21, 9-10. "Si quia dixerit Petro Dominus : Super hanc petram aedificabo ecclesiam meam, tibi dedi claues regni caelestis, vel: Quaecumque alligaveris vel solveris in terra, erunt alligata vel soluta in caelis, idcirco praesumis et ad te derivasse solvendi et alligandi potestatem, id est ad omnem ecclesiam Petri provinciam, qualis es, evertens atque commutans manifestam Domini intentionem personaliter hoc Petro conferentem?".

91 같은 책. 1, 6. 달레(D'Alès)는 pontifex maximus와 episcopus episcoporum 등의 칭호가 종종 로마의 주교가 아닌 카르타고의 수석대주교를 지칭한다고 지적한다: A. D'Alès, *La théologie de Tertullien*, 27, n. 3.
92 같은 책. 13, 7.
93 테르툴리아누스, 「일부일처론」(De monogamia) 7, 8. "Nos autem Iesus summus sacerdos et magnus patris de suo vestiens, quia qui in Christo tinguntur, Christum induerunt, sacerdotes deo patri suo fecit secundum Iohannem. Nam et illum adolescentem festinantem ad exsequias patris ideo revocat, ut ostendat sacerdotes nos vocari ab eo, quos lex vetabat parentum sepulturae adesse: Super omnem, inquit, animam defunctam sacerdos non introibit et super patrem suum et super matrem suam non contaminabitur". 참조: 「수치론」 20, 12. "post baptisma et introitum sacerdotum". 틱세롱(Tixeront)은 모든 그리스도인들이, 단어의 정확한 의미상, 사제들이라는 생각은 보편 교회에서 낯선 것이었고 3세기 저술가들에게서 찾아볼 수 없는 것임을 지적한다: J. Tixeront, *Histoire des dogmes dans l'antiquité chrétienne*, I, Paris: Librairie Lecoffre, 1915, 448.
94 치프리아누스가 테르툴리아누스를 어떻게 수용하였는지에 대해 참조: M. Bévenot, "'sacerdos' as understood by Cyprian", 423-426.
95 「사도 전승」의 저자와 저술 연도, 사본 전승 등의 문제에 대해 참조: B. Botte, *La tradition apostolique de saint Hippolyte*. Essi de reconstitution, Liturgiewissenschaftliche Quellen und Forschungen, Bd. 39, Münster: Aschendorffsche Verlagsbuchhandlung, 1989, XI-XLVII; 히뽈리투스, 「사도 전승」, 이형우 옮김, 분도출판사, 1992, 11-36. 콰스텐은 저술 연도를 215년경으로 본다: J. Quasten, *Patrologia*, I, 438.
96 참조: H. Leclercq, *L'Afrique chrétienne*, I, Paris: Librairie Victor Lecoffre, 1904, 33-34. 아프리카 교회와 로마교회와의 긴밀한 관계에 대해 콰스텐(Quasten)은, 아프리카의 그리스도인들이 지침을 받기 위해 로마에 눈을 돌려 전례와 신학 그리고 여러 규정문제 등에 있어 로마 교회를 기준으로 삼고 있었기에, 로마 교회에서 일어나는 일에 많은 관심을 가졌고, 로마에서 어떤 지성적 운동이나 전례와 규율에 관한 움직임이 날 때마다 카르타고에서 즉각적인 반향을 나올 정도였다고 주장한다: J. Quasten, *Patrologia*, I, 490.
97 히뽈리투스, 「사도 전승」 3. 본문의 한글 번역은 이형우의 것을 따른다.
98 같은 책. 7.
99 히뽈리투스, 사도 전승, 이형우 옮김, 39.
100 히뽈리투스, 「사도 전승」 4. "Illi vero offerant diacones oblationes, quique inponens manus in eam cum omni praesbyterio dicat gratias agens".
101 같은 책. 8. "propterea quia non in sacerdotio ordinatur, sed in ministerio episcopi, ut faciat ea quae ab ipso iubentur. Non est enim particeps consilii in clero, sed curas agens et indicans episcopo quae oportet, non accipiens communem praesbyteri spiritum eum cuius participes praesbyteri sunt, sed id quod sub potestate episcopi est creditum". 참조: 같은 책. 34. "봉사자는 누구나 부봉사자들과 함께 감독자를 도울 것이다. 병자들을 그에게 알려 주어 그가 편리할 때에 그들을 방문할 수 있게 할 것이다. 사실 병자는, 사제들의 으뜸께서 자기를 기억하고 있을 때, 매우 기뻐하게 될 것이다."

102 참조: E. 스힐레벡스, 교회직무론, 108; P.-M. Gy, "Remarques sur le vocabulaire antique du sacerdoce chrétien", 142.

교황관^{tiara}을 통해 본 교황 보니파키우스 8세의 **자의식**

들어가는 말

1. 교황관의 기원 및 발전
   티아라(tiara)의 의미
   교황관의 역사적 변화
2. 교황관에 표현된 보니파키우스 8세의 사상
   시대적 배경
   전능권의 표현인 교황관

나가는 말

「교황관(tiara)을 통해 본 교황 보니파키우스 8세의 자의식」은 2014학년도 가톨릭대학교 성신교정 교비연구비(1차) 지원을 받아 연구 작성되었으며, 『서양중세사연구』 34호, 한국서양중세사학회, 2014에 수록되었다.

들어가는 말

1964년 11월 13일 제2차 바티칸 공의회 제3차회기를 위해 성 베드로 대성당에 모인 주교들 앞에서 교황 바오로 6세는 영적 가난의 행위로 자신의 교황관을 포기하였다. 절대 군주인 교황권에 대한 새로운 이해를 제시한 이 사건을 통해 바오로 6세는 최고의 세속 통치자로서 교황을 묘사한 전통적 가르침의 전환점을 구축하였다.

무엇보다 교황관은 새로 선출된 교황이 대관식에서 받았던 것으로, 일부 장엄 예식을 거행하러 성당으로 갈 때와 돌아올 때 이를 사용하였다. 1189년의 알비노(Albino)의 전례서와 1192년의 첸치오(Cencio)의 예식서에 의하면, 새 교황은 라테란 대성당에서 착좌식을 거행한 후 첫 주일에 축성되기 위하여 바티칸의 베드로 대성당에 가야했다. 축성 예식이 끝나면 교황은 대부제와 베드로 대성당의 수석 사제로부터 팔리움(pallium)을 받았으며, 여기에는 세 개의 황금 가시가 삽입되어 있었다. 머리에는 세 가지 돌로 만든 히야신스를 받았다. 이렇게 장식을 한 후 새 교황은 미사를 집전하기 위해 제대로 행렬하여 갔으며, 미사가 끝난 후에 백마(白馬)가 있는 곳으로 갔다. 여기서 대부제로부터 교황관을 받게 된다. 머리에 관을 쓰고 새 교황은 백성들의 환호성을 받으며 로마시를 가로 질러 말을 타고 라테란으로 돌아갔다.[1]

여기서 우리는 교황관에 관한 중요한 사실을 발견하게 된다. 교황관이 교황의 권한을 드러내는 표징이라는 것은 분명하지만, 가톨릭 교회의 전례 밖에서 사용하던 것이라는 점이다. 곧 교황관이 교황의 직분을 드러내는 하나의 상징이지만, 그 직분이 순수 종교적인 것이 아니라는 것이다. 그렇다면 왜 교황은 이러한 상징물을 착용한 것인가? 그리고 이 교황관은 어디에서 기인한 것인가? 라는 질문을 던지게 된다. 특별히 이 질문은 보니파키우스 8세와의 연관 하에서 제시하게 된다. 그가 교권과 세속권의 투쟁에서 정점에 있었으며, 교황관의 역사에서 새로운 발전의 족적을 남기고 있기 때문이다. 교황관을 통해 그가 드러내고자 한 것이 무엇이었는지 그리고 그러한 사상의 기저에는 무엇이 있는지 살펴보기로 하자.

1. 교황관의 기원 및 발전

티아라(tiara)의 의미

교황관을 의미하는 라틴어 단어 '티아라'는 그리스어 '티아라'(τιάρα)의 음역이다. 하지만 그리스어 '티아라'의 사전적 의미는 특별히 장엄한 기회에 사용하던 페르시아의 머리 두건이다.[2] 사실 페르시아인들 뿐 아니라 아르메니아인들, 파르티아(Parthia)인들과 같은 동방의 여러 민족들도 머리 두건을 사용하였다.[3] 유다인들의 사제들과 대사제들도 이러한 형태의 머리 두건을 사용하였다. 이는 사제들의 옷에 관한 규정을 다루고 있는 탈출기 28장, 29장, 39장 그리고 레위기 8장과 16장을 통해 잘 나타난다.[4] 플라비우스 요세푸스(Flavius Josephus)도 『유대 고대사』에서 사제들과 대사제의 관에 대해 서술한다. 사제들은 제사를 드릴 때 세마포를 여러 겹으로 접어 꿰맨 것으로 머리를 반만 가리는 제모(制帽)를 썼다. 이에 반해 대사제는 사제의 제모와 같았으나 푸른색 실로 수가 놓여 있었고 금으로 된 테가 아래 위 세 줄로 되어 있는 그리고 이 테로부터 사카루스(Saccharus) 혹은 히오스키아무스(Hyoscyamus)라고 부르는 식물과 비슷한 금 꽃받침이 돌출되어 있는 관을 사용하였다.[5]

특기할 것은 칠십인역 성경(Septuaginta, LXX)에서 사제나 대사제의 관을 지칭하는 단어로 '키다리스'(κίδαρις)가 사용되고 있으며, 이 단어의 라틴어 음역인 '키다리스'(cidaris)가 불가타(Vulgata)에서 대사제의 관을 의미하고 있다는 점이다.(탈출 28, 4; 레위 8, 9; 16, 4; 즈카 3, 5) 이에 반해 그리스어 '티아라'(τιάρα)는 대사제나 사제의 관을 뜻하지 않고, 에제 23, 15와 다니 3, 21에서 '머리에 감는 건' 혹은 '쓰개'와 같은 뜻으로 사용되고 있다. 그렇지만 불가타에서는 라틴어 단어 '티아라'(tiara)가 대사제의 관(탈출 28, 37; 28, 39; 29, 6)과 사제의 관(탈출 28, 40)을 가리키는데 사용되고 있다. 또한 불가타는 그리스어 단어 '미트라'(μίτρα)의 라틴어 음역 '미트라'(mitra)를 통해 대사제의 관(탈출 39, 31; 집회 45, 12)과 사제의 관(탈출 29, 9; 39, 28; 레위 8, 13)을 표시한다.[6] 후에 가톨릭교회에서 전례 용도로 사용되는 주교 모관(mitra)과 비전례 용도로 사용되던 교황관이 구분되었지만, 이 모든 점들은 미트라와 티아라가 공동의 기원을 갖고 있음을 드러낸다.[7] 그리고 이러한 공통의 기원은 적어도 15세기까지 일부 전례학자들과 연대기 작가들로 하여금 미트라와 티아라를 혼돈하게끔 하였다.[8]

교황관의 역사적 변화

우리가 문헌에서 발견할 수 있는 교황관에 대한 첫 언급은 교황 콘스탄티노(708-715)에9 대해 기록하고 있는 『교황 연대표』(Liber Pontificalis)이다. 이에 의하면, 유스티니아누스 2세 황제의 특별 요청에 따라 710년 10월부터 711년 10월까지 동방을 방문한 콘스탄티노 교황이 "로마에서 행렬할 때 일상적으로 하듯 카메라우쿰(camelaucum)을 쓰고" 성대하게 콘스탄티노플에 입성하였다.10 카메라우쿰은 그리스어 카메라우키온(καμηλαύκιον)의 라틴어식 형태로, 루이 뒤셴(Louis Duchesne)은 이것을 중세 교황관의 원형이라고 본다.11 하지만 이것이 교황의 전유물이었다고 할 수 없다. 왜냐하면 테오파네스 콘페소르(Theophanes Confessor, 765-817)의 『연대기』(Chronographia)를 통해 고트족의 왕이었던 토틸라(Totila)가 카메라우쿰을 사용하였음을 확인할 수 있기 때문이다.12 더욱이 콘스탄티노스 포르피로겐네토스(Konstantinos Porphyrogennetos)는 카메라우쿰이 콘스탄티누스 대제의 모관들 중의 하나로, 콘스탄티노플의 하기아 소피아(Hagia Sophia) 대성당의 중앙제대에서 행해진 비잔틴 황제들의 대관식 왕관이라고 지적한다.13 또한 수도자들과 성직자들도 카메라우쿰을 사용하였음을 여러 기록은 우리에게 전해준다.14 오늘날 비잔틴 성직자들의 모관을 카메라프키온(kamelafkion)이라 부르는 것에서 나타나듯, 카메라우쿰이 비잔틴 기원인 것은 분명하다.15

하지만 문제는 언제부터 교황이 이 모관을 사용하였느냐 하는 것이다. 또한 콘스탄티노스 포르피로겐네토스의 언급이 진정성을 지닌다면, 문제는 달라진다. 여기에 문제를 더욱 복잡하게 만드는 것은 「콘스탄티누스 증여」 혹은 「콘스탄티누스 기진장」(Donatio Constantini)이라는 문서이다.16 8세기 중엽 로마에서 작성된 것으로 보이는 이 문서에 의하면, 콘스탄티누스 대제가 회심 후에 교황 실베스텔(314-335)에게 각종 보석으로 치장된 황금 왕관을 선물하였으나 교황은 겸손의 자세로 이를 거부하였다. 이에 황제는 교황의 머리 위에 밝은 광채를 지닌 흰색의 관(frigium)을 선사하였고,17 교황과 그의 모든 후계자들이 행렬할 때 이를 사용할 수 있도록 하였다.18

중세 동안 진품으로 인정받은 이 문서가 작성되었을 당시 교황은 이미 교황관을 사용하고 있었고, 계속해서 이 문서에 근거하여 티아라를 만들었을 것이다. 흥미로운 것은 이 위조문서에서 '티아라'라는 단어가 사용되고 있지 않다는 것이다. 그렇지만 로마제국의 문학작품에서 '프리기움'(frigium)이라는 모자는 티아라와 동일시되었고, 트로이 사람들의 모자로서 간주되었다. 또한 로마인들은, 스스로를 프리기아 출신으로 간주한 트로이 사람들의 상속자로 생각하였기 때문에, 프리기움이라는 모자는 로마에서 권력의 상징으로 중요한 역할을 수행하였다.19 결국 프리기움도 소아시아에 기원을 두고 있는 것이라 할 수 있다. 그렇다고 한다면, 7세기 말 혹은 8세기 초에 그리스와 시리아 출신의 교황들, 곧 요한 5세(685-686), 세르지오 1세(687-701), 요한 6세(701-705), 요한 7세(705-707), 시신니오(708), 콘스탄티노(708-715) 중 한 명이 이 모관을 로마에 도입했을 가능성을 엿볼 수 있다.20 또한 티아라는 처음부터 오직 교황에게만 유보된 것이라 할 수 있다.21

『교황 연대표』는 교황 니콜라오 1세(858-867)가 루이 2세(Louis II)가 참석한 가운데 라테란 대성당에서 성대한 대관식을 거행했다고 전해준다.[22] 이 때 교황 삼중관의 첫 번째 층(circle)이 만들어진 것으로 추정된다.[23] 또한 900년경에 작성된 것으로 추정되는 『로마 예식서』(Ordo Romanus) XXXVI은 '레늄'(regnum)이라는 새로운 용어를 도입하고 있다.[24] 이는 새 교황이 축성 미사 후에 대관식과 유사한 예식을 장엄하게 거행했음을 의미한다. 더욱이 당시 라틴어에서 레늄은 '코로나'(corona)와 동의어였다.[25] 하지만 우리는 당시의 교황관이 왕관의 형태였다고 확언할 수 없다. 레늄이 흰 천으로 된 투구와 유사한 것이라고 예식서가 분명하게 말하기 때문이다.[26]

흥미로운 것은 『교황 연대표』가 호르미스다 교황(514-523)의 생애에 대해 서술하면서 클로비스(Clovis)가 베드로 사도에게 봉헌한 값비싼 보석들로 치장한 '레늄'에 대해 언급하고 있다는 것이다.[27] 하지만 호르미스다 교황이 실제로 이 관을 사용하였는지에 대해서는 정확히 알 수 없다. 실제로 머리에 왕관을 썼다고 언급되는 최초의 교황은 1075년 성탄절 산타 마리아 마죠레(Santa Maria Maggiore) 대성당에서 미사를 집전한 그레고리오 7세(1073-1085)이다.[28] 이후에도 레늄이라는 용어는 계속해서 사용되었고, 15세기 말 교황 예식 책임자가 '티아라 혹은 레늄'(thiara sive regnum)이라는 표현을 사용하였음을 확인할 수 있다.[29]

왕권, 국가, 최고 권한 등의 의미를 지닌 '레늄'이라는 용어를 새로이 도입하였다는 것은 그리고 계속해서 이 용어가 유지되었다는 것은 교황이 자신의 권한에 대한 새로운 의식을 갖게 되었음을 의미한다. 곧 교황권이 단순히 종교적 권한이 아닌 세상에 대한 통치권도 갖고 있음을 보여주는 것이라 할 수 있다. 이는 무엇보다 교황 니콜라오 2세(1058-1061)의 교황관에서 드러난다. 니콜라오 2세의 동시대의 인물인 벤조(Benzo)는 교황관이 두 개의 층(circle)으로 된 형태임을 암시한다. 곧 하느님의 손에 의한 통치의 왕관(Corona Regni de manu Dei)이요, 베드로의 손을 통한 제국의 왕관(Diadema Imperii de manu Petri)이라는 것이다. 이는 영적 주권뿐 아니라 세속적 주권까지도 교황권이 갖고 있음을 드러내는 것이다.30 그러나 보다 분명하게 이러한 새로운 교황권의 측면을 드러내는 것은 교황 그레고리오 7세이다. 이는 처음으로 왕관을 쓴 교황이 그레고리오 7세라는 점에서도 잘 보여준다. 그가 「교황 훈령」(Dictatus papae)을 통해 교황의 신성함 및 영적 분야와 세속적 분야 모두를 아우르는 교황의 수위권을 표현하면서, 모든 그리스도인들은 최고의 입법권과 사법권을 지닌 교황에게 순명해야 한다고 강조하였기 때문이다.31

『교황 연대표』는 교황 파스칼 2세(1099-1118)의 생애를 다루면서 처음으로 '티아라'라는 용어를 우리에게 제시한다.32 라드너(Ladner)는 대사제의 모관을 묘사하는 불가타 성경에서 이 티아라의 기원을 볼 수 있다고 주장한다.33 만일 그의 가설을 수용한다면, 티아라가 황제의 상징만이 아니라 사제직의 상징이 되었다고 할 수 있다. 결국 교황관의 사용은 그레고리오 7세에게서 분명하게 위격화된 새로운 교황권의 정치적 계획과 긴밀하게 연결된다고 할 수 있다. 이러한 교황권의 새로운 자기 이해는 교황 인노첸시오 3세(1198-1216)에게서 더욱 강하게 드러난다. 그는 성 실베스텔 교황의 축일에 행한 강론에서 교황이 어느 때에는 티아라를, 그리고 다른 때에는 미트라를 사용하는 이유를 다음과 같이 설명한다. "교황은 제국의 표지로써 레늄을 사용하며, 교황의 표지로써 미트라를 사용합니다. 하지만 미트라는 항상 그리고 도처에서 사용되고, 참으로 레늄은 도처에서도 사용되지 아니하고, 항상 사용되지도 않습니다."34 또한 다른 곳에서는 이렇게 말한다. "교회는 세속적인 것의 표지로 나에게 교황관을 주었다. 세속적인 것의 표지로써 나에게 미트라를 선사하였습니다. 곧 사제직을 위해 미트라를, 통치를 위해 교황관을 주었습니다."35

이렇게 교황이 교권과 세속권 모두를 갖고 있다는 자의식은 교황 그레고리오 9세(1227-1241)가 부활대축일 다음 날인 1227년 4월 12일 월요일 티아라를 쓰고 주홍색 옷을 입은 추기경들의 동반 하에 값비싼 천을 얹은 말을 타고 시민들의 환호 속에 로마시를 가로질러 라테란으로 갔다는 것에서도 나타난다.36 특기할 것은 교황 그레고리오 10세(1272-1273)의 예식서이다. 전통적으로 행해지던 것과는 달리, 새 교황이 라테란에서 착좌식을 거행하기 전에 성 베드로 성당에서 대관식을 행하도록 하였기 때문이다.37 이는 권력의 상징인 티아라에 대한 근본적인 재평가 혹은 가치 부여를 한 것이라 할 수 있다. 이후에도 새로 선출된 교황의 머리 위에 티아라를 씌우는 것이 라테란 착좌보다 우선적이고 독자적인 예식의 요소가 되었다. 여기에는 교황 그레고리오 10세 자신이 대관식에 부여한 최고의 중요성이 자리하고 있다. 교황은 추기경들 앞에서 왜 자신이 로마에서 착좌식을 거행하고자 결정하였는지 「콘스탄티누스 기진장」에 호소하여 다음과 같이 말한다. "지극히 사랑하는 형제 여러분, 세상의 군주인 콘스탄티누스 황제가 황제의 머리에서 자신의 왕관을 벗어 왕의 품격과 세속적 통치의 상징으로서 왕관을 당시 로마 교황인 복된 실베스텔에게 관대함으로 선물한 것을 알기 바랍니다. 그리고 이 일이 로마에서 일어났다고 말하기 때문에, 내가 부당한 사람임에도 불구하고 동일한 성당에서 그 왕관을 받는 것이 합리적이며, 올바르며 적절한 것입니다."38

따라서 13세기 말 '대관식'(incoronatio)이라는 단어가 '축성'(consec-ratio) 이라는 보다 전통적인 용어를 대체하게 된 것도 우연이라 할 수 없다. 더욱이 야코포 카에타니 스테파네스키(Jacopo Caetani Stefaneschi) 추기경이 교황 보니파키우스 8세(1294-1303)의 대관식을 묘사하는 글의 제목으로 '대관식'이라는 단어가 나타나는 것도 결코 우연이라 할 수 없다.39 보니파키우스 8세는 재임 초기에 니콜라오 4세의 교황관을 사용한 것으로 보인다. 하지만 재위 후반기에 두 번째 층을 교황관에 삽입하여 이중관으로 만들었다.40 1295년에 편집된 교황청 보물 목록에 의하면, 교황의 티아라는 각종 보석으로 치장되어 매우 화려한 것으로 나타난다. 곧 48개의 홍옥(紅玉), 72개의 사파이어, 45개의 에메랄드, 그리고 66개의 큰 진주로 이루어져 있었다. 물론 여기에는 작은 에메랄드와 홍옥의 수는 뺀 것이다. 교황관의 정상에는 큰 루비가 있었고, 아래에는 에나멜을 입힌 하나의 층이 있고, 티아라의 양쪽 검은 색 드림 장식(cauda)에는 8개의 법랑(琺瑯) 세공품이 있었다.41

보니파키우스 8세의 티아라는 14세기 초 프랑스로 옮겨졌고, 1305년 11월 14일 리옹에서 클레멘스 5세의 대관식 때 사용되었는데, 이 때 맨 위에 있던 큰 루비를 잃어버렸다.42 이후 그레고리오 11

세(1370-1378)에 의해 로마로 돌아온 이 티아라는 다시 클레멘스 7세(1523-1534)와 함께 아비뇽으로 갔다. 베네딕도 13세(1724-1730)와 함께 스페인으로 이동되었다가, 교황의 사망 후에 다시 로마로 돌아왔다.43

14세기 중반 티아라는 또 다른 변화를 겪게 된다. 세 번째 층이 삽입되어 이른 바 삼중관(triregnum)이 된 것이다. 하지만 누가 삼중관으로 만들었는지 정확하게 알지 못한다. 나부코(Nabuco)는 보니파키우스 8세의 뒤를 바로 이은 베네딕도 11세(1303-1304)가 도입하였을 가능성을 제시한다.44 또한 아비뇽 교황들인 클레멘스 5세(1305-1314), 요한 22세(1316-1334), 베네딕도 12세(1334-1342) 중의 한 명일 것이라 추정하는 이들도 있다. 우르바노 5세(1362-1370)가 삼중관을 공식적으로 도입하였다고 주장하는 학자들도 있다.45 확실한 것은 1314년 클레멘스 5세의 사망 후에 나온 1315-1316년 교황청 보물 목록에 "세 개의 황금 층으로 되어 있는 레늄이라 부르는 교황관"에 대해 언급하고 있다는 것이다.46 그렇다면 베네딕도 11세 혹은 클레멘스 5세에 의해 삼중관이 형성되었을 가능성이 가장 높다고 할 수 있다.47

하지만 문제는 자신의 초상화와 상들을 만들도록 명한 첫 번째 교황인 보니파키우스 8세의 석상들에48 나타나는 교황관의 모습이다. 볼로냐(Bologna) 시립중세박물관(Museo civico medievale)에 보관 중인 교황의 석상에 있는 관에는 특별한 문양이나 장식이 드러나지 않는다. 이에 반해 보니파키우스 8세와 동시대의 인물인 아르놀포 디 캄비오(Arnolfo di Cambio)에 의해 만들어진 것으로 보이는 피렌체(Firenze)의 주교좌성당 박물관(Museo dell'Opera del Duomo)에 있는 교황의 석상과 베드로 대성당 지하에 위치한 교황의 흉상에 있는 교황관은 삼중관의 형태를 보이고 있다.⁴⁹ 만약 이 석상들이 보니파키우스 8세의 생전에 만들어진 것이라고 한다면, 교황을 삼중관의 창조자라고 할 수 있을 것이다. 하지만 동일한 조각가가 만든 보니파키우스 8세의 석관(石棺)에 나타난 교황관은 라테란 대성당에 있는 니콜라오 4세의 석상에 있는 교황관과 같이 삼중관의 모습이 아닌 1295년 목록에 나타난 이중관의 화려함만을 드러내고 있다. 물론 라드너(Ladner)와 아고스티노 파라비치니 발리아니(Agostino Paravicini Bagliani)의 주장처럼 보니파키우스 8세가 삼중관을 기획하였을 가능성을 완전히 배제할 수 없다.⁵⁰ 만일 그러하다면, 교황이 1295년 이후에 곧 그의 재위기간 말엽에 삼중관을 고안했다는 것이고 동시에 조각가는 교황의 생각을 반영하였다는 것이다. 하지만 이에 대해 우리는 명확한 결론을 내릴 수 없다. 그 어떠한 문헌도 이를 입증할 만한 증거를 우리에게 제시하지 않기 때문이다. 1295년 목록과 1315-1316년 목록에 나타난 교황관의 모습이 상이하다는 점만 분명할 뿐이다. 따라서 보니파키우스 8세가 삼층관을 염두에 두었다고도 추정할 수 있지만, 오히려 문헌적 증거로 보아서는 교황관을 이중관으로 만들었다고 보는 것이 더 타당하다고 할 수 있다.

2. 교황관에 표현된 보니파키우스 8세의 사상

시대적 배경

그리스도교 세계를 하나의 육체로 표현한다면, 중세사는 교황과 황제라는 두 머리의 갈등으로 점철되었다. 곧 그리스도교 세계의 두 우두머리는 성직자적 위계 서열과 세속적 위계 서열에서 지배적인, 그러나 경쟁적인 두 위계의 정상에서 투쟁의 관계를 보인 것이다.[51] '서임권 논쟁'(Investiture Controversy) 또는 '평신도의 성직서임권 논쟁'(Lay Investiture Controversy)의 중심에서 '카노사의 굴욕'을 통해 교황 그레고리오 7세는 중세 그리스도교 세계의 주도권이 속권에서 교권으로 넘어가는 계기를 마련하였다. 교황은 법에 의한 그리고 모든 사건과 사람에게 적용되는 보편적 통치권을 주장함으로써,[52] 교회에 대한 세속권의 간섭에서 벗어나 온 세상에 대한 자신의 수위권을 주장한 것이다.[53] 이러한 교황의 입장은 인노첸시오 3세와 그레고리오 9세를 거쳐 보니파키우스 8세에게서 절정을 이루게 된다. 그렇기에 호르스트 푸어만(Horst Fuhrmann)은 "교황권의 정상에 오르는 일은 보니파키우스 8세(1294–1303)라는 이름과 깊은 관계가 있다."고 말한다.[54]

사실 보니파키우스 8세가 등극한 시기는 많은 도시와 제후들이 교황의 통치권에 반발하기 시작한 시대였다. 교황은 황제권을 교황권 안에 흡수함으로써 유럽 전체를 자신의 통치아래 통합시키고자 하였지만, 이는 단지 서서히 간격을 벌려오고 있던 교황의 목표와 유럽의 열망 사이의 틈을 드러내고 있었다.[55] 당시까지 교회의 성직정치론에 맞서 싸운 사람이 황제뿐이었다면, 이제 교황의 승인 없이도 많은 국가들이 쉽게 출현할 수 있었고, 국가들은 스스로 합법화하였다.[56] 프랑스와 영국은 국민의 생명과 재산을 보호하는 국가의 기능을 스스로 해낼 수 있다고 느끼게 되자, 사제 및 교황으로부터 정치적으로 독립하고자 하였다.[57] 특별히 프랑스의 필립 4세(1285-1314)와 보니파키우스 8세의 대립은 유럽에서 자신의 주도권을 과시하려는 왕들이 교황권과 극단적인 권력투쟁을 전개하였음을 보여준다.[58] 프랑스 왕의 지배권을 세계 모든 곳에 실현하겠다는 목표를 가지고 있었던 필립 4세는[59] 1295년 가스코뉴(Gascogne) 공국의 지배권을 둘러싸고 잉글랜드와의 전쟁을 준비하는 중 전비(戰費)를 충당하기 위하여 교황의 동의 없이 프랑스 교회에 세금을 부여하였다. 사실 1179년 제3차 라테란 공의회 법규 제19조는 세속권이 교회에 대해 과중한 세금을 부과하는 것을 파문 형벌에 처한다고 결정하였다. 또한 1215년 제4차 라테란 공의회 법령 46항도 이를 재천명하면서 교황의 사전 동의를 얻은 경우에만 성직자 과세를 인정한다고 결의하였다.[60]

프랑스 국왕의 조치를 교황권에 대한 정면도전으로 간주한 교황 보니파키우스 8세는 1296년 2월 25일에 반포한 칙서 「클레리치스 라이코스」(Clericis laicos)를 통해 과세의 시행을 금지토록 하였다. 또한 이를 준수하지 않는 군주를 파문에 처하겠다는 강경책을 내놓았다. 이에 필립 4세는 금과 은과 같은 귀중품의 수출을 금하고 교황청과 교역을 중단함으로써 반격에 나섰다. 프랑스의 수입원에 많이 의존하고 있던 교황청의 입장에서는 큰 타격이었다. 또한 당시 교황 선출의 정당성에 문제를 제기하면서 보니파키우스 8세와 긴장에 있던 로마의 콜론나(Colonna) 가문에 지지를 표하면서 교황을 압박하였다. 이 과정에서 필립 4세는 국가가 인간질서의 최고 형태이며 국가 지배자는 신(神)외에 그 누구에게도 복종할 의무가 없다고 생각하였다.61 "왕은 자신의 왕국의 황제이다."(rex imperator in regno suo)라는 명제가 왕권 확립의 이론적으로 뒷받침되었다. 결국 1297년 7월에 교황은 칙서「에트시 데 스타투」(Etsi de statu)를 통해 필요한 경우 로마와 상의하지 않고 성직자에게 세금을 부과할 수 있는 권한을 필립 4세에게 주었다.

1301년 가을 교황은 다시 필립 4세와 갈등을 일으켰다. 파미에(Pamiers)의 베르나르 드 새세(Bernard de Saisset) 주교를 필립 4세가 반역 혐의로 수감하고 성직 박탈을 요구한 것이 계기가 되었다. 국왕의 행위를 교황권 및 교회의 자율권에 침해라고 인지한 교황은 1301년 12월 5일 칙서「아우스쿨타 필리」(Ausculta fili)를 통해 교회 자유의 침해자를 단죄하고 이전에 부여하였던 특혜를 철회하였다. 또한 왕이 교황보다 밑에 있는 존재임을 천명하면서 국왕의 잘못을 비판하였다. "그 누구도 네가 상급자를 갖고 있지 않다거나 네가 교회의 교계제도의 수장에게 종속되어 있지 않다고 설득하지 않기를 바란다. 왜냐하면 그렇게 생각하는 이는 어리석기 때문이다." 이에 맞서 필립 4세는 프랑스 역사상 최초로 삼부회를 소집하여 교황을 성토하면서 교황의 칙서가 전파되는 것을 막고 이를 위조해 백성들에게 유포하였다. 또한 세속 문제에 있어 왕은 그 누구에게도 복종할 의무가 없다는 답신을 보냈다.62 여기에는 프랑스 왕실에 포진하고 있던 법학 전

문가들의 도움이 자리하고 있었고, 이들 역시 교황을 온갖 부조리의 주범으로 비난하고 있었다.63

전능권의 표현인 교황관

이러한 정치적 환경 속에서 보니파키우스 8세는 교황관을 이층관으로 만들어 다시 한번 자신의 영적 전권과 세속적 전권을 확인하고 이를 드러내고자 하였다. 알레만니(Alemanni), 스폰다노(Spondano), 베토리(Vettori) 등은 보니파키우스 8세가 교황관을 이중관으로 만든 것이 「우남 상탐」(Unam Sanctam)을 반포한 뒤인 1294년이라고 주장한다.64 하지만 「우남 상탐」은 1302년 11월 18일자로 발표된 칙서이기에, 65 이 의견은 설득력을 갖고 있지 않다. 문제는 왜 교황이 이중관을 만들도록 하였는지 그 이유와 시기를 우리에게 알려주는 문건은 없다는 것이다. 그렇기에 교황관이 이 칙서에 등장하는 교황의 수위권 이론을 표현한 것인지, 아니면 그 반대인지 정확하게 말할 수 없다. 그러나 1295년의 교황청 보물 목록을 통해 볼 수 있는 교황관의 모습을 염두에 둔다면 그리고 당시 국가와 교회의 정치적 긴장 관계를 생각한다면, 교황관의 변화가 「우남 상탐」이전에 일어난 것이라 추정할 수 있다. 이는 1298년 독일의 왕으로 선출된 오스트리아의 알브레히트 1세(Albrecht I)의 사절단을 맞이한 보니파키우스 8세의 모습을 통해 볼 수 있다. 1298년 8월 말 혹은 9월 초 리에티(Rieti)에서 독일 왕의 사절단을 만난 교황은 프란체스코 피피노(Francescon Pipino)

의 증언에 의하면, 머리에는 교황관을 쓰고 있었고 오른손에는 칼을 쥐고 있었다. 교황은 그들에게 이렇게 말하였다. "내가 교황이 아니던가? 이 왕좌는 베드로의 좌가 아니던가? 내가 제국의 법령들을 보호할 위치가 아니던가? 나는 카이사르이고, 나는 황제이니라." 비첸자의 페레토(Ferreto da Vicenza)는 교황이 왼손에는 베드로의 열쇠를 쥐고 있었다고 전해준다.[66]

이는 분명 『파리 대법전』(Summa Parisiensis)에 나오는 "그는(교황은) 참된 황제이다."(Ipse est verus imperator)[67]라는 문장으로 압축될 수 있는 1200년대 교황들의 자의식을 단적으로 드러내는 사건이다. 무엇보다 우리는 '베드로의 좌'(Cathedra Petri)라는 표현을 주목한다. 1200년경 베드로의 좌는 교황권의 가시적 상징으로 자리하고 있었다. 교황은 베드로의 좌에 앉으면서 베드로와 동일시되어, 사도들의 으뜸이 지닌 영적·법적 모든 특권을 상징적이요 가시적으로 취하는 것이다. 따라서 베드로의 좌는, 교황이 단순히 베드로의 대리자(vicarius Petri)가 아닌 그리스도의 대리자(vicarius Christi)임을 드러내는 것이다.[68] 이 측면은 '베드로의 열쇠'를 통해서도 드러난다. 이 열쇠는 "나는 너에게 하늘나라의 열쇠를 주겠다. 그러니 네가 무엇이든지 땅에서 매면 하늘에서도 매일 것이고, 네가 무엇이든지 땅에서 풀면 하늘에서도 풀릴 것이다."라는 마태 16, 19에 기초한 것이다. 예수가 자신의 지상 대리자인 베드로에게 부여한 권한의 상징인 이 열쇠는 교회와 세상에 대한 베드로의 후계자인 교황의 권위를 드러내는 것이다. 5세기에 베드로를 묘사하는 그리스도교 도상학(圖像學)에 두 개의 열쇠가 교차해 있는 모습으로 등장한 이후, 베드로의 열쇠는 인노첸시오 3세에 의해 베드로의 좌와 함께 교황의 고유한 상징으로 자리하였다.69 이 과정에도 교황이 베드로이며, 그 누구의 중개 없이 그리스도와 직접적인 연결을 갖고 있다는 개념이 자리하고 있다. 교황 문장에 베드로의 열쇠를 최초로 사용한 것으로 기록되어 있는 보니파키우스 8세는70 이러한 사상을 자신의 것으로 만든 것이다. 이는 13세기와 14세기 초에 열쇠를 쥐고 있는 베드로를 그린 것이 풍부하다는 사실에서도 드러난다. 보니파키우스 8세는 도상학적으로 하늘과 땅 사이에 있는 교회의 중개적 역할을 가시화한 것이다.71

여기서 우리는 보니파키우스 8세가 독일 왕의 사절단을 접견할 때 오른손에 칼을 쥐고 있었다는 것으로 눈길을 돌리게 된다. 이는 교황 젤라시오 1세(492-496)에 의해 제시된 전통적인 양검 이론의 변화라고 할 수 있다. "주님, 보십시오. 이 논리는 여기에 칼 두 자루가 있습니다."라는 루카 22, 38에 기초하여 두 개의 칼은 서로 분리된 두 개의 권위의 상징으로 간주되었다. 상호 분리된 교권과 세속권 각각의 독자적 기능과 양자의 협력을 강조한 것이다. 세속권과 교권을 동시에 보유할 수 없지만 두 권위가 서로 충돌할 경우 성직자의 책임이 더욱 무겁다고 주장함으로써 후에 교권 우위로 해석될 수 있는 여지를 남긴 이 이론을72 클레르보(Clairvaux)의 베르나르도가 더욱 발전시킨다. 교황은 영적인 칼과 현세적 칼 모두를 가지고 있으며, 대관식을 통해 교황이 황제에게 후자를 양도하며, 황제는 그 칼을 교황의 뜻에 따라 사용한다는 것이다.73 보니파키우스 8세는 이 주장을 받아들여 「우남 상탐」을 통해 다음과 같이 천명한다. "그러므로 교회의 권세 안에 두 가지 모두 있는데, 곧 영적인 칼과 물질적인 칼이다. 하지만 후자는 교회를 위해서 행사되는 반면, 전자는 교회에 의해서 행사되어야 한다. 전자는 사제의 (손을 통해), 후자는 왕과 병사들의 손을 통해 사용되지만 사제의 동의와 용인에 의해서이다. 사실 칼이 칼 밑에 있고, 세속적 권위가 영적 권세에 종속되는 것이 필요하다."[74]

보니파키우스 8세는 자신이 교권과 세속권 모두를 갖고 있다는 의미에서 독일 왕의 사절단을 만났을 때 가시적으로 하나의 칼을 쥐고 있었다고 할 수 있다. 더욱이 베드로와 좌와 베드로의 열쇠를 통해 교황의 권한은 베드로에게서만 받는 것이 아니라 베드로를 통해 그리스도에게서 받는다는 것을 드러내고자 한 것이다. 교황이 소유한 전능권(plenitudo potestatis)이[75] 신적 기원을 갖고 있다는 것이요, 그렇기에 교황만이 그리스도의 대리자라는 의식이 자리하고 있는 것이다.

여기에 교황권의 정치적·세속적 위상 정립을 위해 부단히 노력한 인노첸시오 3세의 사상이 기저에 있음을 볼 수 있다. 그는 교황으로 축성되던 날 다음과 같이 로마 군중에게 설교하였다. "내가 … 주님의 집을 관리하는 자로 임명되었으니, 나의 신분은 누구보다도 높다. 예언자께서 나를 만백성과 왕국들의 관리자로 임명한다고 말씀하신 바 있다. 사도께서도 내가 너희에게 천국의 열쇠를 줄 것이라고 하셨으며, 모든 집을 관리하도록 임명받은 종은 바로 그리스도의 대리자이다. … 그는 하느님과 인간 사이에 위치하며, 하느님보다는 나약하지만 인간보다는 위대한 존재이다."[76] 여기서 교황은 "내가 오늘 민족들과 왕국들을 너에게 맡기니"라는 예레 1, 10의 말씀을 자신에게 적용시키면서 그리스도인 공동체를 초월하는 자신의 신분을 드러내고 있다. 아울러 그리스도의 대리자로서 "나는 하늘과 땅의 모든 권한을 받았다."라는 마태 28, 18도 적용하면서 교황이 하늘과 땅의 교차점임을 제시한다. 그렇기에 교황은 하늘나라의 열쇠뿐 아니라 법률의 열쇠까지도 갖고 있는 것이다.77 더욱이 인노첸시오 3세는 또 다른 강론에서 그는 교황의 권위가 황제의 권위보다 우선적이고 보다 고귀하며 확장되어 있다는 사실에서 티아라에 대한 미트라의 우위성이 확인된다고 천명한다. 따라서 미트라와 티아라를 둘 다 가지고 있는 베드로의 후계자요, 그리스도의 대리자인 교황만이 전능권을 갖고 있는 것이다.78

이러한 인노첸시오 3세의 생각은 보니파키우스 8세의 「우남 상탐」에서 재발견된다. 칙서 역시 예레 1, 10의 말씀을 교황에게 적용하고 있다. 또한 마태 16, 19를 인용하면서 교황의 권위는 신적 권한으로 그리스도가 베드로와 그의 후계자들에게 준 것임을 강조한다. 그렇기에 그 누구도 하느님이 세운 질서를 반대해서는 안 된다고 확언한다. 여기서 보니파키우스 8세가 교황관을 이중관으로 만든 이유를 추정할 수 있다. 교권과 세속권의 일치성을 가시적인 교황관을 통해 드러내고자 한 것이다. 곧 자신이 그리스도의 대리자로서 온 세상에 대한 권한을 갖고 있음을 화려하게 장식한 왕관을 통해 보여주고자 한 것이다. 이러한 측면을 「우남 상탐」은 다음과 같이 표현한다. "사실 진리가 증언하는 것처럼 영적 권력은 지상의 권력을 제정할 수 있고, 만약 옳지 못한 경우에는 그것을 심판할 수 있다."79 이 문장에서 관건은 '제정하다.'라고 번역한 'instituere'를 어떻게 이해할 것인가 하는 점이다. 이 동사는 '가르치다.', '교육하다.' 등의 의미도 지니고 있는데, 문맥상 이 뜻을 적용할 수 있다. 하지만 무엇보다 이 용어가 '지정하다.', '설립하다.', '창설하다.' 등을 의미를 가지고 있기에, 단순히 지도와 교육만으로 한정지을 수 없다.

그렇다면 교황은 이 단어를 통해 두 가지 차원을 제시하려고 하였다고 볼 수 있다. 하나는 교황이 세속 권력을 인준하거나 중지시킬 수 있고 상황에 따라서는 왕에게서 그 권력을 박탈할 수 있는 권한이다. 또 다른 측면은 세속 권력이 옳지 않은 길을 걸어갈 때 심판할 수 있다는 것이다. 곧 인노첸시오 3세 교황의 주장대로 '죄로 인한'(ratione peccati) 경우에 교황은 세속권을 재판할 수 있다는 것이다.80 여기서 중요한 것은, 월터 울만(Walter Ullmann)이 지적하는 것처럼, 세속권이 언제 범죄에 관련되어 있는지 판단하는 것은 교황에게 유보되어 있다는 것이다. 그렇기에 '죄로 인한'이라는 표현은 교황의 우월적 사법권을 드러내는 전문적 표현이 되었다.81

이러한 교황의 권한은 「우남 상탐」에서 다음과 같이 표현된다. "만일 세속 권력이 올바른 길에서 벗어나면 영적 권력에 의해 심판받게 될 것이다. 하지만 만약 보다 작은 영적 권력이 잘못하면, 그보다 상위에 있는 영적 권력에 의해 심판받게 된다. 하지만 만약 최고의 (영적) 권력이 잘못하면, '영적인 사람은 모든 것을 판단할 수 있지만, 그 자신은 아무에게도 판단 받지 않습니다.'라고 사도가 증언하는 것처럼, 인간이 아닌 하느님에 의해서만 심판받을 수 있다."82 여기서 교황은 1코린 2, 15에 기초하여 최고의 영적 권력을 자신에게 부여하면서 인노첸시오 3세가 천명한 것처럼 하늘과 땅의 중개자로서의 모습을 드러내고 있다. "가슴 속에 모든 법을 가지고 있는"83 세상 통치의 정점으로서 자신을 드러내고 있는 보니파키우스 8세의 이 사상은 아우구스티누스 은수자회 수도자인 애지디우스 로마누스(Aegidius Romanus)의 『교회의 권세론』(De ecclesiastica potestate)에 기초한 것이라 할 수 있다. 이에 의하면, "최고로 높으며 최고로 거룩한 신분에 있는 자는 영적인 인간이다. 곧 모든 것 위에 있는 주인이기에 자기 권세와 자기 사법권으로 모든 것을 판단하지만 그에게는 어떤 사멸할 자도 주인이 아니기에 누구에 의해서도 판단 받지 않는 자이다. … 따라서 교황의 신분이 가장 거룩하며 가장 영적이라면, 그리고 그러한 영성은 탁월한 권세로 이루어졌다면 교황은 자기 신분과 자기의 탁월한 권세로 최고 영적인 자라는 것이 증명되면서 모든 것을 판단할 수 있다는 것은 매우 바른 표현이다. 의미하는 바는 이것이다. 그는 모든 것을 판단하지만 누구에 의해서도 판단 받지 않는다. 곧 누구도 그를 지배하거나 그와 동등해질 수 없다."[84]

결국 세상의 으뜸이라는 보니파키우스 8세의 자의식은 두 칼의 단일성 혹은 교권과 세속권의 일치성을 보여주는 것이다. 이 단일성은 그레고리오 7세 이래 발전된 교회론을 드러낸다. 교회는 그리스도의 초자연적 신비체이며 동시에 자연적 정치 공동체로서 그리스도교 국가라고 부르는 사회의 현세적 체계로 자신을 이 세상에 형성한다. 따라서 교회이며 동시에 국가인 하나의 교회(Ecclesia)가 존재하는 것이다.[85] 또한 하나의 교회는 「우남 상탐」이 선포하듯 하나의 머리를 가진다.[86]

교황관이 이러한 교회의 일치성을 대변한다고 보니파키우스 8세는 확언한다. 용서와 동정을 청하는 콜론나(Colonna) 가문의 사람들과의 만남을 회상하는 1299년 10월 9일자 편지에서 교황은 거룩한 교회의 일치를 대변할 수 있는 그리고 일반적으로 레늄(regnum)이라고 부르는 왕관을 머리에 쓰고 있었다고 적고 있다.87 더욱이 야코포 카에타니 스테파네스키 추기경은 하나의 교회를 드러내는 교황관이 구체(球體)와 큐빗(cubit)의 모습을 갖고 있음에 주목한다. 구체는 교황관의 하부(下部) 형태로 우주의 구형(球形)을 드러내며 상징적으로 대우주(macrocosm)를 대변한다. 반면 창세 6, 15에서 노아의 방주의 치수를 묘사하는 데 사용된 용어인 큐빗은 교황관의 수직성을 표시하며 그것의 정점(頂點)을 의미한다. 왜냐하면 창세 6, 16이 "위로 한 암마 올려 마무리하여라"라고 명시하기 때문이다.88 여기서 교황관과 노아의 방주 사이의 연결성이 나타난다. 사실 보니파키우스 8세는 자신의 선출을 선포하는 편지에서 교회를 높은 곳을 향해 나아가는 방주로 정의한다. 「우남 상탐」 역시 유일한 큐빗(cubit)에게서 끝을 맺는 노아의 방주를 하나인 교회의 표상으로 제시한다.89 에지디우스 로마누스는 교황관의 하부인 구형적 성격이 신자들의 교회를 드러내고, 방주의 정점은 교황이라고 설명한다.90 더 나아가 그는 교회의 정점을 점유하고 있는 교황을 교회라고 부를 수 있다고 확언한다.91

결국 보니파키우스 8세는 교황관을 통하여 교회의 상징인 노아의 방주와의 긴밀한 관련하에 있는 교황의 모습을 드러내고자 한 것이다. 아울러 교황관이 방주의 정점을 상징하는 것임을 제시하고자 한 것이다. 그토록 수직적으로 높으며 하부가 넓은 교황관을 쓰면서 교황은 자신의 머리 위에 교회를 들고 있는 것이다. 교황은 지상에 살아있는 그리스도의 표상이요 교회의 육화(肉化)이기 때문이다.

나가는 말

「콘스탄티누스 기진장」에 근거하여 교황은 외형적으로 황제와 같은 지위를 요구할 수 있었다. 그리고 교황관은 '황제에 대한 모방'이라는 차원을 보여줄 수 있었다. 사실 교회의 입장에서 보면 「콘스탄티누스 기진장」은 세속 통치자가 교황에게 권력을 위임할 지위를 부여하였다는 단점이 있었다. 그렇기에 교황은 온갖 신학적 이론을 통해 이를 보충하였고, 결국 세속권력과 종교권력 모두 교황의 수중으로 들어가게 되었다.92 이 측면은 교황관(tiara)을 '레늄'(regnum) 또는 '코로나'(corona)라고 부르는 것에서 잘 나타났다.

특별히 많은 도시와 제후들이 교황의 통치권에 반발하기 시작한 시대를 살았던 보니파키우스 8세는 정치적 혼란 속에서 하나인 교회를 강조하면서, 이 교회가 국가를 포함한 세상 전체임을 주장하였다. 베드로의 후계자인 교황은 지상에서의 예수 그리스도의 대리자이기에 사제의 품위와 황제 품위의 상징물 곧 지상의 통치권과 하늘의 통치권의 상징물인 교황관을 머리에 쓰는 것이다. 교권과 세속권의 투쟁으로 점철된 역사의 정점을 드러낸 보니파키우스 8세는 교권과 세속권의 일치성을 교황관이라는 상징 언어를 통해 제시하고자 교황관을 이중관으로 만들었던 것이다. 교황이 하늘과 땅의 지배자라는 의식을 가시적인 교황관을 통해 드러내고자 한 것이다. 이렇게 본다면 교황관이 삼중관으로 변화된 것은 그리 필요한 것이 아니었다고 할 수 있다.93 또한 삼중관이 통치권, 신품권, 교도권이라는 교황의 세 가지 직무를 뜻한다고 일반적으로 말하지만,94 특별한 신학적 기반도 갖지 못한다고 할 수 있다. 더욱이 교황은 이중관을 통해 자신의 모든 권한이 그리스도로부터 온 것이라는 측면을 제시한 것이다. 곧 자신의 권한이 신적 기원을 가지고 있는 것이고, 세속 권력이 영적 권력에 복종하는 것은 하느님의 법이요 하느님이 세운 질서인 것이다. 그렇기에 그 누구도 교황으로부터 이러한 권리를 박탈할 수 없다. 교황은 세상의 으뜸이기 때문이다. 이를 거부하는 것은 결국 이 권한을 부여한 그리스도를 부정하는 것이다.

이러한 교황의 보편적 지배권론은 '한 목자 아래 있는 한 양 떼'(요한 10, 16)라는 것을 드러낸다. 따라서 이러한 교황의 권한을 부정하는 것은 하나의 양 떼 안에 들어오는 것을 거부하는 것이다. 다른 말로 한다면 교회 밖에 있는 것이기에, 구원도 죄의 용서도 받을 수 없는 상황에 처하게 되는 것이다. 그렇기에 「우남 상탐」은 모든 인간이 교황에게 복종하는 것이 구원에 필요한 것이라 강조한다.[95]

그렇다면 이러한 보니파키우스 8세의 자의식을 어떻게 평가할 수 있을까? 또한 그의 사상은 후임 교황들 안에서 지속되었을까? 사실 이 질문에 대해 답하는 것은 그리 쉬운 일이 아니다. 하지만 1440년 비판적이지만 신심 깊은 인문주의자인 로렌조 발라(Lorenzo Valla)가 언제 교황이 본연의 임무로 돌아올 것인가라는 질문에 대한 답변을 통해 추정해볼 수 있다. 교황이 세속적 일들과 교황령을 포기한다면 "그는 아버지로 불리게 될 것이고, 성스러운 아버지가 될 수 있을 것이다. 그렇게 된다면 그는 모든 사람들의 아버지이자 교회의 아버지가 될 것이다. 그는 그리스도인들 사이에서 더 이상 전쟁을 일으키지 않을 것이며, 대신에 사도적 결정과 교황적 권위로써 다른 사람들이 일으킨 분쟁들을 조정하게 될 것이다."96

여기서 보니파키우스 8세가 이룩한 교황에 의한 세계 지배권의 절정에서 볼 수 있었던 교황의 세속적 지배권의 흔적을 볼 수 있다. 비록 보니파키우스 8세가 주장한 보편지배권과 동일한 모습은 아니더라도, 식스토 4세(1471-1484) 이후 교황은 여전히 교황령 안에서 왕으로 자리하고 있었음을 엿볼 수 있기 때문이다. 또한 교황은 여전히 자신이 왕을 면직하고 신하들에게 충성맹세를 해지해줄 권한이 있다고 생각하고 있었음을 교황 비오 5세(1566-1572)를 통해서도 볼 수 있다. 그가 잉글랜드의 여왕 엘리자베스 1세에게 왕권이 없다고 선포했기 때문이다. 1523년에 사망한 후텐의 울리히(Ulrich von Hutten)는, 교황이 그리스도와 교회를 상징하는 양의 가죽을 벗기기 위해 삼중관처럼 두 개의 칼 위에 세 번째 칼을 덧붙여야 한다고 조롱하였다. 식스토 5세(1585-1590) 이후 교황권은 유럽 열강들의 세력 다툼 속에 휘말려 들어갔고, 절대군주들은 자신들의 지배권에 영향력을 행사하려는 종교적 우위권을 거부하였다. 볼테르(Voltaire)는 교황권이 구시대의 유산이며, 야만적이고 미신적인 민중의 배후에는 중세에 형성된 교황의 권력이 도사리고 있다고 비판하였다. 더욱이 1809년 교황 비오 7세(1800-1823)는 나폴레옹을 파문에 처하기도 하였다. 교황령 내에서 진보의 냄새만 풍겨도 위험한 것으로 간주되었고, 교황은 군주처럼 백성으로부터 충성서약을 받았다. 더 나아가 비오 9세((1846-1878)는 1864년 가톨릭교회를 공적 영역에서 배척한 학설들을 나열한 「오류 목록」(Syllabus)을 발표하였으며, 제1차 바티칸 공의회(1869-1870)를 통해 교황의 수위권을 기초로 무류성을 선포하였다.97

결국 보니파키우스 8세의 사상이 1870년 주세페 가리발디 (Giuseppe Garibaldi)에 의해 교황령이 사라질 때까지 완전히 사라진 것은 아니었다고 볼 수 있다. 이러한 의미에서 본다면 바오로 6세의 삼중관 포기는 실로 위대한 전환점이라 할 수 있다. 제후들과 왕들의 아버지인 교황이 자신의 세속적 지배권을 포기한다는 것을 뜻하기 때문이다. 이러한 교황의 결정의 이면에는 직접적으로 그의 전임교황인 요한 23세의 모습이 담겨 있다. 하지만 레오 13세(1878-1903)로 시작된 제1차 바티칸 공의회 이후의 교황들의 노력도 간접적으로 새겨져 있음도 간과할 수 없다. 이들에게 있어 중요한 현안은 호르스트 푸어만이 지적하듯 '현대 세계의 조류를 거부하는 것이 의미가 있는 일인가 혹은 그렇지 않은가?'였다.98 분명 교황직에 큰 부담이었던 교황령의 몰락 후 교황권은 외적으로 무력해졌지만, 이와 대조적으로 교회 내에서 교황의 도덕적 명성은 증가하였다. 특별히 「노동헌장」 (Rerum novarum)을 반포한 레오 13세는 전통 교의의 관점에서 교회가 현대를 받아들이도록 시도하였다. 교회와 국가의 문제에 관심을 가지고 있었던 그는 여러 회칙을 통하여 국가의 자주성과 참된 가치를 강조하였다. 이로써 교회와 사회 사이의 대화의 장을 열었지만, 가톨릭교회 내에서 중앙집권화를 포기하지는 않았다. 그의 후계자인 비오 10세(1903-1914)는 "만물을 그리스도 안에서"(에페 1, 10)를 자신의 사목 표어로 내세우면서 교회 내적이고 종교적인 문제에 관심을 기울인 사목 교황이었다. 하지만 세속 정부에 대해 우호적인 레오 13세의 정책을 실패로 평가하였기에 여러 국가와 긴장 관계에 놓이게 되었고, 더 나아가서는 1910년 반근대주의 선서를 규정하였다. 비오

11세(1922-1939)는 교회의 지위와 권리를 합법화하기 위하여 약 20여 개 국가와 정교조약 또는 협정을 맺었다. 이중 가장 중요한 업적은 1929년 2월 11일 이탈리아의 수상 베니토 무솔리니(Benito Mussolini)와 라테란 조약을 체결한 것이다. 교황을 자발적인 감금에서 해방시켜준 이 조약을 통해 바티칸시국이 중립적 독립국이 되었고, 1870년 이해 교황청은 로마를 수도로 한 이탈리아 정부를 처음으로 인정하였다. 더욱이 비오 12세(1939-1958)는 제2차 세계대전의 발발을 저지하기 위해 노력하였던 평화의 교황으로 기억된다. 비록 나치의 유다인 학살에 대해 단호한 입장을 표명하지 않아 비판을 받기도 하지만, 전후에도 평화를 강조하고 전체 독일인의 집단적 책임 주장과 거기에서 파생하는 증오 운동에 반대 입장을 취하였다. 하지만 폴란드와 헝가리 등의 가톨릭 국가들이 공산주의의 흐름 속으로 침몰하면서 교회가 박해를 받게 되고 성직자들이 투옥되자 책임자들에 대한 파문으로 응수하였다.[99]

여러 개방적 태도에도 불구하고 여전히 교회를 중앙집권적으로 이끌었던 교황들의 뒤를 이어 요한 23세가 등장한다. 교황이 하느님보다 못하지만 인간보다 우위에 있다는 인노첸시오 3세의 자부심에 공감하지 않았던 그는 세상을 향해 교회의 문을 활짝 열어야 한다는 취지에서 제2차 바티칸 공의회를 소집하였다. '아죠르나멘토'(aggiornamento)로 요약되는 공의회의 정신은 예수 그리스도의 육화에 기초하고 있다. 하느님의 아들이 세상을 구원하기 위해 인간이 된 것처럼, 교회 역시 세상의 구원을 위해 세상 안으로 들어가야 한다는 것이다. 그렇기에 쇄신과 적응, 곧 시대의 징표를 식별하고 교회의 쇄신을 이루어야 한다는 것이다.

    이러한 공의회의 정신 안에서 바오로 6세는 자신의 삼중관을 가난한 이들을 위한 선물로 성 베드로 성당의 중앙 제대 위에 올려놓았던 것이다. 그리고 이러한 교황의 의도는 1965년 12월 7일에 발표한 제2차 바티칸 공의회의 「현대 세계의 교회에 관한 사목 헌장 기쁨과 희망」안에서 잘 드러난다. 약칭 「사목 헌장」이라고 하는 이 문헌의 76항은 다음과 같이 말한다. "교회는 그 임무와 권한으로 보아 어느 모로도 정치 공동체와 혼동될 수 없으며, 결코 어떠한 정치 체제에도 얽매이지 않는다. 동시에 교회는 인간 초월성의 표지이며 보루이다. 정치 공동체와 교회는 그 고유 영역에서 서로 독립적이고 자율적이다. 그러나 양자는 자격은 다르지만, 동일한 인간들의 개인적 사회적 소명에 봉사한다. … 교회는 국가 권력이 부여하는 특권을 바라지 않는다. 더 나아가서, 어떤 정당한 기득권의 사용이 교회 증언의 진실성을 의심받게 한다든지 새로운 생활 조건이 다른 규범을 요구하게 될 때에는 정당한 기득권의 행사도 포기할 것이다. 그러나 교회가 언제나 어디에서나 참된 자유를 가지고 신앙을 선포하고, 사회에 관한 교리를 가르치며, 사람들 가운데에서 자기 임무를 자유로이 수행하고, 인간의 기본권과 영혼의 구원이 요구할 때에는 정치 질서에 관한 일에 대하여도 윤리적 판단을 내리는 것은 정당하다. 이때에 교회는 오로지 복음에 일치하고 다양한 시대와 환경에 따라 모든 사람의 행복에 부합하는 모든 방법을 사용한다."100 바오로 6세와 함께 그리고 제2차 바티칸 공의회를 통하여 재조명된 '그리스도의 대리자'의 개념은 1983년 교황 요한 바오로 2세에 의해 선포된 『교회법전』제331조를 통해 다음과 같이 표현된다. "주께로부터 사도들 중 첫째인 베드로에게 독특하게 수여되고 그의 후계자들에게 전달된 임무가 영속되는 로마 교회의 주교는 주교단의 으뜸이고 그리스도의 대리이며 이 세상 보편 교회의 목자이다. 따라서 그는 자기 임무에 의하여 교회에서 최고의 완전하고 직접적이며 보편적인 직권을 가지며 이를 언제나 자유로이 행사할 수 있다."

| 주 |

1 A. Paravicini Bagliani, *Le Chiavi e la Tiara. Immagini e simboli del papato medievale*(Roma: Libreria Editrice Viella, 2005), pp. 71-72.
2 Henry George Liddell and Robert Scott(compiled by), *A Greek-English Lexicon*(Oxford: Clarendon Press, 1994), p. 1789.
3 E. Müntz, "La tiare pontificale du VIIIE au XVIE siècle", *Mémoires de l'Académie des inscriptions et belles-lettres*, tome XXXVI, Ier partie (1898), p. 236.
4 성서의 인용 및 약어는 한국천주교주교회의가 2005년에 발행한 성경을 따른다.
5 Flavius Josephus, *Antiquitates Judaicae*, 3권 7장, 김지찬 옮김, 「유대 고대사」 I (서울: 생명의 말씀사, 1987), 196쪽과 198쪽.
6 B. Sirch, *Der Ursprung der bischöflichen Mitra und päpstlichen Tiara*(St. Ottilien: Verlag der Erzabtei St. Ottilien, 1975), pp. 6-9. 칠십인역 성경과 불가타 성경에 대해 다음을 참조: 이용결, 「성서 번역」, 「한국가톨릭대사전」 7권 (서울: 한국교회사연구소, 2004[1판 2쇄]), 4675-4676쪽; 안병철, 「라틴어역 성서」, 「한국가톨릭대사전」 3권 (서울: 한국교회사연구소, 2003[2판 2쇄]), 2069-2071쪽.
7 A. Maloof, "The Eastern Origin of the Papal Tiara", *Eastern Churches Review* 1(1966), p. 146.
8 H. Leclercq, "TIARE", *Dictionnaire d'archéologie chrétienne et de liturgie*, 15 (Paris: Librairie Letouzey et Ané, 1953), p. 2292.
9 J.N.D. Kelly and M. Walsh, *The Oxford Dictionary of Popes*, 변우찬 옮김, 「옥스퍼드 교황 사전」(왜관: 분도출판사, 2014), 147-148쪽.
10 L. Duchesne ed., *Le Liber Pontificalis*, I (Paris: Éditions E. De Boccard, 1981[réimpression]), p. 390. " … cum camelauco, ut solitus est Roma procedere…"
11 L. Duchesne ed., *Le Liber Pontificalis*, p. 394.
12 Theopanes, Chronographia, Migne ed., *Patrologia Graeca* 108, 501. 베르나르트 시르크(Bernard Sirch)는 「교황 연대표」에서 「콘스탄티노의 생애」(Vita Constantini)의 저자가 고트족 왕인 토틸라의 모관을 알고 있었고, 더욱이 콘스탄티노 교황의 카메라우쿰을 왕의 모관으로 간주하였을 것이라 주장한다: *Der Ursprung der bischöflichen Mitra und päpstlichen Tiara*, pp. 52-53.
13 Konstantinos Porphyrogennetos, *De administrando imperio*, caput XIII, Migne ed., *Patrologia Graeca* 113, 179ff. 이에 대해 참조: B. Sirch, *Der Ursprung der bischöflichen Mitra und päpstlichen Tiara*, pp. 53-65.
14 B. Sirch, *Der Ursprung der bischöflichen Mitra und päpstlichen Tiara*, pp. 65-68.
15 C.E. Pocknee, "The Mitre and the Papal Tiara", *Church Quarterly Review* 167(1966), p. 491; A. Maloof, "The Eastern Origin of the Papal Tiara", p.

148, n. 4.
16 「콘스탄티누스 기진장」의 작성 시기 및 목적에 대해 참조: 이경구, 「콘스탄티누스 기진장의 작성시기」, 『서양중세사연구』 제14호(2004. 9), 1-36쪽; 이경구, 「콘스탄티누스 기진장의 작성목적」, 『서양중세사연구』 제11호(2003. 3), 27-59쪽; H. Leclercq, "Constantin", *Dictionnaire d'archéologie chrétienne et de Liturgie*, III (Paris: Librairie Letouzey et Ané, 1914), pp. 2676-2683. 피에르 바티폴(Pierre Batiffol)은 전례의 관점에서 볼 때 이 문서가 로마에서 작성된 것이 아니며 8세기보다는 9세기에 이루어진 것이라 주장한다: P. Batiffol, *Études de liturgie et d'archéologie chrétienne*(Paris: Librairie Lecoffre/ Éditeur Auguste Picard, 1919), p. 78. 이에 반해 루이 뒤센(Louis Duchesne)은 이 문서가 774년경 로마에서 작성된 것이라고 생각한다: L. Duchesne ed., *Le Liber Pontificalis*, I, p. 394. 「콘스탄티누스 기진장」의 한국어 번역은 다음의 책 참조: A.M. Ritter, B. Lohse, V. Leppin ed., *Kichen-und Theologiegeschichte in Quellen*, Vol. II: Mittelalter, 공성철 옮김, 『교회와 신학의 역사 원전 II 중세교회』, (서울: 한국신학연구소, 2010), 109-112쪽.
17 쥬세페 안티치-마테이(Giuseppe Antici-Mattei)는 콘스탄티누스 대제가 실베스텔 교황에게 선사한 티아라(tiara)와 팔리움(pallium)이 그리스도교의 수장이 자신의 좌에서 갖게 될 자유를 상징하는 것이라고 본다: "Insegne della potestà pontificale: le origini e le forme della Tiara", *L'Illustrazione Vaticana* 9 (1938), p. 715. '프리기움'(frigium)은 1185년경까지 사용되다가 레늄(regnum)과 코로나(corona)로 대체된다: R. Bavoillot-Laussade, "TIARA", P. Levillain ed., *Dizionario storico del papato*, traduzione di Francesco Saba Sardi (Milano: Bompiani, 1996), p. 1439.
18 12세기 후반 위대한 교회법학자인 테오도르 발사몬(Thédore Balsamon)은 알렉산드리아의 총대주교가 자신을 타인과 구분 짓게 하는 '프리기움'(frigium)이라는 전례용 모자를 갖고 있었다고 전해준다: P. Batiffol, "La corona des évêques du IVe au VIe siècle", *Questions liturgiques et paroissiales* 8(1923), p. 22.
19 A. Paravicini Bagliani, *Le Chiavi e la Tiara*, p. 72.
20 E. Müntz, "La tiare pontificale du VIIIE au XVIE siècle", p. 239; C.E. Pocknee, "The Mitre and the Papal Tiara", p. 492.
21 L. Duchesne, *Origine du culte chrétienne. Études sur la liturgie latine avant Charlemagne*(Paris: Éditeur E. De Boccard, 1925), p. 415; F.L. Cross and E.A. Livingstone ed., "tiara", *The Oxford Dictionary of the Christian Church* (Oxford: Oxford University Press, 19973), p. 1621.
22 L. Duchesne ed., *Le Liber Pontificalis*, II (Paris: Éditions E. De Boccard, 1981[réimpression]), p. 152. "Qui denis optimatum populi agminibus cum hymnis et canticis spiritalibus in patriarchio iterum Lateranense perductus est. Coronatur deinque urbs, exultat clerus, laetatur senatus et populi plenitudo magnifice gratulabatur."
23 L. Duchesne ed., *Le Liber Pontificalis*, II, p. 167, n. 5.
24 "Hoc usque ter dicto, accedit prior stabuli et imponet ei in capite regnum."
25 M. Andrieu, *Les Ordines Romani du haut moyen âge*, Vol. 4 (Louvain: Spicilegium Sacrum Lovaniense Administration, 1956), p. 170.
26 "…quod ad similitudinem cassidis ex albo fit indumento."

27 L. Duchesne ed., *Le Liber Pontificalis*, I, p. 271. "Eodem tempore venit regnus cum gemmis praetiosis a rege Francorum Cloduveum christianum, donum beato Petro apostolo." 뒤셴은, 클로비스가 호르미스다 교황이 선출되기 3년 전인 511년에 사망하였기에, 클로비스의 선물이 늦게 도착하였을 가능성을 제시한다: 같은 책, p. 271, n. 23.
28 L. Duchesne ed., *Le Liber Pontificalis*, II, p. 282. "ad palatium denique coronatus et cum onmi laude episcoporum atque cardinalium et procerorum reversus."
29 M. Andrieu, *Les Ordines Romani du haut moyen âge*, Vol. 4, pp. 170–171.
30 F. Cancellieri, *Descrizione de' tre pontificali che si celebrano nella Basilica Vaticana per le feste di Natale di Pasqua e di S. Pietro*(Roma: Stamperia Vaticana, 1788), p. 91; E. Müntz, "La tiare pontificale du VIIIE au XVIE siècle", p. 256; P.E. Schramm, "Zur Geschichte der päpstlichen Tiara", *Historische Zeitschrift* 152(1935), p. 308; C. Sachsse, "Tiara und Mitra der Päpste", *Zeitschrift für Kirchengeschichte* 35(1914), p. 493.
31 J.N.D. Kelly and M. Walsh, 『옥스퍼드 교황 사전』, 244쪽.
32 L. Duchesne ed., *Le Liber Pontificalis*, II, p. 296. "…thyara capiti eius imposita."
33 G.B. Ladner, *Die Papstbildnisse des Altertums und des Mittelalters*, III (Città del Vaticano: Libreria Editrice Vaticana, 1984), p. 282.
34 F. Cancellieri, *Descrizione de' tre pontificali che si celebrano nella Basilica Vaticana per le feste di Natale di Pasqua e di S. Pietro*, p. 90. "Rom. Pontifex in signum Imperii utitur Regno, et in signum Pontificis utitur Mitra; sed Mitra semper utitur, et ubique, Regno vero nec ubique, nec semper."
35 F. Cancellieri, *Descrizione*, p. 90. "Ecclesia in signum Temporalium dedit mihi Coronam; in signum Spiritualium contulit mihi Mitram: Mitram pro sacerdotio, coronam pro Regno."
36 A. Paravicini Bagliani, *Le Chiavi e la Tiara*, p. 75.
37 M. Dykmans, *Le cérémonial papal de la fin du Moyen Age à la Renaissance*, I(Bruxelles, Roma: Institut Historique Belge de Rome, 1977), p. 180
38 Campi, *Dell'historia ecclesiastica di Piacenza*, II, p. 346. A. Paravicini Bagliani, *Le Chiavi e la Tiara*, p. 76에서 재인용.
39 A. Paravicini Bagliani, *Le Chiavi e la Tiara*, p. 76.
40 E. Müntz, "La tiare pontificale du VIIIE au XVIE siècle", p. 270.
41 É. Molinier, *Inventaire du trésor du Saint Siège sous Boniface VIII(1295)* (Paris: Imprimerie Daupeley-Gouverneur, 1888), pp. 70–71.
42 E. Müntz, "La tiare pontificale du VIIIE au XVIE siècle", p. 244.
43 E. Müntz, 같은 논문, pp. 247–248.
44 J. Nabuco, "TIARA", *New Catholic Encyclopedia*, XIV (New York: McGraw-Hill Company, 1967), p. 150.

45 N. Del Re, "TIARA", N. Del Re ed., *Mondo Vaticano. Passato e presente* (Città del Vaticano: Libreria Editrice Vaticana, 1995), p. 1039; P.E. Schramm, "Zur Geschichte der päpstlichen Tiara", p. 308: J. Braun, "Tiara", *Catholic Encyclopedia*, 14 (New York: Robert Appleton Company, 1912), p. 715; F. Cancellieri, *Descrizione de' tre pontificali che si celebrano nella Basilica Vaticana per le feste di Natale di Pasqua e di S. Pietro*, p. 91.

46 F. Cancellieri, *Descrizione de' tre pontificali che si celebrano nella Basilica Vaticana per le feste di Natale di Pasqua e di S. Pietro*, p. 116. "Corona, quae vocatur Regnum, cum tribus circulis rubeis."

47 P. Siffrin, "TIARA", *Enciclopedia Cattolica*, XII (Città del Vaticano: Casa Editrice G.C. Sansoni, 1954), p. 70.

48 피렌체 주교좌성당 박물관에 있는 대리석 상, 오르비에토(Orvieto)의 포르타 델라 포스테룰라(Porta della Posterula)와 포르타 마죠레(Porta Maggiore)에 있는 두 개의 대리석 상, 볼로냐 시립 박물관에 있는 입상(立像), 아나니(Anagni) 주교좌성당 측면에 있는 대리석 상 등이 있다.

49 A. Paravicini Bagliani, *Le Chiavi e la Tiara*, 사진 50-53.

50 G.B. Ladner, *Die Papstbildnisse des Altertums und des Mittelalters*, III, p. 303; A. Paravicini Bagliani, *Le Chiavi e la Tiara*, p. 77.

51 Jacques Le Goff, *La Civilisation de l'Occident médiéval*, 유희수 옮김, 「서양중세문명」(서울: 문학과지성사, 2008[개정판 1쇄]), 437쪽.

52 B. 타이어니 엮음, 「서양중세사 연구」, 박은구 외 옮김 (서울: 탐구당, 1988[재판]), 340쪽.

53 이브 콩가르(Yves Congar)는 그레고리오 7세의 신념을 "신에 복종하는 것은 교회에 복종하는 것입니다. 그리고 이는 다시 교황에게 복종하는 것입니다."라고 묘사한다: H. Fuhrmann, *Die Päpste*, 차용구 옮김, 「교황의 역사」(서울: 도서출판 길, 2013), 139쪽에서 재인용.

54 H. Fuhrmann, 「교황의 역사」, 166쪽.

55 숭실대학교 유럽중세사연구실, 「중세 유럽문화의 이해」 1 (서울: 숭실대학교 출판국, 2012), 402쪽.

56 Hans-Christian Huf, *Die Päpste*, 김수은 옮김, 「교황들. 하늘과 땅의 지배자」(파주: 동화출판사, 2009), 55쪽.

57 박은구·이연규 엮음, 「14세기 유럽사」(서울: 참구당, 1993), 97-98쪽.

58 F. Seibt, *Glanz und Elend des Mittelalters*, 차용구 옮김, 「중세, 천년의 빛과 그림자. 근대 유럽을 만든 중세의 모든 순간들」(서울: 현실문화연구, 2014[2판]), 450쪽.

59 필립 4세는 매우 신심 깊은 그리스도인으로 묘사된다. 하지만 그의 신앙심은 두 가지 특징을 드러낸다. 하나는 그가 로마 교황청의 지도력에 대한 큰 존경심을 갖고 있지 않았다는 것이요, 다른 하나는 프랑스의 군주가 성좌(聖座)처럼 인류의 복지에 필요하다고 믿었다는 것이다: J.R. Strayer, "PHILIP IV, KING OF FRANCE", *New Catholic Encyclopedia*, 11 (Detroit: Gale, 2003[Second Edition], p. 245.

60 G. Alberigo, JA. Dossetti, P.-P. Joannou, C. Leonardi, P. Prodi ed., *Conciliorum Oecumenicorum Decreta* II, 김영국·손희송·이경상·박준양·변종찬 옮김, 『보편공의회 문헌집 제2권 전편 – 제1~4차 라테란 공의회·제1~2차 리옹 공의회』(서울: 가톨릭출판사, 2009), 221쪽과 255쪽.
61 필립 4세는 다음과 같이 말하면서 자신의 권력을 분명히 하고 있다. "왕국의 세속 정부는 오로지 국왕의 것이지 그 누구의 것도 아니다. 따라서 국왕은 자신보다 더 높은 사람을 둘 수도 없고 인정할 수도 없다. 국왕은 왕국의 세속적인 일을 처리하는 데 있어서, 어느 누구에게도 굴복당하지 않고 지배받지도 않는다." Jean Comby, *Pour lire de l'Église*, 노성기·이종혁 옮김, 『세계교회사 여행』 1 (서울: 가톨릭 출판사, 2012), 562-563쪽.
62 서양중세사학회, 『서양 중세사 강의』(서울: 느티나무, 2008[재판]), 422-423쪽: B. Tierney/L. Schmugge, "BONIFACE VIII, POPE", *New Catholic Encyclopedia*, 2 (Detroit: Gale, 2003[Second Edition], pp. 502-503; Hans-Christian Huf, 『교황들. 하늘과 땅의 지배자』, 62-68쪽; H. Fuhrmann, 『교황의 역사』, 174-176쪽; J.N.D. Kelly and M. Walsh, 『옥스퍼드 교황 사전』, 320-321쪽.
63 이 점은 기욤 드 노가레(Guillaume de Nogaret)가 1303년 보니파키우스 8세 교황에 대해 고발한 것에서 잘 드러난다: Jean Comby, *Pour lire de l'Église*, 『세계교회사 여행』 1, 564-565쪽.
64 E. Müntz, "La tiare pontificale du VIIIE au XVIE siècle", p. 270, n. 2.
65 J.N.D. Kelly and M. Walsh, 『옥스퍼드 교황 사전』, 321쪽.
66 A. Paravicini Bagliani, *Le Chiavi e la Tiara*, p. 78.
67 H. Fuhrmann, *Einladung ins Mittelalter*, 안인희 옮김, 『중세로의 초대』(서울: 이마고, 2007[초판 4쇄]), 199쪽.
68 A. Paravicini Bagliani, *Le Chiavi e la Tiara*, pp. 14-15.
69 M. Pastoureau, "CHIAVI", P. Levillain ed., *Dizionario storico del papato*, p. 300.
70 D.L. Galbreath, *Papal Heraldry. A treatise on ecclesiastical heraldry* (Cambridge: W. Heffer and Sons ltd., 1930), p. 52.
71 A. Paravicini Bagliani, *Le Chiavi e la Tiara*, p. 23.
72 장준철, 「교령 Duo sunt에 나타난 두 권력 이론」, 『서양중세사연구』 제1호(1997. 2), 51-82쪽.
73 전경옥 외 지음, 『서양 고대·중세 정치사상사. 아테네 민주주의에서 르네상스까지』(서울: 책세상, 2011), 394-395쪽; W. Ullmann, *Medieval Political Thought*, 박은구·이희만 옮김, 『서양 중세 정치사상사』(서울: 숭실대학교 출판부, 2000), 122-123쪽.
74 H. Denzinger, P. Hünermann, *Enchiridion Symbolorum definitionum et declarationum de rebus fidei et morum, versione italiana a cura di Angelo Lanzoni e Giovanni Zaccherini*(Bologna: Centro editoriale dehoniano, 20034), p. 495, n. 873. "Uterque ergo est in potestate ecclesiae, spiritualis scilicet gladius et materialis. Sed is quidem pro ecclesia, ille vero ab ecclesia exercendus, ille sacerdotis, is manu regum et militum, sed ad nutum et patientiam sacerdotis. Oportet autem gladium esse sub gladio,

et temporalem auctoritatem spirituali subjici potestati."
75 전능권(plenitudo potestatis)이라는 표현은 교황 레오 1세(440-461)에게서 처음으로 등장한다. 원래 이 용어는 교황에게만 독점적으로 적용되는 것이 아니었다. 하지만 12세기를 지나면서 이 표현이 가장 높은 위치에 있는, 곧 최고의 사법적이고 입법적 권위로서 교황권을 정의하는데 사용되기 시작하였다. 인노첸시오 3세는 이 표현을 왕권에 대한 호소로도 이해하였다. 이에 대해 참조: A. Paravicini Bagliani, *Il trono di Pietro. L'universalità del papato da Alessandro III a Bonifacio VIII*(Roma: Carocci editore, 2001), pp. 93-97; 장준철, 「교황 이노첸시우스 4세의 교권정치론」, 『서양중세사연구』제2호(1997. 12), 109-110쪽.
76 H. Fuhrmann, 『교황의 역사』, 153-154쪽.
77 B. 타이어니 엮음, 『서양중세사 연구』, 341-342쪽.
78 Migne ed., *Patrologia Latina* 217, col. 481. 귀욤 뒤랑(Guillaume Durand)은 인노첸시오 3세의 정의에 대해 이렇게 덧붙인다. "하지만 미트라는 항상 그리고 어디에서든 사용된다. 레늄(regnum)은 항상 사용되는 것도 그리고 어디에서든 사용되는 것은 아니다. 왜냐하면 교황의 권위는 황제의 권한보다 우선적이고 더 고귀하고 확장된 것이기 때문이다. 사제직은 하느님의 백성 안에서 레늄을 능가한다.": *Rationale*, liv. III, ch. XIII, 8, p. 76. E. Müntz, "La tiare pontificale du VIIIE au XVIE siècle", p. 255에서 재인용.
79 "Nam veritate testante, spiritualis potestas terrenam potestatem instituere habet et judicare si bona non fuerit."
80 장준철, 「교령(Unam Sanctam)에 나타난 교황의 보편적 지배권론」, 『서양중세사연구』제5집(1999. 12), 60쪽. 막카로네(M. Maccarrone)는 '죄로 인한'이라는 정식을 발견한 것이 인노첸스 3세의 훌륭함이라고 평가한다: "《Potesta directa》 e 《potestas indirecta》 nei teologi del XII e XIII secolo", *Sacerdozio e Regno da Gregorio VII a Bonifacio VIII. Studi presentati alla sezione storica del congresso della Pontificia Università Gregoriana 13-17 ottobre 1953*(Roma: Pontificia Univeristà Gregoriana, 1954), p. 34.
81 W. Ullmann, 『서양 중세 정치사상사』, 115쪽.
82 "Ergo, si deviat terrena potestas, judicabitur a potestate spirituali; sed, si deviat spiritualis minor, a suo superiori si vero suprema, a solo Deo, non ab homine poterit judicari, testante Apostolo: Spiritualis homo judicat omnia, ipse autem a nemine judicatur."
83 H. Fuhrmann, 『교황의 역사』, 173쪽.
84 Aegidius Romanus, *De ecclesiastica potestate* 1, 2. 한국어 번역은 다음의 책 참조: A.M. Ritter, B. Lohse, V. Leppin ed., 『교회와 신학의 역사 원전 II 중세 교회』, 370쪽.
85 G.B. Ladner, "The concept of 《Ecclesia》 and 《Christianitas》 and their relation to the idea of papal 《plenitudo potestatis》 from Gregory VII to Boniface VIII", *Sacerdozio e Regno da Gregorio VII a Bonifacio VIII. Studi presentati alla sezione storica del congresso della Pontificia Università Gregoriana 13-17 ottobre 1953*(Roma: Pontificia Univeristà Gregoriana, 1954), pp. 52-55.
86 "Igitur ecclesiae unius et unicae unum corpus, unum caput."

87 *Les Registres de Boniface VIII(1294-1303)*, n. 3410. A. Paravicini Bagliani, *Le Chiavi e la Tiara*, p. 79에서 재인용.
88 P.E. Schramm, "Zur Geschichte der päpstlichen Tiara", p. 309; A. Paravicini Bagliani, *Le Chiavi e la Tiara*, pp. 79–80. 불가타 성경은 "in cubito consummabis summitatem"으로 표현한다.
89 "Una nempe fuit diluvii tempore arca Noë, unam ecclesiam praefigurans, quae in uno cubito consummata unum." 교회의 예형(豫型)인 노아의 방주에 대해 참조: J. Danièlou, *Sacramentum Futuri. Études sur les origines de la typologie biblique*(Paris: Beauchesne et Ses Fils, 1950), pp. 55–94.
90 Aegidius Romanus, *Contra exemptos. Primus tomus operarum*, Romae, 1555, fol. 8v–9r. A. Paravicini Bagliani, *Le Chiavi e la Tiara*, p. 80에서 재인용.
91 Aegidius Romanus, *De ecclesiastica potestate* 3, 12. "Summus pontifex, qui tenet apicem Ecclesiae et qui potest dici Ecclesia." A. Paravicini Bagliani, *Le Chiavi e la Tiara*, p. 81에서 재인용.
92 H. Fuhrmann, 『중세로의 초대』, 216–217쪽.
93 A. Lipinsky, "Il triregno dei Romani Pontefici", *Ecclesia* 17(1958), p. 540.
94 한영만, 「교황관」, 『한국가톨릭대사전』 1권(서울: 한국교회사연구소, 2003[2판 3쇄]), 651쪽.
95 "Porro subesse Romano Pontifici omni humanae creaturae declaramus dicimus, definimus et pronunciamus omnino esse de necessitate salutis."
96 H. Fuhrmann, 『교황의 역사』, 230쪽.
97 H. Fuhrmann, 『중세로의 초대』, 218–220쪽; H. Fuhrmann, 『교황의 역사』, 212–239쪽. 제1차 바티칸 공의회에 대해 참조: H. Jedin, *Kleine Konziliengeschichte. Mit einem Bericht über das Zweite Vatikanische Konzil*, 최석우 옮김, 『세계공의회사』(왜관: 분도출판사, 2006[재쇄]), 123–146쪽; N.P. Tanner, *I concili della Chiesa*, 김영식·최용감 옮김, 『간추린 보편공의회사』(서울: 가톨릭출판사, 2010), 146–158쪽; K. Schatz, *Allgemeine Konzilien – Brennpunkte der Kirchengeschichte*, 이종한 옮김, 『보편공의회사』(왜관: 분도출판사, 2005), 265–319쪽. 제1차 바티칸 공의회 문헌의 한국어 번역은 다음을 참조: G. Alberigo, JA. Dossetti, P.-P. Joannou, C. Leonardi, P. Prodi ed., *Conciliorum Oecumenicorum Decreta* III, 김영국·손희송·이경상 옮김, 『보편공의회 문헌집 제3권 – 트렌토 공의회·제1차 바티칸 공의회』(서울: 가톨릭출판사, 2006), 801–816쪽.
98 H. Fuhrmann, 『교황의 역사』, 241쪽.
99 A. Franzen, *Kleine Kirchengeschichte*, 최석우 옮김, 『세계교회사』(왜관: 분도출판사, 2004[재쇄]), 405–426쪽; J.N.D. Kelly and M. Walsh, 『옥스퍼드 교황사전』, 459–472쪽.
100 『제2차 바티칸 공의회 문헌〈개정판〉』(서울: 한국천주교중앙협의회, 2002[2판 1쇄]), 567–571쪽.

18장

요한 크리소스토무스의
자유의지에 대한 이해

들어가는 말

1. 자유의지와 원죄
2. 추락한 인간 안에서의 자유
3. 자유의지와 은총

나가는 말

「요한 크리소스토무스의 자유의지에 대한 이해」는 논문을 작성하기 위해 준비한 초록으로 여겨진다.

들어가는 말

인간이 무언가를 행할 능력을 가지고 있다는 것에 대해서는 의심의 여지가 없다. 이를 우리의 자유 혹은 우리의 의지에 대한 증명이라고 말한다. 또한 인간이 선이나 악을 행한다는 사실도 자유와 의지라는 용어로써 설명할 수 있다. 그렇기에 자유의지에 대한 문제는 윤리성의 문제와 매우 밀접하게 연결되어 있는 것이다. 교부들 역시 이 점을 잘 인식하고 있었기에 나름대로 자유의지에 대한 문제에 적합한 답변을 하고자 노력하였다.

본 논고에서 다루고자 하는 요한 크리소스토무스가 자유의지에 관한 작품을 저술한 것은 아니다. 하지만 여러 작품들 속에서 그는 인간 안에 존재하는 자유의지에 대해 확언하면서 여러 오류에 대항하여 인간의 자유를 명백하게 옹호하고 있다.[1] 윤리가로서 그는 자신의 청취자들이 계명에 따라 살고 복음의 권고를 받아들이는 훌륭한 그리스도인이 되길 원한다. 때문에 그는 자유의지에 대한 문제를 신학적이며 사변적 관점 보다는 수덕적이며 윤리적인 관점에서 다루고 있다.

사실 자유의지에 대한 요한 크리소스토무스의 사상은 아우구스티누스뿐 아니라 그의 반대자였던 에클라누스의 율리아누스에 의해 즐겨 인용되었다. 이러한 이유로 그의 자유의지에 대한 생각은 여러 학자들에 의해 오해받기도 하였다. 16세기의 얀세니우스주의자인 리차드 시몬은 크리소스토무스가 원죄를 부정하였거나 적어도 가톨릭교회의 가르침과는 달리 설명하였다고 주장하였다. 마찬가지로 독일의 이성주의자들과 그들의 생각을 그대로 따라간 프랑스 일부 학자들 그리고 약간의 이탈리아 근대주의자들 역시 크리소스토무스가 펠라기우스주의자 적어도 세미(semi) 펠라기우스주의자로 4세기 얀세니우스주의의 모습을 갖고 있었다고 지적한다.² 만약 그러하다면, 크리소스토무스는 아담의 원죄가 아담의 죄일 뿐 그 후손에게 전해져 오지 않는다는 것이고, 아우구스티누스와는 달리 우리가 선을 행하는 데 있어 하느님의 은총이 필요 없다고 생각하는 것이다.

이 문제를 해결하기 위해 본 논고는 그의 사상을 세 가지 차원으로 보고자 한다. 즉 원죄 안에서의 자유의지, 아담의 원죄 이후의 자유 안에서의 자유의지 그리고 은총과의 관계 안에서의 자유의지라는 측면이다. 각 측면에 대한 고찰은 요한 크리소스토무스의 자유의지에 대한 사상이 가톨릭교회의 가르침과 일치하는지, 혹은 오류에 빠진 것인지 결론을 내릴 수 있도록 도와줄 것이다.

1. 자유의지와 원죄

요한 크리소스토무스의 작품 속에서 자유의지에 대한 언급은 자주 등장한다. 예를 들면, 『창세기 강론』(Homiliae in Genesim) 19, 1은 인간에게 자유의지가 주어졌다고 확언한다. 다른 곳에서 그는, 인간이 무언가를 원하는 능력은 인간 안에 있는 자연적인 것으로 하느님께서 주신 것이라고 전제하면서, 악의 의지는 우리의 결정에서 나오는 것이라고 주장한다.³ 사실 인간의 윤리적 행위는 자유의 실천으로 시작한다. 곧 자유로운 의지는 모든 윤리적 행위의 첫 원리인 것이다. 따라서 인간이 선을 행한다면, 그것은 의지로부터 나오는 것이다. 또 인간이 악을 행한다면, 그것 역시 의지로부터 나오는 것이다. 이러한 의미에서 인간은 자유를 가지고 있는 것이라고 언명할 수 있다.

요한 크리소스토무스에게 자유에 관한 문제는, 그가 비록 명백하게 다루지 않았음에도 불구하고 원죄 문제와 밀접하게 연결된다.4 이는 그가 인간의 원초적 상태를 탐욕(貪慾, concupiscientia)을 모르고 타락에 종속되지 않은 천사적 삶(vita angelica)으로 묘사하고 있는 것에서 잘 알 수 있다.5 이 삶은 다른 것이 아니라, 아담과 하와가 타락하기 전에는 불멸의 존재이며, 고통 받지 않는 존재이고, 지혜로 가득 차 있었으며, 알몸을 드러내지 않는 영광에 싸여 있었음을 의미한다. 하지만 아담과 하와는 죄를 범함으로써 이러한 원초적 거룩함과 의로움에서 추락하게 되었다. 이로써 불멸의 인간은 죽음의 지배하에 놓였고, 고통 받지 않던 인간이 불행과 질병에 종속되었다. 그의 지성은 암흑에 잠겼고, 그의 의지는 탐욕의 사슬에 묶여 힘이 약해졌다. 또한 인간은 하느님을 보지 못하게 되었고, 그의 사회적 관계역시 혼란에 빠지게 되었다. 가난과 종살이가 폭력과 불평등한 조건의 열매로 등장하게 되었다.6

첫 인간의 불순명과 그에 따른 하느님의 벌로서 모든 후손에게 적용되는 결과들, 곧 죽음과 신체적 고통 그리고 윤리적 어려움과 악으로 기우는 경향 등은 하느님과 인간의 관계에서 하나의 전환을 가져왔다. 요한 크리소스토무스는 인간 체험에 의존하고 아우구스티누스의 신학적 심화를 알지 못하는 그리스 전통을 따라 이 원죄의 결과들에 주목한다.7 이는 다른 것이 아니라, 크리소스토무스가 마음의 움직임에 큰 관심을 갖고 있기에 원죄의 본성에 대해 신학적으로 다루기보다 오히려 죽음의 무질서와 같은 원죄에 대한 벌이라는 결과를 다루고 있음을 보여주는 것이다. 무엇보다 그는 모든 사람이 원죄에 연관된다는 것, 즉 아담의 후손에게 원죄가 전달되어 모든 사람이 아담의 공범자가 된다는 것에 강조점을 둔다.[8] 그럼에도 불구하고 에클라누스의 율리아누스는 크리소스토무스의 한 문장에 기초하여 그가 원죄를 부정한다고 주장한다. 아우구스티누스는 이 주장을 자신의 작품에서 다음과 같이 인용한다. "콘스탄티노플의 성 크리소스토무스는 유아들 안에 원죄가 있다는 것을 부정한다. … 이 때문에 우리는 유아들이 비록 죄에 물들지 않았음에도 불구하고 그들에게 세례를 준다."[9] 물론 이 문장을 그대로 받아들인다면, 크리소스토무스는 인간에게 원죄가 유전되어 내려온다는 것을 부정하고 있다고 생각할 수 있다. 하지만 여기서 우리는, 아우구스티누스가 주장하듯 크리소스토무스의 그리스어 원 문장으로 돌아가야 한다. 히포의 주교에 따르면, "이는 사본이나 다양한 번역의 문제라고 볼 수 있다. … 이는 라틴어로 다음과 같이 번역할 수 있다. '따라서 우리는 유아들이 죄를 가지고 있지 않음에도 불구하고 그들에게 세례를 준다.'"[10] 아우구스티누스의 주장에 의하면, 율리아누스는 잘못된 라틴어 번역을 통해 크리소스토무스의 사상을 제대로 이해하지 못했다는 것이다. 히포의 주교는 자신의 논점을 더 잘 드러내기 위해 원죄에 대한 크리소스토무스의 사상을 담고 있는 여러 구문들을 계속해서 인용하고 있다.[11] 이러한 점에서 볼 때, 크리소스토무스가 원죄에 대한 자신의 사상을 전개해 나아가는 데 있어 윤리적, 수덕 관점으로 하고 있기에 신학적

심화를 드물게 보이고 있음에도 불구하고 원죄에 대한 그의 생각은 분명 정통임이 드러난다.[12]

하지만 여기에서 아우구스티누스와 요한 크리소스토무스 사이의 차이점에 대해 간과할 수 없다. 이 차이는 무엇보다 아담이 우리에게 죄의 벌인 가련한 처지만을 전해주었는지 또는 그 죄까지도 전해준 것인지에 대한 답변에서 볼 수 있다. 크리소스토무스에 따르면, "'그 안에서 모든 이들이 죄를 지었습니다'라는 문장은 무엇을 의미합니까? 이는, 나무 열매를 먹지 않은 이들도 죽을 운명에 놓이게 되었다는 것을 의미합니다. … 따라서 '죄인'이란 단어의 뜻은 어떤 것입니까? 내 의견으로는, 이 단어는 고통에 종속되고 죽음의 노예가 된 이들에게 적용될 수 있습니다."[13] 우리는 이 인용문에서 크리소스토무스의 관점을 엿볼 수 있다. 그에 따르면, 아담의 후손들은 아담의 죄에 대한 벌만 전해 받은 것이지 아우구스티누스가 주장하듯 죄 자체까지 받은 것은 아니다. 다시 말하면, 우리는 태어나면서 아담의 죄를 이어받았고 그 죄는 우리의 본성 안에 놓여 있다고 그는 말하지 않는다.[14] 이러한 그의 주장에서 우리는, 무라르(Moulard)와 틱세롱(Tixeront)이 주장하듯, 안티오키아 학파에 속한 그의 신학적 양성이 가져온 열매를 볼 수 있다.[15]

2. 추락한 인간 안에서의 자유

요한 크리소스토무스는 마니교적 경향을 갖고 있는 자신의 반대자들에 맞서 인간의 자유를 옹호하면서 다음과 같은 확신을 갖게 되었다. '추락이 인간에게서 선한 의지를 완전히 없앤 것이 아니다. 또한 육신도, 비록 원죄로 말미암아 죽을 운명에 놓이게 되었음에도 불구하고 사악하게 변한 것도 아니고 근본적으로 영혼에 적대적이거나 반대하지 않는다. 하지만 인간은 죽을 운명에 놓이게 됨으로써 탐욕(concupiscientia)을 갖게 되었지만, 인간이 이것을 멈추지 않으면 죄를 짓게끔 만들뿐이지 그 자체로 오류나 죄는 아니다. 더 나아가 탐욕이 인간에게서 자유의지를 없애지도 않았고 우리 안에서 어떤 폭력을 행사하지도 않는다.'[16]

결국 크리소스토무스에 따르면 인간의 자유는 추락 이후에도 온전히 남아 있다. 이는 다른 것이 아니라, 영혼은 추락이후에도 부패하지 않았고, 자신의 고귀함을 보존하고 있으며 자신의 운명을 계속해서 나아갈 능력을 갖고 있다는 것이다. 인간의 자유가 온전히 보존되어 있기에, 인간은 자신의 행동에 대한 책임을 가지고 있다. 즉 인간은 자신의 행동 규칙을 선택한다는 것이다.[17] 윤리적 행동은 이성적 영혼의 고유한 현현으로, 이를 통해 인간은 선과 악을 알게 되고 덕행으로 나아가게 된다.[18] 따라서 인간의 의지는 자신의 행동에 대한 책임을 져야 하며, 이는 악이 원하는 것과 원하지 않는 것에서 나오기 때문이다.[19] 모든 선과 악은, 스토아 철학에서 잘 나타나는 것처럼, 원하는 것과 원하지 않는 것이라는 의지의 상반된 두 행동 안에 있다는 것이다. 여기서 원하는 것과 원하지 않는 것은 우리의 능력 안에 있음을 잊어서는 안 된다. 곧 우리의 자유를 행사하는 것은 선택이며, 이것은 '예'와 '아니오'라는 판단에 근거한다는 것이다. 우리의 영혼은 이성과 신앙의 빛을 받아 또는 악한 의지에 따라 행동하는 동기의 가치에 대한 자신의 판단을 따르면서 선이나 악에로 향하게 되고 이에 따라 선한 영혼 혹은 악한 영혼이 되는 것이다.[20]

여기서 우리는 신의 예지(豫知, prescientia)와 죄의 관계라는 새로운 문제에 직면한다. 곧 '하느님이 모든 미래사를 예지한다면, 우리는 필연에 의해 죄를 짓는 것인가?'라는 질문이다. 무엇보다 자유의지가 하나의 실재임을 잊어서는 안 된다. 마태오 18, 7에 대한 크리소스토무스의 강론에 따르면, "그리스도께서 필연에 대해 말하실 때, 인간의 삶을 어떤 외적 필연에 종속시키려고 하는 의도가 없는 것은 물론, 자유의지나 의지의 자유를 없애려고 하는 것이 아니다. … 일어날 것이기 때문에 말씀하신 것이다."[21] 이러한 면에서 볼 때, 신의 예지는 원인이 아니라 인식이라고 말할 수 있다. 또한 그러하다면, 신의 예지는 악의 문제와 관련이 없는 것이고, 인간의 구원과 멸망에서 자유로운 의지가 관건이 된다고 할 수 있다.

3. 자유의지와 은총

'만약 인간이 선과 악을 행하는 데 있어 완전히 자유롭다면, 하느님의 은총은 어떠한 의미가 있는가?'라는 질문을 우리는 하게 된다. 크리소스토무스가 사망한 지 몇 년 지나지 않은 410년경 펠라기우스는 마니교와 첨성학적 유물론의 교의에 반대하면서 윤리적 질서 안에서 자유로운 의지의 역할을 강조하면서 의지를 은총의 그늘 아래 놓으려 하지 않았다. 물론 크리소스토무스도 마니교와 유물론의 사상에 직면하여 펠라기우스와 동일한 목적을 갖고 있었지만, 초자연적 인간 행위에서 은총에게 자유 옆에 우선적 자리를 주고 있다. 은총과 자유의지의 관계를 설정하는 데 있어 크리소스토무스의 입장을 우리는 간과해서는 안 된다. 이 문제를 다루는 데 있어 그는 신학자나 형이상학자로서가 아닌, 은총을 구원의 가장 중요한 도구로 간주하는 윤리가요 설교자로서 접근하기 때문이다.22

요한 크리소스토무스는 상존은총(gratia habitualis) 혹은 성화은총(gratia sanctificans)과 현존은총(graita actualis)을 구분하면서, 상존은총을 거룩한 영혼 안에 거주하는 삼위일체로서 정의한다. 하지만 원죄 이후에 이 상존은총은 사라지고 영혼은 모든 부패하고 부끄러운 죄에 열린 상태가 되었다고 말한다.23 반면에 현존은총은 인간으로 하여금 선을 행하도록 도와주고 있다는 것이다.

이러한 의미에서, 크리소스토무스에 따르면, 은총은 필요성과 무상성이라는 두 본질적인 성격을 갖게 된다. 은총의 무상성은 다른 것이 아니라, 은총이 모든 이에게 주어진다는 것이다.24 크리소스토무스에 따르면, "어떤 이는 분노의 그릇이요 다른 이들은 자비의 그릇이라는 것이 어디에서부터 오는 것입니까? 각자의 고유한 의지에서 오는 것입니다. 매우 선하신 하느님께서는 각각의 이들에게 당신의 자비하심을 드러내십니다. 그분은 구원받은 이들에게만 자비하심을 갖고 계신 것이 아니라, 적어도 부분적이라도 파라오에게도 갖고 계십니다. 구원받은 이들도, 파라오처럼 같은 인내의 대상입니다."25 여기서 우리는 흥미로운 사실을 발견하게 된다. 은총은 무상으로 주어지는 것이지만, 그것을 받을 자격이 있는 이들에게만 간다는 것이다. 은총을 받고 안 받고는 각자의 의지에 따른 것이기 때문이다.

　은총의 필요성에 대해 크리소스토무스는 τό κατορθοῦν과 ἀρετή라는 두 단어로 설명한다. 전자는, 켄니(Kenny)에 따르면 이미 의화된 사람이 자유롭게 그리고 가치 있게 행하는 것으로 하느님을 기쁘게 하는 윤리적으로 훌륭한 인간의 행위이며, 후자는 덕행보다는 덕스러운 삶을 의미한다.26 은총의 필요성은 삶의 모든 영역에서 드러난다. 즉 단순히 어려움뿐 아니라 가장 쉽게 할 수 있는 것들에서도 나타난다.27 하지만 은총은 무엇보다 선을 위해 필요하다. 사실 인간은 악을 행할 수 있다. 그러나 악은 하느님이 허용하고 있는 것뿐이지 그분의 의지에서 오는 것이 아니라, 인간의 의지에서 오는 것이다. 이에 반해, 선은 우리의 의지와 동시에 하느님의 행위에서 오는 것이다.28 다시 말하면, 선은 우리뿐 아니라 하느님께도 달려 있는 것이다. 무엇보다 인간은 선을 선택하는 것이 필요하다. 선을 택한 후에는 하느님으로부터 오는 것이 필요하다. 곧 하느님은 인간의 자유의지를 무시하지 않기 위해 우리의 의지보다 선행하여 자신의 은총을 주시지 않는다. 하지만 우리가 선을 택하면 곧 엄청난 도움이 우리에게 주어진다.29

　여기서 우리는 '혹시 인간의 노력이 은총에 비해 시간적 우위권을 갖고 있는 것이 아닌가?'라는 질문을 하게 된다. 은총이 우선적인 것이 아니라 오히려 자유로운 의지에 조력하는 역할을 하는 것처럼 보이기 때문이다. 하지만 우리의 노력은 우리를 이끄는 하느님의 부르심에 대한 응답임을 잊어서는 안 된다. 다시 말하면, 하느님은 우리를 부르시지만, 우리가 당신에게 자발적으로 그리고 우리의 의지로 가까이 오도록 기다리고 계신다는 것이다.

이러한 의미에서 우리는 은총과 자유로운 의지 사이의 공동협력이라는 점을 발견하게 된다.[30] 이 두 가지는 그리스도인의 행위의 두 원칙 혹은 두 원천으로 나타난다. 은총이 주어지고 자유의지는 여기에 동의하는 것이다.[31] 이 하느님과 인간의 공동협력이라는 측면에서 크리소스토무스는 하느님의 역할을 묘사하기 위해 다음의 단어들을 사용한다. Χάρις, Βοήθεια, ροπή. 반면 인간의 협력에 대해서는 다음의 용어를 사용한다. προαίρεσις, σπουδή, γνώμη, προθυμία.[32] 물론 인간의 부분은 매우 작지만, 인간 역시 자신의 성화(sanctificatio) 사업에서 개인적 역할을 하고 있음이 분명히 드러난다. 또 이 과정에서 하느님 없이는 아무 것도 할 수 없음도 나타난다.[33] 여기에서 자유의지에 대한 은총의 우위성이 나오게 된다. 그러나 이 우위성은 은총이 근본적이라는 측면에서 갖는 것이지, 인간의 의지를 제외한 측면에서 갖는 것이 아님을 잊어서는 안 된다.[34]

나가는 말

지금까지 우리는 요한 크리소스토무스의 자유의지에 대한 가르침을 세 가지 차원에서 살펴보았다. 물론 그가 모든 문제를 해결한 것은 아니지만, 자신의 청중들이 윤리적 삶을 살아가도록 노력할 것을 권고하는 윤리가로서의 모습을 볼 수 있었다. 이러한 면에서 그는 은총과 자유로운 의지 사이의 관계를 설정하는 데 있어 인간의 윤리적 행위의 자유를 요구하고 있고, 개인적 노력의 필요성에 대해서도 역설하고 있다.

또한 그는 인간의 추락 후에도 계속해서 인간은 자유를 갖고 있음도 주장한다. 하지만 인간의 체험이라는 측면에 입각하여 하느님의 도움 없이 선한 행위를 할 수 없다고 하면서 인간의 자유와 동시에 하느님의 은총의 필요성에 대해서도 강조한다. 이를 통해 인간과 하느님의 협력이라는 사실을 밝혀내고 있는 것이다. 협력은 한 요소가 다른 요소를 마비시키지 않는다는 것을 전제로 하기에, 크리소스토무스는 은총이 자유의지를 약화시키는 것은 아님을 분명히 드러낸다. 물론 은총이 인간의 행위에 있어 주요한 부분을 차지하지만 그럼에도 불구하고 인간 역시 일정의 역할을 수행한다는 것이다.

이러한 의미에서 보았을 때, 크리소스토무스는 단순히 펠라기우스처럼 인간의 자유만을 강조한 것도 아니다. 또한 무조건적으로 하느님의 은총만을 주장한 것도 아니다. 따라서 그의 가르침은, 비록 아우구스티누스에게서 보이는 것처럼 신학적 깊이를 갖지 못하지만 교회의 정통 가르침에 상응한다고 말할 수 있다.

| 주 |

1. E. Legrand, *Saint Jean Chrysostome*, Paris, 1924, pp. 39-40; G.L. Fonsegrive, *Essai sur le libre arbitre*, Paris, 1887, p. 96.
2. N. Marini, *Le macchie apparenti nel grande luminare della Chiesa Greca S. Giovanni Crisostomo*, Roma, 1910, pp. 9-10.
3. 요한 크리소스토무스, 「로마서 강론」(Homiliae in Epistolam ad Romanos) 13, 2.
4. A. Moulard, *Saint Jean Chrysostome. Sa vie, son œuvre*, Paris, 1941, 142.
5. 요한 크리소스토무스, 「창세기 강론」 13, 4; 16, 4, 6; 18, 1, 2.
6. 요한 크리소스토무스, 「창세기 강론」 17, 2.
7. F.-J. Thonnard, "Saint Jean Chrysostome et Saint Augustin dans la controverse pélagienne", *Revue des études byzantines* 25(1967), p. 208; F. Cayré, *Précis de Patrologie*, I, Paris, 1938³, p. 472.
8. 요한 크리소스토무스, 「요한 강론」 36, 2.
9. 아우구스티누스, 「율리아누스 반박」(Contra Iulianum) 1, 6, 21.
10. 아우구스티누스, 「율리아누스 반박」 1, 6, 22.
11. 아우구스티누스, 「율리아누스 반박」 1, 6, 24-28.
12. C. Moreschini, E. Norelli, *Storia della letteratura cristiana antica greca e latina*, II, Brescia, 1996, p. 216.
13. 요한 크리소스토무스, 「로마서 강론」 10, 1-3.
14. G. Rauschen, *Manuale di Patrologia*, traduzione italiana di G. Bruscoli, Firenze, 1904, p. 204; J. Quasten, *Patrologia*, II, Casale, 1980, p. 481; J. Turmel, *Histoire des dogmes*, I, Paris, 1931, p. 71; A. Moulard, *Saint Jean Chrysostome. Sa vie, son œuvre*, pp. 143-144; N. Marini, *Le macchie apparenti nel grande luminare della Chiesa Greca. S.Giovanni Crisostomo*, pp. 29-34.
15. A. Moulard, *Saint Jean Chrysostome. Sa vie, son œuvre*, p. 144; J. Tixeront, *Histoire des dogmes*, II, Paris, 1921, p. 143.
16. 요한 크리소스토무스, 「로마서 강론」 13, 1.
17. Cf. G. Bardy, "JEAN CHRYSOSTOME (SAINT)", *Dictionnaire de Théologie Catholique*, 8, 1, p. 678.
18. 요한 크리소스토무스, 「시편 강해」(Expositio in Psalmos) 48, 7.
19. 요한 크리소스토무스, 「마태오 복음 강론」(Homiliae in Matthaeum) 59, 2.
20. L. Meyer, "Liberté et moralisme chrétien dans la doctrine spirituelle de saint Jean Chrysostome", *Recherches de science religieuse* 23(1933), pp. 290-292.
21. 요한 크리소스토무스, 「마태오 복음 강론」 59, 1.

22 A. Moulard, *Saint Jean Chrysostome. Sa vie, son œuvre*, p. 147.
23 요한 크리소스토무스, 「배교자 테오로두스에게」 1, 1.
24 요한 크리소스토무스, 「코린토1서 강론」 2, 1.
25 요한 크리소스토무스, 「로마서 강론」 16, 9.
26 A. Kenny, "Was St. John Chrysostom a semi-pelagian?", *The Irish Theological Quarterly* 27(1960), p. 17.
27 요한 크리소스토무스, 「로마서 강론」 14, 7.
28 요한 크리소스토무스, 「티모테오 2서 강론」 8, 4.
29 요한 크리소스토무스, 「히브리서 강론」 12, 3.
30 요한 크리소스토무스, 「창세기 강론」 58, 5.
31 요한 크리소스토무스, 「마태오 복음 강론」 82, 4.
32 A. Kenny, "Was St. John Chrysostom a semi-pelagian?", pp. 19-21.
33 요한 크리소스토무스, 「히브리서 강론」 12, 3.
34 Cf. E. Boularand, "La nécessité de la grâce pour arriver à la foi d'après Saint Jean Chrysostome", *Gregorianum* 19(1938), p. 531; A. Moulard, *Saint Jean Chrysostome. Sa vie, son œuvre*, p. 154.

| 참고문헌 |

아우구스티누스의 작품

* 본서에서 인용한 아우구스티누스의 모든 작품은 다음의 총서들을 사용하였다:
  - PL : *Patrologia Latina*, 미녜(Jacques Paul Migne)에 의해 아우구스티누스 전집이 재판되었다.(PL 32-46)
  - NBA : *Nuova Biblioteca Agostiniana, Opera omnia di Sant'Agostino*(Roma: Città Nuova Editrice, 1965-2015)
  - CSEL : *Corpus Scriptorum Ecclesiasticorum Latinorum*, 1887년부터 출판.
  - CCL : *Corpus Christianorum Latinorum*, 1954년부터 출판.

- 「가톨릭교회의 관습과 마니교도들의 관습」(*De moribus Ecclesiae Catholicae et de moribus Manichaeorum*)
- 「강론」(*Sermones*)
- 「거룩한 동정」(*De sancta virginitate*)
- 「고백록」(*Confessiones*), 최민순 옮김(성바오로출판사, 1965 ; 딸바오로, 2006)
- 「구약 칠경에 관한 질문」(*Quaestiones In Heptateuchum*)
- 「규칙서」(*Regula*)
- 「그리스도교 교양」(*De doctrina christiana*), 성염 역주, 교부문헌총서 2(분도출판사, 1989)
- 「다양한 질문에 대해 심플리치아누스에게」(*De diversis quaestionibus ad Simplicianum*)
- 「도나투스파 문법학자 크레스코니우스 반박」(*Contra Cresconium grammaticum donatistam*)
- 「도나투스파 주교 에메리투스와의 논쟁」(*Gesta cum Emerito Donatistarum episcopo*)
- 「독백」(*Soliloquia*), 김효신 옮김(가톨릭청년사, 1960)
- 「두 영혼」(*De duabus animabus*)
- 「라우렌티우스에게 보낸 믿음, 희망, 사랑의 길잡이」(*Enchiridion ad Laurentium de fide spe et caritate*)
- 「로마서 명제 해설」(*Expositio octoginta quattuor propositionum Epostolae ad Romanos*)
- 「마니교도 반박 창세기 해설」(*De Genesi contra Manichaeos*)
- 「마니교도 세쿤다누스 반박」(*Contra Secundinum Manichaeum*)
- 「마니교도 파우스투스 반박」(*Contra Faustum Manichaeum*)
- 「마니교도 펠릭스 반박」(*Contra Felicem Manichaeum*)

- 『마니의 제자 아디만투스 반박』(Contra Adimantum Manichaei discipulum)
- 『미완성 창세기 문자적 해설』(De Genesi ad litteram liber imperfectus)
- 『믿음 희망 사랑의 길잡이』(Enchiridion ad Laurentianum de fide spe et caritate)
- 『보이지 않는 사물에 대한 믿음』(De fide rerum quae non videntur)
- 『복음사가들의 일치』(De consensu Evangelistarum)
- 『복음서에 관한 질문』(Quaestiones Evangeliorum)
- 『본성과 은총』(De natura et gratia)
- 『부정한 혼인』(De coniugiis adulterinis)
- 『삼위일체론』(De Trinitate)
- 『서한』(Epistulae)
- 『선의 본성』(De natura boni)
- 『수도승의 노동』(De opere monachorum)
- 『시편 상해』(Enarrationes in Psalmos)
- 『신국론』(De civitate Dei), 성염 역주, 교부문헌총서 15-17(분도출판사, 2004)
- 『아리우스파 막시미누스 반박』(Contra Maximinum Arrianum episcopum)
- 『아카데미아 학파 반박』(Contra Academicos)
- 『여든세 가지 다양한 질문』(De diversis quaestionibus octoginita tribus)
- 『영과 문자』(De spiritu et littera)
- 『영혼 불멸』(De immortalitae animae)
- 『영혼의 위대함』(De quantitate animae)
- 『오로시우스에게 보낸 프리스킬리아스파와 오리게네스파 반박』(Ad Orosium contra Priscillianistas et Origenistas)
- 『요한복음 강해』(Tractatus in Iohannis Evangelium)
- 『요한서간 강해』(Tractatus in epistulam Iohannis ad Parthos), 최익철 역, 이연학·최원호 해제·역주, 교부문헌총서 19(분도출판사, 2011)
- 『율리아누스 반박』(Contra Iulianum)
- 『율법과 예언서 반대자 반박』(Contra adversarium legis et prophetarum)
- 『이단론』(De haeresibus ad Quodvultdeum)
- 『인간 의로움의 완성』(De perfectione iustitiae hominis)
- 『입문자 교리교육』(De catechizandis rudibus)
- 『자유의지론』(De libero arbitrio), 성염 역주, 교부문헌총서 10(분도출판사, 2005, 재쇄)
- 『재론고』(Retractationes)
- 『죄벌과 용서 그리고 유아세례』(De peccatorum meritis et remissione et de baptismo parvulorum)
- 『주님의 산상 설교』(De sermone Domini in monte)
- 『질서론』(De ordine), 성염 역주, 교부문헌총서 25(분도출판사, 2017)

- 『참된 종교』(De vera religione), 성염 역주, 교부문헌총서 3(분도출판사, 1989)
- 『창세기 문자적 해설』(De Genesi ad litteram)
- 『창세기 문자적 해설 미완성 작품』(De Genesi ad litteram imperfectus liber)
- 『파우스투스 반박』(Contra Faustum Manichaeum)
- 『페틸리아누스 서간 반박』(Contra litteras Petiliani)
- 『펠라기우스파 두 서간 반박』(Contra duas epistolas Pelagianorum)
- 『프리쉴리아누스파 반박』(Contra duas epistolas Pelagianorum)
- 『행복한 삶』(De beata vita), 김효신 옮김(경향신문사, 1960) ; 박주영 옮김, 『아우구스티누스 행복론』(누멘출판사, 2010)
- 『훈계와 은총』(De correptione et gratia)

교회 문헌

- 한국천주교 주교회의 성서위원회 편찬, 『성경』(한국천주교중앙협의회, 2005)
- 200주년신약성서번역위원회, 『200주년 신약성서 주해』(분도출판사, 2004)
- 제2차 바티칸 공의회, 『제2차 바티칸 공의회 문헌』(한국천주교중앙협의회, 2002, 개정판)
- 한국천주교중앙협의회, 『가톨릭교회 교리서』(한국천주교중앙협의회, 2008, 2판)
- Alberigo, Josepho, Josepho A. Dossetti, Perikle P. Joannou, Claudio Leonardi, Paulo Prodi, eds., Conciliorum Oecumenicorum Decreta II, 김영국·손희송·이경상·박준양·변종찬 옮김, 『보편공의회 문헌집 제2권 전편 - 제1~4차 라테란 공의회·제1~2차 리옹 공의회』(가톨릭출판사, 2009) ; III, 김영국·손희송·이경상 옮김, 『보편공의회 문헌집 제3권 - 트렌토 공의회·제1차 바티칸 공의회』(가톨릭출판사, 2006)
- Codex Iuris Canonici, 한국천주교주교회의 교회법위원회 역, 『교회법전』(한국천주교중앙협의회, 2005)

고전철학자들의 작품

- 아리스토텔레스, 최명관 역주, 『니코마코스 윤리학』(서광사, 1986, 3판)
- 키케로, 안재원 편역, 『수사학. 말하기의 규칙과 체계』(도서출판 길, 2006)
- ──, 김창성 역, 『국가론』(한길사, 2007)
- ──, 허승일 역, 『키케로의 의무론: 그의 아들에게 보낸 편지』(서광사, 1989)
- 플라톤, 박종현·김영균 공동 역주, 『플라톤의 티마이오스』(서광사, 2000)
- Aristoteles, Ethica Nicomachea, rec. I. Bywater(Oxford, 1894, ristampa 1984)

- Cicero, Scripta quae manserunt omnia, rec. 8 voll.(Leipzig, 1961)
- ──, De inventione, H. M. Hubbell(Cambridge, London: The Loeb Classical Library, 1971)
- ──, De oratore, E. W. Sutton, trans. by, H. Rackham, completed by(Cambridge, London: The Loeb Classical Library, 1967)
- ──, Orator, H. M. Hubbell(Cambridge, London: The Loeb Classical Library, 1971)
- ──, Tusculanae disputationes, J. E. King, trans. by(Cambridge: Harvard University Press, 1971)
- Quintilianus, Institutio Oratoria, H. E. Buttler(Cambridge, London: The Loeb Classical Library, 1953)

교부들의 작품

- Benedictus, 이형우 역주, 「수도 규칙」, 교부문헌총서 5(분도출판사, 1995, 재쇄)
- Hippolytus, 이형우 옮김, 「사도 전승」(분도출판사, 1992)
- Ambrosius, De officiis ministrorum, PL 16. 1.
- ──, 「테오도시우스의 죽음」(De obitu Theodosii), in O. Faller, ed., Corpus Scriptorum Ecclesiasticorum Latinorum, 73(Wien: Verlag Hölder-Pichler-Tempsky, 1955)
- ──, 「성직자의 의무」, Gabriele Banterle, introduzione, traduzione e note di, Opera omnia di sant'Ambrogio 13(Milano: Bibiloteca Ambrosiana, Roma: Città Nuova Editrice, 1977)
- Clemens, 「교육자」, Marrou Henri-Irénée, Introduction et notes de, traduction de Harl Marguerite, Le Pedagogue, livre I, Sources Chretiennes 70(Paris: Les Editions du Cerf, 1960)
- ──, 「양탄자」, Introduction, Annewies Van Den Hoek, texte critique et notes par, Claude Mondeser, traduction de, Les Stromates IV, Sources Chretiennes 463(Paris: Les Editions du Cerf, 2001.
- Cyprianus, De dominica oratione, CSEL 3, 1.
- ──, 「가톨릭교회 일치」(De ecclesia catholicae unitate), CCL III, Bévenot Maurice, translated and annotated by, The Lapsed: The Unity of the Catholic Church, Ancient Christian Writers, No. 25(New York, Ramsey: Newman Press, 1956)
- ──, 「도나투스에게」(Ad Donatum), CCL III A.
- ──, 「데메트리아누스에게」(Ad Demetrianum), CCL III A.
- ──, 「배교자들에 관하여」(De lapsis), CCL III.
- ──, 「서한」(Epistulae), CCL III B-C, Clarke Graeme Wilber, translated and annotated by, The Letters of St. Cyprian of Carthage, Vol. 1-4, Ancient

Christian Writers, No. 43-44 ; 46-47(New York, Ramsey: Newman Press, 1984-1989) ; Deléani Simone, Introduction, texte, traduction et commentaire par, *Saint Cyprien Lettres 1-20*(Paris: Institut d'Études Augustiniennes, 2007)

• ──, 이형우 옮김, 『도나투스에게, 가톨릭교회 일치, 주의 기도문』(분도출판사, 1987)

• Eusebius, *Life of Constantine*, translated with introduction and commentary by Averil Cameron and Stuart G. Hall, *Life of Constantine*(New York: Oxford University Press, 2002, reprinted)

• Gregorio Magno, 『사목규범서』(*Regula Pastoralis*), PL 77, 전달수 옮김, 『사목규범』(대구 효성가톨릭대학교 영성신학연구소, 1996) ; Henry Davis, trans. and annot. by, *Pastoral care*, Ancient Christian Writers 11(New York: Newman Press, 1978), ; Charles Morel, trad. par, *Règle Pastorale*, I-II, Sources chrétiennes 381-382(Paris: Les Éditions du Cerf, 1992)

• ──, 『욥기 주해서』(*Moralia in Iob*), CCL 143-143B ; A. de Gaudemaris, trad. de, *Morales sur Job*, Livres 1-2, Sources chrétiennes 32(Paris: Les Éditions du Cerf, 1952) ; A. Bocognano, trad. par, *Livres 11-14*, Sources chrétiennes 212(Paris: Les Éditions du Cerf, 1974) ; A. Bocognano, trad. par, *Livres 15-16*, Sources chrétiennes 221(Paris: Les Éditions du Cerf, 1975) ; Les moniales de Wisques, trad. par, *Livres 28-29*, Sources chrétiennes 476(Paris: Les Éditions du Cerf, 2003)

• ──, 『에제키엘 예언서 강론』(*Homiliae in Hiezechielem prophetam*), CCL 142 ; Charles Morel, trad. par, *Homélies sur Ézéchiel*, I, Sources chrétiennes 327(Paris: Les Éditions du Cerf, 1986) ; II, Charles Morel, trad. par, Sources chrétiennes 360(Paris: Les Éditions du Cerf, 1990)

• ──, 『복음서 강론』(*Homiliae in Evangelia*), PL 76 ; Raymond Étaix and Charles Morel, introduction, tradu. par, *Homélies sur l'Évangile*, I, Sources chrétiennes 485(Paris: Les Éditions du Cerf, 2005)

• ──, 『제1열왕기 주해서』(*In librum primum Regum expositiones*), PL 79 Adalbert De Vogüé, tradu. par, *Commentaire sur le premier livre des Rois*, Tome I, Sources chrétiennes 351(Paris: Les Éditions du Cerf, 1989) ; Tome II, Ch. Vuillaume, tradu. par, Sources chrétiennes 391(Paris: Les Éditions du Cerf, 1993) ; Tome III, Adalbert De Vogüé, tradu. par, Sources chrétiennes 432(Paris: Les Éditions du Cerf, 1998) ; Tome IV, Adalbert De Vogüé, tradu. par, Sources chrétiennes 449(Paris: Les Éditions du Cerf, 2000) ; Tome V, Adalbert De Vogüé, tradu. par, Sources chrétiennes 469(Paris: Les Éditions du Cerf, 2003) ; Tome VI, Adalbert De Vogüé, trad. par, Sources chrétiennes 482(Paris: Les Éditions du Cerf, 2004)

• ──, 『서한』(*Registrum Epistolarum*), CCL 140-140. A. P. Minard, tradu. par, *Registre des lettres*, Livres I et II, Sources chrétiennes 370-371(Paris: Les Editions du Cerf, 1991)

• Gregory of Nazianzus, 『연설문』(*Orationes*), J. Bernardi, Introduction, Texte critique, traduction et notes par, *Discours*, 1-3, Sources chrétiennes 247 (Paris: Les Éditions du Cerf, 1978)

- Hilarius Pictaviensis, 『아욱센티우스 반박』(*Contra Auxentium*), in J. -P. Migne, ed., *Patrologia Latina*, 10(Turnholti: Typographi Brepols Editores Pontifici).
- Lactantius, 『거룩한 가르침』(*Divinae institutiones*), in Sources chrétiennes 205-205, 326, 337, 377, 509, P. Monat, C. Ingremeau, ed.,(Paris: Les Editions du Cerf, 1973-2007).
- Origenes, 『켈수스 반박』, Borret Marcel, Introduction et texte critique, tradution par, *Contre Celse*, tome III, Sources Chretiennes 147(Paris: Les Editions du Cerf, 1969).
- Pontius, Vita Cypriani, in A. A. R. Bastiaensen, testo critico e commento a cura di, Luca Canali e Carlo Carena, traduzione di, *Vite dei santi*, III(Milano: Mondadori, 1989).
- Possidius, "Vita Augustini", in A. A. R. Bastiaensen, *Vite dei santi*(Milano: Mondadori, 1975), 이연학·최원오 역주, 『아우구스티누스의 생애』(분도출판사, 2008).
- Tertullianus, *De oratione*, CSEL 20.
- ──, 『단식론』(*De ieiunio*), CCL II.
- ──, 『마르키온 논박』(*Adversus Marcionem*), CCL I.
- ──, 『세례론』(*De baptismo*), CCL I.
- ──, 『수치론』(*De pudicitia*), CCL II.
- ──, 『월계관』(*De corona*), CCL II.
- ──, 『이단자 규정론』(*De praescriptione haereticorum*), CCL I.
- ──, 『일부일처론(*De monogamia*), CCL II.
- ──, 『정결 권고』(*De exhortatione castitatis*), CCL II.
- ──, 『스카풀라에게』(*Ad Scapulam*), in E. Dekkers, ed., *Corpus Christianorum series Latina*, 2(Turnholti: Typographi Brepols, 1954).

국내 문헌

- 기경호, 「수도 규칙서」, 『한국가톨릭대사전』 8(분도출판사, 2003), 5046-5056.
- 김성태, 「그레고리오 1세」, 『한국가톨릭대사전』 2(분도출판사, 2003), 952-953.
- 김태규, 「아우구스티누스의 시간 이론 - 『고백록』 XI권을 중심으로」, 『신학전망』 74(1986/가을), 89-102.
- ──, 『고대철학의 시간 이론』(도서출판 한글, 2002).
- 김형수, 「쿠사누스의 『사유의 정점』에서 파악될 수 없는 것으로서 가능성-자체(*posse ipsum*)」, 『중세철학』 16(2010), 217-250.
- ──, 「쿠사누스의 '아는 무지'(*docta ignorantia*): 대립의 합치와 통일성에 대한 인식 추구」, 『신학전망』 174(2011/가을), 113-141.

- 노희성, 「아우구스티노 성인에게서 배운다. – 위대한 수사학자의 강론 특강 –」, 「사목」 317(2005. 6.), 130–135.
- 박상배, 「키케로의 우정론 소고」, 「신학전망」 48(1980/봄), 79–89.
- 박은구·이연규 엮음, 「14세기 유럽사」(탐구당, 1993).
- 박은미, 「아우구스티노의 우정론 이해: 고전철학자들의 우정론 이해」, 「신학전망」 140(2003/봄), 89–95.
- 박준양, 「아우구스티누스의 「그리스도교 교양」(De Doctrina Christiana) 제1–3권에 나타난 해석학적 원리들」, 「사목연구」 21(2008/겨울), 148–175.
- 백민관, "Dialectics", 「가톨릭에 관한 모든 것 백과사전」 1(가톨릭대학교 출판부, 2007), 843–844.
- 변종찬, 「아우구스티노에게 있어 사제서품의 의미」, 「신학전망」 161(2008/여름), 47–73.
- ──, 「아우구스티누스의 '그리스도교 교양'(De doctrina christiana) 제4권에 나타난 그리스도교 설교학」, 「사목연구」 21(2008/겨울), 176–204.
- ──, 「「강론」 84–86의 부자청년 이야기(마태 19, 16–26) 주석에 나타난 아우구스티누스의 부(富)와 가난에 대한 이해」, 「사목연구」 24(2009/겨울), 100–130.
- ──, 「아우구스티누스의 부정신학」, 「가톨릭 신학과 사상」 66(2010/겨울), 44–80.
- ──, 「치프리아누스의 sacerdos 개념에 대한 이해」, 「가톨릭신학」 17(2010), 11–46.
- ──, 「아우구스티누스의 창조 사상」, 고계영 엮음, 「창조물의 신비: 프란치스칸 생태영성의 방향 모색」(프란치스코 출판사, 2012), 74–107.
- ──, 「아우구스티누스 안에 나타난 주교법정」, 「서양중세사연구」 36(2015), 1–40.
- 서경돈, 「사제직」, 「한국가톨릭대사전」 6(분도출판사, 2004), 4018–4022.
- 서양중세사학회, 「서양 중세사 강의」(느티나무, 2008, 재판).
- 선한용, 「시간과 영원 – 성어거스틴에 있어서 –」(대한기독교서회, 2007).
- 성염, 「치체로, 마르쿠스 툴리우스」, 「한국가톨릭대사전」 11(분도출판사, 2005), 8336–8338.
- 숭실대학교 유럽중세연구실, 「중세 유럽문화의 이해」 1(숭실대학교 출판국, 2012).
- 신창석, 「부정신학」, 「한국가톨릭대사전」 6(분도출판사, 2004), 3631–3635.
- 안병철, 「라틴어역 성서」, 「한국가톨릭대사전」 3(분도출판사, 2003).
- 윤민구, 「설교」, 「한국가톨릭대사전」 7(분도출판사, 2004), 4473–4481.
- 이경구, 「콘스탄티누스 기진장의 작성 목적」, 「서양중세사연구」 11(2003. 3), 27–59.
- ──, 「콘스탄티누스 기진장의 작성 시기」, 「서양중세사연구」 14(2004. 9), 1–36.
- 이용결, 「성서 번역」, 「한국가톨릭대사전」 7(분도출판사, 2004).
- 이형우, 「아우구스티노 규칙서」, 「한국가톨릭대사전」 8(분도출판사, 2003), 5711–5713.
- 임병헌, 「교계제도」, 「한국가톨릭대사전」 1(분도출판사, 2003), 567–568.
- 장준철, 「교령 Duo sunt에 나타난 두 권력 이론」, 「서양중세사연구」 1(1997. 2).
- ──, 「교황 이노첸시우스 4세의 교권정치론」, 「서양중세사연구」 2(1997. 12).

- ──, 「교령 〈Unam Sanctam〉에 나타난 교황의 보편적 지배권론」, 『서양중세사연구』 5(1999. 12).
- 전경옥 외 지음, 『서양 고대·중세 정치사상사. 아테네 민주주의에서 르네상스까지』 (책세상, 2011).
- 정승익, 「고백록 13,11,12에 나타난 '심리학적 삼위일체론'에 관하여」, 『누리와 말씀』 21(2007. 6.), 269-290.
- 정하권, 『교회론』, II(분도출판사, 2005).
- 최창무, 「아우구스티누스의 목자론」, 『사목』 89(1983/9), 81-92.
- ──, 「교직자의 직업윤리 – 라틴교부를 중심으로(III) –」, 『사목』 90(1983/11), 64-70.
- 한영만, 「교황관」, 『한국가톨릭대사전』 1(분도출판사, 2003)
- 현승종 저, 조규창 증보, 『로마법』(법문사, 1996)

- 끌레브노 미셸, 이오갑 역, 『그리스도인과 국가 권력: 2-3세기 그리스도교의 역사』(한국신학연구소, 1994)
- 다스만 에른스트, 하성수 역, 『교회사 II/1』(분도출판사, 2013)
- 랑간 J., 「아우구스티누스의 전쟁 윤리: 의로운 전쟁」, W. S. 뱁코크 엮음, 문시영 역, 『아우구스티누스 윤리학』(서광사, 1998), 285-319.
- Brown, Peter, 차종순 역, 『어거스틴 생애와 사상』(한국장로교출판사, 1992)
- ──, 이종경 옮김, 『기독교 세계의 등장』(새물결, 2004)
- ──, *Augustine of Hippo*, 정기문 옮김, 『아우구스티누스 – 격변의 시대, 영혼의 치유와 참된 행복을 찾아 나선 영원한 구도자』(새물결, 2012)
- ──, *Poverty and leadership in the Later Roman Empire*, 서원모·이은혜 옮김, 『고대 후기 로마제국의 가난과 리더십』(태학사, 2012)
- Comby, Jean, *Pour lire de l'Église*, 노성기·이종혁 옮김, 『세계교회사 여행』(가톨릭 출판사, 2012)
- Flavius, Josephus, *Antiquitates Judaicae*, 김지찬 옮김, 『유대 고대사』 I(생명의 말씀사, 1987)
- Franzen, August, *Kleine Kirchengeschichte*, 최석우 옮김, 『세계교회사』(분도출판사, 2004)
- Fuhrmann, Horst, *Die Päpste*, 차용구 옮김, 『교황의 역사』(도서출판 길, 2013)
- ──, *Einladung ins Mittelalter*, 안인희 옮김, 『중세로의 초대』(이마고, 2007)
- Gilson, Étienne, 김태규 역, 『아우구스티누스 사상의 이해』(성균관대학교 출판부, 2010)
- Hans-Christian, Huf, *Die Päpste*, 김수은 옮김, 『교황들. 하늘과 땅의 지배자』(동화출판사, 2009)
- Hubert, Jedin, *Kleine Konziliengeschichte. Mit einem Bericht über das Zweite Vatikanische Konzil*, 최석우 옮김, 『세계공의회사』(분도출판사, 2006, 재쇄)

- Kelly, J. N. D. and M. Walsh, *The Oxford Dictionary of Popes*, 변우찬 옮김, 「옥스퍼드 교황 사전」(분도출판사, 2014)
- Le Goff, Jacques, *La Civilisation de l'Occident médiéval*, 유희수 옮김, 「서양중세문명」(문학과지성사, 2008, 개정판)
- Ramsey, Boniface, 이후정·홍삼열 역, 「초대 교부들의 세계」(대한기독교서회, 1999)
- Ritter, Adolf Martin, Bernhard Lohse), Volker Leppin, eds *Kichen-und Theologiegeschichte in Quellen*, Vol. II: Mittelalter, 공성철 옮김, 「교회와 신학의 역사 원전 II, 중세교회」(한국신학연구소, 2010)
- Schatz, Klaus, *Allgemeine Konzilien – Brennpunkte der Kirchengeschichte*, 이종한 옮김, 「보편공의회사」 분도출판사, 2005)
- Schillebeeckx, Edward, 「교회직무론」, 정한교 옮김(분도출판사, 1985)
- Seibt, Ferdinand, *Glanz und Elend des Mittelalters*, 차용구 옮김, 「중세, 천년의 빛과 그림자. 근대 유럽을 만든 중세의 모든 순간들」(현실문화연구, 2014)
- Senft, Christophe., *La Première Épitre de Saint Paul aux Corinthiens*, 백운철 옮김, 「고린토인들에게 보낸 첫째 편지」(성서와 함께, 2005)
- Tierney, Brian, 「서양중세사 연구」, 박은구 외 옮김(탐구당, 1988)
- Tanner, Norman. P., *I concili della Chiesa*, 김영식·최용감 옮김, 「간추린 보편 공의회사」(가톨릭출판사, 2010)
- Timko, P., 김순복 베다 옮김, 「정한 시간에 기도하라, 항상 기도하라. – 수도승 기도의 원형 –」, 코이노니아 선집 5(2004), 263-286.
- Trapè, Agostino, 이상규 역, 「교부들의 사제 영성」(분도출판사, 2005)
- Ullmann, Walter, *Medieval Political Thought*, 박은구·이희만 옮김, 「서양 중세 정치사상사」(숭실대학교 출판부, 2000)
- Zumkeller, Adolar, 이형우 옮김, 「아우구스티누스 규칙서」(분도출판사, 2006, 신정판)

해외 문헌

- Adnès, Pierre, "L'humilité vertu spécifiquement chrétienne d'après saint Augustin", Revue *d'ascétique et mystique* 28(1952), 208-223.
- ———, *La doctrine de l'humilité chez saint Augustin*, Excerpta ex dissertatione ad Laurem in Facultate Theologica Pontificiae Universitatis Gregorianae(Tolouse: S. n., 1953)
- Agaësse, Paul, Aimé Solignac, "Le double moment de la création et les 《raisoncausales》", in *Bibliothèque Augustinienne* 48, Notes complémentaires n. 21.
- Alici, Luigi, "Agostino fra fede e ricerca : la conversione dell'intelligenza", in AA.VV., *Agostino e la conversione cristiana*(Palermo: Augustinus, 1987)

- ——, *L'altro nell'io. In dialogo con Agostino*(Roma: Città Nuova, 1999)
- Amanieu, A., "ARBITRAGE", *Dictionnaire de droit canonique*, I(Paris: Librairie Letouzey et Ané, 1935)
- Anderson, James F., St. *Augustine and Being. A Metaphysical Essay*(The Hague: Martinus Nijhoff, 1965)
- Andrieu, Michel, *Les Ordines Romani du haut moyen âge*, Vol. 4(Louvain: Spicilegium Sacrum Lovaniense Administration, 1956)
- Antici-Mattei, Giuseppe, "Insegne della potestà pontificale: le origini e le forme della Tiara", *L'Illustrazione Vaticana* 9(1938)
- Arbesmann, R., "Christ the Medicus humilis in St. Augustine", in AA.VV., *Augustinus Magister*, II(Paris: Études Augustiniennes, 1954), 623–629.
- ——, "The concept of 'Christus medicus' in St. Augustine", *Traditio* 10 (1954), 1–28.
- Argiolas, Domenico, "La guerra nel pensiero di sant'Agostino", *Palestra del clero* 56(1977), 725–734.
- Armstrong, Arthur Hilary, "The escape of the One. An investigation of some possibilities of apophatic theology imperfectly realised in the West", in F. L. Cross, ed., *Studia patristica* 13(Berlin: Akademie-Verlag), 1975, 77–89.
- Arnaud D'Agnel, G., *La mort et les morts d'après saint Augustin*(Paris: Librairie-Éditeur P. Lethielleux, 1916)
- Augustin, Pius, *Religious Freedom in Church and State. A Study in Doctrinal Development*(Baltimore, Dublin: Helicon Press, 1966)

- Bagliani, A. Paravicini, *Il trono di Pietro. L'universalità del papato da Alessandro III a Bonifacio VIII*(Roma: Carocci editore, 2001)
- ——, *Le Chiavi e la Tiara. Immagini e simboli del papato medievale*(Roma: Libreria Editrice Viella, 2005)
- Bacchi, Lee F., "A Ministry characterized by and Exercised in Humility: The Theology of Ordained Ministry in the Letters of Augustine of Hippo", Joseph T. Lienhard, Earl C. Muller, Roland J. Tesk, eds., *Augustine. Presbyter factus sum*(New York: Peter Lang, 1993), 405–415.
- Bainton, Roland H., *Christian Attitudes Toward War and Peace*(Nashiville: Abingdon Press, 1960)
- Banner, William Augustus, *The Path of St. Augustine*(Lanham, Boulder, New York, London: Rowman & Littlefield Publisher, 1996)
- Bardy, Gustave, *Saint Augustin. L'homme et l'œuvre*(Paris: Desclée De Brouwer & Cie, 1940)
- ——, "La crainte de la mort", in *Bibliothèque augustinienne*, 10(Paris: Desclée de Brouwer et Cié, 1952), 712.
- ——, "Divinisation", in *Dictionnaire de Spiritualité*, III(Paris: Beauchesne, 1957), 1390–1391.

- _____, "Jean Chrysostome(Saint)", *Dictionnaire de Théologie Catholique*, 8,1, 660-690.
- Batany, J., "Le vocabulaire des fonctions sociales et ecclésiastiques chez Grégoire le Grand", in Jacques . Fontaine, Robert Gillet, S. Pellistrandi, eds., *Grégoire le Grand. Actes du Colloques de Chantilly, 15-19 septembre 1982*(Paris: Éditions du Centre National de la Recherche Scientifique, 1986), 171-179.
- Batiffol, Pierre, "Le premiers chrétiens et la guerre", in *L'Église et la guerre*(Paris: Bloud et Cie, 1913), 1-23.
- _____, *Études de liturgie et d'archéologie chrétienne*(Paris: Librairie Lecoffre, Éditeur Auguste Picard, 1919)
- _____, *Le catholicisme de saint Augustin*(Paris: Librairie Lecoffre, 1929)
- _____, "La corona des évêques du IVe au VIe siècle", *Questions liturgiques et paroissiales* 8(1923)
- Bavoillot-Laussade, Richard, "TIARA", Levillain Philippe, ed., *Dizionario storico del papato*, traduzione di Francesco Saba Sardi(Milano: Bompiani, 1996)
- Bayard, Louis, *Le latin de saint Cyprien*(Paris: Librairie Hachette et Cie, 1902)
- Bayet, Albert, *Pacifisme et christianisme aux premiers siècles*(Paris: Les œuvres représentatives, 1934)
- Beatrice, Pier Franco, "Le tuniche di pelle. Antiche letture di Gen. 3, 21", Ugo Bianchi, ed., *La tradizione dell'Enkrateia. Motivazioni ontologiche e protologiche*(Roma: Edizioni dell'Ateno, 1982), 433-484.
- Beaufort, D., *La guerre comme instrument de secours ou de punition*(La Haye: Martinus Nijhoff, 1933)
- Becker, Aimé, *De l'instinct du bonheur à l'extase de la béatitude. Théologie et pédagogie du bonheur dans la prédication de saint Augustin*(Paris: Éditeur P. Lethielleux, 1967)
- Beierwaltes, Werner, *Agostino e il neoplatonismo cristiano*(Milano: Vita e Pensiero, 1995)
- Berrouard, François, "Réponses de saint Augustin à quelques questions sur la guerre", *Cahiers de la Réconciliation* 45(1978), 1-28.
- Berrouard, Marie-François, "Bellum", Cornelius Mayer et al., ed., *Augustinus-Lexikon*, Vol. 1(Basel: Schwabe & Co. AG, 1986-1994), 638-645.
- Bévenot, M., "'sacerdos' as understood by Cyprian", *Journal of theological studies* 30(1979), 413-429.
- Beyenka, Mary Melchior, *Consolation in Saint Augustine*(Washington, D.C.: The Catholic University of America Press, 1950)
- Blaise, Albert, *Dictionnaire Latin-Français des auteurs chétiens*, H. Chirat,

revu spécialement pour le vocabulaire théologique par(Turnhout: Brepols, 1993)

- Bochet, Isabelle, *Saint Augustin et le désir de Dieu*(Paris: Études augustiniennes, 1982)
- Bodei, Remo, *Ordo amoris. Conflitti terreni e felicità celeste*(Bologna: Il Mulino, 1997, Nuova edizione)
- Bonner, Gerald, "The Glorification of the image", *Sobornost* 7(1962)
- ———, "Augustine's doctrine of man: image of God and sinner", *Augustinianum* 24(1984)
- ———, *St. Augustine of Hippo. Life and controversies*(London: The Canterbury Press Norwich, 1986, reissued & revised)
- ———, "Augustine's conception of deification", *The Journal of Theological Studies*, 37(1986), 369–386.
- ———, "Deificare", in Cornelius Mayer et al., ed., *Augustinus-Lexikon*, Vol. 2 (Basel: Schwabe & Co. AG, 1996–2002), 265–267.
- ———, "Deification, divinization", in Allan D. Fitzgerald, ed., *Augustine through the Ages. An Encyclopedia*, Gran Rapids(Michigan: William B. Eerdmans Publishing Company, 1999), 265–266.
- Botte, Bernard, *La tradition apostolique de saint Hippolyte*. Essi de reconstitution, Liturgiewissenschaftliche Quellen und Forschungen, Bd. 39(Münster: Aschendorffsche Verlagsbuchhandlung, 1989)
- Boularand, E., "La nécessité de la grâce pour arriver à la foi d'après Saint Jean Chrysostome", *Gregorianum* 19(1938), 515–542.
- Bourgeois, Franck, "La théorie de la guerre juste: un héritage chrétien?", *Études théologiques et religieuses* 81(2006), 449–474.
- Bourke, Vernon. J., *Augustine's quest of Wisdom*(Milwaukee: The Bruce Publishing Company, 1945)
- ———, *Augustine's view of reality*(Villanova: Villanova University Press, 1964)
- Bowlin, John R. "Augustine on Justifying Coercion", *The Annual of the Society of Christian Ethics* 17(1997), 49–70.
- Boyer, Charles, "La théorie augustinienne des raisons séminales", in AA.VV., *Miscellanea Agostiniana*, II(Roma: Tipografia Poliglotta Vaticana, 1931)
- ———, *Essais sur la doctrine de saint Augustin*(Paris: Gabriel Beauchesne et ses Fils, 1932.
- ———, "Augustin(Saint)", Viller Marcel, ed., F. Cavallera, J. De Guibert, assiste de, *Dictionnaire de spiritualité*, I(Paris: Beauchesne, 1937), 1101–1130.
- ———, *L'idée de vérité dans la philosophie de saint Augustin*(Paris: Beauchesne et ses fils, 1941)

- _____, *Sant'Agostino*(Milano: Fratelli Bocca Editori, 1946)
- _____, "L'image de la Trinité. Synthèse de la pensée augustinienne", *Gregorianum* 27(1946), 173-199 & 333-352.
- Brabant, O. "Contrainte et charité selon saint Augustin", *Science et esprit* 22(1970), 5-17.
- Braun, J., "Tiara", *Catholic Encyclopedia*, 14(New York: Robert Appleton Company, 1912)
- Bréhier, Émile, "Y-a-il une philosophie chrétienne?", *Revue de Métaphysique et de Morale*(avril-juin, 1931), 133-162.
- _____, *La philosophie de Plotin*(Paris: Librairie philosophique J. Vrin, 1961, nouvelle édition)
- _____, "Agostino Aurelio", *Enciclopedia Cattolica*, I(1949), 519-567.
- Brown, Peter, *Religion and Society in the Age of Saint Augustine*(New York, Evanston, San Francisco, London: Harper & Row Publishers, 1972)
- _____, *Augustine of Hippo*(London: Faber and faber, 1990, reprinted)
- Brucculeri, Angelo, *Il pensiero sociale di S. Agostino*(Roma: Edizioni La Civiltà Cattolica, 1945)
- Burnell, Peter, "Justice in War in and before Augustine", *Studia Patristica* 49(2010), 107-110.
- Burt, Donald X., "Augustine on the Morality of Violence: Theoretical Issues and Applications", *Congresso Internazionale su S. Agostino nel XVI centenario della conversione Roma, 15-20 settembre 1986*, III, Studia Ephemeridis 《Augustinianum》 26(Roma: Institutum Patristicum 《Augustinianum》, 1987), 25-54.
- _____, *Friendship & society. An introduction to Augustine's practical philosophy*, Grand Rapids(Michigan: Wm. B. Eerdmans-Lightning Source, 1999)
- _____, "Friendly Persuasion: Augustine on Religious Toleration", *American Catholic Philosophical Quarterly* LXXIV/1(2000), 63-76.
- Butler, Dom Cuthbert, *Western Mysticism. The Teaching of SS Augustine, Gregory and Bernard On Contemplation and the Contemplative Life*(London / Bombay / Sydney: Constable & Company Ltd., 1922)
- Bushman, Rita Marie, "St. Augustine's Metaphysics and Stoic Doctrine", *The New Scholasticism* 3(1952), 283-304.
- Bussanich, J., "Happiness, Eudaimonism", Allan D. Fitzgerald, ed., *Augustine through the ages. An Encyclopedia, Gran Rapids*(Cambridge: William B. Eerdmans Publishing Company, 1999), 413-414.
- Byeon, Jong-Chan, *La deificatio hominis in sant'Agostino*, S.T.D. dissertatio, Istituto Patristico Augustinianum, 2008.

- Cadoux, C. John, *The Early Christian Attitude to War*(New York: The Seabury Press, 1982)

- Calore, Antonello, "Agostino e la teoria della guerra giusta.(A proposito di Qu. 6,10)", Aldo Andrea Cassi(a cura di), *Guerra e diritto. Il problema della guerra nell'esperienza giuridica occidentale tra medioevo ed età contemporanea*(Soveria Mannelli: Rubbettino Editore, 2009), 13–24.
- Camelot, Th., "La théologie de l'image de Dieu", *Revue des sciences philosophiques et théologiques* 40(1956), 443–471.
- Cameron Averil, "Rachel and Leah", Allan D. Fitzgerald, ed., *Augustine through the Ages. An Encyclopedia*, Grand Rapids(Cambridge: William B. Eerdmans Publishing Company, 1999), 695–696.
- Cancellieri, F., *Descrizione de' tre pontificali che si celebrano nella Basilica Vaticana per le feste di Natale di Pasqua e di S. Pietro*(Roma: Stamperia Vaticana, 1788)
- Canning, R., "Uti/frui", in Allan D. Fitzgerald, ed., *Augustine through the Ages. An Encyclopedia*, Gran Rapids(Michigan: William B. Eerdmans Publishing Company, 1999), 859–861.
- Capánaga, V., "La deificación en la soteriologia agustiniana", in AA.VV., *Augustinus Magister* II(Paris, 1954), 745–754.
- Carabine, Deirdre, "Native theology in the thought of Saint Augustine", *Recherches de théologie ancienne et médiévale* 59(1992), 5–22.
- ———, *The Unknown God. Negative theology in the Platonic tradition: Plato to Eriugena*(Louvain: Peeters Press, 1995)
- Carnahan, Kevin, "Perturbations of the Soul and Pains of the Body. Augustine on Evil Suffered and Done in War", *Journal of Religious Ethics* 36/2(2008), 269–294.
- Casamassa, Antonio, "Le fonti della filosofia in S. Agostino", in AA.VV., *Acta Hebdomadae Augustinianae-Thomisticae*(Torino: Casa Editrice Marietti, 1931), 88–96.
- ———, "Note sulla Regula Sancti Augustini", in AA.VV., *Sanctus Augustinus, Vitae spiritualis magister*, I(Roma: Analecta augustiniana, 1959), 357–389.
- Cassi, A. Andrea, "Agostino contro i mercanti di schiavi: Ius glaudii, ungulae carnificis e funzione della pace", *Etica & Politica* 16(2014)
- Castaldelli, F., "Il meccanismo psicologico del peccato nei Moralia in Job di san Gregorio Magno", *Salesianum* 27(1965), 563–605.
- Cavalcanti, Elena, "La cosidetta 《guerra giusta》 nel De civitate Dei di Agostino", *Cristianesimo nella storia* 25(2004), 25–57.
- Cavallari, E., "Il sacerdozio nel pensiero di S. Agostino", *Presenza Agostiniana* 18, 1991, 4–10.
- Cayré, Fulbert A. A., *La contemplation augustinienne. Principes de la spriritualité de saint Augustin*(Paris: Éditeur André Blot, 1927)
- ———, *Précis de Patrologie*, I(Paris, 1938)
- Cazier, P. "Le compelle intrare d'Augustin, mise en perspective", in P. Cazier et J. M. Delmaire, eds., *Violence et religion*(Villeneuve d'Ascq:

Université Lille 3, 1998), 15-39.
- Centineo, E., "Amicizia", in *Enciclopedia filosofica*, I(Venezia, Roma, 1957), 168-169.
- Ceriotti, Giancarlo, ed., "Il sacerdozio in S. Agostino", in *Renovatio* 14(1979), 205-220, 334-353.
- ──, "Azione e contemplazione in S. Agostino", in Antonio Baldoni, Giancarlo Ceriotti, eds., *Frammenti agostiniani*(Palermo: Edizioni Augustinus, 1988)
- ──, *La pastorale delle vocazioni in S. Agostino*(Palermo: Edizioni Augustinus, 1991)
- ──, "La concezione agostiniana del sacerdote-monaco ed i suo rapporti con i laici ed il vescovo", Cassago Brianza, Associazione Storico-Culturale S. Agostiono, eds., *Agostino Presbitero. XVI centenario dell'ordinazione presbiterale di S. Agostino(391-1991), Atti del Convegno storico celebrativo di Cassago Brianza, 2-15 settembre 1991*(1992), 135-152.
- ──, *Sant'Agostino. Sul Sacerdozio*(Roma: Città Nuova, 1993)
- ──, "Atteggiamento pastorale di Agostino con i donatisti(dall'epistolario)" in R. A. Markus, U. Pizzani, R. Cacitti, and Giancarlo Ceriotti, eds., *Agostino e il donatismo, Lectio Augustini XIX Settimana Agostiniana Pavese, 2003*(Roma: Institutum Patristicum Augustinianum, 2007), 63-73.
- Chazottes, Charles, *Grégoire le Grand*(Paris: Les Éditions Ouvrières, 1958)
- Chelius, K. H., "Comelle intrare", Cornelius Mayer et al., ed., *Augustinus-Lexikon*, Vol. 1(Basel: Schwabe & Co. AG, 1986-1994), 1084-1085.
- Chiappa, Paola Vismara, *Il tema della povertà nella predicazione di sant'Agostino*(Milano: Dott. A. Giuffrè Editore, 1975)
- Christian, William A., "The creation of the world", R. W. Battenhouse ed., *A Companion to the Study of St. Augustine*(New York: Oxford University Press, 1955), 315-342.
- Christophe, Paul, *Les devoirs moraux des riches. L'usage du droit de propriété dans l'Écriture et la tradition patristique*(Paris: Éditeur P. Lethielleux, 1964)
- Cimma, M. Rosa, *L'episcopalis audientia nelle constituzioni imperiali da Costantino a Giustiniano*(Torino: G. Giappichelli Editore, 1989)
- Cipriani, Nello, *La pedagogia della preghiera in S. Agostino*(Palermo: Edizioni Augustinus, 1984)
- ──, "Le fonti cristiane della dottrina trinitaria nei primi dialoghi di S. Agostino", *Augustinianum* 34(1994)
- ──, "Dio nel pensiero di S. Agostino", in Salvatore A. Panimolle et al., ed., *Dio nei Padri della Chiesa*(Roma: Borla, 1996), 257-274.
- ──, "L'influsso di Varrone sul pensiero antropologico e morale nei primi scritti di S. Agostino", in AA.VV., *L'etica cristiana nei secoli III e IV. Eredità e confronti*(Roma, 1996), 369-400.

- ——, "La violenza nel pensiero di S. Agostino", *Parola, Spirito e Vita* 37(1998), 241–268.
- ——, "La precettistica antica e la regola monastica di S. Agostino", *Augustinianum* 39(1999), 365–380.
- ——, "Rhetoric", Allan D. Fitzgerald, ed., *Augustine through the ages : An Encyclopedia*, Gran Rapids(Cambridge: William B. Eerdmans Publishing Company, 1999), 724–726.
- ——, "Introduzione alla Regola", in *Nuova Biblioteca Agostiniana* VII/2 (Roma: Città Nuova, 2001), 9–20.
- ——, "La presenza di Mario Vittorino nella riflessione trinitaria di sant' Agostino", *Augustinianum* 42(2002)
- ——, "Il mistero trinitario nei Padri", *Path* 2(2003)
- ——, *Sant'Agostino. La Regola*(Roma: Città Nuova, 2006)
- Clark, Mary T., *Augustine Philosopher of Freedom. A Study in Comparative Philosophy*(New York, Tournai: Desclée, 1959)
- ——, "Image doctrine", in Allan D. Fitzgerald, ed., *Augustine through the Ages. An Encyclopedia, Gran Rapids*(Michigan: William B. Eerdmans Publishing Company, 1999)
- Clerici, A., "La correzione fraterna", in S. *Agostino*(Palermo, 1989)
- Combès, Gustave J. Farges, "Beauté littéraire de la Bible", in *Bibliothèque Augustinienne* 11, Notes complémentaires n. 59, 592.
- ——, "Saint Augustin et la technique oratoire", in *Bibliothèque Augustinienne* 11, Notes complémentaires n. 60, 592–593.
- ——, "Caractère original de l'éloquence chrétienne", in *Bibliothèque Augustinienne* 11, Notes complémentaires n. 62, 594–595.
- ——, *Saint Augustin et la culture classique*(Paris: Librairie Plon, 1927)
- ——, *La doctrine politique de saint Augustin*(Paris: Librairie Plon, 1927)
- ——, *La charité d'après saint Augustin*(Paris: Desclée de Brouwer et Cie, 1934)
- Comeau, Marie, *La rhétorique de saint Augustin*(Paris: Boivin, 1930)
- ——, *Saint Augustin. Exégète du Quatrième Évangile*(Paris: Gabriel Beauchesne, 1930)
- Congar, Yves N. –J., "Quelques expressions traditionnelles du service chrétien", in Congar Yves, *Jalons pour une théologie du laïcat*(Paris: Les Éditions du Cerf, 1954)
- ——, *Jalons pour une théologie du laïcat*(Paris: Les Éditions du Cerf, 1954)
- ——, et Bernard–Dominique Dupuy, sous la diretion de, *L'Épiscopat et L'Église universelle*(Paris: Les Éditions du Cerf, 1962), 101–132.
- ——, "Quelques expressions traditionnelles du service chrétien", in *L'Épiscopat et L'Église universelle*, 101–132.

- ──, "Introduction Générale", in G. Finaert, tradu. de, Yves N. -J. Congar, introduction et notes par, Œuvres de Saint Augustin. Traités anti-donatistes, I, Bibliothèque Augustinienne, 28, quatrième série(Paris: Desclée de Brouwer, 1963), 7-133.
- ──, "La législation impériale sur le Donatisme jusqu'en 400.", Œuvres de Saint Augustin. Traités anti-donatistes, I, notes complémentaires 23, 731-733.
- ──, "Ordinations invitus, coactus de l'Église antique au canon 214", Revue des sciences philosophiques et théologiques 50(1966), 169-197.
- Corsini, Eugenio, "Lettura del libro XI delle 《Confessioni》", in Aimé Solignac et al., eds., 《Le Confessioni》 di Agostino d'Ippona Libri X-XIII(Palermo: Edizioni Augustinus, 1987), 35-65.
- Cotta, Sergio, "Guerra e pace nella filosofia di S. Agostino", Matteo Fabris, a cura di, L'umanesimo di sant'Agostino. Atti del Congresso Internazionale Bari 28-30 ottobre 1986(Bari: Levante Editori, 1988), 119-140.
- Courcelle, Pierre, Recherches sur les Confessions(Paris: Éditions E. De Boccard, 1968, Nouvelle édition augmentée et illustrée)
- Courtès, J., "Saint Augustin et la médecine", Augustinus Magister, I(Paris: Études Augustiniennes, 1954), 43-51.
- Cousineau, R. -H., "Creation and Freedom. An Augustinian Problem: 《Quia voluit》? and/or 《Quia bonus》?", Recherches Augustiniennes II(1962),
- Crespin, Rémi, Ministère et sainteté. Pastorale du clergé et solution de la crise donatiste dans la vie et la doctrine de saint Augustin(Paris: Études Augustiniennes, 1965)
- Crifò, G., "A proposito di episcopalis audientia", in M. Christo, S. Demougin, Y. Duval, C. Lepelley, L. Pietri, éds., Institutions, société et vie politique dans l'Empire Romain au IVe siècle Ap. J.-C. Actes de la table ronde autour de l'œuvre d'André Chastagnol, Paris, 20-21 janvier 1989(Rome: École Française de Rome, 1992)
- Curbelié, Philippe, La justice dans la cité de Dieu(Paris: Institut d'Études Augustiniennes, 2004)
- Curley, A., "Cicero, Marcus Tullius", Allan D. Fitzgerald, ed., Augustine through the ages : An Encyclopedia, Gran Rapids(Cambridge: William B. Eerdmans Publishing Company, 1999), 191-192.

- Dagens, Claude, "Grégoire le Grand et le ministère de la parole. Les notions d'《ordo praedicatorum》 et d'《officium praedicationis》", in AA.VV., Forma Futuri. Studi in onore del cardinale Michele Pellegrino(Torino: Bottega d'Erasmo, 1975), 1054-1073.
- ──, Saint Grégoire le Grand. Culture et expérience chrétienne(Paris: Études Augustiniennes, 1977)
- D'Alès, Adhémar, La théologie de Tertullien(Paris: Gabriel Beauchesne &

Cie, 1905)
- ———, *La théologie de saint Cyprien*(Paris: Gabriel Beauchesne, 1922)
- Danièlou, Jean, *Sacramentum Futuri. Études sur les origines de la typologie biblique*(Paris: Beauchesne et Ses Fils, 1950)
- D'Arcy, Martin Cyrill, "The Philosophy of St. Augustine", AA.VV., *A monument to Saint Augustine*(London: Sheed & Ward, 1930), 153–196.
- Dattrino, L., "Gen 1, 26–27 e Gen 2, 7 nella interpretazione patristica(le scuole "asiatica" e "alessandrina")", *Teología y Vida* 43(2002)
- Deane, Herbert A., *The Political and Social Ideas of St. Augustine*(New York, London: Columbia University Press, 1963)
- De Blic, J., "Le processus de la création d'après saint Augustin", in AA.VV., *Mélanges offerts au R. P. Ferdinad Cavallera*(Toulouse : Bibliothèque de l'Institut Catholique, 1948)
- De Bruyne, D., "La première règle de saint Augustin", *Revue bénédictine* 42(1930), 316–342.
- De Capitani, Franco, *Il 〈De Libero Arbitrio〉 di S. Agostino. Studio introduttivo, testo, traduzione e commento*(Milano: Vita e Pensiero, 1994)
- De Francisci, P., "Per la storia dell'episcopalis audientia fino alla Nov. XXXV(XXXVI) di Valentiniano", *Annali di giurisprudenza dell'Università di Perugia* 30(1915–1918)
- De Guibert, J., "La notion d'hérésie chez saint Augustin." *Bulletin de littérature ecclésiatique* 21(1920), 368–382.
- De la Brière, Yves, "La conception de la paix et de la guerre chez saint Augustin", *Revue de philosophie* 1(1930), 557–572.
- De Labriolle, Pierre, *Saint Augustin Confessions*, Vol. I(Paris: Les Belles Lettres, 1956)
- De Veer, A. C., "La définition de l'éloquence", in *Bibliothèque Augustinienne* 31, Notes complémentaires n. 2, 742–744.
- ———, "La dialectique et l'éloquence", in *Bibliothèque Augustinienne* 31, Notes complémentaires n. 7, 749–750.
- De Vogüé, Adalbert, *Les Règles monastiques anciennes*(400–700) (Turnhout: Brepols, 1985)
- Del Estal, J. J., "Instituciòn monàstica de san Augustìn desde sus orìgenes hasta la muerte del Fundador(430)", *La Ciudade de Dios* 178(1965), 256–269.
- Del Re, Niccolò, "Tiara", Niccolò del Re, ed., *Mondo Vaticano. Passato e presente*(Città del Vaticano: Libreria Editrice Vaticana, 1995)
- Denzinger, Heinrich, Adolfus Schonmetze, *Enchiridion Symbolorum definitionum et declarationum de rebus fidei et morum*, versione italiana a cura di Angelo Lanzoni e Giovanni Zaccherini(Bologna: Centro editoriale dehoniano, 2003)

- De Veer, A. C., "La définition de l'hérésie et du schisme par Cresconius et par Augustin", G. Finaert, traduction de, A. C. De Veer, introduction et notes par, *Œuvres de Saint Augustin. Traités anti-donatistes, IV, Bibliothèque Augustinienne* 31, quatrième série, notes complémentaires 14(Paris: Desclée de Brouwer, 1968), 759-764.
- ──, "Comment les rois dovent servir Dieu", *Œuvres de Saint Augustin. Traités anti-donatistes*, IV, notes complémentaires 40, 819-821.
- Di Berardino, A., "Roman Laws", Allan D. Fitzgerald, ed., *Augustine through the Ages. An Encyclopedia*, Gran Rapids(Michigan: William B. Eerdmans Publishing Company, 1999)
- ──, "La défense du pauvre: saint Augustin et l'usure", in AA.VV., Pierre-Yves Fux, Jean-Michel Roessli, Otto Wermelinger, *Augustinus Afer. Saint Augustin: africanité et universalité. Actes du colloque international Alger-Annaba, 1-7 avril 2001*, 1(Fribourg: Éditions Universitaires Fribourg Suisse, 2003), 257-262.
- Dideberg, Dany, "amor", in Cornelius Mayer et al., ed., *Augustinus-Lexikon*, Vol. 1(Basel: Schwabe & Co. AG, 1986-1994), 294-300.
- ──, "caritas", in Cornelius Mayer et al., ed., *Augustinus-Lexikon*, Vol. 1 (Basel: Schwabe & Co. AG, 1986-1994), 730-743.
- Di Giovanni, Alberto, *La dialettica dell'amore*(Roma: Edizioni Abete, 1965)
- Diesner, H. J., "Possidius und Augustinus", *Studia Patristica* 6(1962), 350-365.
- Diliberto, O, "Paolo di Tarso, I Ad Cor., VI, 1-8, e le origini della giurisdizione ecclesiastica nelle cause civili", *Studi Economico-Giuridici* 49(1979)
- Djuth, Marianne, "Will", Allan D. Fitzgerald, ed., *Augustine through the ages. An Encyclopedia*, Gran Rapids(Michigan: William B. Eerdmans Publishing Company, 1999), 881-885.
- Dodaro, Robert, "⟨Christus Iustus⟩ and fear of death in Augustine's dispute with Pelagius", Adolar Zumkeller, ed., *Signum Pietatis. Festgabe für Cornelius Petrus Mayer OSA zum 60*(Geburtstag, Würzburg: Augustinus Verlag, 1989), 341-361.
- ──, "Il timor mortis e la questione degli exempla virtutum: Agostino, De civitate Dei I-X", in Luigi Alici, Remo Piccolomini, Antonio Pieretti, a cura di, *Il mistero del male e la libertà possibile(III): Lettura del De civitate Dei di Agostino. Atti del VII seminario del Centro Studi Agostiniani di Perugia*(Roma: Institutum Patristicum Augustinianum), 1996, 7-47.
- ──, "Church and State," in Allan D. Fitzgerald, ed., *Augustine through the Ages. An Encyclopedia*, Grand Rapids(Michigan: William B. Eerdmans Publishing Company, 1999), 176-184.
- ──, "Between the Two Cites: Political Action in Augustine of Hippo", J. Doody, Kevin L. Hughes, K. Paffenroth, eds., *Augustine and Politics*(Lanham: Lexington Books, 2005)
- Doignon, Jean, "La première exégèse augustinienne de Rm 8, 28 et l'unité

formulée《more tulliano》des quatre vertus dans l'amour", in *Cristianesimo nella storia* 4(1983), 285-291.

- ———, "Le De ordine, son déroulement, ses thèmes", in Giovanni Reale et al., *L'opera letteraria di Agostino tra Cassiciacum e Milano*(Palermo: Edizioni Augustinus, 1987), 113-150.
- ———, "Beata uita(De –)", in Cornelius Mayer et al., ed., *Augustinus-Lexikon*, Vol. 1(Basel: Schwabe & Co. AG, 1986-1994), 618-624.
- Doyle, D. Edward, *The bishop as disciplinarian in the Letters of St. Augustine*(New York: Peter Lang, 2002)
- Dubarle, Dominique, "Essai sur l'ontologie théologale de saint Augustin", *Recherches Augustiniennes* XVI(1981), 197-288.
- Duchesne, Louis, ed., *Histoire ancienne de l'Église*, II(Paris: Éditeur E. De Boccard, 1910)
- ———, *Origine du culte chrétienne. Études surla liturgie latine avant Charlemagne*(Paris: Éditeur E. De Boccard, 1925)
- ———, *Le Liber Pontificalis*, I, II(Paris: Éditions E. De Boccard, 1981, réimpression)
- Dudden, Homes, *The Life and Times of St. Ambrose*, I-II(Oxford: The Clarendon Press, 1935)
- Dulaey, Martine, "Les tuniques de peau", in *Bibliothèque augustinienne* 50(Paris: Institut d'Études Augustiniennes, 2004), 551-553.
- Dupont, Anthony, *La philosophie de saint Augustin*(Louvain: Librairie-Éditeur Charles Peeters, 1881)
- Dupont, Charles, "Les privilèges des clercs sous Constantin", *Revue d'histoire ecclésiastique* 62(1967), 729-752.
- Du Roy, Olivier, *L'intelligence de la foi en la Trinité selon saint Augustin. Genèse de sa théologie trinitaire jusqu'en 391*(Paris: Études Augustiniennes, 1966)
- Dykmans, Marc, *Le cérémonial papal de la fin du Moyen Age à la Renaissance*, I(Bruxelles, Roma: Institut Historique Belge de Rome, 1977)

- Étaix, Raymond and Charles Morel, "Introduction", in Grégoire le Grand, *Homélies sur L'Évangile*, I, Sources chrétiennes 485(Paris: Les Éditions du Cerf, 2005), 13-90.
- Eucken, Rudolf, *Die Lebensanschauungen der grossen Denker: Eine Entwicklungsgeschichte des Lebensproblems der Menschheit von Platon bis zur Gegenwart*(Berlin: Walter de Gruyter, 1950)
- Evans, G. R., "Heresy, Schism", in Allan D. Fitzgerald, ed., *Augustine through the Ages. An Encyclopedia*, Grand Rapids(Michigan: William B. Eerdmans Publishing Company, 1999) 424-426.

- Fabbrini, Fabrizio, "I cristiani e la guerra. Da Costantino a san Francesco", Alcenste Santini, a cura di, *Le chiese e la guerra*(Roma: Napoleone Editore, 1972), 31-49.
- Faivre, A., "Clericus(clericatus)", Cornelius Mayer et al., ed., *Augustinus-Lexikon*, Vol. 1(Basel: Schwabe & Co. AG, 1986-1994), 1011-1022.
- Ferrand, *Discours où l'on fait voir que St. Augustin a été moine. Prouvé par la doctrine des Pères, et principalement par cette de S. Augustin*(Paris, 1689)
- Ferrère, F., *La situation religieuse de l'Afrique romaine depuis la fin du IVe siècle jusqu'à l'invasion des Vandales*(429) (Paris: Éditeur Félix Alcan, 1897)
- Ferrisi, Pietro Antonio, "La svolta antropologica di Agostino d'Ippona: L'anno 400", *Augustinianum* 34(1994), 377-394.
- Fitzgerald, Allan D., "Almsgiving in the works of Saint Augustine", in AA.VV., *Signum pietatis. Festgabe für Cornelius Petrus Mayer OSA zum 60. Geburtstag*(Würzburg: Augustinus Verlag, 1989), 445-459.
- ──, "Mercy, Works of Mercy", Allan D. Fitzgerald, ed., *Augustine through the ages. An Encyclopedia*, Gran Rapids(Michigan: William B. Eerdmans Publishing Company, 1999), 557-561.
- Flottes, *Études sur saint Augustin. Son génie, son âme, sa philosophie* (Montpellier, Paris: Libraire F. Seguin, Libraire Durand, 1861)
- Folliet, G., "Les trois catégories de chrétiens. A partir de Luc(17, 34-36), Matthieu(24, 40-41) et Ézéchiel(14, 14)", in AA.VV., *Augustinus Magister*, II(Paris: Études Augustiniennes, 1954), 631-644.
- ──, "Aux origines de l'ascétisme et du cénobitisme africain", in AA.VV., *Saint Martin et son temps: Mémorial du 16e centenaire des débuts du monachisme en Gaule 361-1961, Studia Anselmiana* 46(Roma: Pontificium Institutum S. Anselmi, 1961), 25-44.
- ──, "Deificari in otio. Augustin, Epistola 10,2", *Recherches Augustiniennes* 2(1962)
- Fonsegrive, G. L., *Essai sur le libre arbitre*(Paris, 1887)
- Francesco, E., "Ozio", in *Enciclopedia Cattolica*, IX(Citt del Vaticano: 1952)
- Fredriksen, Paula, "Massa", in Allan D. Fitzgerald, ed., *Augustine through the Ages. An Encyclopedia*, Gran Rapids(Michigan: William B. Eerdmans Publishing Company, 1999), 545-547.
- Frend, William H. C., *The Donatist Church. A Movement of Protest in Roman North Africa*(Oxford: Oxford University Press, 1952)
- ──, "Augustine and State Authority. The Example of the Donatists.", in Francesco Giunta, Robert A. Markus, Marcella F. Patrucco, Wiliam H. C. Frend, and Otto Wermelinger, eds., *Agostino d'Ippona 〈Quaestiones disputatae〉, Palermo 3-4 dicembre 1987*(Palermo: Edizioni Augustinus, 1989), 49-73.

- ———, *Orthodoxy, Paganism and Dissent in the Early Christian Centuries* (Aldershot: Ashgate Publishing Limited, 2002)

- Galtier, Paul, *L'Église et la rémission des péchés aux premiers siècles*(Paris: Gabriel Beauchesne et ses fils, 1932)
- Galbreath, Donald Lindsay, *Papal Heraldry. A treatise on ecclesiastical heraldry*(Cambridge: W. Heffer and Sons ltd., 1930)
- García, J., "La Règle de saint Augustin: Structure et fondement théologique", *Connaissance des Pères de l'Église* 67(septembre, 1997), 19–31.
- Gaudemet, Jean, *L'Église dans l'Empire Romain(IVe-Ve siècles)* (Paris: Sirey, 1958)
- ———, *Le droit romain dans la littérature chrétienne occidentale du IIIe au Ve siècle*(Milano: Dott. A. Giuffrè Editore, 1978)
- Gaumer, Matthew A. and Anthony Dupont, "Dontist North Africa and the Beginning of Religious Coercion by Christians: A New Analysis," *La ciudad de Dios* 223(2010), 445–466.
- Gebbia, C., "Pueros vendere vel locare. Schiavitù e realtà africana nelle nuove lettere di s. Agostino", A. Mastino(a cura di), *L'Africa romana: atti del 4. Convegno di studio, 12-14 dicembre 1986*, V. 1(Sassari: Dipartimento di Storia dell'Università di Sassari, 1987), 215–227.
- ———, "Sant'Agostino e l'episcopalis audientia", A. Mastino, a cura di, *L'Africa romana: atti del 6. Convegno di studio, 16-18 dicembre 1988*, V. 2(Sassari: Edizioni Gallizzi, 1989)
- Geest, Paul Van, "Sensory perceptions as a mandatory requirement for the via negativa towards God. The skillful paradox of Augustine as mystagogue", in M. Baun, Averil Cameron, M. Edwards, M. Vinzent, eds., *Studia Patristica*, 49(Leuven: Peeters, 2010), 51–58.
- Genovesi, Vincent J., "The Just-War Doctrine: A Warrant for Resistance", *The Thomist* 45(1981), 503–540.
- Gentili, Domenico, "Introduzione ai Soliloquia", in *Nuova Biblioteca Agostiniana*, III/1(Roma: Città Nuova, 1970), 363–376.
- Getty, Sister Marie Madeleine, *The life of the North Africans as revealed in the sermons of Saint Augustine*(Washington D.C.: The Catholic University of America, 1931)
- Giet, S., "La doctrine de l'appropriation des biens chez quelques-uns des Pères", *Recherches de science religieuse* 35(1948), 55–91.
- Gillet, Robert, "Saint Grégoire le Grand", *Dictionnaire de spiritualité*, VI(Paris: Beauchesne, 1974), 872–910.
- Gilson, Étienne, *Introduction à l'étude de saint Augustin*(Paris: Librairie Philosophique J. Vrin, 1929)

- ———, "The future of Augustinian metaphysics", in AA.VV., *A monument to St. Augustine*(London: Sheed & Ward, 1930), 289-315.
- ———, *L'esprit de la philosophie médiévale*(Paris: Librairie philosophique J. Vrin, 1944)
- ———, "Note sur l'être et le temps chez saint Augustin", *Recherches Augustiniennes* II(1962), 205-223.
- ———, *Philosophie et Incarnation selon saint Augustin*(Genève: Editions Ad Solem, 1999)
- Girard, Jean-Michel, *La mort chez saint Augustin. Grandes lignes de l'évolution de sa pensée, telle qu'elle apparaît dans ses traités*(Fribourg: Éditions Universitaires Fribourg, 1992)
- Godefroy, Jacobi., *Codex Theodosianus cum perpetuis commentariis*, VI(Lipsia, 1748, ed. by Johann Daniel Ritter)
- Grabowski, Stanislaus J., *The All-Present God. A study in St. Augustine*(St. Louis and London: B. Herder Book, 1954)
- ———, *The Church. An Introduction to the Theology of St. Augustine*(St. Louis, London: Herder Books, 1957)
- Graef, H. C., "L'image de Dieu et lastructure de l'âme d'après les Pères grecs", *La vie spirituelle supplément* 6(1952), 331-339.
- Grandgeorge, L., *Saint Augustin et Le Néo-Platonisme*(Paris: Ernest Leroux, 1896)
- Grant, Robert M., "War - Just, Holy, Unjust - in Hellenistic and Early Christian Thought", *Augustinianum* 20(1980), 173-189.
- Grech, P., "The augustinian community and the primitive Church", *Augustiniana* 5(1955), 459-470.
- Grossi, V., "Eresia-eretico," in Angelo Di Berardino, diretto da, *Dizionario patristico e di antichità christiane*, I(Casale Monferrato: Marietti, 1994), 1187-1191.
- ———, "Episcopus in Ecclesia: The importance of an ecclesiological principle in Cyprian of Carthage", *The Jurist* 66(2006), 8-29.
- ———, "Scima-Scismatico," in *Dizionario patristico e di antichità christiane*, II, 3113-3114.
- ———, *La Chiesa di S. Agostino. Modelli e simboli*(Bologna: Edizioni Dehoniane, 2012)
- Grou, Jean-Nicolas, *Morale tirée des Confessions de saint Augustin*(Paris, Bruxelles: Librairie Catholique de Perisse Frères, 1858)
- Guilloux, Pierre., *L'âme de saint Augustin*(Paris: J. De Gigord, 1921)
- Guzzo, A., -Mathieu V., "Libertà", *Enciclopedia Filosofica*, III(Venezia-Roma: Istituto per la collaborazione culturale, 1957), 18-37.
- Guitton, Jean, *Le temps et l'éternité chez Plotin et saint Augustin*(Paris: Librairie Philosophique J. Vrin, 1959, troisième édition remaniée)

- Gy, P. -M., "Remarques sur le vocabulaire antique du sacerdoce chrétien", in AA.VV., *Études sur le sacrement de l'ordre*(Paris: Les Éditions du Cerf, 1957), 125-145.

- Hadot, Ilsetraut, *Arts liberaux et philosophie dans la pensée antique*(Paris: Études augustiniennes, 1984)
- ———, "Amicitia", in Cornelius Mayer et al., ed., *Augustinus-Lexikon*, Vol. 1(Basel: Schwabe & Co. AG, 1986-1994), 287-291.
- Halliburton, R. J., "The inclination to retirement the retreat of Cassiciacum and the 'Monastery' of Tagaste", *Studia Patristica* 5(1962), 329-340.
- Hamman, Adalbert-Gautier, "L'enseignement sur la création dans la l'antiquité chrétienne", *Revue des sciences religeuses* 42(1968), 1-23.
- ———, *La vie quotidienne en Afrique du Nord au temps de saint Augustin*(Paris: Hachette, 1985, Nouvelle édition)
- Hardy, R. P., "The incarnation and revelation in Augustine's Tractatus in Iohannis Evangelium", *Eglise et Théologie* 3(1972), 193-220.
- Harries, Jill D., "Resolving Disputes: The Frontiers of Law in Late Antiquity", Ralph W. Mathisen, ed., *Law, society and authority in late Antiquity*(New York: Oxford University Press, 2001)
- Hartigan, Richard Shelly, "Saint Augustine on War and Killing: The Problem of the Innocent", *Journal of the History of Ideas* 27/2(1966), 195-204.
- Hedley, John Cuthbert, *Lex Levitarum*, Or, Preparation for the cure of souls(Westminster: Art & Book Company, 1905)
- Heijke, J., "The image of God according to St. Augustine(De trinitate excepted)", *Folia. Studies in the Christian perpetuation of the Classics* 10(1956)
- Heiser, John H., "Saint Augustine and Negative Theology", *The New Scholasticism* 63(1989), 66-80.
- Helhaye, P., "La morale de saint Augustin", *L'Ami du Clergé* 69(1959), 97-109.
- Henry, Paul, *Plotin et l'Occident*(Louvain: Spicilegium Sacrum Lovaniense, 1934)
- Hermanowicz, Erika T., *Possidius of Calama. A Study of the North African Episcopate*(Oxford: Oxford University Press, 2008)
- Hill, E., "De Doctrina Christiana: A Suggstion", *Studia Patristica* 6(1962), 443-446.
- Hocqard, G., "L'idéal du pasteur des âmes, selon saint Grégoire le Grand", in AA.VV., *La tradition sacerdotale*(Le Puy: Éditions Xavier Mappus, 1959), 143-167.
- Holmes, Robert L., *On War and Morality*(Princeton: Princeton University Press, 1989)

- ———, "St. Augustine and the Just War Theory", Gareth B. Matthews, ed., *The Augustinian Tradition*(Berkeley, Los Angeles, London: University of California Press, 1999), 323-344.
- Holte, Ragnar, *Béatitude et Sagesse. Saint Augustin et le problème de la fin de l'homme dans la philosophie ancienne*(Paris: Études Augustiniennes, 1962)
- Houlou, A., "Le droit pénal chez saint Augustin", *Revue historique de droit français et étranger* 52(1974)
- Humbert, M., "Enfants à louer ou à vendre: Augustin et l'autorité parentale(Ep. 10* et 24*)", *Les lettres de saint Augustin découvertes par Johannes Divjak. Communications présentées au colloque des 20 et 21 Septembre 1982*(Paris: Études Augustiniennes, 1983)

- Institutum Patristicum Augustinianum, *Patrologia*, IV(Genova: Casa Editrice Marietti, 1996)

- Jackson, Michael G., "Faith, hope, charity, prayer in St. Augustine", *Studia Patristica* 22(1989), 265-270.
- Jaeger, H., "Justinien et l'episcopalis audientia", *Revue historique de droit français et étranger* 38(1960)
- Jolivet, Régis, *Saint Augustin et le Néo-Platonisme Chrétien*(Les Éditions Denoël et Steele, 1932)
- Joly, R., "Saint Augustin et l'intolérance religieuse," *Revue belge de philologie et d'histoire* 33/2(1955), 263-294.
- ———, "L'intolérance de saint Augustin, doctrine ou attitude?," in Jacqueline Bibauw, éd., *Hommages à Marcel Renard*(Bruxelles: Latomus, 1969) 493-500.
- ———, *Origines et évolution de l'intolérance catholique*(Bruxelles: Éditions de l'Universitéde Bruxelles, 1985)
- Joseph, Torchia N., "Contemplation and Action", Allan D. Fitzgerald, ed., *Augustine through the Ages. An Encyclopedia*, Gran Rapids(Michigan: William B. Eerdmans Publishing Company, 1999), 233-235.
- Jourjon, M., "L'évêque et le peuple de Dieu selon saint Augustin", in Henri Rondet, Charles Morel, Maurice Jouhjon, Jules Lebbeton, eds., *Saint Augustin parmi nous*(Le Puy, Paris: Éditions Xavier Mappus, 1954), 149-178.
- ———, "Le saint évêque d'Hippone", Collectifs, *La tradition sacerdotale. Études sur le sacerdoce*(Le Puy: Éditions Xavier Mappus, 1959), 127-141.
- Judic, B., "La Bible miroir des pasteurs dans la Règle pastorale de Grégoire le Grand", in Jacques Fontaine et Charles Pietri, sous la direction de, *Le monde latin antique et la Bible*(Paris: Beauchesne, 1985), 455-473.

- ———, "Structure et fonction de la Regula Pastoralis", in J. Fontaine, R. Gillet, S. Pellistrandi, eds., *Grégoire le Grand. Actes du Colloques de Chantilly, 15-19 septembre 1982*(Paris: Éditions du Centre National de la Recherche Scientifique, 1986), 409-417.
- ———, "Introduction", in *Grégoire le Grand, Règle Pastorale*, I, Sources chrétiennes 381(Paris: Les Éditions du Cerf, 1992), 15-102.

- Kaufman, P. Iver, "Augustine, Macedonius, and the Courts", *Augustinian Studies* 34(2003)
- Keresztes, P., "Saint Augustine's Good Christian Ruler," in *Congresso Internazionale su S. Agostino nel XVI centenario della conversione, Roma, 15-20 settembre 1986. Atti 1*(Roma: Institutum Patristicum Augustinianum, 1987) 507-530.
- Kenny, A., "Was St. John Chrysostom a semi-pelagian?", *The Irish Theological Quarterly* 27(1960), 16-29.
- Kevane, E., "Translatio imperii: Augustine's De Doctrina christiana and the Classical Paideia", in *Studia Patristica* 14(1976), 446-460.
- Knuuttila, Simo, "Time and creation in Augustine", Eleonore Stump, Norman Kretzmann, eds., *The Cambridge companion to Augustine*(Cambridge: Cambridge University Press, 2001)
- Krueger, Paul, *Corpus iuris civilis(v.2): codex justinianus*(Berlin: Weidmann, 1915)
- Kuhn, E. -M., "Justice Applied by the Episcopal Arbitrator: Augustine and the Implementation of Divine Justice", *Etica & Politica* 19(2007), 74-79.

- La Bonnardière, Anne-Marie, "Les deux vies Marthe et Marie", Anne-Marie La Bonnardière, ed., *Saint Augustin et la Bible*(Paris: Beauchesne, 1986), 411-425.
- Ladner, Gerhart B., "The concept of 《Ecclesia》 and 《Christianitas》 and their relation to the idea of papal 《plenitudo potestatis》 from Gregory VII to Boniface VIII", *Sacerdozio e Regno da Gregorio VII a Bonifacio VIII. Studi presentati alla sezione storica del congresso della Pontificia Università Gregoriana 13-17 ottobre 1953*(Roma: Pontificia Univeristà Gregoriana, 1954)
- ———, *The idea of reform. Its impact on Christian thought and action in the age of the Fathers*(Cambridge, Massachusetts: Harvard University Press, 1959)
- ———, *Die Papstbildnisse des Altertums und des Mittelalters*, III(Città del Vaticano: Libreria Editrice Vaticana, 1984)
- Ladner, R., "L'ordo praedicatorum avant l'ordre des prêcheurs", in Pierre Mandonnet, Saint Dominique. *L'idée, l'homme et l'œuvre*, II(Paris: Desclée de Brouwer et Cie, 1937), 11-68.

- Lambot, C., "La règle de saint Augustin et S. Césaire", *Revue bénédictine* 41(1929), 333-341.
- ──, "Saint Augustin a-t-il rédigé la règle pour moines qui porte son nom?", *Revue bénédictine* 53(1941), 41-58.
- Lamirande, É., "The Priesthood at the Service of the People of God accordint to Saint Augustine", *The Furrow*, Vol. 15, No. 9(1964), 501-507.
- ──, "Dispensator(Dispensatio, Dispensare)", G. Finaert, introduction et notes par, É. Lamirande, traduction de, *Œuvres de Saint Augustin. Traités anti-donatistes*, V, *Bibliothèque Augustinienne* 32, quatrième série(Paris: Desclée de Brouwer, 1965)
- ──, "《Sacerdos》 dans la language de saint Augustin", G. Finaert, introduction et notes par, É. Lamirande, traduction de, *Œuvres de Saint Augustin. Traités antidonatistes*, V, *Bibliothèque Augustinienne* 32, quatrième série(Paris: Desclée de Brouwer, 1965)
- ──, *Études sur l'Ecclésiologie de saint Augustin*(Ottawa: Éditions de l'Université d'Ottawa, 1969)
- ──, *Church, State, and Toleration: An Intriguing Change of Mind in Augustine*(Villanova: Villanova University, 1975)
- ──, "Christianus(christianismus, christianitas)", in Cornelius Mayer et al., ed., *Augustinus-Lexikon*, Vol. 1(Basel: Schwabe & Co. AG, 1986-1994), 842-845.
- Lamoreaux, John C., "Episcopal Courts in Late Antiquity", *Journal of Early Christian Studies* Vol. 3, No. 2(1995)
- Lancel, Serge, *Saint Augustin*(Paris: Éditions Arthème Fayard, 1999)
- ──, "Hippo Regius", Cornelius Mayer et al., ed., *Augustinus-Lexikon*, Vol. 3(Basel: Schwabe & Co. AG, 2004-2010)
- Lardone, F., "Roman Law in the works of St. Augustine", *The Georgetown law journal* 21(1932), 435-456.
- Lausberg, Heinrich, *Elementi di Retorica*(Bologna: Il Mulino, 1969) [원문: Heinrich Lausberg, *Elemente der literarischen Rhetorik*(München: Max Hueber Verlag, 1967)]
- Lavere, George J., "The Political Realism of Saint Augustine", *Augustinian Studies* 11(1980), 135-144.
- ──, "Virtue", in Allan D. Fitzgerald, ed., *Augustine through the Ages. An Encyclopedia*, Gran Rapids(Michigan: William B. Eerdmans Publishing Company, 1999), 872-873.
- Lawless, George P., "Augustine's first monastery: Thagaste or Hippo?", *Augustinianum* 25(1985), 65-78.
- ──, *Augustine of Hippo and his monastic rule*(Oxford, New York: Oxford University Press, 1987)
- ──, "Preaching", Allan D. Fitzgerald, ed., *Augustine through the ages. An Encyclopedia*, Gran Rapids(Michigan: William B. Eerdmans Publishing

Company, 1999), 675–677.
- ———, Bonner Gerald, Sr. Agatha Mary, *Saint Augustine, The Monastic Rules* (New York: New City Press, 2004)
- Le Blond, J. M., *Les conversions de saint Augustin*(Paris: Aubier, 1950)
- LeClercq, Henri, *L'Afrique chrétienne*, I(Paris: Librairie Victor Lecoffre, 1904)
- ———, *L'Afrique chrétienne* II(Paris: Librairie Victor Lecoffre, 1904)
- ———, "Constantin", *Dictionnaire d'archéologie chrétienne et de Liturgie*, III (Paris: Librairie Letouzey et Ané, 1914)
- ———, "Tiare", *Dictionnaire d'archéologie chrétienne et de liturgie*, 15(Paris: Librairie Letouzey et Ané, 1953)
- Lee, Gregory W., "Using the Earthly City: Ecclesiology, Political Activity, and Religious Coercion in Augustine," *Augustinian Studies* 47/1(2016), 41–63.
- Legrand, E., *Saint Jean Chrysostome*(Paris, 1924)
- Le Nain de Tillemont, *Mémoires pour servir à l'histoire ecclésiastique des six premiers siècles, justifiés par les citations des auteurs originaux avec des notes pour éclaircir les difficultés des faits et de la chronologie*, XIII(Paris: Charles Robustel, 1702)
- Lenihan, David A., "The Just War Theory in the Work of Saint Augustine", *Augustinian Studies* 19(1988), 37–70.
- Lenski, Noel E., "Evidence for the Audientia episcopalis in the new letters of Augustine", Ralph W. Mathisen, ed., *Law, society and authority in late Antiquity*(New York: Oxford University Press, 2001)
- Lepelley, C., "Saint Augustin et la cité romano-africaine", Charles Kannengiesser, éd., *Jean Chrysostome et Augustin. Actes du colloque de Chantilly, 22-24 Septembre 1974*(Paris: Éditions Beauchesne, 1975)
- ———, *Les cités de l'Afrique romaine au Bas-Empire, Tome 1: La permanence d'une civilisation municipale*(Paris: Études Augustiniennes, 1979)
- ———, "Liberté, colonat et esclavage d'après la Lettre 24*: la juridiction épiscopale 《de liberali causa》", *Les lettres de saint Augustin découvertes par Johannes Divjak. Communications présentées au colloque des 20 et 21 Septembre 1982*(Paris: Études Augustiniennes, 1983)
- ———, "La lutte en faveur des pauvres: observations sur l'action sociale de saint Augustin dans la région d'Hippone", Pierre-Yves Fux, Jean-Michel Roessli, Otto Wermelinger, Otto, Augustinus Afer. *Saint Augustin: africanité et universalité. Actes du colloque internal Alger-Annaba, 1-7 avril 2001*(Fribourg: Éditions Universitaire Fribourg Suisse, 2003), 95–107.
- Leslie, Cross Frank, Elizabeth A. Livingstone, eds., "tiara", *The Oxford Dictionary of the Christian Church*(Oxford: Oxford University Press, 2005)
- L'Hermite–Leclerq, Paulette, *L'Eglise et les femmes dans l'Occident chrétien des origines à la fin du Moyen Âge*(Turnhout: Brepols, 1992)

- Liddell, Henry George and Robert Scott, compiled by, *A Greek-English Lexicon*(Oxford: Clarendon Press, 1994)
- Lienhard, J. T., "Friendship in Paulus of Nola and Augustine", in AA.VV., *Collectanea augustiniana. Mélanges T. J. van Bavel*(Leuven, 1990), 279–296.
- ──, "Friendship, Friends", in Allan D. Fitzgerald, ed., *Augustine through the Ages. An Encyclopedia*, Gran Rapids(Michigan: William B. Eerdmans Publishing Company, 1999), 372–373.
- Lilla, Salvatore, "La teologia negativa dal pensiero greco classico a quello patristico e bizantino", *Helikon* 28(1988), 203–279.
- Lipari, A., "Ozio", in Ermanno Ancilli, *Dizionario Enciclopedico di Spiritualità*, 2(Roma: Città Nuova, 1990)
- Lipinsky, A., "Il triregno dei Romani Pontefici", *Ecclesia* 17(1958),
- Löhrer, Magnus, *Der Glaubensbegriff des hl. Augustinus in seinen ersten Schriften bis zu den Confessiones*(Einsiedeln, Zürich, Köln: Benziger, 1955)
- Lossky, Vladimir, "Les éléments de 〈Théologie négative〉 dans la pensée de saint Augustin", in *Augustinus Magister*, 1(Paris: Études Augustiniennes, 1954), 575–581.

- Maccarrone, M., "〈Potesta directa〉 e 〈potestas indirecta〉 nei teologi del XII e XIII secolo", *Sacerdozio e Regno da Gregorio VII a Bonifacio VIII. Studi presentati alla sezione storica del congresso della Pontificia Università Gregoriana 13-17 ottobre 1953*(Roma: Pontificia Univerістà Gregoriana, 1954)
- Macdonald, Scott, "The divine nature", E. Stump and N. Kretzmann ed., *The Cambridge Companion to Augustine*(Cambridge: Cambridge University Press, 2001), 71–90.
- Madec, G., "Christus", in Cornelius Mayer et al., ed., *Augustinus-Lexikon*, Vol. 1(Basel: Schwabe & Co. AG, 1986–1994), 845–908.
- ──, "Capax Dei", in Cornelius Mayer et al., ed., *Augustinus-Lexikon*, Vol. 1(Basel: Schwabe & Co. AG, 1986–1994)
- ──, *Le Christ de saint Augustin. La Patrie et la Voie*(Paris: Desclée, 2001, Nouvelle édition)
- Maier, Jean Louis, *Les missions divines selon saint Augustin*(Fribourg: Éditions Universitaires Fribourg Suisse, 1960)
- Maisonneuve, H., "Croyance religieuse et contrainte: la doctrine de saint Augustin", *Mélanges de science religieuse* 19(1962), 49–68.
- Mallard, William, "The Incarnation in Augustine's conversion", *Recherches augustiniennes* 15(1980), 80–98.
- ──, *Language and Love. Introducing Augustine's religious thought through the Confessions story*(Pennsylvania: The Pennsylvania State

University Press, 1994).
- Maloof, A., "The Eastern Origin of the Papal Tiara", *Eastern Churches Review* 1(1966)
- Mancini, Guido, La psicologia di S. *Agostino e i suoi elementi neoplatonici*(Napoli: Casa Editrice Rondinella Alfredo, 1938)
- Mandonnet, Pierre, Saint Dominique. *L'idée. l'homme et l'œuvre*, II(Paris: Desclée De Brouwer et Cie, 1938)
- Mandouze, André, "L'évêque et le corps presbytéral au service du peuple fidèle selon saint Augustin", Humbert Bouëssé, André Mandouze, éds., *L'Évêque dans L'Église du Christ*(Paris: Desclée de Brouwer, 1963), 123-151.
- ———, *Saint Augustin. L'aventure de la raison et de la grâce*(Paris: Études Augustiniennes, 1968)
- ———, "Saint Augustin et le ministère épiscopal", in Charles Kannengiesser, ed., *Jean Chrysostome et Augustin. Actes du coloque de Chantilly 22-24 septembre 1974*(Paris: Éditions Beauchesne, 1975), 61-73.
- ———, *Prosopographie chrétienne du Bas-Empire. Vol. 1, Prosopographie de l'Afrique chretienne*(303-533) (Paris: Editions du Centre National de la Recherche Scientifique, 1982)
- Mansi, Johannes Dominicus, *Sacrorum conciliorum nova et amplissima collectio*, III(Graz: Akademische Druck-U. Verlagsanstalt, 1960)
- Mara, Maria Grazia, *Ricchezza e povertà nel cristianesimo primitivo*(Roma: Città Nuova Editrice, 1980)
- Marcus, Robert Austin, "Saint Augustine's View on the 'Just War'", W. J. Sheils, ed., *The Church and War*(Oxford: Basil Blackwell, 1983), 1-13.
- ———, "Gregory the Great's Rector and his Genesis", in Jacques Fontaine, Robert Gillet, Stan Pellistrandi, eds., *Grégoire le Grand. Actes du Colloques de Chantilly, 15-19 septembre 1982*(Paris: Éditions du Centre National de la Recherche Scientifique, 1986), 137-145.
- ———, *Saeculum: History and Society in the Theology of St. Augustine* (Cambridge, New York, New Rochelle, Melbourne, Sydney: Cambridge University Press, 2007, re-issued)
- ———, "Donatismo e ri-battesimo," in Luigi Franco Pizzolato, Robert Austin Markus, Ubaldo Pizzani, Remo Cacitti, Giancarlo Ceriotti, eds., *Agostino e il donatismo. Lectio Augustini XIX Settimana Agostiniana Pavese, 2003*(Roma: Institutum Patristicum Augustinianum, 2007) 13-22.
- Marie de Gonzagu, M., "Un correspondant de saint Augustin : Nebridius", in AA.VV., *Augustinus Magister*, I(Paris: Études Augustiniennes, 1954)
- Marin, M., "Retorica ed esegesi in Sant'Agostino", in Matteo Fabris, a cura di, *L'umanesimo di sant'Agostino. Atti del Congresso Internazionale Bari 28-30 ottobre 1986*(Bari: Levante Editori, 1988), 215-233.
- Marini, N., *Le macchie apparenti nel grande luminare della Chiesa Greca.*

- S. Giovanni Crisostomo(Roma: Échos d'Orient, 1910)
- Marone, P., "La distinzione tra scisma ed eresia maturata durante la polemica donatista", *Annales Theologici* 22(2008), 105-114.
- Marrou, Henri-Irénée, *L'ambivalence du temps de l'histoire chez saint Augustin*(Montréal: Institut d'Études Médiévales / Paris: Librairie J. Vrin, 1950)
- ──, *Saint Augustin et la fin de la culture antique*(Paris: Éditions E. De Boccard, 1958)
- Martin, Jules, *Saint Augustin*(Paris: Éditeur Félix Alcan, 1907)
- ──, *La doctrine sociale de saint Augustin*(Paris: Éditeur A. Tralin, 1912)
- Martroye, F., "Saint Augustin et la compétence de la juridiction ecclésiastique au Ve siècle", *Mémoires de la société nationale des antiquaires de France* 10(1910)
- ──, "La répression du donatisme et la politique religieuse de Constantin et de ses successeurs en Afrique." *Mémoires de la Société nationale des antiquaires de France* 73(1914), 23-140.
- Masnovo, Amato, *S. Agostino e S. Tommaso. Concordanze e sviluppi*(Milano: Vita e Pensiero, 1942)
- Masutti, Egidio, *Il problema del corpo in S. Agostino*(Roma: Borla, 1989)
- Mattox, John Mark, *Saint Augustine and the Theory of Just War*(London, New York: Continuum, 2008, paperback edition)
- Mayer, Cornelius, "'Pietas' und 'vera pietas quae caritas est'. Zwei Kernfragen der Auseinadersetzung Augustins mit der heidnischen Antike", in J. den Boeft et Jan van Oort, éd., *Augustiniana Traiectina. Communications présentées au Colloque International d'Utrecht 13-14 novembre 1986*(Paris: Études Augustiniennes, 1987), 119-136.
- Mcevoy, James, "St. Augustine's account of time and Wittgenstein's criticisms", *Review of metaphysics* 37(1984), 547-578.
- McNamara, Marie Aquinas, *Friendship in saint Augustine*(Fribourg: Editions universitaires, 1958)
- McWilliam, J., "Beata Vita, De", Allan D. Fitzgerald, ed., *Augustine through the ages. An Encyclopedia*, Gran Rapids(Michigan: B. Eerdmans Publishing Company, 1999), 94-95.
- Meconi, D. V., "The Incarnation and the role of participation in St. Augustine's Confessions", *Augustinian Studies* 29(1998), 61-75.
- Meda, F., "La controversia sul Rus Cassiciacum", in AA.VV., *Miscellanea Agostiniana*, II(Roma: Tipografia Poliglotta Vaticana, 1931)
- Mellet, Marcellin, *L'itinéraire de l'idéal monastiques de saint Augustin*(Paris: Desclée De Brouwer et Cie, 1934)
- Meslin, Michel, "Institutions ecclésiastiques et cléricalisation dans l'Église ancienne(IIe-Ve siècles)", *Concilium* 47(1969)

- Mesnage, Joseph, *L'Afrique chrétienne. Évêchés & ruines antiques d'après les manuscrits de Mgr Toulotte et les découvertes archéologiques les plus récentes*(Paris: Éditeur Ernest Leroux, 1912)
- Messenger, Ernest Charles, *Evolution and Theology. The Problem of Man's Origin*(New York: The Macmillan Company, 1932)
- Messina, Patrick A., Craig J. N. De Paulo, "The Influence of Augustine on the Development of Just War Theory", Craig J. N. De Paulo, Patrick A. Messina, Daniel P. Tompkins, eds., *Augustinian Just War Theory and the Wars in Afghanistan and Iraq. Confessions, Contentions, and the Lust for Power*(New York; Peter Lang, 2011), 23–56.
- Meyer, L., "Liberté et moralisme chrétien dans la doctrine spirituelle de saint Jean Chrysostome", *Recherches de science religieuse* 23(1933), 283–305.
- Michael, Joncas J., "Ordination, Orders", Allan D. Fitzgerald, ed., *Augustine through the Ages. An Encyclopedia*, Grand Rapids(Michigan: William B. Eerdmans Publishing Company, 1999), 599–602.
- Migne, Jacques Paul, ed., *Patrologia Graeca*(Paris: Imprimerie Catholique, 1857–1866)
- Mochi, Onory S., *Vescovi e Città(Secoli IV-VI)* (Spoleto: Centro Italiano di Studi sull'Alto Medioevo, 2010, reprint),
- Mohrmann, Christine, *Die altchristliche Sondersprache in den Sermones des hl. Augustin*, I(Nijmegen: Dekker & van de Vegt, 1932)
- ──, "Saint Augustine and the 《Eloquentia》", in *Études sur le latin des chrétiens*, I(Roma: Edizioni di storia letteratura, 1961), 351–370.
- ──, "Praedicare–tractare–sermo", in *Études sur le latin des chrétien*, II(Roma: Edizioni di storia e letteratura, 1961), 63–72.
- Moioli, G., "Sulla spiritualità sacerdotale ed episcopale in S. Agostino", *La scuola cattolica* 93(1965), 211–222
- Molinier, É., *Inventaire du trésor du Saint Siège sous Boniface VIII*(1295) (Paris: Imprimerie Daupeley–Gouverneur, 1888)
- Mommsen, Theodor, Paulus M. Meyer, eds., *Theodosiani libri xvi cum constitutionibus sirmondianis*(Berlin: Weidmann, 1905)
- Monachino, Vincenzo, *La cura pastorale a Milano Cartagine e Roma nel secolo*, IV(Roma: Pontificia Università Gregoriana, 1947)
- Monceaux, Paul, "Saint Augustin et la guerre", *L'Église et la guerre*(Paris: Bloud et Cie, 1913), 1–23.
- ──, *Histoire littéraire de l'Afrique chrétienne depuis les origines jusqu'à l'invasion arabe*, IV–VII(Paris: Éditions Ernest Leroux, 1912–1923)
- ──, "Saint Augustin et saint Antoine. Contribution à l'histoire du monachisme", in AA.VV., *Miscellanea Agostiniana*, II(Roma: Tipografia Poliglotta Vaticana, 1931), 61–89.
- Monseigneur De Solages, *La théologie de la guerre juste*(Paris: Desclée

- de Brouwer, 1946)
- Montanari, Primo, *Saggio di filosofia agostiniana. I massimi problemi*(Torino: Società editrice internazionale, 1931)
- Moreau, M., "Lecture du 《De Doctrina christiana》", in Anne-Marie La Bonnardière, sous la direction de, *Saint Augustin et la Bible*(Paris: Beauchesne, 1986), 253-285.
- ———, "Sur un commentaire d'Amos. De Doctrina Christiana IV, VII, 15-21, sur Amos VI, 1-6", in Anne-Marie La Bonnardière, sous la direction de, *Saint Augustin et la Bible*(Paris: Beauchesne, 1986), 313-322.
- Morel, Charles, "Introduction", in *Grégoire le Grand, Homélies sur Ézéchiel*, I, Sources chrétiennes 327(Paris: Les Éditions du Cerf, 1986), 7-31.
- Moreno, M. A., "Prédication", *Dictionnaire de spiritualité*, XII(Paris: Beauchesne, 1986), 2052-2064.
- Moreschini, Claudio, Norelli Enrico, *Storia della letteratura cristiana antica greca e latina*, II(Brescia: Morcelliana, 1996)
- Mortley, Raoul, *From Word to Silence*, II(Bonn: Peter Hanstein Verlag, 1986)
- Moschetti, Andrea Mario, a cura di, *S. Agostino, Dell'ordine, Introduzione, traduzione e note*(Firenze: Libreria editrice Fiorentina, 1941)
- Moulard, Anatole, *Saint Jean Chrysostome. Sa vie, son œuvre*(Paris: Procure générale du clergé, 1949)
- Mourant, John A., *Augustine on immortality*(Villanova: Villanova University Press, 1969)
- Munier, Charles, "Audientia episcopalis", Cornelius Mayer et al., ed., *Augustinus-Lexikon*, Vol. 1(Basel: Schwabe & Co. AG, 1986-1994)
- ———, "Audientia Episcopalis", *Dizionario patristico e di antichità cristiane*, I(Casale Monferrato: Casa Editrice Marietti, 1994, reprint)
- ———, "L'influence de saintAugustin sur la législation ecclésiastique de son temps", Pierre-Yves Fux, Jean-Michel Roessli, Otto Wermelinger, *Augustinus Afer. Saint Augustin: africanité et universalité. Actes du colloque internal Alger-Annaba, 1-7 avril 2001*(Fribourg: Éditions Universitaire Fribourg Suisse, 2003)
- Müntz, E., "La tiare pontificale du VIIIE au XVIE siècle", *Mémoires de l'Académie des inscriptions et belles-lettres*, tome XXXVI, 1er partie(1898)

- Nabuco, J., "Tiara", *New Catholic Encyclopedia*, XIV(New York: McGraw-Hill Company, 1967)
- Neveut, E., "Le Recrutement sacerdotal en Afrique au temps de saint Augustin", *Le Recrutement Sacerdotal* 29(1929), 335-345 ; 30(1930), 53-60.
- Nolan, M., "S. Agostino e la libertà religiosa nel conflitto coi donatisti", in S.

- Cotta, J. Rodriguez, M. Nolan, and M. Sordi eds., *Chiesa e Stato. Pavia, 25 aprile – 2 maggio 1976. Atti della settimana agostiniana pavese* n. 8(Pavia: Industrie Lito–tipografiche Mario Ponzio, 1980), 47–57.
- Nonnoi, D., "Sant'Agostino e il diritto romano", *Rivista Italiana per le scienze giuridiche* 9(1934), 531–545.
- Nourrisson, Jean–Félix, *La philosophie de saint Augustin*, I–II(Paris: Librairie–Éditeur Didier et Cie, 1865)

- O'Daly, Gerald J. P., "appetitus", Cornelius Mayer et al., ed., *Augustinus-Lexikon*, Vol. 1(Basel: Schwabe & Co. AG, 1986–1994), 420–422.
- ——, *La filosofia della mente in Agostino*, trad. italiana, a cura di Maria Grazia Mara(Palermo: Edizioni Augustinus, 1988)
- ——, "Anima, animus", in Cornelius Mayer et al., ed., *Augustinus-Lexikon*, Vol. 1(Basel: Schwabe & Co. AG, 1986–1994), 315–340.
- ——, "Appetitus", in Cornelius Mayer et al., ed., *Augustinus-Lexikon*, Vol. 1(Basel: Schwabe & Co. AG, 1986–1994), 420–423.
- O'Donnell, J. J., "Doctrina Christiana, De", Allan D. Fitzgerald, ed., *Augustine through the ages : An Encyclopedia*, Gran Rapids(Michigan: William B. Eerdmans Publishing Company, 1999), 278–280.
- Ogliari, Donato, *Gratia et certamen. The relationship between Grace and free will in the discussion of Augustine with the so-called Semipelagians*(Leuven: Leuven University Press, 2003)
- ——, "The role of Christ and of the Church in the light of Augustine's theory of predestination", *Ephemerides theologicae Lovanienses* 79(2003), 347–364.
- O'Meara, John J., *The creation of man in De Genesi ad litteram*(Villanova: Villanova University Press, 1980)
- ——, *The Young Augustine. The growth of St. Augustine's mind up to his conversion*(New York: Alba House, 2001, Second Revised Edtion)
- O'Toole, Christopher J., *The Philosophy of Creation in the writings of St. Augustine*(Washington; The Catholic University of America Press, 1944)
- Otten, Robert T., "Amor, caritas and dilectio: Some observations on the vocabulary of love in the exegetical works of St. Ambrose", in *Mélanges offerts à Mademoiselle Christine Mohrmann*(Utrecht, Anvers: Spectrum Editeurs, 1963), 73–83
- Otten, Willemien, "In the shadow of the divine: negative theology and negative anthropology in Augustine, Pseudo–Dionysius and Eriugena", *Heythrop Journal* 40(1999), 438–455.

- Pacioni, Virgilio, *L'unità teoretica del De ordine di S. Agostino*(Roma: Millennium Romae, 1996)

- _____, *Agostino d'Ippona. Prospettiva storica e attualità di una filosofia* (Milano: Ugo Mursia Editore, 2004)
- Paronetto, V., "La figura del praedicator nella 〈Regula Pastoralis〉 di Gregorio Magno", in AA.VV., *Miscellanea Amato Pitero Frutaz*(Roma: Tipografia Guerra, 1978), 167–182.
- _____, "Une présence augustinienne chez Grégoire le Grand: Le De Catechizandis rudibus dans la Regula Pastoralis", in Jacques Fontaine, Robert Gillet, Stan Pellistrandi, eds., *Grégoire le Grand. Actes du Colloques de Chantilly, 15-19 septembre 1982*(Paris: Éditions du Centre National de la Recherche Scientifique, 1986), 511–519.
- Pauliat, P., "Joie et bonheur du chrétien d'après saint Augustin", *Didaskalia* 5(1975), 89–104.
- Pavon, V., "Eugippio", in Angelo Di Berardino, *Dizionario patristico e di antichità cristiane*, I(Marietti, 1983), 1278–1279.
- Pecci, Odo F., *Il pastore d'anime in sant'Agostino*(Casale: Marietti, 1956)
- Pegis, Anton C., "The Mind of St. Augustine", *Mediaeval Studies* VI(1944), 1–61.
- Pellegrino, Michelle, "S. Agostino pastore d'anime", in *Recherches Augustiniennes* 1(1958), 317–338.
- _____, "Il 〈topos〉 dello 〈status rectus〉 nel contesto filosofico e biblico(A proposito di Ad Diognetum 10, 1–2)", in AA.VV., *Mullus. Festschrift Theodor Klauser*(Münster Westfalen: Aschendorffsche Verlagsbuchhandlung, 1964)
- _____, *Verus sacerdos. Il sacerdozio nell'esperienza e nel pensiero di Sant'Agostino*(Fossano: Editrice Esperienze, 1965)
- _____, "〈Sursum cor〉 nelle opere di sant'Agostino", *Recherches augustiniennes* 3(1965), 179–206.
- _____, "Cristo e il martire nel pensiero di sant'Agostino", *Rivista di storia e letteratura religiosa* 2(1966), 427–460.
- _____, *Ricerche patristiche*, I(Torino: Bottega d'Erasmo, 1982)
- _____, "Introduzione alle Lettere", in *Nuova Biblioteca Agostiniana*, XXI/1 (Roma: Città Nuova, 1992)
- Pépin, Jean, "Saint Augustin et le symbolisme néoplatonicienne de la vêture", in AA.VV., *Augustinus Magister*, I(Paris: Études Augustiniennes, 1954), 293–306.
- _____, *Théologie cosmique et théologie chrétienne(Ambroise, Exam. I,1,1-4)* (Paris: Presses Universitaires de France, 1964)
- _____, *Saint Augustin et la dialectique*(Villanova University Press, 1976)
- _____, "Une nouvelle source de saint Augustin: Le ζήτημα de Porphyre sur l'union de l'âme et du corps", in Jean Pépin, "Explatonicorum persona". *Études sur les lectures philosophiques de saint Augustin*(Amsterdam:

Editeur Adolf M. Hakkert, 1977), 213-267.
- Perler, Othmar, *Weisheit und Liebe, nach Texten aus den Werken des heiligen Augustinus*(Olten: Verlag Otto Walter, 1952)
- ——, *Les voyages de saint Augustin*(Paris, 1969)
- Peters, E., "What was God doing before He created the Heavens and the Earth?", *Augustiniana* 34(1984), pp.53-74.
- Pétré, Hélène, *Caritas. Étude sur le vocabulaire latin de la charité chrétienne*(Louvain: 《Spicilegium Sacrum Lovaniense》 Administration, 1948)
- Pharr, Clyde, trans. by, The *Theodosian Code and Novels and the Sirmondian Constitutions: A Translation with Commentary, Glossary, and Bibliography*, in collaboration with Theresa Sherrer Davidson and Mary Brown Pharr(Union: The Lawbook Exchange, Ltd, 2001, reprinted)
- Piccolomini, R., Sant'Agostino. *L'amicizia*(Roma, 1962)
- Pilara, G., "Sui tribunali ecclesiastici nel IVe V secolo. Ulteriori considerazioni", *Studi Romani* 52(2004)
- Pincherle, Alberto, "L'ecclesiologia nella controversia donatista," *Ricerche religiose* 1(1925), 35-55.
- ——, *La formazione teologica di Sant'Agostino*(Roma: Edizioni Italiane, 1947)
- ——, "Sulla composizione del 《De doctrina christiana》 di S. Agositno", in AA.VV., *Studi in onore di E. Dupré Theseider*, II(Roma, 1974), 541-559.
- ——, *Vita di sant'Agostino*(Bari: Laterza 1988)
- Pintard, Jacques, *Le sacerdoce selon St. Augustin*(Paris: Maison Mame, 1960)
- Pizzolato, Luigi Franco, "L'itinerario spirituale di Agostino a Milano", in AA.VV., *Agostino a Milano: Il Battesimo*(Palermo: Augustinus, 1988)
- ——, *L'idea di amicizia nel mondo classico e cristiano*(Torino: Einaudi, 1993)
- Pocknee, C. E., "The Mitre and the Papal Tiara", *Church Quarterly Review* 167(1966)
- Pollastri, Alessandra, "La fede negli scritti di S. Agostino", in AA.VV., *La fede nei Padri della Chiesa, Dizionario di spiritualità biblico-patristica*, Vol. 22(Roma: Edizioni Borla, 1999), 277-301.
- Pollmann, K., "Doctrina christiana(De-)", Cornelius Mayer et al., ed., *Augustinus-Lexikon*, Vol. 2(Basel: Schwabe & Co. AG, 1996-2002), 551-575.
- Pontet, M. "La notion de schisme d'après saint Augustin," in *1054-1954, L'Église et les églises. neuf siècles de douloureuse séparation entre l'Orient et l'Occident. Études et travaux sur l'Unité chrétienne offerts à Dom Lambert Beauduin*, I(Chevetogne: Éditions de Chevetogne, 1954), 163-

180.

- Pope, H. *Saint Augustine of Hippo. Essays Dealing with His Life and Times and Some Features of His Work*(New York: Image Books, 1961)
- Poque, Suzanne, *Le language symbolique dans la prédication d'Augustin d'Hippone*, I-II(Paris: Études Augustiniennes, 1984)
- Portalié, Eugène, "Augustin(Saint)", *Dictionnaire de Théologie Catholique*, I, 2268-2472.
- Pourrat, Pierre, *La spiritualité chrétienne*, Vol. I. Des origines de l'Église au moyen âge(Paris: Librairie Lecoffre, 1947)
- Press, G. A., "The subject and structure of Augustine's 《De doctrina christiana》", in *Augustinian Studies* 11(1980), 99-124.
- Pugliese, A., "Sant'Agostino giudice", *Studi dedicati alla memoria di Paolo Ubaldi*(Milano: Società Editrice Vita e Pensiero, 1937)

- Quadri, Goffredo, *Il pensiero filosofico di S. Agostino*(Firenze: Editrice La Nuova Italia, 1934),
- Quasten, Johannes., *Patrologia*, I, traduzione italiana by N. Beghin(Marietti: Casale 1992 Ristampa)
- Quinn, John M., *A companion to the Confessions of St. Augustine*(New York: Peter Lang, 2002)
- Quinot, B., "Les donatistes, hérétiques ou schismatiques?", G. Finaert, Traduction de, B. Quinot, introduction et notes par, Œuvres de Saint Augustin. Traités anti-donatistes, III, *Bibliothèque Augustinienne* 30 quatrième série, notes complémentaires 17(Paris: Desclée de Brouwer, 1967), 789-791.
- ──, "Les lois antidonatistes," Oeuvres de Saint Augustin. Traités anti-donatistes, III, notes complémentaires 18, 792-794.
- ──, "Saint Augustin et le recours au bras séculier", *Œuvres de Saint Augustin. Traités anti-donatistes*, III, notes complémentaires 21, 799-803.
- Raikas, Kauko K., "St. Augustine on Juridical Duties: Some Aspects of the Episcopal Office in Late Antiquity", Josehp C. Schnaubelt, F. Van Fleteren, eds., *Collectanea Augustiniana: Augustine - Second Founder of the Faith*(New York: Peter Lang, 1990)
- ──, "Audientia episcopalis: Problematik zwischen Staat und Kirche bei Augustin", *Augustinianum* 37(1997)

- Ramsey, Boniface, "Almsgiving in the Latin Church: The late fourth and early fifth centuries", *Theological studies* 43(1982), 226-259.
- ──, "Wealth", Allan D. Fitzgerald, ed.), *Augustine through the ages. An Encyclopedia*, Gran Rapids(Michigan: William B. Eerdmans Publishing Company, 1999), 876- 881.

- Ramsey, Paul, *War and Conscience: How Shall Modern War Be Conducted Justly?*(Durham NC: Duke University Press, 1961)
- Ratzinger, Joseph, *Popolo e casa di Dio in Sant'Agostino*(Milano: Jaca Books, 1978)
- Rauschen, G., *Manuale di Patrologia*, traduzione italiana di G. Bruscoli(Firenze, 1904)
- Reale, Giovanni, *Storia della filosofia antica*, I–V(Milano: Vita e Pensiero, 1996, quinta ristampa della nona edizione)
- Rebillard, Éric, *In hora mortis. Évolution de la pastorale chrétienne de la mort aux IVe et Ve siècles dans l'Occident latin*(Roma: École Fraçaise de Rome, 1994)
- ———, "Augustin et le rituel épistolaire de l'élite sociale et culturelle de son temps. Élements pour une analyse processuelle des relations de l'évêque et de la cité dans l'antiquité tardive", Éric Rebeillard, C. Sotinel, éds., *L'évêque dans la cité du IVe au Ve siècle. Image et autorité. Actes de la table ronde organisée par l'Istituto patristico Augustinianum et l'École française de Rome, 1er et 2 décembre 1995*(Roma: École française de Rome, 1998)
- Regout, Robert, *La doctrine de la guerre juste de saint Augustin à nos jours d'après les théologiens et les canonistes catholiques*(Paris: Éditions A. Pedone, 1935)
- Reichberg, Gregory M., Syse Henrik, Begby Endre, eds., *The Ethics of War: Classic and Contemporary Readings*(Oxford: Blackwell Publishing Ltd., 2006)
- Reta, J. Oroz, "De l'illumination à la déification de l'âme selon saint Augustin", *Studia Patristica* XXVII(1993)
- Reydellet, Marc, *La royauté dans la littérature latine de Sidoine Apollinaire à Isidore de Séville*(Roma: École française de Rome, 1981)
- Rinolfi, Cristiana Maria Anastasia, "Episcopalis audientia e arbitrato", in S. Puliatti, U. Aganti, a cura di, *Prinicìpi generali e tecniche operative del processo civile romano nei secoli IV-VI d.C., Parma, 18-19 giugno 2009*(Parma: Monte Università Parma, 2010)
- Rist, John M., *Plotinus. The road to reality*(Cambridge: Cambridge University Press, 1977, paperback edition)
- Roberti, M., "Contributo allo studio delle relazioni fra diritto romano e patristica tratto dall'esame delle fonti agostiniane", *Estratto dal supplemento speciale al Volume XXIII della Rivista di filosofia neo-scolastica – Gennaio 1931*(Milano: Società Editrice Vita e Pensiero, 1931), 43–46.
- Roche, W. J., "Measure, number and weight in Saint Augustine", *The New Scholasticism* 15(1941), 350–376.
- Rohr, John A., "Religious Toleration in St. Augustine", *Journal of Church and State* 9(1967), 51–70.

- Roland-Gosselin, Bernard, *La morale de saint Augustin*(Paris: Éditeur Marcel Rivière, 1925)
- Romanus, Aegidius, *De ecclesiastica potestate*, Richard Scholz, ed.,(Hermann Böhlaus Nachfolger, 1929)
- Romeyer, Blaise, "Trois problèmes de philosophie augustinienne. A propos d'un livre récent", *Archives de Philosophie* 7(1930), 200-243.
- Rondet, Henri, "Richesse et pauvreté dans la prédication de saint Augustin", in Henri Rondet, Charles Morel, Maurice Jourjon, Jules Lebreton, eds.,, *Saint Augustin parmi nous*(Le Puy, Paris: Éditions Xavier Mappus, 1954), 111-134.
- Rougé, J., "Escroqueire et brigandage en Afrique romaine au temps de saint Augustin(Ep. 8* et 10*)", *Les lettres de saint Augustin découvertes par Johannes Divjak. Communications présentées au colloque des 20 et 21 Septembre 1982*(Paris: Études Augustiniennes, 1983)
- Russell, Frederick H., *The Just War in the Middle Ages*(Cambridge: Cambridge University Press, 1979 reprinted)
- _____, "Love and Hate in Medieval Warfare: The Contribution of Saint Augustine", *Nottingham Medieval Studies* 31(1987), 108-124.
- _____, "War", Allan D. Fitzgerald, ed., *Augustine through the Ages. An Encyclopedia*, Grand Rapids(Michigan: William B. Eerdmans Publishing Company, 1999), 875-876.
- _____, "Persuading the Donatists: Augustine's Coercion by Words", in William E. Klingshirn and M. Vessey, eds., *The Limits of Ancient Christianity. Essays on Late Antique Thought and Culture in Honor of R. A. Markus*(Ann Arbor: The University of Michigan Press, 1999), 115-130.
- _____, "Augustine's Contradictory Just War", *Studia Patristica* 70(2013), 553-558.

- Sachsse, C., "Tiara und Mitra der Päpste", *Zeitschrift für Kirchengeschichte* 35(1914),
- Sage, Athanase, *La vie religieuse selon saint Augustin*(Paris: La vie augus- tinienne), 1972.
- Salacone, Simonetta e Michelle, "I primi cristiani e il servizio militare", Alcenste Santini, a cura di, *Le chiese e la guerra*(Roma: Napoleone Editore, 1972), 19-29.
- Sanchis, D., "Pauvreté monastique et charité fraternelle chez saint Augustin. Note sur le plan de la Regula", *Augustiniana* 8(1959), 5-21.
- Sansen, Raymond, *Doctrine de l'amitié chez Ciceron : Exposé, Source, Critique, Influence*(Lille: Service de reproduction des thèses de l'université de Lille III, 1975)
- Saxer, Victor, *Vie liturgique et quotidienne à Carthage vers le milieu du troisième siècle*(Città del Vaticano: Pontificio Istituto di archeologia

cristiana, 1969)

- ──, *Les rites de l'initiation chrétienne du IIe au VIe siècle. Esquisse historique et signification d'après leurs principaux témoins*(Spoleto: Centro italiano di studi sull'alto medioevo, 1992, ristampa)
- Scaglioni, C., "Verso la beatitudine: l'esegesi di Agostino", in AA.VV., *Per foramen acus. Il cristianesimo antico di fronte alla pericope evangelica del 'giovane ricco*(Milano: Vita e Pensiero, 1986), 399-528.
- Scalise, Charles J. "Exegetical Warrants for Religious Persecution: Augustine Vs. The Donatist", *Review and Expositor* 93(1996), 497-506.
- Schramm, P. E., "Zur Geschichte der päpstlichen Tiara", *Historische Zeitschrift* 152(1935),
- Schrenk, "i'ereu,j", in G. Kittel, ed., *Theological Dictionary of the New Testament*, Vol. III, Grand Rapids(Eerdmans Publishing Company, 1984, reprinted), 257-265.
- Sciacca, M. F., "Sant'Agostino", in Umrerto A. Padovani, ed., *Grande Antologia Filosofica*(Milano: Marzorati, 1954)
- ──, "Trinité et unité de l'esprit", in AA.VV., *Augustinus Magister*, I(Paris: Études Augustiniennes, 1954)
- Scipioni, L., "Il vescovo e la chiesa locale secondo sant'Agostino", *Chiesa e Salvezza, Atti della settimana agostiniana pavese 29 aprile – 6 maggio, 1973*, N. 5(Pavia: Industrie lito-tipografiche Mario Ponzio, 1975), 45-62.
- Sève, R., "La loi civile dans la pensée de saint Augustin", *Cahiers de philosophie politique et juridique* 12(1987), 33-42.
- Shaw, Brent D., "Who were the Circumcellions?", in Andrew H. Merrills, ed., *Vandals, Romans and Berbers: New Perspectives on Late Antique North Africa*(London, New York: Routledge, 2004), 227-258.
- Siffrin, P., "Tiara", *Enciclopedia Cattolica*, XII(Città del Vaticano: Casa Editrice G.C. Sansoni, 1954)
- Sirch, Bernhard, *Der Ursprung der bischöflichen Mitra und päpstlichen Tiara*(St. Ottilien: Verlag der Erzabtei St. Ottilien, 1975)
- Smith, J. Warren, "Augustine and the Limits of Preemptive and Preventive War", *Journal of Religious Ethics* 35/1(2007), 141-162.
- Sœur Marie-Ancilla, *La règle de saint Augustin*(Paris: Cerf, 1996)
- Solignac, Aimé, "La condition de l'homme pécheur d'après saint Augustin", *Nouvelle Revue Théologique* 78(1956), 359-387.
- ──, "Exégèse et Métaphysique Genèse 1, 1-3 chez saint Augustin", in AA.VV., *In Principio. Interprétation des premiers verset de la Genèse*(Paris: Études Augustiniennes, 1973),
- ──, "Pauvreté chrétienne. II. Pères de l'Église et moines des origines", in *Dictionnaire de spiritualité*, XII/1((Paris: Beauchesne, 1984), 634-647.
- ──, "La volonté universelle de vie heureuse", in *Bibliothèque*

Augustinienne 14, Notes complémentaires n. 15, 567-569.

- ——, "Mesure, nombre et poids", *Bibliothèque Augustinienne* 48(1972), Notes complémentaires n. 18, 635-639.
- Somers, H., "Image de Dieu et illumination divine. Sources historiques et élaboration augustinienne", in AA.VV., *Augustinus Magister*, I(Paris: Études Augustiniennes, 1954)
- ——, "Image de Dieu. Les sources de l'exégèse augustinienne", *Revue des études augustiniennes* 7(1961), 105-125.
- ——, "La gnose augustinienne: sens et valeur de la doctrine de l'image", *Revue des études augustiniennes* 7(1961), 1-8.
- Sozomène, Histoire Ecclésiastique, Livres I-II, *Sources Chrétiennes 306*(Paris: Les Éditions du Cerf, 1983)
- Spanneut, M., "Saint Augustin et la violence", *Studia Moralia* 28(1990), 79-113.
- Sparrow, Simpson W. J., *St. Augustine and African Church Divisions*(London, New York, Bombay, Calcutta: Longmans, Green, And Co., 1910)
- Stancliffe, Clare, *St. Martin and his hagiographer*(Oxford: Clarendon Pr., 1983)
- Stevenson, William R., *Christian Love and Just War. Moral Paradox and Political Life in St. Augustine and His Modern Interprets*(Macon: Mercer University Press, 1987)
- Stoop, Jan Adriaan Albertus Abraham, *Die deificatio hominis in die Sermones en Epistulae van Augustinus*(Leiden: Luctor et Emergo, 1952)
- Straw, Carole, "Timor mortis", in Allan D. Fitzgerald, ed., *Augustine through the Ages. An Encyclopedia*, Gran Rapids(Michigan: William B. Eerdmans Publishing Company, 1999), 838-842.
- Strayer, J. R. , "Philip IV, King of France", *New Catholic Encyclopedia*, 11(Detroit: Gale, 2003, Second Edition)
- Studer, Basil, "Le Christ, notre justice, selon saint Augustin", *Recherches Augustiniennes* 15(1980), 99-143.
- Sulivan, Francis. A., *From Apostles to Bishops. The Development of the Episcopacy in the Early Church*(New York, Mahwah: The Newman Press, 2001)
- Sullivan, John E., *The image of God: The doctrine of St. Augustine and its influence*(Dubuque: The Priory Press, 1963)
- Swetnam, James, "A Note on In Idipsum in St. Augustine", *The Modern Schoolman* 30(1953) 328-331.
- Swift, Louis J., *The Early Fathers of War and Military Service*(Wilmington: Michael Glazier, Inc., 1983)
- Syse, Henrik, "Augustine and Just War Between Virtue and Duties", Syse Henrik, Gregory M. Reichberg, eds., *Ethics, Nationalism, and Just War*.

Medieval and Contemporary Perspectives(Washington D.C.: The Catholic University of America Press, 2007), 36-50.

- TeSelle, Eugene, *Augustine*(Nashville: Abingdon Press, 2006)
- Teske, R. J., "The image and likeness of God in St. Augustine's De Genesi ad litteram liber imperfectus", *Augustinianum* 30(1990)
- ──, "Augustine's Epistula X: Another look at Deificari in otio", *Augustinianum* 32(1992)
- Testard, Maurice, *Saint Augustin et Cicéron*, I-II(Paris: Études Augustiniennes, 1958)
- Theiler, Willy, *Porfirios und Augustin*(Halle: Max Niemeyer Verlag, 1933)
- Thimme, Wilhelm, *Augustins geistige Entwickelung in den ersten Jahren nach seiner Bekehrung, 386-391*(Berlin: Trowitzsch & Sohn, 1908),
- Thonnard, François-Joseph, "Caractères platoniciens de l'ontologie augustinienne", in AA.VV., *Augustinus Magister*, I(Paris: Études Augustiniennes, 1954),
- ──, "Justice de Dieu et justice humaine selon saint Augustin", *Augustinus* 12(1967), 387-402.
- ──, "Saint Jean Chrysostome et Saint Augustin dans la controverse pélagienne", *Revue des études byzantines* 25(1967), 189-218.
- Tierney, B., L. Schmugge, "BONIFACE VIII, POPE", *New Catholic Encyclopedia*, 2(Detroit: Gale , 2003)
- Tillard, J. M. R., "La ⟨qualité sacerdotale⟩ du ministère chrétien", *Nouvelle Revue Théologique* 95(1973), 481-514.
- ──, "Sacerdoce", *Dictionnaire de spiritualité*, XIV(Paris: Beauchesne, 1989), 2-37.
- Tixeront, Joseph, *Histoire des dogmes dans l'antiquité chrétienne*, I(Paris: Librairie Lecoffre, 1915)
- ──, *Histoire des dogmes*, II(Paris: V. Lecoffre, 1921)
- Torti, Giovanni, "Sant'Agostino e la ⟨grande guerra santa⟩. Nota su civ. Dei 15, 5", *Giornale italiano di filologia* 23(1971), 362-375.
- Trapè, Agostino, *La nozione del mutabile e dell'immutabile secondo Sant'Agostino*(Tolentino: Edizioni Agostiniane, 1959)
- ──, "Introduzione alle Confessioni", in *Nuova Biblioteca Agostiniana*, 1(Roma, Città Nuova, 1965), IX-CXXI.
- ──, *Introduzione a Sant'Agostino, La Regola*(Milano: Editrice Ancora, 1971)
- ──, *S. Agostino. L'uomo, il pastore, il mistico*(Fossano: Editrice Esperienze, 1976)
- Trout, D., "Otium", in Allan D. Fitzgerald, ed., *Augustine through the Ages. An Encyclopedia*, Gran Rapids(Michigan: William B. Eerdmans Publishing

Company, 1999.
- Turmel, Joseph, *Histoire des dogmes*, I(Paris: Les Editions Rieder, 1931)

- Van Bavel, Tarsicius Jan, "L'humanité du Christ comme lac parvulorum et comme via dans la spiritualité de saint Augustin", *Augustiniana* 7(1957), 245-281.
- ──, "《Ante omnia》 et 《in Deum》 dans la 《Regula Sancti Augustini》", in *Vigiliae christianae* 12(1958), 157-165.
- ──, "Parallèles, vocabulaire et citations bibliques de la 《Regula Sancti Augustini》. Contribution au problème de son authenticité", *Augustiniana* 9(1959), 12-77.
- ──, "Community life in Augustine", in *The Tagastan*, 29(1983), 123-135.
- ──, "The influence of Cicero's ideal of friendship on Augustine", in AA.VV., *Augustiniana traiectina*(Paris, 1987), 59-72.
- ──, *La règle de saint Augustin*(Louvain: Institut Historique Augustinien, 1989)
- ──, "The Creator and the integrity of creation in the Fathers of the Church especially in Saint Augustine", *Augustinian Studies* 21(1990), 1-33.
- Van Beneden, Pierre, *Aux origines d'une terminologie sacramentelle ordo, ordinare, ordinatio dans la littérature chrétienne avant 313*(Louvain: Spicilegium sacrum lovaniense, 1974)
- Van de Beek, Abraham, "Cyprian on Baptism", in Henk Bakker, Paul van Geest, and Hans van Loon, eds., *Cyprian of Carthage. Studies in His Life, Language, and Thought*(Leuven, Paris, Walpole: Peeters, 2010), 142-164.
- Van der Lof, L. J., "The threefold meaning of Servi Dei in the writings of Saint Augustine", *Augustinian Studies* 12(1981), 43-59.
- Van der Meer, Ferdinand, *Saint Augustin Patsteur d'âmes*, I-II(Colmar-Paris: Éditions Alsatia, 1955) [원문: Ferdinand Van der Meer, Augustinus de Zielzorger(Utrecht: Het Spectrum, 1949)].
- Van Fleteren, Frederick, "Acies mentis", in Allan D. Fitzgerald, ed., *Augustine through the Ages. An Encyclopedia*, Gran Rapids(Michigan: William B. Eerdmans Publishing Company), 1999, 5-6.
- Van Geest, Paul, "Sensory perceptions as a mandatory requirement for the via negativa towards God. The skillful paradox of Augustine as mystagogue", M. Baun, Averil Cameron, M. Edwards, M. Vinzent, eds., *Studia Patristica*, 49(Leuven: Peeters Press, 2010), 51-58.
- ──, "Quid dicam de vindicando vel non vindicando?(Ep. 95, 3) Augustine's Legitimation of Coercion in the Light of His Roles of Mediator, Judge, Teacher and Mystagogue." in Albert C. Geljon and R. Roukema, eds., *Violence in Ancient Christianity: Victims and Perpetrators*(Leiden, Boston: Brill, 2014), 151-184.
- ──, "Timor est servus caritatis(s. 156,13-14) Augustine's Vision on

Coercion in the Process of Returning Heretics to the Catholic Church and his Underlying Principles", in Anthony Dupont, Matthew Alan Gaumer, and Mathijs Lamberigts, eds., *The Uniquely African Controversy. Studies on Donatist Christianity*(Leuven, Paris, Bristol: Peeters, 2015), 289-309.

- Vannier, Marie-Anne, 《*Creatio*》, 《*Conversio*》, 《*Formatio*》 *chez saint Augustin*(Fribourg: Éditions Universitaires Fribourg, 1997)

- ──, "Saint Augustin et la création", B. Bruning, M. Lamberights, J. Van Houtem, eds., *Collectanea Augustiniana. Mélanges T. J. van Bavel*, I(Leuven: Leuven University Press, 1990), 349-371.

- Van Steenberghen, Fernand, "La philosophie de S. Augustin d'après les travaux du centenaire", *Revue Néoscolastique de philosophie* 35(août, 1932), 366-387 ; 37(février, 1933), 160-125 ; 39(août, 1933), 230-281.

- Vauchez, André, "La notion de guerre juste au moyen âge", *Les quatre fleuves* 19(1984), 9-22.

- Verbraken, P. -P., "Lire aujourd'hui les Sermon de saint Augustin à l'occaion du XVIe centenaire de sa conversion", in *Nouvelle Recherche Théologique* 109(1987), 829-839.

- Verheijen, Luc, *La Règle de saint Augustin*, I-II(Paris: Études augustiniennes, 1967)

- ──, *Saint Augustine's monasticism in the light of Acts 4. 32-35*(Villanova: Villanova University Press, 1979)

- ──, *Nouvelle approche de la Règle de saint Augustin*, I(Bégrolles en Mauges, Abbaye de Bellefontaine), 1980.

- ──, "Saint Augustin, un moine devenu Prêtre et Évêque", in *Nouvelle approche de la règle de saint Augustin*, I(Bégreoles en Mauges: Abbaye de Bellefontaine, 1980), 251-299

- ──, *Nouvelle approche de la Règle de saint Augustin*, II(Louvain, Institut Historique Augustinien, 1988)

- Verheijen, M., "La Regula Sancti Augustini", *Vigiliae Christianae* 7(1953), 27-56.

- ──, "Remarques sur le style de la 《Regula secunda》 de saint Augustin, son rédacteur", in AA.VV., *Augustinus magister*, I(Paris: Études augustiniennes, 1954), 255-263.

- Viller, Marcel, Karl Rahner, *Ascetica e mistica nella patristica. Un compendio della spiritualità cristiana antica*, A. Zani, edizione italiana a cura di(Brescia: Editrice Queriniana, 1991), [원문: *Aszese und Mystik in der Väterzeit. Ein Abriss der frühchristlichen Spiritualität*(Freiburg im Breisgau: Verlag Herder, 1939/1989)].

- Vismara, Giulio, *Episcopalis audientia. L'attività giurisdizionale del vescovo per la risoluzione delle controversie private tra laici nel diritto romano e nella storia del diritto italiano fino al secolo nono*(Milano: Società Editrice Vita e Pensiero, 1937),

- _____, "Ancora sulla 'episcopalis audientia'(Ambrogio arbitro o giudice?)", *Studia et documenta historiae et iuris* 53(1987)
- _____, *La giurisdizione civile dei vescovi(secoli I-IX)* (Milano: Dott. A. Giuffrè Editore, 1995)
- _____, "Le causae liberales nel tribunale di Agostino vescovo di Ippona", *Studia et Documenta Historiae et Iuris* 61(1995), 365-372.
- Vorster, Nico, "Just War and Virtue: Revisiting Augustine and Thomas Aquinas", *South African Journal of Philosophy* 34(2015), 55-68.

- Warmington, Brian H., *The North African Provinces from Diocletian to the Vandal Conquest*(Cambridge: Cambridge University Press, 1954)
- Wassmer, T. A., "Platonic thought in Christian Revelation as seen in the Trinitarian theology of Augustine", *The American ecclesiastical review* 139(1958), 291-298.
- Weber, Leonhard, *Hauptfragen der Moraltheologie Gregors des Grossen*(Fribourg: Paulusdruckerei, 1947)
- White, Carolinne, *Christian friendship in the fourth century*(Cambridge University Press, 1992)
- William, R., "Creation", in Allan D. Fitzgerald, ed., *Augustine through the Ages. An Encyclopedia*, Gran Rapids(Michigan: William B. Eerdmans Publishing Company, 1999)
- Willis, Geoffrey G., *Saint Augustine and the Donatist Controversy*(London: SPCK, 1950)
- Wilson, R. M., "The early history of the exegesis of Gen. 1, 26", *Studia Patristica* I(1957), 420-437.
- Windass, Stanley, "Saint Augustine and the Just War", *Blackfriars* 43(1962), 460-468.
- _____, *Christianity Versus Violence. A Social and Historical Study of War and Christianity*(London: Sheed and Ward, 1964)
- Wynn, Philip, *Augustine on War and Military Service*(Minneapolis: Fortress Press, 2013)
- Wolfskeel, C. W., "Some remarks with regard to Augustine's conception of man as the image of God", *Vigiliae Christianae* 30(1976)
- Woods, Henry, *Augustine and Evolution. A Study in the Saint's De Genesi ad Litteram and De Trinitate*(The Universal knowledge Foundation, 1924)
- Wurst, Gregor, "Massa, massa damnata", in Cornelius Mayer et al., ed., *Augustinus-Lexikon*, Vol. 3(Basel: Schwabe & Co. AG, 2004-2010), 1196-1199.
- _____, "Haeresis, haeretici," in Cornelius Mayer et al., ed., *Augustinus-Lexikon*, Vol. 3(Basel: Schwabe & Co. AG, 2004-2010), 290-302.

- Young, F., "Wisdom in Augustine's De Doctrina Christiana", in *Studia Patristica* 43(2006), 323-327.

- Zum Brunn, Émilie, "L'exégèse augustinienne de 'Ego sum qui sum' et la 'métaphysique de l'Exode'", Paul Vignaux, ed., *Dieu et l'Être. Exégèses d'Exode 3, 14 et de Coran 20, 11-34*(Paris: Études Augustinienns, 1978), 141-164.
- ──, *St. Augustine. Being and Nothingness*(New York: Paragon House Publishers, 1988) [원문: *Le dilemme de l'être et du néant chez saint Augustin*(Paris : Etudes augustiniennes, 1969)].
- Zumkeller, Adolar, *Das Mönchtum des heiligen Augustinus*(Würzburg: Augustinus-Verlag, 1968)

S. Augustinus

Gregorius

Cyprianus

Bonifacius

Chrysostomus